Anke Kausch

China

Die klassische Reise – Kaiser- und Gartenstädte, Heilige Berge und Boomtowns

DUMONT KUNST REISEFÜHRER

In der vorderen Umschlagklap
Übersichtskarte China

In der hinteren Umschlagklappe:
Stadtplan Beijing

Wichtige Orte auf einen Blick

☆☆
keinesfalls versäumen

☆
Umweg lohnt

keine Sterne
sehenswert

Inhalt

Land und Geschichte

Reiserouten in China

Beijing und die weitere Umgebung

Shandong – Die Halbinsel im Osten

Das Lößplateau

Das Dreieck Shanghai, Nanjing, Hangzhou

Sichuan und der Yangzi

Praktische Reise-Informationen

Verzeichnis der Karten und Pläne:

Stadt- und Stättenpläne:

Regionalpläne:

Klarer Frühlingstag am Tigerberg; Tusche und leichte Farben auf Papier, Xie Shichen (15./16. Jh.) ▷

Land und Geschichte

Das Land und seine Menschen

Spricht man von Eurozentrismus, so darf man durchaus auch von Sinozentrismus sprechen, denn nicht von ungefähr nennen die Chinesen ihr Land schon seit Jahrtausenden *Zhongguo,* das ›Reich der Mitte‹, und betrachten sich somit als Zentrum der Welt. Der Name China hingegen ist eine europäische Wortschöpfung, entlehnt der Bezeichnung der Dynastie Qin, deren Begründer Qin Shihuangdi, der Erste Kaiser, vor über 2000 Jahren das chinesische Reich erstmals einte.

Die heutige Volksrepublik China bildet nach Rußland und Kanada das drittgrößte Land der Erde. Mit einer Fläche von rund 9,6 Millionen km^2 ist sie etwa so groß wie Europa oder 27 mal so groß wie Deutschland. Chinas nördlichster Punkt in der Provinz Heilongjiang liegt etwa auf der Höhe von Hamburg, Guangzhou auf demselben Breitengrad wie Assuan in Süd-Ägypten.

Von Norden nach Süden erreicht China eine maximale Ausdehnung von 4200 km, in ost-westlicher Richtung erstreckt es sich über 4500 km. Insgesamt 14 Staaten teilen sich mit der Volksrepublik eine Grenze: Nord-Korea, Rußland, die Mongolei, Kasachstan, Kirgistan, Tadschikistan, Afghanistan, Pakistan, Indien, Nepal, Bhutan, Myanmar (Birma), Laos und Vietnam. Die chinesische Grenzlinie zu Lande mißt über 22 000 km, seine Küstenlinie 18 000 km. Verschiedene Randmeere des Pazifiks begrenzen China im Osten und Süden: der Golf von Bo Hai, das Gelbe Meer, das Ostchinesische Meer, die Taiwan-Straße und das Südchinesische Meer. 5000 Inseln zählen zum Territorium, worunter nach Taiwan, welches die Volksrepublik immer noch als abtrünnige Provinz betrachtet, Hainan das größte chinesische Eiland darstellt. Mit 34 800 km^2 ist die Insel etwa so groß wie Nordrhein-Westfalen.

Politisch gliedert sich die Volksrepublik in 22 Provinzen, fünf Autonome Regionen, und vier regierungsunmittelbare Städte (Beijing, Tianjin, Shanghai und seit 1997 Chongqing). Die ehemalige britische Kronkolonie Hongkong besitzt seit der Übergabe an China am 1. Juli 1997 den Status einer Sonderverwaltungsregion. Ähnlich wird man mit Macau verfahren, welches 1999 von den Portugiesen an China zurückgegeben wird.

Hauptstadt der Volksrepublik China ist Beijing (Peking).

Topographie

Die kontinentale Landmasse Chinas fällt von den Hochgebirgsregionen im Westen zu den fruchtbaren Ebenen im Osten terrassenartig ab. Dabei lassen sich drei große Stufen erkennen:

- das Qinghai-Tibet-Plateau, auch ›Dach der Welt‹ genannt, mit einer durchschnittlichen Höhe von 4000 m;

- das Land vom Tarim-Becken über die mongolische Hochebene und das zentralchinesische Lößplateau zum Roten Becken von Sichuan und dem Yunnan-Guizhou-Plateau, durchschnittliche Höhe 1000–2000 m;
- das südchinesische Bergland mit Gipfelhöhen unter 1000 m, das Flußtal des Yangzi, die Nordchinesische Tiefebene sowie die Ebene Nordostchinas und der Mandschurei.

Geologisch läßt sich diese Oberflächenstruktur durch den ›Aufprall‹ des indischen Subkontinents auf den eurasischen Großkontinent erklären. Seit etwa 280 Millionen Jahren üben diese beiden tektonischen Platten Druck aufeinander aus und schieben sich übereinander. Die gewaltige Druck- und Schubkraft verursachte ein allgemeines Anheben der Region. Noch heute wächst der Himalaya jährlich um bis zu 1,5 cm. Nach Osten und Norden hin verringert sich der Druck, und das Land fällt zum Meer hin ab. Aufgrund dieser tektonischen Kräfte verlaufen die meisten großen Gebirgszüge in China in ost-westlicher bzw. nordöstlich-südwestlicher Richtung, und alle großen chinesischen Ströme fließen von Westen nach Osten.

Gebirge machen immerhin ein Drittel des chinesischen Staatsgebietes aus. Die Bergkette des Qingling, südlich der Stadt Xi'an, stellt die Klimagrenze zwischen der warmgemäßigten Zone Nordchinas und dem subtropischen Süden dar. Gleichzeitig bildet sie die Wasserscheide zwischen Chinas großen Strömen, dem Gelben Fluß (Huang He) und dem Yangzi (Chang Jiang, Yangzi Jiang).

Der Huang He gilt als die ›Wiege der chinesischen Zivilisation‹. Er entspringt im Hochland von Qinghai und mündet nach 5464 km nördlich der Shandong-Halbinsel ins Bo Hai. Im nordchinesischen Lößplateau nimmt der Gelbe Fluß eine gewaltige Menge an Sedimentfracht auf. Jedes Jahr transportiert er eine Milliarde Tonnen gel-

Kormoranfischer auf dem Li-Fluß – die Karstlandschaft von Guilin

ber Erde, das bedeutet 20 kg Schlick pro Kubikmeter Wasser, wodurch er seine typische gelbe Färbung erhält. 60 % dieser ›Schlammladung‹ werden im Meer, der Rest im Flußbett abgelagert, was zu einem jährlichen Anstieg des Bettes um 10 cm führt. Aufgrund der Schlammablagerungen ist der Gelbe Fluß über weite Strecken nicht schiffbar. Den Chinesen war der Strom seit Jahrtausenden Segen und Fluch zugleich. Einerseits ist er wichtiger Lebensspender – in seinem Einzugsgebiet von 750 000 km² liegen 20 % der landwirtschaftlichen Anbaufläche Chinas – andererseits verursachte der Strom immer wieder verheerende Naturkatastrophen. Die Geschichtsbücher berichten von 26 Laufänderungen und unzähligen Damm- und Deichbrüchen in den vergangenen 2000 Jahren. So zählen die Chinesen schon seit dem frühen Altertum die Regulierung des Huang He zu den vorrangigen Aufgaben ihrer politischen Führer.

Der Chang Jiang, wörtlich ›Langer Fluß‹, ist mit 6300 km nach Amazonas und Nil der drittlängste Fluß der Erde. Er entspringt im Tangula-Gebirge im Tibetischen Hochland, durchfließt neun chinesische Provinzen, nimmt dabei 700 Nebenflüsse auf und mündet in einem großen Delta nördlich von Shanghai ins Ostchinesische Meer. Dabei ändert der Fluß vielfach seinen Namen. Nach der Vereinigung seiner beiden Quellflüsse Tuotuo und Chuma'er nennt er sich zunächst Tongtian He, später ›Goldsandfluß‹ (Jinsha Jiang) und östlich der Stadt Yibin schließlich Chang Jiang. Erst nachdem er Nanjing passiert hat, wird der Chang Jiang von den Einheimischen Yangzi genannt. Diese Bezeichnung bürgerte sich vor etwa 150 Jahren bei den ausländischen Kolonialmächten ein und ist heute im Ausland gemeinhin für den gesamten Fluß gebräuchlich. Im Jahr führt der Strom durchschnittlich mehr als eine Billion Kubikmeter Wasser mit sich. Das sind 20 mal mehr als der Gelbe Fluß. Weltweit liegt der Yangzi damit ebenfalls auf Platz Drei, hinter dem Amazonas und dem Kongo. An seinem Ober- und Mittellauf windet sich der Strom durch tiefe Täler und enge Schluchten. Bei Yichang, in der Provinz Hubei, kurz bevor er sich in die Ebene ergießt, baut man gegenwärtig eines der größten Staudammprojekte der Welt.

Im Süden Chinas bildet der Xi Jiang (Westfluß) mit seinen zahlreichen Nebenflüssen eine wichtige Lebensader. Er entspringt im Osten Yunnans und mündet westlich von Guangzhou in einem großen Delta ins Südchinesische Meer.

Klima

Aufgrund der Weiträumigkeit des Landes und seiner mannigfaltigen Bodengestalt ist das Klima in China je nach Region sehr verschiedenartig ausgeprägt. Von Dauerfrostregionen in den Hochgebirgen Tibets, über vollaride Wüsten in Zentralasien bis hin zu feuchtheißen Tropenregionen im äußersten Südwesten findet sich fast alles. Grob läßt sich das Land in einen trockenen Westen und einen feuchten

Osten, einen gemäßigten Norden und einen subtropischen Süden einteilen.

Den Ostteil des Landes prägt hauptsächlich der Monsun mit seinem typischen jahreszeitlichen Wechsel. Etwa von Oktober bis April bestimmen kontinentale Luftmassen aus Sibirien das Wetter in China. Es ist kalt und trocken. In der Nordchinesischen Tiefebene kommt es zu Frost. Zwar wird es auch südlich des Yangzi manchmal empfindlich kalt, trotzdem werden hier von staatlicher Seite keine Heizungen in die Häuser eingebaut. Im Januar liegen die Durchschnittstemperaturen in Beijing etwa zwischen -10 und 0 °C, in Shanghai zwischen 0 und 10 °C und in Guangzhou zwischen 10 und 18 °C. Von April bis September dagegen bestimmen feuchtwarme Luftmassen vom Pazifik das Wetter. Der Wind dreht von Nordnordwest auf Südsüdost und bringt reichlich Niederschläge, die sich langsam von Süden nach Norden ausdehnen. Von Beijing bis Guangzhou erreichen die Juli-Temperaturen fast überall im östlichen China um 30 °C.

Im Süden, an den Küsten der Provinzen Guangdong und Fujian, kann es im Spätsommer und Herbst zu tropischen Wirbelstürmen, den Taifunen, kommen. Die Bezeichnung leitet sich von dem chinesischen *tai feng* ab, ›großer Wind‹. Heftige Windböen, starke Regenfälle und Flutwellen richten in dieser Region regelmäßig schwere Schäden an.

Flora, Fauna und Landnutzung

Lotosblüte – schön und zugleich ein wichtiges Symbol im Buddhismus: Rein erhebt sie sich aus dem schlammigen Untergrund der Seen, auf denen sie wächst.

Der Vielfalt der Klimazonen entspricht die ungeheure Vielfalt an Vegetationsformen. Man findet unwirtliche Wüsten, endlose Grassteppen, alpine Matten, Misch- und Nadelwälder sowie tropischen Regenwald. Mit 32 000 verschiedenen Spezies besitzt China eine der artenreichsten Vegetationen der Welt.

Ähnlich variationsreich präsentiert sich Chinas Fauna: 2091 verschiedene Spezies terrestrischer Wirbeltiere und 1186 Vogelarten, darunter 56 von insgesamt 276 Fasanen- und neun von 15 Kranicharten der Welt. – Entfernt man sich nur weit genug von den großen menschlichen Ballungsräumen, so vermag sich eine Chinareise zu einem wunderbaren Naturerlebnis zu entwickeln. Gegenwärtig gibt es in China 435 Naturschutzgebiete, die über 30 Millionen ha Fläche einnehmen.

In der klimatisch gemäßigten Zone von der östlichen Mandschurei bis zum Qingling-Gebirge und dem südlichen Knie des Gelben Flusses haben sich nur in den schwer zugänglichen Bergregionen noch Misch- und Laubmischwälder erhalten. Dort dominieren Ahorn, Ulmen, Birken, Linden und Eschen. In der Provinz Liaoning und auf der Halbinsel Shandong findet man auch reine Eichenwälder.

Südlich einer Linie, die vom Qingling-Gebirge bis zum Mündungsdelta des Yangzi verläuft, beginnt Chinas subtropische Vegetationszone. Auch hier sind es die schwer zugänglichen Bergregionen Sichuans oder des südchinesischen Berglands, die noch eine große Fülle verschiedenster Pflanzen und Tierarten besitzen, die zum Teil einzigartig in der Welt sind. Die immergrünen Laubwälder dieser Region sind die Heimat der Zitrusfrüchte. Zitronen, Orangen, Mandarinen, Pampelmusen, Pomelos und Kumquat haben hier ihren Ursprung. Nicht von ungefähr nennen wir die Orange ›Apfelsine‹, was sich von ›Sina-Appel‹, dem ›China-Apfel‹, ableitet. Auch Aprikosen, Pfirsiche und Kiwis stammen ursprünglich aus dieser Gegend.

Charakteristisch für die südchinesische Landschaft ist eine besondere Grasart, der Bambus. Über 300 Arten kommen in China vor, darunter der Riesenbambus, welcher eine Höhe von bis zu 40 m und einen Stammesdurchmesser von 30 cm erreichen kann. Bambus wird für die Herstellung von Möbeln, Papier, für Gerüststangen im Häuserbau und als Nahrungsmittel (Bambussprossen) verwendet.

Der Bambus bildet auch die Ernährungsgrundlage der wohl bekanntesten chinesischen Tierart, des Großen Panda (Ailuropoda melanoleuca). Der Lebensraum der ›Großen Bärenkatze‹ *(Da Xiongmao)*, wie sie die Chinesen nennen, beschränkt sich auf die Berge des nordwestlichen Sichuan. Als hier 1975 die vom Panda bevorzugte Bambusart blühte und danach abstarb – ein Ereignis, das nur einmal in 100 Jahren stattfindet – verhungerten etwa 140 Exemplare dieser ohnehin vom Aussterben bedrohten Tierart. Das letzte Refugium des Großen Pandas, dessen Population auf rund 1000 Exemplare geschätzt wird, liegt im Wolong-Naturreservat, nordwestlich von Chengdu. Obwohl auf die Tötung eines Panda in China mittlerweile die Todesstrafe steht und diese schon mehrfach vollstreckt wurde, wird das Tier noch immer gewildert. Auf südost-

Wohl kein Tier wird so sehr mit China in Verbindung gebracht wie der vom Aussterben bedrohte Große Panda.

asiatischen Schwarzmärkten bringt sein Fell bis zu 20 000 US-Dollar ein.

Spezifische Tierarten dieser Region sind überdies der Kleine Panda, ein Allesfresser, der aufgrund seiner Nahrungsflexibilität bessere Überlebenschancen besitzt als sein großer Bruder, sowie der Goldaffe und das chinesische Flußreh.

Im mittlerweile stark verschmutzten Unterlauf des Yangzi-Flusses haben noch einige wenige Exemplare des Yangzi-Delphins überleben können. Auch dem relativ kleinen Yangzi-Alligator, welcher eine Körperlänge von bis zu 180 cm erreichen kann, macht die Umweltbelastung des Stromes stark zu schaffen. Erst als Mitte der 70er Jahre nur noch etwa 100 Exemplare dieser Art erhalten waren, stellte man sie unter Naturschutz. Inzwischen hat man den Bestand der Tiere durch Züchtung in speziellen Farmen wieder erhöhen können. Auch das Überleben des Yangzi-Störs versucht man auf diese Weise zu sichern. Mit einer Körperlänge von bis zu 4 m ist er der größte Süßwasserfisch der Erde.

Die Hochgebirgsregionen Nordwest-Yunnans und West-Sichuans im Grenzland zu Tibet haben durch ihre verschiedenen Höhenstufen einen besonderen Artenreichtum zu bieten. Die subtropischen Täler sind Heimat zahlreicher Rhododendron-, Azaleen- und Orchideenarten. In den Höhenlagen dagegen findet man Almen mit typischen Gebirgsblumen wie Edelweiß und Enzian.

Der Wendekreis des Krebses, welcher durch die Stadt Guangzhou verläuft, stellt die Grenze von der subtropischen zur tropischen Zone dar. Im Süden Guangdongs, auf der Insel Hainan, im südlichen Guangxi und in Südost-Yunnan gedeiht eine üppige Vegetation. Hier wachsen Öl- und Kokospalmen, und vereinzelt findet man tropischen Regenwald mit seinem typischen stockwerkartigen Aufbau vor. Hier leben noch einige Bengalische Tiger und Indische Elefanten sowie verschiedene Affenarten wie Makaken, Gibbons, Weißkopflanguren und Blattaffen.

Landnutzung

Klima und Topographie spielen eine entscheidende Rolle bei der Frage der Landnutzung. Zwar erreicht China fast die Größe Europas, doch sind nur etwa 10 % seines Staatsgebietes ackerbaulich nutzbar.

Im Norden und Westen Chinas liegen die endlosen Grassteppen der Mongolei, die schneebedeckten Gipfel Tibets sowie die Wüsten Gobi und Taklamakan. Mit Ausnahme einiger Oasen bietet die Natur dem Menschen hier kaum eine Lebensgrundlage. Der überwiegende Teil der Bevölkerung betreibt Viehzucht.

Das östliche China dagegen ist ein seit Jahrhunderten von Menschenhand geprägtes Kulturland. Durch intensive, zum Teil gartenbauähnliche Anbaumethoden erzielt man hier gebietsweise mehrere Ernten pro Jahr. Diese sind notwendig, um Chinas Milliardenbevölkerung ernähren zu können. Bedingt durch die klimatischen Gege-

In Yunnan arbeiten die Bauern mit Wasserbüffeln auf ihren Naßreisfeldern.

benheiten läßt sich der Osten Chinas wiederum in zwei Großräume unterteilen: den warmgemäßigten Norden, in dem hauptsächlich Trockenfeldbau betrieben wird, und den feuchtwarmen Süden mit überwiegendem Naßfeldanbau. Die Trennungslinie dieser beiden Großräume verläuft etwa auf der Linie zwischen Qingling-Gebirge und dem Mündungsdelta des Yangzi-Flusses.

Nördlich des Yangzi, wo die Winter kalt und die Sommer warm sind, stützt sich die Wasserversorgung der Felder hauptsächlich auf den Regen, der während der Vegetationsphase im Sommer fällt. Hauptfrucht dieser Region ist der Weizen, daneben gedeihen Mais, Hirse, Gerste, Erdnüsse, Süßkartoffeln und Baumwolle. Die fruchtbarste Region ist hier die Nordchinesische Tiefebene. Im dichtbesiedelten, fruchtbaren Schwemmland des Gelben Flusses und des Huai He wird selbst die kleinste Bodenfläche intensiv genutzt, und es finden sich kaum Wälder oder Brachland. Das nordchinesische Lößplateau, welches sich vom westlichen Henan über die Provinzen Shanxi und Shaanxi bis nach Ningxia und Gansu hinein erstreckt, prägen überwiegend Trockenfeldterrassen. Die fruchtbare, aber stark erosionsgefährdete Lößschicht kann hier eine Stärke von bis zu 200 m erreichen.

Der Bereich südlich des Yangzi-Flusses gilt als die Reiskammer Chinas. Das milde Klima, der Wasserreichtum und die fruchtbaren Böden erlauben hier zwei, teilweise sogar drei Ernten im Jahr. Haupt-

anbaufrüchte sind Naßreis, Winterweizen, Zuckerrohr, Süßkartoffeln und Mais. Die höchsten Erträge werden vor allem in den Ebenen am Mittel- und Unterlauf des Yangzi erzielt. Das ehemalige Sumpfland seines Deltas gilt bei den Chinesen als das ›Land von Fisch und Reis‹. Das Gebiet ist von unzähligen Kanälen und Teichen durchsetzt, in denen Fisch gezüchtet sowie Lotos und Wasserkastanien als Gemüse angebaut werden. An den Hängen des südchinesischen Berglands, im Roten Becken von Sichuan und auf dem Yunnan-Guizhou-Plateau findet man hauptsächlich Naßreisterrassen, daneben auch Tee- und Obstgärten. Vor allem in den Bergen haben sich hier noch relativ viele naturbelassene Wälder und Buschland erhalten. In den Randtropengebieten im äußersten Süden und Südwesten Chinas gedeihen darüber hinaus tropische Früchte wie Bananen, Ananas, Litschis, Mangos und Papayas.

Umwelt

Die Bevölkerungsexplosion und das rasche Wirtschaftswachstum der letzten Jahre haben in China ihre Spuren hinterlassen. Der verschwenderische Umgang mit den natürlichen Ressourcen des Landes, hoffnungslos veraltete Technologie und die bedenkenlose Wirtschaftswunderstimmung der vergangenen Dekade verursachten verheerende Umweltschäden. Luft- und Wasserverschmutzung, Waldverlust und Desertifikation sind heute in China allgegenwärtig und werden jedem Reisenden ins Auge fallen. Erst 1973 begann sich die Chinesische Regierung mit dem Problem auseinanderzusetzen. 1979 wurden erste Umweltschutzgesetze verabschiedet und 1984 eine nationale Umweltbehörde (NEPA) gegründet. Diese bezeichnet heute die Lage in China als ›ernst‹.

»Leute mit Führungsqualitäten, aber ohne Respekt für die Wälder, Flüsse und Seen, eignen sich nicht, Führer des Volkes zu werden.«
Guan Zhong, Minister von Qi, 7. Jh.

Beijing, Xi'an und Shenyang gehören gegenwärtig zu den Städten mit der höchsten Luftverschmutzung in der Welt. Hier werden die von der Weltgesundheitsorganisation (WHO) gesetzten Grenzwerte etwa um das Zehnfache übertroffen und liegen damit etwa 16 mal höher als in der Stadt New York. Etwa ein Viertel aller Todesfälle in China lassen sich mittlerweile auf eine umweltbedingte Erkrankung der Atemwege zurückführen.

Hauptverursacher des Smogschleiers, der mittlerweile so dick über einigen chinesischen Städten hängt, daß sie auf Satellitenbildern gänzlich verschwinden, ist die Kohle. 77 % ihres Energiebedarfs deckt die Volksrepublik gegenwärtig mit Stein- und Braunkohle, 900 Millionen Tonnen werden dort jährlich ungereinigt verfeuert. Saurer Regen und eine hohe Schwermetallbelastung der Lebensmittel sind die Folge. Daneben ist China der weltweit viertgrößte Verursacher von Treibhausgasen (Kohlendioxid, Methan, Distickstoffoxid), mit einem Anteil an der Gesamtmenge von 10 %. Das Auto – 7 Millionen Fahrzeuge im Vergleich zu 144 Millionen in den USA (1997) – hat an der Luftverschmutzung in China allerdings noch einen relativ geringen Anteil.

Doch nicht nur die Luft, auch das Wasser wird den Chinesen knapp. China, in dem 22 % der Weltbevölkerung leben, stehen insgesamt nur 8 % der weltweiten Wasservorräte zur Verfügung. Aufgrund der fortschreitenden Industrialisierung hat sich der Wasserverbrauch in China in den vergangenen 15 Jahren verfünffacht. Etwa die Hälfte aller chinesischen Städte leidet bereits unter einem Wasserdefizit. Besonders problematisch ist die Lage im dicht besiedelten, trokkenen Norden. Seit den 50er Jahren hat sich in Beijing der Grundwasserspiegel um jährlich 1 m abgesenkt. Mußte man dort früher nur 5 m tief nach Frischwasser bohren, so sind es heute 50 m. Durch das Absinken entstehen überdies Hohlräume, es besteht die Gefahr, daß der Boden einbricht. Hinzu kommt, daß laut NEPA 80 % aller urbanen Flüsse und Seen aufgrund ungereinigt eingeleiteter Abwässer verschmutzt sind. Man schätzt, daß mindestens ein Viertel des chinesischen Trinkwassers nicht genießbar ist. Überall im Land hat man es sich deshalb zur Gewohnheit gemacht, das Wasser vor dem Genuß abzukochen, was freilich die chemischen Giftstoffe nicht aus dem Trinkwasser entfernt.

Ein weiteres Problem stellt der allmähliche Verlust fruchtbaren Ackerlands durch Erosion und Wüstenbildung dar. Betroffen sind vor allem der chinesische Nordwesten, aber auch das relativ fruchtbare nordchinesische Lößplateau. Pro Chinese stehen heute 0,08 ha

Noch hat der Kraftfahrzeugverkehr an der Luftverschmutzung in China einen recht geringen Anteil – doch wo früher Fahrräder zu sehen waren, sieht man heute immer mehr Autos.

Ackerland zur Verfügung – ein Viertel des Weltdurchschnitts –, und diese Zahl schrumpft Jahr um Jahr. Grund für diese Entwicklung ist in erster Linie das Abholzen der Wälder, denn China ist nach den USA der zweitgrößte Holzproduzent der Welt. Inzwischen nimmt der Wald noch 13 %, die Wüste dagegen schon 15 % des chinesischen Staatsgebietes ein. 16 Millionen ha Ackerland sind gegenwärtig von der Versteppung bedroht.

China ist sich seiner Umweltprobleme bewußt und steht diesen nicht vollkommen tatenlos gegenüber. Seit den 90er Jahren hat die chinesische Umweltbehörde eine große Anzahl an neuen Gesetzen erlassen und strengere Umweltstandards gesetzt. Zwischen 1989 und 1994 hat sie das staatliche Budget für Umweltschutzmaßnahmen nahezu verdoppelt. Trotzdem wirkt all dies angesichts der gewaltigen Probleme wie ein Tropfen auf den heißen Stein.

Bevölkerung

Fast ein Viertel der Weltbevölkerung lebt in China: bei der letzten chinesischen Volkszählung (1990) 1,13 Milliarden Menschen. Bei der gegenwärtigen Wachstumsrate wird sich diese Zahl bis zum Jahr 2015 auf 1,5 Milliarden erhöht haben – das bedeutet eine Verdreifachung seit Gründung der Volksrepublik China.

Trotz dieser enormen Bevölkerungszahl ist China im Weltvergleich relativ dünn besiedelt. Im Landesdurchschnitt leben in China etwa 125 Einwohner/km^2 (vgl.: Indien: 273 EW/km^2, Deutschland: 224 EW/km^2). Diese Zahl sagt allerdings wenig über die tatsächliche Bevölkerungsverteilung aus. Etwa drei Viertel aller Chinesen drängen sich nämlich auf nur etwa 15 % der Landfläche: in den fruchtbaren Tälern der großen Flüsse Huang He und Yangzi, im Roten Bekken, in der Nordchinesischen Tiefebene und entlang der Küsten des Ostens. Die ausgedehnten Wüsten, Steppen und Hochgebirgsregionen in Chinas ›wildem Westen‹ hingegen gehören zu den am dünnsten besiedelten Gebieten der Erde.

Gemessen an europäischen Dimensionen sind chinesische Städte wahre Giganten. Mehr als 15 Städte in China besitzen eine Einwohnerzahl von über zwei Millionen. Shanghai liegt mit 14 Millionen Menschen an der Spitze, gefolgt von Chongqing, Beijing und Tianjin. Dennoch leben mehr als drei Viertel der Chinesen auf dem Lande, über 60 % sind Bauern.

Der relativ hohe Lebensstandard in den chinesischen Metropolen darf nicht über die Umstände hinwegtäuschen, mit denen sich die Mehrheit der Bevölkerung zufrieden geben muß. Ein Städter verdient im Durchschnitt dreimal soviel wie ein Landbewohner, ein Shanghaier gar mehr als siebenmal soviel wie ein Bauer im schwach strukturierten südchinesischen Bergland. Das chinesische Wirtschaftswunder findet also vorwiegend in den Städten statt. Auch die infrastrukturellen Verhältnisse von Stadt und Land unterscheiden sich dramatisch voneinander. Das betrifft den Transport, medizinische Versorgung und Bildungseinrichtungen. Im allgemeinen ist die medizinische Versorgung in China nicht schlecht, doch auf dem Land und vor allem im schwach strukturierten Westen liegt für viele Menschen das nächste Krankenhaus oft in unerreichbarer Ferne. Bezüglich der Bildung ist die Lage ähnlich. Zwar hat es die chinesische Regierung durch Einführung der allgemeinen Schulpflicht geschafft, die Analphabetenrate seit 1949 von 90 % auf etwa ein Drittel der erwachsenen Bevölkerung zu reduzieren, die große Mehrzahl aller chinesischen Analphabeten lebt aber auf dem Land, denn in den dünn besiedelten Gebieten ist der Weg zur Schule oft zu weit oder die Arbeitskraft der Kinder wird auf dem Feld benötigt. Die allgemeine Schulpflicht beträgt in China derweil offiziell neun Jahre. Während diese in den Städten größtenteils eingehalten wird, verläßt gerade auf dem Land der überwiegende Teil der Jugendlichen die Schule bereits nach sechs Jahren.

Die Unzufriedenheit der Landbevölkerung über das soziale Ungleichgewicht zwischen Stadt und Land hat dazu geführt, daß immer mehr Menschen ihre Dörfer verlassen und in die großen Städte ziehen, um dort ihr Glück zu versuchen. So bergen immer größer klaffende Unterschiede zwischen ›neuen Armen‹ und ›neuen Reichen‹ in den chinesischen Großstädten erheblichen sozialen Sprengstoff.

Ein-Kind-Politik

Die Gefahren einer Bevölkerungsexplosion wurden in China zwar schon früh erkannt, unternommen wurde dagegen allerdings in den ersten 25 Jahren nach Gründung der Volksrepublik nichts. Der

›Große Vorsitzende‹ Mao Zedong vertrat die Ansicht, die Größe eines Volkes sei seine Stärke, obwohl einige seiner engsten Berater, allen voran der damalige Ministerpräsident Zhou Enlai, schon in den 50er Jahren – erfolglos – warnten, daß jegliche wirtschaftliche und staatliche Planung sinnlos sei, wenn man das unkontrollierte Bevölkerungswachstum nicht in den Griff bekäme. Erst 1971 wurde die staatliche Geburtenkontrolle zum politischen Thema. Jungen Paaren wurde nahegelegt, später zu heiraten und wenige Kinder in größeren zeitlichen Abständen zu bekommen. 1979 schließlich beschloß der Nationale Volkskongreß, das jede Familie nur noch ein Kind haben dürfe. Die Ein-Kind-Politik in China gilt nicht für alle Teile der Bevölkerung. Zunächst einmal gilt das Ein-Kind-Gesetz nur in den Städten. Hält man sich an die staatlichen Vorgaben, so winken finanzielle Zuschüsse und bessere Wohnungen sowie staatliche Unterstützung bei der medizinischen Versorgung und der Ausbildung des Kindes. Bekommt ein Paar jedoch ein weiteres Kind, entfallen sämtliche Fördermittel, und es droht obendrein eine Geldstrafe im Umfang eines Familienjahresgehalts. Für die Angehörigen der nationalen Minderheiten gelten Sonderregelungen – ebenso wie auf dem Land. In den Köpfen vieler chinesischer Bauern gelten Mädchen nämlich als das ›kleinere Glück‹: Nach alter Tradition verlassen die Töchter nach der Hochzeit das Elternhaus und gehen in die Familie des Mannes über, das bedeutet, der Familie geht eine Arbeitskraft verloren. Söhne hingegen stellen immer noch die sicherste Altersversorgung dar – eine Sozial- und Rentenversicherung für Bauern gibt es nicht. Um dieser Situation Rechnung zu tragen, gilt in China auf dem Land die Regel: Ist das erste Kind ein Mädchen, darf das Paar einen zweiten Versuch machen. Fakt ist überdies, daß nicht selten, so sich erneut ein Mädchen ankündigt, abgetrieben oder die Geburt nicht gemeldet wird. Auch kommt es in China gerade in den ländlichen Gebieten vor, das Mädchen bei der Geburt getötet werden. Diese Umstände haben übrigens ein deutliches Ungleichgewicht in der Geschlechterverteilung hervorgerufen.

Wichtig aus Gründen der Eindämmung des Bevölkerungswachstums, nicht unproblematisch für die gesellschaftliche Entwicklung: Einzelkinder

Trotz der staatlichen Familienpolitik hat laut Statistik jede Familie in China im Durchschnitt 2,3 Kinder. Und der relativ gute Wert in den Städten (1,3 Kinder/Familie) gerät ebenfalls in Gefahr: Im Zuge der wirtschaftlichen Liberalisierung lassen sich immer weniger Paare von den staatlichen Strafen abschrecken. Viele Kinder zu haben, entwickelt sich im heutigen China immer mehr zu einem Privileg der Reichen.

Nationalitäten

Das Bild der chinesischen Bevölkerung ist ungeheuer bunt und vielfältig. Neben der großen Mehrheit der sogenannten Han-Chinesen, die sich nach der Han-Dynastie (206 v.–220 n. Chr.) benennen, zählt man auf dem Gebiet der Volksrepublik heute 55 ethnische Minderheiten. Diese Volksgruppen unterscheiden sich in ihrer Sprache, ihren Sitten, Gebräuchen und hinsichtlich ihres Glaubens von den Han. Einige dieser Minoritäten, wie die Zhuang oder die Mandschuren, haben sich weitgehend an das Han-Volk assimiliert, andere Volksgruppen – wie die Tibeter und das osttürkische Volk der Uighuren – gehören gänzlich anderen Kulturkreisen an. Die letzte große Volkszählung ergab, daß 8 % der chinesischen Bevölkerung, also mehr als 90 Millionen Menschen, einer ethnischen Minorität zuzurechnen sind.

Die zahlenmäßig größten Minderheiten in China bilden die Zhuang (15,5 Millionen), die Mandschuren, (9,8 Millionen), die Hui (8,6 Millionen), die Uighuren (7,2 Millionen), die Yi (6,5 Millionen), die Miao (6 Millionen), die Mongolen (4,8 Millionen) und die Tibeter (4,6 Millionen). Einige Volksgruppen, wie die Hezhe oder Oluntschun (Oronqen) in der nordöstlichen Provinz Heilongjiang, umfassen dagegen nur einige Tausend Angehörige.

Sani-Frau aus Yunnan

Fünf großen Nationalitäten hat der chinesische Staat Autonome Regionen zuerkannt. Es sind dies Guangxi für die Zhuang-Nationalität, Ningxia für die Hui, Xinjiang für die Uighuren, die Innere Mongolei und Tibet. Dazu kommen noch 31 Autonome Bezirke und 80 Autonome Kreise. Addiert man diese Territorien, so machen sie mehr als die Hälfte der chinesischen Staatsfläche aus. Es wäre allerdings ein Trugschluß zu folgern, dieses Gebiet stehe ausschließlich den ethnischen Minderheiten zur Verfügung. In den meisten Autonomen Gebieten sind die Han-Chinesen in der Überzahl. In Tibet und Xinjiang machen sie heute knapp die Hälfte der Gesamtbevölkerung aus, in der Inneren Mongolei sogar über 90 %. Die Umsiedlung von Hanchinesischen Familien in die Autonomen Gebiete ist neben der Ein-Kind-Politik eine Maßnahme der chinesischen Regierung gegen die Übervölkerung im Osten. Außerdem versucht sie damit den separatistischen Bestrebungen einiger Minoritäten vorzubeugen. Besonders in Tibet und der Autonomen Region Xinjiang kam es in den letzten Jahren wiederholt zu Aufständen der einheimischen Bevölkerung, die von Regierungsseite mit Waffengewalt niedergeschlagen wurden. Von Selbstverwaltung der ethnischen Minderheiten in ihren Autonomen Regionen kann nämlich in den meisten Fällen nicht die Rede sein. Zwar muß in diesen Gebieten offiziell die Mehrzahl der öffentlichen Ämter mit Angehörigen der Minderheiten besetzt sein, in vielen Fällen lenken aber Han-Chinesen als graue Eminenzen im Hintergrund die Geschicke. Auch gilt zwar offiziell die Sprache der ethnischen Minderheit als Amtssprache, doch ohne chinesische Sprachkenntnisse bleibt den Angehörigen der Nationalitäten eine gehobene Ausbildung oder höhere berufliche Laufbahn weitgehend verschlossen. Auf der anderen Seite sind die meisten Han-Chinesen in Lhasa, Urumqi oder Guilin der Lokalsprache nicht mächtig.

Die Chinesische Verfassung gesteht den Angehörigen der verschiedenen Nationalitäten zwar die Freiheit zu, ihre Sitten und Gebräuche auszuüben und zu bewahren, gerade in den Zeiten der Kulturrevolution wurden diese aber als Aberglaube verteufelt, die Ausübung der Religion weitgehend unterbunden. Im Namen des Sozialismus nahm man zahlreichen ethnischen Gruppen einen Teil ihrer Identität. Unzählige praktizierende Buddhisten in Tibet oder Muslime in Westchina wurden schonungslos verfolgt und getötet, ihre Kulturdenkmale zerstört.

Heute leben die Menschen ihre Religion wieder, feiern ihre alten Feste, pflegen Sitten und Gebräuche. Die Chinesen haben entdeckt, daß sich bunte Folklore touristisch gut vermarkten läßt. Jedoch wird strikt darauf geachtet, daß politische Stimmen dabei nicht laut werden.

Eine kleine chinesische Kulturgeschichte

Eine Fülle von chinesischen Mythen und Legenden erzählt von der Entstehung des Kosmos, der Menschheit und der chinesischen Kultur, doch unterscheiden sich diese Geschichten von Quelle zu Quelle oder widersprechen sich sogar. Vor allem drei Varianten der Geschichte vom Ursprung der Welt werden in der Literatur des Altertums erwähnt: die Legende vom Weltenei, aus dem heraus sich der

Zwei der Drei Erhabenen – Fuxi und Nügua – auf einer Seidenmalerei der Tang-Zeit

Kosmos schrittweise entwickelte; der Mythos vom Weltriesen Pangu, aus dessen Gliedmaßen, Organen und Körpersäften das All und die Welt und aus dem Ungeziefer, das seinen Körper befallen hatte, die Menschheit erwuchs; und schließlich die dritte Version, die besagt, daß Nügua Ordnung in den in Chaos geratenen Kosmos brachte und die Menschen aus Klumpen gelber Erde formte. Bildlich dargestellt findet man die weibliche Nügua meist in Gemeinschaft mit ihrem männlichen Begleiter Fuxi. Beide besitzen den Unterleib einer Schlange und winden sich umeinander. Fuxi und Nügua werden zu den Drei Erhabenen *(san huang)* gezählt, die durch ihre Erfindungen die Basis für die Entwicklung der chinesischen Zivilisation legten. Von Fuxi heißt es, daß er den Menschen Jagd und Fischfang beibrachte, Nügua wird die Erfindung der Ehe zugeschrieben. Dritter im Bunde ist Shennong, der Göttliche Landmann, der Pflug und Spaten erfunden haben soll und den Ackerbau lehrte. Zuweilen nennt die Literatur auch andere Konstellationen der Drei Erhabenen, dann werden Suiren und Zhurong erwähnt, die den Menschen das Herdfeuer und somit Wärme und gekochte Speisen brachten.

Huangdi, der Gelbe Kaiser, steht am Anfang der Reihe von den Fünf Urherrschern *(wu di),* die auf die Drei Erhabenen gefolgt sein sollen, und auch er spielt eine wichtige Rolle als Kulturheros. Auf ihn führen die Chinesen die Erfindung von Pfeil und Bogen zurück. Er gab den Menschen den Wagen, das Boot, die Keramik, die Schrift, den Kalender und vermittelte ihnen medizinische Grundkenntnisse. Der große chinesische Historiker Sima Qian (145–ca. 90 v. Chr.) zählt als die Fünf Urkaiser in chronologischer Folge Huangdi, Zhuanxu, Ku, Yao und Shun auf. Ihre Regierungszeit betrachten die Chinesen gemeinhin als eine Epoche des Glücks, in der die Menschen in Wohlstand und Eintracht lebten. In dieser Idee vom Paradies der Vorzeit begründet sich der ausgeprägte Traditionalismus der chinesischen Kultur.

Am Ende der Herrschaft des Kaisers Shun soll es zu einer großen Flut gekommen sein. Ein Mann namens Yu vermochte schließlich die Wassermassen zu zügeln und die Flüsse zu regulieren. Daraufhin übertrug Shun ihm die Herrschaft. Mit Yu soll die erste erbliche Thronfolge in China begonnen haben. Sein Sohn Qi gilt als Begründer der halblegendären Xia-Dynastie.

Das Altertum

Das Neolithikum

Etwa seit dem 5. Jahrtausend v. Chr. bildeten sich in China erste neolithische Gesellschaften heraus. Als eine der ältesten gilt die **Hemudu-Kultur,** welche sich zwischen 5000–3000 v. Chr. im Delta des Yangzi entwickelte. Die Menschen lebten in hölzernen Pfahlbauten, kultivierten neben Reis auch Lotos und Wasserkastanie und produzierten bereits relativ feine Textilien, Korb- und Lackwaren sowie schlichte schwarze Keramiken mit eingeritzten geometrischen Mustern.

Die **Yangshao-Kultur,** welche sich zwischen dem 5. und 3. Jahrtausend auf dem Gebiet des chinesischen Lößplateaus, in Nord-Henan und Süd-Shanxi entwickelte, zeichnet sich durch eine rötliche Keramik mit lebhaften Malereien – insbesondere geometrischen sowie stilisierten Fisch- und Froschmotiven – aus, die als Graburnen verwendet wurden. Archäologen deuten in den Ton eingeritzte runenartige Zeichen als Vorformen der chinesischen Schrift. Funde von Seidenraupen als Grabbeigaben sowie Abdrücke feiner Gewebe auf Keramiken lassen darauf schließen, daß man in China zu dieser Zeit bereits das Geheimnis der Seidengewinnung kannte.

Keramikschale mit der Darstellung von Hirschen, Yangshao-Kultur

Die **Longshan-Kultur** (ca. 4.–frühes 2. Jahrtausend v. Chr.) entwickelte sich etwa ein Jahrtausend später und breitete sich in den fruchtbaren Niederungen der nordchinesischen Tiefebene aus. Charakteristisch sind ihre feinen schwarzen Keramiken, die etwa seit dem 3. Jahrtausend v. Chr. mit Hilfe von Drehscheiben hergestellt wurden. Es überrascht die Formenvielfalt, wobei die feinsten Stücke vermutlich im Opferkult Verwendung fanden. Hier im Osten Chinas förderten Archäologen auch fein bearbeitete Jadeobjekte zutage. Da es in diesem Gebiet weder Jadevorkommen gibt noch gab, müssen bereits Kontakte nach Zentralasien bestanden haben. Des weiteren fand man Knochen, die wahrscheinlich für Orakel ins Feuer geworfen wurden. Eine Bindeglied zu Gebräuchen der Shang-Dynastie, weshalb man annehmen darf, daß diese aus der Longshan-Kultur hervorgegangen ist.

Die Xia-Dynastie

Ob die Xia-Dynastie tatsächlich existierte, ist unter Historikern umstritten. Zwar geben chinesische Geschichtswerke späterer Zeit an, daß diese Dynastie von 2205 bis 1766 v. Chr. herrschte, und liefern eine komplette Folge von 17 Königen, doch archäologisch lassen sich die Xia nicht belegen. Neue archäologische Grabungen in Gaocheng, in der Nähe von Zhengzhou (Henan), haben allerdings inzwischen Überreste einer befestigten Stadtanlage ans Licht gebracht, die zeitlich vor der Herrschaft der Shang einzuordnen ist. Auch Orakelknochen mit eingeritzten archaischen Schriftzeichen fand man.

Die Shang-Zeit

Mit der Dynastie der Shang (ca. 1600–1030 v. Chr.) tritt China ins historische Zeitalter ein. Sowohl schriftliche Quellen als auch archäologische Funde belegen ihre Existenz. Die Shang herrschten über die fruchtbaren Flußtäler der nordchinesischen Tiefebene bis zum Mittellauf des Yangzi.

An der Spitze des Staates stand der König als weltliches und religiöses Oberhaupt. Die Verwaltung des Reiches lag in den Händen des Adelsstandes, der einen umfangreichen Beamtenapparat unterhielt. Das Gros der Bevölkerung lebte vom Ackerbau, und man darf annehmen, daß sich ihre Lebensverhältnisse nicht grundlegend von denen im Neolithikum unterschieden. Die Shang kannten die Schrift, Bronze, Pferd und Wagen. Bronze, ausschließlich zur Herstellung von Ritualgefäßen und Waffen verwendet, war indes ebenso wie Pferd und Wagen der Aristokratie vorbehalten.

Auch wenn sich viele Chinesen heute zu einer der großen Weltreligionen bekennen, so werden die Ahnenopfer selten vernachlässigt. Zeitgemäße Grabbeigaben, die bei der Totenfeier verbrannt werden, sind Autos, Häuser, Fahrräder, Armbanduhren – meist aus Papier. Und zum Totenfest pilgern Millionen chinesischer Familien wie in alten Zeiten an die Gräber ihrer Vorfahren, bringen Speiseopfer dar, zünden Knallfrösche, um die bösen Geister zu vertreiben, und verbrennen Totengeld, damit der Ahn im Jenseits versorgt und zufrieden ist.

Die Shang sollen sechs Hauptstädte errichtet haben. Zwei konnten bisher archäologisch untersucht werden: die Stadt Ao, in der Nähe des heutigen Zhengzhou, und Yin, das heutige Anyang (beide Provinz Henan). Die Ausdehnung dieser von Erdwällen umschlossenen Städte war bereits beachtlich. Archäologen legten Stampferde-Fundamente mächtiger Palastanlagen frei, um die sich Handwerksbezirke und die Wohnviertel der Bevölkerung gruppierten. Grabanlagen in der Umgebung der alten Städte lieferten ferner Hinweise auf das luxuriöse Leben der Aristokratie, da es üblich war, den Toten all ihre irdischen Reichtümer mit ins Jenseits zu geben – inklusive getöteter Menschen und Tiere.

Der Ahnenkult stand im Zentrum der Shang-Riten. Dem obersten Ahnherrn, Shangdi, und den verstorbenen Vorfahren brachte man in festlichen Zeremonien Speisen und Getränke dar. Schamanen *(wu)* begleiteten Riten mit magischen Praktiken, Priesterschreiber *(shi)* wachten darüber, daß sie korrekt vollzogen wurden. Die Shi waren auch für die Orakel zuständig, die man zu allen wichtigen Anlässen befragte.

Noch bis vor einigen Jahren hielt man die Shang-Dynastie für die einzige frühe Hochkultur auf chinesischem Boden. Mitte der 80er

Jahre belehrten Grabungen in der südwestchinesischen Provinz Sichuan die Wissenschaftler jedoch eines Besseren. In Sanxingdui, nahe Chengdu, entdeckte man monumentale Bronzefiguren und Masken, die sich stilistisch grundlegend von denen der Shang unterscheiden. Schriftliche Aufzeichnungen, die Aufschluß über das Staatswesen und die religiösen Vorstellungen dieser **Shu-Kultur** geben könnten, hat man bisher nicht gefunden.

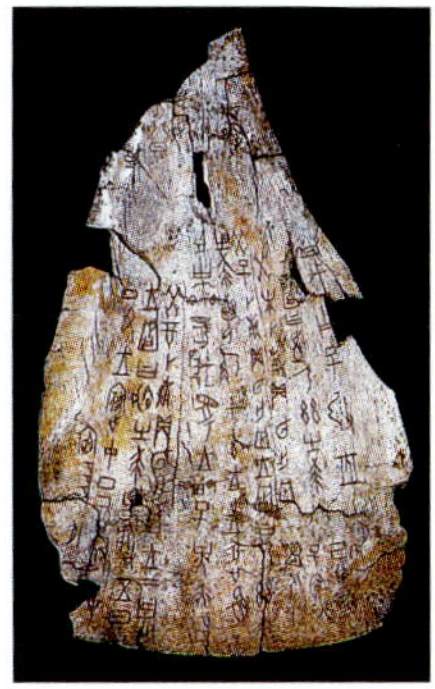

In einen Tierknochen oder den Bauchpanzer einer Schildkröte ritzte man Schriftzeichen und warf das Stück anschließend ins Feuer. Der Priesterschreiber interpretierte dann den Verlauf der Sprünge, die durch die Hitzeeinwirkung entstanden. Man hat Tausende solcher Orakelknochen der Shang-Zeit gefunden. Die darauf verwendeten Schriftzeichen sind archaische Vorläufer der chinesischen Schrift und konnten zu großen Teilen entziffert werden.

Die Zhou-Zeit

1122 v. Chr. (nach den »Bambusannalen« 1050 v. Chr.) machte ein kleiner Vasallenstaat namens Zhou dem Haus Shang seine Vorherrschaft streitig. Die Zhou rechtfertigten diesen Schritt mit der moralischen Verderbtheit des letzten Shang-Königs. Ihre Hauptstadt Hao errichteten sie im Tal des Wei-Flusses, in der Nähe des heutigen Xi'an. Für die nächsten 2000 Jahre sollte dies der bevorzugte Ort für chinesische Kapitalen bleiben. Das neu gegründete Königreich wurde in zahlreiche Kleinstaaten aufgeteilt und unter die Verwaltung der königlichen Familie und der verbündeten Adelssippen gestellt. Die Lehnsherren hatten die Pflicht, dem König Heeresfolge zu leisten und die Grenzen zu verteidigen, außerdem zollten sie dem Hof in Form von Getreidelieferungen und Arbeitskräften Tribut.

Die Stellung des Königs blieb eine ähnliche wie zur Zeit der Shang-Dynastie. Er war oberster Lehnsherr und ranghöchster Ahnenpriester, der die Reichsopfer regelmäßig darzubringen hatte. Die religiösen Vorstellungen der Zeit unterlagen indes einigen grundlegenden Änderungen. Die Staatsorakel wurden abgeschafft, und der blutige Brauch der Menschenopfer im Grabkult wurde eingeschränkt. Statt zu Shangdi, dem obersten Ahnherrn, beteten die Zhou den Himmel, Tian, an. Der König galt als ›Sohn des Himmels‹, der den himmlischen Auftrag besaß, die Menschen auf Erden zu beherrschen. Er mußte regelmäßig mit dem Himmel Zwiesprache halten und diesem Opfer darbringen. Vernachlässigte er seine Pflicht, so würde dies zu Hungersnöten oder Naturkatastrophen führen – Hinweis darauf, daß der König sein ›Mandat des Himmels‹ verwirkt hatte. Damit war das Volk legitimiert, ihn abzulösen.

Die Bevölkerung lebte zu dieser Zeit überwiegend in Abhängigkeit zur Adelsklasse. Die Bauern waren zu Fronarbeit und Ernteabgaben verpflichtet. Die Handwerker standen ausschließlich im Dienst der Fürstenhöfe und produzierten Keramiken, üppig verzierte Bronzen, feine Seidenstoffe und Lackwaren für den höfischen und rituellen Gebrauch. Langsam bildete sich auch eine Schicht von Kaufleuten heraus, die aber ganz unten in der sozialen Pyramide rangierte.

Das Feudalsystem der frühen Zhou-Zeit blieb etwa 300 Jahre stabil. Doch im 8. Jh. v. Chr. begann die Macht der Könige zunehmend zu verblassen, und die Lehnsfürsten gewannen an Einfluß. Angriffe von Nomadenstämmen und unzufriedene Vasallen aus dem Westen zwangen 771 v. Chr. König Ping von Zhou, die Hauptstadt weiter

Grundbegriffe der konfuzianischen Morallehre sind Tugend (de), Sittlichkeit (li), Humanität (ren), Rechtschaffenheit (yi), Loyalität (zhong) und kindliche Pietät (xiao). Verkörpert sind diese sittlichen Ideale im Edlen (junzi), der sich durch seine Tugend vom gewöhnlichen Menschen (xiaoren) abhebt. Der Begriff des Edlen – eigentlich ein Adelstitel – wird von Konfuzius in einem neuen Sinn verwendet. Er vertritt die Ansicht, daß Tugend und das rechte sittliche Verhalten nicht angeboren, sondern für jeden Menschen erlernbar sind. Wichtigste Voraussetzung zu Gewinnung der Erkenntnis ist die rechte Erziehung und das Lernen, vor allem das Studium der Klassiker des Altertums.

nach Osten zu verlegen – die **Zeit der Östlichen Zhou-Dynastie** (771–221 v. Chr.), gekennzeichnet von Machtkämpfen und Kriegen, brach an. Von den anfänglich nahezu 1000 Lehnsstaaten der Zhou waren Ende des 8. Jh. nur noch etwa 25 übrig.

Zahlreiche gebildete Staatsmänner, Minister und Beamte verloren durch den Zusammenbruch der kleinen Einzelstaaten ihre Existenz. In dieser Zeit der politischen Instabilität suchten viele Gelehrte nach neuen Antworten in Fragen der Staatstheorie, Moral und Ethik. Es war eine Zeit blühender Geisteskultur, in der die wichtigsten chinesischen Philosophenschulen erstmals formuliert wurden. Man nennt die Epoche deshalb auch die **Zeit der 100 Schulen:** Konfuzius (551–479 v. Chr.) begründete in dieser Zeit seine konservative, hierarchisch geprägte Morallehre, die bis in die heutige Zeit das Leben und Denken der Chinesen nachhaltig beeinflußt. Konfuzius hat seine Philosophie nie systematisch formuliert. Logik als philosophische Disziplin war ihm fremd, auch zu metaphysischen Fragen äußerte er sich nicht. Die Ethik des Konfuzius erschließt sich aus den Gesprä-

Konfuzius als Lehrer; kolorierter Holzschnitt

chen mit seinen Schülern, wie sie im »Lunyu« überliefert sind. Zentrum seiner Betrachtungen ist stets der Mensch und sein Platz in der Gesellschaft: Jeder Mensch ist in ein Netz von Beziehungen eingebunden, aus denen sich bestimmte Pflichten ergeben und die bestimmte Verhaltensregeln erfordern. Essentiell sind nach Meinung des Konfuzius die fünf Beziehungen zwischen Vater und Sohn, Gatte und Gattin, älterem Bruder und jüngerem Bruder, Herr und Diener und zwischen zwei Freunden. Diese gilt es, besonders zu pflegen. Als praktischen Imperativ formulierte er: »Was du selbst nicht wünschest, tu nicht an andern.« (»Lunyu«, 15,23).

Laozi dagegen propagierte das einfache, zurückgezogene Leben im Einklang mit dem Dao, der Natur und dem Kosmos. Aus der Ureinheit des Dao gehen die beiden gegensätzlichen Kräfte Yin und Yang hervor. Yin steht für das Dunkle, Weiche, Passive, Weibliche, das Wasser und den Mond, Yang für das Helle, Harte, Aktive, Männliche, den Stein und die Sonne. Keine der beiden Kräfte wird höher geschätzt als die andere, nur ihre vollkommene Ausgeglichenheit bewirkt Harmonie. Das Walten der beiden Kräfte durchzieht das gesamte All, ist sowohl im Kleinen als auch im Großen zu spüren.

Dao wird gemeinhin als ›der Weg‹ übersetzt, kann aber im übertragenen Sinn auch als die allem innewohnende Urkraft oder das Weltgesetz interpretiert werden.

Das Ideal der Daoisten ist das des einfachen Menschen, der sich die Natur des Kindes bewahrt hat und nicht durch Bildung und Wissen verdorben ist. Oberste Maxime ist das *wu wei,* welches man am trefflichsten mit ›Nichteingreifen‹ in den Lauf der Welt übersetzen kann. Dieses Prinzip übertragen die Daoisten auch auf Staatsbelange. Ideal denkt man sich einen kleinen Staat mit einer ungebildeten und deshalb anspruchslosen Bevölkerung. Der Herrscher zeichnet sich dadurch aus, daß das Volk sein Vorhandensein möglichst wenig bemerkt. Er verlangt wenig Steuern, verzichtet auf Prunk, führt keine Kriege und pflegt möglichst wenig Kontakte zu seinen Nachbarn, um Neid und Zwist zu vermeiden.

*»Wer nach dem Wissen sucht, weiß mit jedem Tag mehr; wer den Weg sucht, tut mit jedem Tag weniger.
Weniger, immer weniger ist zu tun, bis man beim Nicht-Tun ankommt.
Ist man beim Nicht-Tun angekommen, bleibt nichts ungetan.
Wer die Welt gewinnen will, mischt sich nicht in die Dinge ein.
Wer sich in die Dinge einmischt, ist der Aufgabe, die Welt zu gewinnen, nicht gewachsen.«*

»Daode Jing« 48

Der pragmatische Shang Yang (ca. 390–338 v. Chr.) hingegen verwarf Moral und Ethik als Gefühlsduseleien und setzte einzig und allein auf die Macht des Gesetzes, um einen Staat effektiv lenken zu können. Als Minister des Staates Qin schaffte er dort das Lehnssystem ab und baute einen reinen Beamten-Verwaltungsapparat auf.

Neben der Philosophie blühte auch die Dichtkunst. Viele hundert Lieder und Gedichte der Zhou-Zeit sind im »Shi Jing«, dem »Buch der Lieder«, und dem »Chu Jing«, den »Elegien von Chu«, überliefert. Die Musik, der man moralisch bildende Qualitäten zuschrieb, nahm eine wichtige Rolle im Staatskult sowie bei religiösen Zeremonien ein.

Die **Zeit der Streitenden Reiche** (475–221 v. Chr.) war trotz der prekären politischen Situation eine Epoche technischer Neuerungen und des wirtschaftlichen Aufschwungs. Aus Eisen fertigte man nun Werkzeuge für den Feldbau; umfangreiche Flußregulierungen und der Bau von Bewässerungsanlagen (z. B. Dujiang Yan, s. S. 327f.) machten weite Brachgebiete landwirtschaftlich nutzbar. Der klassische chinesische Architekturstil in Ständerbauweise aus Holz mit

Ziegeldächern war zu dieser Zeit bereits voll herausgebildet. Die meisten Stadtanlagen waren von hohen Mauern aus gestampfter Erde umwallt und zum Teil von Wassergräben umgeben. Archäologische Ausgrabungen ergaben, daß die Palastanlagen der Zhou-Fürsten bereits mit Kanalisationssystemen ausgestattet waren.

Die Qin-Zeit

Etwa um das Jahr 300 v. Chr. hatten sich insgesamt sieben Einzelstaaten im Gebiet des heutigen Nord- und Zentralchinas herausgebildet, die allesamt um die Vorherrschaft stritten. Als Sieger aus dem Kampf ging 221 v. Chr. der wirtschaftlich wie militärisch starke Staat Qin hervor. Das Zeitalter des chinesischen Einheitsstaates war angebrochen. Der neue Herrscher über China war König Zheng von Qin, der sich nun Qin Shihuangdi, ›Erster Gott-Kaiser von Qin‹, nannte.

Nach der politischen Einigung ging er daran, aus dem Land auch wirtschaftlich und verwaltungstechnisch eine Einheit zu machen. Zunächst wurde das Verwaltungssystem des Landes grundlegend reformiert, das Reich in 36 Provinzen unterteilt, die von Beamten und Generälen gemeinsam verwaltet wurden. Alle Staatsdiener bezogen feste Gehälter und konnten vom Kaiser beliebig ernannt oder abgesetzt werden. Damit die Verwaltung des Großreichs funktionieren konnte, mußte eine einheitliche Schrift eingeführt werden. Auch Zahlungsmittel, Maße und Gewichte wurden standardisiert.

Begleitet wurden diese Maßnahmen, die Qin Shihuangdi in nur elf Herrschaftsjahren durchsetzen konnte, von groß angelegten Bauprojekten. Außer seiner eigenen gewaltigen Grabanlage mit der berühmten Terrakottaarmee ließ der Kaiser in und um seine Hauptstadt Xianyang, nahe dem heutigen Xi'an, ausgedehnte Palastanlagen erbauen, von denen heute nur noch unspektakuläre Lehmfundamente stehen. Ein insgesamt 6500 km langes Netz von Überlandstraßen mit Post- und Relaisstationen sollte überdies bald das Land überspannen und sowohl die Versorgung der Bevölkerung als auch die schnelle Bewegung der Truppen sichern, die gegen die Barbarenländer Südchinas und Vietnams und gegen die in den nördlichen Steppen angesiedelten Xiongnu zu Feld zogen. Wasserwege wurden zur Bewässerung und als Transportwege angelegt. Untrennbar mit dem Namen des Ersten Kaisers verbunden ist auch die Errichtung der Großen Mauer. Dazu wurden bereits existierende Schutzmauern der alten Fürstentümer zu einem einzigen 5000 km langen Wall verbunden.

Trotz dieser großartigen und weitblickenden Projekte verteufelten nahezu alle späteren Geschichtsschreiber den Ersten Kaiser als Ungeheuer: Qin Shihuangdi schätzte weder die Schriften des Konfuzius noch die gebildeten Literaten. 213 v. Chr. veranlaßte er gar eine umfangreiche Bücherverbrennung. Außerdem lastet man ihm die Ermordung von 460 konfuzianischen Gelehrten an. Nach seinem Tod im Jahr 210 v. Chr. bestieg sein Sohn als ›Erhabener Kaiser der

Zweiten Generation‹, Ershi Huangdi, den Thron, starb jedoch wenig später. Bauernaufstände flammten daraufhin in verschiedenen Gegenden des Reiches auf. Wieder begann ein Kampf um die Macht. Xiang Yu (232–202 v. Chr.), Feldherr aus dem ehemaligen Staat Chu, und sein Untergebener Liu Bang (gest. 195 v. Chr.), ein kleiner Beamter bäuerlicher Herkunft, waren die Hauptkontrahenten. Letzterer ging schließlich siegreich aus dem Konflikt hervor.

Seelenbanner aus Mawangdui; Malerei auf Seide, Westliche Han-Zeit

Die Han-Zeit

202 v. Chr. bestieg Liu Bang als Kaiser Gaozu, ›Großer Ahnherr‹, den Thron. Er nannte seine Dynastie nach einem Fluß in Mittelchina Han. Mit einer Amnestie, der Abschaffung des drakonischen Strafrechts, einer Senkung der Steuern, der Demobilisierung der Armee und einem in bezug auf die eigene Person anspruchslosen Lebenswandel gewann er bald die Sympathie des Volkes. Als Hauptstadt wählte er Chang'an im Tal des Wei-Flusses. Im übrigen übernahm er weitgehend das Verwaltungssystem der Qin.

Unter der Politik Liu Bangs und seiner Nachfolger erholte sich das Land recht schnell. Anstelle des alten Adels bildete sich eine neue Oberschicht, die sogenannte Gentry, heraus, welche sich aus den Familien reicher Staatsbeamter und Kaufleute zusammensetzte. Grund und Boden sammelte sich in den Händen dieser ebenso wohlhabenden wie einflußreichen Familienclans. Die Pächter des Ackerlandes verpflichteten sich neben Zahlungen hoher Abgaben zur Leistung von Frondiensten. Damit fiel die Mehrheit der Bauern in den Status der Leibeigenschaft. Diese quasi feudalistische Gesellschaftsstruktur sollte sich bis Anfang des 20. Jh. in China halten.

Wiederholt hatte an den Nordwestgrenzen des Reiches die Bevölkerung mit Angriffen und Plünderungen der Xiongnu zu kämpfen. Die Xiongnu waren nomadische Reiter und vermutlich Vorläufer der Mongolen. Anfänglich versuchten die Han die ›barbarischen‹ Stammesfürsten mit Geschenken zu befrieden. Vor allem Seide und Getreide zahlte man den Nomaden als Tribut.

Die Xiongnu machten aus den regelmäßigen Gaben bald ein Geschäft und verkauften große Mengen Seide an indische, persische oder türkische Händler weiter. So fanden die feinen Gewebe bereits im 1. Jh. v. Chr. ihren Weg über die ›Seidenstraße‹ auf die Märkte des Römischen Reiches.

Kaiser Liu Che (Wudi; reg. 141–87 v. Chr.) machte den Tributzahlungen vorerst ein Ende. Er sandte 139 v. Chr. eine militärische Expedition unter der Leitung Zhang Qians nach Zentralasien aus, um Kontakt mit den Yuezhi, alten Erzfeinden der Xiongnu, aufzunehmen. Zhang Qian fiel den Xiongnu in die Hände und wurde jahrelang von ihnen festgehalten. Mit interessanten Informationen über verschiedene zentralasiatische Königreiche kehrte er 126 v. Chr. an den Hof in Chang'an zurück. Vor allem faszinierte Han Wudi die Nachricht von den rassigen, hochgewachsenen Pferden im Reich Ferghana, die angeblich fliegen konnten und Blut schwitzten. Eine starke Kavallerie war wichtig, um die Grenzen des immer größer werdenden Han-Imperiums zu sichern: Im Westen reichte es bis weit nach Zentralasien hinein, im Norden drangen chinesische Truppen bis Korea und im Süden bis Vietnam vor.

»Wu Jing« – Die fünf (konfuzianischen) Klassiker
1. Das »Yi Jing«, »Buch der Wandlungen«, ein Orakelbuch, das ursprünglich der Zhou-König Wen im 12. Jh. v. Chr. verfaßt haben soll.
2. Das »Shi Jing«, »Buch der Lieder«, eine Sammlung von über 300 alten Volksliedern.
3. Das »Shu Jing«, »Buch der Urkunden«, eine Sammlung von Gesetzen, Erlassen und Reden von Fürsten, die bis in die Zeit des Urkaisers Yao zurückreichen.
4. Das »Chun Qiu«, die »Frühlings- und Herbstannalen«, eine Chronik des Staates Lu für den Zeitraum 722–481 v. Chr.
5. Das »Li Ji«, »Buch der Riten«, eine Sammlung von Verhaltensregeln und Bräuchen, z. B. bezüglich der Ahnenverehrung oder der Hofetikette. Ferner enthalten die »Vier klassischen Bücher« (»Si Shu«) – »Lunyu«, »Daxue«, »Zhongyong« und die »Aufzeichnungen des Philosophen Mengzi« – Werke von Schülern des Konfuzius wichtige Lehren des Meisters.

Han Wudi verstand es, innenpolitisch die fast vergessene Lehre des Konfuzius, deren oberste Maxime die Loyalität war, zu nutzen. Er erhob sie zur Staatsideologie. Er baute den Beamtenapparat aus und richtete in Chang'an eine Akademie zur Ausbildung von Beamten ein, die dort insbesondere die konfuzianischen Klassiker auswendig lernen mußten. Bis zum Ende des chinesischen Kaiserreichs 1911 sollte diese Art der Ausbildung und das staatliche Prüfungssystem für Beamte in China beibehalten werden.

So glorreich die Zeit der frühen Han-Dynastie auch gewesen sein mag, für die Bauern brachte sie keine Verbesserung ihrer Lebensumstände. Im Gegenteil – eine allgemeine Steuererhebung, die die wohlhabenden Grundbesitzer ausschloß, löste Unmut im Volk aus. Dies begünstigte den Aufstieg eines gewissen Wang Mang, welcher eine Reihe von Reformen, darunter die staatliche Kontrolle der Landwirtschaft versprach. 9 n. Chr. riß er die Macht an sich und rief seine eigene Dynastie aus. Das **Interregnum des Wang Mang** sollte indes nur zwölf Jahre währen. 23 n. Chr. gelang es der alten Han-Kaiserfamilie die Hauptstadt zurückzuerobern. Der Bürgerkrieg tobte allerdings noch jahrelang weiter und forderte Millionen von Opfern.

Da Chang'an in Trümmern lag, erhoben die Han nun das östlichere Luoyang zur Hauptstadt – die **Zeit der Östlichen Han-Dynastie** (25–220 n. Chr.) begann. Das erste Jahrhundert nach der Restauration der Macht brachte zunächst wirtschaftlichen Aufschwung. Im 2. Jh. begannen jedoch Hofintrigen – meist gesteuert von Eunuchencliquen oder den Familien der Kaiserinnen – die Macht des Kaisers entscheidend zu schwächen. 184 n. Chr. brach ein erneuter Aufstand der unzufriedenen Bauern los, diesmal angeführt von Mitgliedern der daoistisch geprägten Sekte der Gelben Turbane, die sich als Verfechter ›göttlichen Rechts‹ verstanden. Zwar gelang es dem Militär, den Aufstand niederzuschlagen, doch alsbald kämpften verschiedene Generäle nun ihrerseits um die Oberherrschaft und zwangen Han Xiandi (Liu Xie) 220 n. Chr. zur Abdankung.

In den etwa 400 Jahren der Han-Zeit erlebte das geeinte chinesische Reich technologisch wie kulturell eine Blüte. Chinesische Kultur, Schrift und Lebensart breiteten sich in weiten Teilen Ostasiens aus. In vieler Beziehung darf man die Han-Dynastie als kulturprägend bezeichnen, und nicht umsonst nennt sich der Großteil der chinesischen Bevölkerung Chinas heute nach dieser Dynastie: *hanren* (›Han-Menschen‹).

Die Grundlage für die positive Entwicklung legten die Fortschritte in der Landwirtschaft. Bewässerungsprojekte erschlossen neues Ackerland. Der radlose, von Rind oder Wasserbüffel gezogene Pflug aus Gußeisen setzte sich durch. Gezielte Düngung und Fruchtwechsel verhalfen zu höheren Erträgen.

Die Architektur der Han-Zeit ist mit Ausnahme einiger Grabanlagen nicht erhalten, da sie – wie auch die Bauwerke vorangegangener Jahrhunderte – Stampferde und Holz als Baumaterial verwendete. An den Grabanlagen der Epoche läßt sich jedoch ein grundlegender Wandel im Totenkult ablesen. Statt einfacher Schachtgräber errichtete man nun unterirdische Paläste, die mit allen erdenklichen Annehmlichkeiten ausgestattet waren.

Zahlreiche Erkenntnisse und neue Entwicklungen prägten Wissenschaft und Künste der Han-Zeit. So machten Mathematik und Astronomie wesentliche Fortschritte. 104 v. Chr. wurde der chinesische Mondkalender eingesetzt, der noch heute in China neben der westlichen Zeitrechnung gilt. Für das Jahr 105 n. Chr. ist die Erfindung des Papiers schriftlich nachgewiesen. Man nimmt allerdings an, daß es schon seit dem 1. Jh. v. Chr. in Gebrauch war. Der Mathematiker und Astrologe Zhang Heng erfand 132 n. Chr. den Seismographen, welcher bereits eine recht genaue Lokalisierung von Erdbeben erlaubte.

Auch in der Literatur beschritt man neue Wege. Das stetig wachsende Beamtentum verlangte zunehmend nach Handbüchern und Nachschlagewerken. So wurden zahlreiche Enzyklopädien herausgegeben, und die ersten umfassenden Geschichtswerke entstanden. Sima Qian (145–86 v. Chr.), Großastrologe am Kaiserhof, verfaßte mit dem »Shi Ji«, den »Historischen Aufzeichnungen«, eine Geschichte des chinesischen Reiches von den legendären Urkaisern des Altertums bis zum 1. Jh. v. Chr. Ban Gu und seine Schwester Ban Zhao schrieben gegen Ende des 1. Jh. n. Chr. eine Geschichte der Frühen Han-Dynastie, das »Han Shu«. Diese Werke, die zahlreiche Biographien und Abhandlungen über den Stand von Technik und Wissenschaft der Zeit umfaßten, sollten späteren Generationen chinesischer Historiographen als Vorbild dienen. Die Reichsexpansion nach Westen und der beginnende Handelsverkehr über die Seidenstraße trugen darüber hinaus neue geistige Einflüsse ins Land: Im 1. Jh. kam China erstmals mit dem Buddhismus in Kontakt.

Das chinesische ›Mittelalter‹

Die folgenden 360 Jahre bis zur nächsten Reichseinigung waren Jahre politischer Zersplitterung, wobei sich der Norden und der Süden des Landes relativ unabhängig voneinander entwickelten. Die chinesische Geschichtsschreibung unterteilt die Epoche in die **Zeit der Drei Reiche** (220–280), die **Jin-Dynastie** (265–317) und das **Zeitalter der Nördlichen und Südlichen Dynastien** (317–589).

Der Militärmachthaber Cao Cao (155–220) herrschte de facto schon zehn Jahre vor dem Zusammenbruch der Han-Dynastie über weite Teile Nordchinas. Den Schritt, sich selbst zum Kaiser zu ernennen, wagte er allerdings nicht. Dies übernahm nach seinem Tod sein Sohn Cao Pei (187–226). Er nannte seine Dynastie Wei und erwählte Luoyang zur Hauptstadt. Im Südwesten – im Roten Becken von Sichuan – etablierte sich Liu Bei, ein Abkömmling des alten Han-Kaiserhauses und gründete den Staat Shu mit Chengdu als Hauptstadt.

Häufig wird die Zeit nach dem Zusammenbruch der Han-Dynastie in China mit dem europäischen Mittelalter verglichen. In der Tat finden sich einige Parallelen: In beiden Fällen brach ein Imperium zusammen – in Europa das Römische, in China das Han-Reich. Barbarenvölker übernahmen in weiten Teilen des Landes die Herrschaft, und eine ausländische Religion – in Europa das Christentum, in China der Buddhismus – breitete sich aus und beeinflußte in entscheidendem Maß Politik und kulturelles Leben der Zeit.

Im Südosten rief Sun Quan im Jahr 222 das Reich Wu aus, welches sich über den Mittel- und Unterlauf des Yangzi sowie über weite Teile Südchinas erstreckte. Die Hintergründe über Aufstieg und Fall der Drei Reiche sind jedem Chinesen aus dem berühmten Roman »Die Geschichte der Drei Reiche« (»Sanguozhi Yanyi«), aus dem 16. Jh. bekannt. Der skrupellose Cao Cao, der tugendhafte Lui Bei und sein getreuer General Zhuge Liang wurden außerdem zu Helden zahlreicher Theaterstücke und Opern.

263 annektierte Wei den Staat Shu. Wenig später riß der Sima-Clan in Wei die Macht an sich und rief die Jin-Dynastie aus. Mit der Eroberung von Wu im Jahr 280 war China schließlich für einige Jahre erneut geeint. Doch Bürgerkriege und Nomadenangriffe zwangen die Jin-Regierung sich in den Südosten des Reichs, nach Nanjing, abzusetzen. Seit 317 nannten sie sich nunmehr Östliche Jin, und die Historiker zählen sie zu den Sechs Dynastien (Wu, Östliche Jin, Song, Qi, Liang und Chen), die vom 3. bis 6. Jh. über Südchina regierten.

Der Begriff Buddhismus leitet sich von dem Ehrentitel Buddha ab, unter dem der Begründer der buddhistischen Lehre, Siddharta Gautama, Berühmtheit erlangte. Buddha bedeutet ›der Erleuchtete‹ oder ›der Erwachte‹ und bezeichnet kein göttliches Wesen, sondern einen Menschen, der aus eigener Kraft Erkenntnis gefunden hat, und sich durch Einsicht in die Dinge und das rechte Verhalten vom Leid der Welt befreien konnte.

Im Norden waren die politischen Verhältnisse noch verwirrender. Im 4. Jh. kam es dort zu 16 Reichsgründungen durch verschiedene zentralasiatische Stämme. 439 konnte sich der mongolisch-türkische Stamm der Toba durchsetzen. Ihr Anführer Toba Dao, ein Verehrer des chinesischen Staatswesens, nannte seine Dynastie Wei. Er übernahm chinesische Verwaltungsstrukturen, setzte chinesische Beamte ein und verbot den Gebrauch der Toba-Sprache. Die Toba-Wei erhoben den Buddhismus zur Staatsreligion und förderten den Bau buddhistischer Kultstätten. Luoyang wuchs zu einer Großstadt mit mehr als einer halben Million Einwohner heran. Doch während der Toba-chinesische Adel in der Hauptstadt ein luxuriöses Leben genoß, litten die Garnisonen an den Nordwestgrenzen des Reichs Hunger. Massenhaft verließen die Soldaten ihre Posten. Ein Bürgerkrieg entbrannte, in dessen Verlauf der Wei-Staat zerbrach. General Yang Jian war schließlich siegreich und konnte 589 seine eigene Dynastie ausrufen: die Sui. Wenig später gelang es ihm, auch Südchina dem neuen Staat einzuverleiben – China war wieder geeint.

Die Jahrhunderte allgemeiner Unsicherheit nach dem Zusammenbruch des Han-Reichs zeitigten auf kulturellem Gebiet viele Neuerungen. Der Konfuzianismus hatte in den Augen vieler Gelehrter versagt. Sie zogen sich ins Privatleben zurück und pflegten einen ausgeprägten Individualismus. Eine große Zahl wandte sich der daoistischen Lehre zu und suchte ein ruhiges Leben im Einklang mit der Natur. Kunst wie Dichtung der Zeit sind von diesem Geist durchdrungen. Tao Yuanming (365–427), ein ehemaliger Beamter, der seine politische Karriere aufgab, um fortan als Bauer seinen Lebensunterhalt zu verdienen, ging mit seinen melancholischen Gedichten, die das schlichte Landleben, den Wein und die Freundschaft besingen, in die chinesische Literaturgeschichte ein. Berühmt für ihren anarchischen Individualismus und ihre Respektlosigkeit vor den Sitten war auch der Dichterzirkel der Sieben Weisen vom Bambushain, welcher regel-

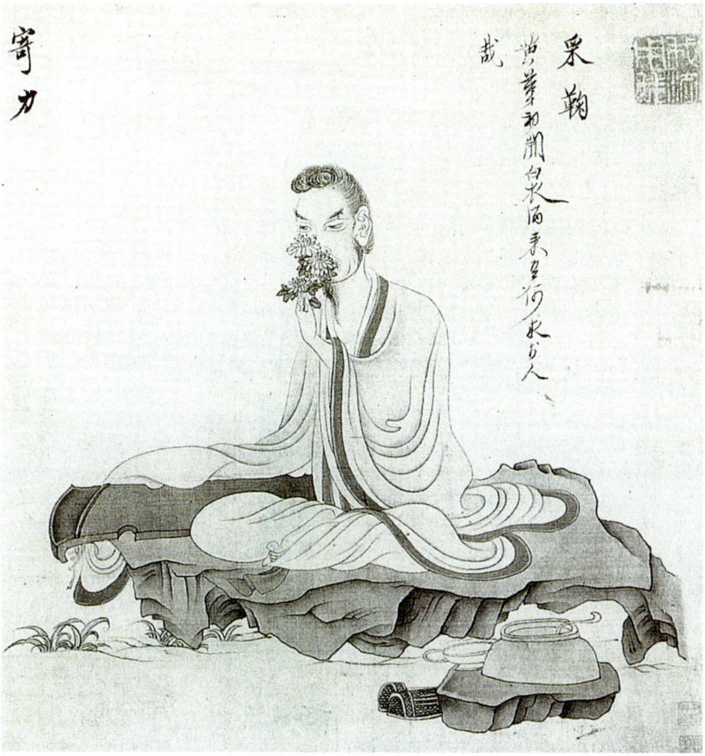

Der Dichter Tao Yuanming mit Chrysanthemen; Ausschnitt aus einer Querrolle des Malers Chen Hongchu

mäßig zu ebenso feucht-fröhlichen wie schöpferischen Treffen zusammenkam.

Malerei und Kalligraphie avancierten in dieser Epoche zu den hohen Künsten. Sie galten nicht länger als dekoratives Handwerk, sondern dienten den Intellektuellen als Mittel individuellen Ausdrucks. Unter dem Einfluß des Daoismus bildete sich die Landschaftsmalerei – gut 1000 Jahre früher als im Westen – zu einem eigenständigen Genre heraus.

Der Buddhismus konnte sich in dieser Epoche in China etablieren und gewann in weiten Teilen der Bevölkerung Anhänger. Mit der Entstehung zahlreicher Klöster und Kultanlagen entwickelte sich die buddhistische Monumentalplastik zu einer eigenständigen Kunstform in China. Nach der Rückkehr des Mönchs Faxian, der sich 399 auf eine Pilgerreise nach Indien begeben hatte, setzte eine rege Übersetzungstätigkeit von buddhistischen Texten aus dem Sanskrit und Pali ins Chinesische ein. Unter dem Konkurrenzdruck des immer einflußreicheren Buddhismus formierte auch der Daoismus eine kirchliche Organisation. Es entstanden daoistische Klöster mit ähnlichen mönchischen Hierarchien wie im Buddhismus. Die intensive Be-

Buddhistische Stele aus der Nördlichen Zhou-Zeit (557–581)

schäftigung mit der Natur und verschiedenen lebensverlängernden Praktiken nahm Einfluß auf die Entwicklung der Naturwissenschaft, insbesondere auf die traditionelle chinesische Medizin.

Das Goldene Zeitalter

Die Sui-Dynastie

Unter der Regentschaft der Sui (581/589–618) erreichte das geeinte China erneut politische und wirtschaftliche Stabilität. Verlassenes Land wurde an die Bauern verteilt, große Getreidespeicher für Notzeiten errichtet, ein neues Steuersystem eingeführt. Kaiser Yangdi (reg. 604–617) konzentrierte sich besonders auf das Transportsystem und nahm große Bauprojekte in Angriff. So veranlaßte er die Instandsetzung der Großen Mauer und die Erweiterung des Straßennetzes. Chang'an, Luoyang und Yangzhou wurden zu großen Residenzstädten ausgebaut. Als sein großartigstes Projekt darf sicherlich der Kaiserkanal gelten, eine künstliche Wasserstraße, die die großen Lebensadern Chinas, den Gelben Fluß und den Yangzi, miteinander verbindet: eine Verkehrsader in Nord-Südrichtung, die vor allem zur Erschließung des Südens beitragen sollte.

Auch außenpolitisch war Yangdi zunächst erfolgreich. Es gelang ihm, seine Herrschaft über das Tarim-Becken im Westen und südlich bis nach Vietnam hinein auszudehnen. 612 wendete sich allerdings das Blatt. Drei Feldzüge gegen Korea scheiterten. Das Volk war von der Fronarbeit an den großen Bauprojekten und den Kriegen an den Grenzen ausgezehrt. Selbst der wohlhabende Adel murrte, denn er wurde aus denselben Gründen wiederholt zu Sondersteuern heran-

Der Kaiserkanal – wichtige Verkehrsbindung zwischen dem Norden und Süden Chinas

gezogen. 616 kam es schließlich zum Aufstand. Als Sieger aus den Kämpfen ging General Li Yuan hervor, der im Jahr 618 seine eigene Dynastie ausrief: die Tang.

Die Tang-Zeit

Taizong, Kaiser der Tang

Der erste Kaiser der Tang-Dynastie, Li Yuan (Gaozu; reg. 618–626), konnte sich nur kurz auf dem Thron halten. Schon nach wenigen Jahren verlor er die Macht an seinen Sohn, Li Shimin, der gegen den Vater putschte und nicht davor zurückschreckte, einige seiner Brüder zu töten. Trotz seines wenig rühmlichen Machtantritts ging er unter dem Namen Taizong (reg. 626–649) als eine der strahlendsten Herrscherpersönlichkeiten Chinas in die Geschichte ein. Unter seiner Politik erblühte das Reich zur mächtigsten Kulturnation Asiens, ja der gesamten damaligen Welt. Das Tang-Imperium expandierte bis weit nach Zentralasien und Südsibirien hinein. Im Tarim-Becken und in Vietnam wurden Militärprotektorate errichtet, und die koreanische Halbinsel gelangte unter chinesische Kontrolle. Die meisten Nachbarstaaten übernahmen chinesische Kultur und Lebensart, teils auch die chinesische Schrift. Das Land wuchs zum bevölkerungsreichsten Staat der Erde und seine Hauptstadt Chang'an zur Millionenstadt heran. Taizong lag daran, die Landwirtschaft zu stärken. Auch Verwaltung und Prüfungswesen ließ er reorganisieren. Auf Kreis- und Bezirksebene entstanden Schulen, in denen sich Knaben und junge Männer auf die Beamtenlaufbahn vorbereiten konnten. Die besten unter ihnen durften die großen Universitäten in Chang'an und Luoyang besuchen.

Kaiser Gaozong (reg. 649–683) vermochte die erfolgreiche Politik seines Vorgängers fortzuführen. Auf dessen Tod indes folgte ein kurzes **Interregnum,** das einzigartig in der Geschichte Chinas bleiben sollte. Wu Zetian, ehemalige Konkubine Taizongs und spätere Hauptfrau seines Sohnes Gaozong, schaltete die rechtmäßigen Thronfolger aus und rief sich 690 – als einzige Frau in der chinesischen Geschichte – zur Kaiserin aus. Sie war eine fromme Buddhistin, förderte aber ebenso Daoismus und Konfuzianismus. Nach ihrem Tod 705 gelangte die vormalige Herrscherfamilie wieder an die Macht, und die Dynastie der Tang fand ihre Fortsetzung.

Die Zeit der Herrschaft Li Longjis (Xuanzong; reg. 712–756) gilt gemeinhin als Höhepunkt der Tang-Kultur. Der Kaiser war den Künsten zugetan und scharte an seinem Hof in Chang'an bedeutende Intellektuelle der Zeit um sich. Die politische Macht entglitt dem kunstsinnigen Kaiser allerdings gegen Ende seiner Regierungszeit. An den Grenzen des Landes wuchs der Einfluß der Militärgouverneure zusehends. Einer von ihnen war An Lushan, ein Mann sogdischer Abstammung, der sich 755 mit 150 000 Mann daran machte, gegen die Hauptstadt zu marschieren. Der Hofstaat floh Hals über Kopf nach Chengdu im halbautonomen Königreich Shu. Dem Usurpator gelang es in kurzer Zeit, die Städte Luoyang und Chang'an einzuneh-

Grabfiguren der Tang-Zeit: der zentralasiatische Pferdeknecht weist auf den engen Kontakt zu fremden Völkern hin, die anmutigen Tänzerinnen zeugen von der Ästhetik in Kunst und Kultur jener Zeit.

men. Daraufhin dankte der gramgebeugte Monarch zugunsten seines Sohnes (Suzong; reg. 756–762) ab. 757 vermochte dieser mit dem Beistand sogdischer, uighurischer und tibetischer Truppen, An Lushan zu vertreiben und die Herrschaft des Tang-Kaiserhauses zu restaurieren. Das Volk hatte in den Jahren des Kampfs jedoch stark gelitten. In nur fünf Jahren hatte sich die Bevölkerungszahl von 53 Millionen auf 17 Millionen Menschen reduziert. Und die unruhigen Zeiten waren damit noch nicht beendet. Uighuren und Tibeter überfielen das Tang-Reich, die Zentralregierung hatte von nun ab Mühe, ihre Macht aufrechtzuerhalten. Dürren und Überschwemmungen taten ein übriges. Aufstände flammten auf, und mehrere Militärmachthaber stritten um die Vorherrschaft im Land. Als Sieger ging Chu Wen hervor, dem es 907 indes nur gelang, eine auf Nordchina beschränkte Dynastie, die Liang, zu gründen. Eine erneute Zeit der Reichsteilung, die **Zeit der Fünf Dynastien** begann.

Kulturell gelten die nahezu 300 Jahre der Reichseinheit unter der Herrschaft der Tang als Chinas Goldenes Zeitalter. Die enorme Reichsexpansion und der rege Handel über die Seidenstraße trugen viele fremde Güter nach China, die mit Wohlwollen und Interesse aufgenommen wurden. Der Geist der Zeit war kosmopolitisch. In Chang'an, der damals größten Stadt der Welt, lebten ausländische Händler und Gesandte in großer Zahl. Sie brachten neue Religionen mit, u. a. den Manichäismus, den Mazdaismus, das nestorianische Christentum und den Islam.

Gern unterhielt man sich bei Hof mit exotisch anmutenden Klängen aus Zentral- und Westasien. Die Damen kleideten, schminkten und frisierten sich nach der persischen Mode, und das Schönheitsideal wandelte sich hin zu üppigen, ›barocken‹ Körperformen. Früchte, wie Feige, Granatapfel, Mandel und Walnuß wurden über die Seidenstraße nach China eingeführt. Das persische Polo-Spiel avancierte zum eleganten Zeitvertreib der Reichen. In den Häusern der Wohlhabenden wurde es Mode, nach westlichem Vorbild auf

Stühlen zu sitzen, statt wie bisher auf Matten zu knien, wie es heute in Japan noch Sitte ist. Auch umgab man sich mit persischen Silberschmiedearbeiten und ahmte ihre Formen und die ziselierten Ranken- und Jagdmotive in Keramiken nach. Erstmals gelang es zu dieser Zeit, Porzellan mit rein weißem Scherben und durchscheinender Glasur herzustellen.

In der Literaturgeschichte Chinas ist die Tang-Dynastie die Blütezeit des Gedichts. Das Verfassen von Lyrik gehörte zur Ausbildung eines jeden Beamten, und so sind an die 50 000 Gedichte aus der Tang-Zeit überliefert. Weltruhm unter den chinesischen Poeten dieser Epoche erlangten vor allem Li Bai (auch Li Bo oder Li Taibo, 701–762) und der gesellschaftskritische Du Fu (712–770).

Der Buddhismus, der nun in alle Bevölkerungsschichten vorgedrungen war, dominierte das zeitgenössische religiöse Leben. Bis ins 8. Jh. hinein unterstützte der Hof die Errichtung buddhistischer Kultanlagen. Neue Schulen des Buddhismus bildeten sich heraus, wie die Tiantai-Schule, die Lehre des Reinen Landes (Jingtu Zong), oder der Chan-Buddhismus (jap. Zen). Nicht zuletzt trug die Erfindung des Blockdrucks zur weiten Verbreitung der Lehre bei. Das älteste erhaltene gedruckte Dokument der Welt, ist das buddhistische »Diamant-Sutra« aus dem Jahr 868, das im Jahr 1900 in Dunhuang entdeckt wurde.

Für die Tiantai-Schule birgt das »Lotos-Sutra« die höchste Wahrheit. Die Lehre des Reinen Landes stellt die Verehrung des Buddha Amitabha und dessen unerschöpfliches Mitleid in den Mittelpunkt: Der bloße Glaube an Amitabha und die ständige Rezitation seines Namens verhilft zur Wiedergeburt in Amitabhas Westlichem Paradies.
Die Anhänger des Chan glauben an die Fähigkeit eines jeden Menschen zur plötzlichen Erleuchtung: Nicht das Studium der Schriften, sondern das Ruhen im Nichtdenken, die Meditation, stellt den einzigen Weg zur Erleuchtung dar.

Mitte des 9. Jh. erlebte der Buddhismus und mit ihm alle anderen ausländischen Religionen, die bis dahin in China frei ausgeübt werden konnten, einen Einbruch. Ein kaiserlicher Erlaß (842–845) verbot sämtliche Fremdreligionen und verfügte die Schließung von Tausenden buddhistischer Klöster. Landbesitz und Reichtum der Klöster – die keine Steuern zahlen mußten – waren dem Staat ein Dorn im Auge. Binnen drei Jahren wurden ca. 500 000 Mönche und Nonnen in den Laienstand versetzt und so zu Steuerzahlern, 4600 Klöster konfisziert und mehr als 40 000 Tempel zerstört. Ein Schlag, von dem sich der Buddhismus in China nie vollends hat erholen können.

Die Song-Zeit

Nach dem Zusammenbruch des Tang-Imperiums zerfiel das Reich erneut für ein halbes Jahrhundert in mehrere Einzelstaaten. Im Süden hatten sich aus den ehemaligen Militärbezirken des Tang-Imperiums zehn eigenständige Königreiche gebildet. Im Norden ergriffen verschiedene Kriegsherren – meist türkischer Abstammung – die Macht und riefen in relativ schneller Folge die Späteren Liang- (907–923), Tang- (923–937), Jin- (937–946), Han- (947–950) und Zhou-Dynastien (951–960) aus.

960 aber gelang es General Zhao Kuangyin der Zhou, die Mehrzahl der südlichen Königreiche seinem Staat einzuverleiben. Zhao erhob sich zum Kaiser, nannte seine Dynastie Song und wählte Kaifeng als Hauptstadt. 16 Jahre lang regierte er unter der Devise Taizu (960–976). Um das Wiedererstarken regionaler Militärführer zu ver-

Wang Anshi reformierte auch das Prüfungssystem für Staatsbeamte. So ließ er deren Ausbildung ›praxisnaher‹ gestalten und verlegte die Studienschwerpunkte von konfuzianischer Literatur und Philosophie auf Fächer wie Finanzwirtschaft, Recht, Militärwesen, Geographie und Medizin. Mit dieser Politik machte sich Wang Anshi in der herrschenden Elite, insbesondere unter den streng konfuzianischen Beamten, unbeliebt. Nach wenigen Jahren mußte er von seinem Posten zurücktreten.

meiden, strukturierte er die Verwaltung seines Reiches um. Zivilbeamte ersetzten die Militärgouverneure, ferner stellte man sicher, daß alle Offiziere in regelmäßigen Abständen ihre Posten wechselten.

Zwei Mächte bildeten eine konstante Bedrohung für das Song-Reich: die Khitan, die bereits 937 im Nordosten die Liao-Dynastie ausgerufen hatten, und die Tanguten, ein mit den Tibetern verwandtes Volk, das im Nordwesten das Xixia-Reich etabliert hatte. Mit Tributzahlungen an diese ›Barbaren‹ ersparte man sich groß angelegte Feldzüge und einen womöglich jahrelang tobenden Krieg.

Die Steuerlast lag, wie zu allen Zeiten, hauptsächlich auf den Schultern der Kleinbauern, deren Einkünfte indes häufig kaum über das Existenzminimum hinausgingen. Der Besitz von Beamten hingegen unterlag keinen steuerlichen Abgaben. Nur folgerichtig, daß diese ihr Geld bevorzugt in Land anlegten und sich somit der Großteil des Ackerlandes allmählich wieder in den Händen einer kleinen Elite befand. Eine Ungerechtigkeit, die Aufstände auslöste – bis die Reformen des Wang Anshi (1021–86), Kanzler unter der Regierung des Kaisers Shenzong (reg. 1068–85), Abhilfe schafften. U. a. gewährte er den Kleinbauern staatliche Darlehen und versuchte Großaufkäufe von Land durch reiche Kaufleute und Beamte zu verhindern.

Effizientere ackerbauliche Methoden, wie die verbesserte Bewässerung sowie der Einsatz von Wasserkraft zum Dreschen und Mahlen, steigerten die Produktivität der Landwirtschaft in der Song-Zeit ungemein. Die bessere Versorgung mit Nahrungsmitteln resultierte in einem großen Bevölkerungswachstum: bis zum Jahr 1100 stieg die Bevölkerungszahl auf 100 Millionen. Damit wuchsen die Städte, und der Handel blühte, denn er mußte die Versorgung der Stadtbewohner gewährleisten. Auch der Außenhandel – insbesondere nach Süd- und Südostasien – florierte (seit 1119 orientierten sich die Chinesen zur See bereits mit Hilfe des Kompaß). Die Bedeutung des Handels beeinflußte schließlich die Geldwirtschaft: Im Jahr 1020 druckte man in China das erste Papiergeld.

Das Bild der chinesischen Stadt hatte sich seit der Tang-Zeit stark verändert. War das alte Chang'an noch streng in geschlossene Viertel eingeteilt, deren Tore nachts geschlossen und bewacht wurden, so waren die Metropolen der Song-Dynastie wie Kaifeng und Hangzhou offene Städte, in deren Straßen sich Laden an Laden reihte und Varietés in Vergnügungsvierteln den Bürgern abendliche Unterhaltung boten.

Die Drucktechnik war zu dieser Zeit bereits ausgereift, und neben dem Blockdruck beherrschte man den Druck mit beweglichen Lettern. Auch Papier stellte man bereits im großen Stil her. Das machte Information und Bildung einer breiteren Schicht zugänglich. Viele wohlhabende Beamte und Kaufleute richteten sich Privatbibliotheken ein, ein Luxus, der bisher nur Hof und Adel vorbehalten war.

Das China der Song-Dynastie war, was landwirtschaftliche Produktivität, Technologie und das Raffinement des Handels betrifft, das modernste Land seiner Zeit und der Lebensstandard der Bevölkerung höher als im Rest der Welt. Einzigartig ist die Herausbildung einer Elite, deren Macht weder auf religiösen, militärischen oder aristokratischen Institutionen fußt, sondern auf Bildung allein.

Männer wie Ouyang Xiu (1007–72), Sima Guang (1019–86) und Su Dongpo (1036–1101) waren nicht nur bedeutende Staatsmänner ihrer Zeit, sondern zudem exzellente Dichter, Essayisten, Historiker,

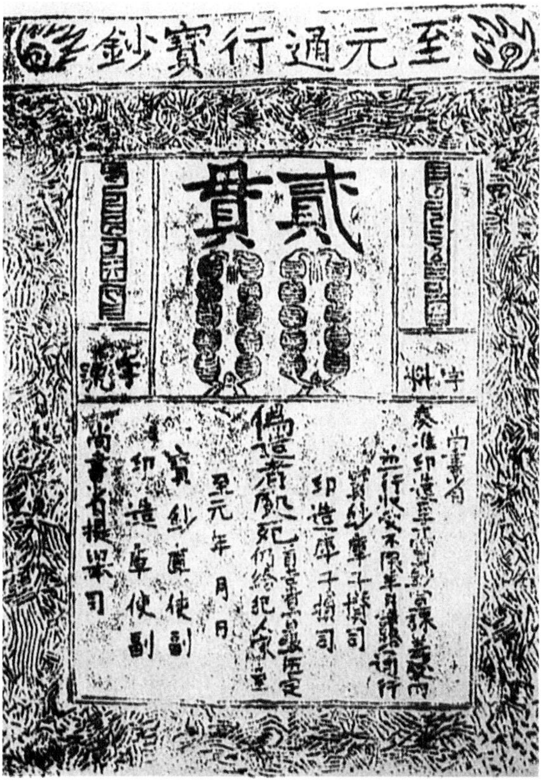

Geldschein der Song-Zeit

Wissenschaftler, Maler, Kalligraphen und Kunsttheoretiker. Damit verkörperten sie das Gentleman-Ideal der Epoche, das Ideal des literarisch gebildeten Beamten, der in Politik und Finanzwesen genauso bewandert ist wie im Verfassen von Lyrik und der künstlerischen Handhabung des Pinsels.

Zu den kultiviertesten Männern der Zeit gehörte Kaiser Huizong (reg. 1100–26). Er war ein begnadeter Maler und Kalligraph, unterhielt eine große Kunstsammlung und liebte den typisch chinesischen Literatengarten. Über diesen Tätigkeiten vernachlässigte er jedoch seine Pflicht als Staatsoberhaupt, was seine Gegner auszunutzen wußten. 1115 riefen die Dschurdschen im Nordwesten Chinas die Jin-Dynastie aus und griffen schließlich 1126 Kaifeng an. Kaiser Huizong starb in Kriegsgefangenschaft. Sein Sohn Gaozong (1127–62) vermochte im Gebiet südlich des Yangzi die Südliche Song-Dynastie aufrechtzuerhalten (Hauptstadt Nanjing, später Hangzhou). Trotz Tributzahlungen an die Jin und des Verlusts des Nordens entwickelte sich das Yangzi-Delta nun zum wirtschaftlichen, politischen und kulturellen Zentrum Chinas. Die Niederlage gegenüber den ›Barbaren‹

hatte kulturell jedoch eine erneute Hinwendung zu ›chinesischen Werten‹ zur Folge. Bevorzugt beschäftigte man sich mit Geschichte und Philosophie des chinesischen Altertums. Der Konfuzianismus erlebte eine neue Blüte, insbesondere in der Auslegung durch Zhu Xi (1130–1200) und seiner Lehre von »Menschennatur und Vernunft«, die daoistische Ideen in die konfuzianische Morallehre integrierte.

Von der Yuan-Zeit bis zur Republik

Die Yuan-Zeit

Anfang des 13. Jh. betrat eine Macht die Weltbühne, welche binnen weniger Jahre ein riesiges Reich aufbaute, das vom Pazifischen Ozean im Osten bis an die Ostgrenzen Europas reichte und sich dabei auch China einverleibte: die Mongolen. Ihr Anführer Dschinggis Khan (reg. 1206–27) zog 1211 mit seinen berittenen Truppen gegen das Reich der Jin und drang 1215 bis Beijing vor. Seinem Enkel Kubilai gelang es 1279, auch das südliche Song-Reich zu unterwerfen. Erstmals in der Geschichte stand China nun vollständig unter der Herrschaft einer ausländischen Macht.

Kubilai Khan (1215–94) war zwar der chinesischen Sprache und Schrift kaum mächtig, wußte aber die hohe Kultur der Chinesen durchaus zu schätzen. So beherzigte er den Satz eines seiner chinesischen Berater: »Man erobert die Welt zu Pferd, aber man kann sie nicht vom Pferderücken aus regieren!«

Im Jahr 1267 verlegte der Khan seine Hauptstadt vom mongolischen Karakorum nach Beijing, welches er Khanbaliq, ›Herrscher-Stadt‹, und auf Chinesisch Dadu, ›Große Hauptstadt‹, nannte. Er ließ hohe Wehrmauern und einen weitläufigen Kaiserpalast anlegen, wenn auch einige seiner Minister es bevorzugten, auf dem Palastgelände ihre mongolischen Zelte aufzuschlagen. Ab 1271 nannte Kubilai Khan seine Dynastie Yuan, ›Uranfang‹. Der Khan ließ die Reichsstraßen ausbauen und den Kaiserkanal regulieren und erweitern. Ferner investierte er in eine umfangreiche Handels- und Kriegsmarine. Als Eroberer zur See taten sich die Steppenkrieger allerdings schwer.

Die Verwaltung seines Staates strukturierte Kubilai zwar nach chinesischem Vorbild, umgab sich aber hauptsächlich mit nicht-chinesischen Beratern. Viele Ausländer, überwiegend Perser und Zentralasiaten, verkehrten an seinem Hof und nahmen wichtige Posten in der Verwaltung ein. Die Gesellschaft war unter den Yuan in vier Klassen untergliedert: An der Spitze die kleine Minderheit der Mongolen, gefolgt von ›verschiedenen Ethnien‹ (Semuren), zu denen Perser, Türken, Zentralasiaten gezählt wurden. Die dritte Gruppe bildeten die Hanren, zu denen man alle Nordchinesen und sinisierten Völker, wie Koreaner, Tanguten und Khitan rechnete. Die niedrigste Rangstufe nahmen die Südchinesen ein. In vieler Hinsicht waren Chinesen während der Mongolenherrschaft gegenüber anderen Ethnien benachteiligt. Sie zahlten die höchsten Steuern, wurden strafrechtlich am strengsten behandelt, konnten nur im Ausnahmefall leitende Stellen bekleiden und auch der Zugang zu den staatlichen Beamtenprüfungen, die die Mongolen 1315 wieder einführten, war für Chinesen durch eine Quote beschränkt. Viele der Literatenbeamten der Song-Dynastie wählten während dieser Jahre deshalb die innere Emigration, widmeten sich Literatur und Kunst. Einige Gelehrte verdienten sich ihr Brot mit dem Verfassen von Theaterstücken für ein bürgerliches Publikum, was der Bühnenkunst zu einem großen Aufschwung verhalf.

Seit dem ausgehenden 13. Jh. verkehrten erstmals Europäer am kaiserlichen Hof. Umstritten ist allerdings, ob der italienische Kaufmann Marco Polo (1254–1324) tatsächlich ein Intimus des Kubilai war, wie er in seinem weltberühmten Reisebericht behauptet. Viele Wissenschaftler bezweifeln heute, daß Polo überhaupt jemals in China gewesen ist. In chinesischen Quellen sucht man den Namen Marco Polos vergeblich, obwohl er, wie er angibt, 17 Jahre am Hofe des Khans verbrachte.

Kubilai Khan überreicht Niccolo und Maffeo Polo, Vater und Onkel des Marco Polo, zum Abschied eine goldene Tafel, die ihnen besonderen Schutz bei ihrer Reise zum Papst verleiht – 1271 sollen sie dann mit Marco an den Hof des Khans zurückgekehrt sein.

Unter den Religionen förderten die Mongolen vor allem den tibetischen Buddhismus, standen aber anderen Glaubensrichtungen tolerant gegenüber. Die Franziskanermönche Giovanni de Piano Carpini und Wilhelm von Rubruk drangen Mitte des 13. Jh. bis Karakorum, die damalige Hauptstadt des Mongolenreiches, vor. Anfang des 14. Jh. erreichte der italienische Franziskaner Giovanni de Montecorvino (1247–1328) dann den Hof des Großkhans in Khanbaliq (Beijing). Er erhielt sogar die Erlaubnis in der Hauptstadt eine Kirche zu errichten und wurde wenig später vom Papst zum Erzbischof von

Beijing ernannt. Der Mönch Odorico de Pordenone stand ihm einige Jahre zur Seite.

Doch den Beginn des 14. Jh. kennzeichneten auch Naturkatastrophen, wie die Deichbrüche am Gelben Fluß, die große Hungersnöte und dann Revolten nach sich zogen. Im Jahr 1350 stellte sich der Bettelmönch Zhu Yuanzhang (1328–98) an die Spitze der Aufständischen. Nach 18 Jahren eroberte er die Hauptstadt Dadu, und der letzte Kaiser der Yuan mußte in die nördliche Steppe fliehen. – Mit dem Sturz der Mongolenherrschaft war auch die christliche Mission in China bis auf weiteres beendet.

Die Ming-Zeit (1368–1644)

1368 bestieg Zhu Yuanzhang den Kaiserthron und regierte nun unter der Devise Hongwu als erster Herrscher der Ming-Dynastie. Er deklarierte Nanjing zu seiner neuen Hauptstadt und ließ dort gewaltige Paläste und Wehranlagen errichten. Wieder wurde die Verwaltung umstrukturiert, die Ministerien für Finanzen, Kriegswesen, Justiz, Arbeit, Riten und Beamte stellte er allesamt unter seine persönliche Leitung. Die Verfügungsgewalt des Kaisers war damit in jeder Hinsicht absolut. Die Verwaltung des Militärs gliederte er in verschiedene Abteilungen auf, um so das Erstarken einzelner regionaler Heerführer zu verhindern. Als der Hongwu-Kaiser 1398 starb, hinterließ er ein im Inneren erstarktes Reich.

1402 bestieg der Yongle-Kaiser (reg. 1402–24) den Thron. Er verlegte die Hauptstadt zurück nach Beijing, wo 27 000 Handwerker zu

Macau als portugiesische Kolonie: Berittene und bewaffnete Portugiesen auf der Jagd; Ausschnitt aus einem Lackwandschirm, 17. Jh.

den Bauarbeiten am Kaiserpalast, der Stadtmauer und den unzähligen Straßen, Brücken, Tempeln und Verwaltungsgebäuden verpflichtet wurden.

Während der gesamten Ming-Herrschaft bedrohten die Mongolen wiederholt die Nordgrenzen des Reichs. Als sie 1449 sogar bis nach Beijing vordrangen, nahm dies die Regierung zum Anlaß, die Große Mauer zu erneuern. Doch sollte die Mauer die nordischen Steppenvölker keinesfalls von weiteren Angriffen abhalten. Eine Mauer, zugunsten derer auf den Bau einer Kriegsflotte verzichtet wurde, obwohl Piraten immer wieder die chinesische Küste heimsuchten und zeitweise sogar chinesische Häfen besetzt hielten.

1517 landete dann erstmals ein portugiesisches Schiff in Guangzhou (Kanton). Spanier, Holländer und Engländer folgten bald darauf. Das unter dem ersten Ming-Kaiser verhängte Verbot des Außenhandels wurde nun aufgegeben. In Europa und Vorderasien herrschte außerordentlich große Nachfrage nach chinesischen Seidenstoffen und Porzellan. So entstanden in China die ersten großen Manufakturen, die mehrere hundert Arbeiter beschäftigten: In der Gegend um Shanghai produzierte man Baumwolltextilien, in Suzhou Seidenwaren. Die kaiserliche Porzellanmanufaktur in Jingdezhen umfaßte damals bereits einige Tausend Arbeiter.

Die Chinesen ihrerseits importierten vorwiegend Silber aus Süd- und Mittelamerika, aber auch neue exotische Feldfrüchte, wie die Erdnuß, die Süßkartoffel und Mais, welche sich auf anspruchsloseren Böden gut kultivieren ließen. Insgesamt konnte die Nahrungsmittelversorgung der Bevölkerung, die in der Ming-Zeit auf fast 200 Millionen anwuchs, erheblich verbessert werden.

China war Europa wieder nähergerückt, und so strebte die katholische Kirche aufs neue eine Missionierung an. Der Jesuit Matteo Ricci (1552–1610) erreichte 1583 Macau und ließ sich 1601 in Beijing nieder. Ricci, der fließend Chinesisch sprach und sich in der klassischen chinesischen Literatur auskannte, gewann bald die Gunst des chinesischen Kaisers. Besonders seine Kenntnisse im Bereich der Astronomie, Mathematik und Technik hinterließen am chinesischen Hof großen Eindruck. Seinen Nachfolgern wurde unter der Qing-Dynastie gar das Amt des kaiserlichen Hofastronoms angetragen.

Die durch den Handel zu Wohlstand gekommene Schicht der Handwerker und Kaufleute beeinflußte vermehrt das Kulturgeschehen. Eine ›bürgerliche‹ Literatur – Roman und Novelle – erfreute sich großer Beliebtheit. Historische Romane, wie die »Reise nach dem Westen« (»Xiyu Ji«), »Die Geschichte von den Drei Reichen« (»Sanguozhi Yanyi«) oder der erotische Roman »Pflaumenblüten in der Goldvase« (»Jinpingmei«), allesamt in der chinesischen Umgangssprache verfaßt und in hoher Auflage gedruckt, entstammen dieser Epoche.

Doch nicht zum ersten Mal in der Geschichte des Landes wurden Machtkämpfe und Intrigen zwischen Beamten und Eunuchen am

Hof, verbunden mit Hungersnöten und folgenden Bauernrevolten im Reich, einem chinesischen Herrscherhaus zum Verhängnis. Im Jahr 1644 nahm der Bauernführer Li Zicheng (1605–45) mit seinen Truppen Beijing ein – der letzte Ming-Kaiser erhängte sich daraufhin im Park des Kohlehügels. Doch bevor der Rebellenführer den Thron besteigen und eine neue Dynastie ausrufen konnte, kamen ihm mandschurische Truppen zuvor. China gelangte erneut unter die Herrschaft einer ausländischen Macht.

Die Qing-Dynastie bis zum Ende des 18. Jh.

Offiziell begann die mandschurische Herrschaft über China mit der Eroberung der Hauptstadt. Die neuen Herren zogen in den Kaiserpalast ein und nannten ihre Dynastie Qing, ›Klarheit‹. Weitere 15 Jahre benötigten sie, um auch den Süden des Landes zu unterwerfen.

Die chinesische Bevölkerung fühlte sich von der ausländischen Macht gedemütigt. 1645 erging der Befehl, daß alle Chinesen nach mandschurischer Sitte einen Zopf zu tragen hatten, Zuwiderhandlungen wurden mit dem Tod bestraft. Auch die Ehe zwischen Chinesen und Mandschuren wurde verboten. Doch die Herrschaft der Qing sollte für die chinesische Bevölkerung nicht nur Nachteile bringen. Drei fähige Herrscher folgten in den kommenden 150 Jahren aufeinander und brachten dem Reich Frieden und Wohlstand. Sie regierten unter den Devisen Kangxi (reg. 1662–1722), Yongzheng (reg. 1722–35) und Qianlong (reg. 1736–95). Die drei Kaiser ließen die Besitztümer reicher Chinesen weitgehend unangetastet, gewährten den Bauern in den zerstörten Gebieten jahrelang Steuerfreiheit und schafften die allgemeine Pflicht zum Arbeitsdienst an öffentlichen Projekten ab. Das Verwaltungssystem ihres Staates gestalteten sie weitgehend nach dem Vorbild der Ming.

Der Kangxi-Kaiser erließ 1692 ein Edikt, welches die freie Missionstätigkeit der Christen im gesamten Reich garantierte. Doch sollte ein Streit innerhalb der katholischen Kirche den Erfolg der christlichen Mission bald wieder zunichte machen. Als man 1704 den chinesischen Christen durch einen päpstlichen Erlaß verbieten wollte, ihre Ahnen weiterhin zu verehren, reagierte der chinesische Kaiser mit einem Verbot des Christentums und verwies sämtliche Missionare des Landes.

Der Kangxi-Kaiser ging als weitsichtiger, toleranter Politiker in die chinesische Geschichte ein. Am Huang He ließ er umfangreiche Deichbauarbeiten vornehmen, auch den Kaiserkanal ließ er regulieren. Der Herrscher schätzte und förderte die chinesische Kultur, war vielseitig interessiert und stand für die konfuzianischen Ideale ein. Bei Hof scharte er die klügsten Köpfe seiner Zeit als Berater um sich. Dazu gehörten der deutsche Jesuitenpater Adam Schall von Bell (1592–1666) und der Flame Ferdinand Verbiest (1632–88), die aufgrund ihrer außerordentlichen Kenntnisse der Astronomie und Mathematik als kaiserliche Hofastronomen beamtet wurden.

Der klugen Finanzpolitik des Yongzheng-Kaisers verdankte das Reich ein gewaltiges Plus im Staatsetat. Er ließ ein Rechnungsprüfungsamt gründen, daß regelmäßige Kontrollen durchführte und so gegen die Unterschlagung von Steuergeldern vorging. Unter dem Qianlong-Kaiser fand diese Politik ihre Fortsetzung. Obwohl während seiner Regierung die Armee um 60 000 Mann vergrößert wurde und zahlreiche Feldzüge finanziert werden mußten, befand sich 1786 ein Überschuß von 70 Millionen Silberunzen in der Staatskasse.

Bis zum Ende des 18. Jh. hatte das chinesische Staatsgebiet Ausmaße erreicht wie nie zuvor. Die Qing hatten weite Gebiete der Mongolei vereinnahmt, und 1683 wurde die Insel Taiwan eingenommen, wo die Nachfolger des Piraten und Ming-Loyalisten Cheng Zhenggong (1624–62), auch bekannt als Koxinga, geherrscht hatten. 1717 wurde Tibet chinesisches Protektorat. Die Qing stationierten Truppen in Lhasa, überließen die Regelung der inneren Angelegenheiten des Landes allerdings weitgehend lokalen Regenten. In den 50er Jahren des 18. Jh. brachten sie ferner das gesamte Tarim-Becken und weite Teile Zentralasiens unter ihre Herrschaft. Das chinesische Reich war nun zu einem Vielvölkerstaat geworden, in dem alle wichtigen Staatsdokumente mehrsprachig abgefaßt wurden: in Mandschurisch, Chinesisch, Mongolisch, Tibetisch und Uighurisch. China hatte sich zur beherrschenden Macht in Asien entwickelt.

Johann Adam Schall von Bell; Kupferstich aus dem 16. Jh.

Der Qianlong-Kaiser legte eine umfangreiche Kunstsammlung an, ließ eine Bestandsaufnahme des Schrifttums durchführen und betätigte sich als Baumeister, doch förderte er weitgehend einen eher mediokren Kreis von Künstlern, die der konservativen akademischen Tradition verhaftet waren. Während das Kunsthandwerk jener Zeit technisch enorme Perfektion erlangte, tendierte es künstlerisch vielfach zu übersteigertem Prunk, ja Kitsch.

Der Qianlong-Kaiser der Qing; Malerei auf Seide

Unter dem Qianlong-Kaiser wurde der Sommerpalast erbaut; Malerei auf Seide

In der alten Welt setzte eine wahre China-Euphorie ein. Zahlreiche Gelehrte, unter ihnen Leibniz und Voltaire, beschäftigten sich mit der Lehre des Konfuzius und lobten die chinesische Tradition des gebildeten Beamtentums. In Kunst und Kunsthandwerk liebte man zu dieser Zeit die Chinoiserie. Viele europäische Fürsten legten sich chinesisch inspirierte Gärten mit Pagoden und Pavillons an, richteten in ihren Schlössern ›chinesische Salons‹ ein und sammelten mit Leidenschaft chinesisches Porzellan.

Die umgangssprachliche Literatur, Romane und Theaterstücke, erlebte unter den Qing weiterhin eine Blütezeit. Einer der berühmtesten chinesischen Romane, »Der Traum der Roten Kammer« von Cao Xueqin (1715–64), eine Familiengeschichte mit sensiblen Charakterdarstellungen, wurde 1791 erstmals gedruckt. Unter den chinesischen Theatergattungen bildete sich die Pekingoper als chinesische Volksoper heraus. Europa nahm bewundernd Notiz von dieser asiatischen Kulturnation und begeistert verschlang man dort die Berichte christlicher Missionare aus dem Reich der Mitte.

Der Niedergang der Qing-Dynastie und die ausländischen Mächte

Das Blatt sollte sich jedoch bald wenden. China hatte mit dem Ende der Qianlong-Ära den Zenith seiner Macht bereits überschritten. Der Wohlstand des 18. Jh. hatte ein enormes Bevölkerungswachstum beschert: Annähernd 300 Millionen Menschen lebten im Jahr 1800 im Land, 1850 waren es bereits 400 Millionen. Zwar hatte sich das chinesische Staatsgebiet in den vergangenen Jahrhunderten um ein Vielfaches vergrößert, die Fläche des landwirtschaftlich nutzbaren Bodens indes hatte sich kaum verändert. Versorgungsprobleme konnten auf Dauer nicht ausbleiben.

Im Verlauf des 19. Jh. zeichnete sich ab, daß China nicht mehr imstande war, mit der schnellen internationalen Entwicklung mitzuhalten. Das konservative, dem Traditionalismus verhaftete Beamtentum verschloß sich gegenüber modernem westlichen Gedankengut, und auch die einst so fortschrittliche chinesische Wissenschaft brachte auf naturwissenschaftlichem und technologischem Gebiet nichts Neues mehr hervor. Das gesamte kulturelle Leben nahm während der Qing-Zeit eine konservative Wende, und in der Gesellschaft gewannen puritanische Tendenzen die Oberhand.

Hinzu kam enormer außenpolitischer Druck. Bereits während des 18. Jh. verdrängten die Engländer allmählich Portugiesen, Spanier und Holländer von ihren führenden Positionen im Chinahandel und wurden europäischer Handelspartner Nr. 1 im Reich der Mitte. Insbesondere interessierten sie sich für chinesischen Tee. In ihrer Heimat avancierte die ›Tea-time‹ zur gesellschaftlichen Institution, und entsprechend stieg die Nachfrage nach den aromatischen Blättern. Waren es 1684 nur ganze fünf Kisten, die den Hafen von Guangzhou Richtung England verließen, zählte man im Jahr 1800 stolze 23 Millionen Pfund Tee. Für China gestaltete sich der Handel mit England in den ersten Jahrzehnten äußerst lukrativ. Doch dann begannen die Briten Opium, das sie seit Mitte des 18. Jh. günstig in ihren neu erworbenen Gebieten in Indien anbauten, auf den chinesischen Markt zu werfen. Entgegen landläufiger Meinung hatte der Opiumgenuß in China keine Tradition. Die Droge war dort zwar schon seit der Tang-Zeit bekannt, wurde aber überwiegend zu medizinischen Zwecken genutzt. 1729, die Engländer führten in diesem Jahr 200 Kisten (zu je 65 kg) Opium nach China ein, erließ die chinesische Regierung ein Gesetz, welches den Opiumgenuß untersagte. Diese Maßnahme wurde jedoch gleichermaßen von den Briten wie von korrupten Mandarinen, die von dem Geschäft profitierten, ignoriert. Schließlich entsandte der Hof 1839 Lin Zexu (1785–1850) als Sonderbevollmächtigten nach Guangzhou, um dem illegalen Drogengeschäft ein Ende zu machen. Lin beschlagnahmte 20 000 Kisten Opium und ließ sie verbrennen. Den Briten befahl er, umgehend das Land zu verlassen. Wenig später kam es jedoch zu Kampfhandlungen, die sich vom Gebiet des Perlflusses (Zhu Jiang) die chinesische Küste entlang bis in die Yangzi-Mündung ausweiteten. 1842 bedrohten die Briten schließlich Nanjing und zwangen die chinesische Regierung zur Kapitulation. Dieser **erste Opiumkrieg** hatte für China zur Folge, daß es die Insel Hongkong an England abtreten und fünf Häfen – Guangzhou (Kanton), Xiamen (Amoy), Fuzhou, Ningbo und Shanghai – für den Handel öffnen mußte. Zudem verpflichtete es sich, eine hohe Kriegsentschädigung zu zahlen und den Engländern Exterritorialrechte zu gewähren. Damit unterstanden diese nicht der chinesischen Gerichtsbarkeit. Darüber hinaus beinhalteten diese ›ungleichen Verträge‹ eine Meistbegünstigungsklausel, nach der China alle Rechte, die es einer anderen ausländischen Macht gewährte, automatisch den Briten zugestehen mußte.

1856 kam es erneut zu Auseinandersetzungen zwischen westlichen Mächten und Chinesen, bei denen diesmal auch französische Truppen beteiligt waren. 1860 drangen die alliierten Mächte bis Beijing vor und zerstörten dort den Sommerpalast **(zweiter Opiumkrieg).** China wurde daraufhin genötigt, den Opiumhandel zu legalisieren, weitere zehn Häfen dem Handel zu öffnen und die Niederlassung ausländischer Gesandter in der Hauptstadt zu akzeptieren.

Zusätzlich zu dieser außenpolitisch unerfreulichen Entwicklung, traten Mitte des 19. Jh. innenpolitische Probleme auf. In den Jahren 1850–64 erschütterte der **Taiping-Aufstand** das Reich. Im Süden hatten sich zuvor schon verschiedene Geheimbünde etabliert. Doch der Gesellschaft der Gottesverehrer des religiösen Utopisten Hong Xiuquan (1813–64) gelang es binnen weniger Jahre Zehntausende von Anhängern zu gewinnen. 1850 erklärte sich Hong, der sich als jüngeren Bruder Christi betrachtete, zum König des Himmlischen Reiches des Großen Friedens (Taiping Tianguo). 1853 eroberte er mit seinen Truppen Nanjing und machte es zur Hauptstadt. Die Taiping beherrschten binnen kurzer Zeit weite Teile des chinesischen Südens. Ihre Ideologie trug christliche, buddhistische, daoistische und sozialrevolutionäre Züge, vor allem aber wurden die Aufständischen wegen ihrer antimandschurischen Einstellung vom Volk unterstützt.

Aufgrund der katastrophalen Verhältnisse in Südchina wanderten in dieser Zeit Hunderttausende Menschen, insbesondere aus den Provinzen Fujian und Guangdong, in der Hoffnung auf Arbeit und ein besseres Leben nach Südostasien und Amerika aus.

Der Qing-Regierung gelang es jedoch schließlich, mit Hilfe einer eigens aufgestellten Miliz und der Unterstützung ausländischer Truppen gegen die Taiping vorzugehen. Die Kämpfe hinterließen weite Teile Mittel- und Südchinas in völliger Verwüstung: 600 Städte waren zerstört und nahezu 20 Millionen Menschen ums Leben gekommen.

Gegen Ende des Jahrhunderts mußte China zudem außenpolitisch weitere harte Schläge einstecken. Japan hatte sich mittlerweile zur imperialistischen Macht in Asien aufgeschwungen. 1879 besetzte es die bis dahin tributpflichtigen Ryûkyû-Inseln. 1894 kam es in Korea zu Zusammenstößen zwischen chinesischen und japanischen Truppen. Die siegreichen Japaner verlangten von China die Übergabe der Insel Taiwan sowie die Zahlung einer exorbitanten Kriegsentschädigung. Damit hatten nun auch die Westmächte Beute gerochen und stellten ihrerseits Gebietsansprüche an China. 1897 ging Qingdao auf der Halbinsel Shandong an das Deutsche Reich, welches zudem Jiaozhou auf 99 Jahre in Pacht nahm. 1898 wurden Port Arthur (Lüda) und Dalian russische Kolonie, England erhielt Weihaiwei (Shandong) und Frankreich die Bucht von Guangzhou.

Alarmiert durch diese Entwicklung, drängte eine Gruppe chinesischer Intellektueller auf Reform. Ihrem Anführer Kang Youwei (1858–1927) gelang es, Kontakt zum jungen Guangxu-Kaiser (reg. 1875–1908) aufzunehmen. Als dieser Interesse zeigte und daran ging, China in eine konstitutionelle Monarchie umzuwandeln, durchkreuzte die Kaiserinwitwe Cixi (1835–1908) des Kaisers Pläne. Sie ließ ihn unter Hausarrest stellen und übernahm selbst die Regierung.

Die Frustration in der chinesischen Bevölkerung über die ausländische Besatzung machte sich im Jahr 1900 im sogenannten **›Boxer-**

Die Kaiserinwitwe Cixi umgeben von Damen des Hofes; Foto um 1900

aufstand‹ Luft. Eine Geheimbewegung aus der Provinz Shandong, die Faustkämpfer für Recht und Einigkeit, im Westen kurz ›Boxer‹ genannt, zerstörten in Beijing und Tianjin christliche Kirchen und Missionsstationen, griffen ausländische Siedlungen an und verfolgten Chinesen, die sich zum christlichen Glauben hatten bekehren lassen. Die Kaiserinwitwe Cixi unterstützte sie und forderte die ausländischen Gesandten auf, Beijing zu verlassen. Diese konterten jedoch mit einem alliierten Truppenverband, der den Aufstand niederschlug. Drei Tage lang wurde die Hauptstadt zur Plünderung durch die ausländischen Soldaten freigegeben. Im ›Boxerprotokoll‹ von 1901 mußte sich die Qing-Regierung zur Zahlung von 450 Millionen Silberunzen als Kriegsentschädigung verpflichten.

Mit den Kolonialmächten war die christliche Mission nach China zurückgekehrt. Hunderte von katholischen und protestantischen Krankenstationen, Schulen und Universitäten eröffneten vor allem in den küstennahen Regionen. Doch die aggressive Machtpolitik der Kolonialherren warf kein gutes Licht auf die Mission. Der Haß der chinesischen Bevölkerung auf die ausländischen Unterdrücker war groß, und chinesischen Christen warf man Verrat an der eigenen Identität vor.

Unter dem Druck dieser Ereignisse erklärte sich die Qing-Regierung zu einigen Reformen bereit. 1905 schaffte sie das traditionelle Prüfungssystem für Beamte ab, reorganisierte die Armee und hob das Verbot von Ehen zwischen Chinesen und Mandschuren auf. Das Ende des Kaiserreiches kündigte sich aber bereits an. Zwei Tage nach dem (wahrscheinlich gewaltsamen) Tod des Guangxu-Kaisers starb am 15.11.1908 Cixi. Kurz zuvor hatte sie den zweijährigen Puyi (1906–67) zu ihrem Thronfolger ernannt.

Mittlerweile war es im Süden des Landes bereits zu mehreren erfolglosen Putschversuchen gekommen. Anführer der Revolutionäre war Dr. Sun Yat-Sen (Sun Zhongshan, 1866–1925). Er forderte die Vertreibung der Mandschuren und eine republikanische Verfassung.

1911 löste die Verstaatlichung der Eisenbahn in Sichuan erneute Aufstände aus. Die Regierung beauftragte daraufhin General Yuan

Shikai (1859–1916) mit deren Niederschlagung. Statt dessen schlug dieser sich jedoch auf die Seite der Revolutionäre, welche in Nanjing eine provisorische Regierung bildeten und am 29.12.1911 Sun Yat-sen zu ihrem Präsidenten wählten. Sun bot jedoch dem militärisch mächtigeren Yuan Shikai die Präsidentschaft an. Am 12.2.1912 wurde die Abdankung des Kindkaisers Puyi verlesen. China war Republik – unter einem Präsidenten Yuan Shikai.

Die Republik China

Der jungen chinesischen Demokratie war es nicht vergönnt, die Früchte der Revolution zu genießen. Präsident Yuan Shikai war alles andere als ein Demokrat. Skrupellos ging er gegen seine politischen Gegner vor und schwang sich bald zum Diktator auf. Sun Yat-sen mußte nach Japan fliehen. 1914 ließ Yuan das Parlament auflösen und eine Verfassung verkünden, die ihm unbeschränkte Machtbefugnisse einräumte. 1915 kündigte er gar die Ausrufung einer neuen Dynastie an, was im In- und Ausland gewaltige Proteste auslöste, die erst mit seinem plötzlichen Tod im Juni 1916 ein Ende fanden.

In den darauffolgenden zwölf Jahren versank China im Chaos. Tibet und die Mongolei hatten sich bereits bald nach Abdankung des Qing-Kaiserhauses von China losgesagt und ihre Unabhängigkeit erklärt. Nach dem Tode Yuan Shikais zerfiel das Land schließlich in kleine von Warlords, ›Kriegsherren‹, kontrollierte Lokalreiche. Die Bevölkerung litt unter Plünderungen der Armeen, Korruption war an der Tagesordnung, das Geld verlor seinen Wert. Zusätzlich mußte China wieder einmal die Demütigungen durch das Ausland einstekken. 1915 hatte Japan die deutschen Territorien in China erobert und China 21 Forderungen vorgelegt, die es faktisch zum japanischen Protektorat gemacht hätten. Trotz großer Proteste in der Bevölkerung wurden einige dieser Forderungen erfüllt. Als China auf Drängen der USA und Japans Deutschland 1917 den Krieg erklärte, erhoffte es sich dadurch, die verlorenen Gebiete für sich zurückgewinnen zu können. Im Vertrag von Versailles wurden sie jedoch Japan zugesprochen. Am 4.5.1919 demonstrierten daraufhin 3000 Studenten auf dem Platz zum Tor des Himmlischen Friedens in Beijing. Die Demonstrationen griffen bald auf weitere Städte über, und es kam überall im Land zu Streiks und zum Boykott japanischer Waren. Führende Köpfe der Vierten-Mai-Bewegung waren die Professoren Chen Duxiu (1879–1942), Li Dazhao (1888–1927) und Hu Shi (1891–1962). Ihr Sprachrohr war die von Chen Duxiu herausgegebene Zeitschrift »Neue Jugend« (»Xin Qingnian«). Darin veröffentlichte Li Dazhao seine Artikel über die marxistische Theorie, hier erschienen die ersten Kurzgeschichten von Chinas größtem modernen Schriftsteller, Lu Xun (1881–1936), und hierin äußerte Hu Shi seine Forderung nach der Aufgabe der elitären chinesischen Schriftsprache und die ausschließliche Verwendung des umgangssprachlichen Chinesisch in

Verwaltung und Literatur. Die Vierte-Mai-Bewegung entwickelte sich zur größten literarischen und geistigen Reformbewegung des 20. Jh. in China.

Li Dazhao, Leiter der Beijinger Universitätsbibliothek, gründete überdies 1918 die Gesellschaft zum Studium des Marxismus, der auch der junge Bibliotheksgehilfe Mao Zedong beitrat. Als schließlich im Juli 1921 in Shanghai in aller Heimlichkeit die Kommunistische Partei gegründet wurde, gehörten Li Dazhao, Chen Duxiu und Mao Zedong zu den Gründungsmitgliedern.

Sun Yat-sen, der nach dem Tode Yuan Shikais aus seinem japanischen Exil zurückgekehrt war, hatte sich derweil in den USA um Unterstützung zum Aufbau einer demokratischen Regierung bemüht, war dort aber zurückgewiesen worden. Statt dessen bot die Sowjetunion ihre Hilfe an und entsandte militärische und politische Berater nach Guangzhou. Die Nationale Volkspartei Sun Yat-sens (Guomindang) wurde daraufhin nach sowjetischem Vorbild zu einer zentralistischen, streng hierarchisch strukturierten Partei umgestaltet. Daneben unterstützten die Sowjets den Aufbau der chinesischen Kommunistischen Partei (Zhongguo Gongchandang) und rieten ihren Führern zur Zusammenarbeit mit der Guomindang.

Sun Yat-sen (sitzend) und Chiang Kai-shek (stehend); Foto um 1941

Als Sun Yat-sen im März 1925 starb, stieg Chiang Kai-shek (Jiang Jieshi) als die führende Gestalt innerhalb der Nationalen Volkspartei auf. Er startete einen Feldzug gegen die Warlords und vermochte bis 1928 das gesamte Land unter seine Kontrolle zu bringen. Seine persönliche Macht erweiterte er systematisch. Ein Jahr zuvor hatte er Song Meiling, Schwester der Witwe Sun Yat-sens und Tochter eines der reichsten Shanghaier Bankiers, geheiratet. Mit der Unterstützung der chinesischen Hochfinanz im Rücken entschloß er sich zum Bruch mit den Kommunisten. Er ließ die Kommunistische Partei verbieten und ihre Anhänger schonungslos verfolgen. Alle sowjetischen Berater ersetzte Chiang Kai-shek durch deutsche, bediente sich auch der Propagandamethoden der Nazis und baute mit ihrer Hilfe eine Geheimpolizei, die ›Blauhemden‹, auf.

Dem Bürgertum in den Städten, deren Bild sich zu wandeln begann, ging es nicht schlecht. Das Verkehrswesen wurde weiter ausgebaut, die Metropolen weitgehend elektrifiziert. Gebäude im europäischen Stil bestimmten nun immer mehr das Stadtbild. Die gebildete Mittelschicht Chinas, von denen viele im Ausland studiert hatten, gewann zunehmend an politischem Einfluß. Erstmals hatten auch Frauen Zugang zu Schulen und Hochschulen. Die Unsitte des Fußbindens war bereits von Sun Yat-sen verboten worden. All diese Neuerungen betrafen aber in erster Linie die Stadtbevölkerung. Trotz Chiangs Versprechungen hinsichtlich einer Landwirtschaftsreform änderte sich am Elend der Bauern in diesen Jahren herzlich wenig.

So verwundert es nicht, daß die Kommunisten Mao Zedong, Zhou Enlai und Zhu De (1886–1976), denen die Flucht vor den Blauhemden Chiang Kai-sheks ins südchinesische Bergland gelungen war, dort große Teile der Landbevölkerung für die kommunistische Idee gewannen. 1931 gründeten sie im Gebiet der Provinz Jiangxi eine erste Sowjetrepublik, die jedoch unter dem Druck der nationalistischen Armee nach vier Jahren aufgegeben werden mußte. Die Rote Armee begab sich dann im Oktober 1934 auf den berühmten Langen

Chinesische Soldaten im Krieg gegen Japan; Foto um 1900

Marsch, der sie über 12 000 km quer durch China bis nach Yan'an (Provinz Shaanxi) führte, wo die Kommunisten ihr Hauptquartier aufschlugen. Von den rund 100 000, die sich auf den Weg gemacht hatten, erreichten nur etwa 7000–8000 ihr Ziel.

Während Chiang die Kommunisten verfolgte, konnte Japan seine Macht in Asien weiter ausdehnen. Bereits 1931/32 gelang es den Japanern, sich die Mandschurei einzuverleiben und dort den Marionettenstaat Manzhuguo zu etablieren, zu dessen Oberhaupt sie den letzten Qing-Kaiser Puyi machten. 1937 griffen sie ohne Vorwarnung diverse chinesische Großstädte an und konnten sich binnen kurzer Zeit der gesamten Ostküste bemächtigen.

Der Versuch einer Einheitsfront aus Nationalisten und Kommunisten schlug fehl, und die nationalistische Regierung sah sich gezwungen, sich vor den schnell vordringenden Japanern zurückzuziehen, die Hauptstadt schließlich nach Chongqing zu verlegen. Trotz finanzieller Unterstützung durch die USA verbuchte Chiang keine Erfolge. Als Japan im August 1945 nach den Atombombenabwürfen auf Hiroshima und Nagasaki kapitulierte, kam es in China zur offenen Auseinandersetzung zwischen Nationalisten und Kommunisten. Chiang Kai-shek und seine Anhänger flüchteten mit dem Staatsschatz auf die Insel Taiwan. Am 1. Oktober 1949 rief Mao Zedong vom Tor des Himmlischen Friedens in Beijing die Volksrepublik China aus.

Die Volksrepublik China

Die dringendste Aufgabe der neuen Regierung nach Beendigung des Bürgerkriegs war der Wiederaufbau. China war bankrott. Landwirtschaft und Industrie lagen im Chaos, es gab zu wenig Straßen und öffentliche Transportmittel. Im Freundschaftsvertrag von 1950 sicherte die Sowjetunion der jungen chinesischen Volksrepublik wirtschaftliche Hilfe zu. Auf dem Land führte man eine Bodenreform durch. Großgrundbesitzer wurden enteignet, und das Land an Kleinbauern verteilt, Großbetriebe wurden verstaatlicht, kleinere Betriebe blieben zumeist noch in privater Hand. Binnen eines Jahres gelang es, die starke Inflation aufzuhalten und eine neue, stabile Währung, Renminbi, ›Volkswährung‹, zu schaffen.

Der erste Fünfjahresplan (1953–57) war für Wirtschaft wie Landwirtschaft ein großer Erfolg. Nach dem Zusammenstoß chinesischer und amerikanischer Truppen im Korea-Krieg 1950–53 verhängten die USA allerdings ein Wirtschaftsembargo über China und entsandten eine Flotte zur Sicherung der Insel Taiwan, wo Chiang Kai-shek am 1.3.1950 eine Exilregierung gegründet und die Republik China auf Taiwan ausgerufen hatte. Die chinesische Invasion in Tibet 1950/51, das nach Abzug der Qing-Truppen seine Unabhängigkeit erklärt hatte und auf das die Volksrepublik nun – begründet auf dem Imperialismus des Qing-Reiches – Anspruch erhob, verschärfte die internationale Kritik an der jungen Volksrepublik. Im September 1954 trat die neue chinesische Verfassung in Kraft. Als Staatschef wurde Mao Zedong in seiner führenden Rolle bestätigt. Überzeugt vom unumstrittenen Erfolg seiner Politik startete er 1957 die Kampagne der Hundert Blumen. Unter dem Motto »Laßt hundert Blumen blühen, laßt hundert Schulen miteinander wetteifern« – eine Anspielung auf die Zeit der 100 Philosophenschulen des chinesischen Altertums – forderte er die chinesischen Intellektuellen zur Kritik an Regierung und Partei auf. Die massiven Klagen über die unumschränkte Allmacht der KPCh und ihre Diktatur bezüglich wissenschaftlicher und künstlerischer Arbeit trafen Mao unerwartet. Er reagierte mit der Kampagne gegen Rechtsabweichler in deren Verlauf Hunderttausende von Intellektuellen ihre Posten verloren, zur Feldarbeit eingeteilt oder in Umerziehungslager gebracht wurden.

Trotz der wirtschaftlichen Erfolge der ersten Jahre ging Mao der Fortschritt zu schleppend voran. 1958 setzte er an zum Großen Sprung nach vorn: Überall wurden Volkskommunen errichtet, Privateigentum schaffte man weitgehend ab, und die Bauern machte man zu Arbeitern in riesigen Staatsbetrieben. Das Alltagsleben der meisten Menschen veränderte sich grundlegend. Einige der Aktionen zeitigten indes verheerende Folgen. Der nun tiefer gepflügte und dichter besäte Boden laugte aus oder versalzte, die systematische Ausrottung der Vögel (angeblich bedrohten sie die Ernte) zog Insektenplagen nach sich. Zusätzlich suchten Naturkatastrophen das Land heim. Die Zeit von 1959 bis 1962 wird als die Drei Harten Jahre bezeichnet, in denen es erstmals nach Gründung der Volksrepublik wieder zu Hungersnöten kam, die um die 16 Millionen Opfer forderten. Der Fehlschlag des Großen Sprungs kostete Mao nicht nur das Amt des Staatschefs – er wurde durch Liu Shaoqi ersetzt –, er führte auch zum Bruch mit der Sowjetunion. Die blutige Niederschlagung des Aufstands in Tibet durch die Rote Armee 1959 und die Grenzstreitigkeiten mit Indien 1962 brachten China weitere internationale Kritik ein. Das Land stand nun weitgehend isoliert da.

Durch eine gemäßigte Politik – die Kommunen wurden verkleinert, und die Bauern durften privat Erwirtschaftetes auf Märkten anbieten – gelang es unter Liu Shaoqi bis 1965, das Land aus der tiefen Krise zu führen. 1966 meldete sich Mao jedoch zurück und lancierte die Große Proletarische Kulturrevolution, proklamierte kein geringeres Ziel als die Schaffung eines ›Neuen Menschen‹. Auf Maos Aufruf hin, die Revolution niemals einschlafen zu lassen, schlossen sich die Mittelschüler und Studenten im Land zu Roten Garden zusammen, zerstörten Tempel, Klöster und Kulturdenkmale, schlossen Kirchen und Moscheen.

Zu den Millionen von Opfern der Kulturrevolution gehörten so prominente Parteiveteranen wie Deng Xiaoping, bis 1966 Generalsekretär der Partei, und Lin Biao, welcher jahrelang als Nachfolger Maos gehandelt worden war.

Viele Intellektuelle oder ehemals Bürgerliche wurden verfolgt, öffentlich gedemütigt, in Arbeitslager gesteckt oder getötet. Eine Schlüsselrolle als Agitatorin spielte dabei Maos Ehefrau Jiang Qing, eine ehemalige Schauspielerin, die sich zur Aufgabe gemacht hatte, das chinesische Theater zu reformieren. Unter ihrer Anleitung kamen in den 60er und 70er Jahren zahlreiche Filme, Theaterstücke und

Mao Zedong besucht die ländliche Bevölkerung.

Opern revolutionären Inhalts heraus. Begleitet wurde die Kulturrevolution von einem enormen Personenkult um Mao Zedong. Jeder im Land war im Besitz der »Zitate des Vorsitzenden Mao«. In mehreren Massenaufmärschen in Beijing zollten die Roten Garden ihrem ›Großen Steuermann‹ Respekt. Das Chaos, welches sie im Land auslösten, führte 1967 zu Unruhen in der Bevölkerung, die nur mit militärischer Hilfe niedergeschlagen werden konnten. Selbst Mao verurteilte nun das Vorgehen der Roten Garden und ihre ›ultralinken Tendenzen‹, hatte allerdings erreicht, was er wollte: Im folgenden Jahr wurde Liu Shaoqi als Staatspräsident abgesetzt, und er selbst als sein Nachfolger bestätigt. Die radikale Phase der Kulturrevolution war zwar damit vorüber, ihre Nachwehen sollten sich aber noch bis zum Tod Maos und dem endgültigen Sturz der ›Viererbande‹, dem linksradikalen Flügel der Partei um Jiang Qing, im Jahr 1976 fortsetzen.

Ministerpräsident Zhou Enlai bemühte sich derweil um die Herstellung normaler Verhältnisse. Seit Anfang der 70er Jahre versuchte er, diplomatische und wirtschaftliche Beziehungen zum Ausland zu knüpfen. 1972 besuchte der amerikanische Präsident Richard Nixon, 1975 Bundeskanzler Helmut Schmidt die Volksrepublik. Im selben Jahr erkrankte Zhou Enlai und setzte den während der Kulturrevolution geschaßten Deng Xiaoping als seinen Stellvertreter ein. Als Zhou im Januar 1976 starb, versammelten sich 200 000 Menschen ihm zu Ehren auf dem Tian'anmen-Platz und protestierten gegen die Politik der ›Viererbande‹. Jiang Qing gelang es, Deng Xiaoping erneut zu entmachten, und an seiner Stelle folgte der Mao-Protegé Hua Guofeng im Amt des Ministerpräsidenten. Mao selbst war zu dieser Zeit schon todkrank und unfähig, in das politische Geschehen einzugreifen. Im Juli desselben Jahres kündigte in den Augen weiter Teile der Bevölkerung das gewaltige Erdbeben von Tangshan, das mehr als 240 000 Opfer forderte, das Ende des ›himmlischen Mandats‹ Maos an. Mao Zedong starb am 8.9.1976.

Hua Guofeng, der bald darauf zum Parteichef aufstieg, ließ die ›Viererbande‹ – Jiang Qing, Wang Hongwen, Yao Wenyuan und Zhang Chunqiao – verhaften. Erst 1980/81 wurde ihnen öffentlich der Prozeß gemacht, wobei man der Gruppe die hauptsächliche Schuld an der Kulturrevolution anlastete. Maos Witwe wurde zum Tode verurteilt, die Vollstreckung allerdings einige Jahre später aufgehoben. Sie starb 1991 unter Hausarrest.

Wirtschaftliche Öffnung unter Deng Xiaoping

Mitte 1977 hatte Deng Xiaoping erneut die politische Bühne betreten und schnell an Einfluß gewonnen. Deng war kein Ideologe, sondern Pragmatiker. Berühmt wurde sein Ausspruch: »Es ist egal, ob die Katze schwarz oder weiß ist, Hauptsache, sie fängt Mäuse.« Er sah seine vornehmliche Aufgabe darin, das Land aus der wirtschaftlichen Misere heraus zu führen und den allgemeinen Lebensstandard zu verbessern. Deng schrieb 1979 die Ein-Kind-Politik fest. Des weiteren kündigte er die Vier Modernisierungen an: der Landwirtschaft, der Industrie, der Technologie und der Verteidigung. Noch im Dezember 1978 beschloß das Zentralkommitee der Partei die Kollektivierung des Bodens aufzuheben. Es sollte nun nach dem System der Eigenverantwortung gewirtschaftet werden: Der Boden blieb Eigentum des Staates, wurde aber – verbunden mit einer an den Staat abzutretenden Ertragsquote – zur privaten Nutzung an die Bauern verteilt. Diese Umstellung ließ die landwirtschaftliche Produktion erheblich steigen.

1979 wurden außerdem vier Wirtschaftssonderzonen in den südlichen Küstenprovinzen gegründet: Shenzhen, Zhuhai und Shantou in der Provinz Guangdong und Xiamen in Fujian. Diese Städte wurden zu Freihandelszonen erklärt, in denen chinesische Firmen auf eigene Rechnung wirtschaften und sich mit ausländischen Partnern zu Gemeinschaftsunternehmen, den Joint-ventures, zusammenschließen können. Dabei ging und geht es vor allem auch darum, sich technisches und wirtschaftliches Know-how aus dem Westen anzueignen. Im Lauf der letzten 20 Jahre haben weitere 14 Küstenstädte und die Insel Hainan einen ähnlichen Status erhalten.

Langsam verabschiedet sich China offiziell vom sowjetischen Modell der Planwirtschaft und begeht den Weg der »sozialistischen Marktwirtschaft«, wie Deng ihn nannte. Statt planwirtschaftlicher Sollerfüllung bestimmen in China nun Angebot und Nachfrage den Markt. Staatliche Betriebe, die rote Zahlen schreiben, sind nicht mehr vor Schließung gefeit. Seit 1991 existieren in Shanghai und Shenzhen Aktienbörsen.

Das Leben in China ändert sich. Private Läden, Restaurants und freie Märkte erweitern das Angebot an Waren erheblich, die Versorgung verbessert sich. Ein ungeheurer Bauboom überrollt seit Mitte der 80er Jahre die Städte. Alte Viertel werden systematisch abgerissen und neue Gebäude im Eiltempo hochgezogen. Die Ästhetik bleibt zwar dabei leider vielfach auf der Strecke, allerdings verbesserte sich die Lebensqualität vieler Stadtbewohner erheblich.

Die Wirtschaftsreform Deng Xiaopings wird von den meisten Chinesen als Segen betrachtet, doch sie hat auch ihre Schattenseiten. Durch die Schließung unrentabler Staatsbetriebe und die höhere Technisierung der Landwirtschaft sieht sich die Volksrepublik vor ein neues Problem gestellt: die Arbeitslosigkeit. Gegenwärtig liegt die offizielle Arbeitslosenquote in China noch unter 3 %. Darüber hinaus schätzt man jedoch, daß etwa 100–150 Millionen Chinesen vom Land sich als Tagelöhner ohne festen Wohnsitz und jegliche soziale Absicherung in den Städten aufhalten. Die Industrialisierung und das höhere Verkehrsaufkommen haben außerdem zu enormen Umweltproblemen geführt.

Überdies hat die chinesische Regierung mit Korruption und Inflation zu kämpfen. Zwei Aspekte, die u. a. Gründe für die Demonstrationen auf dem Tian'anmen-Platz in Beijing im Jahr 1989 bildeten. Zunächst hatten Studenten der Universität Beijing für bessere Studienbedingungen demonstriert, später gesellten sich Arbeiter und Angestellte zu ihnen und klagten die hohe Inflationsrate und Korruption an. Innerhalb eines Monats vervielfachte sich die Zahl der Demonstranten in Beijing auf annähernd eine Million. Etwa 3000 Studenten begannen einen Sitz- und Hungerstreik und ließen nun auch Forderungen nach Pressefreiheit, mehr Demokratie und Beachtung der Menschenrechte laut werden. Die chinesische Regierung verhängte schließlich auf Anweisung Dengs in der Hauptstadt das Kriegsrecht, das bis Anfang 1990 bestehen blieb. Zhao Ziyang, welcher sich zu Gesprächen mit den Demonstranten bereit zeigte, wurde seines Amtes enthoben. In der Nacht vom 3. auf den 4.6.1989 fuhren dann Truppeneinheiten der Volksbefreiungsarmee in die Hauptstadt ein und richteten unter den Demonstranten ein Massaker an. Die Zahl der Opfer liegt bis heute im dunkeln.

Deng Xiaoping trat fünf Monate nach dem Blutbad von seinem Amt als Vorsitzender der Militärkommission zurück. Jiang Zemin, der 1993 auch zum Staatspräsidenten gewählt wurde, ersetzte ihn.

Die Hoffnung, daß mit dem langsamen Aussterben der alten Hardliner in der chinesischen Regierung das Land zu mehr politischer Liberalisierung findet, war bisher vergeblich. Der Tod Deng Xiaopings im Februar 1997 hat keine dramatischen Änderungen in der chinesischen Regierung nach sich gezogen. Li Peng, neben Deng für das Massaker von 1989 verantwortlich, wurde zwar im März 1998 durch Zhu Rongji, einen erfahrenen Wirtschaftsfachmann ersetzt, ob von diesem jedoch grundlegende politische Reformen zu erwarten sind, ist zu bezweifeln. Amnesty International beklagt weiterhin jedes Jahr zahlreiche Menschenrechtsverletzungen in China.

Jüngste kulturelle Entwicklungen

Auf kulturellem Gebiet hat sich in den vergangenen 20 Jahren in China viel getan. Trotz immer noch bestehender staatlicher Restriktionen besitzen Künstler und Intellektuelle heute Freiheiten wie nie zuvor seit Bestehen der Volksrepublik.

In der Ära Maos hatten sich Literaten, Künstler, Theaterschaffende und Filmleute in ihrer Arbeit nach den Vorgaben zu richten, die Mao und seine Genossen 1942 auf dem Forum für Kunst und Literatur in Yan'an ausgearbeitet hatten, d. h. sämtliches Kulturschaffen hatte ausschließlich der Revolution zu dienen. Voller Pathos stellte man Heldenfiguren der Revolution dar, die dem einfachen Bauern oder Arbeiter als leuchtendes Vorbild dienen sollten – tugendhaft, eifrig, mutig und voll glühender Liebe für die Partei. Künstler, die mit dieser Linie nicht konform gingen, wurden verfolgt und verbrachten Jahre in Umerziehungslagern.

Seit dem Tod Maos sind die Künste weniger politischen Vorgaben unterworfen. Vor allem werden die klassischen chinesischen Kunstformen, wie Tuschmalerei, Kalligraphie, die traditionelle Bühnenkunst und die klassische chinesische Musik, die in der Kulturrevolution als Relikte des Feudalismus jahrelang verboten waren, wieder gepflegt.

Der Aufbau wirtschaftlicher Beziehungen zum Ausland und die Öffnung Chinas für den Tourismus bringen darüber hinaus seit Ende der 70er Jahre zunehmend westliche Kultureinflüsse ins Land. Mit der Verbreitung des Fernsehens – gegenwärtig besitzen in China immerhin etwa 300 Millionen Haushalte ein Fernsehgerät – ist man heute über das Weltgeschehen informiert. Es existieren 800 staatliche Fernsehanstalten in China, die selbstverständlich allesamt der

Mädchen; Gemälde von Yu Youhan

Zensur der Partei unterliegen. Doch im Zeitalter der Satellitenschüssel empfangen viele Chinesen überdies ausländische Programme, dem Staat fällt damit die Kontrolle über die Medien immer schwerer.

Was das Kino betrifft, so sind in den letzten Jahren in der Volksrepublik einige bemerkenswerte Produktionen entstanden, die internationale Anerkennung erlangt haben. Hervorzuheben sind vor allem die Filme Chen Kaiges und Zhang Yimous, beide Absolventen der Filmhochschule Beijing. Chen Kaige wurde mit seinen Filmen »Gelbe Erde« und »Lebewohl, meine Konkubine« bekannt. Zhang Yimou erlangte mit seinen wunderbar fotografierten Filmen »Rotes Kornfeld«, »Ju Dou«, »Rote Laterne«, »Das Leben der Qiu Ju«, »Leben« u. a. internationale Aufmerksamkeit. Beide Regisseure blieben jedoch von den chinesischen Zensurbehörden nicht unbehelligt. Während Chen Kaige in die USA emigrierte, werden die Filme Zhang Yimous mittlerweile auch in der Volksrepublik gezeigt.

In der Literatur begann man seit Anfang der 80er Jahr das Trauma der Kulturrevolution zu verarbeiten und sich mit den verstärkt nach China drängenden Kultureinflüssen aus dem Westen auseinanderzusetzen. Eine berühmte Vertreterin dieser sogenannten Wunden- und Reformliteratur ist Zhang Jie, deren Roman »Schwere Flügel« in den 80er Jahren auch ein deutsches Leserpublikum erreichte. Gegenwärtig gehört Wang Shuo zu den populärsten jungen Autoren in der Volksrepublik. In lockerem Umgangston nimmt er in seinen Romanen die unbarmherzige Ellbogengesellschaft der chinesischen Großstädte aufs Korn.

Bezüglich der Musik sind die Tage der politischen Kampflieder schon lange vorbei. Populär sind heute vor allem seichte Liebesschnulzen aus Taiwan und Hongkong, die nur allzu gern in fröhlicher Runde in den allgegenwärtigen Karaoke-Bars nachgesungen werden. Auch Rock und Pop aus Amerika und Europa finden heutzutage ein breites Publikum. Ein chinesischer Rocksänger mit gewissem Anspruch ist Cui Jian, dessen gesellschaftskritische Texte den Behörden allerdings häufiger ein Dorn im Auge sind. Seit seinem Engagement in der Demokratiebewegung von 1989 verwehrt ihm die Zensurbehörde nicht selten den Auftritt vor größerem Publikum.

In den bildenden Künsten konnte sich in den letzten zwei Jahrzehnten eine neue chinesische Avantgarde herausbilden, die sich vor allem an Techniken und Ausdrucksformen der westlichen modernen Kunst orientiert. Internationale Aufmerksamkeit erregte vor allem die ›maoistische Pop-Art‹ des Shanghaier Malers Yu Youhan, der in ironischer Weise mit Mao-Kult und Propagandaästhetik abrechnet. Auch die befremdlichen, glatzköpfigen Gestalten des Fang Lijun, Repräsentant einer jungen, desillusionierten Generation von Chinesen, waren bereits auf mehreren internationalen Ausstellungen chinesischer Avantgarde-Kunst zu sehen.

Das chinesische Fernsehprogramm entspricht heute weitgehend ›Westniveau‹: Neben chinesischen Film- und Serienproduktionen, Schulfernsehen und Nachrichtensendungen trifft man beim ›Zappen‹ durch die chinesischen Programme auf Seifenopfern und die neuesten Video-Clips aus den USA, Historiendramen und Kungfu-Filme aus Hongkong und manchmal eine gute alte »Derrick«-Folge – in chinesischer Synchronisation.

Epochen der chinesischen Geschichte

ca. 5.–2. Jahrtausend v. Chr.	Neolithikum: Hierzu zählen die Hemudu-Kultur vom Unterlauf des Yangzi sowie die Longshan- und die Yangshao-Kultur im Einzugsbereich des Gelben Flusses.
2205–1766 v. Chr.	Xia-Zeit (laut alten chinesischen Geschichtswerken): Halblegendäre Dynastie, deren Existenz nicht bestätigt ist.
ca. 1650–1050 v. Chr.	Shang-Zeit: Bronze dient zur Herstellung von Ritualgefäßen für den Ahnenkult, der Ackerbau bildet die Lebensgrundlage.
ca. 1050–771 v. Chr.	Westliche Zhou-Zeit: Der Ahnenkult spielt weiter eine wichtige Rolle, doch statt Shangdi als oberster Ahnherr wird der Himmel, Tian, verehrt. Der König gilt als Sohn des Himmels.
ca. 750–256 v. Chr.	Östliche Zhou-Zeit: Geprägt von einer blühenden Geisteskultur: Laozi, Konfuzius, Shang Yang – die Zeit der 100 Schulen.
ca. 722–481 v. Chr.	Zeit der Frühlings- und Herbstannalen: Konfuzius (551–479) bearbeitet die chinesischen Klassiker.
ca. 475–221 v. Chr.	Zeit der Streitenden Reiche: Das Reich der Zhou zerfällt in mehrere Fürstentümer.
221–206 v. Chr.	Qin-Zeit: Qin Shihuangdi eint erstmals das chinesische Reich. Vereinheitlichung von Schrift, Maßen und Gewichten, Bau von Straßen, der Großen Mauer etc. Mit der Terrakottaarmee (bei Xi'an) als Grabwache machte er sich unsterblich.
206 v.–9 n. Chr.	Westliche Han-Zeit: Der Kaiser Han Wudi entsendet eine militärische Expedition unter Zhang Qian nach Zentralasien und erhebt den Konfuzianismus zur Staatsideologie. Zahlreiche Enzyklopädien werden herausgegeben, Mathematik und Astronomie machen große Fortschritte.
9–23 n. Chr.	Interregnum des Wang Mang
25–220	Östliche Han-Zeit: Aufstände unzufriedener Bauern, insbesondere jener, den die Gelben Turbane, eine daoistisch geprägte Sekte, anführen, dominieren diese Epoche. China kommt erstmals mit dem Buddhismus in Kontakt.
220–264	Zeit der Drei Reiche
265–316	Westliche Jin-Zeit
317–420	Östliche Jin-Zeit
317–589	Zeit der Nördlichen und Südlichen Dynastien: Die Zeit von 220 bis zum Beginn der Sui-Zeit ist eine Zeit politischer Zersplitterung. Die Zeit der Drei Reiche geht in die Literatur, Oper und das Theater Chinas ein.

589–618 Sui-Zeit: Wieder ein geeintes China. Residenzstädte, der Kaiserkanal, das Straßennetz und die Instandsetzung der Großen Mauer gehören zu den erfolgreichen Maßnahmen jener Zeit. Drei Korea-Feldzüge indes scheitern.

618–906 Tang-Zeit: Das Goldene Zeitalter Chinas. Unter dem ersten Tang-Herrscher Taizong erblüht das Reich zur mächtigsten Kulturnation Asiens, die Hauptstadt Chang'an wächst zur Millionenstadt heran. Der Handel über die Seidenstraße bringt ausländische Waren, Religionen und Menschen nach China. Li Bai und Du Fu zählen noch heute zu den bedeutendsten Dichtern des Landes. Der Buddhismus erfährt eine Blütezeit – bis er im 9. Jh. fast zum Erliegen kommt: Klöster und Tempel werden auf kaiserlichen Befehl zerstört.

906–960 Zeit der Fünf Dynastien

960–1127 Nördliche Song-Zeit

1127–1279 Südliche Song-Zeit: Die Song-Zeit ist die Blütezeit des Neokonfuzianismus, eine Bildungselite dominiert das Land. Das Ideal des gebildeten Literaten-Beamten entsteht (z. B. der Dichter, Staatsmann, Maler etc. Su Dongpo). Kaiser Huizong, ein begabter Maler und Kalligraph verliert schließlich sein Reich an die Mongolen.

1279–1368 Yuan-Zeit: Den Mongolen gelingt es unter Kubilai Khan China zu erobern. Beijing wird als Khanbaliq Hauptstadt des Landes. Die Mongolen fördern den tibetischen Buddhismus, aber auch christliche Missionare dürfen im Land wirken (von Rubruk, Montecorvino).

1368–1644 Ming-Zeit: Eine chinesische Dynastie regiert das Land. Der erste Ming-Kaiser herrscht unter der Devise Hongwu. Ihm und seinem Nachfolger (Yongle) gelingt es das Land zu stabilisieren. 1517 landet erstmals ein portugiesisches Schiff in Guangzhou. 1601 erreicht der Jesuit Matteo Ricci Beijing. Eine bürgerliche Literatur entsteht.

1644–1911 Qing-Zeit: Wieder herrscht ein Reitervolk über das Reich der Mitte: die Mandschuren. Der Kangxi-, Yongzheng- und Qianlong-Kaiser verhelfen dem Land zu wirtschaftlicher Blüte. Danach indes treten die Europäer verstärkt auf den Plan. Die beiden Opiumkriege zwingen China dazu, den Europäern Gebiete im Land zu übertragen. Nationale Aufstände wie der Taiping- und der Boxeraufstand – gerichtet gegen die Politik der Kaiserinwitwe Cixi und die Zugeständnisse an die Europäer, stürzen das Reich in zusätzliche Wirren und münden schließlich im Sturz der Qing.

1912–1948 Republik China: Zentrale politische Persönlichkeiten sind Yuan Shikai, Sun Yat-sen, Chiang Kai-shek. Die Vierte-Mai-Bewegung von 1919 entwickelt sich zu einer Bewegung kultureller Erneuerung (Hu Shi, Lu Xun). 1921 Gründung der KPCh.

1936–1945/49 Die Kämpfe zwischen China und Japan sowie zwischen Kommunisten und der Nationalen Volkspartei enden mit dem Sieg der KPCh.

1949–bis heute Volksrepublik China: Kampagnen bestimmen die ersten Jahrzehnte – 1958 Großer Sprung nach vorn, 1966–69 Große Proletarische Kulturrevolution. Am 8.1.1976 stirbt Zhou Enlai, am 9.9.1976 Mao Zedong. Ab 1977 beginnt eine Politik der

Rote Garden – Hauptwerkzeuge der Kulturrevolution – demonstrieren mit der ›Mao-Bibel‹ in Händen; Foto undatiert, 1966

wirtschaftlichen Öffnung. 1979 werden die ersten Wirtschaftssonderzonen geschaffen. Doch weiterhin heißt es wirtschaftliche Öffnung ja, politische Reform nein: Unbarmherzig deutlich wird dies vom 3. auf den 4.6.1989, als die chinesische Regierung Militär einsetzt, um die Besetzung des Tian'anmen-Platzes zu beenden. Seither setzt China die Politik der wirtschaftlichen Öffnung fort. 1997 fällt Hongkong, 1999 Macau an die VR China zurück. Ob es auch eine gemeinsame Zukunft für Taiwan und die VR gibt, bleibt abzuwarten (2000 Taiwan bemüht sich um Gespräche).

Die chinesische Götterwelt

Das daoistische Pantheon

Der ursprünglich rein philosophische Daoismus der frühen Zeit (s. S. 29) erfuhr im Lauf der Jahrhunderte eine grundlegende Wandlung. Mystisch-magische Praktiken, mit denen der Wissende das ewige Leben erreichen kann, gewannen immer mehr an Bedeutung. Auf der Suche nach dem ›Elixier der Unsterblichkeit‹ experimentierte man mit diversen chemischen Stoffen, entwickelte Meditationstechniken, spezielle Diäten und praktizierte Atem- und Sexualübungen. Die Versuche, das Leben zu verlängern, und die damit zusammenhängenden Naturbeobachtungen der Daoisten sollten entscheidenden Einfluß auf die Entwicklung der chinesischen Heilkunde, die Alchimie, Ernährungslehre und Geomantik haben. Vor allem in der Auseinandersetzung mit dem in China an Einfluß gewinnenden Buddhismus nahm der Daoismus immer mehr die Gestalt einer Volksreligion mit eigenem Zeremoniell und einem schier unüberschaubaren Götterpantheon an. Es entstanden verschiedene Schulen des religiösen Daoismus mit Klöstern und einem hierarchisch strukturierten Mönchswesen.

Die Drei Reinen – San Qing

Die Trinität der Drei Reinen steht dem daoistischen Götterpantheon vor. Es sind dies der Jadekaiser, **Yuhuang,** der Herrscher über Himmel und Erde; **Daojun,** der Herr über das Dao, die Zeit und Regulierer der Kräfte Yin und Yang; sowie der vergöttlichte Philosoph **Laozi.** Der Jadekaiser führt die göttliche Hierarchie an. Er thront im höchsten Himmel und, um die Geschicke der Welt zu lenken, steht ihm ein umfangreicher ›Verwaltungsapparat‹ zur Verfügung. Jeder Gottheit im daoistischen Pantheon ist eine bestimmte Aufgabe zugewiesen.

Der Herrscher des Östlichen Berges

Die Herren der Fünf Berge

Sie sind die Vertreter des Jadekaisers auf Erden und wachen über die fünf Heiligen Berge der Daoisten in China: den Tai Shan (Provinz Shandong) im Osten, den Hua Shan (Provinz Shaanxi) im Westen, den Heng Shan (Provinz Hunan) im Süden, den Heng Shan (Provinz Shanxi) im Norden und den Song Shan (Provinz Henan) im Zentrum. Sie verwalten die Fünf Elemente, Wasser, Holz, Feuer, Metall und Erde, und bewachen die Tore zur Unterwelt, welche sich in den Tiefen der heiligen Berge befinden. Der **Herrscher des Östlichen Berges** (Taiyue Dadi), der auf dem Tai Shan residiert, folgt in der Götterhierarchie direkt auf den Jadekai-

»Der Weg, von dem wir sprechen können, ist nicht der ewige Weg; der Name, den wir nennen können, ist nicht der ewige Name. Das Namenlose ist der Anfang von Himmel und Erde; das Namentragende ist die Mutter der zehntausend Dinge.«
»Daode Jing«, 1

ser und waltet über das Leben auf der Erde. Er legt Geburts- und Todesstunde eines jeden Menschen fest und entscheidet über seinen sozialen Rang, Reichtum und Nachkommenschaft. Außerdem sind ihm sämtliche Stadt- und Lokalgötter *(chenghuang* und *tudi),* die vor Naturkatastrophen schützen und für gute Ernte und gute Geschäfte sorgen, untergeben.

Der Kriegsgott – Guandi

Guandi, ursprünglich eine historische Persönlichkeit (General Guan Yu aus dem 3. Jh.), verteidigt das Götterpantheon gegen Dämonen und gilt als Bewahrer des Friedens. Meist stellt man ihn in der Rüstung eines Generals mit rotem Gesicht dar.

Der Herdgott – Zaojun

Der Herdgott besitzt in der Küche fast jedes chinesischen Haushalts einen Platz. Ihm obliegt die Aufgabe, alle Geschehnisse innerhalb einer Familie zu beobachten und sie dem Jadekaiser zu berichten. Dies tut er jeweils am Neujahrstag – deshalb ist es in China Brauch, ihm seinen Mund am Neujahrsabend mit Honig einzuschmieren, damit er dem Jadekaiser nur Gutes berichtet.

Türgötter

Zum Neujahrstag bringen viele Chinesen Bilder zweier streng blikkender Herren in Generalstracht an ihrer Tür an – Türgötter, die das Haus vor schlechten Einflüssen beschützen sollen. Es handelt sich um zwei historische Gestalten: Yuchi Jingde und Qin Shubao, zwei Generäle des Tang-Kaisers Li Shimin. Nacht für Nacht sollen Alpträume den Herrscher geplagt haben, bis er diese beiden Herren beauftragte, vor seinem Gemach Wache zu halten. Erfolgreich hielten sie alle bösen Geister fern.

Der Gott der Literatur – Wenchang

Wenchang, den Patron der Künste und der Literatur, verehren insbesondere Studenten und Gelehrte. Ihm opfern diejenigen, die Prüfungen zu bestehen haben oder eine Beamtenkarriere beschreiten wollen. Er belohnt die Fleißigen und Aufrichtigen mit Ruhm und Wohlstand, daneben besitzt er die Aufgabe, die Urteile des Jadekaisers zu verkünden.

Der Gott des Langen Lebens – Shouxing

Shouxing oder Shoulao wird als alter Mann mit übertrieben hohem Schädel und langem Bart dargestellt, der meist einen knorrigen Stock, einen Pfirsich sowie einen Flaschenkürbis bei sich trägt, der das Wasser des Langen Lebens enthält. Oft reitet er auf einem Hirsch oder einem Kranich. Sämtliche seiner Attribute symbolisieren das Lange Leben.

Die Himmelskaiserin – Tianhou

Tianhou oder Mazu ist die Beschützerin der Fischer und Seeleute. Sie wird vor allem an den Küsten Südchinas, auf Taiwan und von Chinesen in Übersee verehrt. Der Legende nach war sie eine Fischertochter, die 960 n. Chr. auf der Insel Meizhou vor der Küste Fujians geboren wurde und übernatürliche Fähigkeiten besaß. Sie rettete ihren Vater und Bruder auf wundersame Weise aus Seenot. Als sie jung verstorben war, errichteten die Dorfbewohner für sie einen Tempel. Mit der Zeit entstanden weitere Legenden um sie, und im Jahr 1683 verlieh ihr der Kangxi-Kaiser den Titel Himmelskaiserin.

Die Königinmutter des Westens – Xiwangmu

Wesentlich älteren Ursprungs ist Xiwangmu, die Herrscherin über das Westliche Paradies. Sie findet bereits in der frühesten chinesischen Literatur Erwähnung. Es heißt, sie residiere in einem Jadepalast im Kunlun-Gebirge und züchte dort die Pfirsiche des Langen Lebens, die nur alle 6000 Jahre reifen. Gelegentlich wird sie zusammen mit ihrem männlichen Pendant, Dongwanggong, dem Königlichen Vater des Ostens, dargestellt, meist bildet man sie jedoch, von feenhaften Wesen begleitet, als schöne junge Frau auf einem Phönix reitend ab. Die ursprünglich buddhistische Göttin der Barmherzigkeit Guanyin (s. S. 71) wird von den Daoisten als Inkarnation der Königinmutter des Westens verehrt.

Die Acht Unsterblichen – Ba Xianren

Das Gegenstück zum Westlichen Paradies liegt im Ostmeer – die Inseln der Unsterblichkeit: Penglai, Fangzhang und Yingzhou. Hier wächst der von so vielen chinesischen Kaisern heiß begehrte Pilz der Unsterblichkeit, und hier residieren die Acht Unsterblichen. Sie werden auch mit acht verschiedenen Lebenszuständen in Verbindung gesetzt wie Jugend und Alter, Armut und Reichtum, Männlichkeit und Weiblichkeit. Zu unterscheiden sind sie an ihren Attributen, die zum Teil allein abgebildet werden.

Zhongli Quan (Attribut: Fächer) soll in der Han-Zeit (206 v.–220 n. Chr.) gelebt haben. Der Philosoph und Alchimist wird meist mit langem schwarzen Bart dargestellt. Mit seinem Fächer kann er Tote zum Leben erwecken.

Cao Guojiu (Attribut: Kastagnette) war angeblich der Schwager eines Kaisers. Standesgemäß trägt er deshalb auf allen Abbildungen Hofkleidung. Er gilt als Schutzpatron der Schauspieler.

Die Acht Unsterblichen auf einem Boot im Ostmeer

Han Xiangzi (Attribut: Flöte) ist eine historische Gestalt aus dem 9. Jh., der Neffe des Dichters Han Yu. Er war ein Schüler des Lü Dongbin. Als Virtuose auf der Flöte gilt er als Schutzpatron der Musiker.

Lü Dongbin (Attribut: Wedel und Schwert), 798 in Nordchina als Beamtensohn geboren, wird in der Tracht eines Gelehrten dargestellt. Mit seinem magischen Schwert, dem Geschenk eines Drachen, vermag er sich unsichtbar zu machen und kämpft damit gegen Dämonen. Sein Fliegenwedel läßt ihn durch die Lüfte schweben.

Zhang Guolao (Attribut: Bambustrommel) soll im 7. Jh. in der Provinz Shanxi gelebt haben. Er erlangte Unsterblichkeit, nachdem Li Tieguai (s. u.) ihm eine Pille schenkte, die angeblich Fische wieder lebendig machen konnte. Als andere Fischer sie ihm rauben wollten, schluckte er sie selbst. Oft wird er auf einem Esel reitend dargestellt. Dieser Esel kann, ohne zu ermüden, große Entfernungen zurücklegen und läßt sich wie ein Stück Papier zusammenfalten.

Li Tieguai (Attribut: Flaschenkürbis) stützt sich auf eine eiserne Krücke. Während er einst im Schlaf seine Seele wandern ließ, verbrannten Freunde seinen Körper, da sie ihn für tot hielten. Lis Seele fuhr daraufhin in den Körper eines lahmen Bettlers ein. In dem Flaschenkürbis wohnt eine Fledermaus, welche das Glück symbolisiert.

Lan Caihe (Attribut: Blumen- oder Früchtekorb) wird als Knabe, zuweilen als Mädchen dargestellt. Er trägt meist ein blaues, zerschlissenes Gewand und nur einen Schuh. Lan Caihe zieht als Wandersänger über die Märkte.

He Xiangu (Attribut: Lotosstengel) ist die einzige Frau unter den Acht Unsterblichen. Als ihre Eltern nicht mehr wußten, was sie mit ihr anfangen sollten, da sie geschworen hatte, niemals zu heiraten, nahm Lü Dongbin sie in die Gemeinschaft auf. Manchmal ruht ein Pfirsich in der Fruchtkapsel des Lotos, den sie in der Hand hält.

Das buddhistische Pantheon

Der historische Buddha, Siddharta Gautama, wurde 563 v. Chr. (bzw. nach einer neueren Chronologie 115 Jahre später) im Gebiet des heutigen Nepal geboren. Er entstammte dem Adelsgeschlecht der Shakyas, weshalb er auch Shakyamuni, ›der Weise aus dem Stamm der Shakya‹, genannt wird. Bis zu seinem 29. Lebensjahr führte er ein Leben in Wohlstand am Hof seines Vaters. Erst als Erwachsener, als er bei Ausfahrten aus dem Palast mit Alter, Krankheit und Tod konfrontiert war, machte er sich auf, einen Weg zu finden, den leidvollen Kreislauf der Wiedergeburten zu verlassen, die Ursache des Leidens zu finden. Zunächst schloß er sich wandernden Asketen an, erkannte jedoch bald die Wertlosigkeit der Selbstkasteiung und gab auch das asketische Leben auf. Unter dem Bodhi-Baum in Bodh Gaya wurde ihm nach langer Meditation die Erleuchtung zuteil.

Shakyamuni erkannte die Vier Edlen Wahrheiten: 1. das menschliche Leben ist Leiden; 2. die Ursache allen Leids liegt in der Begierde; 3. nur die Aufhebung der Begierde kann das Leid beenden; 4. Erlösung aus dem Kreislauf der Wiedergeburten kann nur dem gelingen, der den Heiligen Achtfachen Pfad beschreitet. Letzterer umfaßt: rechten Glauben, rechtes Denken, rechtes Reden, rechtes Handeln, rechtes Leben, rechtes Streben, rechtes Gedenken und rechtes Sich-Versenken. Nur dieser Achtfache Pfad führt zum Nirvana, der absoluten Leere.

Schriftlich hat der historische Buddha seine Lehre nicht formuliert. Erst nach seinem Tod wurde der buddhistische Kanon auf der Basis mündlicher Überlieferung in der Schriftensammlung des »Tripitaka« festgelegt. Dieser Umstand ließ schon in früher Zeit zahlreiche buddhistische Schulen entstehen, die alle für sich die einzig wahre Auslegung der Lehre in Anspruch nahmen. Zwei Hauptrichtungen bildeten sich heraus: der Theravada-Buddhismus oder das ›Kleine Fahrzeug‹ (Hinayana) und das ›Große Fahrzeug‹ (Mahayana). Letztere ist heute in China, Tibet, Japan und Korea verbreitet. Im Gegensatz zum Theravada, der die Erlösung des einzelnen aus eigener Kraft heraus anstrebt, verspricht der Mahayana-Buddhismus allen Menschen – Mönchen wie Laien – die Möglichkeit der Erlösung. Anstelle des Mönchsideals steht das Ideal des Bodhisattvas, eines Wesens, das die Erleuchtung bereits erlangt hat, jedoch selbstlos auf den Eingang ins Nirvana verzichtet, um anderen Lebewesen den rechten Weg zur Erlösung zu weisen. Sowohl Buddha als auch die Bodhisattvas werden im Mahayana-Buddhismus kultisch verehrt. Es existiert ein Pantheon unzähliger Götter- und Heiligenfiguren, die zum Teil aus dem Hinduismus übernommen wurden. Den historischen Buddha betrachtet man im Mahayana-Buddhismus als die Verkörperung eines ewigen, transzendenten Buddha. Er steht in einer Reihe von unendlich vielen Buddhas, die bereits in der Vergangenheit existierten und auch in der Zukunft erscheinen werden.

Gemäß der brahmanischen Anschauung glaubte Shakyamuni an den ewigen Kreislauf der Wiedergeburten, Samsara, und daran, daß die Wiedergeburt eines Lebewesens durch sein Karma, die Summe aller guten und schlechten Taten, die ein Mensch im Lauf seines Lebens vollbringt, bestimmt ist.

Seit dem 10. Jh. ist eine Vervolkstümlichung des Buddhismus zu bemerken. Einige Mitglieder des buddhistischen Pantheons wurden zu spezifisch chinesischen Volksgottheiten umgeformt. Aus dem ursprünglich männlichen Bodhisattva der Barmherzigkeit, Avalokiteshvara, schuf man die madonnenhafte Guanyin, Maitreya, den Buddha der Zukunft, wandelte man in eine schmerbäuchige, lachende Mönchsgestalt.

Das Bild des Buddha wurde vor etwa 2000 Jahren in Nordindien geprägt. Nachdem die buddhistische Gemeinde nach Gründung der Religion im 5. Jh. v. Chr. fast ein halbes Jahrtausend lang auf bildliche Darstellungen verzichtet hatte, begann man im 1. Jh. n. Chr. in Gandhara (nördliches Pakistan) erstmals den Buddha abzubilden. Schon bald bildete sich ein verbindlicher ikonographischer Kanon heraus. Handbücher zeigen die unterschiedlichen Stand- und Sitzhaltungen, in Sanskrit benannt, für die Figuren des Götterpantheons. Auch Maße und Proportionen der Figuren sind genau vorgegeben. So sind etwa Gestalt, Gesichtsausdruck, Körper- und Handhaltung sowie bestimmte Attribute des Buddha exakt festgelegt. Diese sind von symbolischer Bedeutung und gelten als heilig – den Schöpfern der Kunstwerke ist damit indes die künstlerische Freiheit genommen.

Der Buddha – Fo

Die ikonographischen Handbücher führen für Buddha-Darstellungen die sogenannten 32 Merkmale eines Großen Wesens auf. Dazu gehört der Schädelauswuchs *(ushnisha)*, welcher als ›Weisheitsknochen‹ interpretiert wird. Das Haar des Buddha ist meist kurz gelockt und von blauer Farbe. Die Haarlocke auf der Stirn, *urna,* oft nur als Punkt dargestellt, gilt als ›Auge der Weisheit‹. Die Ohrläppchen erinnern daran, daß **Shakyamuni** sich als Prinz einst mit schweren Ohrgehängen schmückte. Stets trägt er ein einfaches togaartiges Mönchsgewand, das die rechte Schulter frei läßt, und keine Schuhe. Körperhaltung und Handgesten des Buddha variieren. Meist wird er sitzend mit verschränkten Unterschenkeln abgebildet, bei der die nach oben gedrehten Fußsohlen sichtbar sind, im Lotossitz *(padmasana)*, der typischen Meditationsstellung. Wird der Buddha auf der Seite liegend gezeigt, so stellt dies den Moment seines Eingangs ins Nirvana, das Verlassen des Kreislaufs der Wiedergeburten dar. Als Thron dient ihm

Sehr gut läßt sich an diesen beiden Skulpturen in den Longmen-Grotten bei Luoyang die unterschiedliche Ikonographie von Buddha und Bodhisattva erkennen. Der Buddha links ist schlicht gewandet, die langen Ohrläppchen weisen auf seine Zeit im elterlichen Palast hin, in der er Ohrgehänge trug. Zu den äußeren Merkmalen eines Bodhisattva gehören aufwendiger Schmuck und eine Krone.

eine aufgeblühte Lotosblüte, das Symbol der Reinheit. Es umgibt ihn ein Heiligenschein, die Mandorla. Dem historischen Buddha Shakyamuni werden meist seine beiden Lieblingsschüler Ananda und Mahakashyapa zur Seite gestellt: aufrecht stehend und mit geschorenen Häuptern.

Shakyamuni und die anderen Buddha-Gestalten des Mahayana-Buddhismus lassen sich ikonographisch nur schwer unterscheiden. Ähnlich in ihrer bildlichen Darstellung sind **Amitabha,** der Buddha des Unermeßlichen Lichts (Amituo Fo), **Vairochana,** Der Überallhin Leuchtende (Pilu Fo), **Maitreya,** der Buddha der Zukunft, und **Dipamkara,** der Buddha der Vergangenheit (Dingguang Fo oder Randeng Fo). **Amitayus,** den Buddha der Unermeßlichen Lebensdauer, hingegen erkennt man an seinem reichen Schmuck, der Krone und dem Fläschchen mit dem Nektar der Unsterblichkeit, das er in der Hand trägt. Der Medizin-Buddha **Bhaisajyaguru** (Yaoshi Fo), der als Herr über die Heilkünste verehrt wird, zeigt mit der rechten Hand die Varada-mudra (s. S. 74; manchmal hält er auch einen Myrobalan-Zweig), die linke Hand, in der Dhyana-mudra, trägt entweder die heilende Arura-Frucht oder eine Almosenschale.

Bodhisattvas – Pusa

Bodhisattvas, Wesen, die selbstlos auf den Eintritt ins Nirvana verzichten, werden im allgemeinen im fließenden Hüftrock indischer Prinzen dargestellt. Den nackten Oberkörper umspielen Bänder und kostbare Geschmeide. Auf ihrem Haupt tragen sie eine Krone. Meist stellt man sie stehend, mit leicht eingeknickter Hüfte oder lässig sitzend, mit angewinkeltem Bein, dar.

Avalokiteshvara, der Herr, der herabblickt auf das Leid der Welt, ist eine der beliebtesten Gestalten des chinesischen Buddhismus. Die Mahayana-buddhistische Ikonographie kennt allein 108 variierende Formen. In China hält er als Attribute meist die Lotosblüte und ein Weihwasserfläschchen in den Händen. Zuweilen ersetzt ein Weidenzweig den Lotos. Häufig finden sich Darstellungen des Avalokiteshvara mit elf Köpfen und ›1000‹ Armen. Das oberste Gesicht ist dann das des Amitabha, als dessen Emanation der Bodhisattva gilt. Ursprünglich eine männliche Gottheit, wird Avalokiteshvara in China oft mit weiblichen Zügen dargestellt. Seit dem 10. Jh. erfuhr er hier eine Wandlung zur volkstümlichen Göttin der Barmherzigkeit, **Guanyin.** In ein weißes Gewand gehüllt und mit einem Kind im Arm, mutet sie manchmal wie die christliche Madonna an. Man bittet sie vor allem um Kindersegen. Der heilige Putuo Shan (Potalaka-Berg), eine Insel im Ostchinesischen Meer, gilt als ihr Wohnsitz.

Maitreya, Der Liebreiche, wird sowohl im prächtigen Gewand des Bodhisattva, als auch als Buddha abgebildet. Als Bodhisattva ist er an seiner charakteristischen Handhaltung, der Geste des Drehens des Rades der Lehre, zu erkennen. Seit dem 10. Jh. stellt man ihn in China auch als lachenden Dickbauch-Buddha, **Mile Fo,** dar. Diese

Maitreya – Mile Fo – im Shaolin-Kloster

Gestalt soll auf den ebenso lebenslustigen wie kinderfreundlichen Mönch Budai, ›Hanfsack‹ zurückgehen, der im 10. Jh. in der Nähe von Hangzhou gelebt haben soll. Von ihm heißt es, er sei eine Reinkarnation des Zukunftsbuddhas Maitreya gewesen.

Manjushri (Wenshu), der Bodhisattva der Weisheit, trägt als Attribute Schwert und Buch. Sein Reittier ist ein blauer Löwe. Häufig wird er mehrarmig dargestellt. Manjushri thront in China auf dem heiligen Berg Wutai in der Provinz Shanxi.

Samantabhadra, Der Allseits Segensreiche (Puxian), läßt sich oft an seinem Reittier, dem weißen Elefanten erkennen. Seine Attribute sind Wunschjuwel *(chintamani)* und Lotos oder auch eine Buchrolle mit dem Text des »Meditationssutra«. Seine linke Hand zeigt die Geste der Wunschgewährung, seine rechte eine Geste der Argumentation *(vitarka-mudra)*. Samantabhadra thront auf dem heiligen Berg Emei in der Provinz Sichuan.

Kshitigarbha oder chinesisch Dizang ist der Erretter der Seelen vor den Qualen der Hölle und gilt ferner als Schutzheiliger der Reisenden. Er wird als Mönch mit geschorenem Haupt und in schlichter Toga gewandet dargestellt. Auf seiner Stirn ist das ›Weisheitsauge‹ zu erkennen. Er führt den langen Rasselstab der Bettelmönche bei sich bzw. sitzend hält er rechts u. U. das Wunschjuwel. Sein Wohnort ist der heilige Berg Jiuhua in der Provinz Anhui.

Die Arhats – Luohan

Arhat bedeutet ›Verehrungswürdiger‹. Es handelt sich um Anhänger der buddhistischen Lehre, die die Erleuchtung aus eigener Kraft erfahren haben. Sie verkörpern das Mönchsideal des Hinayana-Buddhismus. Sie werden meist in einer Gruppe von 18 Figuren abgebildet und flankieren die Seitenwände der Haupthalle eines buddhistischen Tempels. Häufig findet man auch Figurengruppen von 500 Arhats in den Nebenhallen von Klöstern. Die Darstellung der Arhats unterliegt nicht dem Kanon für buddhistische Bildwerke, d. h. die Künstler haben bei ihrer Gestaltung freie Hand. Sie werden nicht als überirdische Wesen, sondern als asketische Mönche dargestellt. Nicht selten spielt ihre Darstellung dabei ins Groteske.

Die meisten der geschätzten etwa 100 Millionen Buddhisten im heutigen China verehren gleichzeitig ihre Ahnen, beten bei bestimmten Anliegen auch zu daoistischen Göttern und lassen sich von der Morallehre des Konfuzius leiten. Keine der drei Lehren erhebt den Anspruch auf Absolutheit. Die Mischung aus allen Dreien bildet das Herz einer typisch chinesischen Volksreligiosität.

Die Vier Himmelskönige – Tianwang

Im hinduistischen Götterpantheon bewachen die Himmelskönige, auch vier Weltenwächter (Sanskrit: *lokapala)* genannt, den Weltenberg Meru. In dieser Funktion sind sie vom Buddhismus übernommen worden. Die vier gelten als Beschützer der buddhistischen Lehre. Sie werden in bewegten Posen, mit grimmigen Gesichtern, in voller Rüstung und mit Kronen oder Helmen abgebildet. Unter ihren Füßen zertreten sie Dämonen und halten verschiedene Attribute in ihren Händen.

Der grüne **Hüter des Nordens** trägt eine zusammengerollte Fahne, das Siegesbanner der buddhistischen Lehre, oder als Symbol der Lehre einen Schirm; in der anderen Hand hält er zuweilen eine Pagode oder ein Mungo, welches Edelsteine speit.

Der weiße **Herr des Ostens** spielt auf einer chinesischen Laute, deren Klang die Gedanken der Gläubigen reinigt und zur Ruhe kommen läßt.

Der **Hüter des Südens** ist von blauer Hautfarbe und hält ein Schwert, mit dem er das Gute verteidigt und die dunkle Macht der Ignoranz bekämpft.

Der rotgesichtige **Herr des Westens** hält das buddhistische Wunschjuwel, welches von der Schlange in seiner anderen Hand verteidigt wird.

Der blaue Hüter des Südens im Shaolin-Kloster

Weituo

Der jugendliche Krieger Weituo (Sanskrit: Skandha) ist einer der Generäle des Südlichen Himmelskönigs. Er trägt eine Rüstung nebst Helm und hält in seiner Hand entweder den Donnerkeil, *vajra,* oder einen Stab, mit dem er die buddhistische Lehre vor ihren Feinden verteidigt. In chinesischen Tempeln steht er in der ersten Halle Rükken an Rücken mit dem Dickbauch-Buddha Mile Fo.

Wächterfiguren – Mingwang

Die ›Wächter der Lehre‹, die Dharmapalas, sind meist als muskulöse, grimmig dreinschauende Männer mit nacktem Oberkörper dargestellt. In China werden sie *erwang* (zwei Könige) oder *mingwang* (Wissenskönige) genannt. In vielen, aber nicht in allen buddhistischen Tempeln, sind die beiden als Monumentalfiguren am Tempeleingang plaziert. Mit seinem Respekt einflößenden Blick ermahnt ein König den ankommenden, der andere den weggehenden Tempelbesucher um Anstand und tugendhaftes Benehmen. Die Chinesen nennen sie Heng und Ha.

Apsaras

Die Wasserwandlerinnen sind nach der brahmanischen Mythologie die Tänzerinnen des Gottes Indra. In der buddhistischen Kunst treten sie als engelhafte Wesen auf, die sich in elegant flatternden Gewändern, manchmal auch mit Flügeln, schwebend durch die Lüfte bewegen.

Die Gesten – Mudras

Für die Identifizierung der verschiedenen Figuren besonders wichtig sind ihre verschiedenen Handhaltungen, die mit dem Sanskrit-Wort Mudra benannt werden. Von symbolischer Bedeutung leiten sie sich

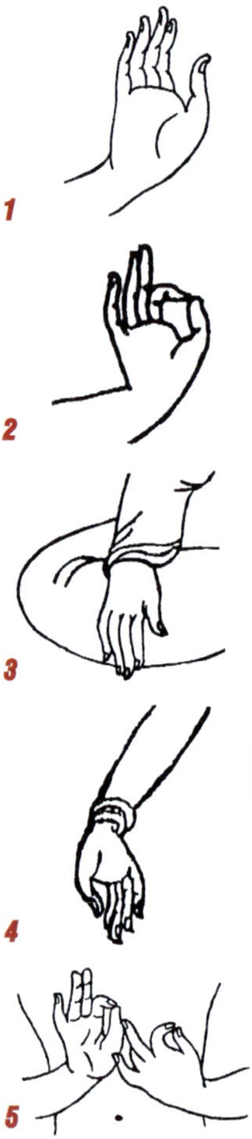

Wichtige buddhistische Gesten:
1 *Abhaya-mudra*
2 *Dharmavakyana-mudra*
3 *Bhumiparsha-mudra*
4 *Varada-mudra*
5 *Dharmachakra-pravartana-mudra*

ursprünglich von Handbewegungen des klassischen indischen Tanzes ab. Hier einige der wichtigsten.

Abhaya-mudra: Geste der Furchtlosigkeit und Ermutigung.
Bhumiparsha-mudra: Geste der Erdberührung. Sie erinnert an die Versuchung des historischen Buddha Shakyamuni durch Mara, den Herrn des Bösen. Dieser versucht, den Buddha kurz vor seiner Erleuchtung unter dem Bodhi-Baum vom rechten Weg abzubringen. Shakyamuni hält jedoch stand und ruft die Erde als Zeugin an.
Dharmachakra-pravartana-mudra: Geste des Drehens des Rades der Lehre. Sie erinnert an die erste Predigt des historischen Buddha im Gazellenhain von Benares, mit der er das Rad der Lehre (Sanskrit: *dharmachakra)* in Gang setzte.
Dharmavakyana-mudra: Geste der Lehrdarlegung. Manchmal wird diese Geste auch als Vitarka-mudra (s. u.) identifiziert.
Dhyana-mudra: Meditationsgestus.
Varada-mudra: Geste der Segens- oder Gabensgewährung.
Vitarka-mudra: Geste des Unterscheidens oder der Argumentation. Manchmal bezeichnet dieser Begriff auch die o. g. Geste der Lehrdarlegung.

Die Architektur der Han

Fengshui – Chinesische Geomantik

Fengshui bedeutet wörtlich ›Wind und Wasser‹ und bezeichnet in China die Lehre von den Elementen und Kräften, die sämtliche Abläufe des Kosmos bestimmen. Diese hat die Aufgabe, den Menschen möglichst harmonisch in die Natur einzubinden; denn nur wer im Einklang mit der Natur lebt, findet nach Ansicht der Chinesen zu Glück und Wohlbefinden. »Bewirke die Harmonie der Mitte, und Himmel und Erde kommen an ihren rechten Platz, und alle Dinge gedeihen« heißt es schon im »Buch der Riten«, einem der fünf großen konfuzianischen Klassiker aus dem 4.–3. Jh. v. Chr. Etwa gleichzeitig werden im Buch »Guangzi« Bäche und Flüsse als »Blut und Atem« und »Arterien und Venen« der Erde bezeichnet. Man faßt demnach die Natur als einen Organismus auf. Bezeichnenderweise findet man in der Fengshui-Lehre einige Parallelen zur traditionellen chinesischen Medizin. So ist *qi,* das man gemeinhin mit ›Luft‹, ›Atem‹ oder ›Lebensenergie‹ übersetzt, ein zentraler Begriff in beiden Disziplinen. Nach Ansicht der Chinesen durchziehen Energieströme die Natur wie auch den menschlichen Körper. In der Landschaft bezeichnet man diese als ›Drachenadern‹, im menschlichen Körper als Meridiane. Werden die Energieströme unterbrochen, so ist die kosmische Harmonie gestört, und es droht Unheil. In der Natur können negative Energien Naturkatastrophen, Krieg, Krankheit, Armut und Hunger verursachen.

So spielte die Geomantik schon im alten China in der Stadtplanung und bei der Anlage von Palästen, Brücken, Pagoden, Grabstätten, Wohnhäusern und Gärten eine wichtige Rolle, z. B. bei der Nord-Südausrichtung. Nach chinesischer Überlieferung kommt das Böse stets aus dem Norden. Deshalb plaziert man den Haupteingang eines traditionellen Wohnhauses, eines Palastes oder Tempels stets im Süden. Für die Errichtung von Städten oder Gebäuden ist nach Fengshui-Kriterien ein Terrain ideal, welches im Norden, Osten und Westen von Hängen umgeben ist und sich nach Süden hin öffnet. Vermutlich stammt diese Anschauung aus der Zeit der Besiedlung des nordchinesischen Raums. Im rauheren Klima des Nordens war es wichtig, Siedlungsplätze zu finden, die von der Sonne beschienen und zugleich gegen die Winde des Nordens geschützt waren, die Schnee- und Sandstürme aus den mongolischen Steppen mit sich brachten. Ebenso war ein fließendes Gewässer in der Nähe vonnöten, um die Trinkwasserversorgung und Abfallbeseitigung zu gewährleisten.

Ein Paradebeispiel für ideale, naturgegebene Fengshui-Voraussetzungen liefert das Tal der Ming-Gräber bei Beijing mit seinen rundum schützenden Hügeln, die sich nach Süden hin öffnen. Bei der Planung der Verbotenen Stadt mußten die Geomantiker dagegen dem Glück etwas nachhelfen. Nach ihren Berechnungen lag die Palastanlage nach Norden hin zu exponiert, und so schüttete man aus Bauschutt und Erde den Kohlehügel auf, der die Kaiserresidenz vor negativen Energien schützen sollte.

Ein wichtiges Bauwerk zur Regulierung des Fengshui ist die Pagode. Sie funktioniert ähnlich wie eine Akupunkturnadel in der Medizin und soll negative Energieströme ab- oder positive Energieströme umleiten. Liegt etwa eine Stadt an einem Fluß, so ist das gemeinhin als positiv zu werten. Verläuft das Flußbett allerdings sehr geradlinig, besteht die Gefahr, daß positive Energie zu schnell an der Stadt vorbei fließt, ohne sie richtig zu erfassen. Eine Flußbiegung könnte den Abfluß des positiven Qi dagegen bremsen. Ideal wäre ein Berg oder Hügel, um den sich der Fluß winden muß, so daß die positive Energie auf die Stadt zurückgestrahlt wird. Ist dieser nicht vorhanden, so erzielt man denselben Effekt mit dem Bau einer Pagode an einer ausgewählten Stelle. Sie funktioniert in diesem Fall als Kräfteregulator.

Symbolisch dargestellt werden Yin und Yang durch ein schwarzweißes Symbol sich ineinander windender Fische.

Eine bedeutende Grundlage für die Geomantik bildet die Lehre von Yin und Yang. Diese Lehre findet in China in fast allen Bereichen des Lebens Anwendung: in der Ernährung, der Medizin, den Künsten, der Architektur und der Gartengestaltung. Das Schriftzeichen für Yin bedeutet genaugenommen ›die Schattenseite eines Berges‹, das für Yang ›die Sonnenseite eines Berges‹. Darüber hinaus assoziiert man mit der Kraft Yin Begriffe wie Dunkelheit, das Wasser, Weichheit, den Mond und die Weiblichkeit. Die Kraft Yang dagegen steht für Licht, den Stein, die Sonne, Härte und Männlichkeit. Diese gegensätzlichen Energien stehen nach Ansicht der Chinesen in ewiger Konkurrenz miteinander und ergänzen sich gleichermaßen. Das Übermaß einer einzigen Kraft ist stets negativ zu werten, erst die perfekte Ausgewogenheit von Yin und Yang erzeugt Harmonie.

Eine weitere Basis für die chinesische Geomantik bildet daneben die alte chinesische Lehre von den Fünf Elementen *(wu xing)*. Sie setzt die fünf Elemente Metall, Erde, Wasser, Holz und Feuer mit anderen Kategorien, wie den Himmelsrichtungen, Jahreszeiten, Farben, Tieren, Planeten, Gerüchen und Geschmäckern, inneren Organen, seelischen Stimmungen etc. in Zusammenhang. So wird dem Element Wasser beispielsweise der Norden, der Winter, die Farbe Schwarz, Kälte und Furcht zugeordnet; mit dem Feuer dagegen assoziiert man den Süden, den Sommer, die Farbe Rot, Wärme und die Freude. Chinesische Gelehrte haben ausführliche Tabellen über die jeweiligen Zuordnungen erstellt. In der traditionellen Architektur verwendet man bei der Bemalung der Häuser gemäß der Lehre von den Fünf Elementen die fünf Farben Rot, Weiß, Schwarz, Gelb, Grün und Blau. Die Vollständigkeit des traditionellen Farbenspektrums bewirkt kosmische Harmonie, denn das Haus ist nach chinesischer Ansicht ein Abbild des Kosmos.

Ist ein Haus gebaut und sein Fengshui nicht ideal, so bedeutet dies nicht, daß seine Bewohner zu ewigem Unglück verdammt sind. Oft reicht es schon, ein Möbelstück im Zimmer zu verrücken, die Wände in einer anderen Farbe zu streichen oder an einer bestimmten Stelle eine Topfpflanze aufzustellen, um dem Glück etwas näher zu kommen. Auch ein Glas mit Goldfischen soll – richtig plaziert – Wunder wirken. Heute kann man sich nicht nur in China, sondern auch in Europa von modernen Geomantikern vor dem Bezug eines neuen Domizils beraten lassen, welche Wand-, Möbel- und Vorhangfarben sich in bestimmten Räumen günstig auf das Wohlbefinden der Bewohner auswirken.

Der Holzskelettbau

Den Zwischenraum zwischen vier Säulen einer Halle, die kleinste Einheit in der chinesischen Architektur, nennt man Jian. Wohngebäude und einfache Tempelhallen umfassen gemeinhin drei bis sieben Jian, ranghohe bis zu elf.

Obwohl man in China kaum ein Gebäude findet, das älter als 1000 Jahre ist – Holz ist nun einmal vergänglicher als Steine und Ziegel – weiß man, daß die traditionelle chinesische Architektur eine Kontinuität von mehr als 3500 Jahren besitzt. Archäologische Ausgrabungen haben ergeben, daß die Palastanlagen des Altertums denen der Neuzeit, wie sie etwa in der Verbotenen Stadt in Beijing erhalten sind, schon recht ähnlich waren. Stein und Ziegel fanden im alten China lediglich für Verteidigungsanlagen, Terrassen, Brücken, Grabanlagen und Pagoden Verwendung. Wohn-, Palast- und Tempelhallen errichtete man in Ständerbauweise aus Holz (Holzskelettbau). Meist fand Kiefernholz Verwendung, nur hochrangige Bauten, wie Kaiserpalast oder Himmelstempel, errichtete man aus dem kostbaren

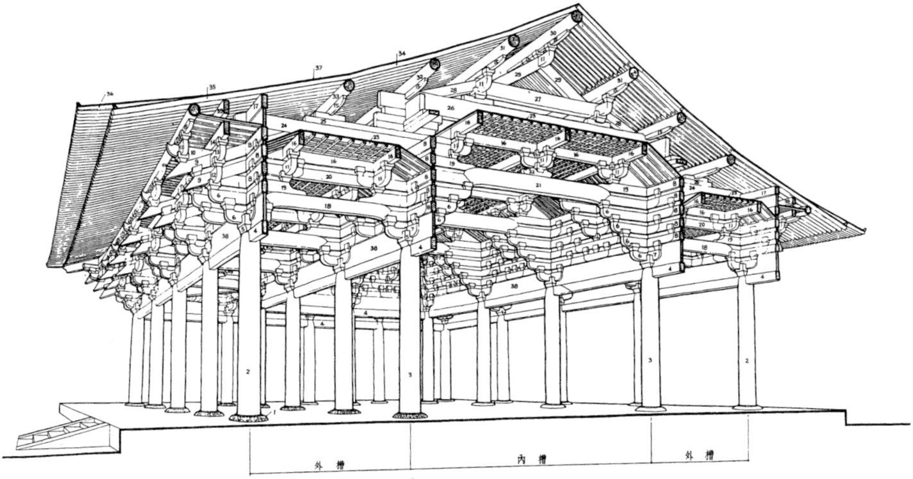

Darstellung des komplizierten Holzskeletts in der chinesischen Baukunst am Beispiel der Großen Halle des Tempels des Buddha-Glanzes 25 km südwestlich des Wutai Shan

Nanmu-Holz (Machilus nanmu), einer besonders harten und beständigen südchinesischen Kampferbaumart. Bei der chinesischen Ständerbauweise ruht das relativ schwere Ziegeldach allein auf den Holzsäulen. Die Wände aus Ziegeln, Lehm oder Holz besitzen keinerlei tragende Funktion.

Die klassische chinesische Halle ist rechteckig im Grundriß und stets quergelagert. Sie erhebt sich auf einer Terrasse aus gestampftem Erdreich, die mit Ziegeln, bei Palast- oder Tempelhallen auch mit Marmor, verkleidet ist. Diese erhöhte Plattform schützt die Holzkonstruktion vor Feuchtigkeit von unten, gleichzeitig verleiht sie dem Gebäude Erhabenheit. Dementsprechend richtet sich die Höhe der Terrasse nach dem Rang des Gebäudes. So thronen beispielsweise die wichtigsten Regierungshallen der Verbotenen Stadt auf einer 8 m hohen, dreistöckigen Marmorterrasse, die kunstvoll gearbeitete Balustraden einfassen. Im kühlen Norden Chinas sind Palasthallen oft mit einer Fußbodenheizung ausgestattet. Diese besteht aus Schächten, die die Gebäudeplattform durchziehen und von außen mit Kohle befeuert werden.

Beim chinesischen Holzskelettbau verbinden Längs und Querstreben die tragenden Säulen bzw. Pfeiler an ihrem oberen Ende. So entsteht ein Gerüst, auf dem das Dachgebälk ruht. Große Hallen weisen häufig mehrere Säulenreihen auf, um das Dach besser zu stützen.

Bei repräsentativen Bauten fügt sich zwischen Säulen und Dachzone das Konsolgebälk. Die auskragenden, kompliziert ineinander verzapften Konsolen bilden ein wichtiges statisches Element, sie dienen dazu, die schweren, weit ausschwingenden Dachtraufen zu stützen. Im Lauf der Jahrhunderte trat ihr dekorativer Aspekt immer mehr in den Vordergrund, und ihre Gestaltung wurde immer kleinteiliger und verzweigter.

In Nordchina liebt man strahlende Farben in der Architektur. Die Säulen überzieht man mit einer dünnen Putzschicht, um Unebenheiten im Holz auszugleichen und lackiert sie anschließend mit roter Farbe. Diese schützt die Balken gegen Feuchtigkeit und Schädlinge. Die Arme des Konsolsystems erhalten geometrische und florale Dekore in Grün, Blau, Schwarz und Weiß, die gemeinhin als Brokatmuster bezeichnet werden. In der Gartenarchitektur schmücken zuweilen Landschafts- und Figurenmotive das Gebälk. – Das Farbspektrum klassischer südchinesischer Architektur dagegen ist wesentlich dezenter. Hier ist das Gebälk meist einfarbig Schwarz oder Dunkelbraun gestrichen und steht so im attraktiven Kontrast zu den weiß verputzten Wänden.

Die für die klassische chinesische Architektur so typischen weit ausschwingenden Dachtraufen hatten ursprünglich die Aufgabe, Regenwasser von der Holzkonstruktion fernzuhalten und das Gebäudeinnere vor grellem Lichteinfall zu schützen. Seit der Han-Zeit (206 v.–220 n. Chr.) wird der Aufwärtsschwung der Dachkanten besonders betont. Das verleiht der Architektur Leichtigkeit und gibt den Blick auf das dekorative Konsolgebälk frei. Das in Wirklichkeit recht schwere Ziegeldach scheint durch seine elegante Kurvung über der Holzkonstruktion des Gebäudes zu schweben. Besonders dramatisch geschwungene Traufen vergleichen die Chinesen gern mit den Flügeln des Phönix.

Während einfache Häuser in China meist mit einem Satteldach aus grauen Ziegeln gedeckt sind, krönt ein Walmdach aus farbig glasierten Schindeln Palast- und Tempelhallen. Architektur von rundem Grundriß, wie etwa die Hallen des Himmelstempels in Beijing, zieren Kegel- oder Zeltdächer.

Die charakteristische Rippenstruktur der Dächer wird durch die konkav gewölbte Form der Ziegel hervorgerufen, die im Verbund ›Mönch und Nonne‹ ineinandergefügt werden. Die Traufenden sind meist mit runden Schmuckscheiben aus Keramik, den *wadang*, verziert. Typische Dekore dieser Endziegel sind Rosetten- oder Tiermuster. Besonders beliebt ist auch das stilisierte Schriftzeichen *shou* für Langlebigkeit.

Den Dachfirst wichtiger Gebäude krönen zudem Keramikplastiken von eigentümlicher Form. Es handelt sich dabei um Zwitterwesen aus Fisch und Drache, sogenannte *chiwei*. Man erkennt einen Drachenkopf mit geöffnetem Maul sowie den nach oben gebogenen Fischschwanz, in dem ein Knauf zu stecken scheint. Es heißt, in früherer Zeit, habe man diese Wasserwesen mit einem Dolch an den Dachfirst geschlagen, um das Gebäude vor Feuer zu schützen.

Dachreiter im Himmelstempel, angeführt von Prinz Min

Auf den Gratenden von Tempel- oder Palastdächern findet man darüber hinaus eine seltsame Prozession kleiner Fabelwesen aus Keramik. Angeführt wird diese von einem Reitersmann auf einer Henne. Dieser kleine Reiter verkörpert den Prinzen Min aus Qi (479–502 n. Chr.). Weil dieser sein Volk zu Kriegszeiten schmählich im Stich ließ, knüpften seine Untertanen ihn an der Dachrinne seines Palastes auf. Für alle Ewigkeit wird er nun in dieser wenig ehrenvollen Pose lächerlich gemacht. Seine Flucht ist ausweglos: vor ihm liegt der Abgrund, zu hoch, um von der fluglahmen Henne überwunden zu werden, auf der anderen Seite droht feindselig ein behörnter Drache mit weit aufgerissenem Maul. Dazwischen reihen sich die ›Kinder des Drachen‹: Phönix, Löwe, das chinesische Einhorn *(qilin)* und das Himmelspferd. Je nach Rang des Gebäudes kann eine solche Reihe aus bis zu elf Figuren bestehen. Die Fabelwesen sollen das Haus vor bösen Einflüssen beschützen.

Das Privileg, sein Dach mit farbigen Dachpfannen zu dekken, wurde vom Kaiser höchstpersönlich an seine Untertanen verliehen, ebenso unterlag die Verwendung von Konsolgebälk einer kaiserlichen Genehmigung und war nur Architektur höchsten Ranges vorbehalten. Dachziegel in Gelb, der kaiserlichen Farbe, durften ausschließlich für die kaiserliche Residenz und im Ausnahmefall für Tempel verwendet werden.

Der Hof – Wohnanlagen, Paläste, Städte

Große Einzelgebäude mit großzügigen Zimmerfluchten oder Sälen von verschiedener Funktion wird man in der traditionellen chinesischen Architektur nicht finden. Auch mehrstöckige Gebäude sind eher die Ausnahme. Statt dessen gruppiert man in China schon seit dem 1. Jahrtausend v. Chr. Wohn-, Palast- oder Tempelhallen zu Hofkomplexen, die von einer Mauer umschlossen sind. Gewöhnlich werden die Gebäude symmetrisch entlang einer Nord-Südachse arrangiert. Das Eingangstor liegt im Süden, ist aber meist mit einer Sichtblende versehen, der ›Geistermauer‹, die nicht nur vor neugierigen Blicken, sondern auch vor bösen Geistern schützt. Geister vermögen, so die chinesische Vorstellung, nur geradeaus und nicht um die Ecke zu gehen, deshalb verspricht eine Geistermauer wirksamen Schutz. An der Ost- und Westseite des Hofs stehen einander zugewandt jeweils Gebäude niedrigeren Ranges. Das wichtigste Gebäude der Anlage befindet sich im Norden und öffnet sich nach Süden hin.

Eine solche Wohnanlage beherbergte früher eine chinesische Großfamilie. Im Hof spielte sich der überwiegende Teil des Familienlebens ab. Heute sind in den übervölkerten Großstädten in einem Hofkomplex – so noch vorhanden und nicht der Abrißbirne zum Opfer gefallen – meist mehrere Familien untergebracht, lediglich auf dem Land sind die alten Wohnstrukturen zum Teil noch intakt.

Einen einzelnen Hofkomplex nennt man in China *jin*. Während die traditionellen Wohnanlagen der normalen Bevölkerung überwiegend aus nur einem solchen Jin bestanden, setzten sich die Residenzen von Beamten und wohlhabenden Bürgern oder auch Tempel meist aus zwei oder drei Jin zusammen. Diese können hinter- oder nebeneinander gestaffelt sein. Palastanlagen, wie die Verbotene Stadt in Beijing, oder einige große Klöster umfassen mehrere Hofkomplexe, die schachbrettartig sowohl neben- als auch hintereinander angeordnet sind. So ziehen sich mehrere Nord-Südachsen durch einen großen, von einer Mauer umfriedeten Komplex. Die wichtigsten Gebäude einer solchen Anlage gruppieren sich entlang der mittleren Achse.

Die Anlage Chang'ans folgte stadtplanerischen Richtlinien, die schon in vorchristlicher Zeit im »Kaogongji«, den »Aufzeichnungen über die Untersuchung der Handwerker«, formuliert wurden. Dort heißt es: »Die Handwerker legen die Stadt als ein Geviert mit neun Li (ca. 500 m) Seitenlänge an. Auf jeder Straße gibt es drei Tore. Innerhalb der Stadtmauer verlaufen neun Straßen in Nord-Süd- und neun Straßen in Ost-West-Richtung. Jede ist neun Wagenspuren breit. Links liegt der Ahnentempel, rechts der Erdaltar. Vorn liegt der Hof des Königs, hinten der Markt.«

Die gesamte klassische chinesische Architektur organisiert sich immer nach demselben Schema, das beliebig vergrößert werden kann: Der Abstand zwischen vier Säulen bildet ein Jian, mehrere Jian bilden eine Halle, mehrere Hallen gruppieren sich zu einem Hof, Jin, mehrere Höfe formen zusammen eine Wohn-, Palast- oder Tempelanlage.

In der traditionellen chinesischen Stadtanlage findet man dieses Prinzip in noch größerem Maßstab fortgeführt. Chang'an, welches Kaiser Wendi der Sui-Dynastie Ende des 6. Jh. als neue Hauptstadt des chinesischen Reiches errichten ließ und dessen Trümmer heute unter der modernen Stadt Xi'an liegen, gilt als das Paradebeispiel traditioneller chinesischer Stadtplanung. Übrigens sind Trommel- und Glockenturm, die sich ja auch in Tempelanlagen finden, wichtige Bestandteile jeder traditionellen chinesischen Stadtanlage. Die Glocke schlug man in China bei Sonnenaufgang an, um das Öffnen der Stadttore zu signalisieren. Die Trommel signalisierte das Schließen der Tore am Abend.

Traditionelle Stadtanlagen mit Stadtmauern und Hofkomplexen haben sich in China leider nur recht wenige erhalten. Halbwegs intakte Verteidigungsanlagen weisen noch Xi'an und Nanjing auf. Die rigorose Abrißpolitik der letzten Jahre rechtfertigt die chinesische Regierung mit den oft verheerenden hygienischen Verhältnissen in den alten Vierteln. Außerdem ist eine umfangreiche Restaurierung der alten Bausubstanz dem chinesischen Staat zu kostspielig. Kleine Gassen – von denkmalgeschützten Ausnahmen abgesehen – weichen breiten Boulevards, um den immer stärker werdenden Autoverkehr in den Großstädten bewältigen zu können. Platzsparende Hochhäuser ersetzen die alten eingeschossigen Hofviertel, um mehr Wohnraum zu schaffen. Das Bild chinesischer Städte hat sich in den letzten 20 Jahren immens gewandelt. War es früher der sozialistische Plattenbau, so ist es heute eine fragwürdige ›postmoderne‹ Architektur aus Beton, Kacheln und Spiegelglas, mit der man chinesischen Städten einen Hauch weltläufiger Urbanität geben will, ihnen statt dessen aber langsam das Gesicht nimmt.

Tempelanlagen

Tempelanlagen, gleich ob buddhistisch, daoistisch oder konfuzianisch, folgen in China in ihrem Aufbau stets derselben Grundstruktur, der klassischer Hofkomplexe. Im folgenden beschreiben wir beispielhaft den Aufbau und die Ausstattung eines buddhistischen Kultbaus. Die Anordnung und Funktion der einzelnen Hallen sind in jedem buddhistischen Tempel ähnlich, entsprechen aber nicht immer in allen Details der nebenstehenden Grafik. (Zu den erwähnten Skulpturen s. S. 69ff.). Man betritt die Anlage von Süden durch ein Schmuck- oder Ehrentor *(pailou)*. Über dem mittleren Eingang ist eine Schrifttafel mit dem Namen des Tempels angebracht. In einigen Tempeln flankieren zwei monumentale Wächterfiguren, die Wissenskönige, den Eingang.

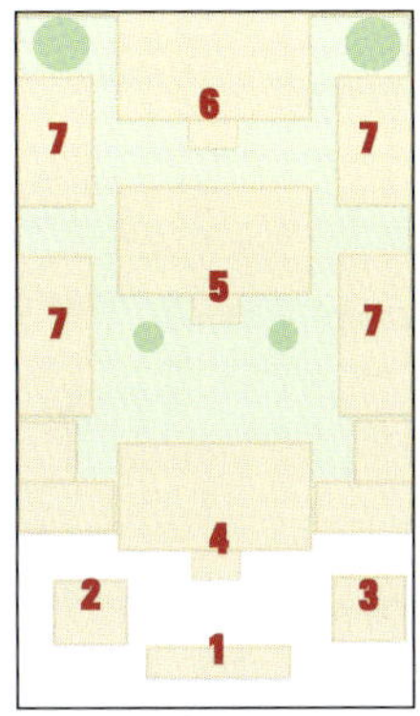

1 Ehrentor (Pailou)
2 Trommelturm (Gu Lou)
3 Glockenturm (Zhong Lou)
4 Halle der Himmelskönige (Tianwang Dian)
5 Haupthalle, i. a. die Schatzhalle des Großen Helden/Mahavira-Halle (Daxiong Baodian)
6 Predigt- oder Lehrhalle (meistens)
7 Seitenhallen unterschiedlicher Nutzung

Im darauffolgenden ersten Hof finden sich links und rechts zwei kleinere Gebäude, von denen das rechte eine Glocke, das linke eine Trommel birgt. Die Glocke kündigt am Morgen das Öffnen der Tempeltore an. Ihr Klang gilt als heilig und symbolisiert die Wahrheit der buddhistischen Lehre. Die Trommel wird zum Schließen der Tore bei Sonnenuntergang geschlagen und wehrt mit ihrem Donner böse Einflüsse ab. In kleineren Tempeln können Glocke und Trommel auch in der Haupthalle des Tempels, links und rechts des Eingangs, plaziert sein.

Die erste Tempelhalle birgt monumentale Statuen der Vier Himmelskönige, die mit grimmigen Gesichtern und verschiedenen Waffen in ihren Händen, die buddhistische Lehre vor ihren Feinden verteidigen. Sie sind an den Seitenwänden der Halle aufgestellt. In der Mitte thront das goldene Bildnis des Zukunftsbuddhas Maitreya. Meist begrüßt er den Tempelbesucher mit einem breiten Lächeln in Gestalt des Lachenden Dickbauch-Buddhas, Mile Fo. Rücken an Rücken mit ihm steht der kämpferische Weituo, um die Feinde des Buddhismus abzuwehren.

Verläßt man die erste Halle durch den nördlichen Ausgang, gelangt man in den Hof vor der Haupthalle. Hier steht meist ein großes bronzenes Räuchergefäß, in dem die Gläubigen Kerzen und Räucherstäbchen anzünden und diese dem Buddha oder verschiedenen Heiligenfiguren opfern.

Die Haupthalle, auch Schatzhalle des Großen Helden (chin. Daxiong Baodian, Sanskrit: Mahavira-Halle) genannt, liegt etwas erhöht auf einer Marmorterrasse. Sie ist dem Begründer der buddhistischen Lehre, Shakyamuni, geweiht und birgt sein Bildnis. Meist handelt es sich um eine vergoldete Monumentalstatue, welche in Meditationshaltung auf einer Lotosblüte thront. Flankiert wird er von stehenden Figuren kleineren Formats, seinen Lieblingsjüngern Ananda und Mahakashyapa. Sehr häufig findet man in der Haupthalle auch eine Gruppe von drei Buddha-Statuen, die sich ikonographisch kaum voneinander unterscheiden: den Buddha der Gegenwart, Shakyamuni (Mitte), den Buddha der Vergangenheit, Dipamkara (links) und Maitreya, den Buddha der Zukunft (rechts). Eine andere, vor allem in Tempeln der Chan-Schule recht häufig zu findende Dreiergruppe besteht aus Shakyamuni (Mitte), Amitabha (rechts) und Bhaisajyaguru (links). Vor den Buddha-Bildnissen steht ein Altartisch mit Kerzen, Räuchergefäßen und Blumenvasen. Auch Embleme der Acht Symbole des Buddhismus, meist geschnitzt oder als Schmiedearbeit, sind auf dem Altartisch plaziert: das Rad der Lehre, der Lotos, der Schirm, das Siegesbanner, die Vase, die Fische, der endlose Knoten, die Meeresschnecke. Vor dem Altar verbeugen sich die Gläubigen vor den Buddha-Bildnissen, sprechen Gebete, tragen ihr Anliegen vor und spenden Räucherwerk, Kerzen, Früchte oder Geld. Die Seitenwände der Haupthalle flankieren die Figuren der 18 Arhats; die Rückwand der Haupthalle schmückt meist eine Statue des Avalokiteshvara bzw. der Guanyin, seiner chinesischen, weiblichen Ausprägung.

Gemeinhin folgt hinter der Haupthalle eine Predigt- oder Lehrhalle. Die Seitenhallen enthalten weitere Kultfiguren oder dienen als Studierzimmer oder Bibliotheken. In größeren Klöstern liegen Mönchsquartiere und Verwaltungs- und Wirtschaftsgebäude im hinteren Tempelbereich. Manche Tempelbezirke besitzen darüber hinaus eine Pagode.

Pagoden

Die Pagode *(ta)* kam mit dem Buddhismus aus Indien nach China. Doch ebenso wie die buddhistische Religion wurde auch die Architektur der Pagode im Lauf der Jahrhunderte chinesischen Vorstellungen gemäß modifiziert. Die hohen, schlanken Türme mit den geschwungenen Dächern, die man in China auf dem Gelände buddhistischer Tempel findet, aber auch als Einzelgebäude, eingebettet in die Natur oder als Bestandteil einer Gartenanlage, haben nur noch wenig Ähnlichkeit mit dem indischen Stupa, von dem sich die Pagode ursprünglich ableitet.

Im Indien vorchristlicher Zeit begrub man Könige und Fürsten unter mächtigen Erdhügeln, die man mit dem Symbol des Herrschers, einem Ehrenschirm, bekrönte. Auch der historische Buddha Shakyamuni soll auf diese Art bestattet worden sein. Es heißt, daß seine

Entwicklung vom indischen Stupa zur chinesischen Pagode (von links nach rechts) Großer Stupa von Sanchi (Indien, etwa 3.–1. Jh. v. Chr.), Ruvanweli-Dagoba in Anuradhapura (Sri Lanka, 137 v. Chr.), allmähliche Streckung hin zur chinesischen Form bis zur Pagode, wie sie eine Wandmalerei in den Mogao-Grotten von Dunhuang zeigt (ca. 6. Jh.)

Asche unter den Fürsten Nordindiens aufgeteilt und in acht Stupas beigesetzt wurde. Somit entwickelte sich der Stupa zu einem der wichtigsten Symbole des Buddhismus, lange bevor man den Buddha selbst abzubilden begann. Der älteste erhaltene buddhistische Stupa befindet sich im nordindischen Sanchi und wird auf das 2.–1. Jh. v. Chr. datiert. Es handelt sich um einen mit Steinen verkleideten Erdhügel von halbkugeliger Form, der Anda (die Bezeichnungen der Bauteile sind in Sanskrit) genannt wird und das Weltenei symbolisiert. Aus diesem soll nach alter indischer Vorstellung der Kosmos entstanden sein. Dem Anda sitzt der meist rechteckige Harmika auf. Darüber ragt ein Mast, Yasti, auf, an dem ein oder mehrere Ehrenschirme, Chattra, befestigt sind. Die Yasti ragt nach unten mindestens ins Anda, manchmal in den Boden hinein. Den oberen Abschluß bildet häufig eine Vase, Kalasha, oder das buddhistische Wunschjuwel, Chintamani. Alle in Ost- und Südostasien verbreiteten Formen der Pagode – der thailändische Chedi, der tibetische Chörten, die Dagoba auf Sri Lanka und auch die turmartigen hölzernen Pagoden in China, Japan und Korea – leiten sich von dieser Urform des indischen Stupa ab. Als heilige buddhistische Gebäude beherbergen sie meist eine Reliquie – z. B. heilige Texte oder einen der Knochensplitter des historischen Buddha –, sie werden aber auch als Erinnerungsmal gesetzt oder als Votivgabe eines Gläubigen.

Im Gegensatz zum indischen Stupa ist die chinesische Pagode begehbar und besitzt mehrere Geschosse. Ältere Pagodentypen haben meist eine sich nach oben verjüngende Form, und ihre Stockwerke werden von Gesimsen begrenzt. Später bildeten sich die auskragenden, schön geschwungenen Dachkränze heraus. Um eine Zentralachse, in der meist die Reliquie eingemauert ist, windet sich eine Treppe nach oben. Die chinesische Pagode ist in ihrem Grundriß im Gegensatz zum indischen Stupa nicht rund, sondern polygonal. Die Zahl der Seiten sowie die der Geschosse steht im engen Zusammenhang mit der chinesischen Lehre von Yin und Yang. So ist die Anzahl der Stockwerke einer Pagode stets ungerade (Yang), die Zahl der Seiten im Grundriß dagegen immer gerade (Yin). Ehrenschirme ›schweben‹ über der Pagode, die manchmal wie der Stupa von Kalasha oder Chintamani bekrönt wird. Häufig hängen Glöckchen an den Dachtraufen chinesischer Pagoden, deren Klang die Botschaft des Buddhismus symbolisch in alle Welt tragen soll.

Bei vielen chinesischen Pagoden spielt die Bedeutung als Kultbau kaum noch eine Rolle. In der chinesischen Garten- und Landschaftsarchitektur erfüllt sie häufig die Funktion eines ›Kräfteregulators‹. Nach der chinesischen Lehre von Wind und Wasser, Fengshui (s. S. 74f.), lassen sich mit der Errichtung von Pagoden Energieströme, die die Natur durchziehen, umleiten, um somit negative Einflüsse von einer Stadt, einem Palast oder Gräberfeld abzulenken.

Eine der beiden Doppelpagoden von Suzhou, gestiftet im 10. Jh.

Gartenkunst

Bereits Gedichte aus dem 4. Jh. v. Chr. erwähnen weitläufige Parks, in denen Könige und Fürsten luxuriöse Jagdpartien veranstalteten – Gärten scheinen fast von Anbeginn zur chinesischen Kultur zu gehören. Vorbild für chinesische Gartenanlagen späterer Zeit war der Paradiesgarten des Han-Kaisers Wudi (141–87 v. Chr.). Wie viele seiner Vorgänger war er von dem Wunsch besessen, Unsterblichkeit zu erlangen. Während Qin Shihuangdi (reg. 221–210 v. Chr.) noch kostspielige Expeditionen aussandte, um das Elixier der Unsterblichkeit zu erlangen, verfolgte Wudi eine andere Strategie. Er beabsichtigte, die Unsterblichen in seine Nähe zu locken und so vielleicht in den Besitz des Wundermittels zu gelangen. Historischen Quellen zufolge ließ Wudi in seinem Palastgarten einen See anlegen, aus dem sich drei bizarre Felsen erhoben. Er ließ sie mit Bäumen und Blumen bepflanzen und von seinen Gärtnern so gestalten, wie er sich die östlichen Paradiesinseln Penglai, Yingzhou und Fangzhang – Wohnsitz der Unsterblichen – vorstellte.

»Der Wissende freut sich am Wasser, der Sittliche freut sich am Gebirge.« Konfuzius, »Lunyu«, 6,21

Noch immer bilden Felsen und Wasser die wichtigsten Elemente chinesischer Gartenkunst. Man assoziiert mit ihnen nicht allein das Östliche Inselparadies, sondern zugleich das Weltprinzip von Yin und Yang, den beiden gegensätzlichen Kräften, die nach alter Überlieferung sämtliche Abläufe der Natur bestimmen. Die harten, trockenen, nach oben strebenden Felsen symbolisieren die männliche Kraft Yang, das stille, weiche Wasser die weibliche Kraft Yin.

In China betrachtete man den Menschen stets als einen Teil der Natur, der sich wie alle anderen Wesen ihren Gesetzen unterzuordnen hat. Diese Einstellung spiegelt sich deutlich in der Ästhetik der Gartenarchitektur wider. Im Gegensatz zu den streng geometrischen Anlagen europäischer Barockgärten mit zurechtgestutzten Hecken und Blumenrabatten bemüht man sich im chinesischen Garten um Natürlichkeit. Felsen, Wasser, Bäume und Blumen werden in ausgewogenem Verhältnis zu poetischen Szenen arrangiert. Symmetrie und gerade Linien werden dabei vermieden. Die Natur darf zwar idealisiert werden, aber nicht artifiziell erscheinen.

Charakteristisch für chinesische Gärten sind die Aufhäufungen bizarrer Felsen zu künstlichen Bergen. Gebirge galten in China stets als Orte der Kontemplation. Man liebte die mystische Aura bizarrer, nebelumschleierter Gipfel und betrachtete sie als Quelle künstlerischer Inspiration. Besonders schöne Steine werden auch gern wie abstrakte Skulpturen einzeln auf einen Sockel gestellt. Berühmt – und begehrte Sammlerobjekte – sind die von Verwitterungen durchlöcherten Kalksteinformationen vom Tai Hu, einem großen See am Unterlauf des Yangzi.

Nicht zuletzt fällt die Verwandtschaft von chinesischer Gartenästhetik und Landschaftsmalerei ins Auge. Gern vergleicht man in China das Durchschreiten eines Gartens auf gewundenen Pfaden mit

Die Tradition chinesischer Maler und Kunstliebhaber, Malereien mit Aufschriften zu versehen und damit das Gemalte zu kommentieren, findet in der chinesischen Gartenkunst eine Parallele. Nicht umsonst spricht man vom chinesischen Literatengarten. Immer wieder stößt man auf Schrifttafeln oder in Stein gravierte Zeichen. Dabei handelt es sich um poetische Namen, meist in Anspielung auf berühmte literarische Zitate oder Gedichte, die der Besitzer des Gartens den verschiedenen Landschaftsszenen zudachte.

Zusammenspiel von Wasser und Architektur im Garten des Meisters der Netze, Suzhou

dem Betrachten einer Bildrolle. Eines der wichtigsten Stilelemente der chinesischen Gartenkunst ist das ›Ausleihen von Szenerien‹, d. h. berühmte chinesische Landschaften werden im Garten *en miniature* nachgebildet. Statt mit Pinsel und Tusche arbeitet der Gartenarchitekt mit Felsen, Wasser, Bäumen und Blumen und setzt diese zu Szenen zusammen. Die verschiedenen Szenen sollen unterschiedliche Stimmungen zum Ausdruck bringen. So kann ein stiller Weiher Ruhe und Tiefe ausstrahlen, sprudelnde Quellen und zarte Blüten dagegen evozieren Heiterkeit; knorrige Kiefern oder dicker Bambus wirken erhaben.

Neben Felsen und Wasser stellt die Architektur ein zentrales Element der chinesischen Gartenkunst dar. Im Gegensatz zur klassischen Hofarchitektur wird im Garten auf Symmetrie und Gleichförmigkeit verzichtet. Im Garten, der seinem Besitzer als Zuflucht vor den Regeln und Pflichten des Alltags dienen soll, regiert die Phantasie. So liegen Pavillons und Wohngebäude frei im Gelände verstreut und sind in die poetische Szenenfolge eingebunden. Mit der Architektur werden Ruhepunkte gesetzt. Man kann sich niederlassen und besonders schöne Gartenszenen betrachten. Gern läßt man überdachte Wandelgänge das Gelände durchziehen. Sie erlauben dem Besucher den Garten auch bei Regenwetter zu genießen. Die Mauern zwischen einzelnen Gartenbereichen sind häufig mit Fenstern oder Türöffnungen in phantasievollen Formen versehen. Beliebt sind runde Mondtore oder Durchgänge in Vasenform. Im Chinesischen ist das Wort *ping* für ›Vase‹ gleichlautend mit dem Wort für ›Frieden‹, so daß mit dem Durchschreiten eines solchen Tores der Eintritt in das Reich des Friedens assoziiert wird. Fenstern gibt man oft die Form von Fächern, Blüten oder Muscheln. Wie ein Albumblatt schaffen sie einen Rahmen für die Gartenszene, auf die sie den Blick freigeben.

Das Pflaster von Wegen und Höfen versieht man gern mit phantasievollen Mustern. Im kaiserlichen Garten der Verbotenen Stadt, aber auch in vielen Privatgärten des Südens findet man kleinteilige Wegpflasterungen aus farbigen Kieseln mit überwiegend geometrischen, zum Teil auch floralen und figürlichen Dekors.

Bäume, Blumen und Büsche werden vom Gartenarchitekten nach malerischen Gesichtspunkten arrangiert. Farbe und Form der Pflanze sind dabei von Wichtigkeit. Gern setzt man Zartes mit Kräftigem, Helles mit Dunklem in Kontrast. Auf Artenvielfalt legt man weniger großen Wert, statt dessen spielt die symbolische Bedeutung der Pflanzen eine besondere Rolle. Einige Blumen oder Bäume verbindet man in China mit moralischen Qualitäten (s. S. 90), andere rufen dem Gelehrten berühmte Textstellen aus der chinesischen Literatur in Erinnerung. Beim Anblick der herabhängenden Zweige einer Trauerweide denkt man gemeinhin an die langen, schwingenden Gewänder tanzender Mädchen; an der Bananenstaude liebt man den melancholischen Ton, den der Regen auf ihren Blättern hervorruft.

Die Größe chinesischer Gärten richtete sich – wie überall – nach Status und Finanzkraft ihrer Besitzer. So nehmen die kaiserlichen Parks des Nordens, wie der Beijinger Sommerpalast oder der Park der kaiserlichen Sommerresidenz in Chengde, weite Flächen ein. Gesamtkonzeption und Architektur dieser Parks sind auf Repräsentation ausgerichtet und dementsprechend großzügig. Geschickt sind in der Ferne liegende Berge oder Hügel optisch in die Anlagen miteinbezogen, so daß die Ausmaße der kaiserlichen Parks schier unendlich erscheinen. Die intimen Gärten reicher Privatleute, die Literatengärten, wie sie vor allem in Suzhou erhalten sind, nehmen dagegen meist nur ein relativ kleines Areal ein, bieten aber durch ihre raffinierte Raumaufteilung eine abwechslungsreiche Vielzahl beschaulicher Szenen. Diese Gärten liegen meist als kleine grüne Oasen der Ruhe mitten in der Stadt hinter hohen Mauern verborgen.

Der weniger privilegierte Bürger, der es sich nicht leisten konnte, einen privaten Lustpark zu unterhalten, mußte sich mit einer kleineren, doch nicht weniger kunstvollen Variante chinesischer Gartenkunst begnügen: *penjing*, der ›Landschaft im Topf‹ – bei uns sind diese Miniaturlandschaften besser unter ihrem japanischen Namen Bonsai bekannt.

Die Schönen Künste und das Kunsthandwerk

Die Malkunst

»Wer über Bilder urteilt nach der Ähnlichkeit der Formen, den muß man ansehen wie ein Kind; Wer Verse schmiedet nach der Regel, erweist sich damit noch nicht als ein Dichter! Dichten und Malen wurzeln im gleichen Gesetz, dem Werk des Himmels und der Ursprünglichkeit.« – Dem Europäer mag dieser Ausspruch sehr modern anmuten. Tatsächlich formulierte ihn Su Dongpo (1036–1101) schon vor fast 1000 Jahren. Seine Worte machen deutlich, wie sehr sich die traditionelle chinesische Einstellung zur Malerei von der westlichen unterscheidet. Die zentralen Probleme der klassischen abendländischen Malerei – Naturnähe und Räumlichkeit der Darstellung, die Handhabung der Perspektive, das Spiel von Licht und Schatten – spielten für die chinesischen Künste keine oder nur eine untergeordnete Rolle.

»Der Widerhall der Lebenskraft in der Malerei basiert auf den Regungen des Herzens, und der besondere Charakter der Persönlichkeit kommt zum Ausdruck in der Pinseltechnik« formulierte Guo Rouxu um 1070.

Die Linie ist das entscheidende Element der chinesischen Malerei. Ihre Spontaneität, ihr Rhythmus und Duktus bestimmen die Qualität eines Bildes. Aus ihr spricht die Empfindung des Künstlers, sie ist Ausdruck seiner Persönlichkeit.

Die Verwandtschaft der traditionellen chinesischen Malerei zur Kalligraphie ist offensichtlich. Beide Tätigkeiten – Malen und Schreiben – benennen die Chinesen mit derselben Vokabel, *hua*, d. h. Bilder wie Schriftzeichen werden gleichermaßen ›gemalt‹. Nicht nur besitzen die Linienspiele der Malerei zuweilen kalligraphische Qualität, Schrift ist außerdem stets integraler Bestandteil eines Bildes. Signatur und Aufschriften des Künstlers, dessen Siegel sowie Kommentare von Besitzern oder Bewunderern haben nicht allein dokumentarischen Charakter, sondern werden nach ästhetischen Gesichtspunkten im Gemälde plaziert.

Für die Malerei wie für die Kalligraphie werden identische Grundmaterialien verwendet – die Vier Schätze des Literatenzimmers: Papier, Pinsel, Tusche und Reibstein.

Die Erfindung des **Papiers** ist schon für das Jahr 105 n. Chr. belegt, ohne daß die Seide als Malgrund vollständig verdrängt worden wäre. Als Bildträger für Tuschmalerei dient in China Papier aus Hanf, Reisstroh und Bambus. Wegen seiner seidigen Beschaffenheit besonders geschätzt wird Papier von der Rinde des Maulbeerbaums.

Pinsel verschiedener Größen und Stärken sowie aus unterschiedlichsten Materialien werden zum Schreiben und Malen verwendet. Häufig ist der Stiel aus Bambus, Holz oder Horn, die Haare stammen überwiegend von Wolf oder Ziege. Chinesische Künstler und Kunsttheoretiker haben sich vielfach über die verschiedenen Formen des Pinselstrichs geäußert und lange Traktate über seinen Charakter und seine Aussagekraft verfaßt. Man unterscheidet zwischen dem Auftrag mit nassem und trockenem Pinsel, zwischen sorgfältig darstellenden Linien und spontanen Pinselzügen voller Kraft und Dynamik.

Wichtigstes Ausdrucksmittel neben dem Pinsel ist die **Tusche**. Dem chinesischen Künstler ersetzt sie die Farbe. Je nach Wasseranteil verwendet er sie in den verschiedensten Schattierungen von einem tiefen, glänzenden Schwarz bis hin zu einem wolkigen Hellgrau. Sie besteht aus Kiefernruß und Knochenleim und wird in Stabform, gelegentlich auch zu schönen Formen, gepreßt. Manche dieser ›Tuschekuchen‹ sind aufgrund ihrer Gestaltung selbst kleine Kunstwerke und begehrtes Sammelobjekt. Die Tusche reibt der Maler stets selbst an. Dazu wird die gepreßte Tusche durch Reiben in Wasser auf einem flachen Reibstein gelöst. Reibsteine sind meist aus schwarzem Schiefer gearbeitet und häufig mit kunstvollen Schnitzereien verziert.

Um die zarten Gemälde aus Seide oder feinem Papier zu stabilisieren und zu schützen, zieht man sie auf größere Stücke stärkeren Papiers oder Seidenbrokats auf. Der jeweilige Untergrund ist farblich auf das Bild abgestimmt, steigert somit seine ästhetische Wirkung und bietet Raum für Aufschriften. Für die **Montierung** von Malereien entwickelte sich seit der Song-Zeit (960–1279) ein vorbildlicher Kanon, an dem man sich noch heute orientiert. Drei klassische Bildformen haben sich in den letzten 1000 Jahren in der chinesischen Malerei durchgesetzt: die Querrolle, die Hängerolle und das Albumblatt. Alle drei Formen sind leicht, lassen sich einfach verstauen und transportieren. Gleichzeitig verraten sie einen Umgang mit der Kunst, der sich vom abendländischen unterscheidet. So hängt man sich in China Gemälde nicht über Jahre als Dekoration an die Wand, sondern bewahrt sie säuberlich zusammengerollt in Holzkästen auf, um sie nur zu besonderen Gelegenheiten hervorzuholen und gemeinsam mit

Hofdamen betrachten Bilder; gemalt von Chen Mei (gest. 1745). Hier sieht man sehr schön, daß die Bilder in gerollter Form aufbewahrt und zum Betrachten extra herbeigeschafft werden.

»Bäche sind die Blutgefäße eines Berges, die Vegetation seine Haare, Wolken und Nebel sein Ausdruck. Folglich wird ein Berg lebendig durch Wasser, üppig und reich durch Gebüsch und Bäume und anmutig durch Wolken. Der Berg ist das Antlitz des Flusses, Pavillons am Ufer seine Augen und die Geschäftigkeit der Fischer sein Ausdruck.«
Guo Xi, 11. Jh.

Su Dongpo über das Malen des Bambus: »Die Maler von heute malen Knoten um Knoten und häufen Blatt um Blatt; wie kann daraus ein Bambus werden? Willst Du Bambus malen, so mußt Du zuerst das Ganze in Deiner Vorstellung erfassen. Dann nimm den Pinsel, konzentriere Deine Aufmerksamkeit und sieh nur darauf klar, was du malen willst. Beginne ohne Verzug, bewege den Pinsel und folge Deiner Vorstellung so unmittelbar, wie ein Habicht herabstößt, wenn ein Hase aufspringt. Zögerst Du einen Augenblick, ist alles verloren.«

kunstsinnigen Gästen zu betrachten und zu diskutieren. Besonders beliebt ist seit jeher das Sammeln von bemalten Fächern. Unter den Literaten der alten Zeit war das gemeinsame Bemalen von Fächern bei geselligen Zusammenkünften ein beliebter Zeitvertreib.

Ebenso wie die Materialien und Formate ist die **Themenpalette** der klassischen chinesischen Malerei relativ beschränkt. Vom chinesischen Altertum bis etwa ins 8. Jh. dominierten Darstellungen von Menschen. Danach verlagerte sich das Interesse allmählich hin zu Landschaften, Pflanzen und Tieren. Insbesondere die gebildeten Literaten-Beamten bevorzugten diese Themen, weil sie sich bewußt von den professionellen Malern distanzieren wollten, die Portraits, Historienbilder und religiöse Kultbilder gegen Honorar produzierten.

Die **Landschaftsmalerei** besitzt in China eine wesentlich längere Tradition als im Abendland. Kunsthistorische Traktate berichten bereits im 5. Jh. von reinen Landschaftsdarstellungen. In der Song-Zeit (906–1279) avancierte die Landschaft, *shanshui,* ›Berge und Wasser‹, zum vornehmsten Bildthema in der chinesischen Malerei überhaupt. Berge, am liebsten dunstverhangen und stets in Verbindung mit einem fließenden oder stehenden Gewässer, beherrschen die Landschaftsbilder, Menschen oder Gebäude erscheinen inmitten dieser Übermacht der Natur winzig. Selten wird man in der chinesischen Malerei eine reale, abgemalte Natur vorfinden, sondern meist Ideallandschaften. Dem wahren Künstler soll es nicht um die Nachahmung der Dinge gehen, sondern um die Ergründung ihres Geistes. Erst wenn der Künstler die Kräfte der Natur verstanden und verinnerlicht hat, ist er fähig, diese abzubilden.

Chinesische Gelehrte widmeten unzählige kunsttheoretische Abhandlungen allein der **Bambusmalerei**. Die lineare Form seiner Halme und Blätter fordert zum ›Tuschespiel‹ *(moxi)* geradezu heraus. Überdies assoziieren die Chinesen die Elastizität und Standhaftigkeit der Pflanze mit der aufrechten Haltung des Edelmanns, der sich in unruhigen Zeiten zwar beugt, aber nicht bricht. Oft wird der Bambus gemeinsam mit drei weiteren Pflanzen dargestellt: der Pflaumenblüte, der Orchidee und der Chrysantheme. Man nennt diese die Vier Edlen. Mit ihnen assoziiert man die vier Jahreszeiten und besondere menschliche Charaktereigenschaften. So verbindet man mit der Winterpflaume Ausdauer oder weibliche Anmut, die Orchidee steht für Integrität und die herbstliche Chrysantheme für ein erfülltes Leben. Eine andere beliebte Motivgruppe sind die Drei Freunde des Winters, womit der winterbeständige Bambus, die Winterpflaume und die Kiefer gemeint sind. Die Kiefer wird in China mit Langlebigkeit in Verbindung gebracht, ebenso der Pfirsich. Die Päonie assoziiert man mit Weiblichkeit und Reichtum, den Lotos mit Reinheit. Unter den Tieren symbolisieren Kranich und Schildkröte das lange Leben, der Fisch steht für Reichtum und Überfluß, der Hirsch für Erfolg und die Fledermaus für Glück. Die Bilder der **Blumen- und Vogelmalerei** sind somit nicht nur schön anzusehen, sondern besitzen fast immer eine moralische Aussage.

Blumen und Wildenten – ein typisches Beispiel der Blumen- und Vogelmalerei; gemalt von Zhou Zimian, Ming-Zeit

Auffällig ist, wie wenig chinesische Künstler im Lauf der Jahrhunderte von den gängigen Thematiken, den traditionellen Materialien und Darstellungsweisen abgewichen sind. Dem westlichen Betrachter fällt es schwer, verschiedene Stilepochen in der chinesischen Malerei auszumachen. Dieses Phänomen liegt in einem ausgeprägten Traditionalismus begründet. Während die Künstler des Abendlands stets um Originalität bemüht waren, suchten chinesische Maler den Anschluß an die Tradition. Den besten Weg zu künstlerischer Meisterschaft sah man im Studium der großen Maler der Vergangenheit. Bevor ein Künstler seinen eigenen Stil fand, übte er sich jahrzehntelang im Kopieren berühmter Gemälde des Altertums. Die Fähigkeit eines Malers, sich in den Geist eines alten Meisters einfühlen zu können und somit ein Kunstwerk in dessen Sinne zu schaffen, wird in China hoch geschätzt. (Zu modernen Tendenzen s. S. 60).

Chinesische Schrift und Kalligraphie

Glaubt man einer chinesischen Legende, so schuf Cang Jie, Beamter des mythischen Gelben Kaisers (Huangdi) um das Jahr 2700 v. Chr. die chinesische Schrift. Vorformen chinesischer Schrift, runenartige Zeichen auf neolithischen Keramiken, die man in Banpo bei Xi'an gefunden hat, sind sogar noch älter. Sie lassen sich auf das 5. Jahrtausend v. Chr. datieren – ihre Bedeutung bleibt allerdings bis heute ein Geheimnis.

Von den etwa 2000 verschiedenen Ritzzeichen auf Orakelknochen des 16.–11. Jh. v. Chr. haben chinesische Archäologen dagegen bisher etwa die Hälfte entziffern können. Bei den meisten von ihnen handelt es sich um Piktogramme, also Bildsymbole, die sich zum Teil recht einfach erkennen lassen. So stellte man vor etwa 5000 Jahren die Sonne durch einen Kreis mit Strahlenkranz, den Mond durch eine Sichel dar. Diese Bilder wurden im Lauf der Zeit abstrahiert und verschiedene Zeichen zu neuen, komplexeren Begriffen kombiniert. Zwei nebeneinander stehende Bäume bilden zum Beispiel das Schriftzeichen für Wald und die Zeichenkombination von ›Frau‹ und ›Sohn‹ bedeutet ›gut‹.

木 + 木 = 林
Baum + Baum = Wald

女 + 子 = 好
Frau + Sohn = gut

Bis heute haben die chinesischen Schriftzeichen ihre Bildhaftigkeit nicht verloren. Allerdings ist die Kombination der Zeichen komplizierter geworden. Etwa 90 % der 50 000 im größten chinesischen Wörterbuch gelisteten Zeichen bestehen aus Sinn- und Lautbestandteilen. Doch weder Bedeutung noch Aussprache ergeben sich allein aus dem Bild – jedes Zeichen muß gelernt werden. Im Durchschnitt verwendet ein Chinese im Alltag etwa 3000–4000 verschiedene Schriftzeichen, der Gebildete kennt etwa doppelt so viele.

Durch die Jahrtausende hat die chinesische Schrift mehrere Entwicklungsstufen durchlaufen. Die Große Siegelschrift, wie man sie auf Ritualbronzen der Zhou-Zeit (1050–256 v. Chr.) oder eingemeißelt auf den ›Steintrommeln‹ des 5. Jh. v. Chr. in Varianten findet, enthält noch viele einfache Piktogramme. Um das Jahr 200 v. Chr. führte Li Si, Kanzler des Qin Shihuangdi, die Kleine Siegelschrift ein. Diese wurde hauptsächlich für Gedenksteine und Grabinschriften verwendet. Die Beamtenschaft der Han-Zeit bevorzugte im alltäglichen Schriftverkehr und im Abfassen von Gesetzestexten und Erlassen dann die weniger komplizierte Kanzleischrift. Diese wurde mit dem Pinsel auf Holztafeln oder Bambusstreifen geschrieben. Kurzformen wie die vollkursive Grasschrift oder die halbkursive Schreibschrift leiten sich von letzterer ab.

Die heute in China gebräuchliche Normalschrift *(kaishu)* hat sich etwa im 4. Jh. aus der Kanzleischrift entwickelt und unterscheidet sich von ihr nur geringfügig. Die jüngste Vereinfachung erfuhren die chinesischen Schriftzeichen schließlich 1956, als die Volksrepublik China die sogenannten Kurzzeichen einführte, deren Vereinfachung hauptsächlich in der Reduzierung ihrer Strichzahl liegt.

Die **Kalligraphie** entwickelte sich etwa im 3./4. Jh. in China zu einer eigenständigen Kunstform. Mindestens seit der Tang-Zeit (618–906) gilt sie dort als die vornehmste aller Künste und gehört neben der Malerei, der Dichtkunst, dem Musizieren und dem Bogenschießen zu den edlen Mußebeschäftigungen der Literaten-Beamten.

Die Kunst des schönen Schreibens arbeitet mit den gleichen Materialien und nach denselben ästhetischen Prinzipien wie die klassische chinesische Malerei. Pinselführung und -duktus spiegeln Empfindungen und Gemütslage des Künstlers wider sowie seine politische und moralische Einstellung. Der von ihm gewählte Schriftstil untermalt die Stimmung des Textes. Zwar sind die Proportionen der Zeichen, ihre Balance und die Anordnung der Zeilen wichtige Kriterien für die Beurteilung einer Kalligraphie. Wichtiger als die ästhetische Schönheit der Schriftzeichen ist aber deren Ausdruckskraft. Poesie und Schrift, manchmal in Verbindung mit Malerei, sollen sich zu einem Gesamtkunstwerk zusammenfügen.

Von einem Kalligraphen wird nicht nur erwartet, daß er die verschiedenen historischen Schrifttypen beherrscht, sondern auch die charakteristischen Handschriften der großen Kalligraphen erkennt und nachzuahmen weiß. Jahrelang übt sich ein Kalligraph im Kopieren der Meister, bis er selbst seinen eigenen charakteristischen Schreibstil entwickelt.

1
2
3
4
5
6

Das Zeichen für Xie, Schreiben, in sechs Stilen
1 Kleine Siegelschrift
2 Kanzleischrift
3 Grasschrift,
4 Schreibschrift
5 Normalschrift
6 die heute gebräuchliche vereinfachte Schrift

Die Bildhauerkunst

Anders als im Abendland genossen im alten China weder Plastik noch Skulptur das Ansehen einer Kunstgattung. Vielleicht liegt dies teils darin begründet, daß man im Reich der Mitte keine Götterbildnisse kannte. Zentrum des religiösen Kultus waren die Opferriten für die Ahnen. In diesen Zusammenhang gehören die Ton- und Keramikplastiken, die etwa ab dem 5. Jh. v. Chr. Tier- und Menschenopfer als

Grabbeigaben ersetzten. Spektakulärstes Beispiel hierfür ist sicherlich die Terrakottaarmee des Qin Shihuangdi. Nicht zu vergessen sind indes auch die berühmten Pferde und menschlichen Figuren in Dreifarbglasur, wie sie in der Tang-Zeit gefertigt wurden. Die Keramiken dieser Epoche – wie auch die großen Skulpturen der buddhistischen Kunst jener Zeit – lassen sich unschwer an ihrer bewegten Darstellung, den schwellenden Körperformen und den ausdrucksstarken teils grimassenhaft wirkenden Gesichtern erkennen – wunderbarer Ausdruck für den Geist der Epoche, die von Weltoffenheit und Lebensfreude geprägt war.

Seit der Han-Zeit finden sich auch überirdisch plazierte Grabfiguren, meist monumentale Steinskulpturen von Hofbeamten, Offizieren, Tieren und Phantasiewesen, als Ehren- oder Schutzgarde vor der Grabanlage eines Edlen. Zu den ältesten Figuren dieser Art gehören die Skulpturen an der Grabanlage des Han-Generals Huo Qubing (gest. 116 v. Chr.). Die Figuren verschiedener Tiere sind relativ flach aus großen Steinen herausgeschlagen, passen sich deren Form an. Sie wirken grob, doch kraftvoll. Im Gegensatz zu den frühen Tierskulpturen, die sehr viel Pathos besitzen und fast immer wie übernatürliche Fabelwesen wirken, werden die Tierdarstellungen seit der Tang-Zeit realistischer. Vor allem aber ist es die Menge der Figuren, die nun beeindruckt. Den Seelenweg zum Grab des Gaozong und seiner Gemahlin Wu Zetian bei Xi'an flankieren allein acht Löwen, zwölf Pferde, zwei Vögel, zwei Fabelwesen, 20 Diener und 61 Stammesführer. Ähnlich monumental bieten sich die Seelenwege der Ming-Zeit dar. Wert legte man hier auf eine naturgetreue Abbildung und die feine Ausarbeitung der Details.

Der Aufbau der einzelnen buddhistischen Höhlen erfolgte an den genannten Kultstätten fast immer nach demselben Schema: in der Mitte thront der Buddha, flankiert von seinen Lieblingsjüngern Ananda und Kashyapa. Es folgen links und rechts jeweils ein stehender Bodhisattva in fließenden Gewändern mit reichem Schmuck und Krone. Gerahmt wird die Gruppe an beiden Seiten von einer grimmig blickenden Wächterfigur.

Buddhistische Skulptur

Die buddhistische Kunst hat eine eigene Tradition in China. Ihre erste große Blüte erfuhr sie im 4. Jh. Zunächst in Dunhuang, einem wichtigen Handelsknotenpunkt der Seidenstraße am Rand der Taklamakan-Wüste, begannen Mönche, Höhlen mit buddhistischen Kultbildern in den Fels zu schlagen – eine Tradition, die wie der Buddhismus und die Darstellung des Buddha selbst aus Indien nach China gelangte. Die Bildnisse in den Grotten sind teilweise direkt in den Stein gehauen, teilweise aus Lehm über einen Holzkern modelliert.

Unter der Patronage der Toba entstanden ab dem 5. Jh. weitere buddhistische Höhlenkomplexe. So gehen sowohl die Yungang-Grotten von Datong wie die Longmen-Grotten von Luoyang auf ihre Initiative zurück – Höhlenanlagen, an denen über mehrere Jahrhunderte hinweg gearbeitet wurde. Bis in die Tang-Zeit (618–906) hinein gaben private Stifter und auch Angehörige des chinesischen Kaiserhauses immer wieder neue Kulthöhlen in Auftrag, so daß sich hier die stilistische Entwicklung buddhistischer Kunst in China vom 5. bis 9. Jh. wunderbar nachvollziehen läßt.

Die stilististische Entwicklung der Buddha-Skulptur, 5. Jh.–8. Jh., von links nach rechts Yungang-Grotten (2. Hälfte 5. Jh.), Longmen-Grotten (1. Hälfte 6. Jh.), Nördliche Qi- und Nördliche Zhou-Zeit (550–581), Sui-Zeit (581–681), Tang-Zeit (Mitte des 8. Jh.)

Die Figuren des frühen Wei-Stils (450–490) wirken noch recht eckig und plump. Ihr Ausdruck ist starr, die Gewänder scheinen dünn, ihr Faltenwurf linear. Figuren der späteren Wei-Zeit (494–550) im sogenannten Longmen-Stil hingegen sind sehr schlank und scheinen fast körperlos. Ihre Gewänder sind fließend und lassen kaum die Körperformen darunter erahnen. Ihr Gesichtsausdruck wirkt anmutig-entrückt.

Orientierte sich die frühe buddhistische Plastik in China noch stark an der Kunst aus Gandhara, so sind in der Sui- (589–618) und Tang-Zeit (618–906) Einflüsse der indischen Gupta-Kunst spürbar. Figuren dieser Epoche wirken körperlicher, ihr Ausdruck ist pathetischer und zuweilen voller Dramatik. Die Gesichter sind voll, die Körperrundungen weich, Wächterfiguren werden oft übertrieben muskulös dargestellt. Gewänder wirken voluminös und fallen in üppigen Falten.

Mit den Buddhistenverfolgungen im 9. Jh. endete auch die große Zeit buddhistischer Kunst in China. Allerdings sollten in Dazu, im damaligen Staat Shu (heute Sichuan), fern der Macht des Kaisers, nochmals Grotten entstehen. Ihre Skulpturen orientieren sich an den weichen, voluminösen Formen der Tang-Zeit, sind jedoch naturalistischer.

Chinesische Bronzen

Monumentale Bronzen zeugen vom hohen Entwicklungsstand der Kultur des chinesischen Altertums, von der außerordentlichen Kunstfertigkeit ihrer Hersteller, und sie geben Aufschluß über die religiösen Vorstellungen dieser Epoche. Die Blütezeit der chinesischen Bronzekultur reicht etwa vom 18. Jh. v. Chr. bis zur Zeitenwende. In dieser Zeit spielten Bronzen eine zentrale Rolle im Ahnenkult und dienten zur Zubereitung und Darbietung von Opferspeisen und -getränken sowie als Grabbeigaben. Für die Herstellung der Ritualbronzen entwickelten die Chinesen eine einzigartige Technik, die sich erheblich von den Bronzegußtechniken anderer antiker Hochkulturen unterscheidet. Anstelle des Wachsausschmelzverfahren (Methode der verlorenen Form/*à la cire perdue*) goß man die chinesischen Ritualbronzen nach mehrfach verwendbaren Tonmodellen.

Name des Gefäßtyps / Entwicklungsstufe	ding	fang ding	li	xian	gui	yu	dou	fu	jue
Späte Shang-Zeit									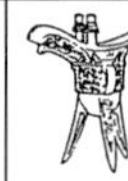
Frühe Zhou-Zeit									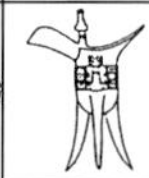

Die wichtigsten Typen der Bronzegefäße aus der Hochblüte der chinesischen Bronzekunst, der Späten Shang- und der Frühen Zhou-Zeit

Man formte die Modelle in der gewünschten Form und kerbte den Reliefdekor in die noch feuchte Tonerde ein. Das Modell ummantelte man sodann mit einer weiteren Tonschicht, so daß sich der Dekor auf die Negativform übertrug. Den Tonmantel zerschnitt man anschließend – je nach Größe des Objekts – in zwei oder mehrere Stückformen und brannte diese. Danach setzte man die Teile wieder zusammen und stabilisierte die Gußform von außen mit Seilen. Anschließend füllte man die geschmolzene Bronze ein. Nach dem Erkalten erhielten die Bronzen ihren letzten Schliff.

Archaische Bronzen waren in China schon recht früh Forschungs- und Sammelobjekt. Im Jahr 1092 brachte Lü Dalin sein zehnbändiges Werk »Kaogutu« (»Bilder zum Studium des Altertums«) heraus, in dem er eine erste systematische Ordnung der Gefäße vornahm. Die von Lü Dalin geprägten Bezeichnungen für die verschiedenen Formen verwendet man in China noch heute. Man unterscheidet zwischen Speise-, Wein- und Wassergefäßen und unter diesen wiederum unter Behältern zur Zubereitung und zur Aufbewahrung. Viele der archaischen Bronzetypen lassen sich auf Vorbilder in der neolithischen Keramik zurückführen.

In den Reliefdekors chinesischer Ritualbronzen dominieren zoomorphe, d. h. von Tierformen abgeleitete Motive. Pflanzenornamente kommen nirgends, menschliche Figuren nur äußerst selten vor. Geometrische Ornamente und abstrakt wirkende Linienspiele sind meist ebenfalls als stark stilisierte Ableitungen von Tiermotiven zu deuten. Eine zentrale Rolle unter den zoomorphen Motiven spielt das *taotie*, eine frontal gesehene Tiermaske mit hervortretenden, starrenden Augen, einer meist als Grat ausgebildeten Nase, volutenartigen Hörnern, aufgerissenem Maul mit herabhängenden Lefzen ohne Unterkiefer und einem nur rudimentär angedeuteten Körper mit Klauen und Schwanz. Taotie heißt soviel wie ›Fresser‹ oder ›Vielfraß‹. Welche Bedeutung dieser Tierdämon besaß, ist nicht geklärt. Im Lauf der Zeit lösten sich viele der Tiermuster zu abstrakt wirkenden Ornamentbändern auf. Einige diese geometrischen Muster, wie das mäanderförmige Donnermuster und das spiralige Wolkenmuster, gelten als Darstellungen von Naturphänomenen. Etwa seit dem 13. Jh. v. Chr. finden naturalistisch dargestellte Tiere Eingang in die Bronzekunst. Neben den üppigen Dekoren sind auf den Oberflächen der Bronzen

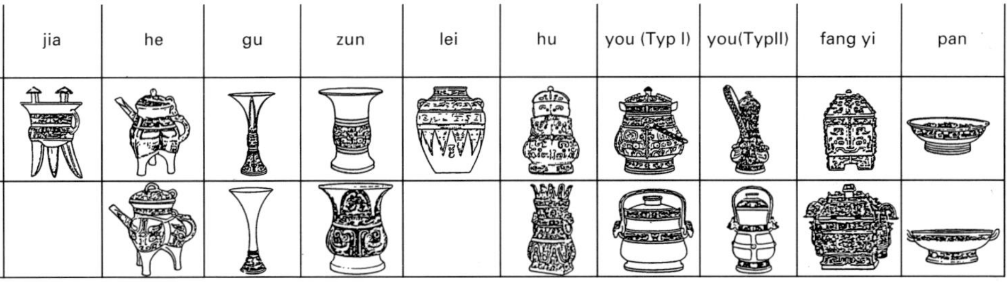

häufig Inschriften angebracht, die ab dem 8. Jh. nicht selten Informationen über politische Ereignisse, Kriege, Hochzeiten, Naturkatastrophen etc. mit zum Teil genauen Orts- und Zeitangaben enthalten. Für die chinesische Geschichtsforschung sind sie deshalb äußerst wertvoll.

Ab dem 8. Jh. v. Chr. zeichnet sich eine zunehmende Profanisierung ab: Bronzen als kostbares Tafelgeschirr oder dekorative Prestigeobjekte für den Palast. Kleinteiligkeit und Opulenz bestimmen ihr Bild. Die wahrscheinlich aus dem Westen nach China gelangte Gußtechnik im Wachsausschmelzverfahren erlaubte nun auch die Fertigung von Bronzen raffiniertester Form mit durchbrochener Ornamentik. Auch experimentiert man gern mit verschiedenen Einlegetechniken in Gold, Silber, Jade und Türkisen. Zurecht spricht man vom ›barocken‹ Stil der Späten Zhou-Zeit.

Zur Zeit der Östlichen Han-Dynastie (206–25 v. Chr.) fertigte man aus Bronze überwiegend Öllampen, Weihrauchbrenner, Töpfe und Dosen für den häuslichen Gebrauch. Im Totenkult fanden einzig noch Spiegel aus Bronze Verwendung, denen man magische Wirkung zuschrieb. Ihre Reliefverzierungen waren überwiegend von kosmologischer Symbolik und dienten der Abwehr böser Geister, zudem sollten sie dem Toten den Weg ins Paradies weisen. Diese Funktion ging in späterer Zeit verloren. Unter den Tang waren Bronzespiegel nur mehr kosmetische Luxusartikel für das Damenboudoir.

Keramik

Bereits vor etwa 8000 Jahren stellte man im Gebiet des Gelben Flusses Tontöpfe her, die sich bequem zum Erhitzen von Speisen und Getränken über das Feuer stellen ließen. Ihre dreifüßige Form sollte sich später zum Leitmotiv chinesischer Bronzekunst entwikkeln.

Die erste reich verzierte Keramik mit vielfältigem Formenrepertoire brachte zwischen dem 5. und 3. Jahrtausend v. Chr. die jungsteinzeitliche Yangshao-Kultur hervor. Man findet große Schalen und bauchige Halstöpfe aus rötlichem oder grauem Ton mit Bemalungen in Rot und Schwarz. Vorwiegend zieren dramatische Spiral- oder Zick-

Bei Brenntemperaturen von bis zu 1200 °C entstanden per Zufall auch die ersten Glasuren: Im Ofen aufliegende Holzasche legte sich während des Brennvorgangs auf die Keramiken. Das darin enthaltene Kalziumoxid bildete eine glänzende, wasserundurchlässige Schicht auf der Gefäßoberfläche. Aufgrund ihrer grünlichen Färbung werden solche Keramiken auch als Protoseladon bezeichnet.

Ein Keramikkrug aus der Tang-Zeit, der unverkennbar sassanidischen Einfluß aufweist.

zackmuster, aber auch stilisierte Fische, Frösche und Menschenmasken die Gefäße – meist Grabbeigaben oder Urnen.

Um das Jahr 2900 v. Chr., also etwa zeitgleich mit ihren ägyptischen Kollegen, erfanden chinesische Töpfer dann die Drehscheibe. Nun entstanden feine, aufwendig geformte Keramiken. Aus der Shang- und Zhou-Zeit (ca. 1600-256 v. Chr.) haben sich vergleichsweise wenige Keramiken erhalten, nicht zuletzt weil im Ahnenkult die Bronzen die Tonwaren vielfach ersetzten. Doch mit der Bronzekunst wurden auch bessere Öfen und höher entwickelte Brenntechniken entwickelt, die nun das Fertigen des härteren und wasserundurchlässigen Steinzeugs erlaubten.

In der Han-Zeit (206 v.–220 n. Chr.) gab man den Verstorbenen wieder Tönernes mit ins Grab – Figuren von Menschen und Tieren sowie Modelle von Häusern, Höfen und Werkstätten aus einfachem Scherben –, und in der Nähe des heutigen Shaoxing (Provinz Zhejiang) produzierte man eine hochwertige Gebrauchskeramik. Dieses grünglasierte Steinzeug, **Yue-Ware** genannt, orientierte sich in seinen Formen an archaischen Kultbronzen, seine grüne Glasur imitierte die charakteristische Patina der Bronze.

Beeinflußt von westasiatischer Kunst, welche über die Seidenstraße nach China gelangte, entwickelte sich in der chinesischen Keramik eine neue Formensprache. Unter den Tang (618–906) kamen Formen wie die persische Pilgerflasche oder die griechische Amphore in Mode. Man liebte exotische Dekors – das sassanidische Medaillon, Jagd- oder Vogelmotive –, die entweder als Relief aufgesetzt oder in den Scherben eingeritzt wurden. Deutlich ist zu erkennen, daß die chinesischen Töpfer sich dabei an persischen Silberschmiedearbeiten orientierten. Beliebt als Grabbeigaben waren in der Tang-Zeit vor allem Kleinplastiken in variantenreicher und lebhafter Darstellung: Aus niedrig gebranntem, relativ weichem Ton sind diese Arbeiten mit mehrfarbigen, ineinanderlaufenden Glasuren versehen, die in ihrem lässigen Auftrag fast expressiv wirken. Da diese Keramiken überwiegend dreifarbig – meist leuchtendgrün, bernsteinbraun und weiß, seltener kobaltblau oder schwarz – glasiert sind, nennt man sie **Sancai-(›Dreifarb‹-)Ware**.

Gegen Ende der Tang-Zeit begann sich in China eine feine weiße Ware durchzusetzen, die **Xing-Ware** (aus Xingzhou, Provinz Henan). Ihr Scherben aus weißem Kaolin trägt eine transparente, glänzende Feldspatglasur. Durch den Brand bei etwa 1150–1350 °C sind Scherben und Glasur fest miteinander verschmolzen und verglast: das erste echte Porzellan.

In der Song-Zeit (960–1279) gelang es in den Manufakturen von Dingzhou (Provinz Hebei) Porzellane mit dünnwandigem, durchscheinendem Scherben herzustellen. Oft sind die Waren unverziert, manchmal bilden feine Ritzzeichnungen von Blüten, Blattwerk, Fischen oder Enten den Dekor. Zuweilen findet man auch mit Modeln eingepreßte Muster. Die sogenannte **Yingqing-** oder **Qing-**

bai-Keramik aus Jingdezhen zeichnet sich durch einen feinen eisblauen Schimmer aus, dem sie ihren Namen Schattenblau *(yingqing)* oder Bläulichgrünes Weiß *(qingbai)* verdankt. Die weitaus berühmteste Gattung Song-zeitlicher Keramik ist zweifellos das **Seladon**: ein Steinzeug von relativ hartem, hellgrauem Scherben mit einer Eisenglasur. Das Farbspektrum der Seladone reicht von Oliv über Moosgrün, Beige, Graublau bis hin zu einem warmen Lavendelton. Ihrer Farbgebung und ihres seidigen Glanzes wegen verglich man Seladone in China stets gern mit Jade, dem Stoff, den man dort seit jeher höher schätzte als Gold. Manchmal besitzen die grünen Waren einen zarten violetten Schimmer oder sind netzartig mit feinen Sprüngelungen, dem Krakelee, überzogen. Song-Seladone stammen hauptsächlich aus Yaozhou, Ruzhou und Longquan.

Jingdezhen wurde im 11. Jh. unter Kaiser Jingde zur ersten offiziellen Porzellanmanufaktur des kaiserlichen Hofs ernannt. Diesen Status behielt sie bis zum Ende des Kaiserreichs. Die Ming bauten die kaiserliche Porzellanmanufaktur Jingdezhen sogar weiter aus. Hier fertigte man sämtliches Porzellan für den Hof und deckte bis zum Beginn des 18. Jh. mehr als zwei Drittel des weltweiten Bedarfs an Porzellan.

Porzellan mit blauer Unterglasurmalerei kam erstmals unter der Herrschaft der Mongolen (1271–1378) in China auf. Weiße Waren mit lebhaften Malereien von Blüten, Tieren, Fabelwesen, Landschaften oder Theaterszenen entsprachen mehr dem mongolischen Geschmack als die monochromen Keramiken der Song-Zeit. Die Technik der Unterglasurmalerei mit Kobalt hatte man aus Persien übernommen und schon seit der Tang-Zeit damit experimentiert. Mehr noch als die Seladone entwickelten sich in der Ming- (1368–1644) und Qing-Dynastie (1644–1911) **Blauweiß-Porzellane** zum Exportschlager.

Die chinesische Porzellanproduktion sollte unter dem Kangxi-Kaiser der Qing (reg. 1662–1722) ihren künstlerischen Höhepunkt erreichen. Den chinesischen Töpfern gelang es einen hauchdünnen, reinweißen Scherben von makelloser Qualität herzustellen, und auch die

Porzellanteller mit einer farbenprächtigen Bemalung in Überglasur; hergestellt in Jingdezhen, Kangxi-Periode (1662–1722)

verschiedensten Glasurtechniken beherrschten sie perfekt. Neben Kobalt verwendete sie für die Unterglasurmalerei auch Kupferoxid, welches einen warmen Rotton ergibt. Gern zierte man Porzellane mit mehrfarbigen Dekoren, die in einer Kombination von Unter- und Überglasurmalerei hergestellt wurden. Auch monochrome Waren kamen wieder in Mode. Beliebt war Puderblau aus aufgestäubtem Kobalt, die dunkelrote Ochsenblut-Glasur aus Kupferoxid und die Café-au-lait-Glasur in einem warmen Braunton. Reinweißes Porzellan, **Blanc de Chine,** vor allem aus der Manufaktur von Dehua (Provinz Fujian), verwendete man bevorzugt für Kleinplastiken. Berühmt sind insbesondere die zarten, madonnenhaften Guanyin-Darstellungen.

Anfang des 18. Jh. begann man auch Glasurfarben aus Europa nach China zu importieren. Die Porzellane dieser Zeit schwelgen geradezu in Farben, besonders erfreute man sich an den mit Arsenweiß angemischten Pastelltönen. Diese kleinteilig, zuweilen geradezu überladen dekorierten Porzellane benennt man nach den dominanten Farbtönen ihrer Glasur als **›famille rose‹** (rosa), **›famille verte‹** (grün), **›famille noire‹** (schwarz) und **›famille jaune‹** (gelb). Auch mit Gold ging man nun verschwenderischer um, schuf Prunkgeschirr.

Im Kontrast dazu stehen die Teekeramiken aus Yixing (Provinz Jiangsu). Die zierlichen Waren aus feinem, meist unglasiertem roten, grauen oder schwarzen Ton erfreuen sich seit dem 16. Jh. in China großer Beliebtheit. In ihrer Schlichtheit entsprechen sie mehr dem klassischen Geschmack des Literaten. Gern entlieh man für **Yixing-Waren** archaische Formen oder imitierte Gegenstände der Natur. Waren aus Yixing sind die einzigen chinesischen Keramiken, die mit den Signaturen ihrer Töpfer versehen sind. Noch heute werden in Yixing hochwertige Stücke in phantasievollen Formen von Hand hergestellt.

»Jade ist Schönheit in Stein mit fünf Tugenden: Ihr warmer Glanz steht für Menschlichkeit, ihre makellose Reinheit für sittliche Lauterkeit, ihr angenehmer Klang für Weisheit, ihre Härte für Gerechtigkeit und ihre Beständigkeit für Ausdauer und Tapferkeit.« So lautet die Eintragung unter dem Stichwort ›Jade‹ im ältesten Wörterbuch Chinas, dem »Shuowen Jiezi« aus dem 2. Jh. n. Chr.

Jade

Seit alters wird in China kein Stoff höher geschätzt als Jade. Man liebt ihre Geschmeidigkeit, die feine wolkige Maserung und ihren tiefen Glanz. Ähnlich wie das Gold im westlichen Kulturkreis besitzt Jade für die Chinesen eine magische Anziehungskraft. Im Altertum betrachtete man den Stein als göttliche, Lebensenergie spendende Substanz und verarbeitete ihn zu Amuletten und Ritualobjekten. In späterer Zeit schmückten Gefäße und Kleinplastiken aus Jade vor allem die Studierstuben der Literaten, sah man doch in dem Stein die konfuzianischen Tugenden verkörpert. Noch heute assoziiert man im chinesischen Sprachgebrauch mit dem Wort Yu für Jade stets das Gute, Schöne und Erhabene.

Weder unser Begriff ›Jade‹ noch das chinesische ›Yu‹ sind eindeutige mineralogische Termini. Die Chinesen verwenden den Begriff Yu

In der Han-Zeit (206 v.–220 n. Chr.) kleidete man die Leichen hochgestellter Personen in komplette Jaderüstungen, die sich aus bis zu 2500 rechteckigen Steinplättchen zusammensetzten, welche mit Draht oder Seidenfäden verknüpft waren. Hier das Totengewand einer Prinzessin.

für fast alle schönen Steine, die hart und geschmeidig sind, und einen gewissen Glanz aufweisen: Nephrit, Jadeit, Serpentin, Kristall, Achat und Speckstein. Im Westen bezeichnet man mit ›Jade‹ lediglich Nephrit, ein Calcium-Magnesium-Silikat, und Jadeit, ein Natrium-Aluminium-Silikat. Nephrit und Jadeit kommen je nach ihrem Gehalt von Eisen, Mangan oder Chrom in verschiedenen Farbschattierungen von Weiß über Beige, Grün und Lavendel bis zu Schwarz vor. Kenner schätzen besonders das satte, fettig glänzende Weiß der Hammelfettjade (Nephrit) und Jadeit in leuchtend smaragdgrüner Tönung.

Seit der Shang-Zeit (ca. 1600–1030 v. Chr.) spielt die Verwendung von Jade im Totenkult eine besondere Rolle. Kreisförmige Jaden mit einem runden Loch in der Mitte, die als Bi-Scheiben bezeichnet werden, findet man in Gräbern entweder in unmittelbarer Nähe des Toten oder auf dessen Körper plaziert. Offensichtlich schrieb man der Jade konservierende Kräfte zu.

In der Song-Zeit gelangte die Jadekunst erneut zu einer Blüte. Jadeobjekte mit archaisierenden Motiven avancierten zum beliebten Sammlergut der Literaten-Beamten. Amulette und Kleinplastiken in Tierform, Bi-Scheiben, Siegel und Tuschwasserbehälter oder zarte, dünnwandige Gefäße in Blütenform wurden besonders geschätzt.

Erst unter den Qing bearbeitete man auch große Jadeblöcke: China hatte durch die Eroberung weiter Gebiete Zentralasiens erstmals direkten Zugriff auf Jadevorkommen. Als Miniaturlandschaften bearbeitete Steine im Stil chinesischer Landschaftsmalerei bildeten nun ein neues Genre der Jadekunst.

Seide

Das älteste noch erhaltene Seidengewebe, das Archäologen bisher in China entdeckt haben, stammt aus einem Grab im Kreis Wuxing (Provinz Zhejiang). Sein Alter wird auf etwa 4800 Jahre geschätzt.

Am Anfang der Geschichte der Seidenweberei steht eine Legende: Si Ling, die Gemahlin des mythischen Gelben Kaisers, Huangdi, soll bei einem Spaziergang in den kaiserlichen Gärten vor einer Schlange erschreckt und auf einen Maulbeerbaum geflüchtet sein. Dort fiel ihr eine Seidenraupe auf, die gerade dabei war, sich in ihren Kokon zu verspinnen. Die Kaiserin dachte daraufhin bei sich, wie schön und duftig wohl ein Gewand aus diesem feinen, weißen glänzenden Faden sein müßte. Sie setzte ihre Idee sogleich in die Tat um, und wickelte der Raupe vorsichtig den Faden ab.

Seidenstickerei auf dem Prunkgewand eines Hofbeamten

Bis in die Neuzeit hinein wurde Si Ling von späteren Gemahlinnen chinesischer Kaiser verehrt. Jedes Jahr im Frühling, wenn der Kaiser traditionsgemäß symbolisch den Acker pflügte, um den Himmel um eine gute Ernte zu bitten, opferte seine Gattin Maulbeerblätter, die sie eigenhändig gepflückt hatte, für ein ertragreiches Seidenjahr. Seit alters wird in China die Seidenraupenzucht von Frauen betrieben.

Bereits zur Han-Zeit (206 v.–220 n. Chr.) beherrschten die Chinesen die Seidenweberei und besaßen technisch hochentwickelte Webstühle. Aus dem Grab der Marquise von Dai in Mawangdui (Provinz Hubei), die 168 v. Chr. verstarb, bargen Archäologen eine große Anzahl gut erhaltener Gewänder aus feiner Gaze und farbigen Brokaten. Auch hatte man der Dame Stickereien und ein mit mythologischen Szenen bemaltes Seelenbanner, das ihren Sarg bedeckte, ins Jenseits mitgegeben. Als die Chinesen im 2. Jh. v. Chr. die Handelswege nach Westen zu erschließen begannen, wurde chinesische Seide in der ganzen damaligen zivilisierten Welt berühmt und begehrt. Nicht umsonst gab Ferdinand von Richthofen der zentralasiatischen Handelsroute zwischen China und dem Vorderen Orient den Namen ›Seidenstraße‹.

Im Lauf der Jahrhunderte entwickelte man in China weitere Techniken der Seidenverarbeitung. Seit der Tang-Zeit ist die Seidenwirkerei, die Kesi-Technik, populär und wird besonders für die Herstellung von Wandbildern verwendet. Seit der Mongolenherrschaft (1279–1368) knüpft man in China auch Teppiche aus Seide.

Über persische Zwischenhändler gelangte die Seide bereits um die Zeitenwende ins Römische Reich und seine Hauptstadt und fand bei den ebenso reichen wie modebewußten Römerinnen begeisterten Anklang. Um den immer stärker werdenden Kapitalabfluß für vergängliche Luxusgüter nach Asien zu unterbinden, erließ der römische Senat im Jahr 16 n. Chr. sogar ein Verbot gegen das Tragen von Seidenkleidung.

Chinesische Bühnenkunst

Seit alters steht im Reich der Mitte die Poesie im Mittelpunkt allen literarischen Schaffens. Die darstellenden Künste besaßen in China bis in die Neuzeit hinein lediglich den Rang volkstümlicher Unterhaltung und genossen als literarische Kunstform kaum Anerkennung. Man nimmt an, daß sich die ersten Formen darstellender Kunst in China aus rituellen Tänzen und Gesängen entwickelt haben, die als Begleitung religiöser Zeremonien aufgeführt wurden.

Eine eigenständige Schauspielerzunft existierte in China mit Sicherheit schon vor rund 2000 Jahren. Tönerne Grabfiguren und Reliefs in einigen Gräbern der Han-Zeit (206 v.–220 n. Chr.) zeigen Musiker, Tänzer, Spaßmacher, Akrobaten, Geschichtenerzähler und Gaukler, die über Land zogen, um das Volk zu unterhalten. Zeitgenössische Texte nennen sie das Volk der 100 Fertigkeiten *(baixi)*.

Der Tang-Kaiser Xuanzong (713–756) war der erste, der der Schauspielerzunft in China zu – wenn auch geringem – Ansehen verhalf. Er begründete in seiner Hauptstadt Chang'an die erste staatliche Schauspielschule der chinesischen Geschichte: den ›Birnbaumgarten‹. Noch heute nennt man in China Schauspieler des klassischen Dramas Schüler des Birnbaumgartens. In der Song-Dynastie (960–1279) bildete sich dann erstmals eine urbane Theaterkultur heraus. Das immer wohlhabendere Bürgertum in den Städten verlangte nach Zerstreuung. So entstanden vor allem in Kaifeng, Hangzhou und Beijing ausgedehnte Vergnügungsviertel, die sogenannten *wazi*. Hier etablierten sich erstmals feste Theaterbühnen, in denen hauptsächlich ein gemischtes Varietéprogramm aus kurzen Stücken, Clownerien, Tanz- und Akrobatiknummern aufgeführt wurde *(zaju)*.

Unter mongolischer Herrschaft (1279–1368) widmeten sich dann gebildete Literaten dem Theater und schufen erbauliche Stücke von hohem literarischen Wert. Die Handlung dieser Yuan-Dramen wurde komplizierter und die Darstellung der Charaktere differenzierter. Berühmte Stücke aus dieser Zeit sind »Das Westzimmer« und zahlreiche Gerichtsstücke um den gestrengen Richter Bao, von denen eines übrigens – mit dem Titel »Der Kreidekreis« – Bertolt Brecht zu seinem »Kaukasischen Kreidekreis« inspirierte. Diese Dramen folgen erstmals einem festen Aufbau. Sie bestehen aus vier Akten, plus Vorspiel und Epilog. Wichtigste Ausdrucksmittel sind Gesang, Deklamation, Gestik und Akrobatik. Pro Stück gibt es nur eine Gesangsrolle, die der Hauptperson zugedacht ist.

Während sich diese Form des Dramas hauptsächlich in Nordchina durchsetzte, bildete sich im Süden ein anderer Opernstil (*kunju*) heraus, der sich bis ins 18. Jh. großer Beliebtheit erfreute. Doch Ende des 18. Jh. verdrängte ein neuer Stil die Kun-Oper: die **Pekingoper** *(jingju)*. Sie gilt im Ausland noch heute als die chinesische Theaterform schlechthin. Unser westliches Wort ›Oper‹ beschreibt diese Bühnenkunst jedoch nur unzureichend. In der Pekingoper vereinen sich Sprache, Gesang, Gestik, Mimik, Tanz, Akrobatik und Musik zu einem Gesamtkunstwerk.

Auf ein Bühnenbild und Requisiten wird weitgehend verzichtet. Im Mittelpunkt der Aufführung stehen die Darsteller mit ihren prachtvollen Kostümen und den dramatisch geschminkten Gesichtern. Gestik und Mimik der Figuren sind übertrieben stilisiert, jede Bewegung, jeder Augenaufschlag und jeder Wink mit dem Ärmel unterliegt einer strikten Choreographie und steckt voller Symbolik. Die Musik klingt für westliche Ohren schrill und manchmal dissonant. Dramatische Szenen werden durch kräftiges Schlagen der Zimbeln, Gongs, Trommeln und Klappern begleitet; romantische Passagen untermalt man mit zarten Flötenklängen, Tragisches wird mit dem traurigen Klagen der Kniegeige *(erhu)* unterlegt. Die Darsteller rezitieren und singen ihren Part mit gepreßter Kunststimme im Falsett, ab und zu unterbrochen durch melodische Ausrufe, Seufzen und Lachen.

Alle Charaktere der Pekingoper sind schematisch reduziert. Es gibt vier Haupttypen von Rollen: die männliche Hauptrolle von edlem Charakter *(sheng)*, die Frauenrolle *(dan)*, die Rolle des ritterlichen Kriegers, des Abenteurers oder Bösewichts *(jing)* und die Rolle des Spaßmachers oder Clowns *(chou)*.

An der Art der Schminke der Gesichter lassen sich die Grundcharakterzüge der dargestellten Person ablesen. Eine zentrale Rolle spielen dabei die Farben: Rot symbolisiert Tapferkeit, Loyalität und Dynamik, Schwarz Ernst und Gerechtigkeit, Blau Entschlossenheit und Ungestüm, Weiß Grausamkeit, Gold oder Silber Göttlichkeit und Zauberkraft, Grün Bösartigkeit.

Die Gesichter der männlichen und weiblichen Hauptrollen von edlem Charakter sind meist recht natürlich gehalten. Man betont das blasse Gesicht durch schön geschwungene Augenbrauen und einen kleinen roten Mund. Die Augenpartie wird bis zu den Wangen durch ein tiefes, strahlendes Rot hervorgehoben. Die Gesichter

Martialische Szene aus einer Pekingoper. Bestechend auch für den Laien sind die farbenprächtigen Gewänder und bunt, nachgerade maskenhaft, geschminkten Gesichter.

der Jing-Rolle dagegen sind wahre Kunstwerke, die die natürlichen Züge des Schauspielers gänzlich hinter die bizarre Maske zurücktreten lassen.

Auch bezüglich der Kostüme besitzen Farben eine bestimmte Symbolik. Gelb ist die Farbe des Kaisers, Rot die des Adels, Blau die der Beamten, Grün die der Diener. Die wunderbaren Seidenkostüme orientieren sich an der Hoftracht der Ming-Dynastie (1368–1644).

Das Repertoire der Pekingoper umfaßt mehr als 1000 Stücke, von denen die meisten auf Volkssagen, Legenden oder klassische Romane zurückgehen. Die Aufführung einer Oper in voller Länge dauert oft viele Stunden, meist werden aber nur einige ausgewählte Szenen aus verschiedenen Opern aufgeführt.

Chinesische Küche

Eine ›chinesische Küche‹ an sich gibt es eigentlich nicht. Man unterscheidet in China vier große Regionalküchen: die des Ostens (Shanghai), des Westens (Sichuan), des Nordens (Beijing) und des Südens (Guangzhou). Wie diese Küchen geschmacklich – sehr vereinfacht – charakterisiert werden, besagt ein altes Sprichwort: »Im Osten süß, im Westen scharf, im Norden salzig, im Süden mild.«

Die **Küche des Ostens** schließt die Regionalküchen von Shanghai und der umliegenden Provinzen Zhejiang und Jiangsu ein. Durch die Küstennähe der Region werden viele Meeresfrüchte verarbeitet, aus den Seen und dem Yangzi-Fluß bezieht man große Mengen Süßwasserfisch, den man in China wegen seines feineren Geschmacks sei-

Markt in Xi'an

nen Artgenossen aus dem Meer generell vorzieht. Vorsicht allerdings beim Verzehr! Chinesische Graskarpfen und Gelbfische sind grätenreich. Rötliche, süß-saure Würzsaucen auf einer Basis aus Reiswein, Sojasauce, Zucker und Essig, abgeschmeckt mit Ingwer, Knoblauch, Frühlingszwiebeln und einem Hauch Chili sind typisch für diese Region. Man spricht deshalb auch von einer ›roten Küche‹. Neben dem berühmten – in Touristenrestaurants oft überstrapaziertem – süß-saurem Schweinefleisch *(gulao rou)* fallen auch Klassiker, wie Schweinerippchen aus Wuxi oder Westseefisch aus Hangzhou, in diese Geschmacksrichtung.

Die **westchinesische Küche** Sichuans und Hunans ist berühmt für ihre feurige Schärfe. Anfänger sollten sich bei einem ersten Versuch genügend Reis als ›Neutralisator‹ zur Seite stellen, Wasser oder Bier ist in den meisten Fällen als Löschmittel unbrauchbar. *Ma la* nennen die Menschen dieser Region die bevorzugte Geschmacksrichtung ihrer Küche: ›betäubend-scharf‹. Den charakteristischen Geschmack erzielt man mit einer Kombination aus Chilis und dem Sichuan- oder Blumenpfeffer. Viel Knoblauch und rotes Chili-Öl sind daneben die wichtigsten Zutaten für diese kräftige Hausmannskost, die vor allem in den naßkalten Wintern dieser Region dem Körper kräftig einheizt und somit vor Rheuma schützt. Die berühmtesten Gerichte der Sichuan-Küche sind mit Sicherheit *Mapo Doufu,* ›Sojabohnenkäse nach Art der pockennarbigen Alten‹, und *Gongbao Jiding,* ›Hühnerwürfel nach Gongbao-Art‹, mit getrockneten Chilis und Erdnüssen. Aber auch so feine Dinge, wie über Kampferbaumholz geräucherte Ente oder der deftige Feuertopf entstammen der Küche Südwestchinas.

Die Beijinger Küche gilt als eine der vielseitigsten des Landes. Schon zu Kaisers Zeiten kamen in der Hauptstadt Menschen aus allen Teilen Chinas zusammen, und so hat sich die Küche der Metropole aus einer

Mixtur der verschiedensten Regionalküchen Chinas entwickelt. Eigentlich ist die **Küche des chinesischen Nordens** ein Arme-Leute-Essen, bei dem viele Teigarten aus Weizenmehl, wie Nudeln, gedämpftes Brot *(mantou)* und die – besonders schmackhaften – Maultaschen *(jiaozi)* verarbeitet werden (Reis wird im Norden weniger gegessen). Früher beschränkte sich die Auswahl an Gemüse im Winter manchmal monatelang nur auf Kohl und Zwiebeln. Diese Zeiten sind heute aufgrund der besseren Versorgungslage vorbei. Im krassen Gegensatz zu der eher schlichten Diät des kleinen Mannes standen in Nordchina die raffinierten Kreationen der Palastküche des Kaiserhauses und der Hofbeamten. Zu den Höhepunkten der **Hauptstadtküche** gehört zweifellos die Pekingente *(Beijing kaoya)*. Den besonderen Geschmack und das zarte Fleisch der Tiere erzielt man durch eine spezielle Mast. Exakt 65 Tage lang füttert man die Enten mit Bällchen aus Hirse, Weizenmehl und grünen Bohnen und genehmigt ihnen dann und wann ein Schlückchen Gelben Wein. Wenn die Ente 2–2,5 kg wiegt, ist sie schlachtreif. Um die wertvolle Haut des Tieres nicht zu verletzen, dreht man ihr den Hals um, nimmt sie nach einem fachmännisch gesetzten Schnitt unter dem Flügel aus und näht sie wieder zu. Mit einer Luftpumpe pumpt man Luft unter die Haut, reibt diese mit Maltosesirup ein und läßt sie einige Stunden durchtrocknen. Gebraten wird die Ente hängend in einem Holzkohleofen. Die Haut gilt als besonders delikat und wird meist separat serviert. Zusammen mit einigen Fleischstückchen, Pflaumensauce und Frühlingszwiebeln wird sie in zarte Lotospfannkuchen gewickelt und verzehrt.

Im Süden, so unken die Nordchinesen, »wird alles gegessen, was vier Beine hat – außer Tischen und Stühlen –, alles, was fliegt – außer Flugzeugen – und alles, was schwimmt – außer Schiffen«.

Die **Küche des Südens** zählt zu den delikatesten und gesündesten in China. Man hat hier aus der Not eine Tugend gemacht. Weil Brennmaterial stets knapp war, werden alle Zutaten in kleine Stücke geschnitten und im Wok bei hoher Temperatur kurz gebraten. Das spart Energie, und obendrein bleiben Nährstoffe und Vitamine erhalten. In mageren Jahren wurde so ziemlich alles, was irgendwie eßbar war, in der Küche verarbeitet. Als besondere Leckerbissen gelten so exotische Dinge wie Bambusratte, Hund, Schlange und die ›Tausendjährigen Eier‹. Letztere sind transparent, Flaschengrün bis Braun in der Farbe und von fester Konsistenz. Die rohen Eier werden entweder in einer Mischung aus Kalkschlamm, Salz und Teeblättern oder in alkalischem Schlamm, Asche und Reishülsen 40–60 Tage lang eingelegt und meist mit ein wenig Essig, Sojasauce und Ingwer, was ihnen den leichten Geschmack nach Ammoniak nimmt, gegessen. Hund und Schlange ißt man traditionell im Winter, da man diesen Fleischsorten nachsagt, daß sie viel der männlichen Kraft Yang enthalten und somit ›inneres Feuer‹ im Körper produzieren. Schlangen werden in China übrigens für den Verzehr gezüchtet. Ihr Fleisch ist äußerst zart, mager und fest und schmeckt ähnlich wie Huhn – welches allerdings für einen Bruchteil des Preises zu haben wäre.

Doch auch der weniger Wagemutige sollte im Süden nicht auf den Restaurantbesuch verzichten. Unvergeßlich wird Ihnen in Guangzhou oder Hongkong ein *Dim-Sum-Essen* bleiben. Diese kleinen Köstlichkeiten – in Bambuskörbchen gedämpfte oder gebratene Teigtäschchen mit Füllungen aus Fleisch, Fisch, Krabben, süßer Lotospaste, Bohnen oder Sesam – verzehrt man ausschließlich morgens oder mittags. In großen Restaurants machen dann Damen mit großen Servierwagen ihre Runden, bei denen man immer neue Leckerbissen aussuchen kann.

Bei der Zusammenstellung eines Mahls lassen sich die Chinesen übrigens nicht allein von ihren persönlichen Vorlieben leiten, sondern folgen bestimmten Regeln. Die omnipräsenten Kräfte Yin und Yang spielen auch in der Ernährung eine Rolle. Einige Speisen, wie Reis

Beliebt und meist preiswert sind die Garküchen, hier in Beijing. Meist erhält man dort regionaltypische Gerichte.

und Mehlspeisen, grünes Gemüse, weißer Fisch sowie zarte Suppen und Tee enthalten viel Yin; rotes Fleisch, kräftige Würzsaucen, Chilis, Paprika, Fett, Alkohol und Früchte wie Ananas und Mangos enthalten dagegen viel Yang. Will man gesund bleiben, so empfiehlt es sich, auf die Ausgewogenheit Yin- und Yang-haltiger Speisen zu achten. Auch innerhalb einer Mahlzeit sollten sich Yin- und Yang-Gerichte stets die Waage halten. Von den großen fünf Geschmacksrichtungen – süß, salzig, bitter, sauer und scharf – sollten alle vertreten sein. Die klassisch-westliche Speisefolge – Suppe, Fisch, Fleisch mit Gemüse und Kartoffeln, Reis oder Nudeln und zum Abschluß ein Dessert – sollten Sie in China vergessen. Ein **chinesisches Bankett** hat seine eigenen Regeln: Je mehr Personen bei Tisch, je größer und voller das Restaurant und je ausgelassener die Stimmung, desto besser. *Re nao* heißt das chinesische Wort für ›Gemütlichkeit‹: ›heiß und laut‹. Acht Personen gilt als die ideale Zahl bei Tisch. Je größer die Runde, desto mehr Gerichte können außerdem gekostet werden. Bei der Menge der Bestellung rechnet man gemeinhin die Anzahl der Gäste plus ein oder zwei Gerichte. Gewöhnlich beginnt man mit einer kalten Vorspeisenplatte. Es folgen darauf mehrere Hauptgänge aus Fisch-, Fleisch- und Gemüsegerichten. Alle Speisen kommen nacheinander auf den Tisch, und jeder bedient sich selbst. Dem Ehrengast legen seine Tischnachbarn die besten Stücke auf den Teller. Scharfes sollte mit Zartem abwechseln, Fleisch und Fisch mit Gemüse. Süßspeisen werden zuweilen inmitten des Speiseverlaufs serviert. Eine klare, fast geschmacksneutrale Suppe reicht man in der Regel zum Schluß. Sie soll helfen, die Verdauung anzuregen. Lediglich in Guangzhou steht die Suppe am Anfang der Speisefolge. Ganz zuletzt wird bei einem Bankett der Reis serviert. Er wird nur noch von denen eingenommen, die noch nicht satt sind. Ihn schon während der Mahlzeit zu verlangen, würde andeuten, daß die angebotenen Speisen nicht ausreichen, und gilt somit als Beleidigung für den Gastgeber.

Getrunken wird zum Essen traditionell grüner **Tee,** der hilft, ein schweres Mahl besser zu verdauen. Zu großen Geschäftsessen und Familienfeiern konsumiert man in China zudem gern hochprozentige Alkoholika – nicht gerade in kleinen Mengen. **Schnaps** wird in China entweder aus roter Hirse *(gaoliang)* oder Reis gebrannt. Der berühmteste und teuerste ist Maotai, ein Hirseschnaps mit mehr als 50 % Alkoholgehalt. Schmackhaft ist der leichtere, braune Shaoxing-Wein aus Reis mit sherryartigem Aroma, welcher warm getrunken wird.

Traubenweine sind in China meist sehr süß. Seit etwa 100 Jahren produziert man allerdings auch trockene Weine nach westlicher Art. Eine Tradition, die – wie die Bierherstellung – auf die kurze deutsche Kolonialherrschaft in China zurückgeht.

Beliebt – gerade bei Geschäftsessen – sind heute auch ausländische Spirituosen. Dabei prostet man sich ausgelassen mit *ganbei,* »Trocknet die Gläser!«, zu, und nicht selten endet solch ein Abend in geräuschvollen Trinkspielen und ausgelassenem Gesang.

Galerie bedeutender Persönlichkeiten

Aisin Giorro Puyi (1906–67)

Der letzte Kaiser von China, bestieg 1908 als Dreijähriger den Thron. Nach seiner Abdankung am 12.2.1912 lebte er unter dem Schutz Japans, das ihn 1932 als Kaiser seines Marionettenstaates Manzhuguo einsetzte. Nach der japanischen Kapitulation 1949 geriet Puyi zunächst in sowjetische Gefangenschaft und verbrachte ab 1950 neun Jahre in Gefängnissen der Volksrepublik China. 1959 wurde er begnadigt und arbeitete bis 1963 im Botanischen Garten in Beijing. Vollständig rehabilitiert wurde er 1964. Er hinterließ eine interessante Autobiographie.

Chiang Kai-shek (Jiang Jieshi, 1888–1975)

Der Politiker übernahm nach seiner Studienzeit in Japan und seiner militärischen Ausbildung in der Sowjetunion nach dem Tod Sun Yatsens 1925 die militärische und politische Leitung der Guomindang und führte deren Truppen gegen die Warlords, gegen Japan und schließlich gegen die Kommunistische Partei Chinas. Nach deren Sieg floh er mit seiner Regierung auf die Insel Taiwan, wo er die Republik China auf Taiwan ausrief. Bis zu seinem Tod regierte er die Insel in einer Ein-Parteien-Diktatur und vererbte das Präsidentenamt seinem Sohn Chiang Ching-kuo.

Cixi (1835–1908)

Zunächst Konkubine des Xianfeng-Kaisers stieg Cixi wenig später zur kaiserlichen Nebenfrau auf. Nach dem Tod ihres Gatten 1861 erhielt sie den Rang einer Kaiserinwitwe. Nach dem frühen Tod ihres Sohnes und Thronfolgers gelangte auf Cixis Betreiben ihr Neffe und Adoptivsohn auf den Thron, der unter der Devise Guangxu regierte. Als dieser sich jedoch politischen Reformen gegenüber aufgeschlossen zeigte, stellte ihn Cixi für den Rest seines Lebens unter Hausarrest. Fortan regierte sie in seinem Namen und leitete mit ihrer konservativen Politik das Ende des chinesischen Kaiserreichs ein.

Tenzin Gyatso, der 14. Dalai Lama (geb. 1935)

Der 14. Dalai Lama, Oberhaupt der Gelbmützen-Schule des tibetischen Buddhismus und nach tibetischer Auffassung weltlicher und göttlicher Herrscher des Dachs der Welt, wurde im Alter von drei Jahren als Inkarnation des vorangegangenen Gottkönigs in der Provinz Amdo ausfindig gemacht und ein Jahr später in Lhasa inthronisiert. Mit 15 Jahren übernahm er die Amtsgeschäfte. Vornehmliches Anliegen war ihm die Umstrukturierung der veralteten Verwaltung und

Befreiung der Bauern aus der Schuldknechtschaft. Im März 1959 mußte der Dalai Lama ins indische Dharamsala fliehen, wo er noch heute im Exil lebt und sich für ein unabhängiges bzw. autonomes Tibet einsetzt. 1990 erhielt er den Friedensnobelpreis.

Deng Xiaoping (1904–97)

Der Sohn eines Sichuaner Bauern studierte in den 20er Jahren in Frankreich und der Sowjetunion. 1924 trat er der KPCh bei und war im Bürgerkrieg Politkommissar der Roten Armee. 1934/35 beteiligte er sich an der Seite Maos am Langen Marsch. 1945 wurde er Mitglied des Zentralkomitees (ZK), 1952 stellvertretender Ministerpräsident und war von 1956–66 Mitglied des Ständigen Ausschusses des Politbüros und Generalsekretär des ZK. Während der Kulturrevolution fiel Deng in Ungnade und verlor sämtliche Ämter. Nach Maos Tod feierte er sein endgültiges Comeback und avancierte zum mächtigsten Mann im Staat. Deng ist Vater der chinesischen Öffnungspolitik seit 1978, doch blieb er trotz wirtschaftlicher Liberalisierung politisch ein Hardliner: Die Demonstrationen auf dem Platz des Himmlischen Friedens ließ er im Juni 1989 blutig beenden.

Du Fu (712–770)

Du Fu zählt zu den bedeutendsten und schaffensreichsten Dichtern der Tang-Zeit. Er hinterließ mehr als 1500 Gedichte, in denen er vielfach die politischen Verhältnisse seiner Zeit kommentiert, den Krieg und soziale Ungerechtigkeit beklagt.

Hong Xiuquan (1813–64)

Hong führte die Taiping-Rebellion von 1850–64 an. Er hielt sich für den jüngeren Bruder Christi und sah seinen göttlichen Auftrag in der Vertreibung der Mandschuren aus China und der Errichtung eines Himmlischen Königreichs des Großen Friedens (Taiping Tianguo), zu dessen Kaiser er sich erhob. Seine Anhänger traten u. a. für die Gleichberechtigung von Mann und Frau ein und lebten in kommuneähnlichen Gemeinschaften. Erst mit der Hilfe alliierter Truppen konnten die Qing schließlich gegen ihn vorgehen. Hong Xiuquan beging Selbstmord.

Hu Shi (1891–1962)

Schriftsteller, Philosoph und führende Figur in der Vierten-Mai-Bewegung von 1919. Damals trat er für die radikale Reform der literarischen Tradition ein und forderte den Verzicht auf die elitäre Schriftsprache in Literatur und Verwaltung zugunsten der allgemein geläufigen Umgangssprache *(baihua)*. 1938–42 diente er der republikanischen Regierung als Botschafter in den USA.

»Ich bin nicht geboren mit der Kenntnis der Wahrheit; ich liebe das Altertum und bin ernst im Streben nach ihr.«
Konfuzius, »Lunyu«, 7,19

Huizong (1082–1135)

Der letzte Herrscher der Nördlichen Song-Dynastie war ein ausgezeichneter Maler und Kalligraph, der sich mit Vorliebe der Blumen- und Vogelmalerei widmete. An seinem Hof in Kaifeng scharte er die bedeutendsten Künstler seiner Zeit um sich. Ob der Kunst vernachlässigte er die Staatsgeschäfte und verlor den Norden seines Reiches an die Jin. Er starb in Kriegsgefangenschaft.

Jiang Zemin (geb. 1926)

Jiang ist seit 1993 Staatspräsident der Volksrepublik China. Während seiner Ausbildung zum Elektroingenieur ging er als Werkstudent in die Sowjetunion. Seit 1982 ist er Mitglied des Zentralkomitees der KPCh. 1983–85 bekleidete Jiang den Posten des Ministers für Elektroindustrie, 1985–89 war er Bürgermeister von Shanghai. 1987 avancierte er zum Shanghaier Parteichef und wurde Mitglied des Politbüros. 1989, nach dem Massaker auf dem Tian'anmen-Platz, löste er den entmachteten Zhao Ziyang als Generalsekretär der Partei ab. Im selben Jahr wurde er Vorsitzender der Militärkommission.

Kangxi-Kaiser (1654–1722)

Kangxi ist die Regierungsdevise des Xuanye, der als zweiter Kaiser der Qing-Dynastie 61 Jahre lang über China herrschte. Obwohl mandschurischer Abstammung, war er in der chinesischen Literatur und Philosophie bewandert, sprach mehrere Sprachen und interessierte sich für die Naturwissenschaften. Unter seiner Herrschaft entwickelte sich China zu einem der größten, wohlhabendsten und fortschrittlichsten Länder seiner Zeit.

Konfuzius (551–479 v. Chr.)

Kongzi oder Kongfuzi bedeutet soviel wie ›Meister Kong‹. Im 17. Jh. wurde dieser Name von christlichen Missionaren zu Konfuzius latinisiert und hat sich so im Westen eingebürgert.

Konfuzius darf als der wohl einflußreichste Philosoph der chinesischen Welt gelten. Als Zeitgenosse des Buddha, Pythagoras und Laozi formulierte er eine Morallehre, die für mehr als 2000 Jahre chinesische Staatsdoktrin werden sollte und deren Werte für viele Chinesen noch heute im täglichen Umgang miteinander maßgebend sind. Konfuzius stammte aus einer adligen Familie in Zou im Staat Lu (Provinz Shandong). Trotz sehr bescheidener Lebensverhältnisse genoß er eine exzellente Erziehung. Nach Staatsdienst und Wanderjahren widmete er sich ab 483 v. Chr. dem Studium altertümlicher Schriften, bis er 479 v. Chr. verstarb. Sein Grab befindet sich in Qufu in der Provinz Shandong und ist noch heute Ziel tausender Pilger.

Laozi

Laozi, der ›Alte Meister‹, der im 6. Jh. v. Chr. gelebt und als Hofarchivar in Luoyang gewirkt haben soll, gilt gemeinhin als Verfasser des »Daode Jing«, des »Klassikers vom Weg und der Tugend«, und damit als zentrale Gestalt im Daoismus. Heute wird seine Autorenschaft – wie die Realität der Person selbst – indes bezweifelt. Man nimmt an, daß das Werk, eine Sammlung poetischer Sinnsprüche, im 4.–3. Jh. v. Chr. entstand und auf unbekannte Verfasser zurückgeht.

Li Bai (Li Tai-Bo, 701–762)

Li Bai gehört zusammen mit Du Fu zu den herausragenden Dichtern der Tang-Zeit. Im Gegensatz zu dem eher strengen, zum Lamento neigenden Du Fu, mit dem er befreundet war, ist Li Bais Poesie lebensbejahend und unkonventionell. Als genialer Künstler bewies er auf seinem Beamtenposten am kaiserlichen Hof kein Durchhaltevermögen. Statt dessen reiste er umher und gab sich dem Wein hin. So erzählt man sich über seinen Tod, er sei dabei ertrunken, wie er bei einer nächtlichen Bootspartie versuchte, den Mond zu umarmen.

Lu Xun (1881–1936)

Lu Xun

Lu Xun gilt als einer der bedeutendsten chinesischen Schriftsteller des 20. Jh. Er setzte sich für den Aufbau eines modernen China ein und war in der Vierten-Mai-Bewegung von 1919 Leitfigur für viele junge chinesische Intellektuelle. 1933 gründete er gemeinsam mit Song Qingling die Chinesische Liga für Menschenrechte. Zu seinen berühmtesten Publikationen zählen: »Tagebuch eines Verrückten« (1918), »Die wahre Geschichte des Ah Q« (1921), »Morgenblüten abends gepflückt« (Essays, 1927), »Alte Geschichten – neu erzählt« (historische Satiren, 1936).

Mao Dun (1896–1982)

Mao Dun zählt zu den bedeutendsten modernen Schriftstellern Chinas. Er engagierte sich in der Vierten-Mai-Bewegung von 1919 und schloß sich der von Lu Xun gegründeten Vereinigung linker Schriftsteller an. 1949 übernahm er den Posten des Kulturministers, geriet aber während der Kulturrevolution unter Beschuß. Mao Dun hinterließ eine Reihe von Romanen und Erzählungen, darunter den Roman »Shanghai im Zwielicht«, in dem er die korrupte Gesellschaft Shanghais der 30er Jahre portraitiert.

Mao Zedong (1893–1976)

Mao entstammte einer Bauernfamilie aus der Provinz Hunan. Während seiner Zeit als Bibliothekarsgehilfe an der Beijing-Universität

Krebse; Tuschebild von Qi Baishi aus dem Jahr 1932

kam er durch deren Direktor Li Dazhao erstmals mit marxistischem Ideengut in Kontakt. 1921 gehörte er zu den Gründungsmitgliedern der Kommunistischen Partei Chinas. In den 30er Jahren stieg er in die Parteiführung auf. Entgegen der marxistisch-leninistischen Lehrmeinung sah er nicht im städtischen Industrieproletariat, sondern in Chinas riesigen Bauernmassen die revolutionäre Kraft des Landes. Seit 1927 führte er den Widerstand gegen die Guomindang und Chiang Kai-shek an. Am 1.10.1949 rief er die Volksrepublik aus, deren Präsident er bis 1958 war, als ihn der Fehlschlag des Großen Sprungs nach vorn zum Rücktritt zwang. Er blieb jedoch Parteichef. Bis zu seinem Tod am 9.9.1976 bestimmte er die chinesische Politik und entwickelte sich zur Kultfigur.

Marco Polo (1254–1324)

Marco Polo war Sohn des venezianischen Kaufmanns Niccolo Polo, an dessen Seite er 1271 durch Vorder- und Zentralasien bis nach China, an den Hof Kubilai Khans nach Beijing, gereist sein will. Nach eigenen Angaben stand er von 1279–92 im Dienst des Großkhans, bereiste das gesamte chinesische Reich und war als Gouverneur der Stadt Yangzhou tätig. 1292 kehrte er auf dem Seeweg nach Venedig zurück, das er drei Jahre später erreichte. Im Gefängnis von Genua diktierte Polo 1298/99 seinem Mithäftling Rustichello, einem wortgewandten Romanschriftsteller, auf Französisch seine Reiseerinnerungen. Heute bezweifeln zahlreiche Wissenschaftler, daß er tatsächlich bis nach China kam. Viele Indizien weisen darauf hin, daß seinen Erzählungen Berichte persischer und arabischer Reisender zugrunde lagen.

Qi Baishi (1863–1957)

Qi Baishi zählt zu den bedeutendsten chinesischen Malern des 20. Jh. Innerhalb der traditionellen Tuschmalerei entwickelte er seinen eigenen, stark abstrahierenden Stil, deren Hauptmerkmal die kühne, sparsame Pinselführung ist. Berühmt sind seine filigranen Darstellungen von Garnelen, Fischen, Vögeln, Blumen, Früchten und Gemüsen. Nach Gründung der Volksrepublik erhielt er zahlreiche nationale Ehrungen. 1963 wurde er vom Weltfriedensrat posthum zu einer der Weltkulturgrößen erklärt.

Qianlong-Kaiser (1711–1799)

Unter dieser Regierungsdevise regierte der Qing-Kaiser Hongli von 1736 bis 1796 über China. Die Zeit seiner Herrschaft war eine Epoche der Prosperität, in der das chinesische Staatsgebiet enorm vergrößert wurde und die Bevölkerung stark anwuchs. Der Kaiser selbst war sehr den schönen Künsten zugetan und betätigte sich als eifriger Baumeister.

Qin Shihuangdi (259–210 v. Chr.)

Als König des Staates Qin einte er China 221 v. Chr. erstmals zu einem Großreich und wurde der erste Kaiser von China. Innerhalb von nur zehn Jahren ließ er die Große Mauer und 6500 km Straße anlegen. Er vereinheitlichte Währung, Schrift, Maße und Gewichte bis hin zu den Wagenspurbreiten im Reich, reformierte Steuer- und Rechts-, schaffte Adel und Lehenssystem ab und baute einen umfangreichen Beamtenapparat auf. 213 v. Chr. ließ er eine umfangreiche Bücherverbrennung durchführen, bei der alle nicht genehmen Schriften vernichtet wurden – er war anti-konfuzianisch eingestellt. ›Unsterblich‹ wurde er durch seine Grabanlage und die Terrakottaarmee bei Xi'an.

Sima Qian (ca. 135–93 v. Chr.)

Sima Qian zählt zu den größten chinesischen Geschichtsschreibern. Seine »Historischen Aufzeichnungen« (»Shi Ji«), in denen er das Werk seines Vaters Sima Tan fortsetzte, wurden Vorbild für fast alle chinesischen Dynastiegeschichten späterer Zeit. Das »Shi Ji« beinhaltet die Annalen der Herrscher, Abhandlungen zu bestimmten Themen wie Riten, Musik, Geographie, Astronomie und Wirtschaft, eine Biographiensammlung sowie Informationen über das damals bekannte Ausland.

Su Dongpo (auch Su Shi, 1036–1101)

Der Staatsmann, Dichter, Kalligraph, Maler und Essayist verkörperte mit seinen Talenten in idealer Weise das Gentleman-Ideal des alten China. Er hatte mehrere offizielle Posten am Song-Hof inne und war von 1071–89 Gouverneur der Stadt Hangzhou, die er in zahlreichen Gedichten besungen hat.

Sun Yat-sen (Sun Zhongshan, 1866–1925)

Sun, der auf Hawaii und in Hongkong Medizin studierte, gilt als der ›Vater der chinesischen Republik‹. Von ihm stammen die »Drei Grundlehren vom Volk«: eine Revolution, geleitet von den Prinzipien des Nationalismus, der Demokratie und des Volkswohlstandes würde China den Weg in eine bessere Zukunft öffnen. 1905 gründete er die Republikanische Partei und spätere Guomindang und wurde einer der führenden Aktivisten gegen die Qing. Nach der Abdankung des letztes Kaisers hatte er im Jahr 1912 für einige Monate das Amt des Staatspräsidenten der jungen Republik inne. Nach seiner Rückkehr aus dem Exil kämpfte er ab 1916 gemeinsam mit den Kommunisten gegen die chinesischen Warlords. Sun wird sowohl in der Volksrepublik als auch auf Taiwan als großer Demokrat verehrt.

Wang Xizhi (307–365)

Wang Xizhi gilt als der größte Kalligraph der chinesischen Geschichte, als Meister der Konzeptschrift und als Erfinder der flüssig-eleganten Grasschrift. Seine Kalligraphie »Vorwort zu Gedichten, verfaßt beim Orchideenpavillon« (»Lanting Xu«) setzte Maßstäbe und wurde vom Taizong-Kaiser der Tang-Dynastie so sehr geschätzt, daß er sie mit in sein Grab nahm.

Wei Jingsheng (geb. 1949)

Wei ist der wohl prominenteste chinesische Dissident. 1978/79 brachte er an der ›Mauer der Demokratie‹ in Beijing Wandzeitungen an, in denen er Demokratie und die Wahrung der bürgerlichen Rechte forderte. Wegen ›konterrevolutionärer Aktivitäten‹ wurde er zu einer 15jährigen Haftstrafe verurteilt, kam aber 1993 auf Bewährung frei. 1994 erneut festgenommen, weil er angeblich einen Regierungsumsturz plante, wurde er 1997 schließlich überraschend aus gesundheitlichen Gründen aus der Haft entlassen und in die USA ausgewiesen.

Harry Wu (geb. 1937)

Harry Wu, ein prominenter chinesischer Bürgerrechtler, saß von 1960 bis 1979 in China in politischer Gefangenschaft. 1985 emigrierte er in die USA, wo er eine Gastdozentur an der University of California in Berkeley übernahm. In zahlreichen Publikationen und Vorträgen hat er immer wieder auf die Existenz chinesischer Arbeitslager (*laogai* = Umerziehung durch Arbeit) hingewiesen, in denen Hunderttausende politischer Häftlinge einsitzen.

Wu Zetian (624–705)

Wu Zetian, zunächst Konkubine des Tang-Kaisers Taizong (reg. 626–649), dann Erste Gattin seines Sohnes, schaltete nach dessen Tod rigoros alle legitimen Thronerben aus. Sie rief ihre eigene Dynastie (Zhou, 690–705) aus und wurde Chinas erste und einzige regierende Kaiserin.

Xuanzang (602–664)

Der buddhistische Mönch brach 629 von Chang'an, dem heutigen Xi'an, zu Fuß nach Indien auf. Er durchquerte die zentralasiatischen Wüsten und überwand den Himalaya, um die heiligen Stätten des Buddhismus zu besuchen und seine Kenntnisse der heiligen buddhistischen Schriften zu vertiefen. 645 kehrte er nach China zurück, wo er in Chang'an bis zu seinem Tode mit der Übersetzung jener buddhistischer Texte beschäftigt war, die er von seiner Reise mitgebracht hatte. Er hinterließ eine interessante, sehr sachliche Reisebeschreibung, die 1570 in dem berühmten Roman »Die Reise nach dem Westen« (»Xiyou Ji«) phantasievoll verarbeitet wurde.

Zhao Ziyang (geb. 1919)

In den 60er Jahren Parteisekretär in der Provinz Guangdong, stieg der Vertraute Deng Xiaopings in den 80er Jahren in hohe Regierungsposten auf. 1980 wurde er Ministerpräsident, später Generalsekretär der Partei. Er genoß den Ruf eines überzeugten Vertreters der Dengschen Öffnungspolitik. Als er sich während der Studentendemonstrationen auf dem Tian'anmen-Platz im Frühling 1989 bereit zeigte, mit den Studenten zu diskutieren, wurde er all seiner Ämter enthoben und steht seitdem unter Hausarrest.

Zhou Enlai (1899–1976)

Zhou studierte in Japan, Frankreich und Deutschland und trat dort der kommunistischen Partei bei. In den 20er Jahren war er politischer Leiter der Whampoa-Militärakademie und begleitete später Mao Zedong auf dem Langen Marsch. 1949–76 war er Ministerpräsident und bis 1958 zugleich Außenminister der Volksrepublik China. Er bewies diplomatisches Geschick und genoß wegen seiner ausgewogenen politischen Haltung große Achtung im Volk.

Zhou Enlai

Zhu Rongji (geb. 1928)

Zhu Rongji hat seit März 1998 das Amt des Ministerpräsidenten der Volksrepublik China inne. Der gelernte Elektroingenieur gehört seit 1949 der Kommunistischen Partei an. Während der Kulturrevolution wurde er zur ›Umerziehung‹ für fünf Jahre aufs Land geschickt. Der Machtantritt Deng Xiaopings brachte ihm die Rehabilitierung. Von 1989–91 war er Bürgermeister von Shanghai, danach holte ihn Deng in die Zentralregierung. Zhu spricht fließend Englisch und gilt als Manager des chinesischen Wirtschaftswunders, politisch sind von ihm allerdings kaum grundlegende Reformen zu erwarten.

Zhuangzi (4.–3. Jh. v. Chr.)

Als bedeutendster Philosoph des Daoismus neben Laozi gilt Zhuangzi, der im Gebiet des heutigen Shandong gelebt haben soll. Er hinterließ eine Fülle anekdotischer Erzählungen über das Dao und das Leben im Einklang mit der Natur, die im Gegensatz zum »Daode Jing« aber weniger kryptisch, sondern sehr scharfsinnig, ja zum Teil ironisch-witzig formuliert sind. Ein Lieblingsthema Zhuangzis ist vor allem die Relativität der Dinge.

Die Heimkehr des Tao Yuanming; Tuschmalerei von Ma Shi ▷

Reiserouten in China

Beijing und die weitere Umgebung

Beijing

Beijing – oder Peking, wie man es früher schrieb – ist nicht nur Hauptstadt des drittgrößten Landes der Erde, sondern auch Zentrum einer Weltkultur. Allerdings erhob erst der mongolische Herrscher Kubilai Khan im 13. Jh. die Stadt zur Reichskapitale und damit zum politischen und kulturellen Mittelpunkt des Landes. Mit kurzen Unterbrechungen blieb es dabei – mongolische, mandschurische und chinesische Regierende haben von hier aus während inzwischen mehr als 800 Jahren die Geschicke des Reichs der Mitte bestimmt. Will man das Beijing der Mongolen und der Mandschuren an den Zentren europäischer Kultur messen, so wäre wohl der Vergleich mit dem Paris des Sonnenkönigs am treffendsten. Der Rang der ›Wiege der Zivilisation‹, wie er etwa Athen oder Rom für Europa zukommt, gebührt in China eher der jahrtausendealten Kaiserstadt Xi'an. Wie dem auch sei, im heutigen China gibt Beijing den politischen Ton an, und im gesamten Riesenreich werden die Uhren nach der Beijinger Zeit gestellt: Selbst im fernen Kashgar ignoriert man dabei trotzig die tatsächlichen Zeiten von Sonnenauf- und -untergang.

Besonders sehenswert:
Kaiserpalast ☆☆
Himmelstempel ☆☆
Sommerpalast ☆

Ming-Gräber ☆
Große Mauer ☆☆

Chengde ☆
Tianjin
Shanhaiguan

Zwar gibt man sich in der Kapitale heute große Mühe mit den ›Boomtowns‹ des Südens Schritt zu halten, doch ganz so clever, elegant und weitläufig wie in den Hafenstädten des Südens war man in Beijing nie. Die Hauptstadt war und ist die Stadt der Beamten. Das Motto »Chinas Berge sind hoch, und der Kaiser ist weit«, nach dem man im Rest des Landes und vor allem im Süden nur allzu gern lebte und lebt, gilt hier nicht. Ob zur Kaiserzeit oder im sozialistischen China – die Regierungsbeamten wachen stets darüber, daß der Glanz des einzelnen den des Herrschers nicht überstrahlt. Und auch heute, im chinesischen Zeitalter der ›sozialistischen Marktwirtschaft‹, läßt sich in den Metropolen des Südens schneller Geld verdienen als in der konservativen Hauptstadt.

Beijing zählt trotz der ›Boomtowns‹ im Süden des Landes zu den Wirtschaftsmetropolen Chinas. Seine Stärken liegen in der Eisen- und Stahlproduktion, der petrochemischen Industrie, der Kohleverarbeitung und im Maschinenbau. Das sorgt nicht eben für gute Luft, wie jeder Besucher am eigenen Leibe erfahren wird. Beijing zählt bezüglich der Luftverschmutzung zu den am schwersten belasteten Städten dieser Erde.

Verwaltungstechnisch untersteht das Beijinger Stadtparlament direkt der Zentralregierung. Beijing besitzt damit den Status einer ›regierungsunmittelbaren Stadt‹. Seine Fläche beträgt stolze 16 800 km^2, was etwa der Größe des Bundeslandes Schleswig-Holstein entspricht, und teilt sich in zehn Stadtdistrikte und neun Landkreise. Etwa acht Millionen der insgesamt elf Millionen Einwohner leben in der Stadt selbst, der Rest in den umliegenden ländlichen Gebieten des Großraums.

◁ *Blick über den Kaiserpalast auf das moderne Beijing*

Geschichte der Stadt

Die Geschichte Beijings, der ›Nördlichen Hauptstadt‹, ist auch eine Geschichte der Namensgebung, denn die Stadt war im Lauf der Jahrhunderte bzw. Jahrtausende unter vielen Namen bekannt. Menschliche Siedlungen lassen sich für die fruchtbare Ebene um Beijing – übrigens einst eine Meeresbucht, die angeschwemmter Löß auffüllte –, vom Yan- und Taihang-Gebirge vor den kalten Nordwinden geschützt, schon für die Zeit vor 200 000–500 000 Jahren nachweisen.

Die eigentliche Stadtgeschichte beginnt mit dem Jahr 1180 v. Chr. Zu dieser Zeit erwähnen alte Texte erstmals eine Siedlung am Yongding-Fluß mit Namen Ji, ›Schilf‹, deren Bewohner nachweislich Handelskontakte zu koreanischen und mandschurischen Stämmen besaßen.

Aus Ji wurde in der Zeit der Streitenden Reiche (475–221 v. Chr.) Yanjing – ›Hauptstadt der Yan‹. Chinas erster Kaiser, Qin Shihuangdi, indes regierte sein Riesenreich (ab 221 v. Chr.) von Xianyang in der Nähe des heutigen Xi'an aus. Yanjing entwickelte sich in dieser Zeit zu einer Militärbastion gegen die Nomadenstämme aus dem Norden, verlor in den folgenden Jahrhunderten aber an Bedeutung. Noch während der Tang-Zeit (618–906) war das heutige Beijing ein unbedeutender Marktflecken namens Youzhou. Als jedoch die ostmongolischen Khitan die Stadt eroberten und die Liao-Dynastie (916–1125) ausriefen, machten sie Youzhou zu ihrer zweiten, der ›Südlichen Hauptstadt‹, Nanjing. Sie befestigten ihre Kapitale mit einer mächtigen Wehrmauer von 20 km Länge und 10 m Höhe. Doch selbst diese widerstand 1125 nicht dem Ansturm der Dschurdschen, eines Nomadenvolks aus dem Nordosten. Für deren Jin-Dynastie (1115–1234) war Nanjing nun die ›Mittlere Hauptstadt‹, Zhongdu. Ihre Herrscher investierten viel Geld und Arbeit in den Ausbau der Wallanlagen, ließen im Stadtzentrum einen künstlichen See mit einer Insel ausheben und prunkvolle Paläste anlegen. Ein Teil dieser Anlagen ist heute im südlichen Teil des Beihai-Parks und der ›Runden Stadt‹ noch erkennbar.

Im Jahr 1215 überrannten schließlich die Mongolen unter der Führung Dschinggis Khans die Stadt und verwüsteten sie. Erst der Enkel des Dschinggis, Kubilai, ging daran, aus dem alten Zhongdu wieder eine blühende Metropole zu machen. Er nannte sie Dadu, ›Große Hauptstadt‹, oder mongolisch Khanbaliq, ›Stadt des Khan‹. 1276 waren die Bauarbeiten am Palast und der Stadtmauer abgeschlossen. Das Stadtzentrum lag, wie das des Jin-zeitlichen Zhongdu, an den Ufern des heutigen Nordsees (Bei Hai). Drei Jahre später gelang es Kubilai, auch Südchina zu unterwerfen, und erstmals wurde von Dadu aus das gesamte Reich der Mitte regiert. Um 1300 zählte es nahezu eine halbe Million Einwohner, und der Weltreisende Marco Polo schwärmt in seinem berühmten – auf eigenem Augenschein oder vielleicht doch nur Hörensagen beruhenden – Reisebericht vom Prunk und Reichtum Dadus und der Kultur seiner Bewohner.

1368 verlor Beijing für einige Jahrzehnte seinen Hauptstadtstatus. Der erste Kaiser der Ming erwählte das südlich gelegene Nanjing zur

Hauptstadt. Dadu wurde in Beiping, ›Nördlicher Friede‹, umbenannt. Erst der dritte Ming-Kaiser, der unter der Devise Yongle (1403–24) regierte, verlegte die Hauptstadt wieder nach Norden. Er ließ Dadu niederreißen und baute auf dessen Schutt eine neue Metropole auf. Beijing, wie die Stadt nun hieß, erhielt unter seiner Ägide weitgehend die heutige Struktur: einen rechteckigen Grundriß und einen schachbrettartigen inneren Aufbau, dem Vorbild Chang'ans folgend. Eine in nord-südlicher Richtung verlaufende Zentralachse, auf der sich die ranghöchsten Gebäude der Stadt reihten, bildete das Zentrum. Im Netz der sich kreuzenden, schnurgeraden Hauptstraßen lagen labyrinthartige Gassenviertel mit einstöckigen Hofhäusern *(hutong)*.

Schlichte graue Dachziegel bedecken die Dächer alter chinesischer Hofhäuser.

Beijing teilte sich in dieser Zeit in zwei Einzelstädte: die vornehme Nord- und die plebejische Südstadt. In der Nordstadt lagen der Kaiserpalast mit den angrenzenden Parks, die wichtigsten Tempel, Ministerien und Kasernen. Hier wohnten der Adel und das wohlhabende Bürgertum in großzügig angelegten Wohnhöfen. Die Südstadt hingegen bestand aus einem Gewirr kleiner Gassen, in denen der große Teil der einfachen Bevölkerung lebte.

Unter den Mandschuren, die 1644 die Macht übernahmen, sollte diese Grundstruktur Beijings beibehalten werden. Stadtmauern umgaben beide Bezirke, wobei die Umwallung der Nordstadt wesentlich mächtiger und monumentaler war als die südliche, obwohl letztere deutlich länger war. Die südliche Mauer war 23,5 km lang, die nördliche etwa 10 km. Es heißt, zwölf Reiter konnten auf ihr nebeneinanderhergaloppieren. Die Grenze zwischen beiden Städten verlief etwa auf der Linie der heutigen Qianmen-Straße.

Unter dem ebenso kunstsinnigen wie bauwütigen Qianlong-Kaiser (1736–96) wurden in und um Beijing zahlreiche Tempel ausgebaut und weitläufige Parks angelegt. Sie dienten allein dem Amusement der kaiserlichen Familie und des Adels, dem einfachen Volk blieben sie verwehrt. Während dieser Zeit stieg Beijings Einwohnerzahl stetig. Mit 700 000 Einwohnern 1759 gehörte die Stadt zu den bevölkerungsreichsten Metropolen ihrer Zeit.

Nach langen Jahren der Prosperität und des Friedens suchten im Jahr 1860 erstmals wieder ›Barbaren‹ Beijing heim. Diesmal kamen sie nicht als berittene Steppenvölker aus dem Norden, sondern in Gestalt britischer und französischer Truppen, die plündernd und brandschatzend durch die Straßen zogen – Anlaß dafür war der zweite Opiumkrieg. In der Folge entstand östlich des Tian'anmen-Platzes das ausländische Gesandtschaftsviertel mit zahlreichen Bauten im europäischen Stil der Gründerzeit. Die Zerstörungen am Kaiserpalast und vielen Baudenkmalen des alten Beijing wiederholten sich im ›Boxeraufstand‹ bzw. bei dessen Niederschlagung 1900.

Nach dem Sturz des Kaiserhauses im Jahr 1911 und den Wirren zur Zeit der ›Warlord‹-Regierung verlor Beijing in den Tagen der Republik erneut kurzfristig seinen Status als Hauptstadt. Doch am 1. Oktober 1949 rückte Beijing erneut ins Zentrum der Politik – als Mao Zedong hier die Volksrepublik China ausrief. Für Beijing, die neue alte Hauptstadt brach eine neue Ära an. Im Lauf der 50er Jahre gestaltete die kommunistische Führung die alte Kaiserstadt zu einer sozialistischen Vorzeigemetropole um. Die mächtigen alten Stadtmauern wurden niedergerissen, breite Prachtboulevards, allen voran die 40 km lange Chang'an Jie, entstanden. Mao ließ den Platz (zum Tor) des Himmlischen Friedens zum Massenaufmarschgelände ausbauen, russische Architekten halfen bei der Errichtung monumentaler Prachtbauten im sowjetischen Stil.

Die wirtschaftliche Öffnungspolitik Deng Xiaopings, brachte Ende der 70er Jahre eine erneute Wende, die sich entscheidend im Bild der Stadt niederschlagen sollte. Seither wachsen überall in Beijing Hochhäuser in den Himmel. Satellitenstädte entstehen, Bürotürme und glitzernde Luxushotels aus Beton und Spiegelglas sowie mehrspurige Hochstraßen prägen immer mehr das heutige Stadtbild. Viel vom Charme der alten Kaiserstadt ist innerhalb weniger Jahre verloren gegangen. Die alten Hofviertel, die sich jahrhundertelang im Schatten der Kaiserresidenz duckten, weichen zugunsten von größeren, helleren, hygienischeren, aber tristen Betonblocks zurück. Besäße Beijing nicht den Schatz seiner unvergleichlichen Baudenkmale aus der Kaiserzeit, so müßte man es leider bald in die lange Reihe der gesichtslosen asiatischen Metropolen einreihen.

Rund um den Tian'anmen-Platz

Der Platz zum Tor des Himmlischen Friedens (Tian'anmen Guangchang), kurz Platz des Himmlischen Friedens, bildet das Herz des modernen Beijing. 1651 war der heute größte Platz der Welt zunächst

Der Platz des Himmlischen Friedens – das Denkmal der Volkshelden und das Mao-Mausoleum versperren symbolisch dem Kaiser von seinem Thron aus den Blick ins Reich.

wesentlich bescheidener angelegt worden. Den damals 11 ha großen Platz umgab eine rote Ziegelmauer. Im Osten, Westen und Süden führten Tore in die innere Stadt, nach Norden hin gewährte das Tor des Himmlischen Friedens, Tian'an Men, Zugang zur damaligen Kaiserstadt. Das normale Volk durfte bis zum Sturz des Qing-Kaiserhauses das Areal nicht betreten.

Seitdem aber entwickelte sich der Platz zu einem Ort, der wie kein anderer in China immer wieder Schauplatz zentraler Ereignisse der jüngeren chinesischen Geschichte sein sollte. Am 25.12.1911 verlas die Mutter des Kindkaisers Puyi vom Tian'an Men aus die offizielle Abdankung des letzten mandschurischen Herrschers über China. Am 4.5.1919 demonstrierten Studenten der Beijing-Universität auf dem Platz gegen die für China inakzeptablen Beschlüsse des Versailler Vertrages, eine Bewegung, die den Aufbruch in ein modernes, selbstbewußtes China, seine Hinwendung zu Demokratie und Sozialismus markierte. 30 Jahre später rief Mao Zedong am 1.10.1949 auf dem Tor des Himmlischen Friedens die Volksrepublik aus.

Sein heutiges gewaltiges Ausmaß von 800 × 500 m erhielt der Tian'anmen Guangchang auf Veranlassung Maos in der Zeit des Großen Sprungs nach vorn, 1958/59.

Beijing 1 Denkmal der Volkshelden 2 Mao-Zedong-Gedenkhalle 3 Große Halle des Volkes 4 Museum der Chinesischen Geschichte und der Chinesischen Revolution 5 Vorderes Tor 6 altes Gesandtschaftsviertel 7 Einkaufsstraße Wangfujing 8 Kulturpalast der Werktätigen 9 Tor des Himmlischen Friedens 10 Sun-Yat-sen-Park 11 Kaiserpalast 12 Kohlehügel 13 Trommelturm 14 Glockenturm 15 Kunsthalle 16 Beihai-Park 17 Lu-Xun-Museum 18 Tempel der Weißen Pagode 19 Tempel der Allgemeinen Nächstenliebe 20 Nördliche Kathedrale 21 Wohnsitz Guo Moruos 22 Residenz des Prinzen Gong 23 Wohnsitz des Mei Lanfang 24 Residenz Song Qinglings 25 Xu-Beihong-Gedenkhalle

Der Platz, auf dem sich angeblich eine Million Menschen versammeln können, wird eingerahmt vom Tor des Himmlischen Friedens im Norden, der Großen Halle des Volkes im Westen, dem Vorderen Tor im Süden und dem Museum für Chinesische Geschichte und Chinesische Revolution im Osten. In der Mitte erhebt sich das große marmorne Denkmal der Volkshelden und weiter südlich die Mao-Zedong-Gedenkhalle.

Die letzten beiden Monumente besitzen im Gesamtzusammenhang des Platzes besondere Symbolkraft. Man hat sie exakt auf Beijings zentraler Nord-Südachse errichtet, auf der sich die wichtigsten

Hallen der Verbotenen Stadt hintereinanderreihen. Einige hundert Meter weiter nördlich, hinter zahlreichen Toren und Hallen, hatte jahrhundertelang der Kaiser eben auf dieser Achse im ehemals höchsten Gebäude der Stadt, der Halle der Höchsten Harmonie, auf seinem Drachenthron gesessen und nach Süden geschaut. Bildlich gesprochen schweifte sein Blick von hier aus frei durch die Tore der Hauptstadt bis tief in sein Reich hinein. Am 1.5.1958 allerdings verstellte man ihm mit dem **Denkmal der Volkshelden** (1; Renmin Yingxiong Jinianbei) die Sicht. Auf der nördlichen Seite des 38 m hohen Marmorobelisken findet sich eine Kalligraphie Mao Zedongs in goldenen Lettern. Der Satz, der nun symbolisch dem Kaiser in goldenen Lettern entgegenprangt, lautet: »Die Helden des Volkes sind unsterblich« – ein unerhörter Affront gegen die Jahrtausende währende Allmacht des Kaiserhauses. Der Obelisk erhebt sich auf einer doppelten, von Balustraden umgebenen Terrasse. Am Sockel des Obelisken dokumentieren zehn Reliefs die Höhepunkte der revolutionären Bewegungen Chinas vom Opiumkrieg bis 1949. Beginnend im Osten und weiter im Uhrzeigersinn zeigen sie die Verbrennung des Opiums in Guangzhou im Juni 1939 durch Lin Zexu, den Taiping-Aufstand von 1851, die Rebellion von Wuchang 1911, die Vierte-Mai-Bewegung von 1919, die anti-imperialistische Bewegung vom 30. 5.1925, den Aufstand von Nanchang gegen die Guomindang von 1927, den Widerstandskampf gegen die japanischen Besatzer von 1937–45 sowie die siegreiche Überquerung des Yangzi durch die Rote Armee und die Vertreibung der Guomindang-Regierung nach Taiwan. Die Inschrift auf der Südseite des Denkmals stammt von Zhou Enlai.

Detail aus dem Denkmal vor der Mao-Zedong-Gedenkhalle

In der **Mao-Zedong-Gedenkhalle** (2; Mao Zhuxi Jiniantang), einem 33 m hohen 20 000 m^2 großen Säulenbau aus Granit, Glas und glasierten Ziegeln, liegt seit 1978 der Körper Maos in einem gläsernen Sarg, bedeckt mit einer roten Fahne, aufgebahrt – bewacht von einer Ehrengarde. Ebenso wie das Denkmal der Volkshelden stellt die Plazierung des Baus auf der ›kaiserlichen‹ Zentralachse in den Augen von Kaisertreuen eine Anmaßung dar. Darüber hinaus ist das monumentale Gebäude mit goldgelb glasierten Ziegeln gedeckt, einer Farbe, die über Jahrtausende hinweg ausschließlich dem Himmelssohn vorbehalten war. Und damit nicht genug, blickt doch im Inneren des Mausoleums eine marmorne Monumentalstatue Maos gen Norden, so als wolle sie dem Kaiser von China in seinem Palast durch den direkten Blick in die Augen Paroli bieten.

Die **Große Halle des Volkes** (3; Renmin Dahuitang), den Sitz des Nationalen Volkskongresses, an der Westseite des Tian'anmen-Platzes errichteten sowjetische Architekten 1959 in nur zehn Monaten. Ihr größter Plenarsaal faßt bis zu 10 000 Personen. Ferner birgt das 310 m lange Gebäude 30 weitere Säle, die den verschiedenen Landesprovinzen, Autonomen Regionen und regierungsunmittelbaren Städten Chinas gewidmet und in entsprechenden regionalen Stilen gestaltet sind.

Gegenüber der Volkskongreßhalle liegt ein stilistisch ähnlicher, ebenso gigantischer Säulenbau, der das **Museum der Chinesischen Geschichte und Revolution** (4; Zhongguo Lishi bzw. Geming Bowuguan) beherbergt. Der Nordflügel präsentiert die Entwicklung der KP Chinas seit 1921 – nur auf Chinesisch. Das Museum für Chinesische Geschichte befindet sich im südlichen Gebäudetrakt. Entsprechend der marxistischen Geschichtsauffassung gliedert sich die Ausstellung nach den Gesellschaftsstufen Urkommunismus, Sklavenhaltergesellschaft, Feudalismus sowie halbkolonialer und halbfeudaler Gesellschaft. Leider handelt es sich bei den ausgestellten archäologischen Funden und technischen Erfindungen größtenteils um Modelle und Repliken.

Das Südende des Platzes wird durch das **Vordere Tor** (5; Qian Men) abgeschlossen. Ebenfalls auf der zentralen Nord-Südachse gelegen, war es das mittlere von drei Südtoren in der ehemaligen Ummauerung der Beijinger Nordstadt und allein dem Kaiser vorbehalten. Heute scheinen dort zwei einzelne Gebäude zu stehen. Diese waren jedoch einst durch Mauern miteinander verbunden und bildeten zusammen eine Bastion, in deren Hof Truppen stationiert waren.

Wendet man sich von hier aus nach Osten, so liegt hinter dem Museum für Chinesische Geschichte, südlich der Chang'an Jie, das alte **Gesandtschaftsviertel** (6) – ab 1860, nach dem zweiten Opiumkrieg, mit Botschaften, Kirchen, Krankenhäusern, Banken und Hotels westlichen Standards angelegt. Zwar wurden im Zuge des Boxeraufstands im Jahr 1900 viele der Gebäude zerstört, jedoch bald wieder aufgebaut, so daß zahlreiche der gründerzeitlichen Bauten noch erhalten sind. Sie konzentrieren sich in der Dongjiaomin Xiang, der ehemaligen Legation Street, die etwa auf der Höhe des Mao-Mausoleums vom Platz des Himmlischen Friedens nach Osten abzweigt. In der Tajichang, damals Rue Marco Polo, liegen die früheren Botschaften Deutschlands, Belgiens, Österreichs, Italiens und Frankreichs. Folgt man der Straße Richtung Norden, so stößt man wieder auf die Chang'an Jie.

Die Taijichang geht auf der anderen Seite der Chang'an Jie neben dem Beijing-Hotel in die **Wangfujing** (7), Beijings Einkaufsmeile Nr. 1, über. Diese Straße trägt ihren Namen nach den zehn Prinzenresidenzen *(wangfu)*, die unter dem Yongle-Kaiser in der Ming-Zeit hier errichtet wurden. Den Zusatz *jing* für ›Brunnen‹ erhielt sie, als man in einem angrenzenden Wohnhof einen solchen bohrte. Heute bummelt hier ›tout Beijing‹ und gibt sich dem Konsumrausch hin. Von den alten Residenzen ist nichts mehr zu sehen.

Über die Chang'an Jie kann man, vorbei am ehemaligen Ahnentempel der Ming- und Qing-Kaiser – in den Hallen, die 1420 errichtet und 1544 erneuert wurden, ist seit 1950 der **Kulturpalast der Werktätigen** (8; Laodong Renmin Wenhuagong) untergebracht – zurück zum Tian'anmen-Platz gehen.

Das **Tor des Himmlischen Friedens** (9; Tian'an Men) beherrscht das Nordende des gleichnamigen Platzes. Früher bildete es den Ein-

Das Tor des Himmlischen Friedens

gang zur Kaiserstadt, nicht zu verwechseln mit der eigentlichen Verbotenen Stadt. Das Tor wurde erstmals im Jahr 1417 errichtet, mehrfach zerstört und 1915/16 wieder aufgebaut. Von der Balustrade des Torbaus ließ der Himmelssohn wichtige Dekrete in einem goldenen Phönix herab, die unten von einem knienden Minister in Empfang genommen wurden. Verließ der Himmelssohn den Palast, etwa wenn er sich zur Verrichtung der alljährlichen Ernteopfer in den Himmelstempel begab, so wurde er auf einer Sänfte durch das mittlere der fünf Tore getragen, das einzig ihm, dem Kaiser, vorbehalten war. Heute prangt über dem Hauptportal das Portrait Mao Zedongs, eingerahmt von politischen Parolen: »Lang lebe die Volksrepublik China!« (links), »Lang lebe die große Einheit der Völker der Welt!« (rechts). Gekrönt wird das Ensemble vom Staatswappen der Volksrepublik.

Das Staatswappen über dem Tor des Himmlischen Friedens symbolisiert der große zentrale Stern die Kommunistische Partei, die vier kleinen Sterne stehen für die vier sozialen Gruppen: Bauernschaft, Militär, Arbeiter und Intellektuelle. Dieselbe Symbolik findet sich übrigens auf der Staatsflagge wieder – fünf goldene Sterne auf rotem Grund –, die jeden Tag pünktlich zu Sonnenauf- und Sonnenuntergang vor dem Tian'an Men gehißt bzw. eingeholt wird.

Links und rechts des Tores befinden sich Zuschauertribünen, von denen aus ausgewählte Gäste den Militärparaden beiwohnen können. Hinter der roten Mauer westlich des Tian'an Men, wo früher der Himmelssohn zweimal jährlich am Altar der Fruchtbarkeit (Sheji Tan) den Erdgöttern huldigte und für eine gute Ernte dankte, erstreckt sich der **Sun-Yat-sen-Park** (10; Zhongshan Gongyuan). Die quadratische Plattform, auf der der Kaiser die Opfer vollzog, ist noch erhalten. Sie ist mit verschiedenfarbigen Erdschichten der fünf Weltengegenden belegt. Nach der chinesischen Kosmologie wird der Osten mit der Farbe Grün, der Süden mit Rot, der Westen mit Weiß, der Norden mit Schwarz und die Mitte mit Gelb assoziiert. Nördlich des Marmoraltars erhebt sich die Halle des Gebets, eine gut erhaltene, 550 Jahre alte Holzkonstruktion. Vor den Opfern verweilte der Kaiser hier in Meditation.

Der Kaiserpalast – Gugong

Geschichte und Grundstruktur

Der Kaiserpalast (11) bildet nicht nur das Zentrum der chinesischen Hauptstadt, sondern nach der traditionellen Weltsicht der Chinesen auch das Zentrum des chinesischen Reiches, ja der gesamten irdischen Welt. Diese Anschauung wird schon im Namen des Kaiserpalastes deutlich: Purpurne Verbotene Stadt (Zijincheng). Er bezieht sich weniger auf die in einem warmen Rotton getünchten Mauern des Palastes, als vielmehr auf den ›verborgenen purpurnen Bereich‹ *(ziweiyuan)* im Himmel – wie chinesische Astronomen den Sitz des Polarsterns bezeichnen. So wie der Polarstern im Zentrum des Firmaments steht, ist die Verbotene Stadt in den Augen der Chinesen Dreh- und Angelpunkt des *tianxia,* ›dessen, was unter dem Himmel ist‹.

Die Ausmaße des Palastes sind diesem Anspruch entsprechend monumental. Sein Gelände nimmt 720 000 m^2 ein, seine mächtigen Mauern messen 960 m von Norden nach Süden und 750 m von Osten nach Westen. Dahinter lebten und arbeiteten dereinst mehr als 10 000 Personen, völlig abgeschirmt von der Welt der Normalsterblichen.

Erbaut wurde der Palastkomplex im Auftrag des Yongle-Kaisers in den Jahren 1406–21, nachdem dieser die Hauptstadt nach Beijing verlegt hatte. Nach dem Sturz der Dynastie übernahmen 1644 die

Ein Wassergraben umgibt die Mauer des Kaiserpalastes.

neuen mandschurischen Herrscher den Palast und bewohnten ihn bis Anfang des 20. Jh. Der letzte Kaiser, Puyi, residierte noch über den Tag seiner Abdankung hinaus in diesen Gemäuern. Erst am 5.11.1924 mußte er den Palast endgültig verlassen. Danach verwandelte man die ehemaligen Wohn- und Regierungshallen in ein Museum und machte sie der Öffentlichkeit zugänglich.

Seit 1421 residierten insgesamt 24 chinesische und mandschurische Kaiser im Palast. Während dieser Zeit wurde er vielfach renoviert oder verändert. Die meisten der originalen Hallen aus dem 15. Jh. stehen nicht mehr. Sie fielen Bränden, Erdbeben oder schlicht dem Zahn der Zeit zum Opfer. Dank dem Traditionsbewußtsein chinesischer Baumeister präsentiert sich der Palast dennoch als homogenes Ganzes. Seine hölzernen Hallen erstrahlen in einem leuchtenden Zinnoberrot, das Konsolgebälk und die kunstvoll geschnitzten Decken sind in strahlenden Farben bemalt und vergoldet. Die mächtigen, sanft gekurvten Dächer glänzen in kaiserlichem Gelb.

Leben im Palast

Konsultiert man die alten Hofarchive, so lebten neben dem Kaiser zeitweise bis zu 9000 Damen, 20 000 Eunuchen und 5000 Wachleute in der Verbotenen Stadt. 34 000 der damals (18. Jh.) rund 700 000 Einwohner Beijings, kümmerte sich demnach um das Wohl des Herrschers.

Das Leben bei Hof folgte strengen Regeln, so durften sich Minister und Eunuchen dem Himmelssohn und seinen Gemahlinnen nur auf Knien nähern. Die Eunuchen hatten den Kaiser mit ›Herrn der 10 000 Jahre‹ anzusprechen, die Beamten mit ›Hoheit‹. Lediglich den kaiserlichen Prinzen und Prinzessinnen war ein liebevolles *ama*, mandschurisch für ›Papa‹ erlaubt. Für die Söhne des Herrschers begann ab ihrem fünften Lebensjahr der Ernst des Lebens. Neun Stunden am Tag – mit Ausnahme der 20 Tage Ferien – wurden sie von den berühmtesten Gelehrten des Reiches unterrichtet. Sie lernten Mandschurisch, Chinesisch und Mongolisch, wurden in den konfuzianischen Klassikern sowie an der Waffe und zu Pferde ausgebildet.

Ihre Mütter vertrieben sich die Zeit mit Stickerei, Musik und gegenseitigen Besuchen (Besuch von ihren Familien durften sie nur zweimal im Jahr empfangen). Die Gebildeteren unter ihnen übten sich auch in Malerei, Kalligraphie oder Dichtkunst. Neben seiner Kaiserin hatte der Sohn des Himmels meist noch zwei bis drei weitere Gemahlinnen und daneben 20–30 Konkubinen. Alle übrigen Damen im Palast waren kaiserliche Witwen, Hofdamen im Dienst der kaiserlichen Familie und niedere Bedienstete. Das Verhältnis des Kaisers zu seinen Gemahlinnen war äußerst förmlich. Nie durfte man sich ohne offizielle Anmeldung begegnen. Mahlzeiten wurden mit Ausnahme der großen Bankette stets allein eingenommen. Jeder Besuch einer Frau beim Kaiser wurde vom diensthabenden Eunuchen genau registriert, um im Falle einer Schwangerschaft der tatsächlichen Vaterschaft des Kaisers gewiß zu sein.

Palastkonkubinen unterhalten sich; gemalt von Ding Guanpeng, 18. Jh.

»... Ihnen schlossen sich die Eunuchen der kaiserlichen Apotheke an mit Kästen voll von gewöhnlichen Arzneien und solchen für Erste Hilfe, alles an Tragstangen baumelnd. (...) Im Sommer wurden unbedingt Betoniepillen für die Regulation des Gefühlslebens, Sechs-Harmonie-Pillen für die Stabilisierung der Zentralorgane, vergoldete Zinnoberpillen zur Kühlung,(...) mitgeführt. (...)
Den Schluß der Prozession bildeten die Eunuchen, die Nachtgeschirre und -stühle nachschleppten. Falls ich zu Fuß ging, wurde eine offene oder geschlossene Sänfte nachgetragen, wie es die Jahreszeit gerade verlangte. Dieser buntgescheckte Narrenaufzug von mehreren Dutzend Menschen zog in vollkommener Ordnung und Stille dahin.«
Aisin Giorro Puyi

Formale und rituelle Zwänge sowie große Prunkentfaltung bestimmten das Leben am Kaiserhof. Lebhaft vor Augen führt uns das der letzte Kaiser, Puyi, in seiner Autobiographie bzw. Bertolucci in seiner Verfilmung derselben. Brach Puyi etwa als Kind zu einem Gartenspaziergang auf, so begleitete ihn ein Troß von mehreren Dutzend Eunuchen, die u. a. Kleider zum Wechseln, Süßigkeiten, komplettes Teegeschirr und Kästen mit Medikamenten mit sich führten. Entwich er der Prozession und tollte umher, so löste dies bei seinem Gefolge heillose Verwirrung aus.

Rundgang

Die Verbotene Stadt ist neben dem alten mandschurischen Palast in Shenyang und den kaiserlichen Sommerfrischen die einzige erhaltene kaiserliche Residenz Chinas. Eine 8 m hohe und mehr als 6 m dicke Mauer, an deren Ecken sich Wachttürme mit elegant gestaffelten Walmdächern erheben, umschließt den Palastkomplex. Zusätzlichen Schutz bietet ein 52 m breiter Wassergraben. Vier Tore in den Kardinalshimmelsrichtungen dienen als Zugang zum Palast: das Östliche und Westliche Blütentor, das Tor des Göttlichen Kriegers im Norden und das Mittagstor im Süden, welches als Haupttor fungiert. Insgesamt, sagt der Volksmund, gäbe es 9999 Räume in der Verbotenen Stadt – eine Zahl, die in den Augen der Chinesen Glück verheißt: die Neun besitzt nach der Lehre des Fengshui ungeheuer viel der männlichen Kraft Yang. Darüber hinaus steht sie für die Zahl 10 000, das chinesische Synonym für Unendlichkeit. Allerdings haben fleißige Leute nachgezählt und kamen dabei auf ›nur‹ 8886 Räume – wobei schon ein *jian,* die Fläche zwischen vier Säulen und Grundmaß traditioneller chinesischer Architektur, als ein Raum gilt.

Innerhalb der Palastmauern gliedert sich die Anlage in den Regierungsbezirk im Süden (Wai Chao, Äußerer Hof) und die Inneren Gemächer (Nei Ting), in denen die kaiserliche Familie wohnte, im Norden.

Das mächtige **Mittagstor** (Wu Men) im Süden bildet den Haupteingang zur Verbotenen Stadt. Es besitzt die Form eines Hufeisens und ist von fünf Pavillons mit kühn geschwungenen Dächern bekrönt, welche dem Bau auch den Namen ›Fünf-Phönix-Tor‹ eintrugen. Eine niederländische Delegation im 17. Jh. nahm übrigens noch an, daß dieses Gebäude der gesamte Kaiserpalast und nicht bloß dessen ›Eingangstür‹ sei. Der 38 m hohe, befestigte Torbau hat drei Eingänge. Der mittlere war dem Kaiser vorbehalten, lediglich die drei besten Absolventen der kaiserlichen Examina durften es am Tag ihrer Prüfung durchschreiten, ebenso machte man für die Kaiserin am Tag ihrer Hochzeit eine Ausnahme. Der östliche Torweg, der heute den ausländischen Besuchern offensteht, war den hohen Beamten vorbehalten, während die kaiserliche Familie das westliche Tor benutzte. Auf den Seitenflügeln des Torbaus sind Trommeln und

Der Aufbau der Verbotenen Stadt orientiert sich an einem über 2000 Jahre alten Bauschema, das auch über die Grenzen Chinas hinweg, in Ostasien Verbreitung gefunden hat. Ob die Verbotene Stadt in Beijing, die Ruinen des Kaiserpalastes im alten Chang'an, dem heutigen Xi'an, die Palastbauten von Kyôto in Japan, von Hue in Vietnam oder Seoul in Korea – sie alle folgen demselben klassischen Bauprinzip (s. S. 80). Dabei entsteht ein rhythmischer Wechsel von Hallen und Freiflächen, deren Anlage innerhalb eines Hofes stets symmetrisch ist.

Das Mittagstor und der Goldwasserfluß

Kaiserpalast – Gugong
1 Mittagstor
2 Goldwasserfluß
3 Tor der Höchsten Harmonie
4 Pavillon der Vornehmen Rechtschaffenheit
5 Pavillon des Angewandten Wohlwollens
6 Halle der Höchsten Harmonie
7 Halle der Literarischen Blüte
8 Halle der Militärischen Tapferkeit
9 Halle der Mittleren Harmonie
10 Halle zur Wahrung der Harmonie
11 Tor der Himmlischen Reinheit
12 Halle der Himmlischen Reinheit
13 Halle der Berührung von Himmel und Erde
14 Palast der Irdischen Ruhe
15 Tor der Irdischen Ruhe
16 Kaiserlicher Garten
17 Halle des Kaiserlichen Seelenfriedens

Glocken in Pavillons untergebracht. Die Trommeln wurden angeschlagen, wenn der Kaiser den Palast verließ, um seinen Ahnen zu huldigen, die Glocken erklangen, wenn er die Verbotene Stadt verließ, um die Himmelsopfer zu vollziehen. Von der hohen Balustrade des Tores verlas der Himmelssohn alljährlich im Herbst den Kalender für das Neue Jahr. Außerdem wurden hier die siegreich heimgekehrten Feldherren geehrt und die Kriegsgefangenen vorgeführt. Zudem züchtigte man in der Ming-Zeit am Wu Men jene Beamten, die den Zorn des Kaisers auf sich gezogen hatten.

Hat der Besucher das Mittagstor durchschritten, so betritt er zunächst den Regierungsbezirk der Verbotenen Stadt. Hier wurde Politik gemacht. Minister, Militärs und hohe Beamte gingen ein und aus, Frauen war – mit Ausnahme der Kaiserin – der Zutritt verwehrt. Dem Besucher öffnet sich zunächst ein 2,6 ha weiter, von Gebäuden gerahmter Hof. Diesen durchzieht in elegantem Bogen der **Goldwasserfluß** (Jinshui He), über den fünf sanft geschwungene Marmorbrükken Richtung Norden auf das **Tor der Höchsten Harmonie** (Taihe Men) zu führen. Sie symbolisieren die fünf konfuzianischen Tugenden *(wu chang):* Menschlichkeit, Aufrichtigkeit, Gemessenheit, Weisheit und Zuverlässigkeit. Im Pflaster ist die Zentralachse markiert, über die der Kaiser in seiner Sänfte getragen wurde; sie zu betreten war für Normalsterbliche ein Sakrileg. Den 58 m breiten Torbau mit gestuftem Walmdach flankieren zwei mächtige Bronzelöwen – Sinnbilder der kaiserlichen Macht. Der rechte Löwe, männlichen Geschlechts, hält einen Ball unter seiner Pfote. Der linke ist weiblich und neckt spielerisch ein Junges. Solchen Löwenpaaren wird man im Palast noch häufiger begegnen.

Hat man das Tor der Höchsten Harmonie hinter sich gelassen, so eröffnet sich ein wahrhaft kaiserlicher Blick: Ein Platz von 200 × 190 m erstreckt sich vor den Augen des staunenden Betrachters. Im Osten und Westen stehen der **Pavillon des Angewandten Wohlwollens** (Tiren Ge) bzw. der **Pavillon der Vornehmen Rechtschaffenheit** (Hongyi Ge).

Im Norden erhebt sich auf einer dreistufigen, von Marmorbalustraden gesäumten Terrasse die großartigste Halle der Verbotenen Stadt: die **Halle der Höchsten Harmonie** – Taihe Dian. Eine mit Reliefs verzierte marmorne Aufgangsrampe, über die hinweg die kaiserliche Sänfte ›schwebte‹, führt zu ihr hinauf, gerahmt von zwei monumentalen Treppen. 18 Räuchergefäße aus Bronze begleiten den Aufgang. Sie repräsentieren die 18 chinesischen Provinzen des Qing-Reichs. Auf der Terrasse, die sich im Winter übrigens beheizen läßt, hat man als Symbole der kaiserlichen Gerechtigkeit im Osten eine Sonnenuhr und im Westen ein Scheffelmaß plaziert. Des weiteren finden sich hier bronzene Skulpturen von Kranichen und Schildkröten, die man in China mit langem Leben assoziiert. Sie versinnbildlichen die Unvergänglichkeit des chinesischen Kaiserreichs.

Die Halle der Höchsten Harmonie ist mit 64 m Breite, 37 m Tiefe und 27 m Höhe das größte Gebäude in der Verbotenen Stadt. Rechnet man die 7 m hohe Terrasse hinzu, so erreicht sie eine Gesamthöhe

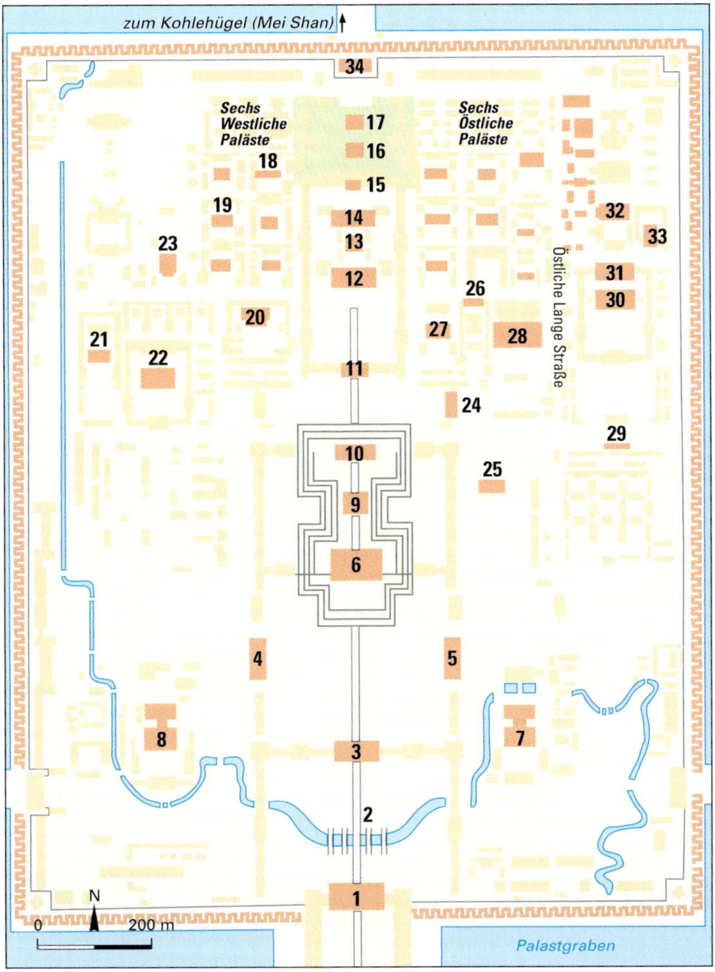

18 Palast der Gesammelten Eleganz
19 Palast des Immerwährenden Frühlings
20 Halle der Pflege des Herzens
21 Palast des Rüstigen Alters
22 Palast der Barmherzigen Ruhe
23 Pavillon des Blütenregens
24 Tor des Großen Glücks
25 Pfeilpavillon
26 Palast der Glückwünsche zur Geburt eines Sohnes
27 Palast des Fastens
28 Halle der Ahnenverehrung
29 Neun-Drachen-Wand
30 Halle der Kaiserlichen Absolutheit
31 Palast des Ruhevollen Alters
32 Halle der Pflege des Charakters
33 Pavillon der Angenehmen Klänge
34 Tor des Göttlichen Kriegers

von 34 m. Niemand in Beijing durfte höher bauen, denn hier thronte der Kaiser auf seinem Drachenthron, und niemandem außer dem Himmel war es erlaubt, sich über ihn zu erheben. 24 Säulen tragen das mächtige gestufte Walmdach der Halle. Innen und außen ist das Konsolgebälk üppig und farbenfroh verziert. Überall kehrt insbesondere das Motiv des Drachens wieder – seit alters in China Zeichen kaiserlicher Macht. Die Grate des mit goldgelben Ziegeln gedeckten Daches sind mit jeweils elf Figuren verziert – mit mehr Figuren darf in China kein Gebäude geschmückt sein (s. S. 79). Ebenso umfaßt die Taihe Dian die Höchstzahl der in der klassischen chinesischen Architektur für eine einzelne Halle zulässigen Joche *(jian)*, nämlich elf.

Die ranghöchste Halle des Kaiserpalastes – die Halle der Höchsten Harmonie

Schon im Morgengrauen zog die Gesellschaft als große Prozession, begleitet von Pferden, Elefanten und Prunkwagen, auf der südlichen Mittelachse durch Beijing zum Palast. Sie schritt sodann durch das Mittagstor und versammelte sich zum Kotau vor dem Kaiser auf dem Platz vor der Halle der Höchsten Harmonie. Aus den Räuchergefäßen schwelte der süß duftende Rauch von Sandelholz, hüllte den Platz in einen überirdischen Dunstschleier und inszenierte gekonnt den Kaiser als ›Sohn des Himmels‹.

Kein Zweifel bleibt so dem Betrachter am hohen Rang dieses Bauwerks.

Der Thron steht auf einem Podest im mittleren Joch der Halle unter einer Deckenmalerei, die zwei mit einer Perle spielende Drachen zeigt. Auch den Thron – leider eine Replik, das Original ging Anfang des 20. Jh. verloren – zieren Drachenmotive. Der Kaiser nutzte die Halle der Höchsten Harmonie nur zu besonderen Anlässen. Dreimal im Jahr, am Neujahrsfest, an seinem Geburtstag und zur Wintersonnenwende, hielt er hier die ›Große Audienz‹ *(da chao)* ab. Alle Prinzen, Minister, Beamte und hohen Offiziere des Reiches – zuweilen bis zu 20 000 Personen – versammelten sich auf dem Vorplatz der Halle und überbrachten dem Kaiser ihre Glückwünsche. Die Galerien, die den Hof um die Halle der Höchsten Harmonie flankieren, dienten als Magazine und Bibliothek. Im östlichen Flügel wurde während der Ming-Zeit die mehr als 11 000 Bände umfassende Enzyklopädie des Yongle-Kaisers aufbewahrt. Im westlichen Flügel lagerte man Waffen, Pelze, Schmuck, Porzellan, Edelsteine und Seidenstoffe für den kaiserlichen Gebrauch. Und sogar für den Fall eines Brandes war Vorsorge getroffen: Bei den mächtigen Bronzebehältern im Hof handelt es sich um Speicher für Löschwasser. Sie stehen auf steinernen Sockeln mit je einem Hohlraum. So konnte man sie im Winter mit Kohlen befeuern, damit das kostbare Naß nicht gefror.

Blickt man von der Taihe Dian zurück nach Süden, so sieht man jenseits des mittleren Hofkomplexes noch weitere Gebäudekomplexe. Im Osten erhebt sich die **Halle der Literarischen Blüte** (Wenhua Dian), in der die konfuzianischen Klassiker studiert wurden, und im Westen die **Halle der Militärischen Tapferkeit** (Wuying Dian), in der einst die kaiserliche Druckerei untergebracht war. Auch die

Palastverwaltung hatte in diesem Bereich ihren Sitz. Heute ist er für Besucher nicht zugänglich.

Orientiert man sich wieder gen Norden, so gelangt man durch die Durchgänge in der Mauer rechts und links der Halle der Höchsten Harmonie zur quadratischen **Halle der Mittleren Harmonie** (Zhonghe Dian). Zwar bildet sie das geometrische Zentrum der Verbotenen Stadt, nimmt sich indes mit einer Seitenlänge von 16 m eher bescheiden aus. Hier bereitete sich der Kaiser auf die großen Zeremonien im Thronsaal vor. Außerdem inspizierte er in der Zhonghe Dian im Frühling symbolisch das Saatgut und eröffnete damit das agrarische Jahr.

In der **Halle zur Wahrung der Harmonie** (Baohe Dian) empfing der Herrscher Prinzen und Vasallen, fanden große Bankette, etwa anläßlich von Hochzeiten, statt, und in der späteren Qing-Zeit nahm man hier die höchsten Beamtenprüfungen ab. Hinter der Halle führen Treppen von der Marmorplattform hinab. Die Stufen rahmen das größte Marmorrelief des Palastes ein. In den 16,5 × 3 m großen und 1,7 m dicken Stein sind in feinster Steinmetzarbeit sich windende Drachen und Wolkenmotive gearbeitet. Der Koloß wiegt 200 t. 20 000 Arbeiter benötigten einen Monat, um ihn über eine Entfernung von 50 km aus dem Steinbruch herbei zu transportieren. Sie vereisten im Winter die Straße, damit der Block gleiten konnte.

Zwischen Wolken und Wellen spielende Drachen – von alters her in China ein Symbol der Fruchtbarkeit und Verkörperung der männlichen Kraft Yang.

Schreitet man die Treppe hinunter, so tritt man auf der Mittelachse vor ein von wunderbaren vergoldeten Bronzelöwen flankiertes Tor. Das **Tor der Himmlischen Reinheit** (Qianqing Men) trennt den Regierungsbezirk der Verbotenen Stadt von den Inneren Gemächern. Im Bereich der Inneren Gemächer (Nei Ting) findet man intime, von Bäumen beschattete Wohnhöfe und kunstvoll angelegte Gärten. Um das Leben im Winter erträglich zu machen, waren die Hallen dieses Bezirks größtenteils mit einer Fußbodenheizung ausgestattet oder besaßen zumindest *kang*, die typisch chinesischen Ofenbetten. Eine Kanalisation, Bäder oder Toiletten wird man hingegen vergeblich suchen.

Auch die Inneren Gemächer folgen im Aufbau der Gesamtstruktur. Wieder finden sich die wichtigsten Hallen auf einer erhöhten Marmorterrasse: der **Palast der Himmlischen Reinheit** (Qianqing Gong), der **Palast der Irdischen Ruhe** (Kunning Gong) und zwischen beiden die quadratische **Halle der Berührung von Himmel und Erde** (Jiaotian Dian). In den Namen der Hallen spiegelt sich ihre ideale kosmische Konstellation wider. Die Halle der Himmlischen Reinheit war ursprünglich als Wohnpalast für den Kaiser vorgesehen, der Palast der Irdischen Ruhe als Residenz der Kaiserin. Der Kaiser repräsentiert in der traditionellen chinesischen Weltanschauung den Himmel und damit die aktive Kraft Yang. Die Kaiserin dagegen steht für die Erde und die rezeptive Kraft Yin. Durch die Verbundenheit von Kaiser und Kaiserin vereinen sich beide Kräfte, Himmel und Erde verschmelzen zu einer Einheit, und es entsteht Harmonie. Trotz dieser Symbolkraft suchten sich viele Herrscher und auch ihre

1796 hielt der Qianlong-Kaiser zu seinem 60. Regierungsjubiläum im Qianqing Gong das berühmte Bankett der 5000 Greise ab: Aus allen Teilen seines Reichs waren Männer über 60 eingeladen, wurden bewirtet und erhielten Geschenke von ihrem Herrscher.

Gemahlinnen unter den Höfen der Nei Ting gemütlichere Wohnstätten aus als diese offiziellen Hallen. Nur die ersten vier Ming-Kaiser nutzten den Palast der Himmlischen Reinheit als Schlafgemach. Seit der Kangxi-Ära (1662–1722) diente er dann als inoffizielle Empfangshalle, in welcher der Himmelssohn in- und ausländischen Gesandten mit weniger offiziellem Pomp als in der Halle der Höchsten Harmonie begegnen konnte. Auch wurden manche Herrscher hier nach ihrem Tod aufgebahrt. Wichtig für den Fortbestand der Dynastie war

Im Palast der Himmlischen Reinheit – die vier Schriftzeichen lauten »Zheng Da Guang Ming«, »Aufrechte Haltung und Lauterkeit«.

das Dokument, was seit der Zeit des Yongzheng-Kaisers (reg. 1722–35) hinter der Blende mit der Aufschrift »Zhengda guangming« (»Aufrechte Haltung und Lauterkeit«) aufbewahrt wurde: auf ihm war der Name des designierten Thronfolgers verzeichnet. Ein zweites solches Papier trug der Kaiser stets bei sich. Im Falle seines Todes mußten die Hofbeamten die beiden Schriftstücke vergleichen, bevor sie den neuen Kaiser ausriefen.

Der Wohnpalast der Kaiserin diente unter den Qing vor allem als Tempel für die Palastgeister. Mehrmals am Tag brachte man ihnen Opfer dar, um sie zu befrieden. Zu besonderen Gelegenheiten führte eine Schamanin hier sogar ›Geistertänze‹ durch. Im östlichen Teil des Kunning Gong ist noch heute das kaiserliche Brautgemach zu besichtigen – ein relativ kleiner, ganz in leuchtendem Rot gehaltener Raum, der über und über mit goldenen Glückssymbolen verziert ist.

Hinter dem **Tor der Irdischen Ruhe** (Kunning Men) tut sich dem Besucher plötzlich eine völlig andere Welt auf. Er betritt den **Kaiserlichen Garten** (Yu Yuan oder Yuhua Yuan). Knorrige, jahrhundertealte Lebensbäume, Kiefern und Zypressen überschatten einen von hohen Mauern gesäumten Hof. Schmale Pfade winden sich vorbei an Pavillons, Blumenbeeten und bizarren Felsbrocken, die wie Kunstwerke auf Marmorsockeln präsentiert werden. Im Kieselmosaik des Wegpflasters sind dekorative Ornamente und glücksbringende Bildmotive eingelegt. Aus den letzten Tagen der Dynastie stammt die Abbildung eines Fahrrades und eines Automobils. Obgleich sich der Garten in seiner Verwunschenheit so sehr von den übrigen Höfen des Palastes abzuheben scheint, wird man bei näherer Betrachtung auch hier eine klare symmetrische Gliederung erkennen. Zentrum des Gartens bildet die Halle des Kaiserlichen Seelenfriedens (Qin'an Dian), in der man den Schutzgottheiten des Daoismus huldigte. Skulpturen von Einhörnern, in der chinesischen Mythologie segensreiche Tiere, säumen den Eingang. In der nordöstlichen Ecke erhebt sich ein aus bizarr geformten Felsen künstlich aufgeschichteter Hügel, den ein Pavillon krönt. Hier hinauf begab sich die kaiserliche Familie um anläßlich des Mondfestes, am 15. Tag des 8. Monats, den Mond zu betrachten.

In dem niedrigen Bau auf der Westseite des Gartens lebte übrigens dereinst Reginald F. Johnston, der schottische Privatlehrer des jugendlichen letzten Kaisers, Puyi.

Der schottische Gelehrte Reginald F. Johnston (1874–1938) war von 1919 bis 1926 Vertrauter und Lehrer des jugendlichen Kaisers, Puyi. Nach seiner Rückkehr nach England wurde er geadelt, erhielt in London eine Professur für Chinesisch und wurde Berater des britischen Außenministeriums. Er hinterließ einen fesselnden Bericht von seiner Zeit am chinesischen Hof mit dem Titel »Twilight in the Forbidden City«.

An dieser Stelle hat man die Verbotene Stadt auf ihrer Zentralachse bereits einmal auf ihrer gesamten Länge von Süden nach Norden durchschritten. Für diesen Gang sollte man etwa einen halben Tag einplanen. In den Inneren Gemächern ist allerdings noch manch Interessantes zu entdecken – für einen Überblick sollte man mindestens zwei Stunden, besser einen weiteren halben Tag rechnen.

Verläßt man den Yu Yuan durch das bescheidene Tor in seiner südwestlichen Ecke, so gelangt man in einen von roten Mauern gesäumten Gang, an dessen Westseite sich die **Sechs Westlichen Paläste**

(Xiliu Gong) reihen. Die intimen, mit niedrigen Bauten umstandenen Höfe dienten den kaiserlichen Gemahlinnen als Residenzen. Im Gegensatz zu den offiziellen Bauwerken auf der Mittelachse des Palastes wirken sie heiter und wohnlich. Vereinzelt findet sich etwas Grün – Topfpflanzen, der eine oder andere schattenspendende Baum.

Die Kaiserinwitwe Cixi, die zwischen 1884 und 1889 im **Palast der Gesammelten Eleganz** (Chuxiu Gong) und dem **Palast des Immerwährenden Frühlings** (Changchun Gong) residierte, umgab sich zudem gern mit Glücksbringern und möblierte die Höfe mit Bronzeskulpturen von kaiserlichen Drachen, Hirschen und Kranichen, die man mit langem Leben assoziiert. Auch die Gemahlin Puyis wählte letzteren Hofkomplex als ihr Privatgemach, wo sie bis 1924 lebte. Die Räume sind zwar nicht begehbar, aber durch Glasscheiben kann man die originalen Möbel der Qing-Zeit bewundern. Den kleinen Theaterpavillon im Hof des Changchun Gong ließ sich die Kaiserinwitwe Cixi bauen. Wandmalereien mit Szenen aus dem berühmten Roman »Der Traum der Roten Kammer« schmücken seine Wände.

Südlich der Sechs Westlichen Paläste liegt die **Halle der Pflege des Herzens** (Yangxin Dian), welche die meisten Qing-Kaiser als Privatgemach wählten. Hier schlief der Himmelssohn und nahm seine Mahlzeiten zu sich. Nach dem Abendessen, zu dem ihm 108 Gerichte auf kaiserlich gelbem Porzellan serviert wurden, legte ihm sein Kammerdiener eine Liste mit den Namen der kaiserlichen Gemahlinnen und Konkubinen vor. War der Himmelssohn in Stimmung, so wählte er ein Namenskärtchen und überreichte es dem Eunuchen.

Der nordwestliche Teil der Inneren Gemächer ist leider geschlossen. Dort, in den **Palästen des Rüstigen Alters** (Shoukang Gong) und **der Barmherzigen Ruhe** (Cining Gong), lebten früher die kaiserlichen Witwen.

Eine architektonische Besonderheit in der Verbotenen Stadt stellt der **Pavillon des Blütenregens** (Yuhua Ge) dar. Sein mit vergoldeten Kupferziegeln gedecktes Dach wird in der Mitte von einem buddhistischen Stupa und auf den Firsten von goldenen, fliegenden Drachen bekrönt. Deutlich hebt es sich aus dem niedrigen Dächermeer der Inneren Gemächer heraus. Bei dem Pavillon handelt es sich um einen lamaistischen Tempel, den der Qianlong-Kaiser 1750 errichten ließ. Das Gebäude besitzt vier Stockwerke, die für die vier Stufen der Erkenntnis im tantrischen Buddhismus stehen: die Übung der Erkenntnis, die Praxis tugendhafter Handlung, das Yoga und das höchste Yoga. Die goldenen Drachen symbolisieren die Vereinigung von kaiserlichem und buddhistischem Gesetz. Leider ist auch dieser Tempel Besuchern nicht zugänglich.

Geht man von der Halle der Pflege des Herzens in Richtung Süden, so erreicht man wieder den Hof, der die Regierungshallen von den Inneren Gemächern trennt. Überquert man diesen dann nach Osten hin und tritt durch das **Tor des Großen Glücks** (Jingyun Men), so gelangt man in den Ostteil der Inneren Gemächer. Nach Süden öffnet sich dort ein weiter Platz, in dem etwas verloren ein einzelner

Pavillon steht. Hier machten die kaiserlichen Prinzen einst erste Erfahrungen zu Pferd und übten sich im Bogenschießen. Der Bau wird deshalb **Pfeilpavillon** (Jian Ting) genannt.

Wendet man sich nach Norden, so erblickt man den **Palast der Glückwünsche zur Geburt eines Sohnes** (Yuqing Gong), links davon den **Palast des Fastens** (Zhai Gong) und rechts die **Halle der Ahnenverehrung** (Fengxian Dian). Jedem Opferritual, daß der Kaiser durchführte, hatte ein dreitägiges Fasten und Reinigen vorauszugehen. Dazu suchte er stets den Palast des Fastens auf, lediglich vor Opfern an den Himmel begab er sich dazu direkt in den Himmelstempel.

Die Reinigungszeremonie begann zunächst mit einem Bad, danach legte der Kaiser je nach Anlaß ein Gewand in einer bestimmten Farbe an. Gelb trug er bei den Opfern an die Erde, Rot für die Sonne, Dunkelblau für den Himmel und Hellblau für den Mond. In dieser Zeit waren Fleisch, Alkohol, Gewürze, Musik und die Gesellschaft von Frauen für ihn tabu, weder mit Kranken, Sterbenden oder Toten durfte der Sohn des Himmels Kontakt haben.

Nördlich dieses Hallenkomplexes liegen die **Sechs Östlichen Paläste** (Dongliu Gong), die ebenfalls von den kaiserlichen Frauen bewohnt wurden. Heute fungieren sie als Ausstellungsräume für die kaiserliche Kunstsammlung: Keramiken, Bronzen, die kaiserliche Uhrensammlung, Cloisonnéarbeiten und Malereien. Aus konservatorischen Gründen werden einige besonders wertvolle Exponate (insbesondere die empfindlichen Malereien und Kalligraphien) nur zeitweise der Öffentlichkeit präsentiert.

Verläßt man den Ausstellungskomplex in südlicher Richtung, sollte man sich sodann nach Westen wenden. Links gelangt man durch die Östliche Lange Straße zum Nordausgang des Palastes. Doch hinter einem kleinen Tor verbirgt sich ein weiterer interessanter Hofkomplex. Zunächst steht hier die **Neun-Drachen-Wand** (Jiulong Qiang), eine farbig glasierte Ziegelwand mit Darstellungen sich dramatisch windender Drachen. Bei genauem Hinsehen wird man entdecken, daß ein Ziegel in der Wand nicht aus glasierter Keramik, sondern aus geschnitztem Holz besteht. Die Überlieferung erzählt, daß einem der Handwerker bei der Fertigstellung der Mauer ein Zie-

Die Neun-Drachen-Wand im Kaiserpalast – die Zahl Neun ist ein Glückssymbol, der Drache das Zeichen des Kaisers.

Der Weinkelchlauf spielt auf die berühmteste Kalligraphie der chinesischen Geschichte an, die »Vorrede zu Gedichten, verfaßt beim Orchideenpavillon« von Wang Xizhi aus dem Jahr 353, in der Wang ein Trinkspiel beschreibt, welches sich einige Gelehrte beim feucht-fröhlichen Begehen des Frühlingsfestes ausgedacht hatten. Sie setzten mit Wein gefüllte Trinkschalen in einen Bach und ließen diese an den Gästen, die sich am Ufer niedergelassen hatten, vorbeitreiben. Derjenige, bei dem eine Schale ans Ufer stieß, mußte aus dem Stegreif ein Gedicht verfassen, gelang es ihm nicht, mußte er die Weinschale leeren.

gel zu Bruch ging. Da bereits am nächsten Tag der Kaiser die Mauer inspizieren sollte, blieb keine Zeit den entsprechenden Schmuckziegel nachzubrennen. Doch Not macht erfinderisch. Verzweifelt und den Zorn des Kaisers fürchtend schnitzte der Handwerker des Nachts den Ziegel aus Holz nach.

Nördlich der Neun-Drachen-Wand erstreckt sich der Komplex um die **Halle der Kaiserlichen Absolutheit** (Huangji Dian), in der sich heute die Schatzkammer befindet. Hier sind kostbare Ritualgegenstände, Roben, Musikinstrumente, Siegel und Schmuck ausgestellt. Dahinter gelangt man zum ›Altenteil‹ des Qianlong-Kaisers, der gelobt hatte, nicht länger als sein Großvater auf dem Thron zu bleiben. So zog er sich 1796 in den Trakt um den **Palast des Ruhevollen Alters** (Ningshou Gong) und die **Halle der Pflege des Charakters** (Yangxing Dian) zurück. Im Westteil des Ningshou Gong schuf er einen reizvollen Garten von 160 m Länge und 37 m Breite. Im erstem Hof des Gartens ließ der Ex-Kaiser auf dem Boden eines Pavillons einen schmalen spiralförmigen Wasserlauf anlegen, den ›Weinkelchlauf‹.

Seit 1889 wohnte auch Cixi in diesem Palastkomplex. Zu ihrer Unterhaltung wurde der **Pavillon der Angenehmen Klänge** (Changyin Ge) errichtet, ein mehrstöckiges Theatergebäude. Seine drei Ebenen sind durch Falltüren miteinander verbunden. An Seilen – mit Flaschenzügen an der Decke befestigt – konnten die Darsteller wie von Zauberhand über die Bühne schweben.

Verläßt man den Hofkomplex in nördlicher Richtung, passiert man einen **Brunnen,** der an die grausame Herrschaft der Kaiserinwitwe erinnert: Im Jahr 1900 soll hier angeblich die Lieblingskonkubine des Guangxu-Kaisers, Zhen Fei, hinabgestürzt worden sein.

Im Nordtor der Verbotenen Stadt, dem **Tor des Göttlichen Kriegers** (Shenwu Men), wurde früher an Glocken und Trommeln die Zeit angeschlagen, heute birgt es eine Ausstellung zu Architektur und Bau der Verbotenen Stadt. Die Errichtung des Palastes, Anfang des 15. Jh., war eine organisatorische Meisterleistung. 200 000 Arbeiter sollen beim Bau der Verbotenen Stadt beschäftigt worden sein. Marmor, Granit, Tonziegel und Hartholz wurden verbaut. Der Marmor wurde zumeist aus Fangshan, etwa 50 km nördlich von Beijing, ein Teil auch via Kaiserkanal aus den Marmorbrüchen in Jiangsu herbeigeschafft. Die meisten Bauziegel fertigte man im fast 500 km entfernten Shandong an. Die farbigen Glasurziegel dagegen stammten aus der Liulichang (s. S. 158). Die gewaltigen Nanmu-Stämme für die Konstruktion der Palasthallen kamen überwiegend aus den südwestlichen Provinzen Sichuan, Yunnan und Guizhou. Für den mehr als 2000 km langen Weg per Schiff über den Yangzi und den Kaiserkanal benötigte ein Stamm manchmal einige Jahre. Über die Architekten der Verbotenen Stadt ist wenig bekannt. Ebenso wie die Bildhauer besaßen sie in China nie mehr als den Status von Handwerkern. Aus diesem Grunde blieben die Namen der Baumeister meist unbekannt.

Die kaiserlichen Gärten nördlich des Palastes

Der Kohlehügel – Mei Shan

Eigentlich heißt der Berg (12), welcher im Norden direkt an die Verbotene Stadt anschließt, Jing Shan (Aussichtshügel). Gemäß den Gesetzen des Fengshui (s. S. 74ff.) sollte er den Palast vor den bösen Einflüssen des Nordens schützen. Angelegt wurde der künstliche Hügel in der Ming-Zeit (1368–1644) mit dem Erdreich aus den Wassergräben, die die Verbotene Stadt umgeben, und dem Bauschutt, der beim Abriß der alten Mongolenstadt Dadu anfiel. Im Volksmund hat sich der Name Mei Shan (Kohlehügel) durchgesetzt, weil hier die Kohlen für die Beheizung des Kaiserpalastes und die Befeuerung der Palastküche gelagert wurden. Den steilen Aufstieg belohnt ein unvergleichlicher Blick über die goldenen Wogen der elegant geschwungenen Dächer des Palastbezirks.

Betritt man den Park von Süden her, so führt der Weg in östlicher Richtung an einer alten Akazie vorbei, an der sich 1644 der letzte Ming-Kaiser erhängt haben soll, als Aufständische den Palast stürmten. Hier führt die Treppe hinauf zum Gipfel vorbei an fünf Pavillons, die der Qianlong-Kaiser 1749 errichten ließ. Der höchstgelegene der Pavillons, der **Pavillon des Ewigen Frühlings** (Wanchun Tang), liegt genau auf der markanten Nord-Südachse Beijings und somit auf einer Linie mit dem **Trommel-** und dem **Glockenturm** (13; Gu Lou; 14; Zhong Lou) im Norden und der Verbotenen Stadt, dem Denkmal der Volkshelden und der Mao-Zedong-Gedenkhalle im Süden. In der **Halle der Kaiserlichen Langlebigkeit** (Shouhuang Dian), heute ein Kinderpalast, am nördlichen Fuß des Mei Shan bewahrte die kaiserliche Familie die Portraits ihrer Ahnen auf.

Die Trommel kündigte zur Kaiserzeit um 19 Uhr den Anbruch der Nacht und danach alle zwei Stunden den Wechsel der Nachtwachen an. Neben der Trommel barg der Trommelturm eine chinesische Wasseruhr, nach der die Zeit in ganz China bestimmt wurde. Die Glocke schlug dagegen den Beginn des Tages und das Öffnen der Stadttore an. Beide Türme wurden 1420 errichtet, der Glockenturm wurde 1745 nach einem Brand erneuert.

Verläßt man den Park des Kohlehügels wieder durch sein Südtor und folgt der Jingshan Qianjie Richtung Westen, so gelangt man nach etwa 500 m zum Südeingang des Beihai-Parks.

Wer statt zum Beihai-Park lieber Richtung Wangfujing gehen möchte, sollte schauen, ob in der **Kunsthalle** (15; Zhongguo Meishuguan) östlich des Kohlehügels quasi am Ende der Einkaufsmeile (Wusi Dajie 1) gelegen, eine interessante Ausstellung stattfindet. Die Kunsthalle ist Wechselausstellungen moderner chinesischer und ausländischer Kunst vorbehalten.

Beihai-Park – Beihai Gongyuan

Der Nordmeer- oder Nordsee-Park (16) ist der größte und älteste kaiserliche Garten in Beijing. Sein Name bezieht sich auf den nördlichen in einer Gruppe von sechs künstlich angelegten und miteinander verbundenen Seen. Die Geschichte des Beihai-Parks reicht bis in das 10. Jh. zurück, als die Liao-Dynastie (947–1125) hier ihre kaiserliche Sommerresidenz errichtete. Die Herrscher der Jin (1127–1234) hoben dann den ersten künstlichen See aus, den See der Westlichen

Das Gebiet um den Mittleren und Südlichen See (Zhongnan Hai) ist heute für die Öffentlichkeit gesperrt. Die Beijinger nennen das Gelände gern die »neue Verbotene Stadt«, denn hier residiert hinter hohen, uneinsehbaren Mauern die chinesische Politprominenz, hier befindet sich der Sitz des Staatsrates und des Zentralkomitees der Kommunistischen Partei.

Blume (Xihua Tan). In seiner Mitte schütteten sie die Insel der Erlesenen Jade (Qionghua Dao) auf und errichteten darauf eine Residenz, den sogenannten Mondpalast (Guanghan Dian). Als die Mongolen 1264 in Beijing einfielen, ließ sich Kubilai Khan darin nieder. Drei Jahre später ging er daran, seine neue Reichshauptstadt Dadu (Khanbaliq) rund um den See zu errichten. Den Mondpalast der Jin nutzte er weiterhin für offizielle Zeremonien. Die Machtübernahme durch die Ming (1368–1644) bedeutete zwar für die Hauptstadt ihrer Vorgängerdynastie das Ende, doch ließ der Yongle-Kaiser den Xihua Tan vergrößern und den Südlichen See (Nan Hai) ausheben. Mit dem überschüssigen Erdreich wurde die Jadeinsel erweitert. Sein heutiges Gesicht erhielt der Park, der bis ins 20. Jh. hinein ausschließlich der kaiserlichen Familie vorbehalten war, jedoch erst in der Qianlong-Ära (1736–96).

Am Südeingang des Beihai-Parks fällt ein festungsähnlicher Bau von rundem Grundriß ins Auge: die **Runde Stadt** (Tuan Cheng), von den Jin im 12. Jh. als Teil ihrer Residenz errichtet. Die heutigen Hallen stammen aus dem 18. Jh. Eine 5 m hohe Ringmauer umschließt ein 4500 m^2 großes, mit schönen alten Zypressen bestandenes Areal, in dessen Zentrum sich die Halle der Erleuchtung (Chengguang Dian) erhebt. Yuan Shikai soll hier 1915 die Gründung seiner neuen Dynastie vorbereitet haben. Die 1,5 m hohe Buddha-Statue aus weißer Jade – von alliierten Truppen im Jahr 1900 beschädigt – brachte Ende des 19. Jh. ein buddhistischer Mönch von einer Pilgerreise aus Birma (Myanmar) mit. Südlich der Halle steht der kleine Pavillon des Jadegefäßes (Yuwen Ting), in dem ein schwarzes, mit Drachen und Meeresgetier verziertes Nephritgefäß aufbewahrt wird. Das Behältnis von 1,5 m Durchmesser und 66 cm Höhe soll bereits Kubilai Khan als Weingefäß gedient haben.

In nördlicher Richtung erreicht man über eine Treppe den eigentlichen Eingang des Beihai-Parks. Über die **Brücke des Ewigen Friedens** (Yong'an Qiao) und durch ein prächtiges Ehrentor führt der Weg zur **Jadeinsel** mit dem **Tempel des Ewigen Friedens** (Yong'an Si) und der Weißen Dagoba (Bai Ta). Die buddhistische Anlage wurde 1651 anläßlich eines Besuchs des 5. Dalai Lama auf den Ruinen des alten Mondpalastes errichtet. Über zahlreiche Stufen, vorbei an bizarren Taihu-Steinen schreitet man durch die Halle des Allgemeinen Friedens (Pu'an Dian) und die Halle der Herzensgüte (Shanxin Dian) bergauf. Die Tempelhallen zieren mit Drachenmotiven versehene Dachfriese aus grün und gelb glasierten Ziegeln. Direkt vor der Dagoba erhebt sich der mit einem kupfernen Runddach gedeckte kleine **Tempel zur Erhaltung der Guten Taten** (Shanyin Si). Seine Seitenwände sind mit 445 Glasurziegeln verkleidet, die Buddha-Darstellungen zeigen.

Bei der **Weißen Dagoba** handelt es sich um einen 36 m hohen tibetischen Chörten, eine Variante des indischen Stupa. Seit dem 17. Jh. beschädigten drei Erdbeben die Bai Ta – das letzte Mal das große Beben von Tangshan 1976. Dabei fanden Restauratoren einen ver-

Die Symbolik tibetischer Chörten (Stupa, Dagoba) ist komplex. Der Aufbau eines Stupa repräsentiert zugleich das Universum, den Menschen und seinen Weg zur Erkenntnis. Der quadratische Sockel symbolisiert die Erde, der gewölbte Aufsatz, im Tibetischen Bumpa genannt, das Himmelsgewölbe und die 13-Dharma Ringe darüber die feinstofflichen und körperlosen Sphären. Hier die Weiße Dagoba im Beihai-Park.

borgenen Schrein mit Reliquien in ihrem Inneren. Übrigens heißt es, daß die Wandmalereien im Bumpa (nicht zu besichtigen), die tantrische Götter in ›eindeutigen Posen‹ zeigen, der kaiserlichen Familie als Anschauungsmaterial zur Aufklärung der halbwüchsigen Prinzen gedient haben sollen.

Verschiedene Wege führen durch Grotten und vorbei an lauschigen Pavillons den Nordhang hinunter. Auf Seehöhe erreicht man die **Wandelhalle der 10 000 Landschaftsmalereien** (Yilan Tang). Hier

In der Kunst des tantrischen Buddhismus findet man häufig Darstellungen von Götterpaaren in sexueller Vereinigung. Diese werden Yab-Yum (Vater-Mutter) genannt und symbolisieren die Einheit der polaren Kräfte ›Methode‹ (Sanskrit: upaya) und ›Weisheit‹ (Sanskrit: prajñya), denen wiederum das Männliche bzw. Weibliche zugeordnet sind. Dahinter steht die Anschauung, daß die Realität zwar vielschichtig ist, doch alle Erscheinungen in innerem Zusammenhang stehen und letztendlich wesensgleich mit dem Absoluten sind.

Hutong heißen die engen Gassen zwischen den traditionellen, einstöckigen Beijinger Hofvierteln. Das Wort leitet sich ab vom mongolischen Hudun, ›Brunnen‹, früher Zentrum eines jeden Stadtviertels. Viele Hutong gibt es heute nicht mehr, doch einige der schönsten und ältesten stehen mittlerweile unter Denkmalschutz.

Durch die reizvollen Hutong im Bereich des Bei Hai kann man sich von Fahrradrikschas kutschieren lassen: Täglich um 9 und 14 Uhr fahren diese westlich vom Nordtor des Beihai-Parks ab.

Idyllisch, aber unkomfortabel – Haus in den Beijinger Hutongs.

befindet sich das Fangshan-Restaurant, welches Spezialgerichte des kaiserlichen Speisezettels anbietet. Wendet man sich nach Westen, kommt man zu einer Halle mit halbrundem Grundriß, dem **Pavillon zum Lesen der Klassiker** (Yuegu Lou), in dem 495 Steintafeln mit Kalligraphien berühmter Dichter zu bewundern sind.

Am nordwestlichen Ufer des Bei Hai liegen die interessantesten Sehenswürdigkeiten. Möchte man sich den langen Weg zu Fuß dorthin ersparen, besteigt man am besten die Fähre, welche zwischen dem Fangshan-Restaurant und den **Fünf-Drachen-Pavillons** (Wulong Ge) pendelt. Diese durch fünf Marmorbrücken verbundenen Pavillons am Nordwestufer wurden als Angelplatz für den Kaiser konzipiert. Westlich von hier steht, von einem Graben umgeben, der **Pavillon Kleiner Westlicher Himmel** (Xiaoxi Tian). Nördlich von diesem befinden sich der **Botanische Garten** und der **10 000-Buddha-Turm** (Wanfo Lou).

Vom Anleger aus in östlicher Richtung lohnt die **Eiserne Mauer** (Tieying Bi) einen Blick. Sie ist nicht – wie ihr Name vermuten ließe – aus Metall, sondern aus Vulkangestein gefertigt. Die 3,5 m lange und 2 m hohe Wand aus der Yuan-Zeit zieren Reliefs von Fabeltieren. Und noch eine Wand gibt es hier: eine **Neun-Drachen-Wand** (Jiulong Bi). Die farbigen Reliefs aus glasierten Ziegeln zeigen in Wolken und Wellen spielende Drachen – von alters her in China ein Symbol der Fruchtbarkeit und Verkörperung der männlichen Kraft Yang.

Vorbei an der **Halle der Himmelskönige** (Tianwang Dian) und dem schönen ziegelgedeckten Ehrentor gelangt man zum **Studio des Ruhigen Herzens** (Jingxin Zhai), einem ›Garten im Garten‹, welchen der Qianlong-Kaiser 1757 anlegte. Einige Hallen, Pavillons und Wandelgänge gruppieren sich um einen kleinen, von bizarren Felsarrangements eingefaßten See. Zahlreiche Prinzen der Qing-Dynastie nutzten diesen fast heimeligen Garten als Residenz.

Bevor man den Park durch das Nordtor wieder verläßt, sollte man noch einen Abstecher zum Ostufer des Bei Hai machen. Am **Altar der Seidenraupe** (Can Tan) inspizierte die Kaiserin alljährlich im Frühjahr die Seidenraupen für die Zucht und betete für ein ertragreiches Seidenjahr. Heute ist in der Anlage ein Kindergarten untergebracht. Weiter südlich erstrecken sich zwei weitere ummauerte Gartenkomplexe: das relativ strenge **Studio des Bemalten Bootes** (Huafang Zhai) sowie der **Garten zwischen Hao und Pu** (Haopu Ting). Beide stammen aus der Qianlong-Ära (1736–96).

Vom Nordtor des Beihai Gongyuan bietet sich ein Bummel durch ein traditionelles Beijinger Wohnviertel, *hutong,* an.

Nordwestliche Viertel

Das Stadtviertel westlich des Beihai-Parks und um die ›Hinteren Seen‹ ist bisher von den großen Touristenströmen weitgehend verschont geblieben. Neben einigen intakten, heimeligen Hutong, finden sich interessante Tempel, Residenzen und Museen. Als Ausgangspunkt für einen Spaziergang bietet sich die U-Bahn-Station Fuchengmen an.

Nördlich der Station zweigt von der Fuchengmen Dajie nach rechts die kleine Gongmen-Ertiao-Straße ab, in der inmitten der Hutongs das **Lu-Xun-Museum** (17; Lu Xun Bowuguan) liegt. Lu Xun (1881–1936) zählt zu den größten chinesischen Schriftstellern des 20. Jh. Das alte Hofhaus hatte er 1923 erworben, lebte allerdings nur zwei Jahre darin. 1956 gestaltete man es ihm zu Ehren zu einem Museum um.

Weiter östlich erblickt man schon bald über den Dächern der alten Wohnhöfe den markanten Turm des **Tempels der Weißen Pagode** (18; Baita Si, auch Miaoying Si). Die Weiße Dagoba, nach der der Tempel benannt ist, besitzt ebenso wie die Bai Ta im Beihai-Park, die Form eines Chörten, ist allerdings mit 51 m um einiges höher als ihr Pendant. Ursprünglich errichteten die Liao 1096 in Beijing fünf Stupas, von denen ein jeder einer Himmelsrichtung zugeordnet war und eine andere Farbe besaß. Darin spiegelte sich die Vorstellung von den Fünf Tathagathas des Vajrayana-Buddhismus. Die Weiße Dagoba, der einzig erhaltene der Liao-Chörten, war dem Vairochana-Buddha geweiht und sollte die Mitte der Stadt beschützen. 1271 ließ Kubilai Khan die Weiße Dagoba restaurieren und von einer weitläufigen Tempelanlage umgeben. Mit dem Bau der Anlage beauftragte er den nepalischen Architekten Arnico (1245–1306). Zwar brannten die Hallen nach 20 Jahren nieder, doch 1457 wurde der Tempel wieder in seiner ursprünglichen Form aufgebaut. Seither heißt er offiziell Miaoying Si, Tempel der Wunderbaren Kräfte der Manifestationen. 1976 wurde die Dagoba bei dem großen Erdbeben von Tangshan beschädigt. Bei der Restaurierung entdeckten die Archäologen eine Geheimkammer mit Reliquien, welche heute im Tempel ausgestellt sind.

Die Fünf Tathagathas sind die Fünf Transzendenten Buddhas, die Personifikationen der Fünf Weisheiten. Es handelt sich um die Buddhas Akshobya (Umwandlung von Haß in Spiegelgleiche Weisheit), Amitabha (Umwandlung von Begierde in Unterscheidende Weisheit), Amoghasiddhi (Umwandlung von Neid in Alles Vollendende Weisheit), Ratnasambhava (Umwandlung von Ich-Sucht und Stolz in die Weisheit von der Gleichheit aller Wesen) und Vairochana (Umwandlung von Verblendung und Unwissenheit in Universale Weisheit).

An der Ecke zur Xisibei Dajie fungiert der **Tempel der Allgemeinen Nächstenliebe** (19; Guangji Si) als Sitz der Chinesischen Buddhistischen Gesellschaft und beherbergt ein Forschungsinstitut für buddhistische Studien. Ein erster Tempel wurde hier bereits im 12. Jh. errichtet, doch schon bald wieder verlassen, so daß er verfiel. In der Ming-Zeit (1368–1644) baute man ihn erneut auf und trug eine bedeutende Kunst- und Dokumentensammlung zusammen – ein Schatz, der bei einem Großfeuer 1934 fast vollständig verloren ging. Inzwischen konnten indes eine bedeutende Skulpturensammlung und eine Bibliothek neu angelegt werden. Letztere birgt u. a. Kopien von über 100 000 seltenen Schriften sowie 30 000 Steinabreibungen von den Höhlenreliefs des südöstlich von Beijing gelegenen Yunju-Tempels.

Der Aufbau der Anlage mit vier hintereinandergestaffelten Höfen folgt dem klassischen Kanon chinesischer Tempelarchitektur. Beachtenswert sind der Ming-zeitliche Maitreya, der Bodhisattva der Zukunft, in der ersten Halle, der hier einmal in seiner lieblichen Fassung und nicht als lachender ›Dickbauch‹ den Besucher begrüßt. Die Darstellungen des Shakyamuni, Dipamkara und Maitreya sowie die 18 grimmig dreinblickenden Arhats aus Bronze in der Haupthalle stammen ebenfalls aus der Ming-Zeit. Die Hauptwand der Halle ziert eine 5 × 10 m große Fingermalerei des Qing-Malers Fu Wen: der historische Buddha bei der Darlegung seiner Lehre auf dem Geierberg, Gridrhakuta. Die Yuantong Dian birgt eine Guanyin-Skulptur aus dem 13. Jh. sowie eine Tara aus der Ming-Zeit. An der östlichen Wand des Sarira-Pavillons (Cangjing Ge) im hinteren Teil der Anlage sind Fragmente des »Sutra des Goldenen Lichts« zu sehen. Ihnen gegenüber hängt ein 900 Jahre altes Rollbild des Song-Malers Ma Hezhi, welches Manjushri, den Bodhisattva der Weisheit, beim Besuch des kranken Virmalakirti zeigt.

Von der Xi'anmen Dajie, Richtung Osten zweigt nach Norden die Xishiku ab. Hier erhebt sich das neugotische Schiff der **Nördlichen Kathedrale** (20; Bei Tang), des Beijinger Bischofsitzes. 1889 errichtet, wurde sie im Jahr 1900 sieben Wochen lang erfolglos von den fremdenfeindlichen ›Boxern‹ belagert. 1958 wurden die Gottesdienste eingestellt, und die Kirche diente zeitweise als Werkraum einer Fabrik, später als Mittelschule. Anfang der 80er Jahre restaurierte man das Gotteshaus und nutzt es seit 1986 wieder als Kirche.

Nicht weit entfernt vom Nordende des Beihai-Parks in der Qianhai Xiyan liegt der einstige **Wohnsitz Guo Moruos** (21; Guo Moruo Guju). Ursprünglich war das großzügige Anwesen Teil des Palastes des Prinzen Gong. Guo (1892–1978) zählt zu den bedeutendsten Historikern, Politikern und Schriftstellern des modernen China.

Von hier aus geht man in Richtung Norden und zweigt dann nach links in die Qianhai Xijie ab. An ihrer nördlichen Seite taucht alsbald die Ummauerung der **Residenz des Prinzen Gong** (22; Gong Wangfu) auf, einer der am besten erhaltenen prinzlichen Wohnanlagen der Stadt. Geschmackvoll angelegte Gärten umgeben neun Wohnhöfe. Prinz Gong (1833–98), der jüngere Bruder des Xianfeng-Kaisers (reg. 1851–61), stieg in der zweiten Hälfte des 19. Jh. zu einem der einflußreichsten Politiker seiner Zeit auf. Zwischen 1861 und 1875 regierte er neben der Kaiserinwitwe Cixi für den Kindkaiser Tongzhi. Seine fürstliche Wohnanlage soll Cao Xueqin, zu seinem berühmten Roman »Der Traum der Roten Kammer« inspiriert haben.

Von den Song-Schwestern heißt es, daß sie ein halbes Jahrhundert lang aus dem Hintergrund die Fäden chinesischer Politik zogen. Während Song Meiling die Gattin des Diktators Chiang Kai-shek war und Ailing den Großbankier und späteren chinesischen Finanzminister H. H. Kung heiratete, verband sich Song Qingling mit Sun Yat-sen und schloß sich der Kommunistischen Partei an.

Nur einige Schritte entfernt, an der Kreuzung von Dingfu Jie und Deshengmennei Dajie liegt der **Wohnsitz des Mei Lanfang** (23; Mei Lanfang Guju). Mei Lanfang (1894–1961) gilt als der bekannteste Pekingopern-Darsteller aller Zeiten. Seine Stimme und Ausstrahlung gilt in seinem Rollenfach, Mei war von Anfang an auf weibliche Rollen festgelegt, unter Experten bis heute als unerreicht.

Am Nordufer des Hinteren Sees (Hou Hai) öffnet sich ein Tor zur **Residenz Song Qinglings** (24; Song Qingling Guju), der Ehefrau Sun Yat-sens. Sie wohnte seit 1963 in diesem Haus und starb hier 1981 im Alter von 91 Jahren. Song Qingling entstammte einer ebenso wohlhabenden wie einflußreichen Shanghaier Bankiersfamilie. Nach der Revolution von 1949 wurde sie zur Vizepräsidentin der Volksrepublik ehrenhalber ernannt. Eine Fotoausstellung erinnert in ihren im Original belassenen Wohnräumen an ihren politischen Werdegang.

Westlich der Seenkette liegt an der Xinjiekou Beidajie der Eingang der **Xu-Beihong-Gedenkhalle** (25; Xu Beihong Jinianguan). Xu (1895–1953) gehört zu den bekanntesten chinesischen Malern des beginnenden 20. Jh. In seine klassischen Tuschebilder ließ er auch westliche Stilelemente einfließen. Berühmt wurde er für seine Pferdebilder, deren Reproduktionen und (schlechte) Kopien mittlerweile in jedem Freundschaftsladen zu erwerben sind.

Wer jetzt noch Zeit hat, sollte sich für die weiteren Besichtigungen ein Taxi nehmen oder die folgenden Sehenswürdigkeiten an einem anderen Tag, etwa auf dem Weg zum Sommerpalast, besichtigen.

Zwischen erster und zweiter Ringstraße liegt im Stadtteil Beixiaguan der **Zoo von Beijing** (26; Beijing Dongwuyuan). Gegründet 1908 auf dem Gelände einer Ming-zeitlichen Parkanlage, wurde er in den 50er Jahren in den größten Tierpark der Volksrepublik umgestaltet. Sensation sind die Großen Pandas, zu deren Gehege ein separater Eingang, westlich des Haupttors führt.

Nur etwa 200 m nördlich des Zoos liegt der **Tempel der Fünf Pagoden** (27; Wuta Si) am Ufer des Chang He. Der ehemalige Tempel der Wahren Erleuchtung (Zhenjue Si) verdankt seinen heutigen Namen der markanten fünftürmigen Vajra-Pagode. Der Wuta Si geht auf das 15. Jh. zurück. Damals besuchte der indische Mönch Pandida den Yongle-Kaiser (reg. 1403–24) und überbrachte als Geschenk fünf goldene Buddha-Statuen und eine Miniatur des Mahabodhi-Tempels von Bodh Gaya. Der Kaiser gab daraufhin den Zhenjue Si als würdigen Aufbewahrungsort für die kostbaren Reliquien in Auftrag. Einer seiner Nachfolger, der Chenghua-Kaiser, stiftete 1473 schließlich den fünftürmigen Vajra-Stupa, der in seiner Form wiederum den Mahabodhi-Tempel von Bodh Gaya nachahmt. Zwar wurde der Tempel samt Pagode Mitte des 18. Jh. von Grund auf renoviert, doch fiel er danach wiederholt Zerstörungswut und Geldgier zum Opfer. Überstanden hat dies einzig der fünftürmige Stupa – einer von nur sechs seiner Art in China. An den Tempel angeschlossen ist ein ›Stelenwald‹, mit mehr als 1000 Steintafeln, die aus verschiedenen Tempeln der Stadt zusammengetragen wurden.

Einige Kilometer weiter nördlich, in der Beisanhuan Xilu, befindet sich ein weiterer Tempel, der heute hauptsächlich museal genutzt wird. Der **Tempel der Großen Glocke** (28; Dazhong Si) beherbergt eine Ausstellung von 160 kunstvollen bronzenen Glocken aus verschiedenen Jahrhunderten. Ältestes Exponat ist eine Glocke der Östlichen Zhou-Zeit (770–256 v. Chr.). Das Glanzstück der Sammlung bildet jedoch die riesige Yongle-Glocke, die mit 3,3 m Durchmesser, 6,75 m Höhe und 46,5 t Gewicht zu den größten der Welt zählt. Ihre Oberfläche ist mit einer buddhistischen Inschrift aus 227 000 Zeichen dekoriert. Sie wurde um das Jahr 1406 gegossen und 1743 aus dem Tempel der Langlebigkeit hierher gebracht. Chinesische Glokken besitzen übrigens keinen Klöppel. Sie werden mit einem Holzstamm von außen angeschlagen.

Tempel der Großen Glocke

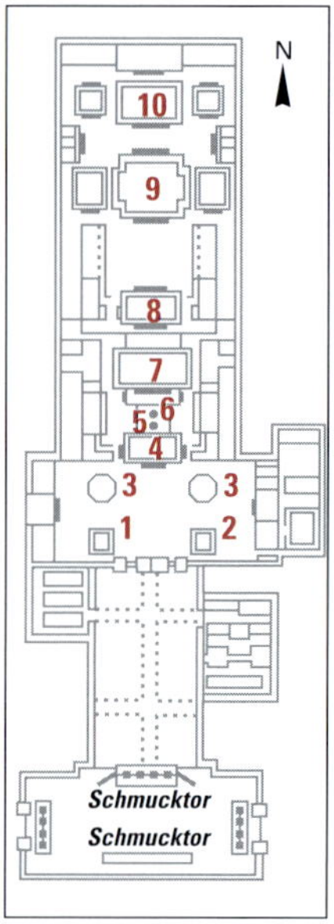

Lamatempel – Yonghe Gong
1 *Trommelturm*
2 *Glockenturm*
3 *Stelenpavillons*
4 *Halle der Himmelskönige*
5 *Stelenpavillon*
6 *Marmorbassin mit Weltenberg Meru*
7 *Halle der Harmonie und des Friedens*
8 *Halle des Ewigen Schutzes*
9 *Halle des Buddhistischen Rades*
10 *Pavillon des Zehntausendfachen Glücks*

Der Nordosten Beijings

Der Lamatempel – Yonghe Gong

Der Lamatempel, Yonghe Gong (29; Palast der Harmonie und des Friedens), ist der größte Tempel des tibetischen Buddhismus in Beijing. Ursprünglich errichtete der Kangxi-Kaiser 1694 die Anlage als Residenz für seinen vierten Sohn und Nachfolger, Yinzheng. Dieser stellte nach seiner Thronbesteigung, er regierte unter der Devise Yongzheng, den Palast buddhistischen Mönchen zur Verfügung. Als der Yongzheng-Kaiser dann 1735 starb, wurde der Komplex auf ausdrücklichen Wunsch der Kaiserinwitwe 1744 endgültig in eine Klosteranlage umgewandelt und dem tibetischen Buddhismus geweiht.

Die Anlage des Yonghe Gong folgt weitgehend dem klassischen Aufbau eines buddhistischen Tempels in China. Man betritt den Tempel von Süden her durch ein großes Schmucktor *(pailou)* und schreitet zunächst durch einen schmalen Garten auf den ersten Hof zu. Hier stehen links der **Trommelturm** und rechts der **Glockenturm,** in denen morgens und abends das Öffnen bzw. das Schließen der Tempeltore angeschlagen wird. Zwei kleine Pavillons bergen Stelen mit lamaistischen Texten.

Die erste Halle des Tempels ist die **Halle der Himmelskönige** (Tianwang Dian). Die Figuren im Inneren folgen ebenfalls dem klassischen chinesischen Kanon: In der Mitte begrüßt die vergoldete Figur des ›Dickbauch-Buddha‹ (Mile Fo) den Besucher mit einem freundlichen Lächeln. Links und rechts an den Seitenwänden dagegen fordern die grimmig dreinschauenden Himmelskönige Respekt. Lediglich die tibetischen Gebetsmühlen erinnern daran, daß man sich in einem lamaistischen Tempel befindet. Folgt man dem entschlossenen Blick des Weituo, des Schützers der buddhistischen Lehre, nach Norden, so gelangt man auf den nächsten Hof. Hier steht ein Pavillon mit einer mächtigen **Stele,** deren Text der Qianlong-Kaiser verfaßte: eine Abhandlung über die Bedeutung des tibetischen Buddhismus für das Reich der Mitte, die 1792 in vier Sprachen – Mandschurisch, Chinesisch, Tibetisch und Mongolisch – in den Stein gemeißelt wurde. Ebenso sind die Namenstafeln über den Eingängen der verschiedenen Tempelhallen in diesen vier Schriften ausgeführt. Interessant ist des weiteren eine Darstellung der buddhistischen Kosmologie: aus einem **Marmorbecken,** das das Weltenmeer symbolisiert, ragt, aus Bronze gegossen, der Weltenberg Meru empor, auf dessen Gipfel das Paradies liegt – hier in Gestalt von Palasthallen mit typisch chinesischen Dächern. Die Seitengebäude dieses von Kaki-Bäumen überschatteten Hofes dienten den Mönchen als Studierhallen. Hier lehrte man die Auslegung der buddhistischen Schriften, Mathematik, Medizin und die Praktiken des Tantra.

In der folgenden **Halle der Harmonie und des Friedens** (Yonghe Dian) findet sich das klassische Dreigestirn der Buddhas der Drei Zeiten. Flankiert werden sie von den 18 Arhats *(luohan)*. Eine Figur

Tibetisch-buddhistische Skulptur im Lamatempel

des Kshitigarbha, des Erlösers von den Höllenqualen, findet sich in der rechten Tempelecke. Avalokiteshvara, der Bodhisattva des Mit-Leidens, hier dargestellt als weibliche Guanyin, blickt in den nächsten Hof, auf eine für China eigentümliche Skulptur. Bei der mit Spiegelmosaiken verzierten Figur, bestehend aus vier Körpern, handelt es sich um eine Bodhisattva-Darstellung aus Thailand, die in den 80er Jahren dem Tempel gestiftet wurde.

Auf diesen Hof folgt die drei Transzendenten Buddhas – Amitabha, dem Buddha des Unermeßlichen Lichts (Mitte), Simhananda, dem Buddha des Löwengebrülls (links), und dem Medizinbuddha (Bhaisajyaguru oder chinesisch Yaoshi Fo, rechts) – geweihte **Halle des Ewigen Schutzes** (Yongyou Dian).

Die **Halle des Buddhistischen Rades** (Falun Dian) dient den im Kloster lebenden Mönchen als Versammlungshalle. In ihrem Zentrum erhebt sich eine 5,5 m hohe Statue des Tsongkhapa (1357–1419), des großen tibetischen Reformators und Begründers des Gelbmützenordens (der Gelugpa, Schule der Tugendhaften, der auch der Dalai Lama angehört). In der geschnitzten Mandorla hinter Tsongkhapa sind fünf Gestalten zu erkennen, in die dieser sich der Überlieferung nach zu verwandeln vermag. An den Seitenwänden der Halle werden, in Seidentücher gehüllt, die kanonischen und halbkanonischen Schriften des tibetischen Buddhismus aufbewahrt: an der westlichen Wand die 108 Bände des Kanjur und an der rechten, östlichen, die 207 Schriften des Tanjur. Die Wandmalereien zeigen Szenen aus Leben und Wirken des Reformators. Die beiden Throne sind für den Dalai Lama (links) und den Panchen Lama reserviert, sollten sie den Tempel jemals besuchen.

Unter der Herrschaft der Mongolen (1279–1368) und der Mandschuren (1644–1911) erlebte der Lamaismus, die tibetische Ausprägung des Buddhismus, von staatlicher Seite besondere Förderung. Die Mandschuren bekannten sich zur Gelbmützen-Schule Tsongkhapas deren Oberhaupt, der Dalai Lama, als Reinkarnation des Bodhisattvas Avalokiteshvara gilt.

An der Rückwand der Halle ist hinter Glas ein besonderer Schatz des Tempels ausgestellt: eine filigrane Schnitzarbeit aus sogenanntem

1720 hatten die Tibeter den Qianlong-Kaiser zu Hilfe gerufen, um die Westmongolen zu vertreiben. Doch nachdem die chinesischen Truppen siegreich in Lhasa eingezogen waren, wurde eine chinesische Garnison fest in Lhasa stationiert und chinesische Statthalter erhielten Mitspracherecht in allen Regierungsfragen. Nach der Aufdeckung tibetischer Widerstandsbestrebungen wurde 1750 auf Druck der Chinesen das weltliche Parlament aufgelöst und der dem Kaiserhaus loyale 7. Dalai Lama (1708–57) zum Regierungsoberhaupt ernannt. Als Dank sandte er einen riesigen Sandelholzstamm in die chinesische Hauptstadt.

purpurnen Sandelholz, welche einen Berg darstellt. In den Berg sind kleine Figuren der 500 Luohan aus Gold, Silber, Bronze, Zinn und Kupfer eingearbeitet. Einige der Figuren sind verhängt, da sie die Buddha-Schüler in sexuellen Stellungen zeigen. Diese verkörpern im Tantrismus verschiedene Stufen der Erkenntnis, die indes nur in der Lehre entsprechend Fortgeschrittenen gezeigt werden dürfen.

Die letzte Halle auf der Zentralachse des Tempels, der **Pavillon des Zehntausendfachen Glücks** (Wanfu Ge), überragt mit 30 m Höhe deutlich alle übrigen Hallen. Er besteht aus drei Flügeln, die durch ›himmlische Brücken‹ miteinander verbunden sind. Man errichtete ihn 1750, um einen mächtigen Sandelholzstamm, eine Dankesgabe des 7. Dalai Lama, in seinem Inneren aufzustellen. 8 m tief ist das Holz in die Erde eingelassen und ragt über der Erde 18 m auf. Aus diesem Stamm schnitzte man eine Statue des Maitreya, daher heißt die Halle auch Dafo Lou, Haus des Großen Buddha.

Vom Konfuziustempel zum Erdaltar

Gegenüber dem Yonghe Gong zweigt eine schmale Allee, die Guozijian Jie, ab. Ihr Eingang ist dank eines markanten Schmucktores nicht zu verfehlen. Der Name der Straße bedeutet ›Straße der Kaiserlichen Akademie‹, im Volksmund wurde sie aber auch ›Straße des Tugendhaften Werdens‹ (Chengxian Jie) genannt. Seit 1956 steht sie unter Denkmalschutz. Schon nach wenigen Schritten, liegt rechter Hand der Eingang zum Konfuziustempel und zur Kaiserlichen Akademie.

Die Kaiserliche Akademie, in der die konfuzianischen Klassiker gelehrt wurden, bestand schon seit 1287, also seit der Zeit Kubilai Khans, in der Guozijian Jie. Da der Kaiser, jedesmal bevor er die Akademie besuchte, Konfuzius Ehrerbietung zollen mußte, setzte man ihr 1306 den **Konfuziustempel** (30; Kong Miao) zur Seite – den zweitgrößten in China. Im Rang steht nur der Kong Miao im Geburts- und Sterbeort des ›höchsten Weisen‹ (Qufu, s. S. 207ff.) höher. Wie so viele erfuhr auch dieser Beijinger Tempel manch Erweiterung und Umbau. So erhielt er die kunstvollen in kaiserlichem Gelb gedeckten Dächer 1737 auf Veranlassung des Qianlong-Kaisers.

Durch das Tor des Obersten Lehrers (Xianshi Men) und das Tor der Vervollkommnung (Dacheng Men) betritt man einen von knorrigen Kiefern überschatteten Hof. Pavillons mit insgesamt 198 Steinstelen, auf denen seit der Yuan-Zeit Namen, Rang und Heimatprovinz von 51 624 Absolventen der Staatlichen Examina verzeichnet wurden, säumen den Weg. Obwohl – oder gerade weil – der Zahn der Zeit an den Tempelhallen bereits seine Spuren hinterlassen hat, umgibt sie eine ehrwürdige Aura. Im Zentrum der Anlage thront die Halle der Vervollkommung. (Dacheng Dian) auf einer Marmorterrasse, zu der eine Treppe hinaufführt. Mit der mächtigen Zypresse zur Rechten dieses Aufgangs hat es eine besondere Bewandtnis. 500 Jahre ist sie inzwischen alt und soll zur Zeit der Herrschaft des Jiajing-Kaisers der Ming (reg. 1522–66) wesentlich zum Sturz des für seine Intrigen berüchtigten Premierministers Yan Song beigetragen haben. Als letzterer eines Tages den Tempel verließ, fegte sie mit ihren tief herabhängenden Zweigen ihm den Ministerhut vom Kopf. Ein schlechtes Omen – und so wurde Yan Song bald darauf entlassen. Der Zypresse verlieh man den Titel: ›Der Baum, der das Böse vertreibt‹. In der Dacheng Dian bewahrte man ehemals die Seelentafel des Konfuzius auf, und auf ihrer Marmorterrasse hielt man regelmäßig Zeremonien zu seinen Ehren ab. Heute beherbergt der Komplex das der Geschichte Beijings gewidmete **Hauptstadtmuseum**.

Ein schmaler Gang verbindet links den Konfuziustempel mit der Kaiserlichen Akademie. Ihn flankieren weitere 400 Stelen. Auf 189 von ihnen sind in mehr als 630 000 Schriftzeichen die 13 konfuzianischen Klassiker verewigt.

Der Biyong-Pavillon, einst Mittelpunkt der **Kaiserlichen Akademie** (30), liegt inmitten eines Teichs. An den Vorlesungen der konfuzianischen Klassiker, die hier stattfanden, nahm einmal im Jahr der Kaiser persönlich teil, um seine Ehrfurcht vor der Lehre des Konfuzius zu bezeugen. 1313 wurde der Akademie eine Bibliothek angeschlossen, die in der nördlichen Halle der Ethik (Yilun Tang) untergebracht war – eine Tradition, die sich bis heute fortsetzt: die Kaiserliche Akademie ist Sitz der **Hauptstadtbibliothek**.

Von der Akademie aus bequem zu Fuß zu erreichen ist der **Park des Erdaltars** (31; Ditan Gongyuan), nördlich des Lamatempels. Einmal im Jahr, zur Sommersonnenwende, brachte hier der Himmelssohn der Erde seine Opfer dar. Viel ist allerdings von der ehemals großartigen, 1530 erbauten Anlage nicht mehr übrig. Zu sehen sind noch der quadratische Altar sowie einige Hallen, die heute als Restaurants und Souvenirbuden genutzt werden. Der Erdaltar bildete das Gegenstück zum Himmelsaltar im Süden der Stadt. Im Gegensatz zu letzterem, der in seiner Anlage mit der positiven Kraft Yang korrespondierte (rund, Wiederholung der Yang-Zahl Neun), steht die Anlage des Erdaltars im Zeichen der rezeptiven Kraft Yin. Der Altar liegt im Norden der Stadt, ist quadratisch, und in seiner Architektur fällt die Verwendung gerader Zahlen auf: Der Altar besitzt zwei Stufen, vier Treppen, 156 Bodenplatten usw. Die Opfer an die Erde wurden sinnigerweise vergraben, und nicht wie im Himmelstempel verbrannt. Die Anlage umgibt ein weitläufiger Park.

Sehenswürdigkeiten im Südosten

Der Himmelstempel – Tiantan Si

In der südlichen Vorstadt Beijings erstreckt sich ein 2,7 km^2 großer Park, dessen Zentrum eine der imposantesten Tempelanlagen Chinas bildet. Sie besteht aus mehreren Hallen und Terrassen, von denen aus der Kaiser zweimal im Jahr Zwiesprache mit dem Himmel hielt. Erstmals angelegt wurde der Himmelstempel (32) 1420 auf Veranlassung des Yongle-Kaisers der Ming, doch seine heutige Gestalt geht auf den Jiajing-Kaiser (reg. 1522–66) derselben Dynastie und den Qianlong-Herrscher der Qing zurück. Aus der Vogelperspektive betrachtet fällt auf, daß sich im Grundriß der Anlage die Formen Kreis und Quadrat mehrfach wiederholen. So ist z. B. die den Park umgebende Mauer im südlichen Teil eckig angelegt, bildet aber im nördlichen Teil einen Kreisbogen. Quadrat und Kreis spiegeln die traditionellen Vorstellungen der Chinesen vom Aufbau des Kosmos: das Quadrat der Erde wird von der Halbkugel des Himmelsgewölbes überspannt. Sogar die azurblau glasierten Dachziegel der Tempelhallen und die Wolkenmotive an Marmortoren und Balustraden stehen in Bezug zum Himmel.

Auch in diesem Tempel reihen sich die wichtigsten Gebäude der Anlage entlang einer zentralen Nord-Südachse.

Im Süden erhebt sich der dreistufige **Himmelsaltar** (Tian Tan) – eine Marmorterrasse von rundem Grundriß, umgeben von einer quadratischen Umfassungsmauer. Die gesamte Struktur ist von kosmischer Symbolik beherrscht, Zahlen spielen dabei eine besondere Rolle. Da ungerade Zahlen in China dem Himmel zugeordnet werden, bestimmen sie, insbesondere die Zahlen Drei und Neun, den Tian Tan. Als Träger der männlichen Energie Yang gilt die Neun als besonders glücksbringend, bedingt durch den Gleichlaut in der Aussprache wird sie darüber hinaus mit ›Ewigkeit‹ assoziiert. Die ober-

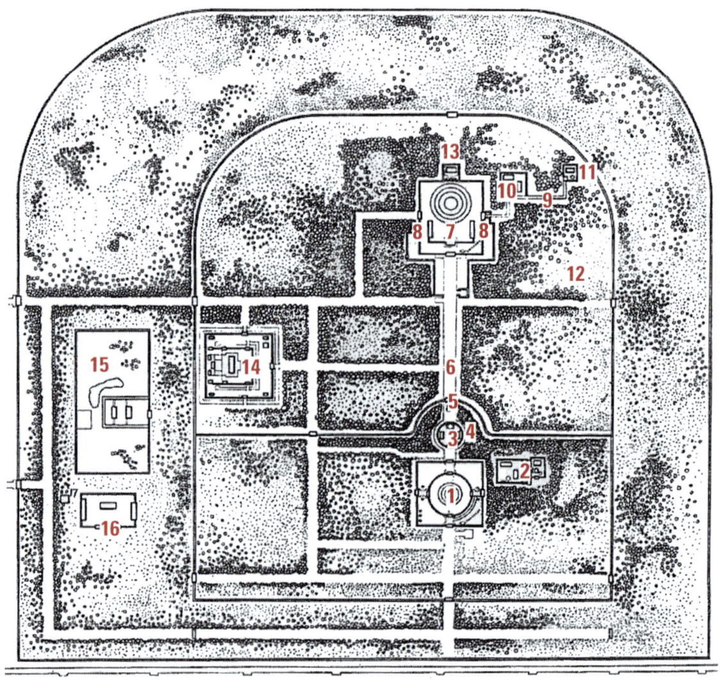

Himmelstempel – Tian Tan
1 Himmelsaltar
2 Küche und Schlachthaus
3 Halle des Himmelsgewölbes
4 Echomauer
5 Tor der Vollendeten Tugend
6 Mondstufenbrücke
7 Halle der Ernteopfer
8 Seitenhallen
9 Wandelgang
10 Küche zur Bereitung der Speiseopfer
11 Schlachthaus für die Opfertiere
12 Sieben Steine
13 Halle des Kaiserlichen Himmels
14 Palast des Fastens
15 Amt für Ritualinstrumente
16 Stallungen für Opfertiere

ste Terrasse der dreistufigen Anlage symbolisiert den Himmel, die mittlere die Erde und die untere die Menschheit. Macht man sich die Mühe, die in konzentrischen Kreisen verlegten Pflastersteine zu zählen, so entdeckt man, daß ihre Anzahl pro Ring jeweils ein Vielfaches der Zahl Neun ergibt. Dasselbe Prinzip wiederholt sich bei der Anzahl der die Terrassen umgebenden Marmorpfeiler. Ausgerichtet nach den vier Haupthimmelsrichtungen führen dreimal neun Stufen auf jeder Seite hinauf zur obersten Terrasse. Im Mittelpunkt dieser Plattform ist ein kreisrunder erhabener Stein eingelassen. Tritt man darauf und spricht einige Worte, so erklingt ein Echo. Einheimische Touristen lassen sich gern auf dem Stein posierend fotografieren, denn er gilt nach chinesischer Vorstellung als Mittelpunkt der Welt.

Anläßlich des Speiseopfers wurde für das kaiserliche Gebet ein mächtiges Zeltdach über der dreistufigen Marmorterrasse errichtet. Pfähle – einer blieb im westlichen Teil der Anlage erhalten – trugen große Laternen, in denen die ganze Nacht vor der Zeremonie Kerzen brannten. In jeder Laterne saß ein Diener, der darüber zu wachen hatte, daß keines der Lichter erlosch – das hätte als schlechtes Omen gegolten.

Der Himmelsaltar wurde in der Ming-Zeit im neunten Jahr der Regierung des Jiajing-Kaisers, also 1530, erbaut. Jedes Jahr brachte der Kaiser zur Wintersonnenwende hier dem Himmel Speiseopfer dar und betete um eine gute Ernte. Im südöstlichen Teil des umfriedeten Geländes stößt man auf einen grün glasierten Ofen, in dem die Speiseopfer zubereitet wurden. In den Lagerhallen östlich der quadratischen Umfassungsmauer des Himmelsaltars bewahrte man die Utensilien auf, die zur Schlachtung der Opfertiere benötigt wurden.

Weiter nördlich erhebt sich auf der Zentralachse die **Halle des Himmelsgewölbes** (Huangqiong Yu), ebenfalls aus dem Jahr 1530. Sie wird von einem konischen Dach aus blau glasierten Ziegeln überspannt und beherbergt die Zeremonialtafel zur Verehrung des Himmels. In den beiden Seitenhallen wurden die kaiserlichen Ahnentafeln aufbewahrt. Eine kreisförmige Mauer – die berühmte **Echomauer** (Huiyin Bi) – umschließt Huangqiong Yu. Spricht man im Flüsterton gegen diese Wand, so kann eine andere Person auf der gegenüberliegenden Seite der Mauer die Worte deutlich verstehen. Noch auf ein weiteres akustisches Phänomen stößt man innerhalb der Anlage. Auf der Zentralachse am Aufgang zur Halle des Himmelsgewölbes liegen drei Marmorplatten, die als **Steine mit Dreifachem Echo** (Sanyin Shi) bekannt sind. Klatscht man auf dem ersten Stein in die Hände, so ist ein einfaches, auf dem zweiten ein zweifaches und auf dem dritten Stein ein dreifaches Echo zu hören.

Am **Tor der Vollendeten Tugend** (Chengzhen Men) beginnt der etwa 500 m lange Brückenweg, die **Mondstufenbrücke** (Yuebi Qiao), über den sich der Kaiser zur Halle der Ernteopfer begab. Die Plattform auf etwa halber Strecke östlich des Weges diente als Basis für ein Zelt, in dem der Kaiser die Zeremonialgewänder anlegte.

Tritt er durch das mächtige Chengzhen Men, eröffnet sich dem Besucher der Blick auf das wohl imposanteste Bauwerk der Anlage: die **Halle der Ernteopfer** (Qinian Dian). Das runde Gebäude erhebt sich auf einer dreistöckigen Marmorterrasse von ebenfalls rundem Grundriß und wird von einem dreistöckigen konischen Dach aus tiefblau glasierten Ziegeln gekrönt. Die Halle ist 38 m hoch und mißt 30 m im Durchmesser. Sie wurde in klassischer Holzskelettbauweise

Die mächtigen Säulen in der Halle der Ernteopfer

»Der Kaiser (...) begab sich in seinem Wagen zum Südtor der inneren Mauer, wo er in einem speziell zu diesem Anlaß errichteten gelben Seidenzelt wartete, bis die heiligen Tafeln aus ihren Schreinen geholt waren. (...) Als alle ihren Platz eingenommen hatten, stieg der Kaiser zur obersten Terrasse hinauf, trat vor die Tafeln des Himmels und seiner kaiserlichen Ahnen, wo er stehenblieb, bis die Opfergaben auf dem Opfertisch plaziert waren. Dann kniete er vor den Tafeln nieder, führte die neun Kotau aus und brachte unter dem Klang feierlicher Musik Seidenballen, Jadebecher und andere Gaben dar«, aus »In Search of Old Beijing«, 1935

errichtet, d. h. ohne einen einzigen Nagel lediglich durch perfektes Ineinanderpassen der Balken und Elemente des Konsolsystems. Das Dach ruht auf 28 Säulen. Die vier mächtigen, in Rot und Gold gefaßte Säulen im Zentrum sind massive, fast 20 m hohe Kampferholzstämme, die man aus der Provinz Yunnan zur Errichtung der Halle nach Beijing gebracht hat. Sie symbolisieren die vier Jahreszeiten. Man nennt sie auch die Säulen des Drachenbrunnens (Longjing Zhu), vermutlich, weil die sich unter dem Dach kreuzenden Querbalken eine Form ergeben, die an das chinesische Schriftzeichen für ›Brunnen‹, *jing,* erinnern. Die vier zentralen Säulen werden von zwei Ringen aus je zwölf Säulen umstanden, die inneren zwölf symbolisieren die zwölf Jahreszeiten, die äußeren die zwölf Doppelstunden, in die sich nach traditioneller chinesischer Zeitrechnung die 24 Stunden des Tages unterteilen. Besonders schön ist die farbige Gestaltung des Konsolgebälks im Halleninneren, bemerkenswert die im Boden eingelassene Marmorplatte, die aufgrund ihrer auffälligen Maserung Drachen- und Phönixstein genannt wird. Mit dem Drachen assoziieren die Chinesen den Kaiser, mit dem Phönix die Kaiserin. Des weiteren birgt die Halle drei mächtige Throne, auf denen während der kaiserlichen Zeremonien die Ahnentafeln plaziert wurden. Die Halle der Ernteopfer, 1420 errichtet, ist das älteste Gebäude auf dem Gelände des Himmelstempels. 1751 ließ der Qianlong-Kaiser sie renovieren, doch 1889 zerstörte ein Blitzschlag die Halle – ein denkbar schlechtes Omen für das chinesische Kaiserhaus. Noch im selben Jahr begann daher ihr Wiederaufbau.

Innerhalb der rechteckigen Umfriedung der Qinian Dian erheben sich im Südwesten bzw. Südosten zwei große **Seitenhallen,** in denen früher Zeremonialgerät gelagert wurde. Von der östlichen dieser Hallen aus führt ein überdachter **Wandelgang** in den Ostteil des Parks zur kaiserlichen **Küche** und zum **Schlachthaus** für die Opfertiere. Unweit vom Wandelgang liegen jene sieben großen unbehauenen Steine, von denen es heißt, sie seien geradewegs vom Himmel gefallen.

Nördlich der Halle der Ernteopfer werden in der **Halle des Kaiserlichen Himmels** die Ahnentafeln der kaiserlichen Familie aufbewahrt. Im westlichen Teil des Parkgeländes befindet sich der **Palast des Fastens** (Zhai Gong), in dem der Kaiser vor Vollzug der Zeremonien drei Tage in völliger Abstinenz verbrachte. Außerdem liegt hier das **Amt für Ritualinstrumente**, südlich davon befinden sich **Stallungen** für die Opfertiere.

Stadtmauer und Observatorium

Am Ostende der Chongwenmen Dongdajie, unweit des Hauptbahnhofs, stehen noch einige imposante Überreste der alten Beijinger **Stadtmauer** (33). Ehemals war dieses Gemäuer, welches die Innere Stadt oder ›Nordstadt‹ von Beijing umgab, ca. 10 km lang, 15 m hoch, maß am Sockel 20 m und an der Spitze 12 m in der Breite. Errichtet wurde die Stadtmauer im 15. Jh. und blieb länger als ein halbes Jahrtausend nahezu unbeschadet. Erst in den 50er Jahren des 20. Jh. fiel sie den Phantasien der Stadtplaner von einem modernen, sozialistischen Beijing zum Opfer.

Etwas weiter nördlich, in der Jianguomennei Dajie liegt mittlerweile zwischen den Hochhäusern etwas verloren das **Alte Observatorium** (34; Gu Guanxiang Tai). Die Sternwarte war mehrere Jahrhunderte hindurch das Zentrum der chinesischen Astronomie. Auf der Dachterrasse des Ming-zeitlichen Gebäudes werden unter freiem Himmel die kupfernen astronomischen Geräte ausgestellt, 1674 nach Entwürfen des belgischen Missionars Ferdinand Verbiest gefertigt.

Auf dem Dach des Alten Observatoriums

Verbiest war damals als kaiserlicher Berater und Sternkundler am chinesischen Hof angestellt. Es sind zu besichtigen: ein Äquator-Theodolit zur Bestimmung von Horizontal- und Höhenwinkeln, eine Armillarsphäre zur Demonstration der astronomischen Koordinatensysteme Horizont, Ekliptik und Äquator sowie ein Quadrant zum Anvisieren der Sterne. Die Gerätschaften wurden zwar nach europäischen Vorbildern hergestellt, sind aber üppig im chinesischen Stil mit Drachenmotiven verziert.

Südwestliche Stadtteile

Der Stadtteil Xuanwu gehörte ehemals zur plebejischen Südstadt, in die während der Mandschu-Herrschaft alle Chinesen aus der vornehmeren ›Inneren Stadt‹ im Norden umgesiedelt wurden. Teile der alten Hutong-Viertel (s. S. 146) sind hier noch erhalten, zunehmend prägen jedoch gesichtslose Betonblocks den Stadtteil.

Ein Rundgang durch Xuanwu beginnt am **Vorderen Tor** (5; Qian Men) am Südende des Tian'anmen-Platzes. Von der lebhaften Qianmen Dajie zweigt nach etwa 300 m rechts die **Dazhalan** (35) ab, eine der ältesten Einkaufsstraßen der Hauptstadt. Ihr Name, übersetzt ›großer Zaun‹, geht darauf zurück, daß während der Kaiserzeit die Straße allabendlich mit Gittern abgesperrt wurde, um die nächtliche Ausgangssperre zu kontrollieren. Dies war das Vergnügungsviertel des alten Beijing, und neben Läden – einige, etwa die Tongrentang-Apotheke für traditionelle Medizin von 1669, bestehen noch heute – konzentrierten sich hier unzählige Theater, Restaurants und die Häuser der ›Tanzmädchen‹ und ›Singsong-Girls‹. Hier finden sich die Zugänge zur **Unterirdischen Stadt.** Dabei handelt es sich um kilometerlange Gänge und Luftschutzräume, die in den 60er Jahren aus Angst vor einem sowjetischen oder amerikanischen Luftangriff angelegt wurden.

Nicht weit entfernt lohnt Beijings berühmte Antiquitätenstraße **Liulichang** (36) den Besuch. Benannt ist sie nach den Ziegelbrennereien *(liulichang)*, die hier in der Ming-Dynastie die glasierten Dachziegel für die Verbotene Stadt fertigten. Heute konzentrieren sich Antiquitäten-, Trödel- und Buchgeschäfte in der Straßenzeile, die man in den 80er Jahren im Stil der Qing-Zeit neu errichtete. Das Rongbaozhai-Studio im westlichen Teil der Straße, jenseits der Nanxinhua Jie, gehört zu den renommiertesten Adressen für Reproduktionen von Meisterwerken chinesischer Malkunst.

In der Fayuansi Qianjie (Taxi) liegt die hübsche Anlage des **Fayuan Si** (37), eines der ältesten buddhistischen Tempel der Stadt. Bereits Mitte des 7. Jh. widmete Kaiser Taizong den Tempel den Gefallenen seines gescheiterten Korea-Feldzugs. 696 waren die Arbeiten abgeschlossen. Feuer, Erdbeben und Kriege suchten die Anlage mehrmals in der Geschichte heim. Immer wieder aufgebaut, erhielt sie schließlich im 18. Jh. ihre heutige Gestalt und ihren Namen, Tempel der

Läden in alten bzw. im alten Stil wieder errichteten Häusern in der Liulichang

Quelle des Gesetzes. Der Fayuan Si ist Sitz einer buddhistischen Akademie und verfügt über eine interessante Sammlung Mingzeitlicher Skulpturen. Die Anlage des Tempels folgt dem üblichen Kanon. Sehr beachtenswert sind die Bronzefiguren der vier Himmelskönige in der ersten Halle sowie die vergoldeten Statuen der 18 Arhats in der Haupthalle. Außergewöhnlich ist die bronzene Skulptur der Buddhas der Fünf Richtungen in der Vairochana-Halle. Sie zeigt die sogenannten Fünf Tathagathas (s. S. 147) auf einem mächtigen Lotosthron. Oben thront Vairochana, der alles überstrahlende Buddha der Mitte, unter ihm die Buddhas der Vier Himmelsrichtungen: Akshobya (Osten), Ratnasambhava (Süden), Amitabha (Westen) und Amoghasiddhi (Norden). Innerhalb der Blütenblätter des Lotos finden sich überdies unzählige kleine Buddha-Bildnisse. In ihrer Vielzahl symbolisieren sie das Erscheinen Zehntausender Buddhas in der Vergangenheit, Gegenwart und Zukunft. Das untere Geschoß der Tempelbibliothek birgt eine über 7 m lange, Ming-zeitliche Holzstatue des Buddha Shakyamuni im Moment des Eintritts ins Nirvana.

Nur etwa 500 m westlich vom Fayuan Si steht in einer Seitenstraße der Guang'anmennei Dajie die größte **Moschee** (38) Beijings. In dieser Straße, ›Rindergasse‹ (Niu Jie), leben vorwiegend Hui. Die 1442 renovierte und erweiterte Moschee, die auf eine über 1000jährige Geschichte zurückblickt, heißt nach der Gasse Niujie Libaisi. In ihrem traditionellen chinesischen Baustil läßt sie sich zunächst nicht von chinesischen Tempeln unterscheiden. Betritt man jedoch die Innenräume der Hallen, fallen arabische Kalligraphien und wunderbare floral ornamentierte Deckenmalereien arabischen Stils ins Auge. Zudem sind die Gebäude nach Westen, Richtung Mekka, ausgerichtet. (Frauen dürfen den Komplex zwar in langen Hosen betreten, der Eintritt ins Innere der Gebetshalle ist jedoch nur Männern erlaubt.)

Der Name Niu Jie bezieht sich darauf, wie die Han-Chinesen gemeinhin Muslime bezeichnen, denen der Koran ja den Verzehr von Schweinefleisch verbietet: als ›Rindfleischesser‹.

Blick in die Gebetshalle der Moschee in der Niu Jie

Gleich am Eingang steht der sechseckige Turm zur Mondbetrachtung (Wangyue Lou), von dem aus der Imam den Himmel beobachtete, um nach den Sternen Beginn und Ende des Fastenmonats Ramadan zu berechnen. Vom Minarett im Hof wurden die Gläubigen zum Gebet gerufen. Die Gebetshalle bietet etwa 1000 Menschen Platz. In den Seitenhöfen sind die Gräber zweier muslimischer Missionare aus der Yuan-Zeit (1279–1368) sowie einige verwitterte Stelen mit Texten in chinesischen und arabischen Schriftzeichen zu besichtigen.

Von hier aus besteige man am besten wieder ein Taxi und lasse sich zum **Tempel der Himmlischen Ruhe** (39; Tianning Si) fahren, der am Ufer des westlichen Stadtgrabens liegt. Der buddhistische Tempel des 5. Jh. existiert nicht mehr. Auf seinem Gelände erhebt sich einzig eine über 57 m hohe, achteckige Pagode. Im 12. Jh. unter den Liao errichtet, gilt sie als ältestes erhaltenes Gebäude der Hauptstadt. Ihr Ziegelgemäuer ist reich mit Reliefs verziert, und die Ringdächer der insgesamt 13 Stockwerke ahmen das typische Kraggebälk chinesischer Holzarchitektur nach.

Nur wenige Schritte nördlich liegt das **Kloster der Weißen Wolke** (40; Baiyun Guan), seit der Zeit mongolischer Herrschaft (1279–1368) das wichtigste daoistische Zentrum Nordchinas. Dschinggis Khan berief Anfang des 13. Jh. den angesehenen Priester Qiu Chuji (1148–1227) aus Shandong hierher und erhob ihn zum ›nationalen Lehrer‹ *(guoshi)* und obersten Patriarchen aller Daoisten in China. Baiyun Guan ist Sitz der daoistischen Vereinigung Chinas, und seit 1982 darf das Kloster wieder junge Mönche aufnehmen. Das angeschlossene daoistische Institut bildet die Geistlichen auf Hochschulniveau aus und entläßt sie als diplomierte Daoisten.

Der Aufbau des Tempels entspricht weitgehend dem klassischen chinesischen Schema, d. h. die sechs Haupthallen reihen sich auf einer Nord-Südachse hintereinander. Man betritt die Anlage durch ein hölzernes Schmucktor *(pailou)*. Darauf folgt ein massiver, von Löwen bewachter Torbau, dessen drei Durchgänge den drei Welten des Daoismus – der Welt der Begierde, der Körperlichkeit und des Geistes – entsprechen. In der Halle des Seelenpalastes (Linggong Dian) ermahnen die Vier Beamten des Himmlischen Zensorats den Gläubigen zur Ehrfurcht. Sie nehmen somit eine ähnliche Funktion ein wie die Vier Himmelskönige in einem buddhistischen Tempel. Schreitet man weiter auf der Zentralachse, so gelangt man zunächst zur Halle der obersten Gottheit, des Jadekaisers (Yuhuang Dian). Dahinter folgt die Halle des Alten Gesetzes (Laolü Dian), die als Studierhalle der Mönche dient. Vor ihr steht die kupferne Figur eines Esels, die gemeinhin von Gläubigen umlagert wird, welche zu ihr sprechen und sie an verschiedenen Punkten berühren. Die Legende sagt, daß dieser Esel die Fähigkeit besitzt, Krankheiten zu heilen. Weiter nördlich, in der Ahnenhalle der Qiu (Qiuzu Dian), findet sich eine Statue des Patriarchen Qiu Chuji. Unter dem Gebäude sollen seine Gebeine bestattet sein. Dahinter erhebt sich ein zweistöckiger Pavillon, dessen Erdgeschoß den Vier Himmelskaisern und dessen Obergeschoß den Drei Reinen geweiht ist. Im Pavillon im hinteren Bereich der Klosteranlage werden im Frühjahr und Herbst die Mönche des Klosters feierlich ordiniert.

Auf dem Weg zurück ins Stadtzentrum passiert man in der Xuanwumen Xidajie die **Südliche Kathedrale** (41; Nan Tang). Bereits im mongolischen Dadu des 14. Jh. errichtete Giovanni de Montecorvino in der Stadt ein erstes Gotteshaus und begründete das ›Erzbistum von Khanbaliq‹. Der ursprüngliche Standort seiner Kirche geriet aber nach den großen städtebaulichen Veränderungen Beijings im 15. Jh. in Vergessenheit. Johann Adam Schall von Bell, ein Kölner Jesuitenpater, wählte dann 1650 die ehemalige Wohn- und Sterbestatt seines ruhmvollen Vorgängers Matteo Ricci als Standort für die neue Kirche aus, Ricci hatte hier, westlich des Tian'anmen-Platzes, bis zu seinem Tod 1610 viele Jahre gelebt. 1755 fiel Schall von Bells barockes Gotteshaus einem Brand zum Opfer, und auch die 1862 neu errichtete Kirche ging – während des Boxeraufstands – in Flammen auf. Die heutige Nan Tang stammt aus dem Jahr 1904. Ähnlich wie die Nordkirche war sie während der Kulturrevolution geschlossen. Seit den 80er Jahren treffen sich hier die Beijinger Katholiken wieder zur Sonntagsmesse.

Sommerpaläste und Beijing-Universität

Sommerpalast – Yihe Yuan

Der Garten der Harmonischen Einheit, Yihe Yuan (42), der ehemalige Sommerpalast der kaiserlichen Familie, liegt etwa 9 km nordwestlich vom Stadtzentrum Beijings. Er ist der größte und besterhaltene der ehemaligen kaiserlichen Gärten Chinas. Vor der Kulisse der

Westberge gruppieren sich zahlreiche Paläste, Pavillons und Pagoden auf den Hügeln rund um den Kunming-See, der fast Dreiviertel der Gesamtfläche des Parks einnimmt. Bereits 1153 wurde hier von den Herrschern der Jin am Fuß der Westberge der Garten des Goldenen Wassers, Jinshui Yuan, angelegt. Zunächst die Mongolen und später der kunstsinnige Qianlong-Kaiser der Qing erweiterten die Fläche des Parks auf 290 ha. Der Qing-Herrscher nannte den Park Qingyi Yuan, Garten der Klaren Wellen. 1860 plünderten und brandschatzten dann englische und französische Truppen die Pavillons und Wohnhallen der Anlage. Cixi, Konkubine des Kaisers Yizhu (reg. 1850–61) und Mutter des späteren Kaisers Zaichen, leitete 1888 den Wiederaufbau des Gartens. Die dafür notwendigen Gelder entnahm sie der Staatskasse. Sie machte den Garten zu ihrem Sommersitz und ließ ihn in Garten der Harmonischen Einheit, Yihe Yuan, umbenennen. 1900 waren es erneut ausländische Truppen die den Park zerstörten, und wiederum setzte Cixi alles daran, ihn instandzusetzen. Nach ihrem Tod im Jahr 1908 wurde der Park geschlossen und erst 1924 der Öffentlichkeit zugänglich gemacht.

Sommerpalast 1 Osttor 2 Halle des Wohlwollens und des Langen Lebens 3 Garten der Tugend und Harmonie 4 Theater 5 Halle der Erheiterung 6 Halle der Jadewellen 7 Halle der Freude und des Langen Lebens 8 Wandelgang 9 Schmucktor 10 Pavillon des Wohlgeruchs Buddhas 11 Marmorschiff 12 Insel im Südlichen See 13 17-Bogen-Brücke 14 Bronzeochse 15 Hinterer See oder Suzhou-Straße 16 Pagode der Vielen Schätze 17 Park der Harmonie und des Vergnügens

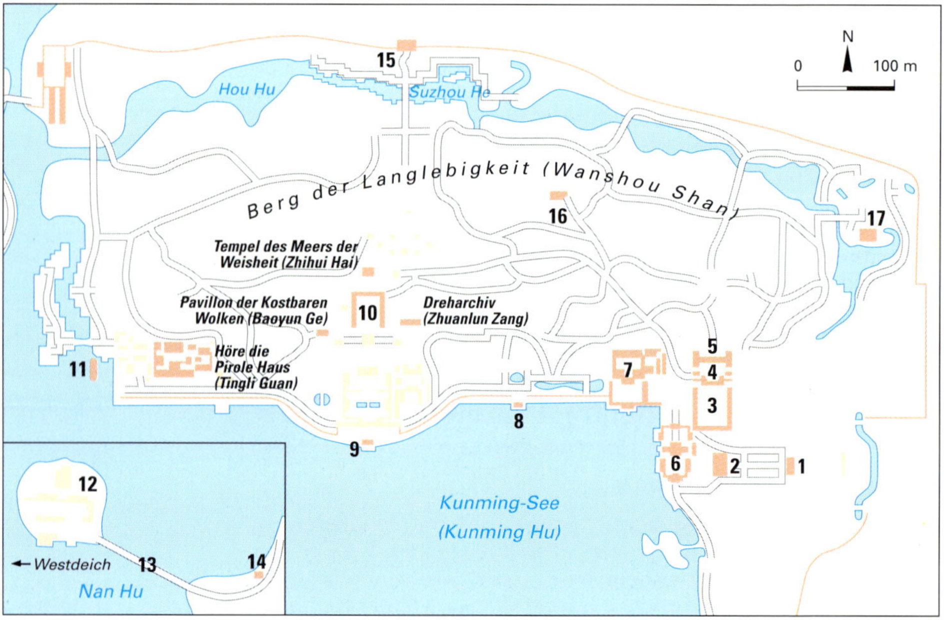

Im Sommerpalast – Drachenboot auf dem Kunming Hu, im Hintergrund der Pavillon des Wohlgeruchs Buddhas

Drei Zugänge führen in die ummauerte Parkanlage: das Nord-, West- und **Osttor,** von denen letzteres heute als Haupteingang dient. Betritt man den Sommerpalast durch dieses Tor, gelangt man zunächst in den Distrikt der kaiserlichen Hallen und Gemächer. Die **Halle des Wohlwollens und des Langen Lebens** (Renshou Dian) diente als Audienzhalle. Hier steht der kaiserliche Thron und dahinter der Wandschirm mit der Aufschrift »Shou« (›Langes Leben‹), hinter dem die berühmt-berüchtigte Kaiserinwitwe Cixi die Audienzen ihres Adoptivsohns, des Guangxu-Kaisers, verfolgte. Im Hof vor dem Gebäude hat man bronzene Figuren der drei glücksbringenden Fabeltiere Drache, Phönix und Qilin (das chinesische Einhorn) aufgestellt – heißt es doch schon in alten Texten, wenn diese in den kaiserlichen Gärten spielten, würde Glück über die herrschende Dynastie kommen. Nördlich der Audienzhalle liegt der **Garten der Tugend und Harmonie** (Dehe Yuan), in dem Cixi ein **Theater** (Daxi Lou) bauen ließ, ähnlich dem im Gugong. Hier konnten sogar Wasserspiele, gespeist von einem unterirdischen Reservoir, die Aufführungen untermalen. Die Kaiserinwitwe verfolgte die Aufführungen von ihrem ›Phönixthron‹ in der gegenüberliegenden **Halle der Erheiterung** (Yile Dian) aus. In der Yile Dian ermöglicht eine Glashaube übrigens einen Blick in das System der mit Kohle befeuerten Fußbodenheizung.

Südwestlich dieses Hofes, direkt am Seeufer, schließen die Schlafgemächer des Guangxu-Kaisers, die **Halle der Jadewellen** (Yulan Tang), an. In diesen Räumen hielt ihn seine Tante Cixi 1898–1908 gefangen, da er gegen ihre Politik opponierte. Nicht weit entfernt, am Nordufer des Sees, residierte die Kaiserinwitwe in den Sommermonaten selbst in der **Halle der Freude und des Langen Lebens** (Leshou Tang).

Ebenfalls am Nordufer des Kunming-Sees, am Fuß des Wanshou Shan, verläuft der berühmte **Chang Lang,** ein 728 m langer Wandelgang. Farbige Malereien – Darstellungen berühmter Landschaften, Szenen aus Volkserzählungen, Blumen und Vogelmotive – schmükken ihn aus. Der Qianlong-Kaiser ließ den Chang Lang 1750 für seine Mutter errichten. Diese sollte auch bei Regenwetter – dann liebte sie die Stimmung am See besonders – trockenen Fußes die Landschaft am Kunming Hu genießen. Etwa auf der Hälfte des Weges wird der Wandelgang unterbrochen. Ein **Schmucktor** *(pailou)* eröffnet den Blick auf den See mit der Nanhu-Insel. Hier beginnt auch der Aufstieg zum **Wanshou Shan,** dem Berg der Langlebigkeit. Über steile Stufen führt der Weg durch verschiedene Hallen hinauf zum **Pavillon des Wohlgeruchs Buddhas** (Foxiang Ge), von dem man einen prachtvollen Blick über die Gesamtanlage des Sommerpalastes genießt. Steigt man nicht zum Pavillon hinauf, sondern folgt dem Wandelgang bis zu seinem westlichen Ende, so gelangt man zum berühmten **Marmorschiff** (Shi Fang). Lediglich die Basis des 36 m langen Bootes besteht aus weißem Marmor. Seine Aufbauten hingegen sind aus Holz gefertigt, dessen Bemalung eine Marmorstruktur imitiert. Die Basis des Schiffes wurde bereits vom Qianlong-Kaiser angelegt. Cixi ließ später den Holzaufbau errichten und die beiden steinernen Räder anbringen. Finanziert wurde dieses Unterfangen mit Geldern, die eigentlich für die Modernisierung der chinesischen Reichsflotte bestimmt waren – womit das Marmorschiff zum Symbol für Verschwendungssucht und kurzsichtigen Egoismus des Kaiserhauses wurde.

In den Hallen in der Nähe des Bootes sind heute Souvenirshops und Erfrischungsstände untergebracht. Hier legen auch die Fähren ab, die den Besucher zur **Insel im Südlichen See** (Nanhu Dao) bringen. Auf der Insel befindet sich der Tempel des Drachenkönigs

Das Marmorschiff, finanziert aus Geldern für die Modernisierung der chinesischen Flotte

(Longwang Miao) und die Halle der Bescheidenheit (Hanxu Tang). Besonders eindrucksvoll ist die 150 m lange **17-Bogen-Brücke** (Shiqi Kongqiao) aus weißem Marmor, die die Insel mit dem Ufer verbindet. Ihr Geländer schmücken insgesamt 500 kleine Löwen, die sich allesamt in Haltung und Ausdruck unterscheiden. Der **Bronzeochse** (Tong Niu) am östlichen Ufer des Kunming-Sees soll den Garten vor den Wassergeistern schützen.

Wer dem Trubel und den Besucherströmen etwas entfliehen möchte, dem sei ein Spaziergang über den **Westdeich** (Xi Di) empfohlen. Der Qianlong-Kaiser ließ ihn in Nachahmung des berühmten Su-Deiches von Hangzhou errichten. Auch am nördlichen Fuß des Wanshou Shan, an den Ufern des **Hinteren Sees** oder **Suzhou-Flusses**, findet der Besucher noch so manches ruhige Plätzchen. Inspiriert vom regen Treiben an den Kanälen der Stadt Suzhou, dem ›Venedig‹ Chinas, ließ der Qianlong-Herrscher Läden jeglicher Art und Teehäuser errichten, in denen er seine Eunuchen und Hofdamen zu seinem persönlichen Ergötzen als Geschäftsleute und ihre Klientel agieren ließ. Die Suzhou-Straße wurde 1860 vollständig zerstört, doch inzwischen rekonstruiert.

In diesem Bereich des Parks findet man des weiteren die **Pagode der Vielen Schätze** (Duobao Ta), einen mit gelb und grün glasierten Ziegeln verkleideten Bau. Heller Klang erfüllt hier bei einer leichten Brise die Luft – Glöckchen, die an den Dachtraufen der Pagode herabhängen.

Wandert man am Hinteren See zurück in Richtung Osttor, so gelangt man in einen ›Garten im Garten‹, den **Park der Harmonie und des Vergnügens** (Xiequ Yu). Die Kaiserinwitwe Cixi liebte es, hier ihren Tee einzunehmen. Die intime kleine Anlage mit Pavillons und Wandelgängen, die sich um einen Lotosteich gruppieren, ist eine Schöpfung des Qianlong-Kaisers, der sich vom berühmten Garten der Ergötzung (Jicheng Yuan) in Wuxi inspirieren ließ.

Die 17-Bogen-Brücke aus weißem Marmor

Alter Sommerpalast (Yuanming Yuan) und Beijing-Universität

Der **Garten der Vollkommenheit und des Lichts** (43; Yuanming Yuan) war einmal einer der prächtigsten Landschaftsgärten Chinas und während eineinhalb Jahrhunderten die Sommerresidenz der Qing-Kaiser – bis er im Jahr 1860 von alliierten Truppen in nur zehn Tagen dem Erdboden gleichgemacht wurde. Seine Ruinen dienen heute als Mahnmal kolonialer Gewalt in China. Der Garten liegt im Nordwesten Beijings, nur etwa 500 m vom neuen Sommerpalast entfernt.

Modell des Alten Sommerpalastes

Den Auftrag zur Anlage des Parks gab 1709 der Yongzheng-Kaiser, sein Nachfolger, der Qianlong-Kaiser, setzte die Baumaßnahmen fort. Der Garten umfaßte ehemals eine Fläche von 340 ha und setzte sich aus drei verschiedenen Parkanlagen zusammen, dem Garten der Vollkommenheit und des Lichts (Yuanming Yuan), dem Garten des Ewigen Frühlings (Changchun Yuan) und dem Garten des Schönen Frühlings (Qichun Yuan). Vor der Kulisse der Westberge komponierte man künstlich aufgeschüttete Hügel, Teiche, Bäche, Bambushaine und mehr als 140 Hallen und Pavillons zu einer Ideallandschaft mit über 100 verschiedenen Szenerien. An der architektonischen Gestaltung der Anlage waren u. a. französische Baumeister sowie der Jesuitenpater Guiseppe Castiglione beteiligt, der in der Qianlong-Ära unter dem chinesischen Namen Lang Shining als kaiserlicher Hofmaler beschäftigt war. Heute dokumentiert ein kleines Museum die Geschichte des Yuanming Yuan. Interessant ist ein Modell der Anlage, das einen Eindruck ihrer ehemaligen Pracht vermittelt.

Die **Beijing-Universität** (44; Beijing Daxue), kurz ›Beida‹ genannt, gilt als Eliteuniversität Nr. 1 der Volksrepublik. Die erste chinesische

Hochschule westlichen Zuschnitts feierte 1997 ihren 100. Geburtstag. In der Beida nahmen alle wichtigen Reformbewegungen der jüngeren chinesischen Geschichte ihren Ausgang.

Ausflüge in die Umgebung Beijings

Die Gräber der Ming und die Große Mauer

Die Gräber der Ming – Ming Shisan Ling

In einem geschützten Tal rund 50 km nördlich von Beijing liegen 13 der insgesamt 16 Kaiser der Ming-Dynastie mit ihren Gemahlinnen und Nebenfrauen begraben (1). 1407 wurde das Tal im Zuge einer groß angelegten Ortsbestimmungszeremonie von Geomanten als idealer Platz für die Bestattung der Herrscher ausgewählt. Die weisen Männer fanden hier hervorragende naturgegebene Fengshui-Voraus-

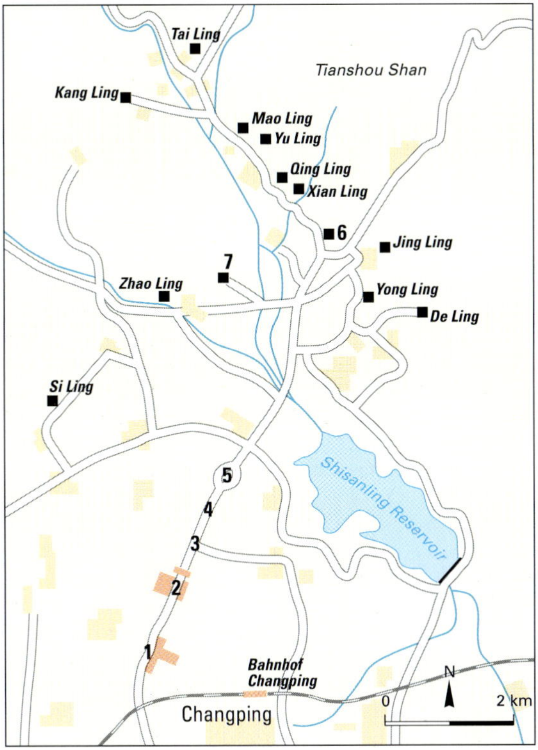

Die 13 Gräber der Ming – Ming Shisan Ling
1 Marmornes Ehrentor
2 Großes Rotes Tor
3 Stelenpavillon
4 Weg der Seelen
5 Drachen- und Phönixtor
6 Chang Ling
7 Ding Ling

Umgebung von Beijing
1 Ming-Gräber
2 Große Mauer bei Badaling
3 Juyongguan
4 Große Mauer bei Mutianyu
5 Große Mauer bei Jinshanling
6 Große Mauer bei Simatai
7 Park des Duftenden Berges
8 Tempel der Azurblauen Wolke
9 Tempel des Schlafenden Buddha
10 Acht Große Stätten
11 Tempel des Teichs und der Wilden Maulbeeren
12 Tempel des Weihealtars
13 Marco-Polo-Brücke
14 Fundort des Pekingmenschen
15 Östliche Grabstätten der Qing
16 Westliche Qing-Gräber

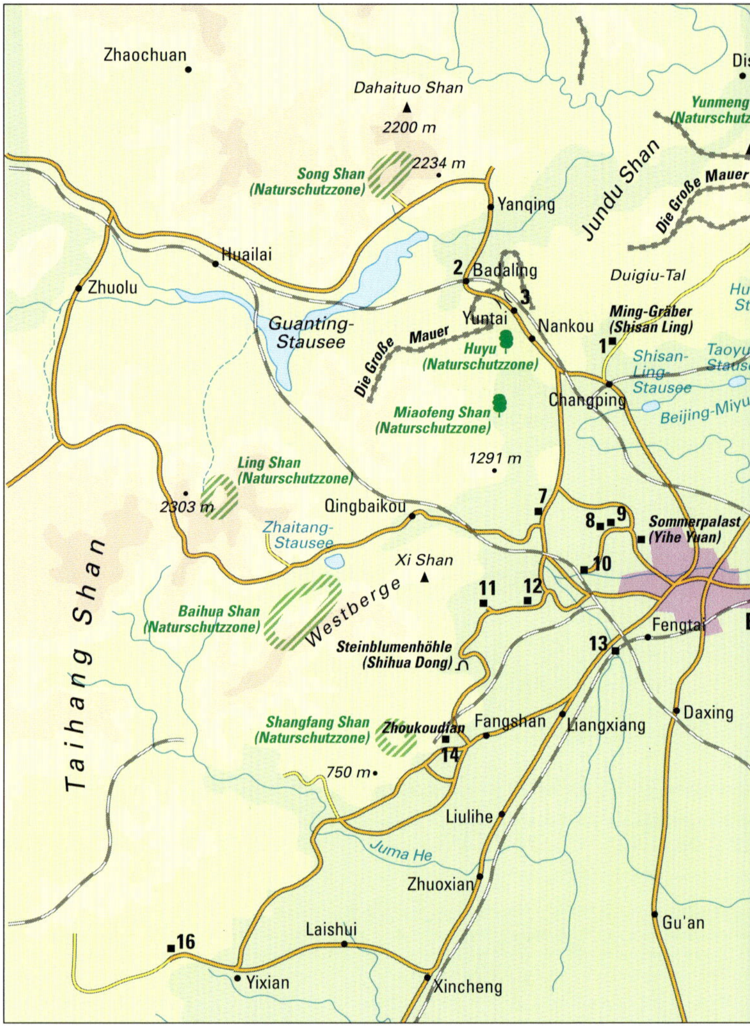

setzungen vor (s. S. 74ff.). Im Norden, dem Ursprung aller schlechten Energien, schützt der Berg der Langlebigkeit des Himmels (Tianshou Shan) das hufeisenförmige Tal, das sich nach Süden hin der Sonne öffnet. Der Yongle-Kaiser, welcher die Suche nach dem Bestattungsplatz für sich und seine Nachfolger in Auftrag gegeben hatte, ließ alle Bauern aus dem 40 km^2 großen Tal umsiedeln und das Areal mit einer Mauer abriegeln. Ein Ehrenweg mit mehreren Toren, flankiert von monumentalen Tier- und Menschenfiguren, bildet heute den Eingang zum Grabbezirk. Dahinter liegen einzelne Grabanlagen

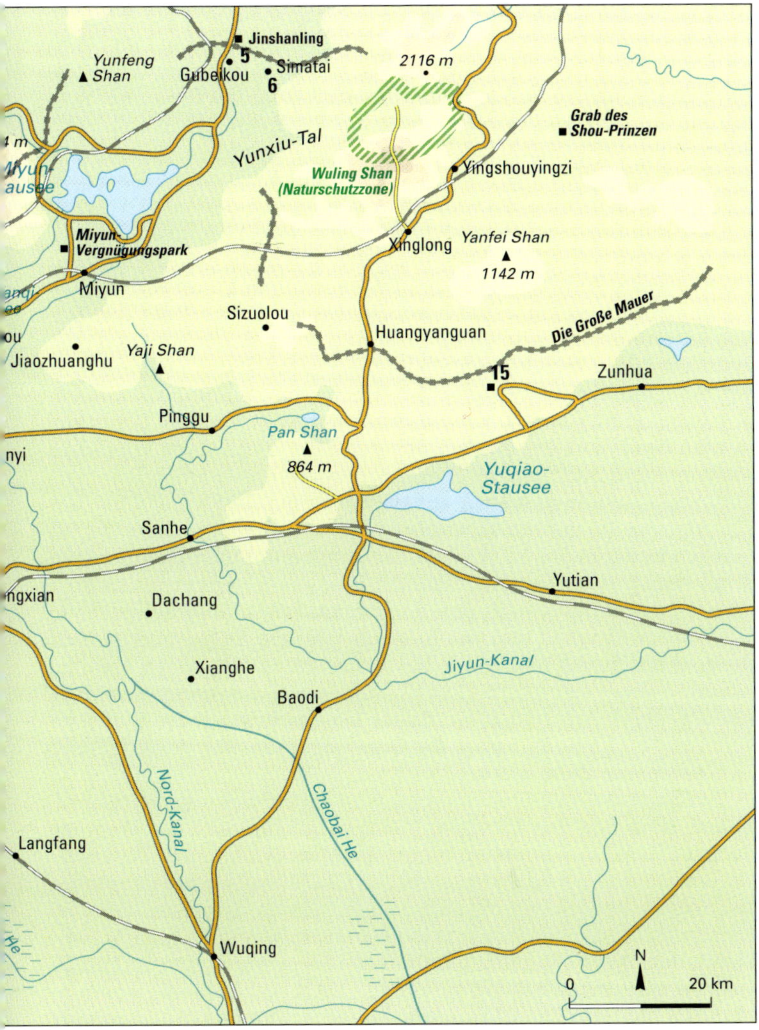

weit im Tal verstreut. Bis auf den Dynastiegründer, den Hongwu-Kaiser (reg. 1368–98), der in Nanjing beigesetzt wurde, den Jianwen-Kaiser (reg. 1399–1402), dessen Grablege unbekannt ist, und den siebten Ming-Herrscher, dem man wegen Familienstreitigkeiten das Begräbnis im Tal verwehrte (Jingtai, reg. 1450–56) ruhen alle Herrscher dieser Dynastie hier. Selbst dem letzten Kaiser der Ming, der sich im Park des Kohlehügels erhängt hatte, wurde von seinem Nachfolger, dem ersten Kaiser der Qing-Dynastie, ein Ehrenbegräbnis bei seinen Ahnen gewährt.

Die einzelnen Grabstätten sind heute unterschiedlich gut erhalten. Lediglich drei Anlagen hat man renoviert, nämlich Chang Ling, Ding Ling und Zhao Ling. Das Chang Ling, in dem Yongle (reg. 1403–24) ruht, ist das älteste und größte Grab der Anlage. Geöffnet hat man nur die Grabkammer des Ding Ling, der Ruhestätte des Wanli-Herrschers (reg. 1573–1620), das als einziges zu begehen ist. Nimmt man an einer organisierten Besichtigungstour aus Beijing teil, so werden lediglich diese beiden Gräber angefahren.

Den Eingang zum Tal bildet das **Marmorne Ehrentor** (Shi Paifang), das der Jiajing-Kaiser 1540 aufstellen ließ. Es mißt 29 m in der Breite, besitzt fünf Durchgänge und ist mit Reliefs von mythischen Tieren verziert. 800 m weiter nördlich liegt das **Große Rote Tor** (Dahong Men), der eigentliche Eingang zum heiligen Bezirk. Drei, ehemals mit Türen verschlossene, Durchgänge weist das Dahong Men auf, den mittleren durften allein kaiserliche Beerdigungsprozessionen passieren. Hinter dem Tor mußte ein jeder zu Fuß gehen. Selbst die ›Söhne des Himmels‹ durften sich den Mausoleen ihrer Vorgänger nicht zu Pferd oder in einer Sänfte nähern, wenn sie alljährlich hierher kamen, um ihren Ahnen zu opfern. Normalsterblichen blieb der Zugang zum Tal gänzlich verwehrt.

Nach weiteren 500 m verdient der imposante **Stelenpavillon** (Bei Ting) Aufmerksamkeit, ein massiger Bau mit gestuftem Walmdach, der eine 6,5 m hohe marmorne Stele birgt. Eine riesige Schildkröte, Symbol der Ewigkeit und des Kosmos, trägt die Kopie jener großen Stele, die sich auf dem Grab des ersten Ming-Kaisers in Nanjing befindet. Die Inschrift auf ihrer Südseite preist die Anlage des Mausoleums durch den Yongle-Herrscher. Die Inschrift auf der Nordseite verfaßte der Qianlong-Kaiser der Qing (reg. 1736–96), der jedem der 13 Gräber eine Zeile widmete.

Vier *huabiao,* mit Drachen- und Wolkenmotiven verzierte Ehrensäulen, umgeben den Pavillon. Nördlich schließt sich der **Weg der Seelen** (Shen Dao) an. Hier folgten die Ming-Architekten dem uralten Brauch, außerhalb der eigentlichen Grabanlagen Steinskulpturen als Schutz und Schmuck aufzustellen. Zwölf Tierpaare (Pferde, Kamele, Löwen, Elefanten und die Fabeltiere Xiezhi und Qilin) flankieren die 700 m des leicht gewundenen Wegs. Jedes Paar ist einmal stehend und einmal ruhend dargestellt: Die Legende weiß zu berichten, daß die jeweiligen Paare um Mitternacht einen Wachwechsel vornehmen. Daran schließen sich sechs Menschenpaare an. Dargestellt werden Zivilbeamte, erkennbar an den Amtsinsignien in ihren Händen und den charakteristischen Kopfbedeckungen, und Militärs in voller Rüstung und mit Schwertern bewaffnet.

Das dreibogige **Drachen- und Phönixtor** (Longfeng Men) bildet den Abschluß des Seelenweges. Von hier aus führt die Straße zu den einzelnen Mausoleen, deren in kaiserlichem Gelb gedeckte Ziegeldächer aus den bewaldeten Berghängen hervorblitzen.

Der Aufbau der Gräber folgt einem immer gleichen Prinzip. Unter einem kreisförmigen Tumulus liegt tief in der Erde die Grabkammer

Tierskulpturen säumen den Weg der Seelen

mit den Särgen des Herrschers, seiner Gemahlin und einer oder mehrerer Nebenfrauen. Vor dem Tumulus erstreckt sich oberirdisch ein Opferbezirk von rechteckigem Grundriß mit mehreren Toren und Hallen. Wieder einmal findet sich also hier die kosmische Symbolik wieder: das Rund des Himmels und das Quadrat der Erde.

Am **Chang Ling**, dem Grab des Yongle-Kaisers, sind die oberirdischen Gebäudekomplexe, in denen die kaiserliche Familie regelmäßig ihrem Ahn Opfer darbrachte, am besten erhalten. Der Komplex wurde noch zu Lebzeiten des Kaisers angelegt. Man betritt den Bezirk durch ein dreiflügeliges Eingangstor. Im ersten Hof befinden sich links und rechts Öfen, die zur Verbrennung der Opfergaben dienten. Durch das Tor der Himmlischen Gnade gelangt man in den zweiten Hof, in dem sich inmitten uralter Zypressen auf einer hohen Marmorterrasse die Halle der Himmlischen Gnade erhebt – eines der besterhaltenen Ming-zeitlichen Gebäude in China. 32 mächtige Säulen aus Nanmu-Holz, die mehr als 10 m hohen Stämme wurden über eine Strecke von 4000 km aus Yunnan hierher transportiert, tragen das Walmdach. Die Halle diente ehemals als Opferhalle, heute werden hier die kostbaren Grabbeigaben aus dem Ding Ling ausgestellt. Glanzstücke unter den Exponaten sind die prächtigen Kronen des Kaisers und der Kaiserin aus Gold, besetzt mit unzähligen Perlen und Edelsteinen sowie Ornamenten aus strahlend blauen Eisvogelfedern. Im rechten Teil der Halle widmet sich eine Ausstellung der chinesischen Brokatweberei. Darüber hinaus wird ein Video über die Freilegung der unterirdischen Grabkammer des Ding Ling gezeigt.

Verläßt man die Halle durch den Nordausgang, so findet man in nördlicher Richtung hinter einem Tor einen Steinaltar, auf dem die Fünf Heiligen Gefäße plaziert sind. Die beiden Vasen, zwei Leuchter und das Räuchergefäß sind Utensilien zur Darbringung der Ahnenopfer. Wenige Schritte weiter steht vor dem Grabtumulus ein mächtiger Stelenpavillon, von dessen oberer Terrasse sich ein schöner Blick in die Umgebung und auf die anderen Grabanlagen bietet. Die Stele trägt die Inschrift: »Mausoleum des erfolgreichen Kaisers Chengzu«, welches der posthume Memorialname des Yongle-Kaisers ist. Ein Tunnel führt hinauf auf die Ringmauer, die die gesamte Anlage umschließt.

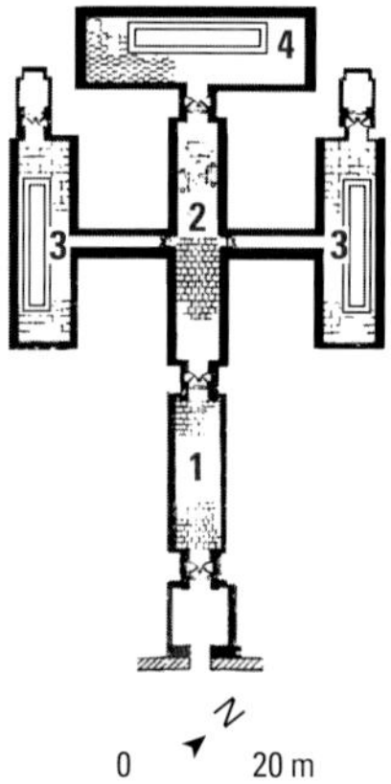

Plan des Ding Ling
1 erster Vorraum
2 zweiter Vorraum
3 Seitenkammern
4 Grabkammer

Unter dem baumbestandenen Grabhügel, der einen Durchmesser von etwa 300 m hat, verbirgt sich die noch ungeöffnete Grabkammer des Kaisers. Ihre genaue Lage ist nicht bekannt. Sie dürfte ähnlich angelegt und ausgestattet sein, wie die Gruft des Wanli-Kaisers (reg. 1572–1620), der im nordwestlich gelegenen **Ding Ling** beigesetzt ist.

Historische Dokumente berichten, daß 30 000 Arbeiter von 1584 an sechs Jahre lang an der Grabanlage des Wanli-Kaisers arbeiteten. Acht Millionen Silbertael, eine Summe die damals der gesamten Bodensteuer Chinas aus zwei Jahren entsprach, verschlang der Bau. Die Gruft liegt 27 m unter der Erde und besteht aus fünf Räumen, die gemeinsam eine Fläche von 1195 m^2 einnehmen. Verschlossen war sie von 4 t schweren Marmorplatten. Der raffinierte Schließmechanismus, mit dem sie versehen waren, funktionierte bei der Öffnung des Grabes noch immer und konnte von den Archäologen betätigt werden. Hinter dem ›Sesam öffne dich‹ fanden sie ein Gewölbe von insgesamt 84 m Länge vor. Zwei schlauchartige Vorräume führen zur quergelagerten eigentlichen Grabkammer des Herrschers, der Kaiserin und der ersten Nebenfrau. Sie ruhten in Särgen aus lackiertem Holz, die auf einem steinernen Sockel standen. Heute hat man die Originalsärge durch Nachbildungen ersetzt. Die Kunstschätze aus den 26 Truhen, die einst hier standen, sind zum – schöneren – Teil am Chang Ling zu besichtigen, der Rest befindet sich im Besitz des Beijinger Palastmuseums.

Der oberirdische Aufbau des Ding Ling wie auch der anderen Ming-Gräber entspricht weitgehend dem Plan des Chang Ling. Wer die ruhigere Atmosphäre an den weniger bekannten Gräbern genießen möchte, sollte Zeit mitbringen, da sie nur zu Fuß zu erreichen sind bzw. mit einem eigenen Taxi.

Die Große Mauer – Chang Cheng

»Wanli chang cheng«, »10 000 Li lange Mauer«, so nennen die Chinesen das imposante Bauwerk, das mit Sicherheit zu den großartigsten der Welt zählt. Das alte Streckenmaß *li* mißt etwa 500 m. Demnach wäre die Mauer also 5000 km lang. Rechnet man aber alle Teilstücke, die im Lauf der letzten 2000 Jahre erbaut wurden zusammen, so kommt man auf insgesamt etwa 50 000 Streckenkilometer – mehr als der Umfang des Erdballs.

Qin Shihuangdi (reg. 221–206 v. Chr.), der ›Reichseiniger‹ Chinas, beschloß, das Reich der Mitte nach Norden hin durch eine Mauer vor den immer wieder einfallenden Barbarenstämmen zu schützen. Das eigentliche Verdienst des Ersten Kaisers bestand nicht in der Errichtung einer neuen Mauer, sondern in der genialen Konzeption, die bereits existierenden Grenzwälle der von ihm unterworfenen chinesischen Einzelstaaten zu einem durchgehenden Schutzwall zu verbinden.

Die Mauer der Qin-Dynastie war insgesamt etwa 5000 km lang. Wie in den »Historischen Aufzeichnungen« beschrieben, verlief sie von Lintao in der heutigen Provinz Gansu entlang dem Gelben Fluß, verband sich mit der alten Mauer des Staates Zhao, verlief sodann nördlich durch die Innere Mongolei und von der Gegend um Hohehot östlich bis Shenyang, um schließlich in der südlichen Mandschurei ins Chinesische Meer zu münden. Damit lag die Mauer der Qin wesentlich weiter im Norden als die heute erhaltene, die aus dem 15.–16. Jh. stammt. Nur wenig blieb von der ersten Großen Mauer der Qin-Zeit erhalten. Einzelne Abschnitte finden sich noch in der Nähe von Lintao, bei Baotou und Hohehot sowie nördlich von Datong. Es sind relativ unspektakuläre, etwa 3 m hohe und 4 m breite Wälle aus *huangtu*, gestampfter Erde.

In seinen »Historischen Aufzeichnungen« notierte der berühmte chinesische Historiker Sima Qian im 1. Jh. v. Chr.: »Nachdem Qin die Welt geeinigt hatte, wurde General Meng Tian ausgesandt, um mit einem Heer von 300 000 Leuten die Rong und Di im Norden zu verjagen. Er nahm ihnen das Gebiet südlich des Gelben Flusses weg und baute eine lange Mauer, deren Verlauf dem Gelände angepaßt war und natürliche Hindernisse und Pässe mit einbezog. Sie begann in Lintao und erstreckte sich bis östlich des Liao-Flusses über eine Strecke von mehr als 10 000 Li. Nachdem sie den Gelben Fluß überquert hatte, wand sie sich gen Norden und berührte die Yang-Berge.«

Soldaten, Sträflinge und zwangsrekrutierte Bauern führten die schwere Arbeit in den gefährlichen Grenzregionen aus. Die Angaben bei Sima Qian von 300 000 Mann aus der Truppe des Meng Tian sind dabei relativ gering bemessen. Quellen des 6. und 7. Jh. n. Chr. sprechen von 1–2 Millionen Arbeitern, die zum Mauerbau abgestellt waren. Zahlreiche chinesische Volkserzählungen (s. S. 198f.) ranken sich um das Schicksal der zum Mauerbau in die Grenzregionen verschickten Bauern und deren Familien.

In späteren Dynastien wurde die Große Mauer wiederholt repariert und ausgebaut. In der Han-Zeit (206 v.–220 n. Chr.) verdoppelte man ihre Länge auf rund 10 000 km, errichtete Wachtürme und Forts entlang dem Grenzwall und führte ein Nachrichtensystem mit Signalfeuern ein, das je nach Dauer und Intensität des Feuers oder Rauchs Auskunft über die Stärke des anrückenden Feindes gab.

Nie war die Mauer ein wirklich undurchdringliches Bollwerk. Sie konnte nicht verhindern, daß ausländische Aggressoren wiederholt von Norden nach China eindrangen. Nachdem es dem ersten Ming-Kaiser gelungen war, die Mongolen nach fast 100 Jahren aus China zu vertreiben, entschlossen er und seine Nachfolger sich, die Befestigungen an der Großen Mauer wieder zu verstärken. So entstand im 14.–17. Jh. die aus Stein und Ziegeln errichtete Mauer mit Zinnen und Wehrtürmen, wie man sie heute von zahlreichen Abbildungen her kennt. Die Ming-Mauer ist 6300 km lang. Sie beginnt im Osten mit dem großen Fort Shanhaiguan am Ufer des Bo Hai (Provinz Hebei) und endet im Westen in der Wüste Gobi mit dem Fort Jiayuguan (Provinz Gansu). Durchschnittlich ist sie etwa 10 m hoch und 10 m breit und wie jeder andere Bau dieser Größe natürlich nicht vom Mond aus zu sehen, obwohl dies gerne behauptet wird.

Die meisten Tourgruppen besuchen von Beijing aus die **Große Mauer bei Badaling** (2). Dieses 1957 restaurierte Teilstück, 70 km

Die Große Mauer bei Badaling

nördlich der Hauptstadt, ist zwar sehr imposant und schlängelt sich malerisch durch die rund 1000 m hohen Berge, doch wird es täglich von Heerscharen in- und ausländischer Touristen heimgesucht.

Auf dem Weg nach Badaling passiert man bereits mehrere, zum Teil parallel verlaufende Mauerabschnitte, so das **Fort Juyongguan** (3), das in einem engen Tal zur Sicherung der Hauptstadt angelegt wurde. Im Volksmund, welcher die Große Mauer stets mit einem Drachen verglich, der sich über die Berge schlängelt, galt das Fort als ›Herz des Dra-

chen‹. Hier hat sich aus der Mongolenzeit (1279–1368) die Wolkenterrasse (Yun Tai) erhalten, eine mit zahlreichen Reliefs verzierte Plattform aus weißem Marmor. Die abgebildeten Götter- und Wächterfiguren entstammen überwiegend dem Pantheon des tibetischen Buddhismus.

Möchte man dem Rummel von Badaling entgehen, so sollte man die 1986 restaurierte **Mauer bei Mutianyu** (4), 90 km nordöstlich von Beijing, besuchen. Der Anstieg auf die Mauer ist relativ steil, bietet aber einen wunderschönen Blick in die Umgebung.

Wer viel Zeit hat, sollte die relativ weite Anreise nicht scheuen und mit einem Mietwagen nach **Jinshanling** (5) oder **Simatai** (6) im Verwaltungsbezirk Miyun fahren. Diese nur teilweise restaurierten Mauerabschnitte liegen etwa 120 km nordöstlich der Hauptstadt an der Straße nach Chengde. Die Mauer windet sich hier wirklich wie der Körper eines Drachen durch die einsame Berglandschaft und überwindet dabei zum Teil Steigungen von 70 %. Vorsicht ist beim Begehen geboten, denn an vielen Stellen ist sie halb verfallen – was optisch durchaus seine Reize hat. Die Wachtürme sind an diesem Teilstück der Mauer besonders zahlreich, teilweise stehen sie in Abständen von 50 m. Überdies gibt es eine weitere Besonderheit: In regelmäßigen Abständen weist die Mauer etwa 2–3 m hohe Absperrungen auf, die es ermöglichten, sie weiter zu verteidigen, auch wenn einzelne Bereiche vom Feind bereits eingenommen waren.

Die Westberge – Xi Shan

Schon seit dem 10. Jh. dienten die lieblichen Hügel der Westberge den Kaisern als grünes Refugium, wo sie sich von Staub und Hektik der Hauptstadt erholten. Heute bilden die Westberge eines der wichtigsten Naherholungsgebiete vor den Toren Beijings. Eine schöne Natur und idyllisch gelegene Tempel laden zu langen Spaziergängen ein. Besonders reizvoll präsentiert sich die Landschaft im Herbst, wenn der Ahornwald auf den Hügeln der Westberge in leuchtendem Karminrot erstrahlt.

Park des Duftenden Berges – Xiangshan Gongyuan

Die höchste Erhebung in den Westbergen ist der 557 m hohe Duftende Berg (7; Xiang Shan). Eigentlich hieß er einmal vollständig Xianglu Shan, Weihrauchgefäß-Berg, denn die beiden Felsen auf seinem Gipfel erinnern mit ein wenig Phantasie an zwei Weihrauchgefäße, insbesondere, wenn Nebelschwaden ihnen eine mystische Aura verleihen.

Bereits die Herrscher der Liao schätzten die Lieblichkeit der Westberge und nutzten die Hänge des Xiang Shan als kaiserliches Jagdrevier. 1186 errichteten die Jin dann erstmals einen Tempel und eine Residenz, deren Ruinen noch zu sehen sind. Im Lauf der Jahrhunderte kamen weitere Tempel, Pagoden und Pavillons hinzu, und langsam entstand eine romantische, mit Architektur durchsetzte Parklandschaft nach chinesischem Ideal. Der Qianlong-Kaiser erkor den Park Mitte des 18. Jh. zu einer seiner Sommerfrischen und nannte ihn Garten der Wohltuenden Stille (Jingyi Yuan). Rund 100 Jahre später, im Opiumkrieg von 1860, und ein zweites Mal, im Boxeraufstand von 1900, plünderten alliierte Truppen diesen kaiserlichen Garten und zerstörten ihn weitgehend. Mit seiner Restaurierung begann man erst nach der Gründung der Volksrepublik in den 50er Jahren. Ebenso wie die Söhne des Himmels wußte auch die KP-Führung die idyllische Landschaft zu schätzen und residierte hier, bevor sie die ›Neue Verbotene Stadt‹ im Bezirk Zhongnanhai bezog. Um den Vergleich mit ihren kaiserlichen Vorgängern zu vermeiden, nannte sie ihre Residenz vorsorglich ›Arbeiteruniversität‹.

Man betritt den Park meist durch das **Nordtor,** obwohl das Osttor der eigentliche Haupteingang ist. Zwar ist der Aufstieg zum Gipfel recht steil, doch sollte man ihn vor allem bei gutem Wetter wagen (es gibt auch einen Sessellift). Das oberste, steilste Stück des Pfades wird im Volksmund »Sogar der Teufel fürchtet sich« (Gu jian chou) genannt. Vom **Gipfel** bietet sich bei klarer Sicht ein phantastischer Blick über die umliegenden Hügel bis nach Beijing.

Für den Abstieg nehme man einen der südlichen Pfade. Dabei passiert man eine **Grotte,** vor deren Eingang eine Stele die Inschrift »Die Westberge leuchten im Schnee« trägt. Hält man sich hinter der **Jadeblumen-Bergvilla** (Yuhua Shanzhuang) nach Süden, so gelangt man zu den Ruinen des **Xiangshan-Tempels** aus dem 12. Jh. Östlich davon erblickt man den modernen Bau des **Xiangshan-Hotels,** Anfang der 80er Jahre von Ieoh Ming Pei, dem berühmten amerikanischen Architekten chinesischer Abstammung, entworfen. Pei erlangte vor allem mit dem Bau der gläsernen Louvre-Pyramide und dem Bank-of-China-Gebäude in Hongkong Weltruhm. Wendet man sich von hier aus nach Norden, so kommt man vorbei an einigen Pavillons zum **Tempel der Einsicht** (Zhao Miao). Auf seinem Gelände erhebt sich die achteckige, siebenstöckige Pagode Liuli Ta, die mit leuchtend grün und gelb glasierten Ziegeln verkleidet ist. An den Traufen ihrer Ringdächer klingen Glöckchen im Wind, deren Geläut den Wohlklang der buddhistischen Lehre in alle Welt tragen soll. Den Zhao Miao ließ der Qianlong-Kaiser 1780 im tibetischen Stil als Resi-

Pavillon der Selbstprüfung

denz für den Panchen Lama errichten. Etwas weiter nördlich liegt inmitten einer kleinen Gartenanlage im Suzhou-Stil der **Pavillon der Selbstprüfung** (Jianxin Zhai). Kurz vor Erreichen des Nordtors erstreckt sich noch ein kleiner See, der aufgrund seiner charakteristischen Form **Brillensee** (Yanjing Hu) genannt wird.

Tempel der Azurblauen Wolke und Tempel des Schlafenden Buddha

Nahe dem Nordtor erstreckt sich das Gelände des **Tempels der Azurblauen Wolke** (8; Biyun Si). Die wunderschöne Anlage zieht sich den Osthang des Duftbergs hinauf. 1321, also in der Yuan-Zeit, errichtete an dieser Stelle ein gutsituierter Hofbeamter eine Sommerresidenz. 1366 wandelte man die Hallen in einen Nonnenkonvent um und gab ihm seinen heutigen Namen. In der Ming-Zeit wurde die Anlage kontinuierlich erweitert. Verantwortlich dafür zeichneten insbesondere zwei wohlhabende Eunuchen, die dem Tempel große Summen spendeten, in der Hoffnung hier einmal ihre letzte Ruhe zu finden. Ihr heutiges Aussehen erhielt die Anlage 1748, als der Qianlong-Herrscher den marmornen Vajra-Stupa und die Halle der 500 Luohan errichten ließ.

Man betritt die Tempelanlage über eine von zwei Löwen bewachte Steinbrücke. Hinter dem Bergtor (Shan Men) führen steile Treppen durch sechs Höfe zum Stupa hinauf. Man passiert nacheinander ein Tor mit zwei Dharmapalas, den ›Wächtern der Lehre‹, die Maitreya-Halle (Milefo Dian) und die von Stelen flankierte Haupthalle (Danqing Dian) mit der Statue des Shakyamuni. Die Wände der Danqing Dian zieren Tonreliefs mit Abbildungen der 18 Luohan. Darauf folgt die Bodhisattva-Halle (Pusa Dian) und im nächsten Hof die Gedenkhalle für Sun Yat-sen. In ihr befindet sich eine Büste des Staatsmannes und ein versilberter Sarg, den die Sowjetunion – leider zu spät – zu seiner Beisetzung geschenkt hatte. Links der Pusa Dian liegt die Halle der 500 Luohan (Luohan Tang). Die insgesamt 508 vergoldeten Figuren messen jeweils etwa 1,5 m und besitzen individuell gestaltete, teils recht grimmige Gesichtszüge. Sie sind aus Lehm über einen Holzrahmen modelliert. Neben den 500 Arhats handelt es sich um sieben Götterfiguren und eine Gestalt, die auf den ersten Blick nicht so schnell zu finden ist: auf einem Dachbalken am Eingang sitzt der Mönch Jigong. Der Legende nach soll er nach Fertigstellung des Tempels wie immer zu spät zu den Einweihungszeremonien gekommen sein und mußte, da schon alle Plätze belegt waren, mit einem Dachbalken Vorlieb nehmen.

Bergaufwärts schließt sich an diese Halle der Wasserquellhof (Shuiquan Yuan), eine von Bäumen beschattete Terrasse mit einem kleinen Teich, an – ein beliebter Rastplatz und Aussichtspunkt. Dahinter, auf dem höchsten Punkt der Anlage, erhebt sich die 35 m hohe Diamantenthron-Pagode (Jingang Baozuo Ta) aus weißem Marmor. Name und Baustil dieser Pagode sollen an den Stupa im

Die Diamantenthron-Pagode im Tempel der Azurblauen Wolke

indischen Bodh Gaya erinnern, wo der historische Buddha die Erleuchtung erlangte. In der Mitte der oberen Plattform erhebt sich ein Vajra-Stupa, umringt von vier kleineren Pagoden und zwei Chörten. Ringsum zieren Reliefs das Gebäude. Im Inneren der Pagode wurde von 1925–29 der Leichnam Sun Yat-sens aufgebahrt, bis er in sein monumentales Mausoleum in Nanjing überführt wurde. Mit der Kleidung des Gründers der Republik China wurde ähnlich verfahren wie mit buddhistischen Reliquien: man mauerte sie in dem Stupa ein.

Wie so viele chinesische Tempel wechselte auch dieser im Lauf der Jahrhunderte mehrfach seinen Namen. Seit dem letzten Umbau 1734 nennt er sich offiziell Tempel des Allseitigen Geistigen Erwachens (Shifang Pujue Si). Im Volk ist er jedoch seit alters unter der Bezeichnung Wofo Si, Tempel des Schlafenden Buddha, bekannt.

Der **Tempel des Schlafenden Buddha** (9; Wofo Si) liegt nördlich des Duftenden Berges, 2 km vom Tempel der Azurblauen Wolken entfernt. Gegründet wurde er bereits im 7. Jh. Seine Bedeutung erhielt der Wofo Si jedoch erst 1321. In jenem Jahr wurde der Tempel erheblich erweitert und die Sandelholzplastik des schlafenden Buddha durch eine bronzene Monumentalstatue desselben ersetzt.

Der Aufbau der Anlage folgt dem klassischen chinesischen Tempelbauschema. Den Eingang bildet ein imposantes Schmucktor, welches mit leuchtend grünen und gelben Glasurkacheln verziert ist. Die Haupthalle birgt Skulpturen der Buddhas der Drei Zeiten (Sansheng Dian) aus dem 7. Jh. Interessant sind hier die Figuren der 18 Luohan aus farbig bemaltem Ton. Unter ihnen befindet sich auch eine Darstellung des Qianlong-Kaisers (reg. 1736–96), erkennbar an seiner blauen Drachenrobe und dem langen Bart, der sich damit den Rang eines Erleuchteten anmaßt. Die darauf folgende Halle des Schlafenden Buddha ist die größte des Tempels. Sie birgt die 54 t schwere 5,3 m lange Bronzefigur des Shakyamuni im Moment des Eingehens ins Nirvana. Zum Meister gesellen sich seine zwölf Schüler, hier 1,2 m hohe, bemalte Lehmstatuen. Da der Überlieferung nach Shakyamuni unter einem Weidenbaum verschied, pflanzte man auf dem Tempelgelände Weiden, von denen zwei den Hof vor der Halle beschatten. Der Tempelbezirk schließt mit der Halle zur Aufbewahrung Buddhistischer Sutren ab. Dahinter liegt erhöht der Pavillon des Ewigen Lebens, von wo ein Weg an einem Bachlauf entlang ins benachbarte **Kirschtal** (Yingtaogou Huayuan) führt – früher ebenfalls Teil einer kaiserlichen Sommerfrische.

Acht Große Stätten – Badachu

Im Süden der Westberge, zwischen den Hügeln des Cuiwei-, Pingbo- und Lushi-Berges, wurden seit dem 8. Jh. acht Tempel angelegt, die als Badachu, Acht Große Stätten (10), bekannt sind. Ihr Standort ist nach der Lehre des Fengshui (s. S. 74ff.) ideal gegen negative Kräfte aus dem Norden geschützt: Drei Berge umschließen ein sich nach Süden hin öffnendes, hufeisenförmiges Tal. Die Tempelanlagen sind zwar keineswegs so groß oder bedeutend wie der Name Badachu verspricht, doch liegen sie in einer reizvollen Umgebung, so daß der insgesamt 5 km lange Spaziergang eine erholsame Abwechslung vom Lärm und Staub der Hauptstadt bietet.

Südlich des Eingangs liegt zunächst der **Tempel des Ewigen Friedens** (Chang'an Si). Er wurde 1504 gegründet und besitzt im Eingang der Haupthalle eine bemerkenswerte Bronzefigur des Kriegsgottes Guandi. Da er zugleich als Gottheit der Gerechtigkeit gilt, kam man in diesem Tempel auch zusammen, um Streitfälle auszuhandeln. In der zweiten Halle wird die Göttin Niangniang von Frauen um – vor allem männliche – Nachkommenschaft angebetet.

Nordwestlich von hier reihen sich die meisten Sehenswürdigkeiten von Badachu hintereinander.

Der **Tempel des Heiligen Lichts** (Lingguang Si) wurde bereits 1071 gegründet, doch wie so vieles während des Boxeraufstands von den plündernden europäischen Soldaten stark in Mitleidenschaft gezogen. Diese zerstörten auch die Pagode aus der Liao-Zeit, deren Fundament rechts des Weges noch erkennbar ist. Bei Aufräumungsarbeiten in den Ruinen fanden chinesische Archäologen übrigens eine hölzerne Lade mit einem Zahn. Eine Plakette besagte, daß es sich um einen Zahn des historischen Buddha Shakyamuni handele, übriggeblieben bei seiner Einäscherung. Der schriftlichen Überlieferung zufolge, soll ein Zahn Buddhas während der Song-Zeit (960–1279) als Reliquie von Indien nach China gebracht worden sein. Einige chinesische Wissenschaftler und nicht zuletzt die gläubigen Buddhisten gehen deshalb von der Authentizität des Zahnes aus. 1959 errichtete man ihm eine neue, 50 m hohe Pagode, die man Buddhazahn-Pagode (Foya Ta) nannte.

Hinter dem kleinen **Nonnenkloster der Drei Berge** (Sanshan An) liegt links des Wegs der **Tempel des Großen Mitleids** (Dabei Si). Seine Gründung erfolgte 1550. Besonders schön sind hier der erste Hof, der mit einer seltenen, immergrünen Bambusart bepflanzt ist, und die beiden großen, über 800 Jahre alten Ginkgo-Bäume. Die Luohan-Statuen in der ersten Halle sollen von der Hand des Bildhauers Liu Yuan aus der Yuan-Zeit (1279–1368) stammen.

Am **Kloster der Drachenquelle** (Longquan An) führt der Weg dann langsam den Cuiwei-Berg hinauf. Das Zentrum dieses Nonnenkonvents aus der Qing-Zeit (1644–1911) bildet die Drachenquelle mit dem Bildnis des Drachenkönigs. Der Long Wang spielt im Entstehungsmythos der Stadt Beijing eine Rolle. Er soll hier mit seinen Drachen gehaust und regelmäßig Fluten ins Tal geschickt haben, um zu verhindern, daß sich dort Menschen ansiedeln. Einer achtarmigen Gestalt namens Nezha gelang es schließlich, den Drachenkönig zu vertreiben, und Beijing konnte sich zur blühenden Stadt entwickeln.

Etwas weiter bergan steht der **Tempel der Duftenden Welt** (Xiangjie Si), der älteste – bereits in der Tang-Zeit (618–906) gegründete und wohl auch bedeutendste der acht Tempel. 1678 fanden Mönche bei Erneuerungsarbeiten eine alte Stele mit einem filigranen Bildnis des Avalokiteshvara mit Bart. Das Relief stammt wahrscheinlich aus dem 8. oder 9. Jh., denn in späterer Zeit wandelte sich der Bodhisattva in China zu der weiblichen Barmherzigkeitsgöttin Guanyin. In seiner männlichen Form findet man ihn in China seit dieser Zeit nur sehr selten dargestellt.

Vom Xiangjie Si aus ist es nicht mehr weit bis zum Gipfel des Cuiwei-Berges, übrigens nach einer Prinzessin benannt, die in der Ming-Zeit (1368–1644) hier bestattet wurde. Den Gipfel des Berges krönt ein hölzernes Ehrentor mit der Aufschrift »Ort des Glücks«. Zahlreiche Kaiser haben hier an einem Felsen Kalligraphien hinterlassen. Dahinter gelangt man zur **Höhle der Wertvollen Perle** (Baozhu Dong), die nach einem perlenförmigen Stein am Eingang benannt wurde. In der Grotte soll einstmals der Mönch Haiyou gelebt haben, dem man hier ein Denkmal gesetzt hat. Der nahegelegene **Pavillon des Weiten Blicks** macht insbesondere bei klarem Wetter seinem Namen alle Ehre.

Zur letzten der acht Sehenswürdigkeiten, dem **Tempel der Buddhaschaft** (Zhengguo Si), gelangt man, wenn man den Cuiwei wieder hinabsteigt. Er liegt in östlicher Richtung am Hang des Lushi-Berges. Als sehenswert gilt hier der Felsen des Geheimnisvollen Teufels (Mimo Yan), welcher von Ferne dem aufgerissenen Maul eines Löwen ähnelt. Unter den Felsvorsprung hat man ein Haus gemauert, das dem Mönch Lushi im 7. Jh. als Eremitenklause diente. Die Legende sagt, Lushi sei von solcher Überzeugungskraft gewesen, daß er selbst zwei Söhne des Drachenkönigs zum Buddhismus zu bekehren vermochte.

Sehenswürdigkeiten südwestlich der Hauptstadt

Tanzhe-Tempel und Tempel des Weihealtars

»Zuerst gab es Tanzhe Si, danach entstand Youzhou (alter Name Beijings)«, heißt es zurecht, denn der Tempel besitzt eine fast 1600 Jahre alte Geschichte und gehört damit zu den ältesten buddhistischen Tempelanlagen in China.

Der **Tanzhe Si** (11; Tempel des Teichs und der Wilden Maulbeere) liegt idyllisch in den Bergen von Mentougou abseits der ausgetretenen Touristenpfade, etwa 45 km westlich der Hauptstadt. Sein Name bezieht sich auf den sogenannten Drachenteich (Long *Tan*) hinter dem Tempelkomplex und die wilden Maulbeerbäume *(zhe)*, die früher hier auf den Hügeln wuchsen und für die Seidenraupenzucht Verwendung fanden.

Die heutigen Hallen des Tempels stammen überwiegend aus dem 17. Jh. und folgen in ihrer Anordnung dem üblichen Grundschema. Durch ein Ehrentor, vorbei an knorrigen Kiefern gelangt man über eine Steinbrücke zum eigentlichen Eingang, dem Bergtor (Shan Men). Dahinter eröffnet sich der erste Hof, komplett mit Glocken- und Trommelturm zur Rechten bzw. zur Linken und der Halle der Himmelskönige (Tianwang Dian) als Eingangsgebäude. Dahinter folgt die Schatzhalle des Großen Helden (Daxiong Baodian) mit der Figur Shakyamunis, flankiert von seinen getreuen Lieblingsschülern Ananda und Kashyapa. Ihre goldenen Körper sind in schwarze Gewänder gehüllt. Der mächtige Ginkgo im Hof dahinter soll über 1000 Jahre alt sein, der Qianlong-Kaiser verlieh ihm im 18. Jh. den Titel ›Kaiserbaum‹ (Diwang Shu).

Der Pavillon des Vairochana (Pilu Ge), des in alle Welt strahlenden Buddhas, schließt die Folge der Hallen auf der mittleren Achse des Tempels ab. Westlich von hier lohnt es sich einen Blick in die Halle

Wasserspeier am Tempel des Teichs und der Wilden Maulbeere

des Avalokiteshvara zu werfen. Darin wird ein Stein aufbewahrt, auf dem einst die Tochter Kubilai Khans, Miaoyan, während ihres Gebetes niederzuknien pflegte. Sie lebte als Nonne im Tanzhe-Tempel und ist in einer der Pagoden auf dem Tempelgelände bestattet.

Linker Hand liegt die Halle des Drachenkönigs (Longwang Dian). Der steinerne Fisch, der von der Hallendecke herabhängt, soll aus einem Meteoriten gearbeitet sein. Es heißt, er könne Regen bringen und Krankheiten heilen. Sein klarer Klang soll auf den Kupfergehalt des Materials zurückgehen.

Der Pavillon des Schwimmenden Bechers (Liubei Ting) im Nordosten der Tempelanlage diente vermutlich den hochrangigen Besuchern als Ort der Zerstreuung. Wie der Pavillon im Qianlong-Garten des Sommerpalastes wurde er eigens für ein in China beliebtes Trinkspiel geschaffen (s. S. 142). Hinter dem Liubei Ting führt ein Weg zur nahegelegenen Drachenquelle. Bevor man den Tempel verläßt, lohnt ein Blick in den Pagodenwald. Die 75 Stupas wurden seit der Jin-Zeit (1115–1234) als Grabstätten für Mönche des Tempels errichtet.

Auf dem Rückweg vom Tanzhe-Tempel nach Beijing, sollte man unbedingt einen Abstecher zum **Tempel des Weihealtars** (12; Jietai Si) machen. Er liegt etwa 8 km östlich des Tanzhe Si am Hang des Ma'an-Berges. Sehenswert ist der Jietai Si vor allem wegen seiner imposanten, uralten Pinien und der grandiosen Aussicht, die man auf die umliegende Landschaft und – bei gutem Wetter – bis zur Hauptstadt genießt.

Die Gründung des Tempels erfolgte bereits im Jahr 622. Berühmtheit erlangte er jedoch erst, nachdem der Mönch Fajun im 11. Jh. hier einen Weihealtar errichten ließ. Der Aufbau des Tempels folgt – mit einer Ausnahme – dem klassischen Kanon: Er ist nicht von Nord nach Süd, sondern von Osten nach Westen ausgerichtet.

Hinter dem Eingangstor, der Halle der Himmelskönige und der Haupthalle führen einige Stufen zu einer höheren Ebene hinauf. Hier stehen die wunderbaren, zum Teil 1000 Jahre alten Pinien. Man hat ihnen Namen verliehen, und so heißen sie (von rechts nach links) ›Pinie die sich bewegt‹, da bei einer Berührung ihrer Zweige der ganze Baum zittert, ›Sorgenlose Pinie‹, ›Pinie des Schlafenden Drachen‹ und ›Neun-Drachen-Pinie‹. Auf der zentralen Achse liegen auf dieser Ebene die Überreste des Pavillons der 1000 Buddhas (Qianfo Ge). Wendet man sich gen Norden, so gelangt man zu einer dreistufigen Steinterrasse, dem Platz zur Auswahl Buddhas (Xuanfo Chang). Hier wurde die Mönchsweihe vollzogen. Die Terrasse, in deren Stufen 100 Nischen mit Bildnissen von Schutzgottheiten eingelassen sind, ist die größte ihrer Art in China. In ihrer Mitte thront auf einer Lotosblüte die Statue des Shakyamuni.

Vor der Halle steht die ›die Pagode umarmende Pinie‹, zu deren Fuß sich von der unteren Ebene zwei Ziegelpagoden aus dem 11. Jh. erheben. Die (von der Terrasse aus gesehen) linke birgt die sterblichen Überreste des Fajun.

»Zehn Meilen nach Cambaluc gelangte der Reisende an den breiten Fluß Pulisanghin. Kaufleute mit ihren Waren fahren darauf bis zum Ozean. Eine prächtige steinerne Brücke führt über den Fluß; auf der ganzen Welt ist keine mit ihr zu vergleichen. Die Brücke ist dreihundert Schritt lang und acht breit; zehn Reiter, Flanke an Flanke, reiten ohne weiteres darüber. Die vierundzwanzig Bogen und die vierundzwanzig Pfeiler sind aus grauen, fein gehauenen und schön gesetzten Marmorsteinen. Marmorplatten und -säulen bilden beidseitig eine Brüstung. Am Brückenkopf steht die erste Säule, sie trägt einen Marmorlöwen, an ihrer Basis ist ebenfalls ein Löwe. Nach anderthalb Schrittlängen folgt die nächste Säule, auch mit zwei Löwen. Der Zwischenraum wird mit einer grauen Marmorplatte geschlossen, so können die Menschen nicht ins Wasser fallen. Es ist wundervoll, wie Säulenreihe und Platten sich verbinden.«

Marco Polo, »Il Milione«

Marco-Polo-Brücke – Lugou Qiao

Die nebenstehende Passage aus Marco Polos »Beschreibung der Welt« hat – zumindest im Westen – der alten Steinbrücke über den Yongding-Fluß, etwa 15 km südwestlich vom Zentrum Beijings, den Namen Marco-Polo-Brücke eingebracht. Die Chinesen nennen sie Lugou Qiao, Brücke über den Schwarzen Festungsgraben, nach dem alten Namen für den Yongding-Fluß. Erbaut wurde sie während der Herrschaft der Jin im 12. Jh. Sie ersetzte 1192 die alten Holzpontons, die bis dahin den einzigen Zugang zur Stadt von Süden her über den Fluß bildeten. Die Brücke war also schon rund 100 Jahre alt, als Polo sie in seinem weltberühmten Reisebericht beschrieb. Der Name Pulisanghin, den er verwendet, leitet sich vom persischen *pul* für Brücke und *sang* für Stein ab, eines der vielen Indizien dafür, daß Polo womöglich nie selbst in China war, sondern von den detaillierten Reisebeschreibungen persischer Kaufleute ›inspiriert wurde‹.

Das Bauwerk mißt 266 m in der Länge und 8 m in der Breite. Es besitzt nicht, wie Marco Polo behauptet, 24, sondern nur elf Bögen. Marmorplatten, zwischen 140 Pfosten verankert, bilden das Geländer. Auf den Pfosten sind große und kleine Löwenskulpturen plaziert, 485 Figuren insgesamt.

Eine bautechnische Besonderheit für das 12. Jh. stellt die Konstruktion der zur Strömung hin spitz zulaufenden Brückenpfeiler dar. An jedem Pfeiler waren ehemals klingenförmige Eisenspitzen montiert, die wie Schwerter gegen die Drachen wirken sollten, welche der Legende nach im Fluß lebten und immer wieder Überschwemmungen verursachten. Zweimal, nämlich 1444 und 1689, fiel die Brücke Flutkatastrophen zum Opfer. Beide Male baute man sie wieder auf. Am westlichen Ende der Brücke erinnert eine Stele an die Restaurierungsarbeiten von 1689, die vom Kangxi-Kaiser in Auftrag gegeben wurden. Auf seine Veranlassung hin benannte man den Lugou-Fluß dann auch in Yongding-Fluß um, was ›ewige Stabilität‹ bedeutet. Von diesem Euphemismus erhoffte man sich, die launischen Fluten zur Raison zu bringen. Am östlichen Ufer stellte man im 18. Jh. eine Stele mit einer Kalligraphie des Qianlong-Kaisers auf: »Der Mondschein vor Tagesanbruch über der Lugou-Brücke«. Der kunstsinnige Monarch erhob damals die Brücke zu einer der acht schönsten Sehenswürdigkeiten seiner Hauptstadt. Viele Chinesen verbinden das Bauwerk indes mit einem wenig erfreulichen politischen Ereignis: dem Zwischenfall an der Marco-Polo-Brücke vom 7.7.1937. Damals provozierten japanische Truppen hier einen Schußwechsel mit der chinesischen Armee. Die Japaner nahmen dies zum Anlaß, den chinesisch-japanischen Krieg auszulösen.

Die Fahrt hinaus zur Marco-Polo-Brücke sollte man nutzen, um in dem nahegelegenen Örtchen **Wanping** einen Spaziergang zu machen. Das Dorf ist noch von einer vollständig erhaltenen Stadtmauer aus dem Jahr 1640 umgeben.

Zhoukoudian

Auf dem 70 m hohen Drachenknochen-Hügel (14; Longgu Shan) in der Ortschaft Zhoukoudian, etwa 50 km südlich von Beijing, wurden schon in der Ming-Zeit Fossilien gefunden, die man für die Knochen von Drachen hielt und denen man magische Kräfte zuschrieb. So kam der Hügel zu seinem Namen. Als dann 1921 Bauern hier Funde menschlicher Zähne machten, erregte dies die Aufmerksamkeit einiger Archäologen. 1927 begannen erste systematische Grabungen, und schon zwei Jahre später machte der chinesische Paläoanthropologe Wei Wenzhong einen Jahrhundertfund. In einer Höhle entdeckte er den Schädel eines Urmenschen, der vor ca. 200 000–500 000 Jahren lebte. Man gab ihm den wissenschaftlichen Namen Sinanthropus pekinensis oder einfach Pekingmensch.

In den folgenden Jahren kamen dann weitere Knochenfragmente dieses Hominiden zutage, so daß sich für die Wissenschaftler ein genaueres Bild ergab. Es handelt sich um einen Homo erectus, also einen Vorläufer des Homo sapiens, der etwa 1,55 m groß war, stark vortretende Augenbrauen, eine flache Stirn und einen hervorstehenden Kiefer besaß. Er ging aufrecht, benutzte einfache Werkzeuge und kannte schon das Feuer. Man nahm an, daß die Höhle dem Pekingmenschen als Behausung diente, was heute jedoch bezweifelt wird.

Etwas oberhalb der Höhle wurden darüber hinaus in den Jahren 1933/34 weitere menschliche Knochenfragmente entdeckt, die von etwa 12 000–27 000 Jahre alten Exemplaren des Homo sapiens stammen. Im 1953 erbauten **Museum** sind Knochenfunde, Steinwerkzeuge und Fossilien ausgestellt. Das Glanzstück der Ausstellung, der berühmte erste Schädelfund des Pekingmenschen aus dem Jahr 1929, fehlt indes. Er ist seit den 40er Jahren verschollen.

Die Gräber der Qing-Herrscher

Die mandschurischen Herrscher, die von 1644 bis 1911 über das Reich der Mitte regierten, ließen sich ähnlich wie ihre Vorgänger, die Ming, feierlich in großzügig angelegten Mausoleen bestatten. Auch sie wählten ruhige Täler unweit der Hauptstadt als letzte Ruhestatt. Aus der Qing-Zeit gibt es zwei solcher Grabbezirke, östlich und westlich der Hauptstadt, da die Qing Mitte des 18. Jh. beschlossen, Väter und Söhne nicht auf demselben Friedhof zu bestatten. Beide Grabkomplexe sind gut erhalten und ähneln in ihrem Aufbau der Anlage der 13 Ming Gräber (s. S. 167ff.). Da sich relativ wenige Besucher hierher verirren, bilden sie eine gute Alternative. Einige der Grabstätten der Östlichen Qing-Gräber sind geöffnet und für Besucher zugänglich, daher empfiehlt sich ein Besuch hier besonders.

Die **Östlichen Grabstätten der Qing** (15; Qing Dongling) befinden sich in Malanyu, im Kreis Zunhua, etwa 125 km östlich von Beijing. Innerhalb eines Gebiets von 48 km^2 verteilen sich die gut erhaltenen Mausoleen von fünf Kaisern sowie vier weitere Gräber, in denen 14 Kaiserinnen und nochmals fünf, in denen 136 Konkubinen bestattet sind.

Das Terrain wurde unter Fulin, dem ersten Qing-Kaiser (Shunzhi, reg. 1644–61) als Grabbezirk auserwählt. Baubeginn für das erste Mausoleum war 1663, zwei Jahre nach dem Tod des Shunzhi-Kaisers. Ferner findet man hier die Gräber des Kangxi-Kaisers (reg. 1662–1722), Jing Ling, des Qianlong-Kaisers (reg. 1736–96), Yu Ling, des Xianfeng-Kaisers (reg. 1851–61), Ding Ling und des Tongzhi-Kaisers (reg. 1862–74), Hui Ling.

Ähnlich wie bei den Ming-Gräbern, bildet den Eingang zum Grabbezirk ein Marmornes Ehrentor. Hinter dem Großen Roten Tor folgt der Seelenweg mit Steinskulpturen von Tieren, Beamten und Offizieren. Weiter schreitet man durch das Drachen- und Phönixtor und schließlich über eine marmorne Sieben-Bogen-Brücke. Durch das Tor des Erhabenen Wohlwollens gelangt man direkt zum Xiao Ling des Shunzhi-Kaisers, dem ältesten Mausoleum auf dem Areal.

Zwei unterirdische Mausoleen stehen heute Besuchern offen: das Grab des Qianlong-Kaisers, Yu Ling, und das der Kaiserinwitwe Cixi, Dingdong Ling, welche beide westlich des Xiao Ling liegen. Von den kostbaren Grabbeigaben ist nichts mehr vorhanden: In den 20er Jahren drangen Guomindang-Truppen in beide Mausoleen ein und plünderten sie. Sehenswert ist der 327 m^2 große unterirdische Palast des Yu Ling. Seine Wände zieren feinste Steinmetzarbeiten. Die mächtigen Marmortore, die einst die Gruft verschlossen, tragen schöne Reliefs mit dem Bildnis der Barmherzigkeitsgöttin Guanyin. Die Wände sind mit Abbildungen der Vier Himmelskönige, des Buddha, verschiedener Bodhisattvas sowie Texten in Sanskrit und Tibetisch ausgestaltet – der kunstsinnige Qianlong-Kaiser war ein Anhänger und Förderer des tibetischen Buddhismus.

Im Dingdong Ling, 1000 m westlich, ist neben der Kaiserinwitwe Cixi auch Ci'an bestattet. Beide waren Gattinnen des Xianfeng-Kaisers. Das Mausoleum wurde 1873, also noch zu Lebzeiten der beiden Damen, angelegt. Die oberirdischen Hallen sind besonders üppig mit Blattgold geschmückt, denn Cixi legte auch im Jenseits Wert auf standesgemäßen Prunk. Mehrmals ließ sie ihre Gruft umgestalten, starb jedoch, bevor man mit der Anlage fertig war. Ihre Grabkammer nimmt sich daher vergleichsweise bescheiden aus. Heute sind hier Gewänder, einige wenige Grabbeigaben und Gegenstände aus dem persönlichen Besitz der Cixi ausgestellt.

Die **Westlichen Qing-Gräber** (16; Qing Xiling), liegen etwa 120 km südwestlich von Beijing in der Nähe der Stadt Yixian. 1730 wurden sie im Auftrag des Yongzheng-Kaisers (reg. 1722–35) als zweiter kaiserlicher Grabbezirk der Qing angelegt. Sein Motiv für diese Entscheidung ist unklar. Man nimmt an, er hatte Skrupel, sich neben seinem Vater, dem Kangxi-Kaiser, beisetzen zu lassen, weil er sich den Weg zum Thron durch einige Brudermorde freigekämpft hatte. Sein Sohn, der Qianlong-Kaiser, erließ schließlich ein Edikt, daß alle Qing-Herrscher von nun an abwechselnd in dem östlichen und westlichen Grabbezirk bestattet werden sollten.

Chengde

250 km nordöstlich von Beijing liegt eingebettet in eine herrliche Berglandschaft die ehemalige kaiserliche Sommerresidenz von Chengde, das Rehe (Jehol) der Mandschuren. Während die Stadt selbst, die heute etwa 200 000 Einwohner hat, nicht weiter sehenswert ist, zählt der alte Residenzpark mit seinen Palastanlagen, Pavillons und Pagoden sowie den umliegenden Tempeln, zum schönsten, was China architektonisch zu bieten hat. Besonders reizvoll ist ein Besuch im Herbst, wenn das Wetter klar ist, die bewaldeten Berge ringsum in ein strahlendes Gold getaucht sind und der Morgendunst über den Seen liegt.

Auch wenn die Kaiser der Qing-Dynastie im Lauf ihrer jahrhundertelangen Herrschaft über China viel von der übermächtigen Kultur der Han übernahmen, bewahrten sie sich den Stolz auf ihre mandschurische Abstammung. Mindestens einmal im Jahr begaben sie sich ins Land ihrer Väter, um dort dem heißen Beijinger Sommer zu entfliehen und in den wildreichen Wäldern des Nordens zu jagen. Eines Tages, im Jahr 1702, stieß der Kangxi-Kaiser auf dem Weg nach Mulan auf ein liebliches Tal, in dem eine heiße Quelle entsprang, die sich in den nahen Wulie-Fluß ergoß. Er nannte es das ›Tal des Re He‹, ›Tal des Warmen Flusses‹. Von dieser Bezeichnung leitet sich der Name Jehol ab, unter dem die kaiserliche Sommerresidenz (Rehe Xinggong) im Westen ebenfalls bekannt ist. Der Monarch pries das

Die Stadt ist von Beijing aus recht bequem mit Zug oder Bus zu erreichen. Die Fahrt nimmt etwa vier Stunden in Anspruch, so daß ein Ausflug von Beijing aus in zwei Tagen gut zu schaffen ist. Reist man mit dem Bus an, so sollte man einen Stopp an der Großen Mauer von Jinshanling, im Kreis Miyun, etwa 120 km nordöstlich von Beijing, einlegen. Die Mauer windet sich hier malerisch über einsame Hügel, ist relativ gut erhalten und kaum von Touristen besucht (s. S. 176).

Chengde: Kaiserliche Sommerresidenz und Acht Äußere Tempel
1 Tor der Schönheit und Rechtschaffenheit
2 Mittelschloß
3 Kiefern- und Kranichhalle
4 Schloß der 10 000 Täler und Kiefern im Wind
5 Ostschloß
6 Graspfad und Wolkendamm
7 Goldberg mit Hallen
8 Haus des Dunstes und des Regens
9 Hütte im Herzen des Wassers
10 Bibliothek Furt der Literatur
11 Tempel der Umfassenden Menschenliebe
12 Tempel der Universalen Güte
13 Tempel der Universalen Freude
14 Tempel der Befriedung der Fernen Gebiete
15 Tempel des Universalen Friedens
16 Tempel der Universalen Hilfe
17 Tempel der Glückseligkeit und des Langen Lebens des Sumeru-Berges
18 Kleiner Potala-Tempel
19 Tempel der Manjushri-Statue

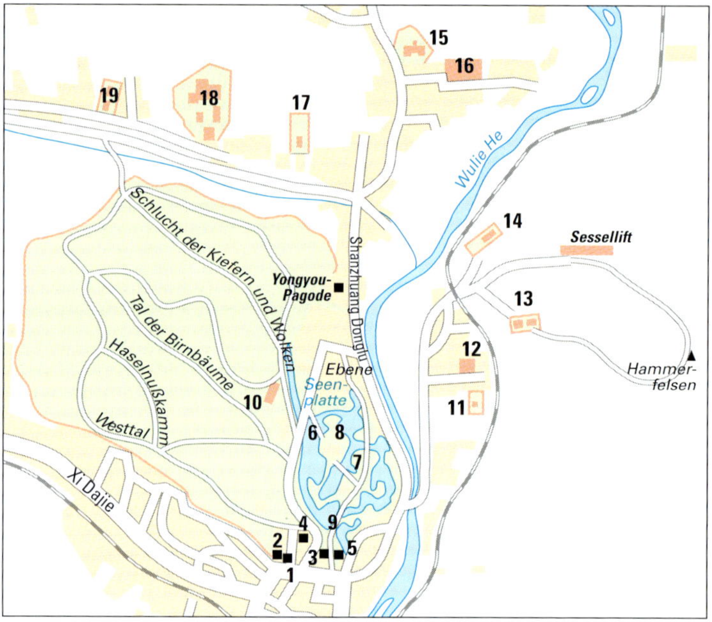

Tal als einen Ort, »wo die Eleganz des südlichen China mit der Erhabenheit des Nordens einhergeht«, und ließ ein Jahr darauf den ersten Spatenstich für die Errichtung einer kaiserlichen Sommerfrische setzen. Nach Vorstellung des Kangxi-Kaisers sollte der Palast mehr sein als nur eine kaiserliche Sommerfrische. Im Gründungsdekret erklärte der Kaiser, die Anlage solle eine »versöhnliche Geste gegenüber den ethnischen Gruppen darstellen, einen Platz zum Training von militärischem Geschick und einen Ort um wichtige Gäste zu empfangen«.

Die Bauarbeiten zogen sich lange hin. Erst nach 87 Jahren und gegen Ende der Regierungszeit seines Enkels waren die umfangreichen Palast- und Gartenanlagen vollendet. Von nun an begab sich die kaiserliche Familie alljährlich zu Beginn der warmen Jahreszeit samt Hofstaat, d. h. insgesamt etwa 1000 Personen, von Beijing nach Chengde, um hier einige Monate zu verbringen. Die Reise dauerte etwa eine Woche. Der Himmelssohn ging dort ebenso wie in der Verbotenen Stadt seinen Tagesgeschäften nach und nutzte die umliegenden Hügel, um Militärübungen abzuhalten. Wie es der Kangxi-Kaiser in seiner Gründungserklärung formuliert hatte, pflegte man in Chengde besonders den Kontakt zu den Stammesführern der nördlichen und westlichen Steppen. Ihnen zu Ehren veranstaltete man zünftige Picknicks und Jagdausflüge, bei denen mongolische Jurten aufgeschlagen wurden und man sich mit Pferderennen, Ringkämpfen und Bogenschießen unterhielt. Ein einziges Mal kam der Qianlong-Kaiser in Chengde auch mit einer europäischen Delegation zusammen. Im September 1793 empfing er den britischen Abgesandten Earl George McCartney, der ihn um die Aufnahme von Handelsbeziehungen mit dem britischen Empire ersuchte. Der Herrscher reagierte auf dieses Ansinnen mit einer deutlichen Absage in einem Brief an König Georg III.: »Da die Tugenden und der Ruhm der Himmlischen Dynastie sich nach allen Seiten verbreitet haben, kommen die Könige von Myriaden Völkern zu Land und zur See mit allen Arten wertvoller Dinge. Daher gibt es nichts, was uns mangelt, wie Euer erster Gesandter und die anderen ja selbst beobachtet haben. Wir haben nie viel Wert auf fremde oder auch merkwürdige Objekte gelegt, noch bedürfen wir irgendwelcher Waren Eures Landes.«

1820 endeten die Aufenthalte des Hofes in der Sommerresidenz, nachdem der Jiaqing-Kaiser in der Nähe des Palastes vom Blitz getroffen wurde und starb.

Kaiserliche Sommerresidenz – Bishu Shanzhuang

Die von einer 10 km langen Mauer eingefaßte Sommerresidenz umfaßt ein Areal von 560 ha. Damit ist sie die größte kaiserliche Parkanlage in China und etwa doppelt so groß wie der Beijinger Sommerpalast. Ihr offizieller Name – eine Schöpfung des Kangxi-Kaisers – lautet: Bergschloß, in dem man der Sommerhitze entflieht (Bishu Shanzhuang).

Die Anlage teilt sich in drei große Bereiche: den eigentlichen Palastbezirk mit Wohn- und Administrationshallen im Süden, den Bereich der Seen und Pavillons im Osten und den weitläufigen Landschaftspark im Norden und Westen, der mehr als drei Viertel des gesamten Terrains einnimmt. Da die Residenz lange leer stand und auch der Bürgerkrieg und die japanische Besatzungszeit nicht spurlos vorübergingen, ist ein Großteil der ursprünglichen Gebäude nicht mehr erhalten. In den letzten Jahren wurden lediglich der Hauptpalast und einige Pavillons im Park restauriert, was jedoch dem harmonischen Gesamteindruck keinen Abbruch tut.

Den Haupteingang zum Palastbezirk bildet das **Tor der Schönheit und Rechtschaffenheit** (1; Lizheng Men). Eine Tafel über dem Eingang, auf der der Name des Tors auf Chinesisch, Mongolisch, Tibetisch, Uighurisch und Mandschurisch geschrieben steht, erinnert an die ethnische Vielfalt des Qing-Reichs. Durch das Mittagstor (Wu Men) betritt man das aus neun Höfen bestehende **Mittelschloß** (2; Zheng Gong). Die vorderen Hallen dieses Komplexes dienten vornehmlich der Repräsentation, während im hinteren Bereich die Privatgemächer lagen. Der Aufbau ähnelt also dem des Kaiserpalastes in Beijing. Zum Teil sind die Hallen noch mit ihrem Originalmobiliar ausgestattet. Die große Halle der Ruhe und Aufrichtigkeit (Danbojincheng Dian) diente als offizieller Audienzsaal. Sie ist vollständig aus

Der Name des Sizi Shuwu bezieht sich auf eine Passage aus dem »Lunyu«, nach der Konfuzius geäußert haben soll: »Bei der Geburt schon Wissen zu haben, das ist die höchste Stufe; durch Lernen Wissen zu erwerben, ist die nächste Stufe; Schwierigkeiten zu haben und doch zu lernen, daß ist die nächste Stufe; Schwierigkeiten zu haben und nicht zu lernen, das ist die unterste Stufe des gemeinen Volkes.«
Konfuzius, »Lunyu«, 15,9

dem kostbaren südchinesischen Nanmu-Holz errichtet, was in der Hitze des Sommers einen angenehmen Duft verströmt und die Mükken fernhalten soll. Kunstvolle Schnitzereien zieren Decken und Wände. In der Mitte des Raums erhebt sich eine Plattform mit dem Thron. Auf der Zentralachse des Palastes folgt dahinter das Studierzimmer der Vier Klassen des Wissens (Sizhi Shuwu), in dem der Kaiser seinen Tagesgeschäften nachging, Minister und Beamte empfing und sich vor und nach wichtigen Zeremonien umkleidete.

Dann folgen die Wohnquartiere des Palastes. Die Halle der Erfrischenden Nebel und Wellen (Yanbo Zhishuang) bildet das Zentrum dieses Komplexes. Sie diente dem Xianfeng-Kaiser bei seinem Aufenthalt im Jahr 1860 als Schlaf- und Arbeitszimmer. Der verhängnisvolle Beijinger Vertrag, den er hier unterschrieb, liegt mit der Aufschrift »genehmigt« noch immer auf seinem Schreibtisch. Den Abschluß bildet die Halle des Panoramas der von Wolken Bedeckten Berge (Yunshan Shengdi). Östlich des Mittelschlosses steht die **Kiefern- und Kranich-Halle** (3; Songhe Zhai), in der die Damen der kaiserlichen Familie residierten. Dahinter folgt das **Schloß der 10 000 Täler und Kiefern im Wind** (4; Wanhe Songfeng), der älteste Gebäudekomplex der Residenz. Der Kangxi-Kaiser nutzte ihn noch als Amtssitz, seinen Nachfolgern diente er zur Entspannung. Von hier genossen sie den Blick auf den Park und die umliegenden Hügel oder zogen sich zum Studium der Schriften zurück.

Weiter in östlicher Richtung gelangt man zu den Ruinen des alten **Ostschlosses** (5; Dong Gong), in dem der Qianlong-Herrscher bevorzugt seinen Tagesgeschäften nachgegangen sein soll. Ein dreistöckiges Theater gehörte ebenfalls zu der Anlage, die 1948 einem Feuer zum Opfer fiel.

Nördlich des Palastkomplexes erstreckt sich das **Parkgelände**, welches sich in ein Seengebiet im Osten, eine Steppenebene im Norden und ein Hügelland im Westen unterteilt. Diese drei Zonen stehen für die verschiedenen Landschaften des chinesischen Reiches: die liebliche Seenlandschaft für den wasserreichen Süden jenseits des Yangzi-Flusses, die Steppenebene für das endlose Grasland der Mongolei, und die Hügel symbolisieren das ›Dach der Welt‹ im Südwesten des Reichs.

Die **Seenplatte** im Ostteil des Gartens mit den unzähligen Inselchen und Dämmen unterteilt sich in den Unteren See, den Oberen See und den Silbersee. Wegen Versandung weisen sie nur noch etwa zwei Drittel ihrer ursprünglichen Größe auf. In diesem Gebiet bedienten sich die kaiserlichen Gartenarchitekten des beliebten Stilmittels des Landschaftszitats. So findet sich beispielsweise eine Nachbildung des berühmten Su-Dammes vom Westsee in Hangzhou, der hier **Graspfad und Wolkendamm** (6; Zhijing Yunti) heißt; die **Hallen des Goldbergs** (7), des Jin Shan, mit dem markanten dreistöckigen Gottespavillon (Shangdi Ge) ahmen den Goldbergtempel in Zhenjiang (Provinz Jiangsu) nach, und das **Haus des Dunstes und des Regens**

(8; Yanyu Lou) auf der Insel des Grünen Lotos wurde nach dem Vorbild des gleichnamigen Baus im Nan Hu von Jiaxing in Südchina errichtet. Schön ist die sogenannte **Hütte im Herzen des Wassers** (9; Shuixin Xie), wie sich die drei Pavillons oberhalb einer Schleuse im südlichen Teil des Sees nennen. Auch die Ausblicke auf die sanften Hügel der umliegenden Berglandschaft und den seltsam geformten Hammerfelsen (Qingchui Feng) sind nach den Regeln der chinesischen Gartenkunst ›entliehen‹, und aus der Ferne in die Landschaftsgestaltung miteinbezogen.

Wendet man sich in nordwestliche Richtung und läßt die Seenplatte hinter sich, so erreicht man die **Bibliothek Furt der Literatur** (10; Wenjin Ge). Sie gehörte ehemals zu den bestsortierten des gesamten Qing-Reiches. Im 18. Jh. verfaßten Gelehrte in zehn Jahre langer Arbeit hier die 36 304 Bände umfassende Enzyklopädie »Siku Quanshu« (»Vollständige Schriften der Vier Speicher«). Vier Kopien fertigte man von dieser Sammlung an, die alle bis dahin in China bekannten Werke der Philosophie, Geschichte und Literatur erfaßte. Nur eine blieb erhalten und wird seit 1915 in der Beijinger Stadtbibliothek verwahrt.

Die nördliche **Ebene** des Parks unterteilt sich in den Garten der 10 000 Bäume (Wanshu Yuan) im Osten und den Damm des Erprobens der Pferde (Shima Dai) im Westen, wo Pferderennen abgehalten wurden.

Das **Hügelgebiet** im Nordwesten durchziehen mehrere Täler. Empfehlenswert ist der Aufstieg zum Pavillon auf dem Schneebedeckten Südberg (Nanshan Jixue), von dem man eine schöne Aussicht auf die Residenz und die umliegenden Tempelanlagen genießt.

Acht Äußere Tempel

Östlich und nördlich der Residenz gruppieren sich einige in ihrem Erscheinungsbild für China außergewöhnliche buddhistische Tempel in einem Halbkreis um den Park. Die meisten weisen eine Mischung aus chinesischen und tibetischen Stilelementen auf. Jeder einzelne repräsentiert eine bestimmte Region des chinesischen Reiches und unterstreicht die politische Verbundenheit einer ethnischen Minderheit mit dem mandschurischen Kaiserhaus. So ist es kein Zufall, daß die Eingänge der Tempelanlagen in Richtung der kaiserlichen Residenz weisen und sich somit symbolisch der weltlichen Macht des Himmelssohnes unterordnen.

Insgesamt wurden in den Jahren zwischen 1713 und 1780 elf Tempel in den Hügeln außerhalb der Residenzstadt errichtet. Man teilte diese in acht Verwaltungseinheiten ein, woraus sich der Name Acht Äußere Tempel ergab. Sieben Tempel haben sich bis heute erhalten, von zweien stehen nur noch Ruinen und zwei weitere sind gänzlich verfallen. Vier Tempel liegen am östlichen Ufer des Wulie-Flusses, die übrigen fünf auf der anderen Seite, nördlich des kaiserlichen Parks.

Im Süden, am Ostufer des Wulie, stehen mit dem **Tempel der Umfassenden Menschenliebe** (11; Puren Si) und dem **Tempel der Universalen Güte** (12; Pushan Si) die ältesten der acht Tempelbezirke. Sie stammen noch aus der Kangxi-Ära (reg. 1662–1722). Ersteren errichtete man 1713 anläßlich des 60. Geburtstags des Kaisers im tibetischen Stil. Er ist nur noch teilweise erhalten, letzterer gänzlich verfallen.

Der **Tempel der Universalen Freude** (13; Pule Si) am östlichen Hang dagegen befindet sich in gutem Zustand. Er wurde 1766 im Auftrag des Qianlong-Kaisers im chinesischen Stil erbaut. Im hinteren Teil des Tempels jedoch fällt der Pavillon des Morgenlichts (Xuguang Ge) durch seine eigentümliche Form auf. Auf einem quadratischen zweistöckigen Mauersockel erhebt sich ein runder Pavillon, der eine verkleinerte Kopie des Altars der Ernteopfer im Himmelstempel zu Beijing darstellt. Auf der ersten Stufe der Terrasse umgeben Stupas und Buddha-Bildnisse den mittleren Pavillon. In seinem Inneren beachte man die prächtig verzierte Decke. Hier ist außerdem ein aus 37 Holzstücken gefertigtes Modell des Pavillons zu sehen – Symbol für die 37 Wissensgebiete des Buddha. Der Qianlong-Kaiser widmete das Gebäude den Stämmen der Kasachen und Khalkas aus Xinjiang. Er erinnerte damit an die erfolgreiche Vertreibung der Dsungaren aus Ost-Turkestan und den Anschluß Xinjiangs an das chinesische Großreich.

Wer Zeit hat, kann hier zum bizarren Hammerfelsen wandern, was etwa eine Stunde in Anspruch nimmt. Mittlerweile führt auch eine Seilbahn hinauf.

Der **Tempel der Befriedung der Fernen Gebiete** (14; Anyuan Miao) wurde 1764 im tibetischen Stil erbaut und verweist auf die Eroberung des Tarim-Beckens und des Gebiets von Ili. In der Halle der Universellen Bekehrung ist eine Statue des Bodhisattva Kshitigarbha (chinesische Quellen bezeichnen sie als Grüne Tara), des Herrschers der Unterwelt, zu sehen. Von den Fresken, die einst die Tempelwände schmückten, sind nur noch Fragmente erhalten.

Auf der westlichen Seite des Wulie-Flusses setzt sich die Reihe der Tempel mit dem **Tempel des Universalen Friedens** (15; Puning Si) fort. 1995 wurde die monumentale Anlage gründlich renoviert. Der Bau erinnert ebenfalls an den Sieg über die Dsungaren im Ili-Gebiet. 1755 wurde er in Anlehnung an das berühmte tibetische Kloster von Samye gestaltet. Der vordere Teil des Tempelkomplexes zeigt sich allerdings in rein chinesischem Baustil, erst der hintere Part weist tibetische Elemente auf. Mit dieser Konzeption sollte die politische Überlegenheit der Mandschuren über die lamaistischen Mongolen verdeutlicht werden. Im ersten Hof, hinter dem Torhaus mit den grimmigen Tempelwächtern, berichten drei Stelen auf Tibetisch, Mandschurisch, Chinesisch und Mongolisch von der Unterwerfung der mongolischstämmigen Dsungaren und über die Entstehung des Tempels. Darauf folgen die Halle der Himmelskönige und die Haupthalle mit den Buddhas der Drei Zeiten. Dahinter beginnt der lamaistische Teil des Komplexes. Hier erhebt sich der 37 m hohe Mahayana-Pavillon (Dasheng Ge). Zusammen mit den ihn umgebenden Hallen der Sonne (links) und des Mondes (rechts), den vier Pavillons

Im Tempel des Universalen Friedens

Ein Mandala ist ein wichtiges Hilfsmittel zur Meditation, ein heiliger Raum, der zugleich Sinnbild des buddhistischen Kosmos ist.

und dreistufigen Terrassen bildet er ein architektonisches Mandala. Die Mahayana-Halle im Zentrum stellt den Weltenberg Sumeru (Meru) dar, die ihn umgebenden Bauten symbolisieren die vier großen und vier kleinen Kontinente der tibetischen Kosmologie. Vier Chörten in vier verschiedenen Farben vollenden das Mandala. Der rote Stupa soll den Gläubigen an Buddhas Geburt erinnern, der schwarze an das Erlangen der Erkenntnis, der weiße kündet von seiner ersten Predigt im Gazellenhain von Benares und der grüne von seinem Eintritt ins Nirvana. Im Inneren der mächtigen Zentralhalle erhebt sich eine 22 m hohe Statue Avalokiteshvaras mit 42 Armen. Eine Treppe führt hinauf ins obere Stockwerk, von wo man einen Blick auf das Haupt des Bodhisattva werfen kann. Dort entdeckt man eine 1 m große Statue des Amitabha, als dessen Emanation Avalokiteshvara gilt. In den Nischen ringsum befinden sich mehr als 10 000 vergoldete Buddha-Figuren aus Ton, die die Möglichkeit des Erscheinens von unendlich vielen Buddhas in der Vergangenheit, Gegenwart und Zukunft verdeutlichen sollen.

Der **Tempel der Universalen Hilfe** (16; Puyou Si) aus dem Jahr 1760, etwas weiter östlich ebenfalls im tibetischen Stil errichtet, ist leider stark zerstört.

Den **Tempel der Glückseligkeit und des Langen Lebens des Sumeru-Berges** (17; Xumi Fushou Miao) ließ der Qianlong-Kaiser

1780 zu Ehren des 6. Panchen Lama als Kopie des Klosters Tashilhunpo in Shigatse, des Stammsitzes des Panchen Lama, errichten. Die dreistufige Rote Terrasse bildet das Zentrum der Anlage. Die quadratische Haupthalle, Erhabene und Würdige Halle (Miaogao Zhuangyan Dian), umschließt einen Innenhof, auf dem sich wiederum ein dreistöckiges Gebäude erhebt: die Große Halle (Da Dian). Diese diente dem Panchen Lama während seines Aufenthalts als Ort der Lehre und Meditation. Die Statue auf dem Sitzplatz des religiösen Oberhaupts stellt Tsongkhapa, den Begründer der Gelbmützenschule und großen Vorgänger sowohl des Dalai als auch des Panchen Lama, dar.

Keinesfalls sollte man den Weg aufs Dach der Haupthalle versäumen. Von dort läßt sich das prachtvolle, mit vergoldeten Bronzeziegeln gedeckte zweistufige Dach der Da Dian bewundern. Ins Auge fallen die liebevoll gearbeiteten acht vergoldeten Drachen, welche die Firste schmücken. Ein jeder wiegt 1 t. Für die Vergoldung des Dachs wurden insgesamt 1500 kg Gold verarbeitet.

Kleiner Potala-Tempel

In westlicher Richtung führt die Straße weiter zum **Kleinen-Potala-Tempel** (18; Putuo Zhongshen Miao), der größten aller Sakralanlagen von Chengde. Vorbild für diesen Bau war unverkennbar der Potala von Lhasa, Stammsitz des Dalai Lama. Man errichtete den Tempel als Geschenk zum 60. Geburtstag des Qianlong-Kaisers und zum 80. Geburtstag seiner Mutter. 1767 begannen die Arbeiten, die vier Jahre später abgeschlossen wurden. Die Anlage nimmt gewaltige 220 000 m^2 ein, und da den Kaiser wegen der exorbitanten Baukosten das schlechte Gewissen plagte, untersagte er von nun an seinen Untergebenen, weitere Geburtstagsgeschenke in Form von Tempeln in Auftrag zu geben.

Wie alle Tempel rund um die Sommerresidenz besitzt auch dieser politischen Symbolwert. 1771 waren die mongolischstämmigen Torgut aus dem Wolgagebiet, wo sie sich um 1630 angesiedelt hatten, nach China an den Ili zurückgekehrt. Freiwillig unterwarfen sie sich den chinesischen Truppen, was der Qianlong-Kaiser mit großzügigen Landvergaben honorierte. Im Stelenpavillon hinter dem großen Ehrentor ist das Ereignis in vier Sprachen festgehalten. Das Hauptgebäude des Tempels bildet ein massiver Bau im tibetischen Stil. Auf einer 17 m hohen weißen Terrasse erhebt sich die Rote Halle, ein 43 m hohes Gemäuer, welches mit kleinen Fenstern durchsetzt ist. Von außen täuscht es sieben Stockwerke vor, in Wirklichkeit besitzt es aber nur drei. Seine Front zieren sechs Buddha-Nischen aus grün und gelb glasierten Ziegeln, die für die sechs Lebensjahrzehnte des Qianlong-Kaisers stehen. In den Seitengebäuden finden sich einige sehenswerte Bildnisse von Gottheiten des lamaistischen Pantheon.

Westlichster erhaltener Tempel schließlich ist der relativ bescheidene **Tempel der Manjushri-Statue** (19; Shuxiang Si). Er wurde 1774 nach dem Vorbild eines Tempels auf dem heiligen Wutai Shan (Provinz Shanxi) errichtet. Der Qianlong-Kaiser ließ den Tempel zu Ehren seiner Mutter bauen, die kurz zuvor eine Pilgerreise dorthin unternommen hatte.

Von Beijing zum Meer

Tianjin

140 km südöstlich von Beijing gelegen, bietet Tianjin dem Kulturreisenden zwar nicht viele Sehenswürdigkeiten, doch die lebendige alte ›Chinesenstadt‹ und das ehemalige Kolonialviertel lohnen durchaus einen Tagesausflug.

Tianjin, die ›Himmlische Furt‹, eine moderne Industrie und Handelsmetropole, verfügt neben Dalian über den größten Handelshafen Nordchinas. Mit fünf Millionen Einwohnern – rund neun Millionen sind es mit dem eingemeindeten Umland – ist Tianjin nach Shanghai, Chongqing und Beijing die viertgrößte Stadt der Volksrepublik. Wie diese Metropolen besitzt Tianjin den Status einer ›regierungsunmittelbaren Stadt‹, wird also de facto wie eine Provinz verwaltet.

Der wirtschaftliche Aufstieg der Stadt ist eng mit der Rolle Beijings als Hauptstadt verknüpft. Als Beijing im 13. Jh. von den Mongolen zur Reichshauptstadt erklärt wurde, entwickelte sich die Hafenstadt am Bo Hai zu einem bedeutenden Warenumschlagplatz. Der Name der Stadt lautete damals Zhigu, was schlicht ›Handelsstadt‹ bedeutet. Ihre ideale Lage am Kaiserkanal und dem Hai-Fluß, der die Stadt mit dem Golf von Bo Hai verbindet, begünstigte diese Entwicklung. Tianjin verfügte somit über einen bedeutenden Übersee- sowie über einen Binnenhafen.

Handel – nicht zuletzt mit dem Ausland – und die Meersalzgewinnung trugen im 17. Jh. verstärkt zum Wohlstand der Bürger bei. Sein Gesicht wandeln sollte Tianjin dann nach 1858, dem Jahr des Vertrags von Tianjin. Bis zur Jahrhundertwende richteten zuerst die Engländer und Franzosen, später auch Japaner, Deutsche, Russen, Italiener, Belgier und Österreicher Konzessionen ein. Es entstanden Kirchen, Handelshäuser, Banken, Hotels und vornehme Villenviertel im Kolonialstil, und seit 1905 verkehrte sogar eine Straßenbahn. Nicht umsonst nannte man Tianjin bald das ›Shanghai des Nordens‹.

Diese Entwicklung provozierte allerdings auch Widerstand in der chinesischen Bevölkerung, der 1900 bekanntermaßen im Boxeraufstand mündete. Als Resultat der Auseinandersetzungen wurde Tianjins Ming-zeitliche Stadtmauer dem Erdboden gleichgemacht – damit die ausländischen Stadtherren die chinesischen Viertel besser kontrollieren konnten. 1937 war es mit Tianjins Blütezeit als Handelsmetropole erst einmal vorbei. Die Japaner besetzten die Stadt, der Handel kam zum Erliegen. Nach 1949 setzten die Kommunisten insbesondere auf den Ausbau von Tianjins Leichtindustrie, nicht zuletzt der Textilproduktion. 1976 traf das gewaltige Erdbeben von Tangshan die Stadt schwer: nahezu 80 % des Stadtgebiets wurden zerstört, mehr als eine halbe Million Menschen starben. Mit Beginn der wirtschaftlichen Liberalisierung unter Deng Xiaoping hat Tianjin sich seine Rolle als bedeutender asiatischer Handelsplatz zurückerobert und ist inzwischen Sitz zahlreicher ausländischer Handelsniederlassungen und Joint-ventures.

Rundgang durch das ›chinesische Tianjin‹

Den Spaziergang durch den ›chinesischen‹ Teil der Stadt sollte man in der **Wenhua Jie** beginnen. Ähnlich wie in der Liulichang in Beijing hat man hier einen Straßenzug im Baustil der Qing-Zeit aufgebaut. In den unzähligen Geschäften der beliebtesten Flaniermeile Tianjins werden Kunsthandwerk, Antiquitäten und allerlei Trödel angeboten. In der Mitte ihres Verlaufs erweitert sich die Straße zu einem kleinen Platz, an dessen Westseite sich der Eingang zum **Palast der Himmelsgöttin** (Tianhou Gong) befindet. Seeleute aus Südchina – durch den Handel nach Tianjin verschlagen –, errichteten ihrer Schutzpatronin im 14. Jh. den Tempel. Die Anlage des Tianhou Gong folgt dem klassischen chinesischen Muster. In den Seitenhallen sind übrigens einige Schiffsmodelle ausgestellt.

Westlich der Wenhua Jie sollte man dem alten **Konfuziustempel** (Kong Miao) in einer Seitenstraße der Dong Malu einen Besuch abstatten. Man betritt die Anlage durch zwei prächtige Ehrentore. Die Haupthalle aus dem Jahr 1436 hat das Erdbeben von 1976 nahezu schadlos überstanden und besticht durch ihre kunstvoll mit Schnitzwerk verzierten Säulen.

Hier befindet man sich bereits mitten in der alten **Chinesenstadt,** die ehemals von einer mächtigen Stadtmauer eingefaßt war. Die alten Gassen werden heute von den Straßen Bei Malu, Dong Malu, Nan Malu und Xi Malu eingefaßt, deren Namen übersetzt nichts anderes als Nord-, Ost-, Süd- und Weststraße bedeuten. Eine zentrale Nord-Süd- und eine Ost-Westachse durchkreuzen das Viertel. In diesem Karree gibt es noch einige malerische Gassen mit alter chinesischer Bebauung. Etwas weiter nördlich, dort, wo der Kaiserkanal in den Hai-Fluß mündet, lag ehemals der betriebsame Binnenhafen von Tianjin. Wegen der zunehmenden Verlandung des Hai He hat man heute den modernen Tianjiner Hafen flußabwärts ins 50 km entfernte Tanggu verlegt, so daß die alte Hafenromantik in der Stadt der Vergangenheit angehört.

In der Dafeng Lu, nordwestlich der Chinesenstadt, kann man abschließend noch der alten **Moschee** (Qingzhen Dasi) einen Besuch abstatten. Die im chinesischen Baustil errichteten Hallen aus dem Jahr 1703 sind weitgehend im Originalzustand erhalten. Als wichtige Handelsmetropole besaß Tianjin seit der Mongolenzeit eine bedeutende muslimische Gemeinde, die noch heute mehr als 150 000 Mitglieder zählt.

Der Antiquitätenmarkt und die alten Kolonialviertel

Der Spaziergang auf den Spuren von Tianjins kolonialer Vergangenheit beginnt in der alten britischen Konzession beim ehrwürdigen **Astor-Hotel** am westlichen Ufer des Hai-Flusses. Das Etablissement gehört zu den ältesten westlichen Hotels in China. Es wurde bereits 1863 gegründet und Anfang des 20. Jh. mehrfach erweitert. Das Luxushotel kann mit einer langen Liste illustrer Gäste aufwarten. So residierten im Astor u. a. die ersten Präsidenten der chinesischen Republik, Sun Yat-sen und Yuan Shikai, und auch der entmachtete letzte Kaiser, Puyi, tanzte hier in den 20er Jahren während seiner Zeit in Tianjin als junger Bonvivant die Nächte durch.

Vom Astor aus folgt man der Jiefang Beilu, die im englischen Sektor früher Victoria Road und weiter nördlich, jenseits der Yingkou-Straße, Rue de France hieß, in nördlicher Richtung bis zur Kreuzung Binjiang Dao. Linker Hand liegen auf diesem Weg das Gebäude der ehemaligen **Deutsch-Asiatischen Bank** und das **Kunstmuseum** (Yishu Bowuguan, Nr. 77), letzteres in einem alten französischen Palais. Die **Binjiang Dao,** ehemalige Rue du Baron Gros, ist heute die lebhafteste Einkaufsstraße von Tianjin. Hier gibt es zahlreiche Läden, darunter Textilgeschäfte, und die größten Kaufhäuser der Stadt. Auch die **Heping Lu** säumen einige Häuser mit schönen Kolonialfassaden. Eine Attraktion stellt der große **Antiquitätenmarkt** auf der Shenyang Dao und den umliegenden Nebenstraßen dar. Der Markt findet täglich von 7.30–15.00 Uhr statt.

Zum Schluß verdient in der Nanjing Lu die alte französische **Xikai-Kirche** (Lao Xikai Jiaotang), ein eigenwilliger Kuppelbau im neoromanischen Stil aus dem Jahr 1907, einen Blick.

Die alte französische Kirche Lao Xikai

Shanhaiguan

Etwa 400 km östlich von Beijing liegt am Ufer des Bo Hai nicht weit von der Grenze zur Provinz Liaoning der Ort Shanhaiguan. An dieser Stelle windet sich die Große Mauer aus den Bergen hinab ins Meer, was dem Ort seinen Namen gab: ›Paß zwischen Bergen und Meer‹. Im Jahr 1381 errichtete man hier eine mächtige Festung, zwischen deren Mauern sich der Ort entwickelte. Vom Fort aus wurde in der Ming-Zeit (1368–1644) der Handelsweg in die Mandschurei und nach Korea überwacht. An den vier Kompaßpunkten durchbrechen Tore die Mauern, mächtigstes und bekanntestes ist das Osttor. Auf der hier 12 m hoch aufragenden Mauer thront ein 13 m hoher, 20 m langer und 11 m breiter Turm, auf dessen Dachvorsprung eine Tafel seinen Namen nennt: Tianxia Diyi Guan, **Erstes Tor unter dem Himmel** (1). Zwar erneuerten die Ming 1639 die Anlage umfassend, es nutzte ihnen allerdings nicht viel, denn nur fünf Jahre später sollten die aus Nordwesten nach China vordringenden Mandschuren die Macht in Beijing übernehmen.

Umgebung von Shanhaiguan

Nur 4 km südlich von Shanhaiguan am **Alten Drachenkopf** (2; Lao Longtou) erreicht die Große Mauer schließlich das Meer. Etwa 6 km östlich von Shanhaiguan erinnert ein Tempel, der **Mengjiangnü Miao** (3), an eine der berühmtesten treuen Gattinnen der chinesischen Geschichte: Meng Jiangnü. Als ihr Mann zum Frondienst an der Großen Mauer zwangsrekrutiert wurde, reiste sie ihm nach, um ihm warme Kleider für den Winter zu bringen. Sie kam indes zu spät. Ihr Mann war bei der harten Arbeit bereits ums Leben gekommen. Meng Jiangnü weinte so bitterlich, daß die Mauer schließlich zerbrach und

Erstes Tor unter dem Himmel

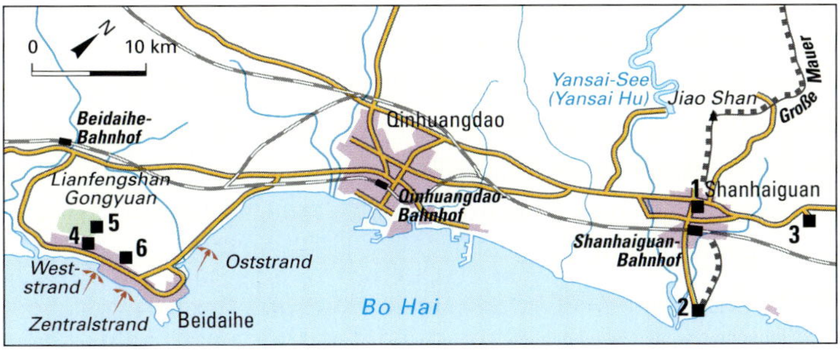

Shanhaiguan und Beidaihe
1 Erstes Tor unter dem Himmel
2 Alter Drachenkopf
3 Tempel der Frau Meng Jiang
4 Sommerhäuser
5 Meerblick-Pavillon
6 Café-Restaurant Kiessling

den Leichnam ihres Mannes freigab. All dies beobachtete der Erste Kaiser, Qin Shihuangdi (249–210 v. Chr.), der sich sogleich in die Dame verliebte und sie als Konkubine begehrte. Meng Jiangnü willigte unter der Bedingung in seinen Antrag ein, daß er ihren verstorbenen Gatten mit einem Staatsbegräbnis ehre. Der Handel war somit perfekt, doch als die feierliche Musik des Staatsorchesters nach dem Begräbnis verstummte, warf sich die getreue Ehefrau in die Fluten des Meeres und ertrank.

Beidaihe

Etwa 35 km westlich von diesem geschichtsträchtigen Ort liegt das Strandbad von Beidaihe, wo Tausende sonnenhungriger Chinesen im Sommer ihre Wochenenden oder ihren spärlichen Urlaub verbringen.

Beidaihe verfügt über einen 10 km langen weißen Sandstrand, der im Sommer allerdings vor Menschen kaum zu sehen ist. Bis 1990 war er in der ›klassenlosen Gesellschaft‹ in drei streng bewachte Abschnitte unterteilt: den mittleren für hohe Parteikader, den für ausländische Diplomaten im Westen und den für das ›gemeine Volk‹ im Osten. Außer frischer Luft und chinesischer Urlaubsherrlichkeit gibt es für den Kulturreisenden wenig zu sehen. Lediglich die alten kolonialzeitlichen Villen im Ort sind von Interesse. Beidaihe wurde Ende des 19. Jh. von den Engländern, die nicht weit entfernt die Eisenbahntrasse verlegten, als Sommerfrische entdeckt. Kurz vor 1900 wurden die ersten **Sommerhäuser** (4) errichtet, in den 30er Jahren waren es schon über 500. Als die Ausländer abzogen, zogen die Parteikader ein. Weitere herrschaftliche Anwesen wurden in Sanatorien und Erholungsheime für verdiente Arbeiter und Parteimitglieder umgewandelt. Einen schönen Ausblick über Beidaihes grüne Kiefernwälder, die Villen und den Strand bietet der **Meerblick-Pavillon** (5; Wanghai Ting) im Lianfengshan-Park etwa 1500 m nördlich des mittleren Strands. Im Ort sollte man nicht verpassen ein gepflegtes Stück Kuchen im legendären, alten österreichischen **Café-Restaurant Kiessling** (6; Qishiling Canting) zu probieren. Allerdings hat es nur in der Saison von Juni bis August geöffnet.

Die Halbinsel Shandong

Tai Shan

Der Tai Shan gilt in China als der erhabenste aller Berge. Er zählt neben dem Heng Shan in Hunan, dem Hua Shan in Shaanxi, dem Heng Shan in Shanxi und dem Song Shan in Henan zu den fünf mythischen Bergen Chinas. Der Tai Shan soll, so die Legende, aus dem Haupt des Riesen Pangu hervorgegangen sein (s. S. 24). Hier, so heißt es, beginne die Sonne ihre tägliche Fahrt gen Westen. Darüber hinaus gilt der Berg als Residenz eines der höchsten Götter des daoistischen Pantheon, des Großen Kaisers des Östlichen Gipfels (Taiyue Dadi).

Bereits Konfuzius, der vor etwa 2500 Jahren in der Nähe des ›Erhabenen Berges‹ lebte, soll auf seinen Gipfel gestiegen sein und dort sinniert haben, wer hier oben stehe, dem liege die Welt zu Füßen. Damit mutmaßte er richtig, denn in späterer Zeit pilgerten Generationen von chinesischen Kaisern auf den Tai Shan, um dem Himmel ein Stückchen näher zu sein – allen voran der notorisch abergläubische Reichseiniger Qin Shihuangdi (reg. 221–210 v. Chr.), der bei den Göttern Bestätigung für seinen Weltmachtanspruch suchte. Auch der berühmte Han-Kaiser Wudi (147–87 v. Chr.) ließ es sich nicht nehmen, hier mit dem Himmel Zwiesprache zu halten. Erst mit ihm etablierte sich in China die Vorstellung vom Kaiser als ›Himmelssohn‹, dem die verantwortungsvolle Aufgabe der Vermittlung zwischen dem Himmel und den Menschen auf der Erde zukam.

Für die Besteigung des 1542 m hohen Tai Shan sollte man sich mindestens einen, besser zwei Tage Zeit nehmen. Fast 7000 Stufen führen zum Gipfel. Ausgangspunkt für den Aufstieg ist der kleine Ort Tai'an, verkehrsgünstig an der Eisenbahnlinie Beijing–Shanghai gelegen und nebenbei Heimat der verstorbenen Mao-Witwe Jiang Qing.

Bevor man zum Gipfel stürmt, steht in **Tai'an** noch die Besichtigung des **Tempels des Berggottes** (1; Dai Miao) als ›Must‹ auf dem Programm. Wann dieser ehrwürdige Tempel gegründet wurde, kann nicht mehr genau bestimmt werden. Historiker nehmen eine Gründung um 200 v. Chr. an. Der Tempel war zu Kaisers Zeiten eine wichtige Station für die kaiserlichen Pilgerprozessionen auf den heiligen Berg. Hier wurden dem Berggott Opfergaben dargebracht, und hier übernachtete der Himmelssohn samt Gefolge, bevor er den Aufstieg – zu Pferd oder per Sänfte – in Angriff nahm. Das Tempelgelände umfaßt ein gewaltiges Areal von 96 000 m². Von den ehemals 800 Hallen sind leider nur noch einige wenige erhalten. Heute beschatten mächtige alte Kiefern, Akazien und Ginkgo-Bäume das Terrain. Das wichtigste Gebäude des Tempels ist die Halle der Himmlischen Gaben (Tiankuang Dian), neben der Halle der Höchsten Harmonie im Kaiserpalast von Beijing und dem Konfuziustempel in Qufu eine der größten und erhabensten Holzkonstruktionen in China. Das 22 m hohe Gebäude zählt fast 1000 Jahre, 1956 wurde es umfassend restauriert. Bekrönt von einem gestaffelten Walmdach aus glasierten

Besonders sehenswert:
Tai Shan ☆
Qufu ☆
Qingdao

»Wie gewaltig ist doch der Tai Shan! Seine grünen Hänge umfassen noch weitere Gebiete als die Länder Ch'i und Lu. Wunderbare Schönheiten hat hier der Schöpfer vereinigt; des Berges Höhe ist so groß, daß stets seine Nordseite dunkel, seine Südseite hell ist. Voll Spannung beobachte ich das Hervortreten der Wolken aus dem Berge, mit weit geöffnetem Auge verfolge ich den Vogel, der zum Berge zurückkehrt. In Zukunft muß ich einmal den höchsten Gipfel ersteigen, um bei der Aussicht von der Spitze alle Berge ringsherum in ihrer Kleinheit zu sehen.«
Du Fu (712–770)

◁ *Blick über den Tempel der Azurblauen Wolken, Tai Shan*

Der Tempel des Berggottes in Tai'an

Ziegeln in der kaiserlichen Farbe Gelb, erhebt sich die Tiankuang Dian auf einer dreistufigen, reich verzierten Marmorterrasse. Das Innere der Halle schmückt ein monumentales Wandgemälde (62 × 3,3 m), das die Prozession des Berggottes und seines Gefolges auf den Tai Shan zeigt. Eine Skulptur des Berggottes, gehüllt in ein kaisergelbes Tuch, steht in einer Seitennische.

In den Nebenhallen des Tempels werden diverse Gottheiten aus der ›Familie‹ des Berggottes verehrt. Mehr als 150 Inschriftentafeln mit kunstvollen Kalligraphien erinnern an berühmte Besucher des Tempels – Kaiser, Staatsmänner, Dichter und Gelehrte. Die älteste der Tafeln ließ bereits 219 v. Chr. Qin Shihuangdi aufstellen. Der Schriftzug darauf soll gar von der Hand seines berühmten Kanzlers Li Si stammen. Der Bronzepavillon aus dem Jahr 1615 stand ursprünglich auf dem Gipfel des Tai Shan.

Im östlichen Teil der Anlage befindet sich der Östliche Sitz des Kaisers (Dongyu Zuo), in dem der Kaiser auf seiner Pilgerfahrt zu übernachten geruhte. Hier kann man drei kostbare Opfergaben an den Berggott bewundern, die als die Drei Schätze bekannt sind: eine Porzellankalebasse aus der Ming-Zeit (1368–1644), ein aus Adlerholz geschnitzter Löwe und ein Jadezepter, genannt die ›halb kalte, halb warme Jade‹, letztere beide aus der Qing-Zeit (1644–1911).

Tip
Beginnt man erst mittags nach der Besichtigung des Berggott-Tempels mit dem Aufstieg, so empfiehlt sich die Übernachtung in einem der Gasthäuser am Gipfel, wo man mit ein bißchen Glück am nächsten Morgen einen unvergeßlichen Sonnenaufgang erleben kann.

Der Aufstieg auf den Tai Shan

Es gibt drei Möglichkeiten, den Tai Shan zu bezwingen: die etwa 8 km lange Ostroute, die früher von den kaiserlichen Prozessionen beschritten wurde und eine Vielzahl an Sehenswürdigkeiten – Tempeln, Gedenktafeln und Aussichtspavillons – zu bieten hat; die landschaftlich reizvolle Westroute; oder der Weg mit Bus und Seilbahn. Wer die Sehenswürdigkeiten am Wegesrand nicht missen möchte, aber unter Zeitdruck steht, kann die erste Hälfte der Strecke zu Fuß zurücklegen und das steile letzte Stück hinter dem Mittleren Himmelstor (Zhongtian Men), das etwa 2–3 Stunden in Anspruch nimmt, mit der Seilbahn überbrücken. Für den Aufstieg über die Ost- und den Abstieg über die Westroute sollte man insgesamt etwa 8–10 Stunden einplanen (festes Schuhwerk, Regenschutz und Pullover). Wir beschreiben im folgenden den Aufstieg über die Ostroute.

Markanter Ausgangspunkt für die kleine ›Pilgerreise‹ ist das steinerne **Tor des Berggottes** (2; Daizong Fang) aus dem Jahr 1730, etwa 1 km nördlich des großen Berggott-Tempels in Tai'an. Am Ortsausgang gabelt sich der Weg dann in die Ost- und die Westroute. Etwas abseits des Hauptwegs liegt der **Teich der Himmlischen Königinmutter** (3; Wangmu Chi), welcher der Königinmutter des Westens, dem weiblichen Pendant zum Herrn des Tai Shan, gewidmet ist. Zurück auf dem Hauptweg, durchschreitet man sodann das Erste Himmelstor (Yitian Men) sowie das **Tor zu Ehren des Konfuzius** (4;

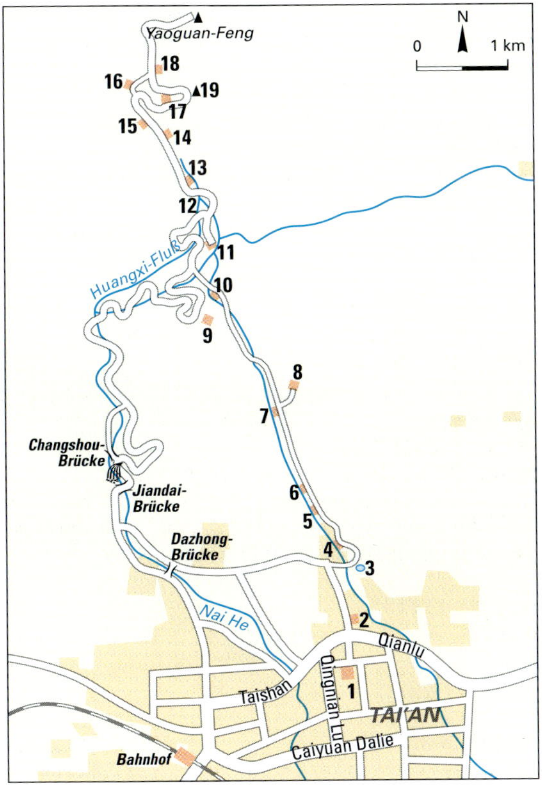

Tai Shan
1 *Tempel des Berggottes*
2 *Tor des Berggottes*
3 *Teich der Himmlischen Königinmutter*
4 *Tor zu Ehren des Konfuzius*
5 *Palast des Roten Tores*
6 *Torgebäude der 10 000 Unsterblichen*
7 *Palast der Göttin des Großen Bären*
8 *Tal der Steinsutra*
9 *Felsen, an dem die Pferde umkehren*
10 *Pavillon des Himmelskessels*
11 *Mittleres Himmelstor*
12 *Brücke des Wolkenpasses*
13 *Pavillon der Fünf Kiefern*
14 *Pavillon der Gegenüberliegenden Kiefern*
15 *Treppe der 18 Windungen*
16 *Südliches Himmelstor*
17 *Tempel der Prinzessin der Azurblauen Wolke*
18 *Tempel des Jadekaisers*
19 *Gipfel zum Schauen des Sonnenaufgangs*

Kongzi Denglin Chu), an dem Chinas berühmtester Philosoph den Aufstieg zum heiligen Berg begonnen haben soll. Den Ehrenbogen errichtete man 1560, also erst gut 2000 Jahre nach seinem Tod. Dahinter liegt der **Palast des Roten Tores** (5; Hongmen Gong) von 1626, welcher der Prinzessin der Azurblauen Wolke, der Enkeltochter des Herrn des Tai Shan, geweiht ist. Sie gilt als die Schutzherrin der Frauen, insbesondere der Mütter und Großmütter.

Im Umkreis des 1620 errichteten **Torgebäudes der 10 000 Unsterblichen** (6; Wanxian Lou) finden sich mehr als 60 Stelen mit Gedichten aus der Ming- und Qing-Zeit, die die Schönheit der Landschaft preisen. Nach einem weiteren Kilometer erreicht man den **Palast der Göttin des Großen Bären** (7; Doumu Gong), ein daoistisches Nonnenkloster für die Schutzpatronin der Literaten. Es heißt, die Dame bewohne einen der Sterne im Bild des Großen Bären *(dou)*. In der Haupthalle aus dem Jahr 1542 ist sie mit einem Gefolge von 40 weiteren Sterngöttern und 10 000 Unsterblichen abgebildet.

Kurz dahinter zweigt ein schmaler Weg nach rechts ab in das **Tal der Steinsutra** (8; Jingshi Yu), wo man im Jahr 550 das 1043 Schriftzeichen umfassende, buddhistische »Diamantsutra« in einen Felsen gravierte. Die einzelnen Zeichen sind etwa 50 cm groß und immer noch klar zu erkennen.

Zurück auf dem Hauptweg gelangt man, überschattet von herrlichen Zypressen, zum **Felsen, an dem die Pferde umkehren** (9; Huima Ling). Hier, so heißt es, hätten die kaiserlichen Rösser zumindest den weiteren Aufstieg verweigert, und so mußte der Himmelssohn in eine Sänfte umsteigen. Sicherlich wären die armen Männer, die ihn von nun an tragen mußten, auch gerne umgekehrt, hätte man sie nur gefragt. Vorbei am **Pavillon des Himmelskessels** (10; Hutian Ge), benannt nach einem bizarren Felsen, der in seiner Form an das

Hof mit Räuchergefäß im Tempel der Prinzessin der Azurblauen Wolke

klassische Bronzegefäß *hu* erinnert, gelangt man schließlich zum **Mittleren Himmelstor** (11; Zhongtian Men), wo der östliche und der westliche Pfad wieder aufeinander treffen.

Über die **Brücke des Wolkenpasses** (12; Yunbi Qiao), die über ein Wildwasser führt, geht es weiter zum **Pavillon der Fünf Kiefern** (13; Wusong Ting). Hier soll 219 v. Chr. Qin Shihuangdi unter den Ästen von fünf mächtigen Kiefern Schutz vor einem Unwetter gesucht haben. Aus Dankbarkeit verlieh der ›Gottgleiche Kaiser‹ mit einem Hang zum Bürokratismus jedem der Bäume den Titel eines Ministers Fünften Grades. Die Kiefern, welche heute den Pavillon beschatten, erfreuen sich dagegen nicht dieser außerordentlichen Ehre, sie wurden vor nur etwa 250 Jahren gepflanzt. Etwas weiter oberhalb, am **Pavillon der Gegenüberliegenden Kiefern** (14; Duisong Ting), fühlte sich der kunstsinnige Qianlong-Kaiser (reg. 1736–96) dereinst auf seinem Pilgerweg zu einigen Versen auf die herrliche Berglandschaft inspiriert. Man verewigte diese in der sogenannten **10 000 Fuß Hohen Stele** (Wanzhang Bei) in Stein.

Am Zhongtian Men beginnt die Seilbahn, die die letzten 600 m Höhenunterschied zum Gipfel in acht Minuten bewältigt. Hier gibt es ein Rasthaus, in dem man sich erfrischen, etwas essen und auch übernachten kann. Dem Wanderer steht ab dem Mittleren Himmelstor noch ein etwa 2–3 Stunden währender Fußmarsch bevor, der mitunter sehr steil werden kann.

Nun gilt es, die **Treppe der 18 Windungen** (15; Shiba Pan) mit ihren 1200 Stufen zu meistern. Wer diese Himmelsleiter hinter sich gebracht hat, so heißt es, der erreiche Unsterblichkeit. Fixpunkt für den müden Wanderer bildet das **Südliche Himmelstor** (16; Nantian Men), ein purpurroter Bau mit goldgelbem Ziegeldach aus dem Jahr 1264, der auch Pavillon, der den Himmel streift (Motian Ge) genannt wird.

Gemeinsam mit den taufrischen Seilbahntouristen beschreitet man nun den sogenannten Paradiesweg zum **Tempel der Prinzessin der Azurblauen Wolke** (17; Bixia Ci). Der Komplex aus dem frühen 11. Jh. strahlt eine außergewöhnlich schöne Atmosphäre aus. Seine Dächer hat man mit Dachpfannen aus Eisen und Bronze gedeckt, die vor dem unwirtlichen Klima schützen. In der Haupthalle plazieren zuweilen ältere Damen Kinderschuhe vor der Bronzestatue der Göttin, um so einen Enkelsohn zu erbitten. In der Frisur der Prinzessin sollen übrigens drei Vögel verborgen sein, von denen lediglich die Flügelspitzen hervorlugen.

Auf dem höchsten Punkt des Tai Shan, in 1542 m Höhe, thront schließlich der **Tempel des Jadekaisers** (18; Yuhuang Dian), der höchsten Gottheit des daoistischen Pantheons, vor dessen Figur sich die Pilger verneigen. Vor dem Tempel ragt die Stele ohne Inschrift (Wuzi Bei) auf, die noch auf Han Wudi (reg. 141–87 v. Chr.) zurückgehen soll. Es heißt, dem Monarchen hätten bei Erreichen des Gipfels vor Ehrfurcht die Worte gefehlt, so daß er bewußt auf einen Text verzichtete. Wahrscheinlicher ist allerdings, daß die Inschrift durch Wind- und Wettereinwirkung im Lauf von zwei Jahrtausenden langsam verblich. Weiter östlich liegt der **Gipfel zum Schauen des Sonnenaufgangs** (19; Riguan Feng), bei dem sich jeden Tag im Morgengrauen zahlreiche Pilger einfinden, um eben dies zu tun. Bei klarem Wetter – die besten Chancen hat man im Oktober – reicht der Blick zuweilen über 200 km bis zur Küste.

Mao Zedong, der es als eine seiner größten Aufgaben ansah, die alten überkommenen Traditionen und den Aberglauben aus den Köpfen der Chinesen zu vertreiben, orientierte sich in seiner eigenen Selbstdarstellung immer wieder gern an den symbolträchtigen großen Gesten seiner imperialen Vorgänger. Als Mao den Gipfel des Tai Shan bestieg, waren ihm die Götter hold und belohnten ihn mit einem majestätischen Sonnenaufgang, der ihn zu den prophetischen Worten: »Der Osten ist rot!« inspirierte.

Qufu

Der Ort liegt 13 km östlich vom Bahnhof Yanzhou, an der Strecke Beijing–Shanghai und ist von dort aus mit dem Bus zu erreichen. Regelmäßige Bus- und Bahnverbindungen bestehen auch zum heiligen Tai Shan, der in etwa zwei Stunden Fahrtzeit zu erreichen ist. In Qufu selbst bewegt man sich am besten zu Fuß, denn fast alle Sehenswürdigkeiten liegen dicht beieinander.

Seit 2500 Jahren ist Qufu das wichtigste Pilgerziel aller Konfuzianer. 551 v. Chr. wurde hier Chinas einflußreichster Philosoph, genannt Kongzi, ›Meister Kong‹, im Westen besser bekannt unter seinem latinisierten Namen Konfuzius, geboren. Die Stadt war damals Residenz des Herzogs von Lu, in dessen Diensten Konfuzius eine Zeitlang stand. Die Reste der alten Hauptstadt von Lu (Luguo Gucheng) haben Archäologen nordwestlich des heutigen Qufu freilegen können. Qufu entwickelte sich im Lauf der Zeit zu einem ›konfuzianischen Mekka‹. Für jeden großen Staatsmann in China wurde es obligat, mindestens einmal im Leben zum Grab des großen Philosophen zu pilgern, und in Qufu wurde ein gewaltiger Tempel zu Ehren des großen ›Meisters Kong‹ errichtet.

Den kleinen Ort dominieren immer noch der Tempelbezirk, die Residenz der Familie Kong, der Nachfahren des Konfuzius, und der Wald mit der Grabstätte des Konfuzius vor den Toren der Stadt. In

Qufu
1 Konfuziustempel
2 Residenz der Familie Kong
3 Wald der Familie Kong
4 Tempel des Yan Hui

der Kulturrevolution war der Ort Ziel Tausender wütender Roter Garden, die viele der Heiligtümer schändeten und zerstörten. Mit der politischen Liberalisierung unter Deng Xiaoping wurde auch der alte Philosoph wieder rehabilitiert. Man renovierte die Gedenkstätten, die bald darauf Scharen einheimischer wie ausländischer Touristen anzogen. Mit dem wachsenden Fremdenverkehr schwand leider der etwas verschlafene Charme, den Qufu noch bis vor ein paar Jahren besaß.

Konfuziustempel – Kong Miao

Der mächtige **Konfuziustempel** (1) nimmt etwa ein Fünftel der gesamten Stadtfläche Qufus ein. Auf einer 1 km langen Nord-Süd-Achse gruppieren sich neun imposante Tore und Hallen. Insgesamt umfaßt der Komplex eine Fläche von 22 ha. Zwar besagen chinesische Geschichtsbücher, der Tempel wäre ein Jahr nach dem Tod des Meisters, also bereits 478 v. Chr., im Auftrag des Herzogs Ai von Lu gegründet worden, doch darf dies frühe Datum in Zweifel gezogen werden. Auf jeden Fall wurde der Komplex mehrfach erweitert und renoviert, so daß die heutigen Hallen überwiegend aus dem 16.–18. Jh. stammen.

Den Haupteingang zur Anlage bildet das **Lingxing Men** im Süden, benannt nach einem Himmelskörper im Sternbild des Großen Bären, der auch als der ›Stern der Literaten‹ angesehen wird. Eine purpurne Mauer umschließt das Gelände, die Höfe sind mit ehrwürdigen alten Zypressen bestanden, und die kühn ausschwingenden Dächer leuchten in kaiserlichem Goldgelb – was selten anderen als imperialen Gebäuden gestattet war. Mehr als 1000 steinerne Stelen, deren Inschriften zum Teil in der archaischen Siegelschrift ausgeführt sind, erinnern an Besuche bedeutender Staatsmänner und berühmter Gelehrter. Zumeist erheben sich diese Tafeln auf dem Rücken eines Bixi, eines Fabeltiers, das als der neunte Sohn des Drachenkönigs gilt, und oft mit der Schildkröte verwechselt wird.

Es heißt, daß Bixi lebte einst in den Tiefen des Ozeans und verursachte durch seine Bewegungen Flutwellen und Überschwemmungen. Der mythische Kaiser Yu wußte vor rund 5000 Jahren jedoch das Tier zu bändigen und machte sich dessen übernatürliche Kräfte bei der Bezwingung der Fluten zunutze, ließ es Dämme bauen und Kanäle graben. Damit das Bixi nicht erneut Unheil anzurichten vermochte, verlieh er ihm hernach das Amt, ehrwürdige Stelen zu tragen.

Eine Flucht von weiteren Ehrentoren leitet den Besucher auf der Mittelachse in Richtung Norden. Hinter dem **Shengshi Men** durchzieht ein kleiner Bachlauf den zweiten Hof, den drei Brücken überspannen. Zwei steinerne Grabfiguren aus der Östlichen Han-Zeit (25–220) flankieren hier den Weg. Durch das **Hongdao Men** und das **Dazhong Men** gelangt man zum **Kuiwen-Pavillon,** dem ältesten Gebäude des Kong Miao. Es diente der Aufbewahrung kostbarer Schriftstücke. Das untere Geschoß des dreistöckigen, 23 m hoch aufragenden Kuiwen Ge wurde im frühen 11. Jh. errichtet, die oberen Etagen um das Jahr 1500 ergänzt. Und wie die meisten chinesischen Tempelbauten hat man auch diesen in den folgenden Jahrhunderten mehrfach renoviert. Im Hof vor dem Dacheng Men folgen zwei Reihen von insgesamt **13 Stelenpavillons** (Shisan Yubei Ting). Die älteste Stele stammt aus dem Jahr 668, also der Tang-Zeit.

Im Konfuziustempel

Durch das Ming-zeitliche **Tor der Großen Vollendung** (Dacheng Men) betritt man den Haupthof der Anlage, in dessen Mitte sich der **Aprikosenaltar** (Xing Tan) erhebt. Seit 1569 überspannt ein quadratischer Pavillon mit doppeltem, elegant geschwungenem Zeltdach aus goldgelben Glasurziegeln die Terrasse aus dem Jahr 1024. An dieser Stelle, so heißt es, soll Konfuzius unter einem Aprikosenbaum zu seinen Schülern gesprochen und mit ihnen diskutiert haben. Die beiden Steinstelen im Inneren stiftete der Qianlong-Kaiser (reg. 1736–

96), der achtmal nach Qufu pilgerte. Unmittelbar dahinter ragt das größte und imposanteste Gebäude des Komplexes auf, die **Halle der Großen Vollendung** (Dacheng Dian), von der es heißt, sie übertreffe in ihrer Schönheit und Erhabenheit sogar die Halle der Höchsten Harmonie (Taihe Dian) im Beijinger Kaiserpalast. Hier fanden die großen Zeremonien zu Ehren des Konfuzius statt, und auch heute werden am 28. September, Konfuzius' Geburtstag, Feierlichkeiten mit Prozessionen, Gesängen und Tänzen abgehalten.

Die Halle erhebt sich auf einer 2 m hohen Terrasse, eingefaßt von einer doppelten, mit Schnitzereien verzierten Steinbalustrade. Der 32 m hohe Bau nimmt eine Fläche von 1836 m^2 ein. Jeder Grat des gestuften, mit goldgelb glasierten Ziegeln gedeckten Dachs trägt elf mythische Figuren als Dachreiter. Die Zahl Elf weist die Dacheng Dian als – nach dem Thronsaal des chinesischen Kaisers in Beijing – ranghöchstes Gebäude in China aus. An der Frontseite stützen zehn steinerne Säulen die Dachkonstruktion. Ihr Reliefschmuck – je zwei Drachen, die sich mit einem Ball spielend an der Säule emporwinden – ist kunsthandwerklich von so erlesener Qualität, daß man die Säulen, wenn kaiserlicher Besuch anstand, angeblich mit Seidentüchern verhüllte, um nicht die Mißgunst des Himmelssohns zu provozieren. Ursprünglich im 11. Jh. errichtet, fiel der Bau in der Ming-Zeit einer Feuersbrunst zum Opfer und wurde 1480 wieder aufgebaut. Auch dieser Bau brannte ab, doch beim Neubau im 18. Jh. verwendete man die alten Steinsäulen aus der Ming-Zeit wieder. Sie überdauerten auch das Wüten der Roten Garden, die während der Kulturrevolution die Innenausstattung der Halle zerstörten. So stammt etwa die Figurengruppe in der Halle, die Konfuzius mit seinen 16 Lieblingsschülern darstellt, aus neuester Zeit. 1984 wurde die Dacheng Dian nach langen Renovierungsarbeiten der Öffentlichkeit wieder zugänglich gemacht.

Im hinteren Bereich des Tempels schließt sich die **Halle des Schlafs** (Qin Dian) an, die der Ehefrau des Konfuzius gewidmet ist. Dieser zweitgrößte Bau der Anlage wurde ebenfalls erstmals im frühen 11. Jh. errichtet, doch später mehrfach erneuert.

Den Abschluß der Mittelachse des Tempels bildet die **Halle der Spuren des Weisen** (Shengji Dian) von 1592. Sie birgt 120 Steingravuren mit Szenen aus dem Leben des Konfuzius. In den seitlichen **Wandelgängen** des Hofkomplexes standen früher Steinskulpturen von berühmten Schülern des Meisters, heute finden sich statt dessen weitere Inschriftentafeln und Flachreliefs aus verschiedenen Epochen. Kurios sind vor allem eine Anleitung zur Akupunktur und die Darstellung der Evolution mit der Entwicklung vom Fisch über den Affen bis zum Menschen.

Im Westteil des Tempelkomplexes werden in der **Jinsi Tang** die Musikinstrumente verwahrt, die bei Zeremonien zu Ehren des Konfuzius benutzt wurden. Die **Qisheng Dian** ist seinen Eltern gewidmet.

Im Ostteil des Kong Miao findet sich ein **Brunnen,** der angeblich schon zu Konfuzius Kindertagen existiert haben soll. Im **Fünf-Gene-**

rationen-Tempel daneben opferte man den Ahnen der Familie Kong. Die **Halle der Lieder und der Riten** (Shili Tang) erinnert an Konfuzius schulmeisterliche Mahnung, die Klassiker des Altertums wohl zu studieren: »Wer das Buch der Lieder nicht kennt, kann sich nicht ausdrücken, wer die Riten nicht studiert, kann keine Persönlichkeit von Rang und Namen werden!«

Residenz der Familie Kong

»Wenn man durch Erlasse leitet und durch Strafen ordnet, weicht das Volk aus und hat kein Gewissen. Wenn man durch Kraft des Wesens leitet und durch Sitte ordnet, so hat das Volk Gewissen und erreicht das Gute.«
Konfuzius, »Lunyu«, 2,3

Wie so viele große Persönlichkeiten wurde Konfuzius von seinen Zeitgenossen verkannt. Zu Lebzeiten erhielt er keine größeren Ehrungen, doch seinen Nachfahren brachte er Ruhm, Ansehen, politischen Einfluß und Reichtum. Die Kaiser der Han (206 v.–220 n. Chr.) erklärten die Lehre des Konfuzius zur Staatsphilosophie, und der Clan der Kong wurde in den Adelsstand erhoben. Unzählige Ehrungen und Titel folgten in späterer Zeit, darunter auch ›Erste Familie unter dem Himmel‹. Als die konfuzianische Lehre in der Song-Zeit (960–1279) eine Renaissance erlebte, verlieh man den Kongs den Rang der ›Heiligen Herzöge von Yan‹ (Yan Shenggong). Der Hongwu-Kaiser (reg. 1368–98), der erste Herrscher der Ming-Dynastie, gestand ihnen dann das Privileg zu, direkt neben dem Konfuziustempel ihre Residenz zu errichten. Die Familienresidenz der Kong (2), die noch mit ihrem kostbaren Originalinventar ausgestattet ist, vermittelt einen wunderbaren Eindruck von der Wohnkultur einer privilegierten chinesischen Adelsfamilie. Das Anwesen umfaßt die stattliche Fläche von 16 ha und zählt 463 Räume (die Zahl bezieht sich auf die chinesische Raumeinheit *jian* (s. S. 76). Im mittleren Teil der Anlage befinden sich offizielle Empfangsräume, im westlichen Teil die Studierhallen, im Osten der Familientempel und im hinteren Bereich die privaten Wohngemächer und der Garten. Im Familienarchiv werden detaillierte Aufzeichnungen über das Leben und die Tätigkeit der einzelnen Familienmitglieder aus der Zeit von 1534–1948 aufbewahrt.

Der Wald der Familie Kong und die Umgebung der Stadt

2 km nördlich der Stadt erstreckt sich ein 200 ha großes, mit alten Bäumen bestandenes Areal, auf dem Konfuzius und seine Nachfahren bestattet sind. Im **Wald der Familie Kong,** auch Heiliger Wald (3; Sheng Lin) genannt, herrscht eine angenehme, ruhige Atmosphäre. Man betritt das mit unzähligen Grabsteinen, Gedenkstelen und Pavillons durchsetzte Waldstück, welches von einer 10 km langen Mauer eingefaßt wird, von Süden her durch zwei Ehrentore – ein steinernes und ein hölzernes – aus der Ming-Zeit (1368–1644).

Steinerne Skulpturen im Wald des Konfuzius

Steinskulpturen von Menschen und Tieren und heute meist auch die unvermeidlichen fliegenden Händler, beladen mit Konfuzius-Kitsch und Souvenirs, flankieren den Weg zum Grab des Meisters. Es handelt sich um einen schlichten, mit Gras bewachsenen Erdhügel, den eine Ziegelmauer umgibt. Ob Konfuzius tatsächlich hier seine letzte Ruhe fand, darüber läßt sich nur spekulieren. Ein feierlicher Gedenkstein verkündet jedenfalls: »Grab des heiligen Königs der Kultur, der die Vollkommenheit erlangt hat«. Weiter östlich liegen der Sohn des Konfuzius, Kong Li, und sein Enkel, Kong Ji, begraben. Das weitläufige Gelände lädt zu ausgiebigen Spaziergängen und Erkundungen ein.

Auf dem Rückweg in die Stadt sollte man noch den **Tempel für Yan Hui** (4; Yan Miao), einen Lieblingsschüler des Konfuzius, im Nordosten von Qufu besuchen. Als Yan Hui im Alter von 32 Jahren starb, soll Konfuzius untröstlich gewesen sein. Überliefert sind seine Worte: »Klage ich zu heftig? Wenn ich um diesen Mann nicht bitterlich weine, um wen sollte ich es dann tun?«

Der Tempel für Yan Hui soll bereits im 2. Jh. v. Chr. gegründet worden sein. Die Anlage wurde jedoch im Lauf der Zeit mehrmals verändert, und so stammen die heutigen Hallen aus der Ming- und Qing-Zeit. Ähnlich wie im Konfuziustempel zieren auch hier Drachenreliefs die Steinsäulen der Haupthalle. Indes wurde diesem Tempel nicht das Privileg zuerkannt, seine Dächer mit kaiserlich gelben Ziegeln zu decken: Sie erstrahlen in leuchtendem Grün.

Vor den Toren Qufus (4 km östlich) lohnt sich ferner ein Ausflug zum **Mausoleum des Shaohao.** Shaohao gilt als einer der fünf großen Urherrscher der chinesischen Mythologie und Sohn des legendären Gelben Kaisers (Huangdi). Vor 5000 Jahren soll er die Geschicke Chinas gelenkt haben. Er gilt ferner als Urahn der Kong-Sippe, was Konfuzius damit zum direkten Nachfolger des Gelben Kaisers macht – eine typische Maßnahme chinesischer Historiographen des Altertums, die chinesische Geschichte stets in lückenlosen und ›logischen‹ Zusammenhängen präsentieren zu wollen. Das Grabmal für Shaohao wurde indes erst 1111 errichtet, also etwa 3000 Jahre nach den angenommenen Lebzeiten des legendären Herrschers.

Qingdao

Qingdao, die ›grüne Insel‹, war bis vor 100 Jahren lediglich ein Fischerdorf auf einer Landzunge zwischen dem Gelben Meer und der Bucht von Jiaozhou. 1898 aber legten deutsche Kanonenboote an, und es wurde die erste Kolonie des Deutschen Reiches auf chinesischem Boden gegründet. Tsingtau nannte man sie in der preußischharten deutschen Umschrift, und ähnlich (Tsingtao) leuchtet es heute noch in roten Buchstaben von den grünen Bierflaschen, dem wohl einzigen Vermächtnis deutscher Kolonialherren in China, auf das man guten Gewissens stolz sein kann. Es ist bis heute unumstritten der beste ›Gerstensaft‹, den man in China bekommen kann.

Bei der Errichtung der Kolonie ging man mit deutscher Gründlichkeit vor, riß die chinesischen Dörfer ohne Ausnahme ab und baute ein wahrhaftes Musterstädtle mit deutschen Kasernen, deutschen Kirchen, deutschen Villen, deutschen Ämtern und natürlich einer deutschen Brauerei. Selbst im Weinbau versuchte man sich hier, im milden Klima der Hügel von Shandong. Qingdao wurde an das chinesische Eisenbahnnetz angeschlossen und war von Berlin auf dem Schienenweg in weniger als zwei Wochen zu erreichen. Außerdem gab es Kohlevorkommen in der Nähe, die wichtig waren, denn in erster Linie sollte die Stadt den Deutschen als Flottenbasis dienen. ›Tsingtau‹ wurde konsequent auch nicht der Verwaltung des Kolonialministeriums, sondern der des Reichsmarineamtes unterstellt. Von den knapp 5000 Deutschen, die hier Anfang des 20. Jh. lebten, waren über vier Fünftel Soldaten.

Nach 16 Jahren war das deutsche Intermezzo am Gelben Meer dann aber schon wieder vorbei. Am 7.11.1914 besetzten japanische Truppen den Hafen. Erst 1922 kam Qingdao offiziell wieder in chinesische Hand.

Blick über die Dächer von Qingdao, die ein wenig an deutsche Dächer erinnern – doch finden sich sehr wohl chinesische Elemente.

Ein amerikanischer Kriegsberichterstatter notierte Anfang des 20. Jh., »daß sich in den anderen Hafenstädten des fernen Ostens die Nachricht herumgesprochen hatte, daß Tsingtao die gesundeste Stadt Asiens und ein bezaubernder Urlaubsort sei«.

Mit großartigen Sehenswürdigkeiten kann Qingdao heute zwar nicht aufwarten, doch der morbide Charme der alten deutschen Viertel entschädigt und lädt dazu ein, einfach nur durch die Straßen zu streifen und auf ›Spurensuche‹ zu gehen. Qingdao ist heute eine moderne Stadt mit 3,5 Millionen Einwohnern, doch im Kern hat sich ihr deutsches Kleinstadtflair weitgehend erhalten. Mancherorts mutet sie an wie ein Ostseebad aus Kaiser Wilhelms Tagen. Qingdaos Strände zäh-

Qingdao 1 Meereskundemuseum 2 Kleine Grüne Insel 3 Pavillon der Zurückkehrenden Wellen 4 Bahnhof 5 Ehemaliger Tsingtao-Club 6 Ehemaliges Seemannsheim 7 Alte Steyler Mission 8 St. Michaelis-Kathedrale 9 Rathaus 10 Christuskirche 11 Ehemalige Residenz des deutschen Gouverneurs, heute Hotel 12 Qingdao-Brauerei

len zu den besten Chinas und sind im Sommer so bevölkert wie die Gestade vor Rimini.

Am besten beginnen die Erkundungen am Badestrand Nr. 1 und von da am Meeresufer entlang Richtung Westen. Dabei passiert man das eher traurige **Meereskundemuseum** (1) und den Lu-Xun-Park auf der Spitze der Landzunge. Auf der **Kleinen Grünen Insel** (2; Xiao Qingdao), durch eine Mole mit dem Festland verbunden, ragt ein 15 m hoher, weißer Leuchtturm auf. Weiter ist der Taiping Lu, dem ehemaligen Kaiser-Wilhelm-Ufer, eine befestigte Uferpromenade vorgelagert, von der aus ein Pier aufs Wasser hinaus zum **Pavillon der**

Zurückkehrenden Wellen (3; Huilang Ge) führt. Der Bau, 1891 im klassischen chinesischen Stil und mit gelbem Ziegeldach errichtet, gilt als Wahrzeichen der Stadt. In nördlicher Richtung schließt sich dem Pier die wichtigste Geschäftsstraße Qingdaos, die Zhongshan Lu, ehemals Friedrichstraße, an.

Über die Guanxi Lu gelangt man zum **Bahnhof** (4), einem Relikt der Kolonialzeit, der etwas an eine turmbewehrte Ritterburg erinnert.

Kehrt man zur Zhongshan Lu zurück und verfolgt diese weiter gen Norden, so passiert man rechter Hand einen Jugendstilbau, der früher einmal den **Tsingtao-Club** (5) beherbergte. Hat man die Hubei Lu (die frühere Kronprinzenstraße) hinter sich gelassen, so entdeckt man auf der rechten Straßenseite der Zhongshan Lu den Fachwerkbau des ehemaligen **Seemannsheims** (6), in dem die einsamen jungen deutschen Matrosen fern der Heimat betreut und vor den ›Reizen des Ostens‹ bewahrt werden sollten.

Biegt man am Qingdao Hotel in die Qufu Lu, die ehemalige Berliner Straße, so gelangt man zum alten Gebäude der **Steyler Mission** (7), der übrigens die beiden Deutschen angehörten, deren Ermordung man zum Anlaß für den Erwerb der Kolonie gemacht hatte. Hügelan steht man alsbald vor den Doppeltürmen der katholischen **St.-Michaelis-Kathedrale** (8), die den Seeleuten bei der Anfahrt auf Qingdao lange als Orientierungshilfe dienten. Erst in den 30er Jahren schlossen chinesische Christen die Arbeiten an dem neoromanischen

Die Mole zum Pavillon der Zurückkehrenden Wellen

Die katholische Kirche von Qingdao, die St.-Michaelis-Kathedrale

Kirchenschiff ab. Nach ihrer Schließung in der Zeit der Kulturrevolution wird in der Kirche seit 1982 wieder die heilige Messe gelesen.

Folgt man der Dexian Lu (Hohenlohestraße) bis zur Yishui Lu (Diederichsstraße), so öffnet sich der ehemalige Gouvernements-Platz, dominiert vom wuchtigen Bau des **Rathauses** (9) aus dem Jahr 1906. Die Stadtregierung ließ das Rathaus übrigens 1989 erweitern, indem der Bau fast spiegelgleich wiederholt wurde. An der Westseite liegt das ehemalige kaiserliche Gericht, das 1914, nur einige Monate vor der Vertreibung der Deutschen fertiggestellt wurde. Beide Gebäude haben im modernen Qingdao ihre ursprüngliche Funktion beibehalten.

Der Yishui Lu folgend erreicht man die evangelische **Christuskirche** (10), einen Jugendstilbau mit rustikalem Bossenwerk und markantem, mit Kupfer verkleidetem Turm aus der Hand des Architekten Curt Rothkegel. Die Kirchenuhr, so liest man noch heute, wurde von J. F. Weule, in Bockenem am Harz hergestellt. Ganz in der Nähe, in der Longshan Lu, befindet sich der Eingang zu einem unterirdischen Markt. Direkt darüber liegt auf dem ehemaligen Diederichsberg der Yinhao-Park, von dessen Aussichtspunkt auf der Kuppe sich ein herrliches Panorama der Stadt bietet. Hier erhebt sich auch die **ehemalige Residenz des deutschen Gouverneurs** (11), ein imposanter verschachtelter Bau mit zahlreichen Türmchen, Giebeln, Erkern, ein wenig Fachwerk und rustikalem Gesimsen und Arkaden. Der Palast mit dem spröden Charme eines preußischen Jagdschlosses kostete den deutschen Steuerzahler im Jahr 1905 stolze eine Million Goldmark. Die Gouverneursresidenz hat die Besetzung durch die Japaner ebenso gut überstanden wie die Wirren der Kulturrevolution, denn sämtliche Machthaber – von japanischen Militärs bis zu Mao

Die frühere Residenz des deutschen Gouverneurs ist heute ein Hotel.

Zedong – wählten sie zu ihrer bevorzugten Bleibe in Qingdao. In der trutzigen Villa inmitten des schönen Parks ist heute ein Hotel untergebracht.

Unvollständig wäre ein Aufenthalt in Qingdao sicherlich ohne die Besichtigung der berühmten **Brauerei** (12; zu buchen über das örtliche Reisebüro des CITS). Die ehemalige Germania-Brauerei liegt in der Dengzhou Lu (Hauptmann-Müller-Straße) in einem unattraktiven Industriegebiet nordwestlich des Stadtzentrums. 1904 wurde sie gegründet, und bereits zwei Jahre später erhielt das Tsingtao-Bier, welches mit dem in ganz China berühmten alkalischen Mineralwasser aus dem Lao Shan gebraut wird, auf der Münchner Brauereiausstellung die Goldmedaille.

Auch die Heimat des Laoshan-Mineralwassers ist durchaus einen Ausflug wert. Die bis zu 1300 m hoch über dem Gelben Meer aufragenden **Lao-Berge** bieten schöne Wanderungen durch tiefe Schluchten, vorbei an Wasserfällen und schroffen Klippen sowie einige sehenswerte daoistische Tempel. Das berühmteste Kloster ist der **Tempel der Höchsten Reinheit** (Taiqing Gong) aus der Song-Dynastie (960–1279), von dem aus man einen schönen Blick aufs Meer genießt. Auch Qin Shihuangdi (221–210 v. Chr.) soll hier einmal sehnsüchtig aufs Meer geschaut haben und dabei an die drei legendären Inseln im Ostmeer gedacht haben, auf denen Unsterbliche das Geheimnis des ewigen Lebens hüten sollen. Der abergläubische Monarch ließ daraufhin zwei Expeditionen mit mehr als 1000 Jünglingen und Jungfrauen in See stechen, damit sie ihm das begehrte Elixier brächten. Sie kehrten niemals zurück, und noch heute spekuliert man, ob sie nicht vielleicht den japanischen Archipel besiedelten.

Das Lößplateau

Datong

Etwa sieben Zugstunden nordwestlich von Beijing liegt im Lößplateau des nördlichen Shanxi die Industriestadt Datong. Etwa eine Million Menschen leben hier vornehmlich von Kohleförderung und -verarbeitung. Lägen nicht die einzigartigen buddhistischen Yungang-Grotten in der Nähe, so würde sich sicherlich so schnell kein Reisender hierher verirren. Doch Datong selbst besitzt – neben deprimierenden Vororten – innerhalb seiner alten Stadtmauer eine reizvolle Altstadt mit einzigartigen Tempeln. Das Gebiet lag stets im Kräftefeld zwischen dem chinesischen Reich und den Steppenvölkern der Mongolei. Bereits in der Han-Zeit (206 v.–220 n. Chr.) baute man eine Bastion zur Verteidigung der Grenzlinie. Die Große Mauer verlief damals knapp nördlich der heutigen Stadt, und auf der Reise von Beijing hierher wird man immer wieder am Wegesrand Mauerreste aus verschiedenen Epochen entdecken.

Besonders sehenswert:
Datong ☆
Heng Shan
Wutai Shan ☆
Taiyuan

Xi'an ☆☆
Terrakottaarmee ☆☆
Tang-Gräber ☆

Luoyang ☆

Im Lauf der Geschichte gelang es verschiedenen Fremdvölkern dennoch, die hiesige Grenzlinie zu durchbrechen, und zeitweise machten diese Völker Datong sogar zu ihrer Hauptstadt. So die turkstämmigen Toba-Wei, die zwischen 386–534 Nordchina unterwerfen konnten. Von 398 bis 494 wählten sie Datong, das damals noch Pingcheng hieß, zu ihrer Residenzstadt. Sie errichteten Paläste und eine 16 km lange Stadtmauer, von der heute jedoch nichts mehr zu sehen ist. Den Toba-Wei hat Datong (und China) manches zu verdanken. Indem sie den Buddhismus zu ihrer Staatsreligion machten, trugen sie viel zu seiner Verbreitung in Nordchina bei. In Datong hinterließen sie die einzigartigen Yungang-Grotten – ein grandioses Beispiel früher buddhistischer Bildhauerkunst in China.

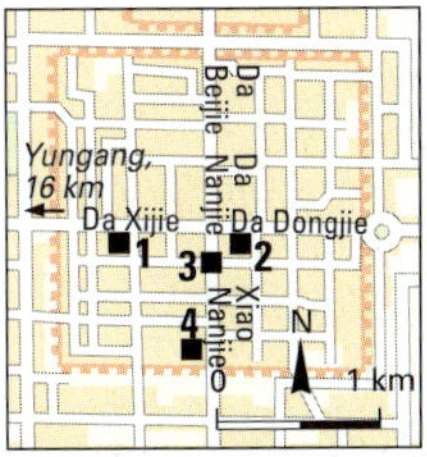

Datong
1 Huayan-Kloster
2 Neun-Drachen-Wand
3 Trommelturm
4 Shanhua-Tempel

Mit ihrem Fortgang geriet die Stadt zunächst in Vergessenheit. Erst ein halbes Jahrtausend später, unter den Liao (907–1125) und den Jin (1115–1234), wiederum Fremdvölker auf chinesischem Thron, trat sie erneut ins Licht der Geschichte. Pingcheng wurde zu Datong, ›Große Einheit‹, und zur zweiten Hauptstadt dieser Dynastien. Aus jener Zeit haben sich im Stadtzentrum noch wunderbare Tempel erhalten. Unter den Ming wurde Datong ab dem 14. Jh. schließlich wieder zur Militärbasis, von der aus man die Nordgrenze des Reiches verteidigte.

Besichtigung der Stadt

Innerhalb der heute erhaltenen Stadtmauer aus dem Jahr 1372 lohnt sich der Besuch zweier buddhistischer Tempel, die beide als einzigartige Beispiele früher chinesischer Holzarchitektur gelten.

Auf einer Anhöhe im Südwesten der Altstadt erhebt sich der **Huayan Si** (1), welcher nach der buddhistischen Avatamsaka- oder

◁ Wächterfigur aus der Fengxian-Grotte, Longmen

›Blumengirlanden‹-Schule benannt ist, die im 11. Jh. in China großen Einfluß besaß. In diese Zeit fällt auch die Gründung des Tempels. Seine Anlage weist eine architektonische Besonderheit auf, die in engem Zusammenhang mit der damals regierenden Liao-Dynastie steht. Die Hallen sind nicht nach klassisch chinesischer Manier von Süden nach Norden ausgerichtet, sondern von Osten nach Westen. Eine Reminiszenz an den schamanistischen Sonnenkult der nördlichen Reitervölker, von denen die Liao abstammen. In der Ming-Zeit (1368–1644) wurde die Anlage in zwei Komplexe geteilt, das Obere und das Untere Huayan-Kloster.

Zentrum des **Oberen Huayan-Klosters** (Shang Huayan Si) ist die Schatzhalle des Großen Helden (Daxiong Baodian). Der ursprüngliche Bau aus dem 11. Jh. brannte 1122 nieder, wurde jedoch 1140 wieder aufgebaut. Mit ihrer Grundfläche von 1560 m^2 gilt die Daxiong Baodian als die größte Halle ihrer Zeit. In der Mitte thronen fünf vergoldete Buddha-Statuen, flankiert von 20 beeindruckenden Götterfiguren. Mahnend neigen sie sich dem Betrachter entgegen. Das Figurenensemble stammt aus dem 15. Jh. Wunderbare Malereien mit Szenen aus dem Leben Buddhas zieren die Wände. Beachtung verdient auch die bunt bemalte Holzkassettendecke mit nahezu 100 verschiedenen Motiven.

Ein unvergleichlicher Schatz chinesischer Holzarchitektur ist die Halle zur Aufbewahrung der Heiligen Schriften (Baojijiao Zangdian) im **Unteren Huayan-Tempel** (Xia Huayan Si). Sie wurde 1038 errichtet und beherbergt entlang der Wände einzigartige Einbauschränke zur Aufbewahrung von 579 Bänden heiliger buddhistischer Schriften. Die Einbauten sind so alt wie die Halle selbst und ähneln mit ihren geschwungenen Dächern doppelstöckigen Pavillons. Eine bogenförmige Brücke, die gleichfalls ein Pavillon krönt, verbindet sie

Vergoldete Buddha-Statuen in der Schatzhalle des Oberen Huayan-Kloster

in der Mitte. Die drei zentralen Buddha-Statuen der Halle sowie die sie umgebenden Bodhisattvas, Arhats und weiteren Buddhas sind aus Lehmstuck gefertigt und stammen größtenteils ebenfalls aus dem 10. und 11. Jh. Zwar ging der Großteil der einst hier gehüteten Schriften verloren, doch die Halle überdauerte die Zeiten – obwohl sie seit der Ming-Dynastie (1368–1644) vernachlässigt wurde und zuweilen sogar als Getreidespeicher herhalten mußte.

Östlich des Huayan Si erstreckt sich das Zentrum der Altstadt mit der Kreuzung von Da Dongjie und Da Beijie. Die **Neun-Drachen-Wand** (2; Jiulong Bi) ganz in der Nähe zeugt von ehemals besseren Tagen der Stadt. Die prächtig verzierte, 45 m lange, 8 m hohe und fast 2 m dicke Mauer schützte den Eingang des Palastes des Prinzen Zhu Gui vor Geistern. Vom Palast, den der 13. Sohn des ersten Ming-Kaisers Zhu Yuanzhang (reg. 1368–98) 1392 errichten ließ, blieb indes nichts der Nachwelt.

Die Zahl Neun, als die Potenz von Drei, gilt als besonders energiereich (Yang) und wird dem Drachen gern zugeordnet. Das Spiel der Drachen mit der Perle soll der Legende nach Regen bringen.

Begibt man sich nun zurück zur südlichen Hauptstraße, der Nanmen Jie, so gelangt man, vorbei am alten **Trommelturm** (3), zum **Shanhua Si** (4) in der südlichen Altstadt. Die Gründung des Tempels geht auf das 8. Jh. zurück, doch wurden seine Hallen im 12. Jh. nach ihrer Zerstörung bei der Eroberung der Stadt durch die Jin neu errichtet. Entlang einer Nord-Südachse repräsentieren sie den Baustil der Liao- und Jin-Dynastien. Man betritt die Anlage durch das Bergtor (Shan Men) im Süden. Die Halle der Drei Heiligen (Sansheng Dian) birgt eine Figur des Shakyamuni, flankiert von den Bodhisattvas Manjushri und Samantabhadra. In der Haupthalle des Tempels, der Daxiong Baodian, informiert eine Stele aus dem Jahr 1176 über die Gründungsgeschichte des Shanhua Si. Danach datiert sich der Bau der Haupthalle auf die Jahre 1123 bis 1149. Bemerkenswert sind in der Daxiong Baodian die fünf vergoldeten Buddha-Statuen und die 24 Götterbildnisse aus dem 10.–13. Jh. Die Gemälde an den Hallenwänden stammen hingegen aus jüngerer Zeit – wahrscheinlich, obwohl sie im Stil der Yuan-Zeit (1279–1368) gehalten sind, aus dem 19. Jh.

Die Yungang-Grotten

Attraktion Datongs und Hauptziel fast aller Besucher der Stadt sind die Yungang Shiku (Wolkengrat-Grotten) am Südhang der Wuzhou-Berge, 16 km westlich der Stadt. Sie zählen zu den wichtigsten buddhistischen Heiligtümern in China. Die Toba-Wei, unter deren Patronage im 4. Jh. bereits die berühmten Mogao-Grotten bei Dunhuang entstanden, gaben auch in Datong Höhlentempel in Auftrag. Diese wurden weitgehend in den Jahren 460–494 geschaffen. Danach konzentrierte sich der Tempelbau der Wei auf die neue Hauptstadt Luoyang. Über fast 1 km verteilen sich am ehemaligen Nordufer des Wuzhou-Flusses bei Datong 53 von Menschenhand in den Stein gehauene Grotten mit insgesamt etwa 51 000 Figuren. Da die Höh-

Unzählige Grotten wurden bei Datong in den Fels geschlagen.

len recht tief und deshalb vor Witterungseinflüssen geschützt sind, haben sich hier die farbigen Fassungen der Figuren relativ gut erhalten. Die Ausgestaltung mit Reliefs und Skulpturen ist ungeheuer üppig und vielfältig, fast nirgends entdeckt man eine freie Stelle. Große Monumentalfiguren sind umgeben von filigranen Reliefs, westliche Stileinflüsse mischen sich mit chinesischen Elementen. So finden sich in den Reliefs farbig verzierte, etwas plumpe Karyatiden, Ranken- und Akanthus-Motive aus der hellenistisch geprägten Gandhara-Kunst, persische Blumen- und Tier- sowie indische Götterdarstellungen und daneben typisch chinesische Architekturelemente, wie das charakteristische Konsolsystem, welches im Zusammenhang mit den vielfach abgebildeten Pagoden stetig wiederkehrt. Die erkennbaren Zerstörungen an den Grotten gehen überwiegend auf die erste Hälfte des 20. Jh. zurück, als der ›Trümmertourismus‹ aus dem In- und Ausland besonders florierte. Etwa 1400 Heiligenbildnisse wurden damals geraubt und befinden sich heute im Besitz von Privatsammlern oder Museen.

Höhlen Nr. 1–4

Die Höhlen Nr. 1–4, die sich leider in relativ schlechtem Zustand befinden, liegen am äußersten östlichen Ende des Höhlenkomplexes hinter der Qing-zeitlichen Klosteranlage. Die größte Höhle dieser Gruppe, **Nr. 3,** enthält Bildnisse der Buddhas der Drei Zeiten, die aufgrund ihrer Stilmerkmale auf das 6.–7. Jh. datiert werden. Die in Stein gehauenen Pagodenpfeiler in den Höhlen **Nr. 1, 2** und **4** tragen Reliefs, die die Lebensgeschichte des historischen Buddha Shakyamuni erzählen.

Höhlen Nr. 5–14

Die Höhle **Nr. 5** verbirgt sich hinter einer viergeschossigen Holzkonstruktion aus dem 17. Jh., wie sie früher fast allen Grotten in Yungang vorgelagert war. Die meisten fielen jedoch mit der Zeit Wind und Wetter zum Opfer. In der Grotte selbst erhebt sich die größte Figur von Yungang, ein 17 m hoher sitzender Buddha, gehauen aus einem einzigen Fels. Die Figur stammt aus dem späten 5. Jh., der farbig gefaßte Lehmverputz ist wahrscheinlich 200–300 Jahre jünger. Zu beiden Seiten des Eingangs bergen zwei Nischen Figuren des Buddha, der unter dem Bodhi-Baum die Erkenntnis erlangt. Engelhafte Wesen, Apsaras, umschweben ihn. Die Südwand ziert die Darstellung einer fünfstöckigen Pagode, die von einem Elefanten, Symbol des Friedens und der Stärke, getragen wird. Das zentrale Element der Grotte **Nr. 6** bildet ein 16 m hoher, zweistöckiger Pagodenpfeiler, dessen Seitenwände wieder Szenen aus dem Leben des Erleuchteten zieren. Den Höhleneingang flankieren grimmige Wächterfiguren. Nr. 6 gehört zu den am üppigsten ausgestalteten Grotten in Yungang und zu den letzten, die hier Ende des 5. Jh. noch unter kaiserlicher Ägide in den Fels geschlagen wurden. Grotte **Nr. 7** besteht aus zwei Hallen, deren Decken von Apsaras umschwebte Lotosmotive schmücken. Im Relief über der Verbindungstür finden sich sechs Bodhisattvas, in der hinteren Grotte die Figur eines Buddha, den zwei Löwen begleiten. Ähnlich ist auch Grotte **Nr. 8** gegliedert. Bemerkenswert und ein direkter Hinweis auf indische Einflüsse sind die Bildnisse der hinduistischen Gottheiten Vishnu und Shiva. Vishnu wird vielarmig und vielgesichtig auf seinem Reittier Garuda, der halb Vogel, halb Mensch ist, dargestellt, der achtarmige Shiva reitet auf dem Stier Nandi. Achteckige Pfeiler rahmen den Eingang der Höhlen **Nr. 9** und **10.** Die Außenseiten der Pfeiler sind zwar stark erodiert, doch an ihren Innenseiten läßt sich die Verzierung mit kleinen Buddha-Bildnissen noch gut erkennen. Am Eingang von Grotte Nr. 10 verblüffen Wächterfiguren mit geflügelten Helmen, die wahrscheinlich der hellenistischen oder persischen Tradition entstammen. Den Pagodenpfeiler in Grotte **Nr. 11** zieren schöne Bodhisattva-Reliefs. Eine Inschrift berichtet von der Fertigstellung dieser Höhle im Jahr 483. In Höhle **Nr. 12** verdienen die musizierenden Apsaras und ihre Instrumente Aufmerksamkeit. Grotte **Nr. 13** birgt eine 15 m hohe Figur des Zukunftsbuddhas Maitreya in einer außergewöhnlichen Haltung. Eine vierarmige Figur steht auf einem seiner Beine und stützt seine rechte Hand. Die Bildnisse in den Höhlen **Nr. 14** und **15** sind zwar stark verwittert, doch besticht die Tausend-Buddha-Höhle (Nr. 15, Qianfo Dong) mit mehr als 1000 Bodhisattva-Skulpturen.

Höhlen Nr. 16–20

Der nun folgende westliche Teil des Höhlenkomplexes ist der älteste der Anlage. Die Höhlen Nr. 16–20 wurden 460 vom Kaiser Wencheng der Toba-Wei (reg. 460–465) in Auftrag gegeben. Ihre Ausarbeitung erfolgte unter der Aufsicht des Mönchs Tanyao. Ihnen gemeinsam sind der ovale Grundriß, eine kuppelartige Decke und monumentale Buddha-Figuren, die zugleich die ersten fünf Kaiser der Nördlichen Wei-Dynastie repräsentieren sollen. Darüber hinaus fällt die lineare Ausarbeitung der Gesichter und Gewandfalten auf, die typisch für diese frühe chinesische buddhistische Kunst ist. In den Höhlen **Nr. 16** und **17** ›residieren‹ Shakyamuni bzw. Maitreya. Das Zentrum von Höhle **Nr. 18** bildet ein stehender Shakyamuni, dessen Mönchsgewand über und über mit Bodhisattva-Darstellungen geschmückt ist. Am Ellbogen fällt eine Gestalt mit besonders langer Nase auf, die gemeinhin für einen Europäer gehalten wird. Höhle **Nr. 19** wird beherrscht von der 17 m hohen Figur eines sitzenden Shakyamuni, meditierende Bodhisattvas füllen die Nischen an den Höhlenwänden. Höhle **Nr. 20** schießlich birgt einen 14 m hohen Buddha, der zum Wahrzeichen Yungangs wurde, vermutlich, weil er durch das Fehlen jeglicher Vorbauten am besten von außen zu sehen ist.

Höhlen Nr. 21–53

Die folgenden Höhlen stammen aus späterer Zeit, als die Wei ihre Hauptstadt Datong bereits zugunsten von Luoyang aufgegeben hatten. Der Mangel an kaiserlichen Geldern für die Gestaltung dieser Grotten ist sofort ersichtlich. Sie sind wesentlich kleiner und ihre Figuren weniger monumental. Vereinzelt verraten Inschriften die Namen von Stiftern, zumeist wohlhabende Bürger aus der Umgebung, die die Ausarbeitung in Auftrag gaben, um ihr Karma aufzubessern. Die meisten dieser Höhlen sind in schlechtem Zustand.

Skulptur des Buddha Shakyamuni – das Rad der Lehre und die Gazellen erinnern an die erste Lehrrede des Buddhas im Gazellenhain von Benares, Indien.

Oberhalb von Yungang, auf dem Rücken der Wuzhou-Berge, sieht man noch die Reste eines alten **Forts** aus dem 17. Jh. Damals besaß Datong für die Verteidigung der Nordgrenzen des Qing-Reiches strategische Bedeutung. Auch auf dem Weg von Yungang zurück nach Datong beachte man die pyramidenförmige Ruinen alter Wachtürme aus dieser Zeit.

Von Datong zum Wutai Shan

Auf der Strecke zum Wutai Shan liegen 50 km voneinander entfernt zwei weitere Sehenswürdigkeiten. 70 km südlich von Datong lohnt sich ein Stopp in der Kleinstadt **Yingxian,** die ein architektonisch einzigartiges Objekt birgt. In der Stadtmitte ragt eine 67 m hohe hölzerne Pagode, die **Shakya-Pagode** des Tempels des Buddha-Glanzes (Foguang Si Shijia Ta), auf. Sie besitzt einen achteckigen Grundriß, sechs Dachkränze umsäumen sie. Bereits 1056, also in der Liao-Zeit, erbaut, handelt es sich um die älteste Holzpagode Chinas. Bei ihrer Konstruktion wurden die Balken und Einzelteilen des Konsolsystems ohne einen einzigen Nagel miteinander verzahnt. Diesem Umstand ist es zu verdanken, daß die Pagode den wiederholten Erdbeben in der Region standhielt: Das Holzgerüst ist elastisch genug, um bei einer Erschütterung mitzuschwingen. Die äußeren sechs Dachkränze sind nur Fassade, im Inneren unterteilt sie sich dagegen in neun Stockwerke.

Der **Heng Shan,** 75 km südöstlich von Datong und etwa 5 km südöstlich des Ortes Hunyuan, zählt zu den fünf heiligen Bergen der chinesischen Mythologie. Angeblich soll er vor 4000 Jahren bereits eine der Opferstätten des Ur-Kaisers Shun gewesen sein, zumindest pilgerten spätere Kaiser hierher, um dem Himmel zu opfern. Als höchster Berg des Massivs erhebt sich der Himmelsgipfel (Tianfeng Ling) stolze 2017 m. Westlich davon schmiegt sich das **Hängende Kloster** (Xuankong Si) malerisch an die steilen Klippen des Cuiping Shan. Die farbig verzierte Holzkonstruktion mit den geschwungenen Dächern ›hängt‹ hoch über der Schlucht des Goldenen Drachen (Jinglong Xia) – von unten durch lange Balken gestützt. Auch wenn der Bau wenig solide erscheint, das Kloster hat – zugegeben mit wiederholten Erneuerungen – die Zeiten überdauert: Es existiert schon seit dem 6. Jh. Insgesamt umfaßt es 40 kleine Räume, die zum Teil direkt in den Fels hinein gehauen wurden. In den Nischen plazierte man gewichtige Götterstatuen aus Bronze, Eisen, Stein und Ton, einige stammen sogar noch aus der Tang-Zeit (618–906). Treppen, Brücken und zum Teil Leitern verbinden die Räume miteinander. Man sollte früh zum Kloster aufbrechen, denn nur am Vormittag fällt Sonnenlicht auf die Anlage.

Das Hängende Kloster am Heng Shan ▷

Wutai Shan

Der Wutai Shan, Fünf-Terrassen-Berg, gehört zu den vier heiligen Bergen des Buddhismus und ist dem Bodhisattva der Weisheit, Manjushri (Wenshu) gewidmet, der der Legende nach einst auf den fünf Gipfeln residiert und seine Lehre verkündet haben soll.

Der höchste Berg des Fünf-Terrassen-Massivs ist der 3058 m hohe Nordgipfel (Beitai Feng). In der reizvollen, alpinen Bergwelt liegen heute etwa 40 Tempel und Klöster eingebettet in die Landschaft. Das älteste unter ihnen soll bereits im 1. Jh. gegründet worden sein. Unter den Toba-Wei kamen im 4. und 5. Jh. zahlreiche Tempel hinzu, so daß man im 6. Jh. bereits 200 Sakralanlagen in diesem Gebiet zählte. Eine zweite Blüte erlebte der Pilgerort in der Ming-Zeit, und auch einige Kaiser der Qing pilgerten hierher und huldigten Manjushri.

Das Zentrum des Heiligen Berges bildet das malerische Dorf **Taihuai,** in dessen näherer Umgebung allein etwa 20 Tempel stehen. Im folgenden sollen nur die interessantesten vorgestellt werden. Beherrscht wird der Ort von einer 50 m hohen, weißen, flaschenförmigen **Dagoba** aus der Ming-Zeit (1368–1644). Sie steht auf dem Gelände des Tayuan Si und soll als Reliquie ein Haar des Manjushri bergen. In Taihuai lohnt ferner der **Luohou-Tempel** einen Besuch, der stolz auf eine Kuriosität verweisen kann: eine große hölzerne Lotosblüte auf einer Drehscheibe. Versetzt man letztere in Rotation, so öffnen sich die Blütenblätter, und es kommen buddhistische Figuren zum Vorschein. Der größte Tempel jedoch ist der **Tempel der Erscheinung** (1; Xiantong Si), eine der ältesten buddhistischen Anlagen im Reich der Mitte. Sein Gründungsdatum fällt in die Regierungszeit des Han-Kaisers Mingdi (reg. 57–75), dem einst ein goldener Buddha erschienen sein soll. Han Mingdi schreibt man die offizielle Einführung des Buddhismus in China zu. Die heutige Anlage umfaßt zwölf Höfe, die größtenteils aus der Ming- und Qing-Zeit stammen. Bemerkenswert ist die sogenannte Bronzehalle, deren Eingang zwei bronzene Pagoden flankieren und die an die 10 000 Bronzestatuetten birgt.

Nördlich des Tempels ragt der Lingjiu Feng mit der **Bodhisattva-Spitze** (2; Pusa Ding) auf, zu der 108 Stufen hinaufführen. Die Gründung dieses Tempels soll bereits im 5. Jh. erfolgt sein, etwa 1000 Jahre später baute man ihn zu einem Lamakloster um. Sein Name rührt von einer alten Überlieferung her: Einst sei hier der Bodhisattva Manjushri erschienen, habe auf dem Berg gelebt und seine Lehre verbreitet.

Der **Tempel des Manjushri-Abbildes** (3; Shuxiang Si), etwas südlich des Ortes, ist wegen seiner Monumentalstatue des auf einem Löwen reitenden Manjushri sehenswert. Neben der 9,5 m hohen Figur aus dem 15. Jh. birgt der Manjushri-Pavillon (Wenshu Ge) Skulpturen von den Buddhas der Drei Zeiten und von den 500 Arhats, die ähnlich datiert werden.

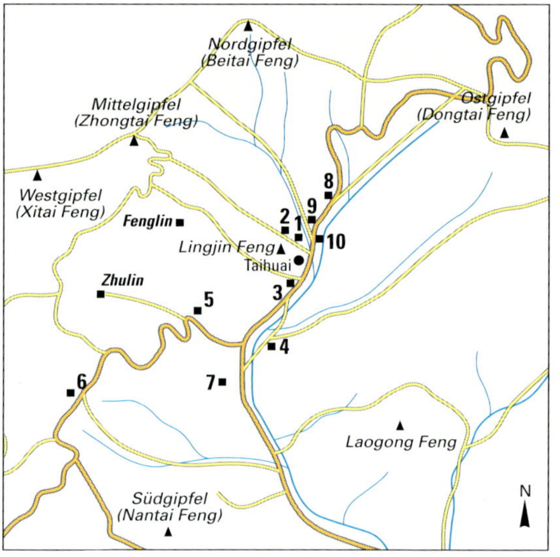

Wutai Shan
1 *Tempel der Erscheinung*
2 *Bodhisattva-Spitze und Guangzong Si*
3 *Tempel des Manjushri-Abbildes*
4 *Tempel des Südbergs*
5 *Tempel der Drachenquelle*
6 *Tempel der Goldenen Halle*
7 *Tempel der Flutbezwingung*
8 *Tempel der Smaragdgrünen Berge*
9 *Tempel zum Versammeln des Glücks*
10 *Sieben-Buddha-Tempel*

4 km südlich von Taihuai schmiegt sich der Yuan-zeitliche **Tempel des Südberges** (4; Nanshan Si) an die Hänge. Hier finden sich interessante Wandmalereien mit Szenen der berühmten Pilgerreise des Mönches Xuanzang (602–664) nach Indien, die später in dem chinesischen Roman »Die Reise nach dem Westen« ihren Niederschlag fand.

Folgt man dem Abzweig der Straße nach Westen, so gelangt man nach ungefähr 2 km zum **Tempel der Drachenquelle** (5; Longquan Si). Beachtung verdient hier ein marmornes Schmucktor aus der Song-Zeit (960–1279), das Reliefs mit buddhistischen Heiligenfiguren, Drachen und Fabelwesen zieren. Folgt man der Straße weiter, so gelangt man zum **Tempel der Goldenen Halle** (6; Jinge Si), welche die mit 17,7 m größte Statue des Wutai Shan birgt – eine Guanyin mit 1000 Armen und 1000 Augen. Landschaftlich besonders reizvoll liegt der **Tempel der Flutbezwingung** (7; Zhenhai Si), südlich von Taihuai.

Wandert man vom Ort Taihuai aus etwa 2 km entlang dem Qingshui-Fluß Richtung Norden, so gelangt man zum **Tempel der Smaragdgrünen Berge** (8; Bishan Si). Er gehört zu den größten Anlagen der Umgebung und diente vor allem als Herberge für die vielen Pilger. Die heutigen Hallen des Tempels, dessen Attraktion ein 1,5 m hoher Jadebuddha aus Birma (Myanmar) bildet, stammen aus dem 15. Jh.

Auf dem Rückweg zum Ort finden sich noch weitere sehenswerte Sakralanlagen, der **Tempel zum Versammeln des Glücks** (9; Jifu Si) oder der **Sieben-Buddha-Tempel** (10; Qifo Si).

Südlich bzw. südwestlich des Wutai Shan passiert man auf dem Weg nach Taiyuan noch zwei weitere buddhistische Tempel, die als kostbare Beispiele traditoneller chinesischer Architektur gelten. Zu beiden

Die weiße Dagoba des Tayuan Si ragt über den Dächern von Taihuai auf.

Komplexen gehören mit Hallen aus der Tang-Zeit die ältesten Holzkonstruktionen Chinas. Der **Tempel des Buddha-Glanzes** (Foguang Si), 25 km südwestlich vom Wutai Shan, wurde bereits im 5. Jh. gegründet, aber während der massiven Buddhistenverfolgungen, die 845 China erschütterten, weitgehend zerstört. 857 baute man seine Gebäude wieder auf. Die Haupthalle hat sich samt Heiligenstatuen und Wandmalereien seit dieser Zeit im Original erhalten. Eindrucksvoll sind die wuchtigen Dachtraufen und die klare Linienführung.

Etwa 10 km vom Ort Wutai entfernt, lohnt der **Tempel der Südlichen Meditation** (Nanchan Si) einen Stopp. Seine Haupthalle läßt sich auf das Jahr 787 datieren und ist damit zehn Jahre älter als ihr Pendant im Foguang Si. 1961 wurden chinesische Kunsthistoriker auf den Bau aufmerksam und erklärten ihn zum Kulturschatz. Tragischerweise ließ fünf Jahre später ein Erdbeben die 1200 Jahre alte Halle einstürzen. In minuziöser Arbeit gelang es den Restauratoren jedoch 1974/75, sie originalgetreu zu rekonstruieren. Auch die imposanten, lebendig wirkenden Holzplastiken in der Halle sind Originale aus der Tang-Zeit.

Taiyuan

Taiyuan, Hauptstadt der Provinz Shanxi, ist eine moderne Industriestadt inmitten des größten chinesischen Kohlereviers. Die 2,5-Millionen-Stadt, über der meist ein grauer Dunstschleier hängt, gibt sich nicht gerade einladend, vor allem, wenn man soeben die einsamen

Höhen des Wutai Shan hinter sich gelassen hat. Man täte der Stadt mit ihren interessanten Tempeln allerdings unrecht, würde man sie einfach ›links liegenlassen‹. Gegründet wurde Taiyuan angeblich schon im 11. Jh. v. Chr. Heute ist die Stadt ein Zentrum der Kohleförderung sowie der Eisen- und Stahlproduktion.

Rundgang durch die Stadt

Die Stadtmitte Taiyuans erstreckt sich östlich des Fen-Flusses. Kern der Stadt bildet die Hauptgeschäftsstraße Yingze Dajie mit dem Platz des 1. Mai (Wuyi Gongchang). Um diesen gruppieren sich die Hauptsehenswürdigkeiten.

Taiyuan
1 Tempel der Achtung vor der Güte
2 Provinzmuseum im Chunyang-Palast
3 Doppelpagoden

Die Besichtigung Taiyuans beginnt beim buddhistischen **Tempel der Achtung vor der Güte** (1; Chongshan Si), dem interessantesten Tempel innerhalb des eigentlichen Stadtgebiets. Der dritte Sohn des Hongwu-Kaisers (reg. 1368–98) ließ ihn 1381 zu Ehren seiner verstorbenen Mutter errichten. Angeblich steht der Komplex auf den Fundamenten eines Tempels aus dem 6. Jh. Eine Feuersbrunst zerstörte Mitte des 19. Jh. zahlreiche Hallen. Lediglich das Haupttor, der Glockenturm und die Halle des Großen Mitleids (Dabei Dian) aus der Ming-Zeit blieben verschont. Die Attraktion des Tempels stellen drei Monumentalfiguren in der Haupthalle dar. Eine 8,5 m hohe Figur des Avalokiteshvara, hier in seiner Erscheinungsform mit 1000 Armen, 1000 Augen und elf Gesichtern, wird flankiert von ebenso imposanten Figuren des Weisheitsbodhisattvas Manjushri und des Samantabhadra. Halle wie Skulpturen datieren ins späte 14. Jh. Ferner besitzt der Tempel alte buddhistische Schriften der Song- bis Qing-Zeit, darunter einige wunderbare Buchillustrationen.

In der Qifeng Jie sollte man anschließend dem **Provinzmuseum** (2) einen Besuch abstatten, das im Chunyang-Palast, einem ehemaligen daoistischen Tempel, untergebracht ist. Die Anlage, in der früher Lü Dongbin, einer der Acht Unsterblichen, verehrt wurde, geht wahrscheinlich noch auf die Jin-Zeit (1115–1234) zurück. Die Sammlung des Museums umfaßt Kunstschätze der Provinz Shanxi, darunter archäologische Funde aus dem Neolithikum sowie Bronzen, Keramiken, Steinfiguren, Inschriftentafeln, Malereien, Lacke und Keramiken aus verschiedenen Epochen.

4 km südöstlich des Stadtzentrums trifft man auf das Wahrzeichen Taiyuans die **Doppelpagoden** (3; Shuang Ta) des gleichnamigen Tempels. Der Wanli-Kaiser (reg. 1572–1620) ließ die beiden 55 m hohen Ziegelpagoden von oktogonalem Grundriß zu Ehren seiner Mutter errichten. Ihre Bauweise mit den 13 auskragenden Gesimsen ahmt offensichtlich das typische Konsolgebälk chinesischer Holzskelettarchitektur nach.

Ahnentempel der Familie Jin

25 km südwestlich liegt vor der Stadt die wohl bedeutendste Sehenswürdigkeit der Umgebung: der Ahnentempel der Jin (Jin Ci). Es handelt sich weder um eine buddhistische noch um eine daoistische Sakralanlage, vielmehr wurde der großzügige Komplex zu Ehren von

Jin Ci bei Taiyuan

1 Tor der Klaren Aussicht
2 Wasserspiegel-Terrasse
3 Brücke der Begegnung mit den Unsterblichen
4 Terrasse der Eisenmänner
5 Opferhalle
6 Fliegende Brücke
7 Halle der Heiligen Mutter
8 Tempel der Wassergöttin
9 Jungbrunnen
10 Tempel zu Ehren des Prinzen Shuyu
11 Pavillon der Tang-Stele

Tang Shuyu, dem Sohn des Königs von Wu und seiner Königin Yi Jiang, im 11. Jh. v. Chr. gegründet.

Das tatsächliche Alter des Ahnentempels der Jin liegt im dunklen. Historische Aufzeichnungen erwähnen ihn aber bereits in der Nördlichen Wei-Zeit (386–535). Im Lauf der Jahrhunderte stetig erweitert, umfaßt er heute nahezu 100 Hallen. Einige Gebäude stammen aus dem 11. Jh. und gehören damit zu den ältesten erhaltenen Holzkonstruktionen in China.

Gußeiserne Wächterfigur auf der Terrasse der Eisenmänner

Man betritt die schöne, mit alten Zypressen bestandene Anlage von Süden her durch das **Tor der Klaren Aussicht** (Jingqing Men). Dahinter erhebt sich die **Wasserspiegel-Terrasse** (Shuijing Tai) aus der Ming-Zeit, die bei Tempelfesten als Theaterbühne diente. Einige Schritte weiter nördlich führt die **Brücke der Begegnung mit den Unsterblichen** (Huixian Qiao) über den Zhibo-Kanal, der das Tempelgelände durchkreuzt. Von hier aus gelangt man zur **Terrasse der Eisenmänner** (Jinren Tai), die vier 2 m hohe, gußeiserne Wächterfiguren aus dem 11. Jh. flankieren.

Durch ein Ehrentor tritt man in die **Opferhalle** (Xian Dian). Dem Bau, welcher erstmals 1168 errichtet, danach mehrfach restauriert wurde, stehen ein **Glocken-** und ein **Trommelturm** zur Seite. Das Halleninnere birgt neben Inschriftentafeln aus der Ming-Zeit ein gußeisernes Löwenpaar aus dem frühen 12. Jh., das als das älteste seiner Art in China gilt.

Über die Fischteichquelle (Yu Zhao), ein quadratisches Wasserbecken, führt die kreuzförmige **Fliegende Brücke** (Feiliang Qiao) aus der Song-Zeit (960–1279) zur zugleich ältesten und imposantesten

Am Zhibo-Kanal im Ahnentempel der Jin

Halle des Tempels, der **Halle der Heiligen Mutter** (Shengmu Dian). Sie wurde in den Jahren 1023–31 zu Ehren der Mutter des Prinzen Shuyu errichtet. Als Meisterwerk Song-zeitlicher Bildhauerkunst gilt die Gruppe von Tonfiguren in der Shengmu Dian, die die thronende Königin, umgeben von ihren 42 Hofdamen zeigt.

Links der Halle ist ferner der zweistöckige Bau des **Tempels der Wassergöttin** (Shuimu Lou) aus dem Jahr 1563 von Interesse. Er birgt auf beiden Etagen Bildnisse der Heiligen. Der Legende nach war die Wassergöttin eine junge Bäuerin, die unter ihrer bösen Schwiegermutter zu leiden hatte. Eines Tages, als sie wieder einmal schwere Wasserkrüge zum Haus tragen mußte, erschien ein Unsterblicher und überreichte ihr eine verzauberte Rute. Von nun an mußte die junge Frau lediglich mit ihr gegen den Krug schlagen, und schon füllte er sich von selbst mit Wasser. Dies entging ihrer mißgünstigen Schwiegermutter auf Dauer nicht, die alsbald die Peitsche in ihren Besitz brachte. Doch als sich die Schwiegermutter nun die Rute dienstbar machen wollte, begannen ungeheure Mengen Wasser unaufhörlich aus dem Krug zu quellen. Selbst der jungen Frau, die sich verzweifelt auf den Krug setzte, gelang es nicht, die Flut zum Stillstand zu bringen. Und so sprudelt das Wasser bis heute weiter – als Quelle des Jin-Flusses. Der sogenannte **Jungbrunnen** (Nanlao Quan), unmittelbar vor dem Tempel der Wassergöttin wird von einem achteckigen Pavillon überspannt, der hier bereits im 6. Jh. errichtet und später mehrfach erneuert wurde.

Der **Tempel zu Ehren des Prinzen Shuyu** (Tang Shuyu Ci) aus der Qing-Zeit birgt eine Figurengruppe, die den Prinzen umringt von Musikanten zeigt. Sie wird auf die Ming-Dynastie datiert. Rechts neben der Halle ist im Pavillon der Tang-Stele (Tangbei Ting) eine Inschriftentafel mit einer Kalligraphie des Kaisers Taizong (reg. 626–649) zu bewundern.

Ausflüge in die weitere Umgebung von Taiyuan

Wer Zeit hat und mobil ist, kann von hier aus noch einen Abstecher zu den **daoistischen Grotten am Long Shan,** etwa 20 km südwestlich von Taiyuan, machen. Etwa 40 Götter- und Heiligenfiguren sowie einige schöne Drachen- und Phönixreliefs hat man hier zu Beginn der Yuan-Zeit in den Stein gehauen. Die Gründung der Anlage wird dem Mönch Song Defang zugeschrieben.

Die Stadt **Pingyao,** 100 km südlich von Taiyuan, wurde von der UNESCO 1997 in die Liste der Weltkulturgüter der Menschheit aufgenommen. Hier ist der mittelalterliche Stadtkern samt imposanter Stadtmauer noch vollkommen intakt – in China mittlerweile eine Seltenheit. In der Ming- und Qing-Zeit war der Ort chinaweit für seine Bankhäuser bekannt, die ihm zu Reichtum verhalfen. Sehenswert sind der Konfuziustempel (Wen Miao) im Südosten der Stadt, der Taizi Miao sowie ein daoistisches Kloster, Qingxu Guan.

Xi'an

Die Stadt Xi'an liegt in einem der fruchtbarsten Gebiete Chinas, im Schwemmland des Wei-Flusses, eines der größten Nebenflüsse des Huang He. Gern bezeichnen die Chinesen diese Region als die ›Wiege der chinesischen Kultur‹. Schon für das 5. Jahrtausend v. Chr. läßt sich hier die Herausbildung einer neolithischen Gesellschaft nachweisen, die vorwiegend von Fischfang und Hirseanbau lebte und kunstvoll verzierte Keramiken produzierte. Im Dorf Banpo, nur wenige Kilometer von Xi'an entfernt, kann man heute die Ausgrabungsfelder eines solchen jungsteinzeitlichen Dorfes besichtigen, das chinesische Archäologen in den 50er Jahren freilegten.

Geschichte der Stadt

In den vergangenen 3000 Jahren gründeten insgesamt elf chinesische Dynastien im Tal des Wei He ihre Hauptstädte. Die Könige der Westlichen Zhou (ca. 1030–771 v. Chr.) residierten in den Städten Feng und Hao. Der Erste Kaiser, Qin Shihuangdi, regierte von Xianyang, das etwa im Gebiet des heutigen Xi'aner Flughafens liegt, das geeinte chinesische Reich und machte sich mit seiner monumentalen Grabanlage unsterblich. Nach dem Untergang der Qin errichtete der erste Kaiser der Han am südlichen Ufer des Wei die Stadt Chang'an, die nahezu 400 Jahre lang das politische und kulturelle Zentrum des riesigen Han-Imperiums bildete und für Ostasien eine ähnliche Bedeutung erlangte wie das alte Rom für Europa.

Nach dem Sturz der Han und dem Auseinanderbrechen ihres Reiches verlor Chang'an zunächst seine herausragende Position. Doch im 6. Jh. stieg die Stadt wie der Phönix aus der Asche auf. Das Tang-zeitliche Chang'an (618–907) hatte zwei Millionen Einwohner und war damit die größte Stadt der Welt. Über die Seidenstraße zogen Händler aus West-, Zentral- und Südasien, brachten ihre Kunst, ihre Musik, ihre Moden und ihre Religionen ins Reich der Mitte. Das weltoffene Tang-Kaiserhaus und die Bürger der Metropole nahmen die fremden Einflüsse mit Toleranz und Interesse auf. Überall entstanden buddhistische Tempel, aber auch Moscheen, Kirchen, manichäische und zoroastrische Sakralanlagen. Bei Hof vertrieb man sich die Zeit bevorzugt mit dem westasiatischen Polospiel und bereicherte den Speisezettel mit Traubenwein, Granatäpfeln und Walnüssen, die von den Ostgrenzen des Römischen Reiches kamen. Doch ebenso wie man in Chang'an die Exotik liebte, bereit war, Fremdes zu integrieren, strahlte die Kultur des Tang-Kaiserhauses in alle Welt aus.

Chinas ›Goldenes Zeitalter‹ sollte etwa 300 Jahre währen. Mit dem Niedergang der Tang verlor Chang'an schließlich erneut an Bedeutung. In der Ming-Zeit (1368–1644) umfaßte seine Fläche nur noch ein Sechstel der ehemaligen Hauptstadt.

Heute ist die Drei-Millionen-Metropole Xi'an (sechs Millionen mit Umland) Hauptstadt der Provinz Shaanxi und eines der wichtigsten Industrie- und Wissenschaftszentren der Region. Xi'ans Hauptindustrien sind die Kohle- und die Baumwollverarbeitung. In den ländlichen Gebieten im Umland dominiert der Anbau von Weizen, was sich auch auf dem Speisezettel niederschlägt. Xi'an ist berühmt für seine Nudelgerichte und insbesondere die schmackhaften Maultaschen.

Xi'an
1 Glockenturm
2 Trommelturm
3 Moschee
4 Alter Stadtgott-Tempel
5 Westtor
6 Südtor
7 Schultor
8 Provinzmuseum mit Stelenwald
9 Große Wildgans-pagode
10 Historisches Museum der Provinz Shaanxi
11 Kleine Wildgans-pagode

Besichtigung der Stadt

Angesichts der klaren schachbrettartigen Anlage der Straßen innerhalb der Stadtmauer fällt die Orientierung in Xi'an nicht schwer. Das Geschäftszentrum befindet sich innerhalb der Umwallung und auch die meisten Sehenswürdigkeiten konzentrieren sich in diesem Bereich. Markanter, nicht zu verfehlender Ausgangspunkt für einen Spaziergang sollte der **Glockenturm** (1; Zhong Lou) sein. Bei ihm laufen die vier Hauptverkehrsadern, die Nördliche, Südliche, Westliche und Östliche Hauptstraße (Bei, Nan, Xi und Dong Dajie) zusammen. Das imposante Gebäude im Stil der Ming-Zeit ist 36 m hoch. Auf einem steinernen Torbau von quadratischem Grundriß erhebt sich ein mehrstöckiger Pavillon, von dessen Galerien sich ein guter Blick über die Stadt bietet. Mit der eisernen Glocke schlug man früher die Zeit an. Der Bau wurde 1582 an der heutigen Stelle errichtet, nachdem man den alten Glockenturm des Jahres 1384 aus stadtpla-

Der Glockenturm von Xi'an kontrastiert heute mit moderner Architektur.

nerischen Gründen abreißen mußte. Den **Trommelturm** (2; Gu Lou) hingegen beließ man an seinem ursprünglichen Platz, 300 m nordwestlich des Zhong Lou. Das 30 m hohe Gebäude stammt von 1380 und ähnelt im Baustil dem Glockenturm, sein Fundament ist jedoch rechteckig.

Das erste muslimische Gebetshaus auf chinesischem Boden gründeten arabische Kaufleute bereits 627 in Guangzhou – drei Jahre vor dem Einzug Mohammeds in Mekka und fünf Jahre vor seinem Tod.

Heute markiert der Trommelturm den Eingang zum malerischen muslimischen Viertel Xi'ans. Tritt man von Süden durch das Tor, so führt wenige Meter weiter links die Huajue-Gasse mit ihren unzähligen Trödlern und Souvenirläden zur **Moschee** (3; Qingzhen Dasi), der größten der Stadt. Bereits zur Tang-Zeit soll hier ein Gebetshaus zu Ehren Allahs gestanden haben. Die heutigen Gebäude wurden in der Ming- und Qing-Zeit errichtet und seither mehrfach restauriert. Auf

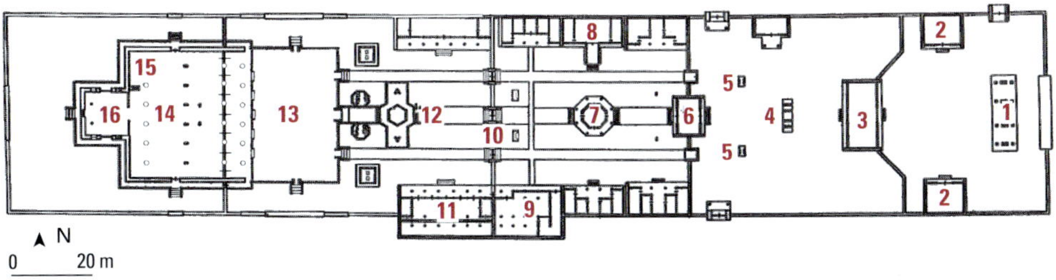

Moschee von Xi'an
1 *hölzernes Schmucktor*
2 *Seitenhallen*
3 *Erste Torhalle*
4 *steinernes Ehrentor*
5 *Stelenpavillons*
6 *Zweite Torhalle*
7 *Minarett Turm der Sorglosigkeit*
8 *Studierhalle*
9 *Raum für rituelle Waschungen*
10 *drei kleine Ehrentore*
11 *Empfangsraum des Imam*
12 *Pavillon des Einen Gottes*
13 *Mondterrasse*
14 *Gebetshalle*
15 *Minbar*
16 *Mihrab*

den ersten Blick mutet die Moschee an wie ein typischer chinesischer Tempelkomplex: Vier axial angelegte Höfe, klassische Hallen in Holzskelettbauweise, geschwungene Dächer, eine Pagode. Erst auf den zweiten Blick gibt sich die Anlage als Moschee zu erkennen. An den Mauern und auf zahlreichen Inschriftentafeln entdeckt man kunstvolle arabische Kalligraphien, und die Pagode entpuppt sich als Minarett, von dem der Muezzin die Gläubigen zum Gebet ruft. Schließlich verläuft die Mittelachse des Tempels nicht in der für China obligaten Nordrichtung, sondern von Ost nach West. Der Komplex orientiert sich also nach Mekka hin. Am Eingang der 50 × 250 m großen Anlage erhebt sich ein 9 m hohes, hölzernes Schmucktor aus dem 17. Jh. mit schwungvoll aufkragenden Dachtraufen und kunstvollem Konsolsystem. In den Seitenhallen des ersten Hofes sind Ming- und Qingzeitliche Möbel ausgestellt. Durch die Torhalle gelangt man entlang der Zentralachse zu einem steinernen Tor, mit der Aufschrift »Der Hof des Himmels«. Zwei mit Drachen verzierte Steinstelen aus dem Jahr 1573 berichten hier über die Restaurierungsarbeiten an der Moschee, für die kaiserliche Gelder bewilligt wurden. Ihre Rückseiten tragen Inschriften der berühmten Kalligraphen Mi Fei und Dong Qichang. Die Zweite Torhalle im dritten Hof, das älteste Gebäude des Komplexes, birgt die Mondstele. Sie trägt in arabischer Schrift eine Abhandlung über die islamische Kalenderberechnung, verfaßt von einem früheren Imam des Gotteshauses. Der zentrale dreistöckige Turm der Sorglosigkeit (Shengxin Lou) dient als Minarett. In der rechten Seitenhalle, einer Studierhalle, wird eine handgeschriebene Kopie des Koran aus der Ming- (1368–1644) sowie ein Plan der Stadt Mekka aus der Qing-Zeit (1644–1911) aufbewahrt. Linker Hand vor drei kleinen Ehrentoren befinden sich die Räume für die rituellen Waschungen der Gläubigen. Direkt dahinter, im vierten Hof, befindet sich der Empfangsraum des Imam. Diesen Hof beherrscht der Pavillon des Einen Gottes, welcher aufgrund seiner wie Vogelschwingen aufkragenden Dächer auch Phönix-Pavillon heißt. Hinter ihm liegt die mit blaugrünen – Grün ist ja die Farbe des Islam – Ziegeln gedeckte, mächtige Gebetshalle, die etwa 1000 Gläubigen Platz bietet. Sie steht allerdings nur Muslimen offen. In ihrem Inneren sind sämtliche Suren des Koran auf 60 Holztafeln geschnitzt festgehalten, die Hälfte davon auf Chinesisch, die andere Hälfte auf Arabisch. Die Moschee besticht insbesondere durch ihre ruhige Atmosphäre und das üppige Grün ihrer Höfe.

Auch ein Bummel durch die umliegenden Gassen lohnt sich. Auf dem Weg zum Westtor kommt man an einem **überdachten Markt** vorbei, der sich bis in die Höfe des alten **Stadtgott-Tempels** (4; Chenghuang Miao) fortsetzt. Die Hallen sind zwar schon baufällig, doch der Markt selbst ist außerordentlich lebendig.

Zinnenbewehrt, mit mächtigen Ecktürmen und Stadttoren zu jeder Seite gilt die **Stadtmauer** Xi'ans als die am besten erhaltene Stadtbefestigung des Landes. Sie wurde 1374–78, also in der Ming-Zeit, errichtet und formt ein Rechteck von 14 km Länge. Von ihren Toren aus gewinnt man einen prächtigen Überblick über die nach klassischem Vorbild axial angelegte Stadt mit dem Glockenturm in der Kreuzung von Nord-Süd- und Ost-Westachse. So imposant die Mauer auch wirkt, nimmt sie sich im Vergleich zu ihrer Vorgängerin aus der Tang-Zeit (618–906) doch recht bescheiden aus. Jene war 36 km lang und besaß 13 Stadttore. Die heutigen Wallanlagen wurden zum Teil auf den alten Fundamenten errichtet. Alle vier Tore der Stadtmauer sind für Besucher zugänglich, doch ist die Mauer nicht mehr in ihrer vollen Länge begehbar. Man kann aber vom **Westtor** (5; Xi Men) zum gewaltigen **Südtor** (6; Nan Men) wandern, das dem Zentrum mit dem Glockenturm am nächsten liegt.

Blickt man vom Südtor aus zurück in den Stadtkern, so erblickt man rechts eine kleine Ziegelpagode. Gleich daneben befindet sich ein Schmucktor namens **Shuyuan Men** (7; Schultor). Es überspannt den Eingang zur gleichnamigen Gasse, die im Qing-zeitlichen Stil renoviert wurde und in der zahlreiche Andenkenläden untergebracht sind. Am Ende des Sträßchens steht der ehemalige Konfuziustempel, das heutige **Provinzmuseum** mit dem **Stelenwald** (8; Beilin Bowuguan). Bereits 1090 gab der Song-Kaiser Zhezong den Auftrag, eine Sammlung der wichtigsten Texte zur chinesischen Geschichte, Literatur und Philosophie in Stein festzuhalten. Heute umfaßt die Sammlung 2300 Stelen, die in sechs Sälen und Wandelgängen ausgestellt sind. Die ältesten Stelen der Sammlung stammen aus der Östlichen Han-Zeit. Es handelt sich um 46 Stelen mit den konfuzianischen Klassikern, die auf das Jahr 175 datiert werden können und ehemals in der Akademie zu Luoyang aufgestellt waren. Bemerkenswert ist ferner die sogenannte Nestorianerstele von 781, die an die christliche Mission des Syrers Aloben im 7. Jh. erinnert. In dieser Zeit wurde die erste christliche Kirche in Chang'an gegründet. Die Steleninschrift ist in Chinesisch und Altsyrisch ausgeführt. Oben weist ein kleines Kreuz auf den christlichen Inhalt des Textes hin. Das umfangreichste Werk in der Sammlung stellen die »Kaicheng-Klassiker« der Tang-Zeit dar, die vom Kaiser Wenzong 837 in Auftrag gegeben wurden. Auf insgesamt 114 beidseitig gravierten Steinen sind zwölf konfuzianische Klassiker vollständig verzeichnet. Darüber hinaus bewahren unzählige Stelen jüngeren Datums Texte und Gedichte in verschiedenen Schreibstilen. Generationen von Kalligraphen übten sich anhand dieser Vorbilder in den verschiedenen klassischen Schriftstilen. Neben den Inschriftentafeln gehören 70 wertvolle Steinskulpturen zur Sammlung des Museums. Zu den schönsten zählen vier Pferdedarstellungen vom Zhao Ling des Kaisers Taizong (s. S. 252). Die 1,2 × 2 m großen Reliefs werden dem Bildhauer Gao Fo zugeschrieben und bilden die berühmten Streitrosse des Kaisers im Galopp ab.

4 km außerhalb der Stadtmauer ragt am Ende der Yanta Lu das Wahrzeichen Xi'ans auf: die **Große Wildganspagode** (9; Da Yanta). Das markante Bauwerk gehört zu den ältesten Pagoden Chinas. Sie wurde 652 auf dem Gelände des Tempels der Großen Gnade und Güte (Daci'en Si) errichtet. Ursprünglich nur fünfstöckig, wurde sie später um weitere fünf Etagen ergänzt. Anfang des 10. Jh. mußte sie dann repariert werden, da sie während der Buddhistenverfolgungen im 9. Jh. stark in Mitleidenschaft gezogen worden war. Seither zählt sie sieben Stockwerke und ist 73 m hoch. Ihre Form mit den quaderförmigen, sich nach oben verjüngenden Stockwerken orientiert sich angeblich an jenem Stupa in Bodh Gaya (Nordindien), an dem der historische Buddha Shakyamuni seine Erleuchtung erfuhr. Pilaster untergliedern die Seitenwände der Pagode. Man vermutet, daß die heute schmucklosen Nischen einst Buddha-Bildnisse bargen. Die Pagode wurde im Auftrag Kaiser Gaozongs zum Schutz für die 657

Der Name der Dayan Ta erinnert an eine Legende, die Xuanzang, ein überzeugter Anhänger der Mahayana-buddhistischen Richtung, besonders schätzte. Sie erzählt von den Mönchen eines Klosters in Indien, die der Hinayana-Richtung anhingen. Diese erlaubt den Mönchen den Verzehr von gewissen Sorten Fleisch, nämlich Hirsch, Kalb und Wildgans. Eines Tages zog ein Schwarm Wildgänse über das Kloster. Um die Mönche zu ermahnen, künftig gänzlich auf Fleisch zu verzichten und sich überdies dem Mahayana-Buddhismus zuzuwenden, opferte sich eine Gans und stürzte sich in den Klosterhof. Ihr zu Ehren errichteten die Mönche eine Pagode und bestatteten sie darin.

Der Mönch Xuanzang; bemalter Holzschnitt aus Dunhuang

Bände buddhistischer Schriften erbaut, die der Mönch Xuanzang (602–644) von seiner Pilgerreise nach Indien mitgebracht hatte. Xuanzang war 629 auf dem Landweg nach Indien aufgebrochen, um dort auf den Spuren Buddhas zu wandeln und heilige Texte zu sammeln. 645 kehrte er in seine Heimat zurück. Im Tempel der Großen Gnade und Güte übertrug er gemeinsam mit seinen Schülern die Sanskrit- und Palitexte ins Chinesische.

Die Große Wildganspagode überstand Kriege und Erdbeben. Bekannte Dichter wie Du Fu (712–770) oder Bai Juyi (776–846) wandelten unter ihr und priesen sie in ihren Gedichten. Von dem einst dreizehn Höfe umfassenden Daci'en Si, in dem stets etwa 3000 Mönche aus dem In- und Ausland lebten und studierten, ist leider nur noch ein kleinerer Teil erhalten. Die heutigen Hallen gehen auf die Qing-Zeit zurück und sind überdies größtenteils Besuchern nicht zugänglich. Im Garten des Klosters finden sich einige kleine Grabpagoden von Mönchen und Äbten.

Nicht weit von der Pagode entfernt befindet sich in der Xiaozhai Lu das **Historische Museum der Provinz Shaanxi** (10; Shaanxi Sheng Lishi Bowuguan), welches zu den bedeutendsten und modernsten Museen des Landes gehört. Der großzügig angelegte Gebäudekomplex im Stil der Tang-Zeit wurde 1991 eröffnet. Auf fast 12 000 m^2 Fläche sind hier mehr als 700 Artefakte ausgestellt. Die Ausstellung ist chronologisch gegliedert und umfaßt Objekte vom Paläolithikum bis zur Qing-Zeit. Sehenswert sind vor allem archäologische Funde aus der Zeit der Zhou-, Qin-, Han- und Tang-Dynastie. In der großzügigen Vorhalle, wo sich die Provinz Shaanxi durch Großfotografien des Lößberglandes und des Gelben Flusses präsentiert, fällt eine monumentale Löwenskulptur ins Auge. Es handelt sich um die Reproduktion einer Wächterfigur vom Grab der Mutter Wu Zetians.

Der **Rundgang** durch die Ausstellung beginnt links mit einem Saal, der dem paläolithischen Langtian-Menschen sowie den steinzeitlichen Siedlungen von Lintong und Banpo gewidmet ist. Schöne Exemplare neolithischer Keramik, versehen mit stilisierten Fischdekoren, geometrischen Motiven, Spiralmustern und geritzten Zeichen, die als Vorläufer chinesischer Schrift gelten, zeugen vom kulturellen Stand jener Gesellschaften. Die folgenden Räume sind einer ebenso eindrucksvollen wie umfangreichen Sammlung von Ritualbronzen der Shang- und Zhou-Zeit gewidmet. Ausgestellt sind einige monumentale Bronzen vom Typ *ding,* drei- bzw. vierfüßige Töpfe, in denen rituelle Speisen für den Ahnenkult zubereitet wurden, ein achtteiliger Satz Bronzeglocken von einem Fürstenhof der Westlichen Zhou-Dynastie (8./9. Jh. v. Chr.), zahlreiche üppig verzierte Wein- und Speisegefäße, Waffen und Jadeschnitzereien.

Dem kleinen Königreich Qin, dessen Grenzen in der Zeit der Streitenden Reiche in etwa mit denen der heutigen Provinz Shaanxi übereinstimmten und dessen König 221 v. Chr. zum Ersten Kaiser des geeinten chinesischen Reichs avancierte, ist ebenfalls eine Abteilung gewidmet. Besonders schön sind zwei kleine goldene Tierfiguren, die eines Hundes und eines Spechts, 1986 im Schachtgrab eines Qin-Königs im Distrikt Fengxiang entdeckt. Auch Objekte aus dem Grabkomplex Qin Shihuangdis sind zu besichtigen. Der ausgestellte Bronzewagen mit Vierergespann und Wagenlenker ist eine Replik, das Original steht bei der Terrakottaarmee in Lintong.

Der Rundgang setzt sich im zweiten Stock fort. Die nächste Abteilung widmet sich der Han-, der Westlichen Wei- und Nördlichen Zhou-Dynastie (206 v.–581 n. Chr.). Zu den Exponaten zählen Keramikmodelle von Häusern, Tieren, Wagen, Menschen – Grabbeigaben, die einen wesentlichen Wandel im chinesischen Totenkult dokumentieren. Interessant sind auch die bronzene Öllampe in Form einer Gans, die einen Fisch im Schnabel hält, ein goldener Weihrauchbrenner aus dem Besitz der Schwester des Kaisers Wudi (141–87 v. Chr.) sowie die kleinen Tierfiguren aus Gold und Silber, die den sogenannten Tierstil der zentralasiatischen Steppe repräsentieren. Ferner lohnt eine kleine ›Terrakottaarmee‹, bestehend aus Infanterie und Kavallerie, aus einem Grab der Westlichen Han-Zeit, einen Blick.

Die dritte Abteilung befindet sich auf derselben Ebene des Gebäudes und ist den Dynastien der Tang, Song, Yuan, Ming und Qing (618–1911) gewidmet, wobei der Schwerpunkt eindeutig auf der

Kunst der Tang-Zeit, Chinas ›Goldenem Zeitalter‹, liegt. Ein Modell des Tang-zeitlichen Chang'an zeigt die schachbrettartige Anlage der Stadt. Kostbare Gold- und Silberschmiedearbeiten weisen unübersehbar persische und vorderasiatische Einflüsse auf und dokumentieren damit die Weltoffenheit dieser Epoche. Die ausdrucksstarken, farbig glasierten Grabplastiken – üppige Hofdamen, Musiker und Tänzerinnen, edle Pferde und Kamele – zeugen von Lebensfreude und dem dekadenten Leben am Hof. Prunkstück der Ausstellung ist ein Trinkkelch aus Achat in Form eines Büffelkopfes mit goldenem Maul.

Der letzte Teil des Rundgangs verschafft vor allem einen Überblick über chinesische Keramik: Seladone der Song-Dynastie sowie Porzellane in Blau-Weiß- und Schmelzfarben-Dekor aus der Ming- und Qing-Zeit. Das Museum verfügt des weiteren über Räumlichkeiten für Wechselausstellungen. Außerdem bewahrt es die wunderbaren Originalfresken aus den Kaisergräbern der Tang auf, die aus konservatorischen Gründen leider nicht ständig ausgestellt werden können.

Auf dem Rückweg ins Stadtzentrum sollte man bei der **Kleinen Wildgangspagode** (11; Xiao Yanta) in der Youyi Lu (nördlich des Museums) halt machen, ein weiteres Wahrzeichen Xi'ans. Der elegant sich nach oben verjüngende Ziegelbau repräsentiert – wie auch die Dayan Ta – den Pagodenstil der Tang. Das 43 m hohe Gebäude besitzt heute noch 13 seiner ursprünglich 15 Stockwerke, die beiden obersten wurden durch das große Erdbeben 1555 zerstört. Erbaut wurde die Xiao Yanta zwischen 707 und 709 n. Chr. auf dem Gelände des Jianfu-Tempels, den die Kaiserin Wu Zetian 684 zur Erinnerung an ihren Gemahl Li Zhi (Gaozong) anlegen ließ.

Attraktionen im Osten Xi'ans

Die Grabanlage des Qin Shihuangdi

Für die Besichtigung der Terrakottaarmee sollte man mindestens einen halben Tag einplanen. Der Film, der im 20-Minuten-Takt in einem Panoramakino auf dem Ausstellungsgelände gezeigt wird, informiert über das Leben des Ersten Kaisers von China und den Bau der Grabanlage.

Die Terrakottaarmee des Ersten Kaisers (1) von China wurde im März des Jahres 1974 zufällig von zwei Bauern entdeckt, die in einem Granatapfelhain ihres Dorfes einen Brunnen ausschachteten. Wissenschaftler konnten dann innerhalb weniger Jahre vier Schächte freilegen. Darin hatte eine Armee von überlebensgroßen tönernen Kriegern unterirdisch Stellung bezogen. Auf etwa 20 000 m^2 bergen die Schächte 1–3 mehr als 7000 Terrakottasoldaten, etwa 600 Tonpferde, mehr als 100 hölzerne Kriegswagen sowie bronzene Waffen von höchster Qualität.

Den Archäologen war auf Anhieb klar, daß diese unterirdische Armee aus Tonsoldaten ein Teil des Mausoleums des Reichseinigers Qin Shihuangdi sein muß. Der Ort seines Grabes ist seit langem bekannt. Ein etwa 45 m hoher Grabhügel zeugt, weithin ins Land sichtbar, von dessen Existenz. Alte chinesische Quellen berichten

Umgebung von Xi'an
1 Terrakotta-Armee des Qin Shihuangdi
2 Huaqing-Thermalquellen
3 Neolithisches Dorf Banpo
4 Yang Ling
5 Mao Ling
6 Grab des Huo Qubing
7 Museum im Konfuziustempel
8 Qian Ling
9 Grab der Prinzessin Yongtai
10 Mausoleum des Prinzen Zhanghuai
11 Zhao Ling

von der ungeheuren Pracht, die diese Grabanlage einst umgab. Der Tumulus mit der Grabkammer des Ersten Kaisers liegt etwa 1250 m westlich vom Fundort der Terrakottaarmee, der Grabwache. Mit der Tonarmee ließ er sich ein Abbild seiner enormen militärischen Macht schaffen, mit deren Hilfe es ihm gelungen war, das gesamte Reich, ja, nach seiner Meinung die gesamte damals bekannte Welt, zu unterwerfen. Er nahm diese Macht symbolisch mit ins Jenseits, um seinen Status als Weltenherrscher ewig halten zu können.

Der gesamte Grabkomplex des Ersten Kaisers umfaßt ein Gebiet von 2,5 km^2 und gliedert sich in ober- und unterirdische Bereiche. Das Zentrum bildet der 45 m hohe Grabtumulus in Form einer vierseitigen Pyramide mit abgeflachter Spitze. Er besitzt eine fast quadratische Grundfläche und mißt an seiner Basis 350 × 345 m. Unterhalb des Hügels wird die Grabkammer des Kaisers vermutet.

Um und über dem heute eher unspektakulären Grabtumulus gruppierten sich einst Tempel- und Palastgebäude, die von zwei Schutz-

Die Krieger der Terrakottaarmee, Schacht 1

wällen ummauert waren. Aufgrund von bisher getätigten Probegrabungen dürfen gigantische Ausmaße für die unterirdische Kammer angenommen werden. Nach den heutigen Kenntnissen der Archäologen mißt sie 460 × 392 m. Die Schilderungen Sima Qians (s. Marginalspalte S. 245) scheint auch eine Bodenuntersuchung aus dem Jahr 1981 zu bestätigen, die eine außergewöhnlich hohe Quecksilberkonzentration nachweist. Einer Öffnung des ›unterirdischen Palastes‹, vor der die chinesischen Archäologen ob der exorbitanten Kosten und der technischen Schwierigkeiten, die dieses Projekt mit sich bringen wird, noch zurückschrecken, darf also mit großer Spannung entgegengesehen werden.

Die Aufstellung der Terrakottaarmee und das Schachtsystem

Der 1974 entdeckte **Schacht 1** birgt die Hauptarmee von schätzungsweise 6000 tönernen, nach damaligen Maßstäben überlebensgroßen Kriegern. Er ist 230 m lang, 62 m breit und gliedert sich in elf parallele Korridore. Bisher hat man nur etwa ein Fünftel seiner gesamten Grundfläche freigelegt. Dabei kamen 1100 Soldaten, 32 Pferde, die Überreste von acht hölzernen Streitwagen, bronzene Waffen sowie Trommeln und Glocken zutage.

Die Armee wurde in diesem Schacht nach den Regeln der damaligen Kriegskunst in Aufstellung gebracht. Sie unterteilt sich in eine Haupttruppe, Vor- und Nachhut sowie eine linke und rechte Flanke. Ihre Kampfrichtung ist Osten. Drei Reihen der Vorhut setzen sich aus ungepanzerten Bogenschützen und einigen Offizieren zusammen. Die verschiedenen Dienstränge der Soldaten lassen sich anhand des Kopfputzes unterscheiden. Infantristen bilden die Hauptstreitmacht, die innerhalb der neun Hauptkorridore in Viererreihen stehen. Sie sind gepanzert, waren ehemals mit Schwertern, Lanzen oder Dolchäxten bewaffnet und tragen ihr Haar in einem seitlich hoch gebundenen

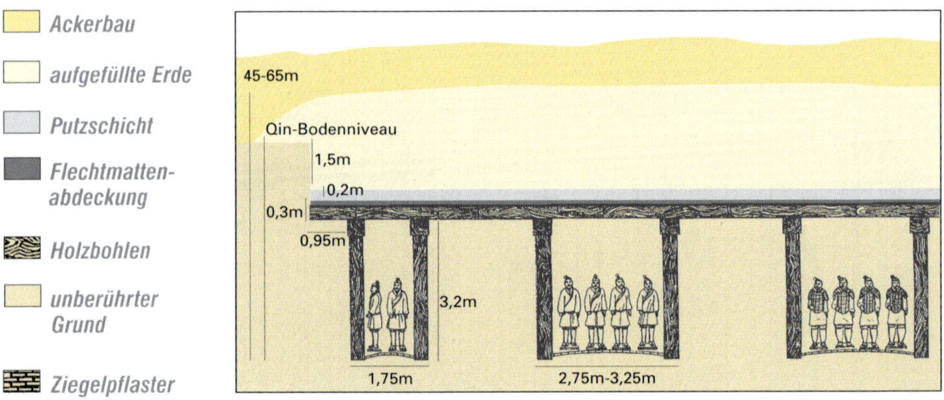

Knoten. Alle Gesichter der Soldaten sind individuell gestaltet. Zwischen den Männern hat man einige Quadrigen – von vier Pferden gezogene Kommandowagen – plaziert. Die hölzernen Kampfwagen selbst sind zerfallen, sie haben deutliche Abdrücke im Erdreich hinterlassen.

20 m nordöstlich von Schacht 1 entdeckte man 1976 eine zweite, L-förmige Grube von 96 m Länge in Ost-West- und 84 m in Nord-Südrichtung, **Schacht 2.** Bislang kamen hier 67 Quadrigapferde, 29 Kavalleriepferde und 224 Krieger ans Licht. Die Archäologen glauben, daß noch etwa 89 Streitwagen mit je vier Pferden und einem Wagenlenker, 116 Kavalleristen und etwa 560 Krieger in der Erde verborgen liegen. Dieser Schacht teilt sich in 14 von Ost nach West verlaufende Korridore. Die Kampfrichtung der darin befindlichen Soldaten ist wie in Schacht 1 Osten. Allerdings bilden die Soldaten von Schacht 2 vier verschiedene Einheiten. Es finden sich neben Fußsoldaten ebenso Bogenschützen, Quadrigen und mit Armbrüsten bewaffnete Kavalleristen, die ihre gesattelten Streitrösser am Zügel führen. In der neuen riesigen Halle sind einige originale Tonfiguren verschiedenen Typs in Vitrinen ausgestellt.

Ebenfalls 1976 entdeckte man 120 m westlich von Grabungssektor 2 einen kleinen, hufeisenförmigen Unterstand von 520 m^2 Grundfläche, **Schacht 3.** Die 68 Soldaten dieser Grube lassen sich in drei Einheiten unterteilen. Das Zentrum bildete eine Holzquadriga mit Ehrenschirm; dahinter plaziert vier Krieger mit Blick nach Osten. Die zweite Einheit steht links des Wagens, im südlichen Teil des Schachts. Fast alle Figuren an den Wänden blicken ins Rauminnere. Man fand bei ihnen besondere Schlagwaffen mit prismenförmiger Spitze vom Typ *shu,* Waffen mit denen man damals Wachtposten ausrüstete. Funde von Bronzeringen lassen darauf schließen, daß dieser Teil des Schachts ursprünglich mit Vorhängen versehen war. Tierknochen und Hirschgeweihe deuten darauf hin, daß es sich um das Abbild einer Opferstelle handelt: Vor jeder Kampfhandlung war es üblich, die Götter um Hilfe anzurufen.

Die chinesischen Wissenschaftler gehen davon aus, daß sich in der Aufstellung der Terrakottasoldaten, die verschiedenen damals üblichen Formen militärischer Taktik widerspiegeln. Demnach werden heute die Soldaten aus Schacht 1 als eigentliche Kampftruppe der Terrakottaarmee interpretiert. Die Krieger verschiedenster Waffengattungen aus Schacht 2 sollen dagegen als symbolische Nachschubeinheit für die Haupttruppe in Schacht 1 fungieren. Schacht 3 deutet man aufgrund der in Wachtposition stehenden Soldaten, des prunkvollen Kriegswagens und der Opferstelle als Kommandozentrale der Terrakottaarmee.

Die Figuren

Alle Krieger der Terrakottaarmee sind zwischen 1,8 und 2 m groß und besitzen damit eine für die damalige Zeit ungewöhnliche Größe. Trotz der individuellen Gestaltung der verschiedenen Plastiken han-

Sima Qian in den »Historischen Aufzeichnungen«: »Die Arbeiter gruben durch drei unterirdische Wasseradern, die sie abschnitten, indem sie Bronze hineingossen, um die Grabkammer zu errichten. Diese füllten sie mit Modellen von Palästen, Pavillons und Amtsgebäuden, ferner mit kostbaren Gefäßen und Steinen sowie wunderbaren Raritäten. Handwerker erhielten den Auftrag, auf Eindringlinge zielende Armbrüste mit mechanischen Selbstauslösern zu installieren. Die verschiedenen Ströme des Landes, der Yangzi und der Gelbe Fluß, und selbst der große Ozean wurden mit Quecksilber nachgeahmt, das eine mechanische Vorrichtung in Bewegung hielt. Oben waren Konstellationen des Firmaments dargestellt und unten das geographische Relief der Erde. Leuchter wurden mit Walfischöl gespeist, um zu gewährleisten, daß sie ohne zu verlöschen für immer brannten (...). Schließlich pflanzte man Bäume und säte Gras (auf dem Grabhügel), damit er wie ein Berg aussähe.«

Tönerne Krieger des Qin Shihuangdi

delt es sich doch um Produkte serieller Massenfertigung. Ohne eine präzise geregelte Arbeitsteilung wäre die ungeheure Menge von nahezu 8000 Kriegern und Pferden nicht zu bewältigen gewesen. An Scherben und Nahtstellen der Figuren läßt sich erkennen, daß sie nicht frei modelliert, sondern aus einzeln gearbeiteten Teilstücken zusammengesetzt sind, die in Serie von verschiedenen Arbeitern gefertigt wurden. Zwar sind alle Gesichter der Krieger individuell gestaltet, doch haben Archäologen mittlerweile ganze Sätze vorgefertigter Nasen, Augen, Brauen, Münder und Ohren gefunden. Nach dem Brennen bei einer Temperatur um 1000° C erhielten die Terrakottafiguren zusätzlich eine Bemalung, die ihren verblüffenden Realismus noch stärker unterstrich. Das Gros der Plastiken weist heute indes nur mehr Spuren dieser ursprünglichen farbigen Fassung auf.

Die Bronzekarossen

Eine weitere Attraktion auf dem Grabungsgelände der Terrakottasoldaten bilden die beiden Bronzekarossen, die man 1980 in einem Beigabendepot, 20 m westlich des Grabtumulus, freilegte. Die Wagen werden von je vier Pferden gezogen und von je einem Wagenlenker geführt. Wagen, Pferde und Wagenlenker sind komplett aus Bronze gefertigt und mit silbernen und goldenen Details dekoriert. Ihre Größe entspricht etwa der Hälfte eines Originals. Da die Decke des Depots, in dem man die Wagen entdeckte, eingebrochen war, wiesen sie starke Beschädigungen auf. Allerdings lagen alle Einzelteile an ihrer ursprünglichen Position, so daß eine vollständige Rekonstruktion ohne größere Schwierigkeiten gelang und im April 1983 abgeschlossen werden konnte. Beide Bronzekarossen bestehen aus jeweils über 6000 separat gegossenen und anschließend zusammengesetzten Teilen. Sie sind außergewöhnlich präzise gearbeitet. Bis ins Detail entsprechen sie echten Wagen und könnten ohne weiteres in Bewegung gesetzt werden. Die Karossen werden von je einer Quadriga üppig geschmückter weißer Hengste gezogen. Wie die Wagen sind die Pferde ebenfalls aus Bronze gefertigt, aufgrund ihres massiven Tonkerns wiegen sie je 200 kg.

Die Wagen selbst unterscheiden sich in ihren Aufbauten. Einen Wagen überspannt ein runder Schirm, unter dem der Wagenlenker steht. Der zweite Wagen ist ein Sitzwagen. Vorn kniet der Wagenlenker in einer Fahrerkanzel, dahinter befindet sich eine geschlossene Kabine. Dieser Wagen diente offenbar einer hochrangigen Persönlichkeit – höchstwahrscheinlich dem Kaiser selbst –, die Ungestörtheit und Zurückgezogenheit für sich beanspruchte, als Reisewagen. Das Innere der Kabine schmücken Drachen- und Phönix-, Wolken-, Rauten- und andere geometrische Muster. Qin Shihuangdi soll der Überlieferung nach auf einer Inspektionsreise in einem solchen Reisewagen verstorben sein.

Die Huaqing-Thermalquellen

Hat man etwas mehr Zeit mitgebracht, so bietet es sich an, auf dem Rückweg von der Terrakottaarmee des Ersten Kaisers die Huaqing-Quellen bei Lintong (2) zu besuchen. Die ehemaligen Lustgärten des Tang-Kaisers Xuanzong (reg. 712–756) liegen nur wenige Minuten Fahrt von dort entfernt. Hier, am Fuß der Li-Berge, entspringen Thermalquellen, deren heilende Wirkung schon jahrhundertelang bekannt war, bevor der kunstsinnige Monarch sie für sich und seine Konkubine Yang Guifei entdeckte. Der Kaiser ließ einen Park mit künstlichen Teichen, Terrassen und Pavillons um die kaiserlichen Badehallen errichten und pflegte hier einen luxuriösen Lebensstil. Der schönen Yang Guifei wird in der Literatur vielfach die Schuld am Zusammenbruch des Reiches zugewiesen. Damit avancierte sie zu einer der berühmtesten Femmes fatales der chinesischen Geschichte. Zwar ist es auch heute möglich, im 43° C warmen Mineralwasser ein Bad zu nehmen, die kaiserlichen Thermen des 8. Jh. allerdings sind nur mehr zu besichtigen.

Bekannt ist Huaqing ferner für ein Ereignis der jüngeren chinesischen Geschichte. Chiang Kai-shek wurde hier 1936 von Zhang Xueliang, General der kommunistischen Nordarmee, auf der Flucht festgenommen. Man verlangte, daß Chiang seinen Kampf gegen die Kommunisten sofort einzustellen und Seite an Seite mit ihnen gegen die japanischen Invasoren vorzugehen habe, die bereits große Teile Nordostchinas besetzt hielten. Chiang stimmte widerwillig zu, und es folgten einige Jahre der Einheitsfront von Guomindang und KPCh gegen Japan. Eine Gedenktafel erinnert an das Ereignis, welches als Xi'an-Zwischenfall in die Geschichte einging.

»Der Lenz war gekommen, noch war es kalt,/ doch warm war das Wasser zum Bade/ im Huaqing-Quell, sprudelnd aus schwarzem Basalt –/ hellschimmernd auf dunklem Grund die Gestalt,/ und Glieder, gleißend wie Jade./

Liebreizend entstieg sie, von Zofen geführt,/ dem Bade mit zierlichem Schritte./ Der Kaiser, von ihren Reizen gerührt,/ gewährte, was solcher Anmut gebührt – seine Huld – und sie seine Bitte.«

Bai Juyi

Banpo

In den 50er Jahren entdeckten chinesische Archäologen etwa 7 km östlich von Xi'an eine neolithische Siedlung. Das Dorf Banpo (3) wird der Yangshao-Kultur zugeordnet und läßt sich auf das 5. Jahrtausend v. Chr. datieren. Die etwa 5 ha große Anlage umgibt ein 6 m tiefer wie breiter Schutzgraben. Innerhalb dieses Grabens legte man die Fundamente von 45 Wohnhäusern frei, die sich um eine große zentrale Halle gruppieren. Die Wohngebäude besitzen eine runde oder rechteckige Grundfläche und öffnen sich nach Süden. Pfostenlöcher im Boden deuten darauf hin, daß die Dächer von einfachen Balkenkonstruktionen getragen wurden. Die Wände errichtete man aus gestampfter Erde. In der Nähe der Häuser legte man Vorratsgruben frei, in denen sich u. a. Hirsekörner erhalten haben. Man darf also schlußfolgern, daß die Bewohner Banpos Ackerbauern waren.

Des weiteren kamen innerhalb des Dorfes etwa 200 Gräber zutage. Die Skelette von Kindern fand man in Tonurnen, die Erwachsenen in verschiedenen Körperstellungen bestattet. Den Verstorbenen gab man Schmuck, Waffen, einfache Werkzeuge wie Angelhaken und Nadeln mit ins Grab.

Besonders imposant sind die Keramikfunde von Banpo: Urnen, flaschenartige Wassergefäße, Töpfe und große Schalen aus rötlichem Ton, verziert mit eingedrückten Schnur- oder Flechtmustern oder mit Bemalungen in Rot, Braun und Schwarz. Als Dekor finden sich einfache geometrische Muster, schwungvolle Spiralwirbel und stilisierte Tierdarstellungen. Auffällig häufig taucht das Fischmotiv auf, u. a. in Verbindung mit einem menschlichen Gesicht. Der Fischfang scheint für die Bewohner Banpos eine wichtige Lebensgrundlage gebildet zu haben, doch könnte der Fisch auch im religiösen Kult eine Rolle

Schale aus Banpo mit dem typischen Fischmotiv

gespielt haben. Ritzzeichen in den Keramiken werten einige Wissenschaftler als Vorläufer der chinesischen Schrift und interpretieren sie teils als Bezeichnungen für Naturerscheinungen oder Werkstattmarken. Auch Brennöfen, in denen solcherart Keramiken hergestellt wurden, hat man im Dorf freilegen können.

Das Ausgrabungsgelände von Banpo ist partiell überdacht. Zahlreiche Funde sind im angeschlossenen Museum zu besichtigen, einige sind heute im Provinzmuseum von Xi'an ausgestellt.

Die Kaisergräber und der Dharma-Tempel im Nordwesten Xi'ans

Die Han-Gräber

Ist der Besucher mit dem Flugzeug nach Xi'an gekommen, dann werden sie ihm schon auf der Fahrt vom Flughafen in die Stadt aufgefallen sein: die mächtigen, konischen Hügel rechts und links der Autobahn. Diese Hügel wurden vor rund 2000 Jahren von Menschenhand angelegt. Unter ihnen ruhen die Kaiser der Westlichen Han-Dynastie (206 v.–9 n. Chr.), ihre Gemahlinnen und höchsten Minister.

Unmittelbar an der Autobahn, unweit des großen Kohlekraftwerks, passiert man das **Yang Ling** (4), die Ruhestätte des Han-Kaisers Jingdi (reg. 157–141 v. Chr.).

Westlich dieses Grabes erstrecken sich in der Ebene von Xianyang, nördlich des Wei-Flusses acht weitere kaiserliche Gräber der Han-Zeit. Das größte von ihnen ist das **Mao Ling** (5) des Wudi (reg. 141–87 v. Chr.). Der Grabhügel ist 46,5 m hoch, das Fundament mißt 231 × 234 m. Am Grab selbst ist nichts zu sehen, doch unweit des **Nebengrabes für Wudis General Huo Qubing** (6) präsentiert ein Museum die Grabfunde der Umgebung. Glanzstück der Ausstellung ist das vergoldete Bronzepferd, das man in der Nähe des Mao Ling entdeckte. Es erinnert an die außergewöhnliche Pferdeleidenschaft des Kaisers, der mehrmals groß angelegte Expeditionen nach Ferghana aussandte, um in den Besitz der großen, schnellen, angeblich Blut schwitzenden ›Himmelsrösser‹ zu gelangen. Auch einen goldenen Weihrauchbrenner und ein bronzenes Rhinozeros, ein Weingefäß, wurden hier gefunden. Bemerkenswert sind zudem die 16 steinernen Tier- und Menschenskulpturen, die einst den Seelenweg zum Grab Huo Qubings flankierten. Sie sind die frühesten monumentalen Grabfiguren dieser Art, die bisher in China entdeckt wurden. An die großen Verdienste des jungen Generals, der 117 v. Chr. im Alter von 24 Jahren im Kampf gegen die nördlichen Steppenvölker starb, erinnert nicht zuletzt die Skulptur eines Pferdes, das triumphierend über einem sich ergebenden Hunnen steht.

In der Stadt **Xianyang**, rund 60 km nordwestlich von Xi'an, lohnt ein kurzer Museumsbesuch. Im ehemaligen **Konfuziustempel** (7) in der Zhongshan-Straße sind weitere interessante Grabfunde der Umgebung ausgestellt. Besondere Aufmerksamkeit verdient vor allem die ›kleine Terrakottaarmee‹ aus dem Grab eines Han-Generals, die aus rund 3000 etwa 50 cm hohen Keramikfiguren besteht. Zwar weisen die einzelnen Figuren nicht die Differenziertheit und Detailtreue der ›großen Armee‹ auf, doch bezeugen sie, daß die Han die Bestattungstradition ihrer Vorgänger fortführten.

Die Tang-Gräber

Rund 80 km nordwestlich von Xi'an, nahe der Kreisstadt Qianxian liegen insgesamt 18 Herrscher der Tang-Dynastie (618–906) gemeinsam mit ihren Angehörigen und höchsten Hofbeamten begraben. Die größten und besterschlossenen Anlagen sind das Zhao Ling, des ersten, und das Qian Ling, des dritten Kaisers der Tang-Dynastie. Das sogenannte ›Land zwischen den Pässen‹ *(guanzhong)* weist geomantisch ideale Voraussetzungen für Bestattungen auf. Nach Norden hin schützen Berge das Areal, gen Süden öffnet es sich der Sonne zu.

Der Aufbau der Gräber orientiert sich an den Grabanlagen früherer Zeit. Unter einem Tumulus aus Stampferde liegen mehrere Grabkammern, zu denen ein langer Gang hinabführt. Einige zusätzliche Nischen und Kammern dienten der Lagerung von Grabbeigaben. Der Umfang der Grabanlage und die Höhe des Tumulus richteten sich nach der sozialen Stellung des Toten. Die meisten der Ruhestätten der Tang-Herrscher besitzen keinen künstlichen Grabhügel, sondern sind in Bergkuppen plaziert. Einerseits wirken sie so noch monumentaler, doch andererseits spielten bei dieser Konzeption auch die Gesetze des Fengshui eine Rolle. Man versprach sich von der direkten Einbindung der Gräber in den ›Organismus‹ der Landschaft einen günstigeren Einfluß auf das Leben nach dem Tod. Ähnlich wie bei den Kaisergräbern der Ming- und Qing-Dynastie in der Umgebung Beijings waren die Grabanlagen der Tang-Herrscher von oberirdischen Gebäudekomplexen – Opfer- und Ahnenhallen – bestanden. Erhalten blieben lediglich die von Monumentalfiguren gesäumten Seelenwege. Die kostbaren Grabbeigaben, die Archäologen in den letzten Jahren in den Anlagen freilegten, sind in den angeschlossenen Museen zu besichtigen.

Das Qian Ling und seine Nebengräber

Das **Qian Ling** (8), nördlich des Kreises Qianxian, gab Wu Zetian 683 für ihren Gatten, den dritten Kaiser der Tang, Gaozong (reg. 649–683) in Auftrag. Das Qian Ling war ehemals von einer Mauer umschlossen und besaß vier von Figuren und Ehrentürmen gesäumte Zugangswege mit großen Toren. Lediglich der südliche Zugang ist relativ gut erhalten. Monumentale Tier- und Menschenfiguren flankieren den Seelenweg: zwei geflügelte Pferde, zwei straußenartige Vögel, zehn Pferde und 20 Wächterfiguren in kriegerischer Montur. Etwas abseits befindet sich eine Figurengruppe von 60 ausländischen Würdenträgern, die man zur Begräbnisfeier geladen hatte und anschließend in Stein verewigte. Warum fast allen diesen Skulpturen die Köpfe abgeschlagen wurden, ist nicht bekannt, doch Rang und Namen der Personen lassen sich anhand von Inschriften identifizieren. Erhobenen Hauptes stehen nur noch der persische Herrscher und einer seiner Militärs. Das Ende des Seelenwegs bilden prächtige Löwenstatuen.

Am Nordeingang der Anlage stehen überdies zwei über 6 m hohe Stelen, deren westliche eine Gedenkschrift an den Kaiser Gaozong trägt, verfaßt von dessen Frau und Nachfolgerin Wu Zetian. Die östliche Stele ließ die Kaiserin für sich selbst errichten. Sie trug keine Inschrift, da Worte angeblich nicht ausgereicht haben sollen, die Verdienste der Herrscherin angemessen zu würdigen.

Bis heute gelang es den Archäologen nicht, den Zugang zur eigentlichen Grabkammer zu entdecken. Zum Hauptgrab gehören noch 17 Nebengräber südwestlich der Anlage, von denen insgesamt fünf geöffnet wurden. Darunter befinden sich die Gräber der Prinzessin Yongtai und der Prinzen Zhanghuai und Yide, die für Besucher zugänglich sind.

Prinzessin Yongtai war eine Enkelin des Gaozong und der Wu Zetian. Offiziell heißt es in der Inschrift am **Grab der Prinzessin Yongtai** (9) zwar, die Prinzessin sei 701 im zarten Alter von 17 Jahren im Kindbett gestorben, doch wahrscheinlich wurde sie von ihrer kaiserlichen Großmutter ermordet. Insgesamt mißt der unterirdische Komplex 87 m. Entlang der etwa 50 m langen Zugangsrampe ziehen wunderbare Fresken die Blicke der Besucher auf sich. Sie bilden Szenen aus dem Hofleben ab, zeigen elegante Dienerinnen und Hofdamen, frisiert und gekleidet nach der damaligen Mode. In den vier Kammern rechts und links des Ganges stieß man auf wertvolle Grab-

Grab des Prinzen Yide
1 Zugangsrampe, die Wände sind mit Fresken aus dem Leben des Prinzen bemalt
2 Lüftungsschächte
3 Vordere Kammer
4 Eigentliche Grabkammer

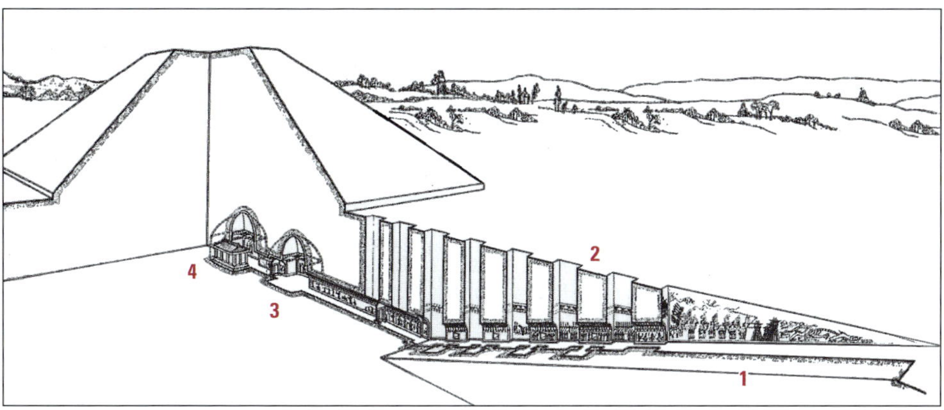

beigaben. In der Hauptkammer steht der Steinsarg der Prinzessin. Der Gold- und Silberschmuck sowie die kostbaren Keramiken und Begleitfiguren aus dem Grab sind heute im angeschlossenen **Museum** ausgestellt. Die Originalfresken hat man aus konservatorischen Gründen in den letzten Jahren entfernt und bewahrt sie im Historischen Museum in Xi'an auf.

In der Nähe befindet sich, umschlossen von einer rechteckigen Mauer und überragt von einem pyramidenförmigen Tumulus das **Mausoleum des Prinzen Zhanghuai** (10). Der Prinz war der zweite Sohn des Gaozong und der Wu Zetian und Onkel der Prinzessin Yongtai. Auch hier zieren schöne Fresken die Wände der Grabanlage und informieren über das Leben eines Prinzen bei Hof. Man betrachtet Szenen des militärischen Alltags, Hofdamen und eine der Lieblingsbeschäftigungen der Jeunesse dorée der damaligen Zeit – ein Polospiel. In das Deckengewölbe hat man das Firmament gemalt. Leider haben viele der Fresken unter der hohen Luftfeuchtigkeit im Grab gelitten. Deshalb mußten die Konservatoren bereits einen Großteil abtragen und im Historischen Museum von Xi'an lagern.

Zhao Ling

Das **Zhao Ling** (11) des zweiten Kaisers der Tang-Dynastie, Taizong (reg. 626–649), liegt in der Nähe der Kreisstadt Liquan, südwestlich des Qian Ling. Auf dem 1180 m hohen Jiuzong-Berg thront es über der Landschaft und nimmt samt den mehr als 200 Nebengräbern von Angehörigen und hohen Beamten eine Fläche von 20 000 ha ein. Sein Umfang beträgt rund 60 km. 13 Jahre, bis 651, baute man an diesem gewaltigen Komplex. Von seinen oberirdischen Gebäuden sind jedoch nur Ruinen übriggeblieben. Berühmt wurden die wunderbaren Pferdereliefs vom Nordeingang des Grabes, auf denen der Kaiser seine sechs liebsten Streitrosse hat abbilden lassen (s. S. 239). 1979 richtete man einige Kilometer vom eigentlichen Grab entfernt ein **Museum** ein, in dem Inschriftentafeln, Grabfiguren, Keramikgefäße, Schmuck, Malereien und andere kostbare Funde aus den Nebengräbern der Umgebung, von denen insgesamt zehn geöffnet wurden, zu sehen sind.

Famen Si – Tempel des Dharma-Tores

In einem Tagesausflug – oder auch in Verbindung mit den Tang-Gräbern – läßt sich der etwa 120 km westlich von Xi'an gelegene Tempel des Dharma-Tores im Kreis Fufeng erreichen. Die Klosteranlage zählt zu den ältesten und wichtigsten buddhistischen Tempeln Chinas. Sie geht auf die Westliche Han-Dynastie zurück, etwa auf das Jahr 150. Die Blütezeit des Tempels lag jedoch in der Tang-Zeit (618–906) und gründete sich auf den Besitz einer außergewöhnlich kostbaren Reliquie: vier Fingerknochen des historischen Buddha Shakyamuni.

Vergoldete Statue des Buddha Shakyamuni im Tempel des Dharma-Tores. Mit der rechten Hand vollzieht er die Geste der Erdberührung.

Nach der Einäscherung des Buddhas sollen einige Knochenreste in der Asche verblieben sein, die man als Sarira, als Reliquien, auf acht Stupas über Indien verteilte. Die Reliquie des Famen Si stammt angeblich aus dem Besitz des großen indischen Förderers des Buddhismus, König Ashoka (274–232 v. Chr.). Wie sie ihren Weg nach China fand, ist unbekannt. Unter Wendi (reg. 581–604), Kaiser der Sui, brachte man sie im Famen-Tempel unter, baute ihr einen ›unterirdischen Palast‹ und errichtete darüber eine Pagode aus Holz.

Die Kaiser der Tang-Dynastie, die dem Buddhismus stark zugeneigt waren, unternahmen regelmäßige Pilgerfahrten zum Tempel. Seit dem Jahr 660 öffneten die Mönche alle 30 Jahre die Krypta, entnahmen die Reliquie und brachten sie in einer feierlichen Prozession in den Kaiserpalast, wo der Himmelssohn zu ihr betete. Im 9. Jh. soll die Tempelanlage 24 Höfe umfaßt haben. Im 10. Jh. scheint das Kloster jedoch mit dem Niedergang des Buddhismus zunächst in Vergessenheit geraten zu sein. 1579 errichtete man anstelle der alten Holzpagode einen 45 m hohen Bau aus Ziegeln, der 1981 bei einem Unwetter zur Hälfte einstürzte. Schleppend zogen sich die Renovierungsarbeiten hin – bis man 1987 zufällig die Krypta wiederentdeckte. An ihrem Eingang berichten zwei Stelen ausführlich über die Geschichte des Tempels bis zum Jahr 873 und listen pedantisch all die Schätze auf, die die Tang-Kaiser und andere wohlhabende Gläubige dem Kloster dereinst zukommen ließen. Zum Erstaunen der Archäologen fanden sich all diese Kostbarkeiten, insgesamt 2400 an der Zahl, sorgfältig in Kisten verpackt und wohlerhalten in den Räumen des ›unterirdischen Palastes‹. Zutage kamen kostbarste Ritualgefäße aus Porzellan, Glas, Lack, Gold und Silber, Münzen, unzählige Seidenbrokate sowie Objekte aus Jade und Halbedelsteinen. Am 5.5.1987, dem 2553. Geburtstag Buddhas, öffnete der Abt des Klosters schließlich die acht ineinandergeschachtelten, würfelförmigen Kästchen aus Gold und Silber. Das kleinste, das die Form einer Miniaturpagode besitzt, barg das Fragment eines menschlichen Fingerknochens. Später wurden in anderen Behältnissen noch drei weitere Knochensplitter gefunden – eine Sensation für die gesamte buddhistische Welt. Man begann daraufhin, den Tempelkomplex umfassend zu renovieren. Über dem unterirdischen Palast errichtete man eine neue Ziegelpagode und stellt die kostbaren Fundstücke nun in einem Museum aus. Die Arbeiten konnten 1989 abgeschlossen werden.

Hua Tuo ist der berühmteste Arzt des chinesischen Altertums und gilt als der Wegbereiter der Anästhesie. Er betäubte seine Patienten mit einer Mischung aus Drogen und Alkohol, bevor er sie operierte. Berühmt ist er ferner für die Begründung der Kunst der Fünf Tiere, gymnastische Übungen, aus denen heraus später das Schattenboxen entwickelt wurde. Darüber hinaus soll Hua Tuo den berühmten Feldherrn Cao Cao von einer chronischen Migräne befreit haben. Cao Cao wollte ihn daraufhin zu seinem Hofarzt machen, um seine Künste allein für sich zu beanspruchen. Als Hua ablehnte, ließ ihn der Despot töten.

Hua Shan

Der Hua Shan, 120 km östlich von Xi'an zählt zu den fünf mythischen Bergen Chinas. Nach der Lehre von den Fünf Elementen repräsentiert jeder dieser Berge eine der fünf Kardinalhimmelsrichtungen (s. S. 76). Der Hua Shan, ›Blütenberg‹, ist der heilige Berg des Westens. Unter den fünf mythischen Bergen gilt er als der landschaftlich eindrucksvollste – man sagt, daß er sich wie eine aufgehende Blume jäh aus der Ebene erhebt. Der Aufstieg zum Gipfel ist sehr steil und vor allem in den höheren Lagen streckenweise nicht ungefährlich.

Ausgangspunkt für die Besteigung des Hua Shan ist der Tempel namens **Garten der Jadequelle** (Yuquan Yuan) im Ort Huayin, etwa 7,5 km westlich der Bahnstation. An der östlichen Mauer des Tempels soll angeblich Hua Tuo (190–265) begraben liegen, der jahrelang als Eremit auf dem Hua Shan in einer Höhle gehaust und dort Kräuter gesammelt haben soll.

Hinter dem Kloster beginnt der 15 km lange Pilgerweg zu den fünf Gipfeln des Hua Shan, für dessen Begehung – nimmt man nicht die Seilbahn in Anspruch – man 6–8 Stunden rechnen sollte. Hat man schließlich den 1520 m hohen **Nordgipfel** (Bei Feng) erreicht, verengt sich der Pilgerweg zu einem schmalen Pfad. Alle weiteren vier Gipfel des Hua Shan, von denen der südliche, auch Lotosgipfel (Lianhua Feng) genannt, mit 2160 m der höchste ist, sind nur über diesen Weg zu erreichen. Man sollte schwindelfrei sein, um die **Stelle, an der das Ohr den Fels streift** (Ca'er Ya) und den **Grat des Blauen Drachens** (Canglong Ling), einen nur 1 m schmalen Grat mit beidseitig steil abfallenden Felswänden, zu passieren. Es heißt, der berühmte Gelehrte der Tang-Zeit Han Yu (768–824) hätte an dieser Stelle seinen letzten Willen verfaßt, bevor er die Überquerung des Grates in Angriff nahm. Am **Sanfeng Kou** gabelt sich der Pfad. Hier beginnt der Rundweg, der am **Mittel-, Ost-, Süd-** und **Westgipfel** vorbei führt. Es sei empfohlen, die Nacht in einer der (sehr einfachen) Herbergen oder im daoistischen Kloster beim **Westgipfel** zu verbringen. Die Sonnenaufgänge, so heißt es, seien hier besonders schön.

In einem daoistischen Schrein auf dem Hua Shan. Die Gottheit trägt das Yin-Yang-Symbol auf der Brust.

Luoyang

Luoyang, die Stadt ›an der Sonnenseite *(yang)* des Luo-Flusses‹, heute eine betriebsame Industriestadt mit eher provinziellem Charme, kann bereits auf eine 3000 Jahre alte Historie zurückblikken. Die Geschichtsbücher verzeichnen die Gründung der Stadt für die Zeit um 1200 v. Chr., und dank ihres fruchtbaren Umlands im Schwemmgebiet des Gelben Flusses gelangte sie schnell zu Reichtum und Ansehen. Um 770 v. Chr. machten die Herrscher der Zhou die Stadt zu ihrer Residenz und gaben ihr den Namen Wangcheng (Königsstadt). Im 6. Jh. v. Chr. soll Laozi hier als Archivar gearbeitet haben und dabei einmal mit seinem Zeitgenossen Konfuzius zusammengetroffen sein. Im Lauf der Zeit sollte Luoyang neun verschiedenen Dynastien Hauptstadt sein. Diesbezüglich wechselten sich Luoyang und Xi'an mehrfach ab, und da Luoyang östlich von Xi'an liegt, kam es zu den Dynastiebenennungen ›Östliche‹ und ›Westliche‹ Zhou bzw. Han. Unter der Östlichen Han-Dynastie (25–220) hatte Luoyang den Rang der Reichshauptstadt inne und war politisches wie kulturelles Zentrum Chinas. In dieser Zeit wurde die große kaiserliche Akademie gegründet, an der 30 000 Studenten die konfuzianischen Klassiker studierten. Angeschlossen war der Lehranstalt eine der umfangreichsten Bibliotheken ihrer Zeit. Hier schrieb Cai Lun das Geheimnis der Papierherstellung erstmals nieder, etwa gleichzeitig hörte man erstmals von der buddhistischen Lehre. Im Auftrag des

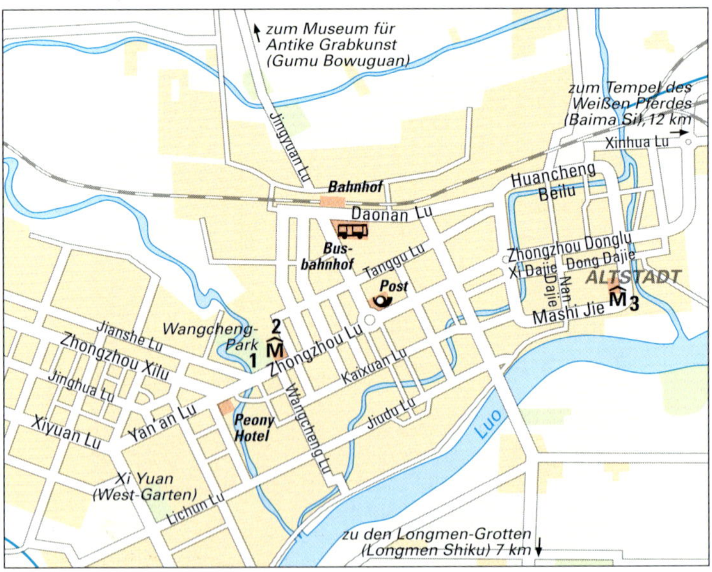

1 Wangcheng-Park
2 Stadtmuseum
3 Museum für Volkskunst

Han-Kaisers Mingdi wurde in Luoyang im Jahr 68 das erste buddhistische Kloster auf chinesischem Boden gegründet.

Nach dem Zusammenbruch des Han-Imperiums und dem Zerfall des Reiches, bemächtigten sich die Nördlichen Wei der Stadt und verlegten 494 ihre Residenz von Datong hierher. Als fromme Buddhisten ließen die Toba-Wei in der Nähe der Stadt – wie zuvor in Datong – weitläufige buddhistische Höhlentempel anlegen. Luoyang entwikkelte sich zu einem religiösen Zentrum. In und um die Stadt sollen damals mehr als 1000 buddhistische Tempel entstanden sein.

Bei der Vertreibung der Wei-Herrscher wurde die Stadt zerstört, doch von den neuen Reichseinigern, den Sui, Ende des 6. Jh. in neuer Pracht aufgebaut. Unter den Tang (618–906), die die Sui nach kurzer Zeit ablösten, avancierte Luoyang alsbald neben Chang'an zur zweiten Hauptstadt. Vor allem Wu Zetian (reg. 684–705) liebte die Stadt und ließ sich hier Paläste und umfangreiche Gärten anlegen. Berühmt waren diese vor allem für ihre üppig blühenden Päonien – besungen von vielen großen Poeten der Zeit.

Mit dem Zusammenbruch des Tang-Reiches endete die Glanzzeit Luoyangs, und die Stadt verfiel allmählich in Provinzialität. Anfang des 20. Jh. war sie nur noch ein Marktflecken mit 20 000 Einwohnern. Zwar siedelte man nach der Revolution von 1949 verschiedene Industriebetriebe an, vor allem für die Produktion von Landmaschinen und Glas, doch wirkt die einst prächtige Metropole trotz ihrer 1,2 Millionen Einwohner immer noch eher wie eine mittlere Provinzstadt. Die Stadt selbst verfügt kaum über Sehenswürdigkeiten im klassischen Sinn, Luoyangs Attraktionen, wie die buddhistischen Höhlentempel von Longmen, der Tempel des Weißen Pferdes und das Shaolin-Kloster liegen alle außerhalb der Stadt.

Besucht man Luoyang im Frühling, zur Blütezeit der Lieblingsblumen der Kaiserin Wu Zetian, so sollte man den **Wangcheng-Park** (1) aufsuchen, wo die prächtigen Päonien-Schauen stattfinden. Östlich des Parks liegt das **Stadtmuseum** (2), in dem archäologische Funde aus der Umgebung Luoyangs vom Neolithikum bis zur Tang-Zeit ausgestellt sind. Interessant sind die bronzenen Ritualgefäße aus der frühen Zhou-Zeit und die Grabkeramiken aus der Zeit der Han- und Tang-Dynastie.

Die Altstadt mit ihren verwinkelten Gassen und niedrigen Häusern liegt östlich des neuen Luoyang. Hier findet sich am Westufer des Chan-Flusses das **Museum für Volkskunst** (3; Minsu Bowuguan), das in einer alten Karawanserei aus dem Jahr 1744 untergebracht ist. In den schmucken Hallen verdienen volkstümliche Textilien und Kunsthandwerk der Umgebung eine Stippvisite.

Kürzlich hat nördlich der Stadt, am Mang Shan, einem alten Gräberfeld, ein **Museum für Antike Grabkunst** (Gumu Bowuguan) seine Pforten geöffnet. 22 Originalgräber – Tausende Gräber hat man in den letzten Jahrzehnten in der Umgebung Luoyangs gefunden – samt ihren Beigaben kann man bewundern. Sie stammen aus dem Zeitraum von der Westlichen Han- bis zur Song-Zeit (2. Jh. v.–13. Jh. n. Chr.) und zeichnen somit die Entwicklung chinesischer Grabarchitektur in einem Zeitraum von 1000 Jahren nach. Das Highlight, ein Grab aus der Westlichen Han-Zeit, das älteste der Ausstellung, hat wunderbare Wandmalereien mit mythischen Szenen aufzuweisen.

Die Umgebung von Luoyang

Die Grotten des Drachentors – Longmen Shiku

Der Name Longmen, ›Drachentor‹, geht auf eine Legende zurück. Einst soll hier ein Berg gelegen haben, hinter dem ein Drache in einem großen See lebte. Dieser versetzte die umliegende Bevölkerung immer wieder in Angst und Schrecken und richtete viel Unheil an. Der legendäre Jadekaiser setzte dem Treiben ein Ende, indem er den Berg spaltete und dem Drachen den Weg zum Meer frei machte. Heute fließt an dieser Stelle der Fluß Yi durch das sogenannte Drachentor.

Die Longmen-Grotten, etwa 14 km südlich von Luoyang, gehören zu den bedeutendsten buddhistischen Höhlentempeln in China. Die Gründung der Grotten erfolgte unter der nordchinesischen Dynastie der Toba-Wei im 5. Jh. Nachdem Luoyang im Jahr 494 Hauptstadt der Nördlichen Wei-Dynastie geworden war, begann man die heute 2000 Höhlen mit ihren nahezu 100 000 Skulpturen am Ufer des Yi-Flusses anzulegen. Bis in die Tang-Zeit (618–906) hinein wurde kontinuierlich an ihnen gearbeitet, d. h. auch die Herrscher späterer Dynastien gaben Kultbilder zur Aufbesserung ihres Karmas in Auftrag. Unglücklicherweise wurde ein Großteil der Skulpturen bereits während der Buddhistenverfolgung im 9. Jh. zerstört. Regen und Wind taten ein übriges, und nicht zuletzt vergingen sich Anfang des 20. Jh. ›Sammler‹ und ›Antiquitätenhändler‹ aus aller Welt an den heiligen Bildnissen. Unzählige abgeschlagene Buddha-Häupter findet man heutzutage weltweit in vielen Museen oder in Privatsammlungen.

Von Norden nach Süden sollen die wichtigsten Höhlen vorgestellt werden:

Die **Qianxi-Höhle** entstand in der frühen Tang-Zeit und birgt eine schöne Figur des Buddha Amitabha, welcher von jeweils zwei Schülern, Bodhisattvas und Himmelswächtern flankiert wird. Die **Binyang-Höhle** (500–532), insbesondere ihre zentrale Grotte, repräsentiert den für die Wei-Zeit charakteristischen Stil. Die Körper der Figuren sind relativ schlank, die Gesichter schmal, die Gewänder fallen in symmetrischen Falten. Die Anordnung der Figuren ist klassisch und wiederholt sich in dieser Weise in den meisten anderen Höhlen. In der Mitte thront Shakyamuni auf der Lotosblüte. Flankiert wird er von seinen Lieblingsschülern Ananda und Kashyapa, die in einfachen Mönchsgewändern und mit geschorenen Häuptern dargestellt werden. Diese beiden Figuren sind etwas kleiner als die dann folgenden reich geschmückten Bodhisattvas. Gerahmt wird die Gruppe schließlich von einem Paar grimmig blickender Wächterfiguren. Die **10 000-Buddha-Höhle** (Wanfo Dong) aus dem Jahr 680 schmücken sogar 15 000 Bildnisse des Buddha, wie fleißige Wissenschaftler nachgezählt haben. Einige von ihnen sind nur wenige Zentimeter groß. Die **Lotos-Höhle** (Lianhua Dong) trägt ihren Namen aufgrund der großen Lotosblüte, die in die Decke gemeißelt ist und diese vollständig einnimmt. Im Buddhismus symbolisiert der Lotos die Reinheit. So wie sich der Buddhist vom Leid der Welt befreit und die Erkenntnis anstrebt, so erwächst der Lotos aus dem Schlamm, erhebt sich über diesen und erblüht dort zu vollendeter Schönheit. Das Lotosmotiv kehrt in den Longmen-Grotten als Deckenschmuck häufig wieder.

Den größten Höhlenkomplex in Longmen bildet der ehemals durch einen Holzvorbau geschützte **Fengxian-Tempel.** Heute blickt man ungehindert auf den 17 m hohen Buddha und die sehr beweg-

Der 17 m hohe Buddha Vairochana im Fengxian-Tempel, dem größten Hühlenkomplex von Longmen

ten, kraftvollen Kolossalgestalten der Himmelskönige und Wächterfiguren. Die Bildnisse entstanden zwischen 672 und 676 auf Geheiß der späteren Kaiserin Wu Zetian (reg. 684–705) – es heißt übrigens, das Gesicht des hier dargestellten Buddha Vairochana gleiche in seinen Zügen der Kaiserin. Mehr noch als der Buddha repräsentieren die üppig geschmückten Bodhisattvas sowie die beiden Himmelskönige und Wächterfiguren zu seiner Seite den ›barocken‹ Skulpturstil der Tang-Zeit (618–906), den schwellende Formen, volle Gesichter und schwerer Faltenwurf kennzeichnen. Der linke Weltenwächter trägt einen mit Ornamenten verzierten Panzer und hält in seiner Rechten eine Pagode, Symbol für die Wesenssubstanz des Buddha. Mit seinem rechten Fuß zertritt er einen Dämon. Rechts von ihm, mit nacktem Oberkörper und grimmig zusammengezogenen Augenbrauen, ein Lishi, ein Wächter der buddhistischen Lehre.

Außergewöhnlich ist die **Rezept-Höhle** (Yaofang Gong). In die Wände der schon zur Wei-Zeit angelegten Höhle meißelte man Rezepturen gegen Krankheiten wie Malaria, Typhus, Herzkrankheiten, Bauchweh und gar hysterische Anfälle – insgesamt 140 an der Zahl. An den Buddha-Darstellungen in der **Guyang-Höhle** aus dem Jahr 494, der ältesten noch weitgehend erhaltenen Grotte von Longmen, läßt sich nochmals der für die Wei-Zeit bzw. die Longmen-Grotten typische Stil erkennen. Eleganz und Anmut zeichnen die Skulpturen jener Zeit aus.

Auf der anderen Seite des Yi-Flusses ließ Wu Zetian die **Kanjingsi-Grotte** anlegen. Eine Lotosblüte, musizierende und tanzende Apsaras und 29 Arhats schmücken sie aus. Der Weg über die Brücke lohnt sich allein schon wegen des unvergleichlichen Blicks auf das Gesamt der Longmen Shiku.

Im Hof des Tempels des Weißen Pferdes – Räuchergefäß und betende Frauen

Der Tempel des Weißen Pferdes – Baima Si

Der Tempel des Weißen Pferdes liegt etwa 10 km östlich von Luoyang. Er wurde 68 n. Chr., also zur Zeit der Östlichen Han-Dynastie, errichtet. Damit gilt er als der älteste buddhistische Tempel des Landes. Im Jahr 63 n. Chr. hatte der damals regierende Kaiser Mingdi (reg. 57–75) eine Vision, er sah eine goldene Figur vom Himmel herab schweben. Seine Berater deuteten diese als die damals in China noch weitgehend unbekannte Gestalt des indischen Religionsstifters Buddha. Darob sandte der Kaiser noch im selben Jahr eine Delegation aus, um Informationen über Buddha und seine Lehre einzuholen. Sie zog ins indische Magadha südlich des Ganges und kehrte vier Jahre später nach Luoyang zurück. Im Gepäck führte sie zahlreiche heilige buddhistische Schriften und Reliquien, eine kostbare Last, die zwei weiße Pferde trugen, nach denen der neu gegründete Tempel benannt wurde. Darüber hinaus reisten zwei indische Mönche mit nach Luoyang, welche dann die mitgebrachten Texte erstmals ins Chinesische übertrugen. Die **Gräber** dieser Mönche befinden sich direkt hinter dem Tempeleingang an den Seitenmauern des Hofes. 1634 setzte man ihnen zwei Gedenksteine. Den beiden weißen Pferden gedachte man in der Song-Zeit (960–1279) mit zwei Skulpturen am Eingang der Anlage. Die heutigen Tempelbauten stammen nicht mehr aus der Gründungszeit. Die 13stöckige **Wolkenkratzer-Pagode,** Qiyun Ta, im Ostteil des Tempelbezirks wurde 1175 aus Lehmziegeln erbaut. Obwohl sie damit aus der Song-Zeit stammt, entspricht ihre sich nach oben verjüngende Quaderform noch dem typischen Baustil der Tang-Zeit. Die übrigen Hallen gehen größtenteils auf die Ming- und Qing-Zeit zurück. Durch die **Halle der Himmelskönige** (Tianwang Dian) und die **Große Buddha-Halle** (Dafo Dian) mit dem typischen Dreigestirn der Buddhas der Gegenwart, Vergangenheit und Zukunft, gelangt man in die **Schatzhalle des Großen Helden** (Daxiong Baodian), in der sich 18 Luohan-Figuren und ein weiteres Dreigestirn – der historische Buddha Shakyamuni, Amitabha und Bhaisajyaguru, der Medizin-Buddha – befinden. Außergewöhnlich ist die Fertigung dieser drei Ming-zeitlichen Statuen in Trockenlack, ein Verfahren, bei dem man in Lacksaft getränkte Tücher in einem Holzmodel in Form preßte.

In der Provinz Henan herrscht eine andere Bauweise vor: Man hebt eine rechteckige Vertiefung von etwa 100 m² und 5 m Tiefe aus. In die so entstandenen vertikalen Wände gräbt man dann Höhlen, die als Wohnräume dienen. Diese werden mit Holztüren und Fenstern versehen. In der Mitte des Innenhofes sorgt ein Brunnen für die Wasserversorgung und dient als Ablauf bei starken Regenfällen.

Lößwohnungen

Nicht nur in der Umgebung von Luoyang – häufig von Tourbussen angefahren –, sondern über das gesamte chinesische Lößplateau verbreitet, findet man in vielen Dörfern von Menschenhand gegrabene Erdhöhlen vor, die entweder als Lager, oftmals aber auch als Wohnraum genutzt werden. Man schätzt, daß in Nordwestchina noch etwa 100 Millionen Menschen in solchen Höhlenwohnungen leben. Diese sind weitaus komfortabler als gemeinhin angenommen. Der feste Lößboden eignet sich hervorragend als Baumaterial. Im Sommer bie-

Lößlandschaft

tet er angenehme Kühle, im Winter hält er die Wärme besser als freistehende Ziegelbauten. Häufig sind die Höhlen horizontal in den Löß gegraben und an ihrer Frontseite mit einer Fassade aus Ziegeln oder Beton mit eingelassenen Fenstern und Türen versehen. Heute besitzt ein Großteil solcher Lößwohnungen bereits Stromanschluß und ist mit dem obligaten Fernseher ausgestattet.

Der Song Shan und das Shaolin-Kloster

Das aus unzähligen Kungfu-Filmen bekannte **Shaolin-Kloster** liegt etwa 60 km südöstlich von Luoyang in einem der fünf Gebirge der chinesischen Mythologie, dem Song Shan. Der Shaolin Si ist die berühmteste der vielen geweihten Stätten im Songshan-Massiv. Seine Mönche üben sich noch heute in der traditionellen chinesischen Kampfkunst Wushu.

Das Kloster am Nordwesthang des mächtigen Shaoshi-Berges ließ Kaiser Toba Hongyan der Nördlichen Wei-Dynastie 495 errichten. Etwa 30 Jahre später soll sich hier der legendäre indische Mönch Bodhidharma (Damo; ca. 470–543) niedergelassen und die Grundlage für die Schule des Chan-Buddhismus (Zen) gelegt haben. Nach Damos Lehre vermag allein die Meditation zur Erleuchtung zu führen, doch auch körperliche Übungen gehörten zu seinem ›Programm‹. Die waffenlose Kampfkunst der Shaolin-Mönche soll direkt auf Bodhidharmas Methoden zur körperlichen Ertüchtigung zurückgehen. Erste Berühmtheit erlangten die kämpfenden Mönche zu Beginn der Tang-Zeit (618–906). Sie hatten den ersten Tang-Kaiser Li Shimin im Kampf gegen seine Rivalen Wang Shichang unterstützt und ihm zum Sieg verholfen.

Mehrmals wurde das Kloster im Lauf seiner Geschichte zerstört und wieder aufgebaut. Schließlich brannte es 1928 fast vollständig nieder und blieb in den Jahren der Kulturrevolution geschlossen. 1988 wurde seine Haupthalle und erst in den letzten Jahren wurden Glocken- und Trommelturm vollständig neu errichtet. Aufgrund seines weltweiten Ruhms ist das Kloster nicht arm. Nicht nur von gläubigen Zen-Buddhisten, vornehmlich aus Japan, sondern auch von begeisterten Kampfsportlern aus aller Welt erhalten die Shaolin-Mönche Spenden, die zur Renovierung der Tempelhallen verwendet werden. Einige Stelen im Vorhof des Klosters zeugen davon. Neben verschiedenen chinesischen Kaisern und berühmten Gelehrten haben sich hier Kampfsportgruppen aus den USA in Stein verewigt.

Man betritt den Klosterbezirk durch die **Halle der Himmelskönige und Tempelwächter** (Tianwang Dian). Hinter der großen **Haupthalle** mit den Buddhas der Drei Zeiten liegt die **Halle des Hauptabtes.** Diese birgt eine Bronzestatue des Bodhidharma und ein Bild desselben, wie er den Yangzi überquert. Der Legende nach reichte ein altes Weib Bodhidharma ein Schilfrohr, das ihm auf wundersame Weise ermöglichte, auf seinem Weg von Nanjing nach Norden die gewaltigen Fluten des Flusses zu überwinden. Die alte Frau gab sich schließlich als Guanyin zu erkennen.

Die entlang der Hauptachse folgende kleine Halle trägt den Namen **Im Schnee Stehender Pavillon** und ist mit einer Kalligraphie überschrieben: »Roter Schnee spiegelt das gute Herz«, ein Satz, der auf eine alte Überlieferung anspielt. Ein Schüler Bodhidharmas wünschte sich nichts mehr, als in den Kreis der Shaolin-Mönche aufgenommen zu werden. Da er jedoch zuvor der daoistischen Lehre angehangen hatte, wollte ihn der Meister auf die Probe stellen. Die halbe Nacht stand der Schüler im Schnee vor der Halle, in der Bodhidharma meditierte und wartete auf eine Anweisung. Schließlich trat Bodhidharma heraus und sprach, er werde ihn erst in seinen

Schatzhalle des Großen Helden (Mahavira-Halle) des Shaolin-Klosters

Damit Körper und Geist während der langen Meditationsphasen frisch und aufnahmefähig blieben, entwickelte Bodhidharma 18 gymnastische Übungen, die Grundlage für alle späteren Formen des chinesischen Kampfsports. Entscheidenden Anteil an der Weiterentwicklung hatten im 17. Jh. drei Shaolin-Mönche. Sie bezogen Waffen mit ein und arbeiteten 54 neue Grundfiguren und 170 Bewegungsabläufe aus. Dabei griffen sie u. a. auf die alte daoistische ›Technik der Fünf Tiere‹ zurück. So soll der Kämpfer stark wie ein Tiger, behende wie ein Leopard, gelenkig und balanciert wie ein Kranich, schnell wie eine Schlange und innerlich ausgeglichen wie ein Drache sein.

Kreis aufnehmen, wenn roter Schnee vom Himmel falle. Daraufhin nahm der Schüler ein Messer, hackte sich seinen linken Arm ab, und der Schnee vor dem Pavillon färbte sich Rot. Die Geste der Shaolin-Mönche, sich nur mit der wie zum Gebet erhobenen rechten Hand zu grüßen, soll auf diese Episode zurückgehen.

Den nördlichen Abschluß des Tempelkomplexes bildet die **1000-Buddha-Halle** (Qianfo Dian). Sichtbare Vertiefungen in ihrem Ziegelboden sollen auf das harte Kampftraining zurückgehen, welches die Mönche hier Tag für Tag absolvierten. Die Wände dieser Halle schmückt ein 300 m^2 großes Wandgemälde aus der Ming-Zeit, welches die 500 Arhats darstellt. Östlich der 1000-Buddha-Halle liegt ein **Seitengebäude,** dessen Wände ebenfalls Malereien zieren. Sie zeigen die Shaolin-Mönche bei einer Kampfvorführung zu Ehren eines Abgesandten des Qing-Kaiserhauses.

Verläßt man das Kloster, so lohnt noch ein Blick in den Nebenhof westlich der Tianwang Dian. Hier haben die Mönche einen Hofbezirk angelegt, in dem anhand lebensgroßer Tonfiguren die Entwicklung der Kampfkunst im Shaolin-Kloster dargestellt wird. Möchte man mehr über Kungfu *(gongfu/wushu)* erfahren, so ist eine Vorführung der Mönche jedoch sicherlich eindrucksvoller und spannender.

Oberhalb des Klosters liegt eine **Höhle,** in der Bodhidharma neun Jahre lang meditiert haben soll. Angeblich soll der Schattenriß seines Körpers dort heute noch an der Wand zu sehen sein.

Nordwestlich des Klosters, etwa auf halber Höhe des Shaoshi Shan, liegt der **Tempel des Ersten Patriarchen** (Chuzu An), der im 6. Jh. im Gedenken an Bodhidharma errichtet wurde. Er birgt u. a. ein Wandbild, auf dem 28 Äbte des Shaolin-Klosters dargestellt sind.

Unterhalb des Tempels, einige hundert Meter westlich des Shaolin-Klosters liegt der **Pagodenwald** (Ta Lin). Mit insgesamt 220 Pagoden, die in den Jahren 791–1995 hier errichtet wurden, ist dies die größte Ansammlung von Pagoden in China. Es handelt sich um Grabmale für

Rund um das Kloster haben sich unzählige Kungfu-Schulen angesiedelt, die vom Traum ihrer Schüler leben, ein neuer Bruce Lee zu werden.

Die Pagoden im Ta Lin des Shaolin-Klosters, die im mittleren Sockelbereich eine Öffnung besitzen, dienen mehreren Mönchen als Grabstatt. Die verschlossenen Pagoden bergen die sterblichen Überreste nur eines Mönches oder Abtes.

berühmte Äbte und Mönche des Shaolin Si, die man hier bestattet hat. Der Ta Lin demonstriert besonders anschaulich die Stilentwicklung chinesischer Pagodenarchitektur im Verlauf der letzten 1200 Jahre.

Ebenfalls im Songshan-Massiv, etwa 14 km südöstlich der Stadt Dengfeng, liegt Chinas älteste erhaltene Sternwarte, das **Gaocheng-Observatorium.** Erbaut wurde der massive Ziegelturm bereits 1276. Im Auftrag Kubilai Khans wirkte hier der berühmte chinesische Astronom und Mathematiker Guo Shoujing (1231–1316). Mit Hilfe von 26 weiteren Stationen zur Beobachtung des Himmels gelang es ihm, die Umlaufzeit der Erde um die Sonne auf 26 Sekunden genau zu berechnen. Der von ihm erstellte Kalender war demnach im 13. Jh. der exakteste der Welt. Auf den 10 m hohen Turm führen seitlich Treppen hinauf. Die dem Bau vorgelagerte 32 m lange Mauer diente zur Messung des Sonnenschattens.

Auf dem Song Shan lohnt sich ferner ein Ausflug zum **Songyue-Tempel,** 5 km nordwestlich von Dengfeng. Hier steht Chinas älteste erhaltene Pagode, die 40 m hohe Songyue-Pagode aus dem Jahr 520. Der Ziegelbau besitzt einen zwölfeckigen Grundriß. Auf der Basis von zwei höheren Untergeschossen erheben sich 15 vorkragende Gesimse, die in einer eleganten Silhouette zusammenlaufen. In seiner Form erinnert der Bau noch stark an die bienenkorbförmigen hinduistischen Tempeltürme (Shikara) und stellt somit ein Bindeglied zwischen dem indischen Stupa und der chinesischen Stockwerkpagode dar.

Das Dreieck Shanghai, Nanjing, Hangzhou

Shanghai

Das einstige ›Paris des Ostens‹ ist aus seinem fast 40 Jahre währenden, sozialistischen Dornröschenschlaf erwacht. Shanghai ist wieder eine Weltstadt. Nirgendwo in China wird heute schneller gedacht, schneller gelebt und schneller Geld verdient als hier. Keine Stadt der Volksrepublik besitzt mehr Stil, Schick und ›Savoir vivre‹. Den Shanghaiern sei der Geschäftssinn in die Wiege gelegt worden, sie seien habgierig, ehrgeizig und unbescheiden, unkt man im übrigen China. Die Shanghaier schert es wenig, was man in der ›Provinz‹ von ihnen denkt. Sie sind stolz auf ihre Cleverness und verständigen sich in ihrem ureigenen Shanghaier Dialekt, der für den Rest der Chinesen unverständlich ist. Seit jeher geht der Blick der Menschen hier aufs Meer hinaus und nicht zurück ins chinesische Hinterland. Shanghai, die ›Stadt über dem Meer‹, liegt keinesfalls direkt am Ozean, wie ihr Name anzudeuten scheint, sondern am Ufer des Huangpu-Flusses, der 30 km weiter nördlich ins Yangzi-Delta mündet. Die Stadt ist Chinas größtes Industrie-, Handels- und Finanzzentrum, besitzt den größten Hafen des Landes und ist mit fast 200 Hoch- und Fachschulen außerdem Zentrum von Wissenschaft und Forschung.

Mit insgesamt 14 Millionen Einwohnern ist das ›Monster am Huangpu‹ neben Chongqing die bevölkerungsreichste Stadt in China: 7,8 Millionen leben im Zentrum, auf einer Fläche von 220 km^2. Zum Teil drängen sich hier bis zu 29 000 Menschen auf einen Quadratkilometer, was die Stadt zu einem der am dichtesten besiedelten Orte der Welt macht. Der Rest der Bevölkerung verteilt sich auf das eingemeindete Umland (6300 km^2).

Als regierungsunmittelbare Stadt untersteht Shanghai verwaltungspolitisch direkt der Zentralregierung in Beijing. Seit 1984 genießt sie jedoch darüber hinaus den Status einer ›offenen Stadt‹ und darf somit auf dem Weltmarkt relativ autonom agieren. Der Status einer ›offenen Wirtschaftszone‹, den Pudong seit 1990 besitzt, bedeutet noch liberalere Investitionsbedingungen als in einer Wirtschaftssonderzone. So dürfen sich ausländische Unternehmen z. B. auch im Dienstleistungsbereich (Finanz, Handel, Versicherungen) betätigen.

Seitdem boomt die Wirtschaft, und mit unvergleichlicher Geschwindigkeit verändert die Stadt ihr Gesicht. Überall wird gebaut: Bürotürme, Hotels, Hochstraßen, neue Wohnviertel, Einkaufszentren, Hochbrücken, Straßentunnel und eine moderne U-Bahn sind entstanden. Shanghais Stadtväter schwelgen gegenwärtig in Futurismen und weinen der nostalgischen Kolonialherrlichkeit, die sich langsam, aber sicher aus dem Shanghaier Stadtbild verabschiedet, keine Träne nach. Mit dem neu erworbenen Weltstadtflair sieht sich die Stadt allerdings auch vor Probleme gestellt, von denen keine Metropole verschont bleibt: Umweltverschmutzung, wachsende Kriminalität, Verelendung und Prostitution.

Besonders sehenswert:
Shanghai ☆☆
Putuo Shan ☆
Wuxi ☆
Nanjing
Hangzhou ☆☆
Huang Shan ☆
Jiuhua Shan

◁ Blick auf Pudong und den neuen Fernsehturm von Shanghai

Geschichte der ›Stadt über dem Meer‹

Die Geschichtsbücher erwähnen eine Siedlung am Zusammenfluß von Wusong und Huangpu erstmals zur Zeit der Song-Dynastie (960–1279). Es handelte sich um ein Fischerdorf mit Namen Hudu (›Wasserlauf mit Fischreusen‹), der sich in der umgangssprachlichen Bezeichnung Hu für das heutige Shanghai und seine Bewohner erhalten hat. Aufgrund seiner idealen Lage an der Mündung des Huangpu in den Yangzi, mit seinem natürlichen Hafen und der geringen Entfernung zum Meer, entwickelte sich der kleine Marktflecken bald zu einem bedeutenden Umschlagplatz sowohl für die Binnen- als auch die Hochseeschiffahrt. 1095 trat ein kaiserlicher Zoll- und Hafenbeamter seinen Dienst an, und erstmals wird nun der Ort als Shanghai Shi – ›Stadt über dem Meer‹ – erwähnt. Gegen Ende des 13. Jh. gewann Shanghai den Status einer Kreisstadt und wurde Sitz eines Unterpräfekten.

Wiederholte Angriffe japanischer Piraten auf das prosperierende Hafenstädtchen veranlaßten die Stadtväter 1554 zum Bau eines Schutzwalls. Die 5 km lange, 7 m hohe Stadtmauer hatte sechs Tore, war mit Wachtürmen ausgestattet und von einem Wassergraben umgeben. Noch bis Anfang des 20. Jh. umschloß sie das 2 km^2 große Areal der heutigen Shanghaier Altstadt. 1912 wurde sie abgerissen.

Im Lauf des 16. Jh. entwickelte sich Shanghai zu einem bedeutenden Textilzentrum. Große Baumwoll- und Seidenmanufakturen siedelten sich an und beschäftigten mehrere tausend Arbeiter, doch auch Keramikproduktion und Eisenverhüttung schufen Arbeitsplätze.

1843 gründeten die Engländer in Shanghai eine erste Handelsniederlassung und genossen gemäß dem Nanjinger Vertrag Exterritorialität. Schon ein Jahr später erhielten Amerikaner und Franzosen entsprechende Rechte. Den Ausländern wurden Siedlungsareale zugesprochen, und die Stadt so in vier Bezirke, die ›Settlements‹, aufgeteilt. Die Briten beanspruchten das Gebiet zwischen dem Wusong-Fluß (Suzhou Creek) im Norden und Alt-Shanghai, der ›Chinesenstadt‹, im Süden. Die Franzosen siedelten sich westlich der Chinesenstadt, südlich der Britischen Konzession, an und die Amerikaner in dem Gebiet nördlich des Wusong. 1863 schlossen Briten und Amerikaner ihre Settlements zu einem ›Internationalen Sektor‹ zusammen, den sie gemeinsam verwalteten. Nach dem Vertrag von Shimonoseki 1895 entstand in Hongkou, im Norden der Stadt, darüber hinaus eine japanische Zone, ›Klein-Tôkyô‹.

Shanghai entwickelte sich allmählich zu einer Stadt mit westlichem Gesicht. Die Ausländer bauten den Hafen aus und befestigten das westliche Ufer des Huangpu. Entlang der Kaimauer – dem ›Bund‹ – errichteten zahlreiche ausländische Handelshäuser ihre Niederlassungen. Nicht wenige dieser Firmen, wie etwa das britische Handelshaus Jardine, Matheson & Co, das noch heute existiert, die Imperien der Sassoons und des Silas Hardoon verdankten ihren unvergleichlichen Erfolg in erster Linie dem Handel mit dem Opium, der erst mit dem Ende des chinesischen Kaiserreichs vollends zum Erliegen kam.

Angesichts der schier unbegrenzten wirtschaftlichen Möglichkeiten, die Shanghai bot, lockte die Stadt immer mehr Menschen aus dem In- und Ausland an. Lebten 1855 nur 243 Fremde in Shanghai, so waren es 1915 20 000 und 1936 bereits 60 000. Nach der Russischen Revolution von 1919 waren allein an die 15 000 Russen nach Shanghai gekommen, nach 1933 reisten vor allem jüdische Emigranten aus Mitteleuropa an, die Mehrzahl von ihnen Deutsche und Österreicher, denen es gelungen war, der Verfolgung durch die Nazis zu entkommen. Im Hongkou-Distrikt entstand nun ein ›Klein-Wien‹ mit zahlreichen Kaffeehäusern, deutsch-jüdischen Geschäften und einer eigenen deutschsprachigen Zeitung, der ›Gelben Post‹.

Seit dem Sturz des Qing-Kaiserhauses unterlag die gesamte Verwaltung der Stadt ebenso wie das Seezollamt der Kontrolle der Ausländer. Die Chinesen, obwohl sie die große Mehrheit der Stadtbevölkerung ausmachten – in den 30er Jahren waren es 3–4 Millionen – und den größten Teil der Steuern zahlten, wurden in ihrem eigenen Land wie Menschen zweiter Klasse behandelt. Vielzitiert ist das Schild am Eingang der Public Gardens, dem heutigen Huangpu-Park, welches in einem Atemzug Hunden und Chinesen den Zutritt versagte.

Da Shanghai die einzige chinesische Stadt mit einem großen Industrieproletariat war, wählten die chinesischen Kommunisten 1921 – damals insgesamt 53 an der Zahl – Shanghai zu ihrem Aktionszentrum. 1925 und 1927 kam es zu Arbeiteraufständen, die von der Konzessionspolizei bzw. Guomindang-Truppen niedergeschlagen wurden. 1937 besetzten japanische Truppen die Stadt (Briten und Franzosen gaben erst 1943 ihre Sonderrechte offiziell auf). Die Japaner richteten noch im selben Jahr auf Drängen der NSDAP-Ortsgruppe im Stadtteil Hongkou ein Ghetto ein, in dem vom 18.2.1943 bis zum 3.9.1945 rund 14 000 jüdische Flüchtlinge interniert waren. Von einer Auslieferung an die Deutschen sahen sie indes ab. Mit der Kapitulation Japans fiel Shanghai dann 1945 nach mehr als 100 Jahren ausländischer Herrschaft an China zurück.

Die Geschäftsstraße Nanjing Lu bei Nacht

Nach 1949 gaben sich die Kommunisten Mühe das ›verwestlichte, bourgeoise‹ Shanghai in eine chinesische, sozialistische Stadt umzuwandeln. Die Straßen erhielten neue chinesische Namen, die Pferderennbahn wurde in einen öffentlichen Park und Versammlungsplatz, die mondänen Geschäftshäuser in Verwaltungsgebäude, Krankenhäuser, Wohnhäuser und staatliche Hotels umgewandelt. In der Zeit der Kulturrevolution entwickelte sich die Stadt gar zur Hochburg der Ultra-Linken. Doch nach Maos Tod und dem Sturz der Viererbande stieg Shanghai bald wieder zur wichtigsten Industrie- und Handelsmetropole Chinas auf: Seit 1984 offene Stadt, seit 1990 mit Börse und offener Wirtschaftszone Pudong – so soll sie in einigen Jahren sogar Hongkong in den Schatten stellen.

Shanghai

1 Waibaidu-Brücke
2 Shanghai Dasha (früher Broadway Mansions)
3 ehemaliges russisches Konsulat
4 Fernsehturm Perle des Orients
5 Denkmal der Volkshelden
6 Bank of China
7 Peace Hotel
8 Customs House
9 ehemalige Hongkong & Shanghai Bank, heute Pudong Development Bank
10 Dongfeng Hotel
11 Bund-Museum und Fähranleger
12 Kaufhaus Nr. 1
13 Pacific Hotel
14 Park Hotel
15 Volkspark
16 Shanghaier Museum
17 Great World
18 Stadtgott-Tempel
19 Huxinting-Teehaus
20 Yu-Garten
21 Gründungsstätte der KP China
22 Wohnhaus Sun Yat-sens
23 Jinjiang Hotel
24 Lyceum Theatre
25 Garden Hotel
26 Moller Mansions

Lu-Xun-Wohnhaus und -Grab
Sichuan Lu
Pujiang Hotel
N
0
400 m
Wusong He
2
3
1
5
Sichuan Zhonglu
Freundschafts-laden
6
4
7
Fujian
Beijing Donglu
Henan Zhonglu
Zhonglu
Nanjing Donglu
Börse
PUDONG
Zhongshan Dongyilu
8
9
12
10
RENMIN GUANGCHANG
Fuzhou Lu
24 Fuzhou Lu
Fujian Zhonglu
Yan'an Donglu
Zhongshan Dongerlu
11
Huangpu Jiang
Dadao
Yan'an Donglu
Yong'an Lu
Henan Lu
25 Henan Lu
Renmin Lu
17
Jinling Donglu
Fährhafen Shiliupu
Yuyuan-Markt (Yuyuan Shangchang)
20
Xizang Zhonglu
19
18
ALTSTADT
Xizang Nanlu
Zhonghua Lu
Henan Lu
HUANGPI NANLU
Huaihai-Park
Fuxing Donglu
Zhonghua Lu
Huangpi Nanlu

Stadtbesichtigung

Der Bund

»Von der Brücke nach Osten blickend, sah man am jenseitigen Huangpu-Ufer die klobigen ausländischen Speicher und Werftbauten von Pudong wie riesige Urwaldungeheuer in der Dämmerung kauern und tückisch aus tausend elektrischen Augen blinzeln. Nach Westen schauend, erschrak das Auge förmlich vor der grellen Neonlichtreklame, die hoch oben von der Dachfront des Broadway-Mansion-Hochhauses in abwechselnd roter und grüner Flammenschrift unermüdlich und aufdringlich die drei Worte an den Himmel schrieb: Light, Heat, Power!« So beschreibt der chinesische Schriftsteller Mao Dun in seinem berühmten Roman »Shanghai im Zwielicht« die Atmosphäre am Bund im Jahr 1930. Die stählerne **Waibaidu-Brücke** (1) am Nordende des Bund, von der der Autor über den Hafen blickt, steht noch immer, wenn man ihr auch eine mehrspurige Autohochbrücke an die Seite gesetzt hat. Auch das modernistische Hochhaus der **Broadway Mansions** (2; heute Shanghai Mansions) ist noch da, nur die Schriftzüge der Neonreklamen haben sich geändert und werben heute für japanische Konsumprodukte. Hier, am linken Wusong-Ufer, lag früher auch die Consular Row, mit dem deutschen, amerikanischen, japanischen und **russischen Konsulat** (3), von denen nur letzteres – mit markanter blauer Fassade – übriggeblieben ist. Am

Der Bund mit ›Big Ching‹, dem Turm des Customs House, und der Hongkong & Shanghai Bank, die gut an ihrer Kuppel zu erkennen ist.

rechten Ufer des Huangpu, in Pudong, schießen seit 1990 gewaltige Hochhäuser aus dem Boden. Wie von einem anderen Stern ragt der **Fernsehturm** (4; eingeweiht 1995) – ein Monstrum aus Stahl, Beton und purpur verspiegeltem Glas – 468 m in den Himmel und ist damit das höchste Gebäude auf dem Kontinent. Er trägt den blumigen Namen Perle des Orients (Dongfang Minzhu Dianshita) und wird allabendlich in allen Farben des Regenbogens beleuchtet. Etwas weiter südlich zeugt Shanghais neue **Börse,** ein gewaltiger Kubus aus Beton und Stahl mit einer Öffnung in der Mitte, vom Wandel chinesischer Wirtschaftspolitik.

Am linken Ufer des Huangpu dagegen scheint die Zeit stehengeblieben zu sein. Hier künden koloniale Prachtbauten vom Glanz vergangener Jahre, als man Shanghai noch ›Paris des Ostens‹ nannte und den Bund mit der New Yorker Wall Street verglich. ›Bund‹ *(waitan)* bedeutet soviel wie ›Kaimauer‹ und ist eine anglo-indische Wortschöpfung. Nach der Revolution von 1949 wurde die mondäne Uferpromenade in Zhongshan Lu (Sun-Yat-sen-Straße) umbenannt. Knapp 1 km erstreckt sie sich von der Mündung des Wusong-Flusses im Norden bis zum Fähranleger. Bis Ende der 80er Jahre schlenderte man hier noch unter den alten Platanen der Gründerzeit und traf sich zum allmorgendlichen Schattenboxen im Huangpu-Park. Anfang der 90er Jahre unterzog man die Promenade einem grundlegenden ›facelifting‹. Zwar wirkt sie jetzt wesentlich großzügiger, die alten Platanen mußten allerdings größtenteils weichen, und die grüne Insel des Huangpu-Parks wurde wesentlich verkleinert. Hier an der Mündung des Wusong- in den Huangpu-Fluß steht auch das **Denkmal der Volkshelden** (5), drei ineinandergewundene, 60 m hohe Säulen, errichtet im Oktober 1993.

Flaniert man auf der Uferpromenade in südlicher Richtung, fällt der Blick rechter Hand auf die kolonialzeitliche Skyline Shanghais. Nur wenig erinnert daran, daß man sich in einer chinesischen Stadt befindet, eher fühlt man sich ins New York der ›roaring twenties‹ versetzt. Hier reiht sich eine Perle gründerzeitliche Architektur an die andere. Die auffälligsten Fassaden besitzen sicherlich die Bank of China, das Peace Hotel, das alte Zollamt und die ehemalige Hongkong Shanghai Bank. Alle vier Gebäude stammen aus der Hand des britischen Architektenbüros Palmer & Turner, das sich 1868 in Hongkong etablierte. Das Unternehmen existiert heute noch. Das Hochhaus der **Bank of China** (6) wurde Mitte der 30er Jahre errichtet. Bei Bauabschluß waren die Auftraggeber mit dem Resultat allerdings nicht vollends zufrieden. Sie gaben daraufhin einem chinesischen Architekten den Auftrag, dem Gebäude mehr ›chinesisches Flair‹ zu verleihen. Dieser setzte dem schlicht-eleganten Art-deco-Wolkenkratzer 1937 einen ›Hut‹ in Form eines gekurvten chinesischen Dachs auf.

Das **Peace Hotel** (7), das alte Cathay, wurde bereits 1929 fertiggestellt. Inhaber der luxuriösen Herberge war der legendäre Tycoon Sir Ellice Victor Sassoon, von aller Welt kurz ›Eve‹ genannt. Der jüdische Geschäftsmann aus Bagdad bewohnte das luxuriöse Junggesellen-Appartement direkt unter dem konischen Dach seines Hotels und war berühmt für seine extravaganten Partys und seine Vorliebe für schöne Frauen und schnelle Pferde. Die Innenräume des einstigen Cathay, in dem Noel Coward seine »Private Lives« verfaßte, sind ganz im Stil des Art deco gehalten und erstrahlen seit kurzem wieder in altem Glanz. Für die Auswahl der Lampen verpflichtete Sassoon keinen geringeren als den Meister des Jugendstils René Lalique.

Vom markanten Uhrturm des **Customs House** (8; erbaut 1927) – damals wie heute das Seezollamt – wird zu jeder vollen Stunde die Zeit in der Melodie des Londoner Big Ben angeschlagen, weshalb die Shanghaier ihren Zollamtsturm liebevoll Big Ching tauften.

Der säulenbestandene wuchtige Kuppelbau der ehemaligen **Hongkong & Shanghai Bank** (9) wurde 1923 eingeweiht. Zu dieser Zeit war es das zweitgrößte Bankgebäude der Welt – und ein prächtiges. Eine marmorne, oktogonale Eingangshalle, ein 100 m langer Marmortresen, an dem die Kundschaft bedient wurde – und zwei Bronzelöwen am Eingang, von denen es in Shanghai hieß, sie brächten Glück und Reichtum, wenn man sie berührte. Die Löwen ließ die Stadtregierung, der die Bank bis vor kurzem als Rathaus diente, 1966 entfernen. Inzwischen gehört das Gebäude der Pudong Development Bank.

Und schließlich das **Dongfeng Hotel** (10) der ehemalige Shanghai Club. Nur Briten konnten Mitglied in dem exklusiven Club werden, Damen – gleich welcher Nationalität – hatten keinen Zutritt. Hier traf man sich nach Geschäftschluß an der angeblich längsten Bar der Welt (34 m) und diskutierte in tiefen Ledersesseln bei Scotch und Gin die Politik des Tages.

Am südlichen Ende der Uferpromenade befindet sich ein kleines **Museum** zur Geschichte des Bund (11). Hier fahren auch die Fähren nach Pudong und die Tourboote für die Hafenrundfahrt ab. Der **Shanghaier Hafen** ist mit einer Umschlagskapazität von 95 Millionen Tonnen pro Jahr der größte Chinas. Rund 2000 Ozeandampfer und 15 000 Flußfrachtschiffe legen hier alljährlich an. Die Ausflugsboote fahren meist bis zur 30 km entfernten Mündung des Huangpu in den Yangzi und zurück. Die Fahrt dauert etwa 3,5 Stunden.

Das Geschäftszentrum Nanjing Lu und Umgebung

Die Schlagader Shanghais bildet die Nanjing Lu, genauer gesagt, ihr östlicher Teil, welcher sich vom Peace Hotel am Bund bis zum Volkspark (Renmin Gongyuan) im Westen erstreckt. Zu allen Zeiten, ob während der mondänen Kolonialzeit oder in den mageren Jahren der Volksrepublik, war die Nanjing-Straße Chinas Einkaufsparadies Nr. 1, mit einer für chinesische Verhältnisse unvergleichlichen Warenvielfalt. Hier reiht sich Laden an Laden, täglich sind etwa 1,5 Millionen Kauflustige unterwegs. Internationale Franchise-Ketten bestim-

Unverkennbar das Geschäftszentrum Shanghais – auch abends ist die Nanjing Lu belebt.

men heute das Straßenbild, doch auch einige altbewährte staatliche Spezialgeschäfte sind noch zu finden.

Ein modernistisches Gebäude aus dem Jahr 1934 beherbergt an der Ecke Xizang Lu (Nanjing Donglu 830) das ebenfalls staatliche **Kaufhaus Nr. 1** (12; Diyi Baihuo Shangdian) – jahrzehntelang das größte und beste Warenhaus der Volksrepublik. Vor der Revolution war es unter dem Namen The Sun bekannt. Heute kann es mit den modernen, privat finanzierten Konsumtempeln internationalen Standards in der Nachbarschaft kaum mehr mithalten.

Im westlichen Abschnitt der Nanjing-Straße (Nanjing Xilu) stechen zwei Fassaden besonders ins Auge, das säulenbestandene **Pacific Hotel** (13) und der **Art-deco-Turm des Park Hotels** (14). Der 22stöckige dunkelrote Ziegelturm wurde 1934 fertiggestellt und war zu dieser Zeit das höchste Gebäude Asiens. Entworfen hat das Gebäude der tschechische Architekt Ladislaus Hudec, der 1918 nach Shanghai emigrierte und dort in den 20er und 30er Jahren das westliche Erscheinungsbild der Stadt entscheidend mitprägte. Bei der Renovierung des Hotels vor einigen Jahren ging das elegante Art-deco-Interieur leider verloren.

Insgesamt ist die Nanjing Xilu weniger attraktiv als der östliche Abschnitt der Straße. Die Shanghaier Ausstellungshallen erbauten die Sowjets Anfang der 50er Jahre im zeittypischen Zuckerbäckerstil. Nördlich davon erhebt sich das moderne Shanghai Centre mit einem großen Theater.

Orientiert man sich statt nach Westen vom Park Hotel aus Richtung Süden, so steht man fast sofort auf dem ehemaligen Gelände der Shanghaier Pferderennbahn, dem **Volkspark** (15; Renmin Gongyuan). Wo früher ›tout Shanghai‹ der Wettleidenschaft frönte und so manches Vermögen gewonnen und wieder verloren wurde, befindet sich heute die ›Grüne Lunge‹ Shanghais. Vom ehemaligen Pferderennplatz zeugt nur noch das alte Clubhaus mit Uhrturm an der nordwestlichen Ecke des Parks, in dem die Stadtbibliothek untergebracht ist. Südlich der Grünanlagen klaffte vor einigen Jahren noch der riesige Volksplatz (Renmin Guangchang), in den 50er Jahren für Mas-

Josef von Sternberg, Regisseur des Hollywood-Klassikers »Shanghai Express« mit Marlene Dietrich, über seinen Besuch im Great World 1930: »Ich verbrachte drei aufregende Stunden in den turbulentesten Abteilungen des Theaters, das als ›Große Welt‹ bekannt war. (...) Das Unternehmen hatte sechs Stockwerke voll brodelnden Lebens, voller Unruhe und voller Lärm. (...), der dritte Stock enthielt Taschenspieler, bittere Arzneien, Eisdielen, Fotografen, einen neuen Schwarm Mädchen, deren Kleider mit hohen Kragen und an der Seite mit Schlitzen versehen waren, damit die Hüften besser enthüllt würden. Das galt für den Fall, daß jemand die sittsameren Mädchen unten, die meist nur kurz ihre Schenkel aufblitzen ließen, verschmäht haben sollte.«

senaufmärsche und Militärparaden angelegt, wie eine Narbe im Stadtbild Shanghais. Seit Beginn der 90er Jahre beginnt man den wertvollen Raum besser zu nutzen. Es entstanden das neue Shanghaier Rathaus sowie ein Kulturzentrum mit Konzert- und Theatersälen. 1996 öffnete hier auch das **Museum von Shanghai** (16; Shanghai Bowuguan, Renmin Dadao Nr. 201) seine Pforten, eines der weltweit besten Museen für chinesische Kunst und Archäologie. 1952 gegründet, befand sich das Shanghaier Museum ehemals im Gebäude des alten Shanghaier Turfclubs und zog dann für einige Zeit in einen Art-deco-Bau in der Henan Nanlu um. Der nun eingeweihte monumentale Bau des Architekten Xing Tonghe, der von fern wie eine Ritualbronze des Typs *ding* anmutet, birgt auf über 10 000 m² Ausstellungsfläche über vier Etagen etwa 120 000 Sammlungsobjekte: Bronzen, Keramik, Malerei, Kalligraphie, Skulptur, Jaden, Münzen, Möbel und Kunst chinesischer nationaler Minderheiten. Die Präsentation der Ausstellungsstücke erfolgt äußerst geschmackvoll und didaktisch durchdacht. So findet man zum Beispiel in der Keramikabteilung einen Nachbau der Brennöfen aus der kaiserlichen Porzellanmanufaktur Jingdezhen oder in der Möbelabteilung ein komplett eingerichtetes Studierzimmer der Ming-Zeit aufgebaut (alle Objekte sind auch in Englisch beschriftet).

Die Fuzhou Lu, die östliche Verländerung der Renmin Dadao, war früher nicht nur für ihr großes Angebot an Büchern (was sie heute noch hat) bekannt, sondern auch für ihre ›Singsong-Girls‹, die hier dem ältesten Gewerbe der Welt nachgingen. Das **Vergnügungszentrum Great World** (17), an der Ecke Yan'an und Xizang Lu, war einst ebenfalls als Sündenpfuhl bekannt. Heute präsentiert es sich familientauglich: tagsüber geben Akrobaten, Zauberer und chinesische Schlagersternchen ihre Kunst zum besten.

Die Altstadt

Die Altstadt Shanghais, auch Chinesenstadt genannt, liegt südlich des Geschäftszentrums und wird von den Ringstraßen Renmin Lu und Zhonghua Lu umschlossen. Auf dem Stadtplan ist deutlich ihre kreisrunde Form zu erkennen. Die beiden Straßen verlaufen heute dort, wo sich ehemals die Shanghaier Stadtmauer befand.

Die Altstadt war ehemals ein unübersehbares Gewirr von engen Gäßchen, in das sich kaum jemals ein Ausländer verirrte. Heute reißt die Stadtregierung die alten Viertel größtenteils nieder und siedelt ihre Bewohner in Vorstädte um. Im Altstadtzentrum rund um den Yu Yuan versuchen die Stadtväter jedoch etwas vom Flair des alten Shanghai zu bewahren. Hier hat man ein Basarviertel mit zahlreichen Kaufhäusern, Kunsthandwerks- und Souvenirläden, Restaurants und Imbißständen im traditionellen chinesischen Baustil errichtet. Den **Tempel des Stadtgottes** (18; Chenghuang Miao), ehemals Zentrum der Chinesenstadt, hat man dabei übrigens in ein Kaufhaus umgewandelt.

Wer Erholung sucht vom geschäftigen Treiben in den Gassen, der sollte ins **Teehaus im Herzen des Sees** (19; Huxinting) einkehren und neben einem Kännchen Tee die delikat eingelegten Wachteleier oder salzig-süßen Pflaumen probieren. Das Teehaus mit seinem kühn geschwungenen Dach steht auf Pfählen inmitten eines kleinen Teiches und ist nur über eine Zickzackbrücke zu erreichen. Diese soll Dämonen und bösen Geistern, die in China bekanntlich nur geradeaus gehen können, den Zutritt verwehren.

Eine Zickzackbrücke führt zum Teehaus im Herzen des Sees.

Unmittelbar neben dem Teehaus liegt der Eingang zum **Yu Yuan,** dem Garten des Erfreuens (20). Es handelt sich um einen intimen Park, der 1559 von dem Beamten Pan En im Stil eines Suzhouer Literatengartens angelegt wurde. Rund 200 Jahre blieb der Park im Besitz der Familie Pan, dann erwarb ihn 1761 die Stadt Shanghai, machte

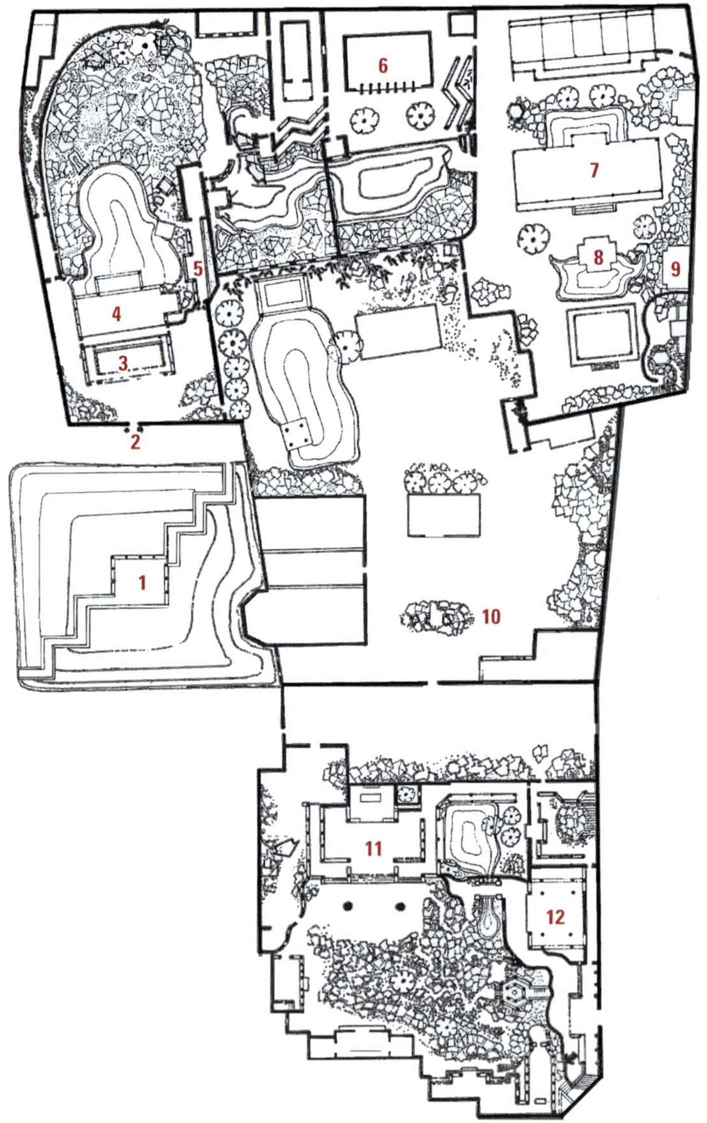

Der Garten des Erfreuens – Yu Yuan
1 *Teehaus im Herzen des Sees*
2 *Haupttor des Yu Yuan*
3 *Halle der Drei Ähren*
4 *Halle des Strömenden Regens*
5 *Überdachter Wandelgang*
6 *Halle der 10 000 Blüten*
7 *Halle der Frühlingszeichen*
8 *Terrasse des Trommelns und des Singens*
9 *Haus des Frohsinns*
10 *Exquisiter Jadestein*
11 *Halle des Klaren Schnees*
12 *Theaterhof*

ihn der Öffentlichkeit zugänglich und änderte seinen Namen in Westgarten, Xi Yuan. Damals soll das Areal etwa 5 ha umfaßt haben. Im 19. Jh. erlangte der Yu Yuan übrigens politische Bedeutung. Er diente 1853 der Gesellschaft der Kleinen Schwerter, Xiaodaohui, als Geheimquartier. Eineinhalb Jahre lang wurde Shanghai im Zug des Taiping-Aufstandes von hier aus von dieser nationalistischen Vereinigung regiert. Mit der Niederschlagung der Rebellion 1855 wurden auch Teile des Gartens zerstört. Die Errichtung von Unterkünften für ausländische Truppen einige Jahre später tat ein übriges. Erst 1956 ließ die Stadt den Garten von Grund auf renovieren. Das heute 2 ha große Gelände umfaßt etwa 30 verschiedene Landschaftsszenerien, die den Originalkreationen der Ming-Zeit weitgehend entsprechen.

Eine hohe, weißgetünchte Mauer umgibt den Yu Yuan, und auch innerhalb der Anlage unterteilen Mauern den Garten in verschiedene Sektionen. Diese inneren Mauern sind in der Form fliegender Drachen gestaltet, ihre oberen mit schwarzen Ziegeln gedeckten Abschlüsse verlaufen wellenförmig auf und ab, und an fünf Punkten innerhalb des Gartens enden sie in imposanten Drachenköpfen. Insgesamt läßt sich der Garten in fünf Abschnitte gliedern.

Durch das Haupttor am Goldfischteich in der Altstadt betritt man zuerst die **Halle der Drei Ähren** (Sansui Tang), einen repräsentativen Empfangsraum. Direkt dahinter liegt die **Halle des Strömenden Regens** (Jianyu Lou), von deren nördlicher Terrasse man auf einen stillen Lotosteich und eine künstliche Felsformation blickt. Eine Kreation Zhang Nanyangs, eines berühmten Gartenarchitekten der Ming-Zeit, den Pan En für die Gestaltung dieser Szenerie engagiert hatte. Ein Tor in Vasenform läßt den Besucher nun ins Reich des Friedens eintreten, wird doch die Vase ebenso wie der Friede im Chinesischen *ping* ausgesprochen. Von hier aus führt in östlicher Richtung ein überdachter Wandelgang an stillen Goldfischteichen und bizarren Miniatur-Berglandschaften vorbei in den zweiten Teil des Gartens zur **Halle der 10 000 Blüten** (Wanhua Lou), deren Hof zwei mächtige Bäume beschatten: ein 400 Jahre alter Ginkgo und eine 100 Jahre alte Magnolie. In die Mauern eingelassene Fenster und Türen verschaffen dem Besucher herrliche Durch- und Ausblicke – so als schreite er durch eine Galerie gerahmter Blumen- und Vogelmalereien.

Durch ein Tor in der Drachenmauer betritt man den dritten Teil des Gartens. Hier befindet sich die **Halle der Frühlingszeichen** (Dianchun Dian) in der heute ein kleines Museum an die Gesellschaft der Kleinen Schwerter erinnert. Südlich des Gebäudes liegt über einem Teich die **Terrasse des Trommelns und des Singens** (Dachang Tai), eine Bühne für Musik- und Theaterdarbietungen. Ein gewundener Pfad führt durch die engen Schluchten des künstlich aufgetürmten Felsenberges an der östlichen Mauer zum **Pavillon des Frohsinns** (Kuaile Lou). Durch ein weiteres ›Friedenstor‹ in Vasenform gelangt man durch die westliche Drachenmauer in einen schattigen Bambuswald.

Pan widmete dem Projekt viele Jahre seines Lebens: »Zwanzig Jahre lang baute ich immer weiter an dem Garten. Ich saß ein Dasitzen, ich dachte einen Gedanken, ich ruhte ein Ausruhen – und es war noch immer nicht sehr gut. (Im Jahr 1577) … gab ich mein ganzes Herz an diese Sache.« Der Garten sollte ein Geschenk für seinen Vater werden. Darauf weist auch sein Name, Yu Yuan, hin, der sich auf den Satz »yu yue lao qin« (»Man erfreue die alten Verwandten«) bezieht.

Dahinter öffnet sich der Blick auf den weitläufigeren vierten Abschnitt des Yu-Gartens. Hier gruppieren sich einige Haine von Kampfer- und Mammutbäumen neben vereinzelten Pavillons. Brükken führen über den wie einen Bachlauf gestalteten Goldfischteich. Attraktion des Gartens ist ein durchlöcherter Fels aus dem Tai-See mit Namen **Exquisiter Jadestein** (Yulinglong), der während der Nördlichen Song-Zeit (960–1127) eigentlich für den Hof des Huizong-Kaisers bestimmt war. Doch das Boot welches ihn den Huangpu-Fluß hinauf transportieren sollte, sank bei stürmischem Wetter vor Shanghai. Die Familie Pan ließ den Stein heben und in ihrem Garten aufstellen.

Hinter dem Taihu-Stein führt der Weg in südlicher Richtung in den Inneren Garten (Nei Yuan). Dies ist der engste, am dichtesten arrangierte Teil des Gartens. Er ist berühmt für seine außerordentlich fein gearbeiteten Ziegelreliefs. Vor der **Halle des Klaren Schnees** erhebt sich ein mächtiges Felsarrangement, über dem ein Pavillon in Form einer Barke zu schweben scheint.

Verläßt man den Nei Yuan in südlicher Richtung, so gelangt man in einen **Theaterhof.** Die mit 28 goldenen Hähnen verzierte Bühne wurde erst 1892 erbaut, war also ursprünglich nicht Teil der Gartengestaltung des Pan En.

Die ehemalige französische Konzession

Shanghai hat wenig Sehenswürdigkeiten im klassischen Sinn zu bieten. Wer den Herzschlag Shanghais spüren und sich auf die Spuren seiner mondänen Vergangenheit begeben möchte, der sollte einen Nachmittag lang das Viertel der ehemaligen französischen Konzession durchstreifen. Westlich der Altstadt und südlich der Yan'an Lu ließ es sich zur Kolonialzeit am angenehmsten leben. Schattige Platanenalleen durchziehen das Viertel, in dem sich noch so manches architektonische Juwel aus der Anfangszeit des 20. Jh. entdekken läßt.

Herz der ehemaligen französischen Konzession ist die Huaihai Lu, welche parallel zur Nanjing Lu vom nordwestlichen Rand der Altstadt in Richtung Flughafen verläuft. Zur Kolonialzeit hieß sie Avenue Joffre und übertraf mit ihren Cafés und exklusiven Geschäften in puncto Eleganz selbst die Nanjing-Straße. Diesen Ruf hat sie sich zurückerobert. Zwischen den U-Bahn-Stationen Huangpi Lu und Shaanxi Nanlu wird auch heute wieder Edles und für die meisten Chinesen Unerschwingliches angeboten.

Südlich der Huaihai Lu, nicht weit von der Huangpi-Metrostation liegt in einem recht unscheinbaren Haus in der Xingye Lu 76, der ehemalige Rue Wantz 106, die **Gründungsstätte der Kommunistischen Partei Chinas** (21; Zhonggong Yida Huizhi). Hier kam am 23.7.1921 der Holländer Henrik Sneevliet, Agent der Komintern, der unter dem Pseudonym Maring agierte, mit zwölf chinesischen Delegierten zusammen, um die KPCh zu gründen. Der bekannteste Abgesandte unter ihnen war Mao Zedong. Nach 1949 wurde das bescheidene Haus in der Xingye Lu zum Wallfahrtsort für Tausende von Parteimitgliedern. Der Versammlungsort im Erdgeschoß blieb unverändert und bildet das Herz der Ausstellung. Der Tisch mit 13 Stühlen, 13 Teetassen, Kanne und Aschenbechern sieht aus, als hätten die Genossen ihn soeben verlassen.

Etwas weiter westlich, nahe dem Fuxing-Park, kann man in der Xiangshan Lu 7 das ehemalige **Wohnhaus Sun Yat-sens** (22; Sun Zhongshan Guju) besichtigen. Der erste Präsident der Republik China lebte in dem zweistöckigen Haus im westlichen Stil von 1918 an bis zu seinem Tod 1925. Seine Frau Song Qingling residierte hier bis zum Ausbruch des chinesisch-japanischen Krieges 1937. Heute ist das Haus ein Museum: restaurierte Wohnräume bestückt mit zeitgemäßem Mobiliar.

Wer sich für zeitgenössische chinesische Kunst interessiert, sollte im Fuxing-Park in der ShangArt Galerie des Schweizers Lorenz Helbing vorbeischauen.

Das Viertel nördlich der Huaihai Lu bis hinauf zur Yan'an Lu gehörte früher zu den elegantesten Wohnbezirken Shanghais. Leider verändert es augenblicklich zusehends seinen Charakter, und viele der eleganten Appartementhäuser und Villen müssen gesichtslosen Neubauten weichen.

Die Cathay Mansions aus dem Jahr 1928 und das Grosvenor House von 1931, ehemals luxuriöse Appartementhäuser, gehören heute zum Komplex des **Jinjiang Hotels** (23). Das **Lyceum Theatre** (24) gegenüber beherbergte den britischen Amateurtheater Club. Auch heute wird die Bühne noch für Akrobatik- und Musikaufführungen genutzt. Der exklusive Cercle Sportif Français in der Maoming Nanlu, der im Gegensatz zu seinem englischen Gegenstück auch Damen als Mitglieder akzeptierte, ist zum **Foyer des Garden Hotels** (25) umfunktioniert worden. Das exquisite Art-deco-Interieur wurde liebevoll restauriert.

Die **Moller Mansions** (26), einst Residenz des schwedischen Reeders Eric Moller, an der Ecke Shaanxi Lu und Yan'an Lu, muten mit ihren Türmchen und Erkern an wie ein Märchenschloß. Es heißt, Moller hätte das Gebäude nach den Wünschen seiner kleinen Tochter entworfen. Heute ist in seinen Räumen die kommunistische Jugendliga untergebracht.

Weitere Sehenswürdigkeiten außerhalb des Stadtzentrums

Pagode des Longhua-Tempels

Der **Longhua-Tempel** (Longhua Si) mit seiner 40 m hohen Pagode liegt im südwestlichen Teil der Stadt, nahe dem Huangpu-Ufer. Historischen Quellen gemäß soll hier bereits 242 eine Pagode gestanden haben, welche im 9. Jh. einem Brand zum Opfer fiel. Bald darauf wurde an dieser Stelle ein buddhistisches Kloster gegründet und 977 eine neue Pagode errichtet. Auch hier bestimmen mehrfache Zerstörung und folgender Wiederaufbau die Geschichte der Anlage. Bei der Pagode handelt es sich um einen siebenstöckigen Bau aus Holz und Ziegeln. In den Tempelhallen verdienen besonders die 3 m hohe Buddha-Statue und eine Bronzeglocke aus dem Jahr 1382 Aufmerksamkeit. An den Tempel schließt sich ein Park an, in dem 1995 ein **Friedhof für die Märtyrer der chinesischen Revolution** errichtet wurde. Die Anlage umfaßt einen Stelenwald, verschiedene Skulpturengruppen und 1124 Gräber. Der rote Stein am Eingang symbolisiert die chinesische Revolution.

Weiter südlich erreicht man den **Botanischen Garten** (Shanghai Zhiwuyuan) in der Longwu Lu, der 1954 angelegt wurde. Bekannt ist er insbesondere für seine Exemplare des chinesischen Mammutbaums Metasequoia. Doch besticht die Gesamtanlage nicht zuletzt durch die künstlich geformten Landschaftsszenerien im Stil der Suzhouer Literatengärten. Interessant auch die große Bonsai-(Penjing-) Sammlung.

Etwas zurück Richtung Stadtmitte erhebt sich in der Puyi Lu die katholische **St.-Ignatius-Kirche** mit ihren beiden 50 m hohen Glokkentürmen, die größte Kirche Shanghais. Sie liegt im Stadtteil Xujiahui im Südwesten, unweit des großen Sportzentrums. Der neogotische Bau wurde 1911 fertiggestellt und gehörte ehemals zu einem jesuitischen Konvent. Von diesen Gebäuden ist heute nichts mehr zu sehen. Im nahegelegenen Nandan-Park ist das **Grab des Xu Guangqi** (1562–1633) zu besichtigen, eines chinesischen Gelehrten, der unter dem Einfluß Matteo Riccis 1603 den christlichen Glauben annahm. Xu war einer der bedeutendsten Naturwissenschaftler seiner Zeit.

Der **Shanghaier Zoo** (Shanghai Dongwuyuan) liegt im Westen der Stadt an der Hongqiao Lu, die zum Flughafen führt. Er wurde auf dem Gelände des alten Golfplatzes angelegt. Attraktion sind neben der Rollschuhbahn und zahlreichen anderen Vergnügungseinrichtungen die Großen Pandas, die mandschurischen Tiger und die Yangzi-Krokodile.

Ebenfalls im Westteil der Stadt liegt der **Jadebuddha-Tempel** (Yufo Si). Der Tempel hat für chinesische Maßstäbe keine sehr lange Geschichte. Er wurde in den Jahren 1911–18 erbaut und zwar eigens für zwei kostbare Buddha-Statuen aus Jade, die dem Tempel seinen Namen gaben. Der Mönch Huigen vom heiligen Putuo Shan (s. u.), brachte die beiden Figuren 1881 von einer Pilgerreise aus Birma mit. Die kostbaren Bildnisse des historischen Buddha Shakyamuni schenkte er dem Shanghaier Jiangwan-Tempel. Noch im selben Jahr wurde ein Tempelneubau für die beiden Statuen geplant. Die Wirren der Revolution verhinderten jedoch eine Fertigstellung vor 1918. Heute bewohnen etwa 70 Mönche der Chan-(Zen-)Schule den Tempel. Die Tempelanlage folgt dem klassischen Muster und besteht aus drei hintereinander liegenden Haupthallen und zwei Höfen. Die Schatzhalle des Großen Helden (Daxiong Baodian), ist dem Dreigestirn der Buddhas der Vergangenheit, Gegenwart und Zukunft geweiht. Links und rechts stehen entlang der Wände die Figuren der 18 Luohan. In dieser Halle halten die Mönche häufig Zeremonien mit meditativen Gesängen ab, bei denen sie Besucher zulassen. Im Obergeschoß der dritten Halle, der Wen Tang, ist schließlich das Kleinod des Tempels, die mit Edelsteinen besetzte Jadefigur eines sitzenden

Jadene Buddha-Skulptur aus Birma im Jade-Buddha-Tempel

Buddha zu besichtigen. Möchten Sie nah an den Buddha herantreten, so müssen Sie sich hier ihrer Schuhe entledigen. Die Statue ist 1,9 m hoch, teilweise bemalt, und soll 1 t wiegen. Außer der Figur birgt diese Halle eine Kollektion von etwa 7000 buddhistischen Schriften, die zum Teil aus der Tang-Zeit stammen, sowie eine vollständige Ausgabe des »Tripitaka« aus dem Jahr 1890. Die zweite Jadestatue befindet sich in einer westlichen Nebenhalle, der Halle des Ruhenden Buddha (Wofo Dian). Die 96 cm lange Skulptur aus weißer Jade – Shakyamuni beim Eintritt ins Nirvana – geht inzwischen inmitten der Souvenirstände etwas unter. Gegenüber von ihr hat man eine weitere, moderne Figur des liegenden Buddha plaziert, die wesentlich größer ist, und deshalb häufig mit dem Original verwechselt wird.

Im Norden der Stadt wandelt man auf den Spuren **Lu Xuns** (1881–1936). Drei Jahre lang, von 1933 bis zu seinem Tod am 19.10.1936, lebte der wohl bekannteste chinesische Schriftsteller des 20. Jh. in der Shanyin Lu 9, einem Reihenhaus im Norden Shanghais, nahe dem Hongkou-Park. In diesen Räumen, die noch im Original erhalten sind, verfaßte er Essays und übersetzte Gogols Roman »Die toten Seelen«. Wenige Schritte nördlich, im Hongkou-Park, ist Lu Xun bestattet. Das Grabmal, errichtet zu seinem 20. Todestag 1956, zieren eine Bronzestatue des Dichters und Mao Zedongs in Stein gehauene Kalligraphie: **»Herrn Lu Xuns Grab«.** An die Grabstätte schließt sich eine Ausstellungshalle an, in der Fotos, Manuskripte und Gegenstände aus dem Besitz des Schriftstellers zu sehen sind.

Ausflug zum Putuo Shan

Putuo Shan – die kleine, nur 12 km² große Insel im Ostchinesischen Meer gehört zum Zhoushan-Archipel und ist mit dem Schnellboot von Shanghai oder mit der normalen Fähre von Ningbo in jeweils fünf Stunden zu erreichen.

Neben den Bergen Emei, Jiuhua und Wutai zählt der Putuo Shan zu den vier Heiligen Bergen des Buddhismus. Der Putuo Shan gilt als Sitz des Bodhisattvas Avalokiteshvara. Putuo ist die chinesische Transkription des Sanskrit-Worts Potalaka, dem Namen einer Insel im Indischen Ozean, die den dortigen Buddhisten als Residenz des Avalokiteshvara gilt. Auch der berühmte Potala-Palast in Lhasa, Sitz des Dalai Lama, wurde nach dieser Insel benannt, da der tibetische Gottkönig als Reinkarnation dieses Bodhisattvas betrachtet wird. Wie die kleine chinesische Insel zu ihrem erhabenen Namen kam, weiß niemand so recht. Ob es die Ähnlichkeit des chinesischen Eilands mit Potalaka war, die 847 einem indischen Mönch auffiel, oder die wundersame Errettung eines Schiffes im 10. Jh., die der Guanyin zugeschrieben wurde. Jedenfalls sollen zwischen dem 10. und 12. Jh. mehr als 200 Klöster auf der Insel gegründet worden sein, darunter das Puji-Kloster, wo bis heute Guanyin als Beschützerin der Seefahrer und Reisenden verehrt wird.

Kahlgeschorene Mönche und Nonnen in feierlichen Roben, Gruppen gebeugter, älterer Pilgerinnen und ausgelassene chinesische Wochenendausflügler bevölkern die Insel, stöbern in den Souvenir- und Devotionalienbuden, des von großen alten Lebens- und Kampferbäumen beschatteten Ortes.

Die Fähren legen im Süden der Insel an. Ein großes Ehrentor aus Stein mit der Aufschrift »Buddha-Reich im Meer« begrüßt den Besucher. Zum Hauptort der Insel geht man etwa eine Viertelstunde. Dominiert wird der Ort von der 32 m hohen **Pagode der Vielen Schätze** (1; Duobao Ta) aus dem Jahr 1334. Die heiligen Stätten verteilen sich im gebirgigen Norden von Putuo Shan und sind über schöne Wanderwege zu Fuß zu erreichen.

Das **Puji-Kloster** (2) im Hauptort ist mit sieben strahlend gelb getünchten Hallen das größte Kloster der Insel. Es wurde 1080 gegründet und beherbergte einst mehr als 1000 Mönche (heute noch etwa 100). Seine Haupthalle, die Dayuan Tongdian, birgt eine monumentale Guanyin-Statue und bietet mehr als 1000 Gläubigen Platz. Im Pavillon der Großen Stele berichtet eine Inschriftentafel über die Geschichte des heiligen Bergs. Der Text stammt aus der Hand des Yongzheng-Kaisers (1722–35) der Qing-Dynastie.

Putuo Shan
1 Pagode der Vielen Schätze
2 Puji-Kloster
3 Yangzhi-Nonnen-kloster
4 Fayu Si
5 Huiji Si
6 Südliches Himmels-tor
7 Tempel, der Guanyin, die nicht weggehen will

Am östlichen Ufer führt oberhalb des breiten Sandstrandes ein Weg zu weiteren Heiligtümern. Nach einigen hundert Metern zweigt ein Weg nach links zum **Yangzhi-Nonnenkloster** (3) ab, welches eine interessante Steingravur mit dem Bildnis der Guanyin besitzt. Das 2 m hohe Relief von 1608 gilt als Kopie eines Entwurfs des berühmten Tang-Künstlers Yan Liben (7. Jh.). Am zweitgrößten Tempelkloster der Insel, dem **Fayu Si** (4), im 16. Jh. erbaut, zweigt der Weg nach Osten auf die weit ins Meer ragende Landzunge ab. Hier faszinieren schöne Ausblicke auf die See und die Strände des Eilands. Folgt man der Abzweigung indes Richtung Norden, so läßt sich die gesamte Insel umrunden. Nimmt man am Fayu-Kloster die Abzweigung nach Westen, so gelangt man über steile, mit Lotosreliefs verzierte Stufen zum Kloster **Huiji Si** (5) auf dem 291 m hoch ragenden Buddha-Gipfel (Foding Shan).

Weitere Sehenswürdigkeiten findet man an der äußersten südöstlichen Spitze von Putuo Shan. Hier liegen das **Südliche Himmelstor** (6; Nantian Men) und der **Tempel der Guanyin, die nicht weggehen will** (7; Bu ken qu Guanyin Yuan).

Shanghai und die Gartenstädte

Suzhou

In den Augen der Chinesen sind die Städte Suzhou und Hangzhou das ›Paradies auf Erden‹. Seit Menschengedenken war das Leben in Suzhou im Vergleich zum übrigen Reich für seine Bewohner recht angenehm. Die Stadt liegt inmitten der fruchtbaren, wasserreichen Yangzi-Niederung, dem ›Land von Fisch und Reis‹, wie die Chinesen es nennen. Gute Böden und das milde Klima erlaubten schon früh zwei Reisernten pro Jahr. Historische Quellen erwähnen die Stadt erstmals 514 v. Chr. Damals errichtete man die ersten Stadtwälle. 30 Jahre später wählte der Herrscher des Staates Wu Suzhou zur Hauptstadt seines Königreichs. Der große Aufstieg der Stadt begann jedoch erst rund 1100 Jahre später, als gegen Ende des 6. Jh. unter den Herrschern der Sui der Kaiserkanal fertiggestellt wurde. Suzhou profitierte erheblich von der Wasserstraße, die über 1800 km Hangzhou mit Beijing verbindet. Reis wurde hier nach Norden verschifft, die Seidenproduktion und der Seidenhandel blühten. Im 12. Jh. hatte die Stadt nahezu ihre heutigen Ausmaße erreicht, was sich am Verlauf des alten Stadtgrabens noch gut nachvollziehen läßt. In dieser Zeit der Prosperität zog Suzhou nicht nur Händler und Kaufleute, sondern ebenso Intellektuelle und Künstler an und entwickelte sich zu einer der größten Städte des chinesischen Reiches. Der Rang als führende Wirtschaftsmetropole im Yangzi-Delta sollte der Stadt erst Mitte des 19. Jh. vom schnell aufstrebenden Shanghai abgerungen werden.

Die urbane Gesellschaft pflegte seit dem 10. Jh. in Suzhou einen außerordentlich eleganten Lebensstil. Wohlhabende Beamte und Kaufleute kokettierten mit Weltentsagung und Eremitentum. Die Sehnsucht nach dem einfachen, ländlichen Leben schlug sich – bürgerlich abgeschwächt und romantisch verbrämt – in der Gartenkunst nieder. Mitten in der Stadt entstanden kleine, intime Privatgärten mit Teichen, luftigen Wohnhallen und Pavillons, kunstvoll arrangierten Felsen und wohl überlegt mit ausgesuchten, stets symbolisch bedeutsamen Bäumen und Blumen bepflanzt. So schuf sich das Bürgertum, weltabgeschieden hinter hohen Mauern, ein Stück artifizieller ›Wildnis‹, um die erbauliche Wirkung von Bergen und Wasser genießen zu können – ohne weite, beschwerliche Reisen ins chinesische Hinterland unternehmen zu müssen.

Mehr als 100 solcher Gärten voller literarischer Zitate und Anspielungen zählte man im 16. Jh. in Suzhou. Etwa ein Dutzend von ihnen haben die Jahrhunderte überdauert, und die meisten hat die chinesische Regierung mittlerweile liebevoll restauriert und der Öffentlichkeit zugänglich gemacht.

Diese Gärten sind es, die Suzhou weltberühmt gemacht haben und heute jährlich Tausende von Touristen aus dem In- und Ausland in die Stadt locken. Vom Flair des ›Venedigs des Ostens‹, das ihm

Kanal in der Altstadt von Suzhou

immer nachgesagt wurde, ist allerdings in den letzten Jahren immer weniger zu spüren. Weite Teile der pittoresken Altstadt, deren Bild einst schmale Kanäle, Steinbogenbrücken und weiß getünchte Häuser mit grauschwarzen Ziegeldächern prägten, hat man seit Mitte der 80er Jahre abgerissen. Ersetzt wurden die alten Gemäuer durch neue Betonbauten, die mit Versatzstücken traditioneller Baukunst vergeblich versuchen, der Altstadt ein wenig ihres alten Zaubers zurückzugeben.

Ein Altstadtbummel

Den Ausgangspunkt für den Spaziergang durch Suzhous Altstadt könnte der **Garten des Meisters der Netze** (1; Wangshi Yuan) bilden, unweit der großen Touristenhotels im Süden der Stadt. Mit nur etwa 4000 m^2 Grundfläche ist er zwar der kleinste, aber mit Sicherheit auch einer der schönsten der Suzhouer Gärten. Er liegt versteckt hinter hohen Mauern in einem alten Gassenviertel. Von der Shiquan Jie aus ist er über eine schmale, von Souvenirständen gesäumte Gasse zu erreichen. Die sehr komprimierte, aber dennoch harmonische Komposition von Architektur, Felsen, Wasser und Vegetation hat den Garten des Meisters der Netze zum Musterbeispiel eines chinesischen Literatengartens werden lassen.

Schon 1140 errichtete sich der Beamte Shi Zhengzhi, stellvertretender Kriegsminister unter den Song, hier inmitten der geschäftigen Gassen ein kleines grünes Refugium. Nach seinem Tod verwahrloste der Park, bis ihn 1770 ein pensionierter Mandarin erwarb und sich als Altersruhesitz ausbaute. 1958 übernahm dann die Stadt Suzhou den Garten. Durch das Haupttor (Da Men) im Süden gelangt man zunächst in die ehemaligen Wohn- und Empfangshallen des Komplexes, die entlang der östlichen Mauer axial hintereinander angelegt sind. Zentrum des Gartens bildet ein von bizarren Kalkfelsen eingefaßter Teich, um den sich locker einige Pavillons gruppieren. An seinem östlichen Ufer führt der Gang des Entenschießens (Sheya Lang) in nördlicher Richtung zum Haus des Erblickens der Kiefer und des Betrachtens der Bilder (Kansang Duhua Xuan). Das Studio der Konzentrierten Leere (Jixu Zhai) gleich neben der Bibliothek der Fünf Gipfel (Wufeng Shuwu) im nordöstlichen Bereich, bot dem Gelehrten ein ideales Umfeld, um sich in stiller Zurückgezogenheit dem Studium der Klassiker zuzuwenden. Am West- und Südufer des Teiches dagegen laden der Pavillon des Aufgehenden Mondes und der Auflebenden Brise (Yuedao Fenglai Ting) sowie die direkt ans Wasser grenzende kleine Halle zur geselligen Zusammenkunft mit Freunden ein (Zhuoying Shuige = Studio des Waschens der Hutbänder), um bei einem Becher Wein und anregenden Gesprächen die Zeit verstreichen zu lassen.

Der Name des Gartens spielt übrigens auf ein viel zitiertes Thema der chinesischen Malerei und Dichtkunst an. In der berühmten »Sage vom Pfirsichblütenquell« des Tao Yuanming (365–427) entdeckt ein armer Fischer plötzlich hinter einer tiefen Höhle ein Traumland, in dem alle Menschen ein einfaches, aber glückliches Leben ohne Krieg und politische Verstrickungen führen. Als der Beamte Shi Zhengzhi im 12. Jh. dem Garten seinen Namen gab, erhoffte er sich, daß sein Garten ihm in Zukunft ein ebensolches Refugium sein werde – ein Ort der Ruhe und Ästhetik, wo sich Ärger und Betriebsamkeit des Alltags vergessen lassen.

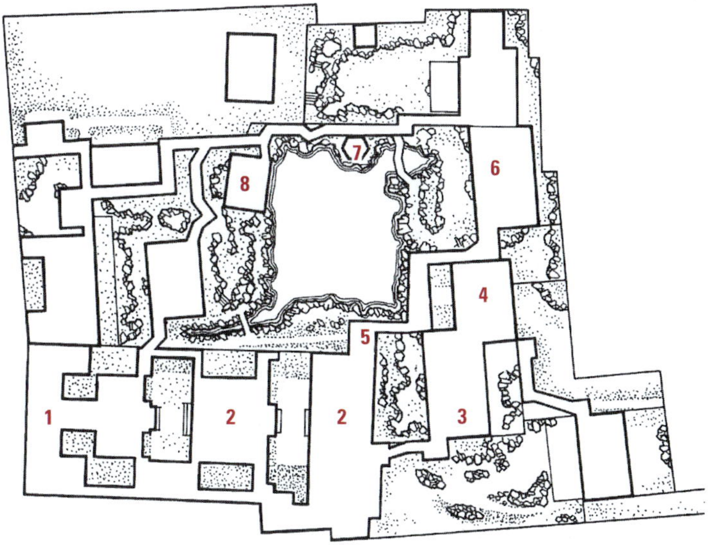

Garten des Meisters der Netze – Wangshi Yuan

1 Haupttor
2 Wohn- und Empfangshallen
3 Bibliothek der Fünf Gipfel
4 Studio der Konzentrierten Leere
5 Gang des Entenschießens
6 Haus des Erblickens der Kiefer und des Betrachtens der Bilder
7 Pavillon des Aufgehenden Mondes und der Auflebenden Brise
8 Studio des Waschens der Hutbänder

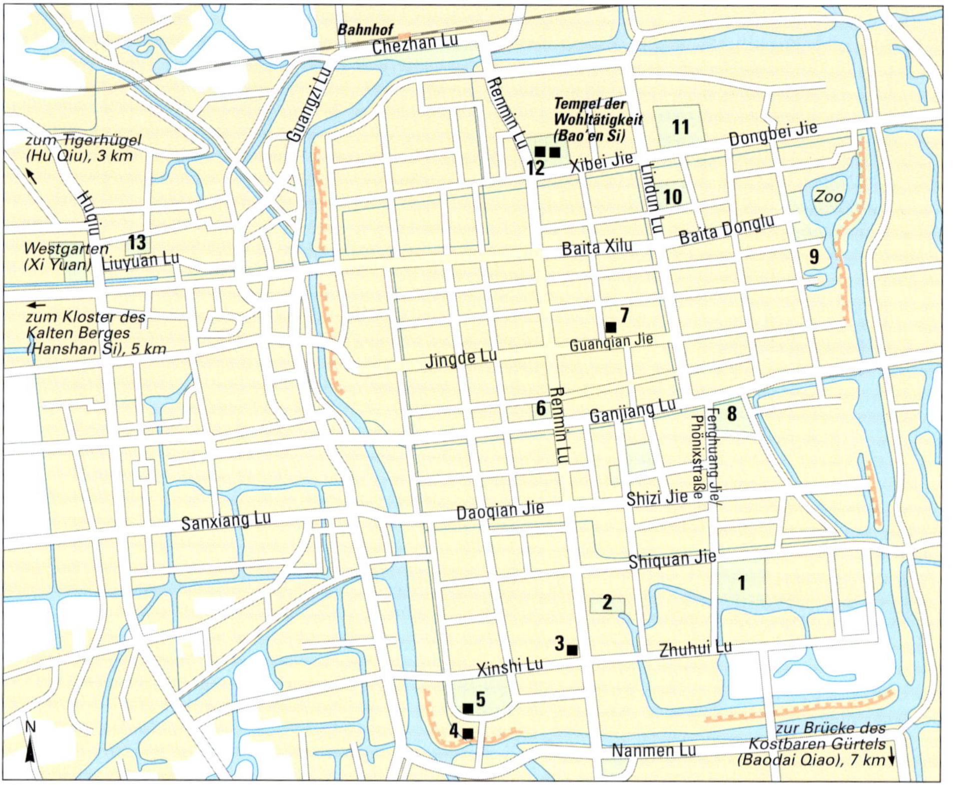

Suzhou 1 Garten des Meisters der Netze 2 Garten des Pavillons der Azurblauen Wellen 3 Konfuziustempel mit Stelenwald 4 Wassertor 5 Ruigang-Pagode 6 Garten der Zufriedenheit 7 Tempel des Geheimnisses 8 Doppelpagoden 9 Doppelgarten 10 Löwenwald 11 Garten der Politik des Einfachen Mannes 12 Nordtempel-Pagode 13 Garten des Verweilens

Hält man sich auf der Shiquan Jie in westlicher Richtung und biegt dann links in die Wuqueqiao Long, gelangt man zum Eingang des **Gartens des Pavillons der Azurblauen Wellen** (2; Canglang Ting). Der Dichter Su Shenqing legte ihn vor über 900 Jahren an, damit zählt er zu den ältesten Parks der Stadt. Sein Name spielt auf eine Passage aus den »Elegien von Chu« an, einer Liedersammlung aus dem 4.–3. Jh. v. Chr., in der es heißt: »Sind die Wasser des Canglangs klar, wasche ich darin die Hutbänder meiner Beamtenkappe, sind sie schlammig, wasche ich darin meine Füße.« Diese Zeilen mahnen den lauteren Beamten, sich in Zeiten der Korruption weise aus der Politik ins Privatleben zurückzuziehen.

Man betritt den Garten von Norden über eine Steinbrücke, die sich über einen Kanal spannt. Der Wasserlauf wird durch den angrenzenden Wandelgang indirekt in die Anlage einbezogen. Der Garten selbst, in dessen Hallen und Wandelgängen insbesondere die dekorativen Gitterfenster ins Auge fallen, nimmt nur etwa 1 ha ein. Auf einem künstlichen Hügel im Zentrum erhebt sich der Pavillon der Azurblauen Wellen. Hoher Bambus und ein riesiger Kampferbaum säumen den Teich im westlichen Teil des Gartens.

Wendet man sich nach Verlassen des Parks Richtung Westen, so liegt gleich auf der anderen Seite der Renmin Lu der alte **Konfuziustempel** (3; Kong Miao), dem ein kleiner Stelenwald mit mehr als 1000 Stelen aus der Song- bis Qing-Zeit angeschlossen ist. Am interessantesten sind sicherlich zwei Stelen aus dem 13. Jh., in die ein alter Stadtplan von Suzhou bzw. eine Sternkarte eingraviert sind.

Vom Stelenwald ist es nicht weit bis zum südlichen Stadtgraben, wo sich noch einige Überreste der Stadtmauer aus der Song-Zeit mit dem **Wassertor** (4; Pan Men) erhalten haben. Vom rekonstruierten Wachturm hat man einen schönen Blick über die Stadt und den angrenzenden Kanal, über den sich elegant die einbogige, kühn geschwungene Wumen-Brücke spannt. In nordöstlicher Richtung hebt sich die elegante Silhouette der **Ruigang-Pagode** (5) gegen den Himmel ab. Ursprünglich im 3. Jh. errichtet, wurde sie erst kürzlich restauriert.

Fast im Zentrum des Altstadtkarrées erstreckt sich der **Garten der Zufriedenheit** (6; Yi Yuan). Einst Garten des berühmten Ming-Ministers und Kalligraphen Wu Kuan (1435–1504), erwarb ihn 1880 der Stadtpräfekt Gu Wenbin, gestaltete ihn völlig um und benutzte ihn als seine Residenz. Damit gehört der Garten zu den jüngsten in Suzhou. Man findet hier zahlreiche Landschaftszitate aus den älteren Gärten wieder, die sich jedoch zu einem harmonischen Ganzen zusammenfügen. Beachtenswert sind vor allem die exquisiten, in Stein gravierten Kalligraphien berühmter Künstler.

Folgt man der Guanqian Jie weiter in östlicher Richtung bis zur Lindun-Straße, so tun sich zwei Möglichkeiten auf: Wer viel Zeit und Lust hat, kann nun einen Abstecher Richtung Süden zu den Doppelpagoden machen und anschließend den weniger bekannten Doppelgarten am östlichen Stadtgraben besuchen. Wen die Zeit drängt, der sollte sich hier direkt Richtung Norden wenden, wo zwei weitere berühmte Gärten Suzhous, der Löwenwald und der Garten der Politik des Einfachen Mannes, keinesfalls verpaßt werden sollten.

Nur wenige Schritte aus dem Garten hinaus und man erreicht über die Renmin Lu die Guanqian-Straße, Suzhous lebhafteste Geschäfts- und Flaniermeile. Der daoistische **Tempel des Geheimnisses** (7; Xuanmiao Guan) bildet das Zentrum eines geschäftigen Marktes, auf dem am Abend viele Essens- und Kleiderverkäufer ihre Stände aufschlagen. Der Xuanmiao Guan soll bereits 276 gegründet worden sein – auf dem Platz, wo in vorchristlicher Zeit die Königspaläste des Staates Wu errichtet worden waren. Von den ursprünglich 25 Hallen des Tempels steht nur noch die mächtige Halle der Drei Reinen (Sansheng Dian) aus dem 12. Jh. Mit einer Grundfläche von 45 × 25 m gehört sie zu den größten Holzbauten südlich des Yangzi. Ein elegantes Doppelwalmdach, getragen von 30 Stein- und 40 Holzsäulen, überspannt die Halle. In ihrem Inneren finden sich vergoldete Tonstatuen der Drei Reinen, den obersten Gottheiten des daoistischen Pantheons, aus dem 12. Jh.

An der Ecke Ganjiang und Fenghuang Lu ragen etwa 30 m voneinander entfernt die eleganten **Doppelpagoden** (8; Shuang Ta) empor. Zwei Söhne der Stadt stifteten sie im 10. Jh., um das Fengshui ihres Viertels aufzubessern. Die Türme tragen die schönen Namen Gongde und Sheli, was soviel bedeutet, wie ›Verdienst und Tugend‹ und ›seine persönlichen Interessen zurückstellen‹.

Nördlich der Shuang Ta lohnt am östlichen Stadtgraben der **Doppelgarten** (9; Ou Yuan) aus der späten Qing-Zeit durchaus einen Besuch. Da er etwas abseits der Touristenpfade liegt, wird er zwar weniger gut instandgehalten, doch dafür geht es hier vergleichsweise ruhig zu.

Vom Ou Yuan aus bietet sich der Besuch des Shizi Lin, des **Löwenwaldes** (10), an, dessen Spezialität bizarre Arrangements aus Taihu-Steinen sind. Ein Chan-Mönch konzipierte ihn 1336 für ein ehemaliges Tempelgelände. Mit dem Namen gedachte der Mönch seines ehemaligen Lehrers, der lange Jahre an der Löwenklippe des Tianmu Shan eine Eremitenklause bewohnt hatte. Kein Zufall also, daß einige Felsen im Garten an Löwen erinnern. Um einen Weiher gruppieren sich locker Pavillons, die durch Wandelgänge miteinander verbunden sind. Das geschmacklich etwas fragwürdige Steinboot stammt aus dem 20. Jh. Bevor der Garten in öffentliche Hände überging, gehörte er Anfang dieses Jahrhunderts übrigens einige Jahre dem Großvater des berühmten amerikanischen Architekten Ieoh Ming Pei.

Wang Xianchen verlieh dem Garten auch seinen blumigen Namen, der auf eine Passage aus der »Reimprosa vom müßigen Verweilen« des Pan Yue (247–300) anspielt. Dort heißt es: »Seinen Garten zu pflegen und Bäume zu bewässern, das ist die Politik des einfachen Mannes.«

Nur einige Schritte weiter nördlich, in der Dongbei Lu, wartet der **Garten der Politik des Einfachen Mannes** (11; Zhuozheng Yuan) auf Besucher – einer der größten und berühmtesten Gärten der Stadt und deswegen ein ›Must‹ für jeden Suzhou-Besucher. In der Tang-Zeit (618–907) stand auf dem Terrain die Residenz eines konfuzianischen Beamten, die unter den Yuan (1279–1368) in ein buddhistisches Kloster umgewidmet wurde. Im 16. Jh. ging das Gelände wieder in die Hände eines Beamten über. Der Zensor Wang Xianchen machte aus dem Areal einen Garten, in dem er gedachte, seinen Lebensabend zu verbringen. Wangs Sohn soll die Anlage dann nach seines Vaters Tod im Glücksspiel durchgebracht haben. Nach 1949 übernahm der Staat den Garten und setzte ihn wieder instand. Dabei wurde er wesentlich vergrößert.

Man betritt den Garten heute durch den neu hinzugefügten, von moderner europäischer Gartengestaltung inspirierten Teil im Osten. Dieser zeichnet sich durch locker arrangierte Baumgruppen, künstliche Hügel, einzelne Pavillons und Rasenflächen aus, die in der klassischen chinesischen Gartenästhetik eigentlich einen Fremdkörper darstellen. Der aus der Ming-Zeit datierende Kern des Zhuozheng Yuan, der Mittlere Garten, liegt westlich hinter einer weiß getünchten Mauer. Folgt man den gewundenen Pfaden durch die Felslandschaften und den überdachten Wandelgängen, so ist es, als schreite man durch ein chinesisches Gemälde. Die ehemaligen Wohnhallen des Zensors Wang liegen südlich des vielfach verwinkelten Weihers, den im Sommer ein dichter Lotosteppich bedeckt. Hinter einer zweiten Mauer erstreckt sich der Westgarten, der von einem weiteren Teich und der Halle der 36 Mandarinenten bestimmt wird. Über einen leicht gewölbten Brückengang gelangt man im äußersten west-

Szenerie im Garten der Politik des Einfachen Mannes

lichen Teil zu einer Bonsai-Baumschule, die wahre Prachtexemplare dieser Miniaturbäume besitzt.

Vom Garten aus kann man im Westen schon den schlanken Turm der etwa 1 km entfernten **Nordtempel-Pagode** (12; Beisi Ta) sehen. Der 76 m hohe, elegante Holzbau mit den anmutig geschwungenen Dächern hat neun Stockwerke mit umlaufenden Galerien, die ein prächtiges Panorama von Stadt und Umland bieten. Die Pagode erhebt sich auf einer achteckigen Grundfläche und besitzt einen aus Ziegeln gemauerten Kern. Ihre heutige Gestalt geht auf die Mitte des 12. Jh. zurück, sie mußte aber nach einem Brand im Jahr 1570 restauriert werden. Dem kleinen Tempelkomplex, auf dem die Pagode steht, sind schöne Grünanlagen und ein Teehaus angeschlossen.

Schon außerhalb des Stadtgrabens liegt im Westteil der Stadt, nur wenige Schritte vom Westgarten entfernt, der **Garten des Verweilens** (13; Liu Yuan). Die beiden Gärten gehörten ursprünglich zusammen und wurden zwischen 1522 und 1565 von dem Beamten Xu Shitai angelegt. Während der Westgarten zu einem buddhistischen Kloster

Im Garten des Verweilens

umfunktioniert wurde, erwarb den Ostteil 1876 der berühmte Mediziner Sheng Xuren, Leibarzt der Kaiserwitwe Cixi. Er gab ihm auch seinen heutigen Namen, Liu Yuan, und spielte damit auf die Tatsache an, daß der Garten die Wirren der Taiping-Rebellion schadlos überstanden hatte (*liu* = verweilen, überstehen). Nach Shengs Tod verwahrloste der Park, bis ihn 1953 die Suzhouer Stadtregierung restaurierte. Heute zählt er neben dem Zhuozheng Yuan und den kaiserlichen Sommerpalästen in Beijing und Chengde zu den vier Gärten Chinas, die als staatliche Kulturdenkmale ausgewiesen sind.

Mit einer Grundfläche von fast 4 ha gehört der Liu Yuan zu den größeren Privatgärten in Suzhou. Er läßt sich in vier Sektoren untergliedern. Ein von Felsen eingefaßter Teich bildet das Zentrum. Gleichzeitig ist dies der älteste Teil der Anlage. Die drei Nebenszenerien im Norden, Osten und Westen wurden erst unter der Regie des Arztes Sheng im späten 19. Jh. angelegt. Ein 700 m langer überdachter Wandelgang durchzieht den Park und leitet den Besucher zu den schönsten Ausblicken. Nahezu 300 kunstvolle Kalligraphien, auf Steintafeln in die Wände eingelassen, stellen das literarische Geleit.

Die Wohnhallen des Parks konzentrieren sich hauptsächlich im südlichen und östlichen Bereich. Besonders repräsentativ ist das Haus der Genien der Fünf Gipfel (Wufengxian Dian), welches vollständig aus kostbarem Nanmu-Holz errichtet und mit wunderbaren Schnitzereien versehen ist. Auch die Qing-zeitliche Einrichtung der Halle ist noch erhalten. Filigran ornamentierte Gitterfenster sorgen für subtile Licht- und Schattenspiele und bilden einen schönen Kontrast zu den schlicht weiß getünchten Mauern. Kunstvoll sind auch die ornamental gepflasterten Wege. Im äußersten nordöstlichen Teil des Gartens beherrscht ein mächtiger Monolith wie eine moderne Skulptur den Hof. Der 6,5 m hohe, bizarr geformte Taihu-Stein trägt den Namen Wolkenbedeckter Gipfel (Guanyun Ding). Einzeln im Garten plazierte Felsen assoziiert man in China stets mit dem Östlichen Paradies, der Residenz der Unsterblichen im Ostmeer. Anspielungen zum Thema Unsterblichkeit finden sich vielfach im Liu-Garten: So benannte man das Eiland im zentralen Teich nach der Insel Penglai, einer der drei legendären Paradiesinseln im Ostmeer, auf denen, so der Mythos, das Kraut der Unsterblichkeit gedeiht. Im nördlichen Teil des Gartens findet sich ferner ein kleiner Pfirsichhain. In China bringt man diese Früchte ebenfalls mit dem ewigen Leben in Verbindung. Es heißt, die Königinmutter des Westens züchte die Pfirsiche der Unsterblichkeit im Garten ihres Palastes im Kunlun-Gebirge, dem Westlichen Paradies. Nicht zuletzt spielt der Name Garten des Verweilens damit auch auf den Wunsch seines Besitzers nach dem möglichst langen Verweilen in der Welt der Sterblichen an – was ja gut zum Ethos eines Mediziners paßt.

Ausflüge in die nähere Umgebung

3 km nordwestlich der Stadt erhebt sich der etwa 36 m hohe **Hu Qiu,** der Tigerhügel. Im Jahr 496 v. Chr. soll hier der Herrscher He Lü von Wu, der damals Suzhou zu seiner Hauptstadt erkor, bestattet worden sein. Die Legende weiß zu berichten, daß kurz nach der Bestattung des Herrschers ein weißer Tiger aus den Wäldern erschien und fortan das Grab bewachte, daher der Name des Ortes. Heute ist das 13 ha große Areal eine liebliche Parklandschaft und beliebtes Ausflugsziel vor den Toren der Stadt. Gekrönt wird der Hügel von der **Wolkenfels-Pagode** (Yunyan Sita), einem Ziegelbau aus dem 10. Jh., der wegen des sandigen Untergrunds leicht zur Seite neigt. Das brachte dem Bau den Ruf als ›schiefer Turm von China‹ ein.

Das buddhistische **Kloster des Kalten Berges** (Hanshan Si), 5 km westlich des Stadtzentrums, wurde Anfang des 6. Jh. errichtet. Unter den Taiping bis auf die Grundmauern zerstört, baute man es Ende des 19. Jh. wieder auf. Berühmt wurde das Kloster durch den gleichnamigen Dichtermönch Hanshan, einen praktizierenden Chan-Buddhisten, der großartige Gedichte hinterlassen hat. Hanshan lebte hier im 7. Jh. Er vermochte die komplexen Zusammenhänge der buddhistischen Lehre dem einfachen Volk in klaren, leicht verständlichen Worten zu vermitteln. Sein Bildnis und das seines Ordensbruders Shide finden sich auf einer Stele in der Haupthalle. Hanshan und Shide verkörpern für den Meditationsbuddhismus das Ideal der unorthodoxen Laien, die in völliger Unabhängigkeit, ohne einer bestimmten Schule anzugehören, dem Weg Buddhas folgen. Aus diesem Grund avancierten die beiden Mönche, meist dargestellt mit zerzaustem Haar und fröhlich lachend, zu einem beliebten Thema der chinesischen wie japanischen Zen-Kunst. Die Abbildung im Tempel stammt aus der Hand des Le Ping, eines der berühmten Acht Exzentriker von Yangzhou. In der chinesischen Dichtung viel besungen wurde die bronzene Glocke des Klosters. Das Original wurde im 17. Jh. von Japanern geraubt und ging dann verloren. 1903 schenkte Japan dem Kloster allerdings eine Kopie des Originals, welche heute rechts in der Haupthalle zu sehen ist.

Einen Ausflug in die südöstlichen Vororte lohnt die außergewöhnliche **Brücke des Kostbaren Gürtels** (Baodai Qiao), etwa 7 km vom Zentrum entfernt. Das 317 m lange Bauwerk wurde im Jahr 806 errichtet und überspannt in 53 kleinen Bögen den Kaiserkanal.

Auf dem **Kaiserkanal**, noch heute eine vielbefahrene Handelsroute, verkehren auch Touristenschiffe. Sie befahren überwiegend die Strecke zwischen Wuxi, Suzhou und Hangzhou. Man stelle sich dabei nicht unbedingt auf eine romantische Flußfahrt ein, sondern eher auf dampfende Industrieanlagen, ölschwarzes Wasser und pulsierendes Leben am Kanal. Langweilen wird man sich auf dieser Fahrt gewiß nicht.

Zwischen Suzhou und Shanghai breitet sich eine flache grüne Landschaft aus, durchzogen von einem eng gewobenen Netz aus Flüssen und Kanälen. Die Chinesen nennen diese Gegend, die zu den fruchtbarsten des Landes gehört, das ›Land von Fisch und Reis‹. Das venezianische Flair, das man in Suzhou mittlerweile fast vergeblich sucht, findet man in Dörfern und Kleinstädten, die von den großen Touristenströmen noch weitgehend verschont werden. Weniger klassische Sehenswürdigkeiten als beschauliche Städtchen mit windschiefen Häusern, schöne alte Steinbrücken und Bauern, die ihre Boote durch die Wasserstraßen staken, lassen hier noch ein romantisches China wie aus dem Bilderbuch erstehen. Ausflüge lohnen vor allem in die Städtchen **Tongli, Zhouzhuang** und **Luzhi,** die allesamt 30 bis 50 km südöstlich von Suzhou liegen.

Wuxi – die Stadt am Tai Hu

›Ohne Zinn‹ bedeutet der Name der Stadt am Nordufer des gewaltigen Tai-Sees (Tai Hu). Diese merkwürdige Bezeichnung soll auf den Umstand zurückgehen, daß die Stadt einst reiche Zinnvorkommen aufzuweisen hatte, die im Altertum wichtig für den Guß von Sakralbronzen und Waffen waren. Doch bereits um das Jahr 200 v. Chr. hatten sich die örtlichen Minen erschöpft, und so sahen sich die Stadtväter gezwungen, den Namen der Stadt von Youxi (›wo es Zinn gibt‹) in Wuxi zu ändern. Ihre größte Blüte erlebte Wuxi jedoch – ähnlich wie Hangzhou und Suzhou – erst, als der Kaiserkanal Ende des 6. Jh. fertiggestellt wurde. In dieser Zeit entwickelte sich der Ort zu einem bedeutenden Getreideumschlagplatz. Heute ist Wuxi etwa so groß wie Suzhou und zählt rund 800 000 Einwohner. Hauptindustrie ist die Textilverarbeitung, doch auch der Tourismus spielt eine bedeutende Rolle. Die Ufer des Tai Hu ziehen insbesondere chinesische Sommerfrischler an.

Der Wirtschaftsboom der letzten Jahre bescherte Wuxi ein überwiegend modernes Gesicht. Alte Kanäle und enge Gassen gibt es noch im Südosten der Stadt, in der Gegend der alten Qingming-Bogenbrücke. Ferner lohnt das ehrwürdige Schmucktor der kaiserlichen Donglin-Akademie aus der Qing-Zeit (1644–1911) einen Blick. Hauptattraktion Wuxis sind allerdings die ausgedehnten Parks und Gärten vor den Toren der Stadt und an den Ufern des Tai-Sees.

Xihui-Park – Xihui Gongyuan

Im Westen Wuxis liegt der 45 ha große Xihui Gongyuan, der seinen Namen von den beiden Hügeln erhielt, von denen er eingerahmt wird: dem Zinnberg (Xi Shan) im Süden und dem Gnadenberg (Hui Shan) im Westen. Auf dem Hui Shan erhebt sich die **Drachenglanz-Pagode** (Longguang Ta), ein siebenstöckiger Bau, der als das Wahrzeichen der Stadt gilt. Hier wird der Ton gewonnen, aus dem man die Tonfiguren fertigt, für die Wuxi bekannt ist: Handmodellierte, luftgetrocknete und bunt bemalte Gestalten, die überwiegend der chinesischen Mythologie entstammen, aber auch Fischer, Bauern und Kinder sind beliebte Motive.

Der Qianlong-Kaiser (reg. 1736–96) war von der poetischen Stimmung im Jichang Yuan so angetan, daß er im kaiserlichen Sommerpalast (Yihe Yuan) vor den Toren Beijings eine Nachempfindung des Parks anlegen ließ – den Garten der Tugend und Harmonie (Xiezhu Yuan).

Die meisten Besucher des Xihui-Parks suchen den **Garten der Ergötzung** (Jichang Yuan) auf. Etwa 100 m hinter dem Haupteingang der städtischen Parkanlage biegt man rechts ab und betritt ein ummauertes Gelände von weniger als 1 ha Grundfläche. Zunächst gelangt man in die ehemaligen Wohnhallen des Kriegsministers Qin Jin, der sich den Garten im 15. Jh. anlegen ließ. Damals wurde

Am Tai Hu

Zhuangzi verachtete den Kleingeist konfuzianischer Moralisten zutiefst, die für sich in Anspruch nahmen, im Besitz der absoluten Wahrheit zu sein. In vielerlei Gleichnissen stellte er vermeintliche Gewißheiten in Frage. So stand er einst gemeinsam mit dem Sophisten Hui Shi auf einer Brücke und betrachtete die Fische. Zhuangzi sprach: »Seht wie die Fische springen, sie scheinen sich zu freuen!« Darauf Hui Shi: »Ihr seid kein Fisch, woher wißt Ihr, ob Fische sich freuen?« Zhuangzi antwortete: »Ihr seid nicht ich. Woher wißt Ihr, daß ich nicht weiß, ob Fische sich freuen?«

er noch Sitz im Phönixtal (Fenggu Xingwo) genannt. Berühmtheit erlangte der Park für die gelungene Umsetzung des gartenbaulichen Prinzips vom ›Ausleihen der Landschaft‹. Die Ausblicke auf die beiden umliegenden Berge sind so geschickt in die Architektur des relativ kleinen Gartens miteinbezogen, daß sie ihm Weite verleihen und suggerieren, sie seien Teil der Anlage. Mittelpunkt des Gartens ist der See der Brokatwellen (Jinhui Yi), um den sich einige Pavillons gruppieren. An dem runden Steintisch am östlichen Seeufer soll der Qianlong-Kaiser mehrmals mit Mönchen zum Schachspiel zusammengekommen sein. Dort steht auch der Pavillon Balustrade des Wissens um die Fische – eine Anspielung auf einen berühmten Ausspruch des daoistischen Philosophen Zhuangzi (4. Jh. v. Chr.).

Den künstlich aufgetürmten Berg am Westufer des Teichs, eine verwinkelte, von kleinen Wasserläufen durchflossene Felsenlandschaft, schuf Zhang Shi, Neffe des berühmten Gartengestalters Zhang Nanyuan, in der Regierungsperiode des Kangxi-Kaisers (1662–1722). Die Schlucht, durch die sich ein schmaler Pfad windet, trägt den Namen Schlucht der Acht Klänge, nach dem plätschernden, gurgelnden Bach, der durch sie hindurchrinnt.

Eine weitere Sehenswürdigkeit im Xihui Gongyuan ist die **Quelle am Gnadenberg** (Huishan Quan), umgeben von alten Bäumen und einigen Pavillons.

Weitere Sehenswürdigkeiten am Tai Hu

Westlich der Stadt finden sich an den Ufern des Tai Hu weitere Gartenanlagen, so der **Pflaumengarten** (Mei Yuan), der im Frühjahr, wenn die Zierpflaumen blühen, besonders reizvoll ist, und der **Muschelschalengarten** (Li Yuan) nahe dem Hubin-Hotel, der in den 20er Jahren als Literatengarten angelegt wurde.

Lohnend ist eine Fahrt zur **Schildkrötenkopf-Halbinsel** (Yuantou Zhou), einem von Pavillons, Pagoden und Teehäusern durchsetzten Landschaftsgarten. Von dort aus kann man eine Bootsfahrt auf dem See unternehmen, der sich wie ein Meer auszudehnen scheint: Mit einer Fläche von 2400 km^2 ist er viereinhalb mal so groß wie der Bodensee (aber durchschnittlich nur 2 m tief). 90 Inseln, deren Bewohner hauptsächlich von der Fisch-, Enten- und Wasserkastanienzucht leben, verteilen sich auf dem Tai Hu. Bedeutung kommt dem See ferner als Flutbecken für den Yangzi zu, der immer wieder über seine eingedeichten Ufer tritt und weite Teile des flachen Landes unter Wasser setzt.

Nicht zuletzt aber ist der See für seine bizarr geformten mit zahlreichen Löchern durchsetzten Kalkfelsen berühmt, die man schon seit Jahrhunderten von seinem Grund emporholt und in Literatengärten wie Skulpturen aufstellt. Ihre seltsamen Formen sollen die Phantasie anregen.

Nanjing

Nanjing, die ›südliche Hauptstadt‹, am Unterlauf des Yangzi ist eine Großstadt von 4,5 Millionen Einwohnern. Zwar zählt sie neben Chongqing und Wuhan zu den ›Drei Glutöfen‹ Chinas und ist berüchtigt für ihre drückend heißen Sommer, doch ihre großzügigen Platanenalleen und das viele Grün um und in der Stadt machen sie zu einer der sympathischeren der chinesischen Metropolen. Das Stadtgebiet erstreckt sich von den südlichen Ufern des Yangzi bis hin zu den Hügeln des Zijin Shan, der Purpurberge, im Osten, wo sich die interessantesten Sehenswürdigkeiten der Stadt konzentrieren.

Wie archäologische Ausgrabungen in der Nähe der Stadt bestätigten, waren die fruchtbaren Niederungen am Unterlauf des Yangzi bereits vor 5000 Jahren besiedelt. Erste Erwähnung fand Nanjing bereits in den »Frühlings- und Herbstannalen«, einem alten Geschichtswerk, das die Zeit zwischen 722–481 v. Chr. behandelt. In der Regierungszeit des Qin Shihuangdi (221–210 v. Chr.) entwickelte sich die Stadt zu einem bedeutenden regionalen Handels- und Verwaltungszentrum. In der Epoche der Drei Reiche (220–265) machte der König von Wu die Stadt, die damals noch Jianyue hieß, zur Kapitale seines Landes und errichtete, wie Quellen berichten, eine erste große Stadtmauer. In den wechselvollen Jahren zwischen dem 3. und 6. Jh. wählten mehrere Lokalkönige Nanjing als Residenz. Dank einer florierenden Seidenproduktion gelangten seine Bewohner zu Wohlstand. Die Dichter der Tang-Zeit (618–906) priesen die Stadt in ihren Versen noch als blühende Metropole, doch wurde sie in dieser Zeit wiederholt von den Fluten des Yangzi und militärischen Aufständen heimgesucht und fiel schließlich in den folgenden 500 Jahren in die Bedeutungslosigkeit zurück. Eine Renaissance erlebte sie erst wieder im 14. Jh., als es rebellischen Bauern unter der Führung eines gewissen Zhu Yuanzhang gelang, die Mongolen, die beinahe ein Jahrhundert lang über das Reich der Mitte geherrscht hatten, zu vertreiben. Zhu rief sich 1368 als ersten Kaiser der Ming-Dynastie aus und erhob Nanjing unter dem Namen Yingtian zu seiner Hauptstadt. In seinem Auftrag entstanden weitläufige Paläste, eine Kaiserliche Akademie und die mächtigste Stadtmauer der Welt.

Ein neuer Glanz, der nicht lange währen sollte, denn schon Zhus Nachfolger entschloß sich 1401, den Regierungssitz nach Beijing zu verlegen. Noch bis 1420, bis in Beijing der neue Palast und die Stadtmauer fertiggestellt waren, residierte der Hof in Yingtian. Erst dann, mit dem Umzug nach Beijing, in die ›nördliche Hauptstadt‹, erhielt die Stadt ihren heutigen Namen. In den folgenden 400 Jahren verlor Nanjing graduell an Bedeutung. Im 19. Jh. war Nanjing dann, bis zu dessen Zerschlagung, Hauptstadt des Himmlischen Reichs des Großen Friedens (Taiping Tianguo). 1912 hatte die Stadt schließlich zum zweiten Mal die Ehre, Hauptstadt des gesamten China zu werden:

Drei Monate residierte hier die erste provisorische Regierung der jungen Republik China. Im sogenannten ›Dezennium von Nanjing‹, 1928–37, führte ›Generalissimus‹ Chiang Kai-shek von hier aus die Regierungsgeschäfte. Im Dezember 1937 fiel die Stadt in die Hände der Japaner, deren Massaker – das größte der chinesischen Geschichte – 300 000 Menschen zum Opfer fielen. Bis 1945 blieb die Stadt unter japanischer Besatzung. Anschließend kehrte Chiang Kai-shek mit seiner Regierung zurück, bis er sich 1949 vor den Kommunisten nach Taiwan zurückzog. Seit 1952 ist Nanjing Hauptstadt der Provinz Jiangsu, eine moderne Industriestadt inmitten eines der bestentwickelten Gebiete der Volksrepublik.

Stadtbesichtigung

Ausgangspunkt für die Besichtigung Nanjings soll das imposante südliche Stadttor, das **Zhonghua Men,** sein – ein Paradebeispiel einer Ming-zeitlichen Befestigungsanlage. Mit seinen drei hintereinander gesetzten steinernen Torgebäuden und einer vorgelagerten kleineren Mauer war es nahezu uneinnehmbar. 27 Räume für Waffen und bis zu 3000 Soldaten standen hier zur Verfügung. Das Tor ist das besterhaltene von ehemals 13 Toren der Stadtmauer. Zhu Yuanzhang, der erste Kaiser der Ming-Dynastie, ließ sie in den Jahren 1366–86 von mehr als 200 000 Arbeitern errichten. Etwa 20 km des einst 33 km langen, imposanten Bollwerks stehen noch heute: zwischen 14 und 21 m hoch und oben 7 m, an der Basis 14 m breit. Im Gegensatz zu den in China sonst üblichen rechteckigen Stadtbefestigungen, ist die Nanjinger Mauer unregelmäßig angelegt, da sie über einer älteren, aus dem 3. Jh. stammenden Umwallung gebaut wurde, die aus strategischen Gründen einige Hügel ins Stadtgebiet einschloß.

Folgt man vom südlichen Stadttor aus der Zhonghua Nanlu etwa 500 m in nördlicher Richtung und biegt dann nach rechts in die Changle Lu, so gelangt man in eines der lebendigsten Viertel von Nanjing. Die Stadt hat hier einige Straßenzüge im Stil der Qing-Zeit (1644– 1911) rekonstruiert, in denen man unzählige Geschäfte, Souvenirshops, Restaurants und auch einen Blumen- und Vogelmarkt findet. Zentrum des Viertels ist der **Konfuziustempel** (Kong Miao), der seit 1500 Jahren bestehen soll, dessen heutige Hallen aber aus dem späten 19. Jh. stammen. Dem Tempel kam gerade in der Ming-Zeit besondere Bedeutung zu, da sich damals in der Nähe die Kaiserliche Akademie – in der die berühmte Yongle-Enzyklopädie verfaßt wurde – befand. Dorthin reisten junge Leute aus dem gesamten chinesischen Reich, um die kaiserlichen Examina abzulegen, und natürlich pilgerten die Beamtenanwärter zum Kong Miao, um dort Beistand für die Prüfungen zu erbitten. Eben dies verhilft dem Tempel noch heute zu einer großen Zahl von Besuchern. Allerdings hat man das Innere des Heiligtums ›zeitgemäß‹ umgestaltet, und so blinkt es rund um die Figur des großen Philosophen aus unzähligen elektrischen Lämpchen.

Einige Schritte weiter nördlich befindet sich in den Hallen einer ehemaligen Nebenresidenz des ersten Ming-Kaisers das **Museum der Taiping-Rebellion** (Taiping Tianguo Lishi Bowuguan). In den Jahren der Taiping-Rebellion residierte hier Yang Xiuqiu, der von Hong Xiuquan zum ›Östlichen Himmelskönig‹ ernannt worden war. Die Ausstellung informiert über die Geschichte des Taiping-Aufstandes (1851–64), seinen Führer Hong Xiuquan (1813–64) und dessen revolutionäre und religiöse Motive (s. S. 50). Es sind u. a. Dokumente, Karten, Waffen, Münzen und Siegel aus der Zeit zu sehen. Yang Xiuqiu liebte Gärten, und so verwundert es nicht, daß eine sehenswerte Gartenanlage – Mitte des 19. Jh. vom damaligen Hausherrn im südchinesischen Stil angelegt – zum Komplex gehört.

Zum Bummeln lädt auch das Gebiet östlich des Mochou-Sees, im Südwestteil der Stadt, ein. Hier liegt in der Mochou Lu der **Palast der Himmelsverehrung** (Chaotian Gong). Im Volksmund ist er auch unter dem Namen ›Metallschmelzstadt‹ bekannt: Im 5. Jh. hatte sich der Fürst He Lü von Wu hier zwei herrliche Schwerter schmieden lassen, die ihm im Kampf viel Glück brachten.

Wem der Sinn nach einem intensiveren Museumsbesuch steht, der muß nun das alte Stadtgebiet von West nach Ost durchqueren (Bus oder Taxi). Dabei passiert man das kommerzielle Zentrum des modernen Nanjing – Kinos, Banken und große Kaufhäuser konzentrieren sich um den großen Verkehrskreisel, an dem Hanzhong und Zhongshan Lu zusammentreffen. Das **Nanjing-Museum** (Nanjing Bowuguan) liegt in der Nähe der östlichen Stadtmauer. Seine Hauptattraktion bildet ein aus Hunderten von Jadeplättchen zusammengeknüpftes Totengewand aus der Östlichen Han-Zeit (25–220). Nur wenige Schritte nordwestlich lohnen ferner die **Ruinen des alten Kaiserpalastes** aus der Ming-Zeit einen kurzen Besuch. Von der Anlage heißt es, nach ihrem – keineswegs weniger imposanten – Vorbild sei die Verbotene Stadt in Beijing errichtet worden. Heute erinnern nur spärliche Relikte – fünf marmorne Brücken, das stark zerstörte Mittagstor (Wu Men) und einige Säulenbasen – an einstige kaiserliche Pracht.

Überreste des Ming-zeitlichen Nanjing – bzw. Yingtian – stellen des weiteren der **Glocken-** und der **Trommelturm** (Zhong Lou, Gu Lou) dar, zwei mächtige alte Bauwerke, die in den 80er Jahren des 14. Jh. im Zuge der großen Baumaßnahmen unter dem ersten Ming-Kaiser errichtet wurden. Der Glockenturm, nordöstlich des Trommelturms, fiel im 19. Jh. den Kampfhandlungen zwischen Taiping-Rebellen und der Allianz von mandschurischen und alliierten Truppen zum Opfer, wurde aber 1889 neu aufgebaut. Die 23 t schwere Glocke hat sich im Original erhalten.

Nach einem Besichtigungsmarathon in Nanjing laden die Gartenanlagen am **Xuanwu-See** zum Flanieren ein. Kleine Dämme führen zu Inselchen im See, wo man in gemütlichen Teehäusern etwas entspannen kann. Darüber hinaus säumt die alte Stadtmauer, begleitet von einem Spazierweg, das westliche und südliche Ufer des Xuanwu Hu.

Die 1968 eingeweihte doppelstöckige Yangzi-Brücke

Wer in Nanjing ist, der sollte nicht versäumen, neben den Altertümern auch einem Monument jüngerer chinesischer Geschichte Beachtung zu schenken, auf das die Chinesen sehr stolz sind: die große **Brücke über den Yangzi.** Sie wurde am 23.2.1968 eingeweiht, nachdem 9000 Menschen acht Jahre an dem Projekt gearbeitet hatten. Der Bau wurde als Symbol für die Eigenständigkeit Chinas gefeiert, konnte er doch ohne jegliche Unterstützung aus dem Ausland realisiert werden. Die Brücke teilt sich in zwei Etagen: die untere ist 6772 m lang und für den Schienenverkehr bestimmt, die obere eine Autostraße von 4589 m Länge.

Die Purpurberge – Zijin Shan

Bus Nr. 20 bringt Sie vom Trommelturm im Stadtzentrum zum Seelenweg des Ming-Grabs, Bus Nr. 9 vom großen Verkehrskreisel Xinjiekou zum Sun Yat-sen-Mausoleum.

Eingebettet in die herrliche Landschaft der Purpurberge findet man die Hauptattraktionen der Stadt: das Grab des ersten Ming-Kaisers, das Mausoleum Sun Yat-sens und den Linggu-Tempel.

Ming Xiao Ling, die Grabstätte des ersten Ming-Kaisers, der 1368–98 unter der Devise Hongwu regierte, liegt mitten im Wald etwa 2 km nordöstlich des Zhongshan-Tores. Ihr Aufbau ähnelt dem der Ming-Gräber von Beijing. Während der Taiping-Rebellion stark beschädigt, wurde sie später nie umfassend restauriert. Gut erhalten hat sich der Seelenweg, den wie üblich monumentale Tier- und Menschenfiguren flankieren. Paare von Löwen, Kamelen, Elefanten, Pferden und den mythischen Tieren Qilin und Xiezhi wechseln sich jeweils in kniender und aufrechter Position ab, dahinter schließen sich Skulpturen von Offizieren und Zivilbeamten im vollen Ornat an. Über eine Steinbrücke und durch ein Tor gelangt man zum eigentlichen Grabbezirk, den eine Mauer umschließt. Die Opferhalle liegt in

Ruinen, nur ein Stelenpavillon blieb übrig. Inmitten des Waldes erhebt sich schließlich der Seelenturm, eine mächtige Steinkonstruktion, zu der ein Gang hinaufführt. Dahinter faßt eine weitere Mauer einen mächtigen runden Grabtumulus von fast 350 m Durchmesser ein: Irgendwo unter diesem Hügel verbirgt sich die noch ungeöffnete Grabkammer des Kaisers.

Begibt man sich zum Hauptweg zurück, so führt dieser in westlicher Richtung zu einem noch viel gewaltigeren Grabkomplex, errichtet für einen eigentlich recht bescheidenen Mann. Hoch auf dem Hügel der Purpurberge erhebt sich das imposante **Mausoleum für Sun Yat-sen** (Zhongshan Ling). Als ersten Präsidenten der provisorischen Regierung von 1912 verehren ihn Volksrepublikaner und Taiwan-Chinesen gleichermaßen als Vater des modernen China. Sun Yat-sen wurde auf eigenen Wunsch in Nanjing bestattet. Der Architekt Lü Yanzhi legte das Mausoleum in den Jahren 1926–29 auf einem etwa 80 000 m^2 großen Areal im Stil eines klassischen Kaisergrabes an. Den Leichnam überführte man am 1.6.1929 aus dem Beijinger Biyun Si hierher. Hallen und Ehrentore reihen sich auf einer Nord-Südachse und sind mit Maximen aus den politischen Lehren Suns überschrieben.

Eine 392 Stufen umfassende mächtige Freitreppe führt hinauf zu der imposanten Gedenkhalle auf der Höhe des Berges. Strahlend Blau leuchtet das Ziegeldach über weißem Granit. Am Anfang der Treppe durchschreitet man ein dreibogiges Ehrentor mit der Inschrift »Bo ai« (»Umfassende Liebe«), darauf folgt das Hauptportal mit den Worten »Tianxia wei gong« (»Die Welt gehört allen«), beides Schlagworte aus Suns berühmter Schrift von den »Drei Grundlehren vom Volk«. Eine Zusammenfassung seines Manifests findet sich schließlich in goldenen Schriftzeichen auf schwarzem Marmor in der Hand-

Das Mausoleum für Sun Yat-sen

schrift des Staatsmannes an den Wänden der Gedenkhalle verewigt. Über deren Eingang prangen die Worte: »Nationalismus, Demokratie und soziale Gerechtigkeit.« Die Marmorstatue Suns stammt aus der Hand des französischen Bildhauers Paul Landowski. Unter einer zweiten, liegenden Skulptur, befindet sich im hinteren Bereich der Halle der Sarg Suns. Von der Terrasse der Gedenkhalle aus erblickt man im Osten die Pagode des Linggu-Tempels, die nächste Etappe des Ausflugs.

Der **Tempel des Geistertals** (Linggu Si) besteht schon seit dem 6. Jh. Ursprünglich lagen seine Hallen näher am Stadtzentrum Nanjings. Als jedoch im 14. Jh. der erste Ming-Kaiser die Purpurberge zu seiner zukünftigen Grabstätte erklärte, und man mit den Bauarbeiten begann, mußte der Tempel an seinen heutigen Standort verlegt werden. Berühmtheit erlangte die Anlage wegen einer architektonischen Besonderheit. Sie besitzt eine ›balkenlose Halle‹, ein Bogengewölbe aus Ziegelmauerwerk ohne jegliche Stützen. Noch vor einigen Jahren beeindruckte die Halle durch ihre schnörkellose Schlichtheit. Heute hat man hier ein – mit Einvernehmen – scheußliches Wachsfigurenkabinett eingerichtet, um an Persönlichkeiten der chinesischen Revolutionsgeschichte zu erinnern. Die zum Tempelgelände gehörende 60 m hohe Pagode wurde erst 1929 – übrigens von einem amerikanischen Architekten – in Gedenken an die Opfer des Nordfeldzuges Chiang Kai-sheks (1926–28) errichtet.

Hangzhou – die Stadt am Westsee

»Im Himmel liegt das Paradies, auf Erden Suzhou und Hangzhou« sagt ein chinesisches Sprichwort. Ebenso wie das Besteigen der Großen Mauer gehört ein Besuch in der Stadt am romantischen Westsee zu den Dingen, die jeder Chinese einmal in seinem Leben unternehmen möchte. In China gilt die Stadt als Inbegriff der Romantik, Schönheit und Hochburg chinesischer Lebenskultur vergangener Tage.

Ihr Aufstieg begann Anfang des 7. Jh., als die Herrscher der Sui (589–618) den Bau des Kaiserkanals in Auftrag gaben. Die Lage Hangzhous am Kanal und die Nähe zum Meer machten es für die Binnen- und Hochseeschiffahrt zu einem wichtigen Umschlagplatz. Hangzhou wuchs bald zu einer der blühendsten Handelsstädte der damaligen Welt heran. Tee, kostbare Seide und Porzellan waren die wertvollen Güter, die es zu verschiffen galt. Hangzhous Reichtum und seine idyllische Lage am Westsee zogen bald Dichter und Gelehrte an, die es in unzähligen Poemen besangen. In der Zeit der Südlichen Song-Dynastie (1127–1279), als das chinesische Kaiserhaus sich vor den Jin zurückziehen mußte, avancierte Hangzhou 1138 zur Reichshauptstadt. In der Hoffnung, die verlorenen Gebiete

Am Westsee

bald wieder zurückerobern zu können, nannte man Hangzhou damals Xingzai, ›vorübergehende Reisestation‹. Doch die Stadt sollte mehr sein als das. Unter den Song wuchs ihre Einwohnerzahl auf 1,7 Millionen. Marco Polo pries Ende des 13. Jh. die Stadt – und falls er sie nicht persönlich sah, so gab es gewiß Reisende, die ihm von Xingzai erzählten – als die schönste und eleganteste der Welt. In seinem Reisebericht widmet er Hangzhou – er nennt es Quinzai – viele Seiten, beschreibt ausführlich die prachtvollen Straßen, Häuser und Kanäle, die üppigen Märkte, den Reichtum der Stadtbewohner, ihre Sitten und Gebräuche, das Leben in den Badehäusern ... und schwärmt von der Grazie und den Liebeskünsten der Kurtisanen in den Vergnügungsvierteln.

Mitte des 19. Jh., als die Kämpfe zwischen Taiping-Rebellen und kaiserlichen Truppen auch Hangzhou erschütterten, ging leider viel von seinem alten Glanz verloren. Heute präsentiert sich Hangzhou als eine Industriestadt – nach chinesischen Maßstäben – mittlerer Größe mit rund 1,4 Millionen Einwohnern. Die Seidengewinnung spielt wie in früheren Tagen noch immer eine wichtige Rolle. Touristische Attraktion ist wie zu Zeiten Marco Polos der sagenumwobene, vielbesungene Westsee. Mit seinen Pavillons, Pagoden, künstlichen Dämmen und Inselchen gilt er als der Inbegriff einer chinesischen Ideallandschaft.

Das Leben als Statthalter von Hangzhou dürfte im 11. Jh. nicht unangenehm gewesen sein, wie ein Gedicht Su Dongpos verdeutlicht, das sich bezeichnenderweise betitelt: »Am siebenundzwanzigsten Tage des sechsten Monats im Rausche geschrieben«: »Die Wolken – verschüttete Tusche/ die fließend die Berge verschlingt,/ ein Perlenschauer der Regen,/ der über den Bootsrand springt/ Der Wind kommt dahergestoßen/ jagt Wolken und Regen davon/Wie der Himmel, herabgeflossen,/ der See vor dem Pavillon.«

Westsee – Xi Hu

In mythischer Zeit flogen ein Jadedrache und ein goldener Phönix über die sanften Hügel von Hangzhou. Plötzlich erblickten sie einen leuchtend weißen Stein am Boden, den sie sogleich aufgriffen und so lange mit ihm spielten, ihn rieben und polierten, bis er sich zu einer wunderschönen Perle abgeschliffen hatte. Dies Klein-

Hangzhou und der Westsee (Xi Hu)
1 Beschütze-Chu-Pagode
2 Zerbrochene Brücke
3 Bai-Deich
4 Insel Gushan
5 Museum der Provinz Zhejiang
6 Pavillon Herbstmond über dem Stillen See
7 Kleine Paradiesinsel
8 Drei Teiche spiegeln den Mond
9 Blumenbucht-Park
10 Su-Deich
11 Tempel des Yue Fei
12 Höhle des Gelben Drachen
13 Grotten am Herbeigeflogenen Gipfel
14 Kloster der Seelenzuflucht
15 Quelle des Laufenden Tigers
16 Pagode der Sechs Harmonien
17 Hu-Qingyu-Apotheke
18 Seidenmuseum
19 Porzellanmuseum in den Ruinen der Song-zeitlichen Manufaktur

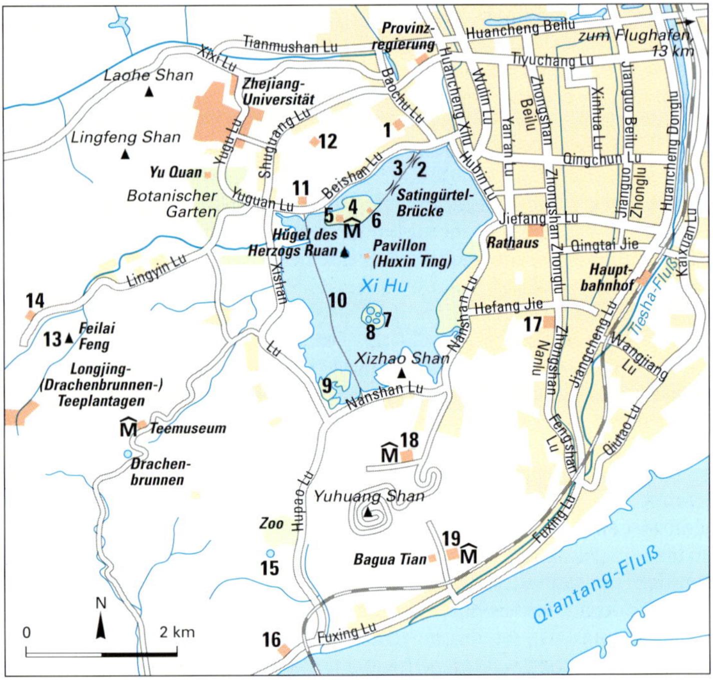

od weckte die Begierde der Himmelskönigin, die aus ihrem Palast herabstieg und die Perle stahl. Doch Drache und Phönix versuchten, ihr Spielzeug zurückzuholen. Beim Gerangel mit der Himmelskönigin fiel die Perle auf die Erde herab – der Westsee war geboren. So die Legende. Die Realität ist wie so oft prosaischer: Der See – seine Fläche beträgt 5,6 km^2 – entstand vor etwa 7000 Jahren aus einer seichten Bucht, die durch eine Sandbank vom Qiantang-Fluß abgeschnitten wurde.

Auf drei Seiten säumen grüne Hügel, aus denen schlanke Pagoden und die geschwungenen Traufen von Tempeln und Pavillons aufragen, den Xi Hu. Im Osten grenzt die Stadt an sein Ufer. Der See ist mit durchschnittlich 1,5 m Tiefe relativ flach, und so war es vor etwa 1000 Jahren nicht schwierig, die Dämme und Inselchen im See aufzuschütten. Berühmt und in chinesischen Gärten vielfach nachgeahmt, sind die beiden Deiche im Nördlichen und Westlichen Abschnitt des Sees. Sie sind benannt nach den berühmten chinesischen Dichtern Bai Juyi (772–846) und Su Dongpo (1036–1101), die den Bau der Dämme während ihrer Amtszeiten als Stadtgouverneure von Hangzhou in Auftrag gaben.

Am Nordufer des Xi Hu ragt das Wahrzeichen Hangzhous, die **Beschütze-Chu-Pagode** (1; Baochu Ta), empor. Sie erhebt sich auf dem Baoshi Shan, dem Edelsteinberg, inmitten eines lichten Bambuswaldes. Der 45 m hohe Ziegelbau stammt aus dem Jahr 1933. Eine erste Pagode soll hier jedoch bereits im 10. Jh. errichtet worden sein, um Buddha um Beistand für den Prinzen Qian Chu zu bitten, der sich auf eine lange Reise begeben hatte. Unten am Seeufer gelangt man über die **Zerbrochene Brücke** (2; Duan Qiao) – ihr seltsamer Name leitet sich von einem Gedicht ab, in dem es heißt, daß im Winter Schnee einzig über dem Bogen in der Mitte wegschmelze, so daß die Brücke dann wie zerbrochen aussehe – auf den 1 km langen **Bai-Deich** (3; Bai Di). Die herabhängenden Zweige der Trauerweiden, mit denen der Damm bestanden ist, werden von den Chinesen gerne mit den fließenden Ärmeln von grazilen Tänzerinnen verglichen.

Auf der 20 ha großen Insel **Gushan** (4) standen übrigens einst die kaiserlichen Residenzen der Song-Herrscher, heute befindet sich hier das **Museum der Provinz Zhejiang** (5; Zhejiangsheng Bowuguan) mit Malereien, Porzellan und einigen archäologischen Funden aus den neolithischen Hemudu- und Liangzhu-Kulturen. Mitte des 18. Jh. ließ der Qianlong-Kaiser am östlichen Ufer der Insel einen Pavillon anlegen, der den poetischen Namen trägt: **Herbstmond über dem Stillen See** (6; Pinghu Qiuyue). Hier besteht die Möglichkeit, sich ein Boot zu chartern und auf den See hinaus zu fahren – ein Erlebnis, das vor etwa 700 Jahren schon Marco Polo zu schätzen wußte:

»Auf besagtem See gibt es eine Menge von Booten und Barken, diese können 10, 15 oder 20 und mehr Personen aufnehmen (...) Jeder der Lust hat, sich mit seinen Damen oder einer Gesellschaft seines eigenen Geschlechts zu vergnügen, mietet sich eines dieser Boote, die man stets komplett mit Tischen und Stühlen und all dem anderen Gerät, welches man für ein Fest benötigt, ausgestattet findet. Ihre Dächer formen ein flaches Deck, auf dem die Besatzung steht

Der Westsee bei Nacht, im Hintergrund die Lichter von Hangzhou

und das Boot stakt, wohin es einem beliebt. Rundherum gibt es Fenster, die geschlossen oder geöffnet werden können, so daß die Gesellschaft bei Tisch all die Schönheit und Vielfalt der Aussicht zu beiden Seiten genießen kann. Wahrhaftig ist eine Partie auf dem See eine charmantere Zerstreuung als jede andere zu Lande. Auf einer Seite erstreckt sich die Stadt in ihrer ganzen Länge, so daß die Schauenden in den Booten aus der Entfernung den grandiosen Blick auf die zahllosen Paläste, Tempel, Klöster und Gärten mit ihren stattlichen Bäumen, die sich über das Ufer neigen, genießen können.«

Mit einer solchen Barke sollte man zur **Kleinen Paradiesinsel** oder Insel im Kleinen Ozean (7; Xiaoying Zhou), in der Mitte des Sees, hinausfahren. Diese, Anfang des 17. Jh. künstlich aufgeschüttet, besitzt die Form eines vierblättrigen Kleeblatts. Im Grunde besteht sie lediglich aus einem kreisförmigen Damm und einem Dammkreuz in der Mitte. Sie ist mit Pavillons und Bäumen bestanden, und die vier künstlichen Teiche bilden im Sommer ein Meer von Seerosen. Vor dem südlichen Ufer der Insel ragen drei kleine Steinpagoden aus dem Wasser: **Drei Teiche spiegeln den Mond** (8; Santan Yinyue). Ursprünglich soll Su Dongpo sie während seiner Amtszeit als Gouverneur (1071–89) aufgestellt haben – um zu markieren, daß in diesem Teil des Sees der Anbau von Wasserkastanien nicht gestattet war. Die heutigen Pagoden stammen aus dem Jahr 1621. Sie messen jeweils etwa 2 m und haben kleine Öffnungen, in die am Mondfest (am 15. Tag des 8. Monats nach dem chinesischen Kalender) kleine Lichter gesetzt werden.

Von hier aus sollte man sich zum **Blumenbucht-Park** (9; Huagang Gongyuan) am südwestlichen Ende des Xi Hu fahren lassen. Der Park ist bekannt für seine Goldfischteiche und die prachtvollen Päonien, die hier im Frühling blühen. Über den 2,8 km langen **Su-Deich** (10; Su Di) kann man dann zum Nordufer zurückwandern.

Wieder am Nordufer angekommen, ist der **Tempel des Yue Fei** (11; Yue Miao) nicht weit. Der berühmte Feldherr (1103–42) gilt in China als Symbol des Patriotismus, sein Schicksal wurde Gegenstand zahlreicher Romane und Theaterstücke. Yue Fei tat sich beim Kampf gegen die vordringenden Jin, die nomadischen Dschurdschen, als Heerführer der Song besonders hervor. Ihm gelang es, weite Gebiete Nordchinas zurückzuerobern. Doch andere Beamte am Hof intrigierten gegen den General, der ins Gefängnis geworfen und schließlich hingerichtet wurde. 20 Jahre später wurde Yue Fei posthum rehabilitiert. Der Xiaozong-Kaiser (1163–89) bereitete ihm in Hangzhou ein offizielles Staatsbegräbnis und ließ eine **Ehrenhalle** errichten. Die heutige Halle, die eine 4,5 m hohe Statue des Generals birgt, stammt indes von 1979. Wandmalereien, die stilistisch ein wenig an den sozialistischen Realismus der 60er und 70er Jahre erinnern, zeigen die wichtigsten Szenen aus dem Leben des Volkshelden. Über der Statue prangen in der Handschrift des Generals die Worte »Die verlorenen Gebiete zurückerobern«. An den Seitenwänden sind die Zeichen »Dem Lande treu sein« zu lesen, Schriftzeichen, die die Mutter Yue

Im Tempel des Yue Fei

Feis ihrem Sohn angeblich auf den Rücken tätowierte, als dieser in die Armee eintrat.

Nordwestlich der Gedenkhalle liegen die **Gräber** Yue Feis und seines Adoptivsohnes Yue Yun. Der Grabstein trägt die Inschrift: »Grab des Königs von E«, ein Titel, der dem General vom Ningzong-Kaiser 1211 ehrenhalber verliehen wurde. Steinerne Skulpturen von Beamten, Pferden, Tigern und Schafen – allesamt Symbole für Loyalität – säumen den Seelenweg. Kniend und mit gesenktem Haupt kauern – in Eisen gegossen – die Widersacher Yue Feis vor seinem Grab: der Kanzler Qin Hui, dessen Frau, General Zhang Jun und der Leiter des Gefängnisses, in dem Yue Fei festgehalten wurde. Die eisernen vier Bösewichte, welche von chinesischen Besuchern des Tempels gern bespuckt und geschlagen werden, ersetzen seit 1803 Figuren aus Holz, da diese regelmäßig von ›guten Patrioten‹ zerstört wurden.

Am nördlichen Hang des Edelsteinbergs (Baoshi Shan) liegt um die **Höhle des Gelben Drachen** (12; Huanglong Dong) ein traditioneller chinesischer Garten mit Teichen und Pavillons, den man in eine Art chinesisches Disneyland umgestaltet hat. Hier kann man Musikern lauschen, die alte chinesische Weisen auf traditionellen Instrumenten spielen, auch Aufführungen der südlichen Oper, bei denen ausschließlich Frauen auftreten, finden statt.

Auch auf andere Art werden Kanzler Qin Hui und seine Frau auf ewig für ihre Schandtaten geschmäht: Allmorgendlich tauchen Millionen Chinesen in Fett gebackene, gedrehte Teigstangen in süße heiße Sojamilch. Eine Speise, welche die Hangzhouer Bevölkerung angeblich nach der unrechtmäßigen Hinrichtung Yue Feis erfand. Die aus zwei Teigsträngen gedrehten Youtiao sollen Qin Hui und seine Gattin repräsentieren, die man umeinandergeschlungen ins siedende Öl wirft und dann genüßlich verspeist. Sie werden auch Youzha Gui, in Öl gesottener Gui, genannt. Gui ist eine Variante von Hui und spielt somit auf Qin Hui an – zugleich ist dieses Gui lautgleich mit der Bezeichnung für ›Teufel‹.

Lingyin Si, das Kloster der Seelenzuflucht, und die Grotten am Feilai Feng

Fährt man vom Xi Hu einige Kilometer in westlicher Richtung durch den Wald, gelangt man zu einer der bedeutendsten Tempelanlagen Chinas, dem Kloster der Seelenzuflucht (Lingyin Si). Es schmiegt sich in ein grünes Tal zwischen dem 314 m hohen Beigao Feng, Nordgipfel, und dem 168 m hohen Feilai Feng, Herbeigeflogenen Gipfel. Letzterer erhielt seinen Namen von dem indischen Mönch Huili, der im Jahr 326 n. Chr. nach Hangzhou kam und das erste buddhistische Kloster der Stadt gründete. Von der eigentlichen Form des Hügels fühlte er sich an einen Berg in seiner Heimat erinnert, und ließ verlauten, der Berg müsse aus Indien herbeigeflogen sein. Er spielte dabei auf eine Legende an, nach der der historische Buddha Shakyamuni das »Lotos-Sutra« vom Berge Ghridhrakuta predigte, der ebenfalls durch die Lüfte herbeigeflogen war. Am Fuß des Berges, direkt hinter dem Eingang, steht eine einzelne kleine Pagode, die auf das späte 10. Jh. datiert wird. In ihr sollen die sterblichen Überreste Huilis aufbewahrt sein. Doch bevor man am Bach entlang zum Tempel hinaufgeht, sollte man nicht versäumen, die **Grotten des Feilai Feng** (13; Feilaifeng Shiku) zu besichtigen. In der Zeit vom 10. bis 14. Jh. wurden hier mehr als 400 buddhistische Plastiken in den Fels gehauen. Es ist ratsam, eine Taschenlampe bei sich zu führen, da einige Figuren in der Dunkelheit der Höhlen schlecht zu sehen sind. Gleich hinter der Grabpagode Huilis erkennt man ein Relief, welches

Die wohl bekannteste Skulptur in den Grotten des Feilai Feng – Mile Fo, Maitreya in Gestalt des ›Dickbauch-Buddhas‹

eine Mönchsprozession mit Pferden zeigt. Es handelt sich dabei um eine Darstellung des berühmten chinesischen Pilgermönchs Xuanzang mit Gefolge auf dem Heimweg von Indien. Bei den übrigen Skulpturen handelt es sich meist um Bildnisse Buddhas oder buddhistischer Heiliger. Einige von ihnen zeigen deutliche Einflüsse der tibetisch-buddhistischen Tradition: vielarmig, mit mehreren Köpfen, besonders ausdrucksstarken Gesichtern und weit aufgerissenen Augen. Diese Figuren entstanden im 14. Jh., als der tibetische Mönch Guanzhuba im Lingyin-Kloster weilte und eine neue Auflage des tibetischen »Tripitaka« drucken ließ.

Die berühmteste Figur am Herbeigeflogenen Gipfel ist jedoch der lachende Mile Fo, der ›Dickbauch-Buddha‹, im 11. Jh. in die Felswand schräg gegenüber dem Tempeleingang gemeißelt.

Ein weiterer Mile Fo grüßt die Besucher in der mächtigen **Tianwang Dian,** der Halle der Himmelskönige, des **Lingyin Si** (14). Rükken an Rücken mit dem Buddha der Zukunft steht Weituo, der Verteidiger der buddhistischen Lehre. Die 5 m hohe, vergoldete Figur ist aus einem Stück Kampferholz geschnitzt und wird in die Zeit der Südlichen Song-Dynastie (1127–1279) datiert. Links und rechts beäugen vier mächtige Skulpturen der Himmelskönige kritisch den Besucher. Geht man die Stufen hinauf zur Haupthalle, der **Halle des Großen Helden** (Daxiong Baodian), gelangt man auf die **Mondplattform** (Yue Tai), auf der zwei etwa 20 m hohe, neunstöckige Steinpagoden von achteckigem Grundriß stehen, die ebenfalls auf das 10. Jh.

datiert werden. Die 33,6 m hohe Haupthalle aus dem Jahr 1900 birgt eine einzelne mächtige Buddha-Statue: Shakyamuni auf dem Lotosthron verkündet die Lehre. Die 9,1 m in der Höhe messende vergoldete Statue wurde 1958 aus 24 Kampferholzstämmen geschnitzt, ihr Kopf im Trockenlackverfahren hergestellt. Links und rechts flankieren 18 Luohan und zwölf berühmte Buddha-Schüler die mächtige Figur. An der Rückwand der Haupthalle zeigt ein Stuckrelief Guanyin auf einem Delphin: Der Legende nach lebt ein riesiger Delphin im Weltenmeer. Da jede Bewegung des Tieres große Naturkatastrophen verursacht, steht die Guanyin auf dem Delphin, um ihn zu beschwichtigen. Links und rechts der Göttin der Barmherzigkeit erkennt man ein Kind in Begleitung mehrerer Personen. Es handelt sich um den Prinzen Sudhana auf seiner Pilgerreise zu 53 weisen Männern des Buddhismus. Oben im Zentrum der Reliefs sieht man Shakyamuni als ausgemergelten Asketen, flankiert von einem Affen und einem Hirsch. Die dritte Halle des Lingyin-Tempels, erst 1991 fertiggestellt, ist dem **Medizin-Buddha** (Yaoshi Fo/Bhaisajyaguru) geweiht. Die Figuren an den Seitenwänden der Halle repräsentieren die verschiedenen chinesischen Tierkreiszeichen. Von den 270 Hallen, 18 Pavillons und neun Türmen, die das Kloster der Seelenzuflucht im 10. Jh. einmal umfaßte, blieb keine einzige erhalten. Während der Taiping-Rebellion (1851–64) brannte die riesige Anlage, in der zeitweise bis zu 3000 Mönche lebten und studierten, fast vollständig nieder. Anfang des 20. Jh. wurde sie teilweise wieder aufgebaut und überstand, dank der schützenden Hand Zhou Enlais, die Wirren der Kulturrevolution.

Buddha Shakyamuni auf dem Lotosthron im Kloster der Seelenzuflucht

Weitere Sehenswürdigkeiten

In den Hügeln zwischen dem Lingyin Si und dem Qiantang-Fluß wächst angeblich der beste grüne Tee Chinas. Er nennt sich nach der gleichnamigen Quelle Longjing Cha, Drachenbrunnen-Tee, und wurde früher an den kaiserlichen Hof geliefert. Idealerweise genießt man den berühmten Tee mit dem Wasser aus der **Quelle des Laufenden Tigers** (15; Hupao Quan), die 5 km südwestlich von Hangzhou entspringt und den Westsee mit Frischwasser speist. Ihren Namen erhielt sie von einem Eremiten, der sie entdeckte, als er einem Tigerpaar in den Wald folgte. Dem Wasser werden magische Kräfte zugesprochen. Es besitzt eine ungewöhnlich starke Oberflächenspannung, und so versucht ein jeder, Münzen darauf schwimmen zu lassen.

Die **Pagode der Sechs Harmonien** (16; Liuhe Ta) erhebt sich 8 km südlich der Stadt auf dem Yuelun Shan am Ufer des Qiantang. Ihre Gründung geht auf das Jahr 970 zurück. Der König des Teilreichs Wu Yue beabsichtigte mit ihrem Bau die Stadt Hangzhou vor der alljährlich Mitte September auftretenden Springflut zu schützen (s. S. 75). Außerdem besaß die Pagode die Funktion eines Leuchtturms. Der Originalbau wurde bereits 1122 zerstört, worauf prompt eine Flutwelle die Stadt heimsuchte. Für die Hangzhouer Bürger Grund genug, die Pagode schnellstmöglich wieder aufzubauen. Der Ziegelkern des 60 m hohen Baus stammt noch aus der Song-Zeit (960–1279), die Holzverkleidung von 1899. Im Inneren des Baus windet sich eine Wendeltreppe nach oben. Obwohl die Pagode 13 Stockwerke zu haben scheint, kann man nur auf insgesamt sieben Galerien hinaustreten und die Aussicht genießen.

Ferner hat Hangzhou einige interessante Museen zu bieten: Sehenswert ist vor allem die alte **Hu-Qingyu-Apotheke** (17) aus dem Jahr 1874, in der heute ein Museum für traditionelle Medizin untergebracht ist. Sie befindet sich südlich des Stadtzentrums, in der Zhongshan Lu. Das **Seidenmuseum** (18) liegt am nördlichen Fuß des Yuhuang Shan, südlich der Stadt und zeichnet die Geschichte der Seidenherstellung in China nach. Auf der anderen Seite des Berges hat man über den Ruinen einer Song-zeitlichen **Porzellanmanufaktur** ein **Museum** (19) errichtet, das sich mit Geschichte und Technik der Porzellanherstellung befaßt.

Ein Ausflug nach Shaoxing

Das charmante Städtchen Shaoxing liegt 67 km südöstlich von Hangzhou und läßt sich von dort bequem mit dem Zug erreichen. Schön ist ein Bummel durch die noch weitgehend intakte, von Kanälen durchzogene Altstadt. Weiß getünchte, niedrige Häuser, enge Gassen und alte Bogenbrücken bestimmen hier noch überwiegend das Bild. Berühmt ist Shaoxing insbesondere für seinen braunen

In der Altstadt von Shaoxing überspannt eine kleine Bogenbrücke einen Kanal

Reiswein, der schon seit mehr als 2000 Jahren produziert wird. Doch nicht nur die Weinbrennerei, sondern auch die Produktion von Seide und Tee haben in Shaoxing eine lange Tradition. Shaoxing gehört zu den ältesten Städten der Provinz Zhejiang. 770 v. Chr. wird es erstmals von der Geschichtsschreibung erwähnt. Bis zur Reichseinigung durch Chinas berühmten Ersten Kaiser 221 v. Chr. diente die Stadt den Königen von Yue als Residenz.

Im Zentrum der Stadt erhebt sich die 38 m hohe, aus Ziegeln gemauerte **Pagode des Tempels der Großen Güte** (Dashan Sita) aus dem 13. Jh. Sie bietet sich als Orientierungspunkt für einen Spaziergang durch die Altstadt an. Östlich der Hauptstraße Jiefang Lu erstreckt sich ein reizvolles Gassenviertel, in dem die Bazi-Brücke aus dem 13. Jh. besondere Aufmerksamkeit verdient. Ihr Name deutet an, daß sie in ihrer Form dem chinesischen Schriftzeichen für die Zahl Acht ähnelt. Ein traditionelles Wohnhaus hat sich im Süden der Stadt, in der Dacheng-Gasse, nahe der Jiefang Nanlu, erhalten. Das **Studio des Grünen Weins** (Qingteng Shuwu) war einst das Anwesen des Ming-Künstlers Xu Wei (1521–93). Der exzentrische Maler soll hier seine Frau ermordet haben.

Wer sich für chinesische Literatur interessiert, sollte dem **Geburtshaus Lu Xuns** (1881–1936) in der Lu Xun Lu 208 im Süden des Stadtzentrums einen Besuch abstatten. Hier lebte Lu bis zu seinem 18. Lebensjahr. Schräg gegenüber blieb die alte **Privatschule,** die er als Kind besuchte, mit originaler Einrichtung erhalten. Briefe, Textmanuskripte und Fotos, die sein Leben dokumentieren, sind in der nahen **Lu-Xun-Ausstellungshalle** zu besichtigen.

Nicht weit von der Kreuzung von Jiefang Nanlu und Yan'an Lu, in der Hechang Tang 23, findet sich eine weitere Gedenkstätte für einen berühmten Sproß der Stadt Shaoxing, Qiu Jin (1875–1907) – **Qiu Jin**

Guju. Die Dichterin und Vorkämpferin der chinesischen Frauenbewegung lebte in diesem Haus fünf Jahre lang. Sie war Herausgeberin der ersten chinesischen Frauenzeitschrift (»Zhongguo Nübao«, 1906) und engagierte sich im Kampf gegen die Qing-Monarchie. 1907 wurde sie als Rebellin hingerichtet.

Außerhalb der Stadt

»Der Bambus-Bogensehnen- oder Ostsee/ er ist ein Werk des Menschen./ Der Fels ragt tausend Fuß in die Höhe,/ versperrt den Weg und läßt nichts durch./ Die Boote fahren in die Höhlen,/ aus denen man wie aus einem Brunnen in den Himmel schaut./ Sagt nicht, der See sei klein –/ der Himmel ist in seiner Mitte./
Gedicht Guo Moruos aus dem Jahr 1962

3 km östlich des Ortes liegt der reizvolle **Dong Hu,** umgeben von steil aufragenden, bizarren Felsen. Schmale Deiche und Steinbrücken durchkreuzen den Ostsee, kleine Pavillons säumen sein Ufer. In den typischen Booten der Gegend mit schwarzem, gewölbten Verdeck, die von den Bootsleuten meist lässig mit den Füßen gerudert werden, kann man sich zu zwei Höhlen fahren lassen, in denen Kalligraphien die Wände zieren.

Nicht weit von hier, etwa 4 km südöstlich von Shaoxing, liegt (angeblich) das **Grab des mythischen Kaisers Yu** (Yu Ling). Er soll bereits vor 4000 Jahren umfangreiche Dammbauprojekte in Auftrag gegeben haben und gilt deshalb in China als Bezwinger der Fluten. Man verehrt ihn als einen der großen Kulturheroen der Vorzeit (s. S. 24). Der Tempel ihm zu Ehren wurde bereits im 6. Jh. gegründet. Die heutigen Hallen stammen jedoch aus der Qing-Zeit, die große Haupthalle mit seinem Bildnis von 1935. Ein Pavillon birgt eine Stele mit der Aufschrift »Grab des großen Yu«. Sie wurde 1542 unter den Ming gesetzt.

14 km nach Südwesten sind es von Shaoxing zum berühmten **Orchideenpavillon** (Lan Ting), den schon im 4. Jh. der große Kalligraph und Maler Wang Xizhi (321–379) besang. Seine »Vorrede zu Gedichten, verfaßt beim Orchideenpavillon« zählt zu den Meisterwerken der chinesischen Literatur. Noch immer umgibt den Orchideenpavillon eine reizvolle Gartenlandschaft mit stillen Teichen und üppigen Bambuswäldern. Im Pavillon Liuchang Ting haben sich der Kangxi- und der Qianlong-Kaiser der Qing im 18. Jh. mit Kalligraphien verewigt.

Huang Shan

Etwa 280 km westlich von Hangzhou, eine Tagesreise mit dem Bus entfernt, liegt eine der schönsten Bergregionen Chinas, der Huang Shan. Seine malerischen Gipfel ragen in der südlichen Provinz Anhui bis zu 1860 m hoch in den Himmel und inspirieren seit Jahrhunderten chinesische Maler und Poeten. Man nennt den Huang Shan ehrfürchtig den »ersten unter den Bergen Chinas«, dabei zählt er weder zu den fünf mythischen Bergen Chinas noch zu den vier Heiligen Bergen der Buddhisten. Einzig die Schönheit seiner bizarren, ewig

Wolken umwobenen Gipfel, die wie mit dem Pinsel hingetupft anmuten, brachten ihm diesen Ruf ein. Seit 1200 Jahren gehören die Gelben Berge zu den beliebtesten Wandergebieten in China.

Das Huang-Shan-Massiv nimmt ein Areal von 160 km^2 ein und umfaßt 72 Gipfel, von denen etwa 30 über 1500 m hoch aufragen. Ausgangspunkt für Wanderungen im Huang Shan ist der Ort Tangkou mit Übernachtungsmöglichkeiten. Regenkleidung, festes Schuhwerk und eine gute körperliche Verfassung sind für die Besteigung des Huang Shan Voraussetzung. Es gibt drei Möglichkeiten, den Gipfel zu meistern: die 15 km lange, steile und deshalb beschwerliche Westroute; die nur halb so lange, weniger steile, aber auch weniger

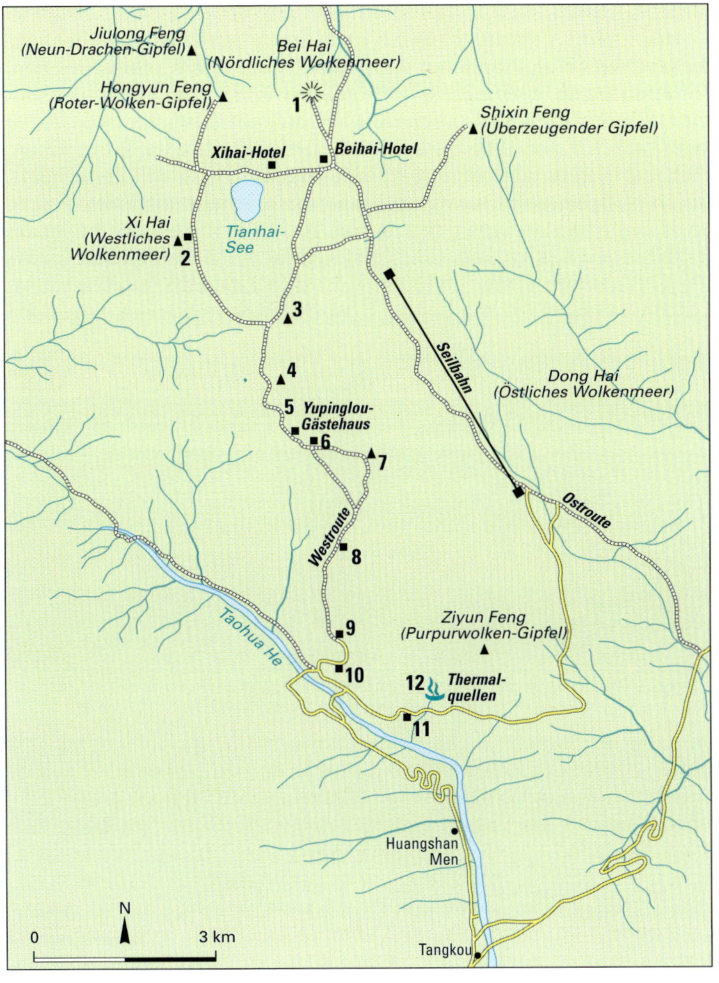

Huang Shan
1 Kühle Terrasse
2 Herbeigeflogener Fels
3 Gipfel des Strahlenden Lichts
4 Lotosblüten-Gipfel
5 Wolkenleiter der 100 Stufen
6 Begrüßungskiefer
7 Gipfel der Himmlischen Hauptstadt
8 Tempel auf Halbem Berg
9 Ciguang Ge
10 Renzi-Wasserfall
11 Pavillon zum Betrachten des Wasserfalls
12 Baizhang-Wasserfall

Dunstverhangener Huang Shan – der Name des in der Malerei als Motiv so beliebten Gebirgsmassivs leitet sich von Huangdi, dem mythischen Gelben Kaiser der Vorzeit, ab. Dieser soll hier in den Gelben Bergen Kräuter gesammelt und daraufhin das erste medizinische Werk des Reiches der Mitte, das »Huangdi Neijing«, verfaßt haben. Dieses birgt neben einer Liste verschiedenster Heilkräuter Abhandlungen zu chinesischen Heilmethoden wie Akupunktur und Massage. Es stammt aus dem Jahr 26 n. Chr.

reizvolle Ostroute – und die Seilbahn, die in acht Minuten den Gipfel erreicht – lange Wartezeiten nicht eingerechnet. Die schöne, aber anstrengende Westroute sollte man sich für den Abstieg vom Huang Shan aufsparen.

Empfehlenswert ist der Aufstieg am Nachmittag über die Ostroute. Er nimmt etwa drei bis vier Stunden in Anspruch. Auf dem Gipfel gibt es mehrere Übernachtungsmöglichkeiten. Am nächsten Morgen sollte man sich kurz vor Sonnenaufgang wecken lassen, um diesen auf der **Kühlen Terrasse** (1; Qingliang Tai) zu erleben – ein vielgelobtes Schauspiel und größte Attraktion des Huang Shan. Wie goldene Inseln ragen dann die umliegenden Gipfel aus dem Westlichen und Nördlichen Wolkenmeer (Xi Hai und Bei Hai), das sich langsam rosa färbt.

Nach dem Frühstück sollte man dann den Abstieg über den westlichen Weg beginnen. Er führt über steile Steintreppen, schmale Grate, vorbei an schroffen Felswänden mit knorrigen Kiefern, Wasserfällen und durch tiefe Schluchten. Etwa sechs Stunden muß man für den Weg bis zu den heißen Quellen im Tal rechnen. Dabei passiert man den **Herbeigeflogenen Fels** (2; Feilai Shi), einen riesigen, 600 t schweren Stein, der aussieht, als hätte ihn ein gewaltiger Vogel abgeworfen. Links läßt man die beiden höchsten Erhebungen des Huang Shan, den **Gipfel des Strahlenden Lichts** (3; Guangming Ding, 1841 m) und den **Lotosblüten-Gipfel** (4; Lianhua Feng, 1867 m), liegen. Über den Weg mit der vielsagenden

Bezeichnung **Wolkenleiter der Hundert Stufen** (5), geht es hinab zur berühmten **Begrüßungskiefer** (6; Yingke Song), einem bizarr gewachsenen, 1000 Jahre alten Baum, dessen Abbildung im Monumentalgemälde in der Großen Halle des Volkes in Beijing ihn unsterblich machte.

Das nahe, 1680 m hoch gelegene Yupinglou-Gästehaus bietet neben Erfrischungen auch einen grandiosen Blick ins umliegende Bergland. Nach der wohlverdienten Pause kann man einen Abstecher hinauf zum Gipfel der **Himmlischen Hauptstadt** (7; Tiandu Feng, 1830 m) unternehmen. Chinesische Liebespaare befestigen an den Geländern des Aussichtspunkts kleine Zettel mit ihren Namen oder Schlösser, die symbolisieren sollen, daß sie auf ewig zusammengehören.

Beim weiteren Abstieg passiert man den **Tempel auf Halbem Berg** (8; Banshan Si) und den Pavillon **Ciguang Ge** (9), der ebenfalls einmal zu einem alten Kloster gehörte, von dem aber nur noch einige Hallen stehen. Anschließend gelangt man zum **Renzi Pu** (10), dem Wasserfall in Form des Schriftzeichens Mensch, und weiter unten zum Pavillon **Guanpu Ting** (11), der den Blick auf einen weiteren Wasserfall frei gibt. Das Ziel ist nun fast erreicht. Von hier aus sind es nur noch einige hundert Meter zum Wenquan-Gästehaus, wo man seine müden Knochen und den wahrscheinlich unvermeidlichen Muskelkater in 42° C warmen Thermalquellen behandeln lassen kann.

Jiuhua Shan

20 km südlich der Kreisstadt Qingyang gelegen, und im Sommer mit Bussen auch direkt vom Huang Shan aus zu erreichen, ist der Jiuhua Shan, der Neun-Blüten-Berg, im Süden der Provinz Anhui. Den Namen Neun-Blüten-Berg verlieh der Region der berühmte Tang-Dichter Li Bai (701–762), der die neun höchsten Gipfel des Massivs, die alle zwischen 1000 und 1400 m hoch sind, mit den Blättern einer Lotosblüte verglich. Das insgesamt 99 Gipfel umfassende Massiv zählt zu den vier Heiligen Bergen des Buddhismus in China. Er gilt als Sitz des Bodhisattvas Kshitigarbha (Dizang), der als Herrscher der Unterwelt verehrt wird. Der heilige Berg zieht daher besonders Pilger an, die für die Erlösung eines kürzlich Verstorbenen beten wollen. Die Landschaft des Jiuhua Shan bietet sich zwar nicht ganz so spektakulär dar, wie die des Huang Shan, doch ist er weniger überlaufen, vorausgesetzt, man besucht ihn nicht gerade an wichtigen buddhistischen Feiertagen.

Bereits im 3. Jh. zogen sich Eremiten in das malerische Massiv des Jiuhua Shan zurück und gründeten die ersten daoistischen Klöster. Erst in der Tang-Zeit (618–906) begann der Berg, auch für buddhisti-

Kloster am Jiuhua Shan

sche Gläubige eine Rolle zu spielen. Quellen berichten von über 300 Klöstern und Tempeln, die nahezu 5000 Mönche beherbergten. Eine Schlüsselrolle für diese heilige Stätte spielte ein Prinz des koreanischen Königreiches Silla, mit Namen Kim Kiao Kak, der im Jahr 720 zum Jiuhua Shan zog, um Mönch zu werden. Er gründete einen Tempel zu Ehren des Bodhisattvas Kshitigarbha und wurde später als Inkarnation desselben verehrt.

Den Ausgangspunkt für Wanderungen im Jiuhua Shan bildet der 600 m hoch gelegene Ort Jiuhuajie. Hier finden sich zahlreiche einfache Pilgerherbergen, Restaurants und Devotionalienbuden – und der wichtigste unter den 56 verbliebenen Tempeln des Jiuhua Shan. Prinz Kim gründete den **Huacheng Si,** der eine bemerkenswerte Sammlung alter buddhistischer Texte besitzt. Alle heute erhaltenen Gebäude des Komplexes – mit Ausnahme der Bibliothek (Zangjing Lou) aus dem frühen 15. Jh. – stammen aus der Qing-Zeit (1644–1911).

In der **Kostbaren Halle der Leiblichen Hülle** (Roushen Baodian), westlich des Huacheng-Tempels, sollen unter der hölzernen Grabpagode die sterblichen Überreste des Prinzen, dessen Körper nach seinem Tode angeblich nicht verweste, ruhen.

Im **Palast des Hundertjährigen** (Baisui Gong), auf dem Mokang Shan, nordöstlich des Orts, zieht die vergoldete Mumie des Mönchs Wuxia (auch Haiyu genannt) zahlreiche Pilger an. Wuxia lebte im 16. Jh. und soll das stolze Alter von 126 Jahren erreicht haben. Auch sein Leichnam konservierte sich auf wundersame Weise.

Zum Besuch des Jiuhua Shan-Massivs gehört eine Besteigung des 1323 m hohen **Tiantai Shan.** Der rund 8 km lange Aufstieg führt über viele schmale Stufen vorbei an weiteren Tempeln, Aussichtsplattformen, Teefeldern und Bambushainen. Von seinem Gipfel genießt man bei klarer Sicht einen Blick, der im Norden bis zum Yangzi und im Süden bis zu den Gipfeln des Huang Shan reichen kann.

Zahlreiche feierliche Zeremonien finden in den Klöstern des Neun-Blüten-Berges am 30. Tag des 7. Monats nach dem chinesischen Mondkalender statt. Dann feiert man den Todestag des Prinzen Kim Kiao Kak.

Sichuan und der Yangzi

Chengdu

Auf den ersten Blick wirkt Chengdu, die ›vollkommene Metropole‹ und Hauptstadt Sichuans, der bevölkerungsreichsten aller chinesischen Provinzen, wie jede andere chinesis che Großstadt: übervölkert, laut und eine einzige große Baustelle, in der ein Hochhaus nach dem anderen in den Himmel wächst. Doch es lohnt sich, sich etwas näher auf diese Stadt einzulassen, denn hinter der modernen Fassade hat sie sich ihren ureigenen Charme bewahrt. Die Bewohner von Chengdu sind stolz auf ihre Stadt. Gegründet in der Zeit der Streitenden Reiche (475–221 v. Chr.), genoß sie schon unter der Han-Dynastie über die Reichsgrenzen hinaus den Ruf als ›Stadt des Brokats‹ (Jincheng) und ›Warenhaus des Himmels‹. Kunstvoll gewebte Seidenstoffe aus Shu wurden damals bereits bis nach Zentralasien und an die Ostgrenze des Römischen Reichs geliefert. Die Stadt profitierte von ihrer günstigen Lage an den Handelswegen nach Tibet, Vietnam, Birma und Indien. In den ersten nachchristlichen Jahrhunderten gewann der Anbau von und Handel mit Tee immer mehr an Bedeutung. Chengdu entwickelte sich zu einer reichen Handelsmetropole und avancierte in der Zeit der Drei Reiche (220–280) zur Hauptstadt des Staates Shu. Auch nach der Reichseinigung unter den Sui (589–618) sowie in der Tang-Zeit (618–906) sollte das Rote Becken den Status eines halbautonomen Königreiches behalten. Meng Cheng, im 10. Jh. König von Shu, ließ alle großen Straßen der Stadt mit Hibiskus-Büschen bepflanzen, was Chengdu den Beinamen ›Hibuskus-Stadt‹ eintrug.

Bis heute haben sich die Bewohner von Chengdu ein gewisses ›Savoir vivre‹ bewahrt. In den modernen Konsumtempeln und Boutiquen an der Chunxi Lu ist stets der letzte Schrei aus Hongkong zu haben. Die scharfe, aber exquisite Küche Sichuans ist Kennern und Liebhabern schon allein eine Reise wert, und wie keine andere chinesische Stadt hat Chengdu eine ureigene Teehaus-Tradition entwickelt. Die schönsten Teehäuser findet man im Renmin Gongyuan, dem Volkspark, und am Ufer des Jin Jiang an der Brücke der Renmin Nanlu. Nördlich des Flusses, östlich der Renmin Lu, haben sich noch einige schöne Altstadtgassen mit niedrigen Holzhäusern erhalten.

Besonders sehenswert:
Chengdu ☆
Emei Shan ☆
Leshan ☆
Jiuzhaigou ☆
Chongqing ☆
Dazu ☆
Yangzi-Schluchten ☆☆
Wuhan

Chengdu ist berühmt für Mapo Doufu – ›Doufu nach Art der pockennarbigen Alten‹. Vor etwa 100 Jahren erfand Frau Chen in ihrer bescheidenen Garküche, das Sichuaner ›Nationalgericht‹. Man zaubert es aus weißem, nahezu geschmacklosen Doufu, der in einer scharfen Sauce aus Knoblauch, schwarzen Bohnen, kleingeschnittenem Rind- oder Schweinefleisch, Chiliöl, einer Handvoll Sichuaner ›Blumenpfeffers‹ und jungen Frühlingszwiebeln gebraten wird.

Eine Stadtbesichtigung

Markanteste Orientierungshilfe in Chengdu bietet die mehrspurige Renmin Nanlu, die von Süden her direkt auf die jovial winkende, monumentale **Mao-Statue** (1) im Herzen der Stadt zuführt. Hinter der Figur erheben sich auf dem Gelände des ehemaligen Palasts des Vizekönigs die Ausstellungshallen der Provinz Sichuan. Östlich erstreckt sich das moderne Geschäftszentrum Chengdus. Da das Gros der

◁ Treideln am Yangzi

Sehenswürdigkeiten sich weit über die Stadt verteilt, kann man bei ihrer Besichtigung auf Taxi, Fahrrad oder Bus nicht verzichten.

Der **Tempel des Fürsten von Wu** (Wuhou Ci) liegt in der Wuhou Dajie im Südwesten der Stadt, südlich des Jin Jiang. Es handelt sich um eine Gedenkstätte für den berühmten Zhuge Liang (181–234), Kanzler und Nachfolger des in China hoch verehrten ehemaligen Königs von Shu, Liu Bei (reg. 221–223). Die heutigen Hallen des Wuhou Ci, der auf das 4. Jh. zurückgeht, stammen aus dem Jahr 1672 und liegen eingebettet in eine schattige Gartenanlage. Man betritt den Tempel durch das Haupttor im Süden. Wenige Schritte rechts vor dem zweiten Tor steht eine Stele, datiert auf das Jahr 809, deren Inschrift die Taten des Zhuge Liang preist. Sie ist bekannt als die Stele der Drei Besonderheiten, da Text, Kalligraphie und Gravur als exquisit gewertet werden.

Durch das zweite Haupttor gelangt man in einen Komplex aus zwei hintereinander liegenden Höfen, in deren Hallen Figuren verschiedener Würdenträger des Königreiches Shu stehen. Die erste

Chengdu
1 Mao-Statue
2 Tempel des Fürsten Wu
3 Hütte Du Fus
4 Tempel der Schwarzen Ziege
5 Grab des Wang Jian
6 Manjushri-Tempel
7 Provinzmuseum
8 Park des Flußblick-Turms

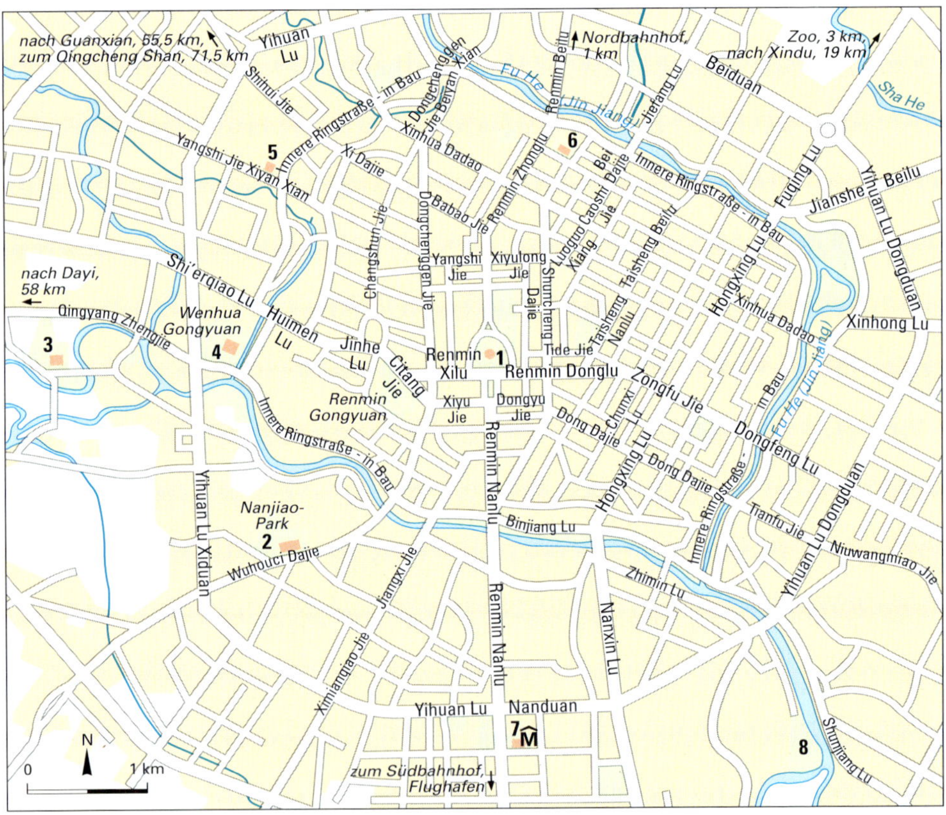

Halle ist Liu Bei, dem König von Shu gewidmet. Rechts vom Standbild des Liu Bei thront sein General Guan Yu, in späterer Zeit als Kriegsgott Guandi in das Pantheon der daoistischen Gottheiten aufgenommen. Links, mit schwarzem Gesicht dargestellt, ein enger Vertrauter Liu Beis, Zhang Kui. In den Seitenhallen sind hinter Glas 28 Statuen von Beamten und Generälen des Staates Shu zu sehen. Sie sind in der Manier von Opernfiguren dargestellt, das heißt, ihre farbigen Gesichter deuten auf die Charaktereigenschaften der betreffenden Person hin. Die zweite Halle birgt eine vergoldete Tonstatue des Zhuge Liang, zu seiner Rechten begleitet von seinem Sohn, zur Linken von seinem Enkel. Westlich der Ehrenhallen gruppieren sich einige Pavillons um einen Lotosteich, dahinter überwölbt ein 12 m hoher, kreisrunder Grabtumulus die letzte Ruhestätte König Liu Beis. Sein Leichnam wurde 223 von Baidicheng hierher geschafft. Der kleine von Beamten- und Tierfiguren flankierte Seelenweg vor dem Grabhügel wurde allerdings erst kürzlich angelegt.

Jedes Kind in China kennt Zhuge Liang, der vor allem in dem klassischen Roman »Die Drei Reiche«, aber auch in zahlreichen Theaterstücken gepriesen wird. Er gilt als Inbegriff des weisen, loyalen Staatsmannes und erwies sich im Kampf gegen den Staat Wei als hervorragender Stratege. König Liu Bei verlieh Zhuge Liang posthum den Ehrentitel Zhong Wu Hou, Treuer Herzog von Wu, woher der Name des Tempels rührt.

In einem schönen Bambusgarten am westlichen Stadtrand Chengdus, nahe dem zweiten Stadtring, liegt an den Ufern des Huanhua Xi, des ›Baches der Gewaschenen Blüte‹, die **Hütte Du Fus** (3; Du Fu Caotang), die ehemalige Behausung eines der berühmtesten und schaffensreichsten Dichter Chinas. Du Fu (712–770), ehemals Beamter am kaiserlichen Hof zu Chang'an, hatte der Aufstand des An Lushan zur Flucht in den Süden des Landes gezwungen. Nach langen Reisen durch das Reich lebte er in den Jahren 759–765 in Chengdu. In seiner bescheidenen Hütte schrieb er einfühlsame, melancholische Alterslyrik – insgesamt mehr als 200 der fast 1500 Gedichte seines Gesamtwerks.

»Rückkehr zur Strohhalle bei Chengdufu im Frühling«
»Ein moosiger Pfad führt herunter zum Bambushain am Strome, das Vordach der Schilfhütte bedeckt schützend die wilden Blumen des Bodens.
Seitdem ich diesen Ort verlassen habe, sind viele Monate vergangen; jetzt bei meiner Rückkehr ist plötzlich der Frühling da in all seiner Pracht.
Auf meinen Stock gestützt gehe ich den einsamen Felsen besichtigen; ich trinke Wein auf dem sandigen Ufer des seichten Flusses. In der Ferne schwimmen Möwen ruhig auf dem Wasser; leichte Schwalben fliegen geneigt im Winde.
Obwohl mein Lebensweg viele Hindernisse aufzuweisen hat, kümmert mich dies nicht. Auch mein Leben wird bald sein Ende finden. Daher falle ich aus einem Rausch in den anderen; und wo ich mich wohl fühle, dort ist mein Heim.«

Bei dem kleinen strohgedeckten Pavillon, vor dem sich chinesische Touristen gerne zum Gruppenfoto treffen, handelt es sich nicht um die originale Behausung des Dichters. Um so sehenswerter aber sind die verschiedenen Ausstellungshallen mit Materialien zu Leben und Schaffen des Poeten, eine Gedenkstätte von langer Tradition. Schon

Tempel der Schwarzen Ziege

im 9. Jh. ließ der Dichter Wei Zhuang an diesem Ort eine Hütte zum Andenken an den großen Du Fu errichten. Der wunderschöne, ruhige Park mit ausgedehnten Bambushainen lädt zu Spaziergängen ein und besitzt – wie sollte es in Chengdu auch anders sein – ein charmantes Teehaus.

Von hier aus ist es nicht weit zum **Tempel der Schwarzen (oder Blaugrünen) Ziege** (4; Qingyang Gong) auf dem Gelände des Kulturparks (Wenhua Gongyuan). Es handelt sich um den größten und ältesten daoistischen Tempel der Gegend. Legenden sprechen zwar von einer Gründung in mythischer Vorzeit, doch gar so alt ist er wohl nicht. Vermutlich wurde er während der Tang-Dynastie (618–906) erbaut (die heutigen Hallen stammen aus der Qing-Zeit) – vielleicht, weil Laozi höchstpersönlich sich dereinst an diesem Ort mit einem Freund verabredet haben soll. Als letzterer zum Treffpunkt erschien, war indes vom Meister nichts zu sehen, lediglich ein Hirtenjunge mit zwei Ziegen streunte umher. Der Mann, ebenso wie Laozi vom trügerischen Schein aller Dinge überzeugt, glaubte sofort, in dem Kind den alten Laozi wiederzuerkennen, der es als höchstes Ziel betrachtete, sich die Unschuld und Offenheit eines Kindes zu bewahren. Den Ziegen des Hirtenjungen hat man im Tempel ein Denkmal gesetzt. Man findet sie vor der Haupthalle der weitläufigen Tempelanlage in Bronze gegossen. Eines der beiden Tiere ist kaum als Ziege zu erkennen, denn es trägt die Merkmale aller zwölf Tiere des chinesischen Tierkreiszeichen: das Maul eines Pferdes, die Nase eines Rindes, die Ohren der Ratte, den Hals eines Affen, den Rücken des Hasen, das

Hinterteil vom Schwein, den Schwanz von der Schlange, das Horn eines Drachen usw. Die Berührung der Figuren soll angeblich Glück bringen. Die große Halle des Qingyang Gong birgt Figuren der Drei Reinen.

Der Bagua-Pavillon vor der Halle ist den Acht Trigrammen des berühmten Orakelbuch des »Yi Jing« (»Buch der Wandlungen«) gewidmet. Sein gelb gedecktes Ziegeldach ruht auf acht steinernen Säulen, die mit Drachenmotiven verziert sind.

Im Tempel leben noch einige daoistische Mönche, die an ihren langen, zu einem Knoten aufgebundenen Haaren zu erkennen sind.

Das **Grab des Wang Jian** (5; 847–918), eines Räuberhauptmanns, der später zum General des Tang-Kaiserhauses aufstieg und sich schließlich 907 zum König von Shu ausrief, ist nordwestlich des Stadtzentrums zu finden. Ehemals hielt man den 15 m hohen Bau für den Musikpavillon des Zhuge Liang, erst 1942 entdeckte und öffnete man die unterirdische Grabkammer. Zum Vorschein kam ein aus drei Räumen bestehender Grabkomplex. Zwölf Kriegerfiguren stützen den Steinsarkophag des Königs. Im hinteren Bereich hat man ihm mit einem Steinbildnis ein Denkmal gesetzt. Bemerkenswert sind die Wandreliefs, die Musiker und Tänzer mit verschiedenen Instrumenten zeigen. Die Grabbeigaben, zu denen ein Jadegürtel, Silberschalen und Siegel gehören, sind in einer Ausstellungshalle zu besichtigen.

Anschließend sollte man dem größten buddhistischen Tempel Chengdus, dem **Manjushri-Tempel** (6; Wenshu Yuan), einen Besuch abstatten. Er liegt in einer kleinen Seitenstraße der Renmin Zhonglu nördlich des Stadtzentrums. Besonders malerisch präsentiert sich bereits die Gasse vor dem Tempel: ein buntes Durcheinander von

Räuchergefäß in einem Hof des Manjushri-Tempels von Chengdu

Verkaufsbuden kitschiger, buddhistischer Devotionalien; Wahrsager lesen ihren Kunden aus der Hand, Dampf steigt aus den umliegenden Garküchen auf. Der Tempel des Bodhisattvas der Weisheit ist regionales Zentrum des Chan-Buddhismus. Die Anlage soll bereits in der Tang-Dynastie (618–906) gegründet worden sein, ihre heutigen Gebäude stammen jedoch von 1691. Berühmt ist der Tempel für die zehn eisernen Figuren buddhistischer Schutzgottheiten aus der Song-Zeit (960–1279), die in der Predigthalle (Shuofa Tang) aufbewahrt werden. Die 100 bronzenen Buddha-Figuren des Tempels stammen aus der Qing-Zeit (1644–1911). Zum Besitz des Wenshu Yuan zählen außerdem Kunstwerke, die von Gläubigen als Beweise ihrer tiefen Demut in selbstquälerischem Akt geschaffen wurden: etwa ein Buch, dessen Text mit Blut geschrieben wurde, oder ein gesticktes Bildnis der Guanyin – gefertigt von einer glühenden Adeptin des Buddhismus, die sich dafür ihr Haar ausgerissen haben soll. Ansprechende Gartenanlagen, die zum Verweilen einladen, umgeben den Hofkomplex. Und auch hier gehört ein Teehaus zum Tempel.

Wer sich für Kunst und Archäologie interessiert, der sollte dem **Provinzmuseum** (7; Sichuansheng Bowuguan) in der Renmin Nanlu einen Besuch abstatten. Es birgt interessante Reliefs, Steinsarkophage und Keramikfiguren aus Han-zeitlichen Gräbern. Besonders skurril sind die Figuren der tanzenden und Fratzen schneidenden Komiker aus der Östlichen Han-Zeit (25–220).

Der **Wangjianglou-Park** (8) im Südosten, am Westufer des Jin Jiang, zeichnet sich durch seinen üppigen Bambusbestand aus, in dem sich mehr als 100 verschiedene Sorten des Riesengrases finden. Man pflanzte ihn zu Ehren der chinesischen Dichterin Xue Tao (768–834) an, die hier einst gelebt und gewirkt haben soll und Bambus über alles liebte. Sie schrieb ihre Verse meist auf rotem Papier, welches sie selbst herstellte. Dazu verwendete sie das Wasser aus dem Brunnen, der nahe dem 30 m hohen eleganten Turm des Flußblicks (Wangjiang Lou) zu finden ist, von dem sich ein schönes Panorama Chengdus bietet.

Ausflüge in die Umgebung

Der **Tempel des Kostbaren Lichts** (Baoguang Si) liegt im Kreis Xindu, 19 km nördlich von Chengdu. Das Chan-(Zen-)Kloster, das, so die Überlieferung, noch auf die Zeit der Östlichen Han-Dynastie zurückgeht, darf sich zu den ältesten buddhistischen Klöstern im Reich der Mitte zählen. Im Jahr 881 suchte der Tang-Kaiser Xizong, der den Aufständen in seiner Hauptstadt Chang'an entkommen wollte, vorübergehend hier Zuflucht. Unter der darauffolgenden Song-Dynastie (960–1279) erlebte das Kloster seine Blütezeit und beherbergte zeitweise bis zu 3000 Mönche. In der Ming-Zeit (1368–1644) zerstörte ein Feuer die Anlage, deren Wiederaufbau dann erst 1670 erfolgte. Immerhin überstand das Kloster mitsamt sei-

Mit Moos bewachsene Skulptur im Garten des Tempel des Kostbaren Lichts

ner kostbaren Sammlung von Schriftstücken und Kunstgegenständen die Kulturrevolution relativ unbeschadet, da der damalige Ministerpräsident Zhou Enlai Truppen in den Klosterhallen stationierte und diese so der Zerstörung durch die Roten Garden entgingen.

Die 14-stöckige, schiefe Sarira-Pagode ist das Wahrzeichen des Tempels. Der 30 m hohe, schlanke, sich nach oben verjüngende Bau repräsentiert den Pagodenstil der Tang-Zeit (618–906). Er birgt eine Reliquie des historischen Buddhas Shakyamuni. In den fünf großen Hallen der Anlage, die alle noch aus dem 17. Jh. stammen, werden die Kunstschätze des Tempels ausgestellt. Besonders zu erwähnen sind darunter die jadene Buddha-Skulptur aus Birma sowie eine Stele aus dem Jahr 540, die 1000 etwa 5 cm große Buddha-Bildnisse im Relief zeigt. Im östlichen Teil der Klosteranlage beherbergt die Halle der 500 Luohan überlebensgroße Tonfiguren der 500 Heiligen, die mit ihrer lebendigen Mimik und Gestik bestechen. Zwischen ihnen befinden sich Statuen des Kangxi- und des Qianlong-Kaisers, die sich an ihren kaiserlichen Gewändern erkennen lassen.

58 km nordwestlich von Chengdu ist das mehr als 2000 Jahre alte **Wasserregulierungsprojekt Dujiang Yan** zu bewundern. Geistiger Vater ist der geniale Provinzgouverneur Li Bing, der seine Idee um das Jahr 250 v. Chr. in die Tat umsetzte. Bei dem Ort Guanxian tritt der Min-Fluß aus den nördlichen Bergen in das Becken von Sichuan ein. Durch die Aufschüttung von Steinen und Erdreich teilte man den Strom künstlich in zwei Kanäle, den sogenannten Äußeren und Inne-

Umgebung von Chengdu

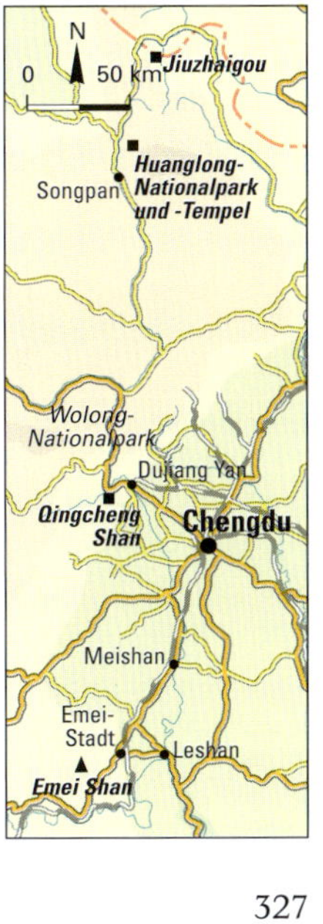

ren Fluß. Von letzterem zweigt ein Netz von Kanälen ab, die die Bewässerung der gesamten umliegenden Gebiete gewährleisten. Nach der Fertigstellung im Jahr 230 v. Chr., während der Amtszeit des Sohnes von Li Bing, entwickelte sich der westliche Teil des Roten Beckens zu einer der fruchtbarsten Gegenden Chinas. Noch heute ist das Projekt von großer Bedeutung. Es sichert die Wasserversorgung von fast fünf Millionen Menschen in einem Gebiet von über 5300 km^2 und verhindert seit 2000 Jahren erfolgreich die vorher so häufigen Überschwemmungen durch den Fluß Min.

Den besten Eindruck von der Anlage erhält man, wenn man vom Yulei Shan am östlichen Ufer des Min durch den Park hinab zum Fluß wandert. Dabei passiert man zahlreiche Pavillons, Gedenktafeln und gemütliche Teehäuser. Am Fuß des Hügels liegt der **Tempel der Zwei Könige** (Erwang Miao), den man 494 zu Ehren Li Bings und seines Sohns errichtete. Die heutigen Hallen aus der Qing-Zeit bergen Statuen der beiden Helden sowie zahlreiche Inschriftentafeln mit Kommentaren Li Bings zur Bedeutung des Wasserbaus.

Unterhalb des Tempels führt die 500 m lange **Anlan-Brücke** über den Fluß. Eine erste Holzkonstruktion errichtete man hier bereits in der Song-Zeit (960–1279), heute dienen Beton und Stahl der Stabilität. Über die Brücke gelangt man zum **Fischmaul** (Yuzui), der künstlich aufgeschütteten Insel, die als Wasserscheide dient und den Min Jiang in den inneren und äußeren Lauf teilt. Über weitere Brücken oder mit dem Sessellift gelangt man vom Ostufer hinüber zum **Lidui-Park,** der direkt in der Gabelung des Min und seines Seitenkanals liegt. Hier sollte man sich den **Tempel des Drachenbezwingers** (Fulong Guan) ansehen, in dem Li Bing als Bezwinger der Fluten – die nach dem chinesischen Volksglauben meist von Drachen verursacht werden – verehrt wird. Die Haupthalle birgt eine Steinstatue des Li Bing, die sich dank einer Inschrift auf der Brust auf das Jahr 168 datieren läßt. Sie ist 2,9 m groß und wiegt 4,5 t. Pläne und Modelle informieren im Tempel über das Regulierungsprojekt.

Wer noch mindestens einen halben Tag länger Zeit hat, der sollte von Guanxian eine Wanderung auf den **Qingcheng Shan** unternehmen. Dieses berühmte daoistische Pilgerziel liegt 17 km südwestlich des Ortes inmitten einer malerischen Bergwelt. Eine Wanderung zu den interessantesten Tempeln nimmt etwa vier Stunden in Anspruch. Starten sollte man beim **Palast zur Schaffung des Glücks** (Jianfu Gong). Wie fast alle Tempel auf dem Qingcheng Shan, wurde er in der Tang-Zeit (618–906) gegründet, seine Hallen aber im 19. Jh. von Grund auf erneuert. Auf halbem Weg zum Gipfel passiert man die **Höhle des Himmlischen Meisters** (Tianshi Dong), in der im 2. Jh. der berühmte Zhang Daoling, Begründer der ›Fünf Scheffel-Reis-Schule‹, als Einsiedler gehaust und gelehrt haben soll.

In der angeschlossenen Tempelanlage sind drei Steinfiguren der mythischen Herrscher Fuxi, Shennong und des Gelben Kaisers zu sehen, die alle aus dem 8. Jh. stammen. Hält man sich in westlicher

Richtung, so gelangt man über einen gewundenen Pfad schließlich zum 1600 m hohen Laoxiao Ding, auf dem sich der **Palast der Höchsten Reinheit** (Shanqing Gong) erhebt, der nicht den Göttern des Daoismus, sondern Buddha geweiht ist.

Der Emei Shan und Leshan

Der Emei Shan

160 km südwestlich von Chengdu erhebt sich am Westrand des Roten Beckens das 3099 m hohe Massiv des ›Berges der Geschwungenen Augenbraue‹. Das Massiv des Emei Shan verdankt seinen Namen seiner markanten Form, die sich wie die kühn geschwungene Augenbraue einer schönen Frau gegen den Himmel abzeichnet. Schon im 3. Jh. galt diese verwunschene Gebirgsregion als heilig und zog daoistische Mönche an, die hier Einsiedeleien und Klöster gründeten. Etwa seit dem 6. Jh. beanspruchen die Buddhisten den Berg für sich und haben ihn neben dem Wutai, Putuo und Jiuhua Shan zu einem heiligen Berg erkoren. Der Emei Shan gilt als Heimstatt des Bodhisattvas Samantabhadra, des ›Allseits Segensreichen‹, der in Ostasien als Schutzpatron der Meditierenden verehrt wird. Er soll sich hier, vom fernen Indien kommend, gemeinsam mit seinem Reittier, dem weißen Elefanten, niedergelassen haben.

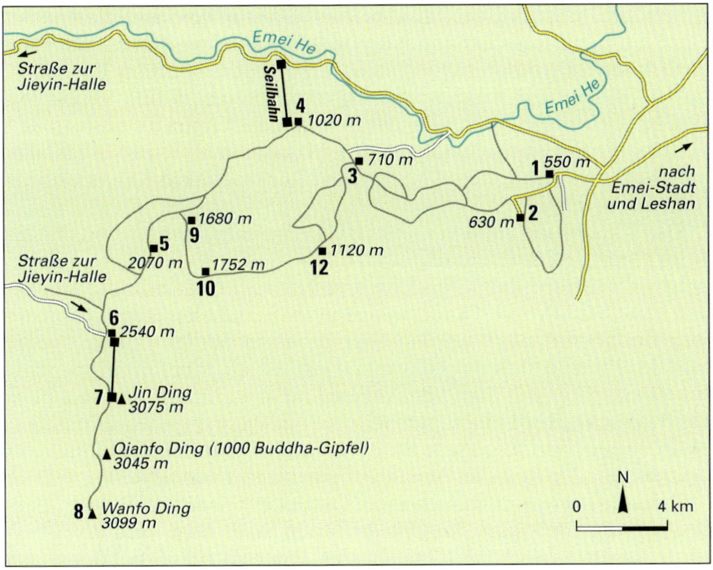

Emei Shan
1 Tempel für den Dienst am Eigenen Land
2 Tempel zum Bezwingen des Tigers
3 Pavillon des Klaren Klangs
4 Tempel der 10 000 Jahre
5 Elefanten-Badeteich
6 Jiexin-Halle
7 Goldener Gipfel
8 10 000 Buddha-Gipfel
9 Tempel der Begegnung der Unsterblichen
10 Tempel des Gipfels der Unsterblichen
11 Höhle der Neun Alten
12 Kloster Hongchun Ping

Das Wolkenmeer am Emei Shan

Von den ehemals über 150 Klöstern in dem 200 km^2 großen Bergareal haben sich heute nur noch um die 20 erhalten. Viele der Anlagen wurden in den Wirren der Kulturrevolution von den Roten Garden zerstört. Die Wanderung auf den Gipfel zeichnet sich weniger durch imposante Sakralanlagen, als durch die außerordentliche Schönheit der Landschaft aus. Auf dem Pilgerweg fühlt man sich in den dunklen, von Weihrauchduft erfüllten Klöstern, die hoch über der Landschaft thronen, und in der Gesellschaft alter, rüstiger Pilgerinnen und ehrwürdiger Mönche um Jahrhunderte zurückversetzt. Der Pfad führt zunächst durch üppig grüne Täler, an Bauerngehöften vorbei, später winden sich schmale Steinstufen, die zum Teil schon im 12. Jh. angelegt wurden, die schroffen Hänge hinauf. Vegetation und Klima verändern sich, je näher man dem Gipfel kommt. In den höheren Bergregionen betätigen sich Makakenfamilien als Wegelagerer, die auch vor dreisten Angriffen auf Rucksack und Kameras nicht zurückschrecken.

Die Wanderung auf den Gipfel ist schön, aber anstrengend. Festes Schuhwerk, Regenkleidung und einen Pullover sollte man dabei haben, da es nahe dem Gipfel auch im Sommer empfindlich kalt werden kann. Auf Proviant kann weitgehend verzichtet werden, denn am Weg finden sich auch an den abgelegensten Stellen immer wieder Stände, wo man sich mit Getränken und einem kleinen Snack erfrischen kann. Schafft man den Aufstieg nicht an einem Tag, so gibt es die Möglichkeit, in einem der Klöster am Wegesrand zu nächtigen. Mittlerweile führt auch eine Straße hinauf bis auf 2500 m Höhe, von wo aus sich der Rest des Aufstiegs bequem zu Fuß zurücklegen läßt.

Zunächst erwarten jedoch zwei Tempel am Fuß des Heiligen Berges, die man mit dem Minibus von der Stadt Emei aus erreichen kann, einen Besuch. Die Hallen des **Tempels für den Dienst am**

Eigenen Land (1; Baoguo Si) erstrecken sich den Hang hinauf. Errichtet wurde der Komplex im 17. Jh. unter der Ägide des Kangxi-Kaisers (reg. 1662–1722). Die Attraktion des Tempels bildet die 2,4 m hohe Porzellanstatue des Buddha aus der kaiserlichen Manufaktur von Jingdezhen von 1415.

Nur 1 km westlich lohnt der **Tempel zum Bezwingen des Tigers** (2; Fuhu Si) aus dem 12. Jh. einen Besuch: aus Dankbarkeit erbaut, als es gelungen war, einen schwarzen Tiger zu vertreiben, der lange die Gegend unsicher gemacht hatte. Sehenswert ist hier eine 7 m hohe Bronzepagode aus der Ming-Zeit, auf deren 13 Gesimsen 4700 winzige bronzene Buddhas plaziert sind. Im Lauf der Jahrhunderte wurden die Hallen des Tempels mehrfach restauriert.

Offiziell beginnt der Pilgerweg auf den Emei Shan bei diesen beiden Tempeln. Die ersten 15 km bis zum Parkplatz unterhalb des **Pavillons des Klaren Klangs** (3; Qingyin Ge) sollte man indes mit einem der Sammeltaxis oder Minibusse zurücklegen.

Der Qingyin Ge liegt am Zusammenfluß zweier Bäche, des Schwarzen und des Weißen Drachen. Hier verzweigt sich der Pilgerweg in eine Nord- und eine Südroute. Für den Aufstieg sei die kürzere Nordroute empfohlen. Auf etwa 1700 m Höhe stoßen die beiden Pfade kurz vor dem Elefanten-Badeteich wieder zusammen.

Der Aufstieg über die Nordroute

Den interessantesten Tempel des Emei Shan erreicht man über diese Route in etwa einer Wegstunde vom Qingyin-Pavillon. Die Stufen sind noch breit und gut befestigt und führen unter herrlichen alten Bäumen entlang. Der **Tempel der 10 000 Jahre** (4; Wannian Si) liegt bereits über 1000 m hoch und soll noch auf die Jin-Zeit zurückgehen (256–420). (Mittlerweile führt von der anderen Seite des Berges auch eine Seilbahn hier hinauf.) Seine ursprünglichen sieben Hallen fielen leider einem Feuer zum Opfer, doch hat man die Anlage in den 40er Jahren geschmackvoll restauriert und mit schönen Gärten umgeben. Das älteste Gebäude des Tempels ist die von Stupas gekrönte Ziegelhalle (Zhuan Dian) aus dem 16. Jh. Sie birgt eine monumentale Bronzeskulptur des Bodhisattvas Samantabhadra auf seinem Reittier, dem weißen Elefanten. Die 7,3 m hohe und 63 t schwere Figur aus dem Jahr 980 umgeben unzählige kleine Buddha-Bildnisse.

Hinter dem Wannian Si wird der Weg streckenweise sehr steil und beschwerlich, bietet aber immer wieder herrliche Ausblicke. Bis zum **Elefanten-Badeteich** (5; Xixiang Chi) benötigt man etwa vier Stunden. Das kleine windschiefe Kloster von 1699 liegt malerisch auf einer Klippe in 2070 m Höhe. Der Legende nach soll sich hier im Teich der weiße Elefant des Samantabhadra beim Bad von seiner langen Reise aus Indien erfrischt haben. Der Weg führt weiter über schmale Berggrate und durch majestätische Pinienwälder. An der **Jieyin-Halle** (6), die man nach weiteren zwei Stunden erreicht, ist es dann aus mit Ruhe und Pilgerherrlichkeit. Hier endet die Autostraße,

Von der Jieyin-Halle kann man mit Bussen zurück ins Tal fahren. Wer hingegen noch Zeit und Ausdauer hat, kann statt dessen den Abstieg über die Südroute in Angriff nehmen.

die Busladungen voller Touristen auf den Gipfel bringt. Souvenirstände, Restaurants und gellende Lautsprecher bestimmen den ›heiligen Ort‹. Eine moderne Kabinenbahn führt von hier auf den 3075 m hohen **Goldenen Gipfel** (7; Jin Ding). Der gleichnamige Tempel existiert schon seit der Östlichen Han-Zeit (25–220), wurde aber mehrfach durch Blitzschlag zerstört. Ehemals war das Dach der Halle im tibetischen Stil mit vergoldeten Bronzeziegeln gedeckt.

Die letzten 4 km zum 3099 m hohen **10 000-Buddha-Gipfel** (8; Wanfo Ding) muß man zu Fuß zurücklegen. Ist einem das Wetter hold, wird der Blick vom Gipfel unvergeßlich sein. Im feuchten Klima Sichuans hüllt sich der Berg indes leider allzu oft in dichte Wolken. Wer großes Glück hat, wird vielleicht ein einzigartiges Naturphänomen beobachten können, das ›Licht Buddhas‹: kreisrunde, in allen Farben des Regenbogens leuchtende Lichtbrechungen, sogenannte Halos. Früher deuteten sie fromme Buddhisten als Tor zum Nirvana bzw. als Zeichen Buddhas: Manch einer stürzte sich daher von hier in die Tiefe – in der Hoffnung den sofortigen Eintritt ins Nirvana zu verwirklichen.

Abstieg über die Südroute

Etwa 150 m unterhalb des Elefanten-Badeteichs zweigt der Weg nach rechts ab. Er führt vorbei am **Tempel der Begegnung der Unsterblichen** (9; Yuxian Si) von 1862 zum **Tempel des Gipfels der Unsterblichen** (10; Xianfeng Si), der in herrlicher Umgebung zu einer Pause einlädt (Übernachtungsmöglichkeit). In der nahegelegenen **Höhle der Neun Alten** (Jiulao Dong) sollen einst neun Unsterbliche gehaust haben. Von hier aus sind es noch 15 km zurück zum Pavillon des Klaren Klanges. Etwa auf halber Strecke passiert man noch das Kloster **Hongchun Ping** (12), eine Ming-zeitliche Anlage inmitten hoher Bäume. Bemerkenswert ist eine Bronzelampe, die aus unzähligen kleinen Buddha-Figuren zusammengesetzt ist.

Leshan

Den erholsamen Abschluß einer ›buddhistischen Reise‹ in Sichuan mag ein Abstecher zum Großen Buddha von Leshan bilden. Das Städtchen liegt etwa 30 km östlich des Emei Shan und läßt sich von dort in einer knappen Stunde mit dem Bus erreichen. Seine charmante Altstadt ist leider in den letzten Jahren weitgehend der Abrißbirne zum Opfer gefallen. Schön ist aber noch immer die Atmosphäre auf der Uferpromenade des Min und Dadu. Der **Große Buddha** von Leshan, der aus einer Klippe am Zusammenfluß vom Dadu-, Qingyi- und Min-Fluß gehauen wurde, gilt mit 71 m Höhe als größte sitzende Buddha-Statue der Welt. Erschaffen wurde die sitzende Monumentalfigur in 90 Jahren Arbeit zwischen 713 und 803 n. Chr. auf Initiative eines Mönchs namens Haitong.

Der Große Buddha von Leshan

In der starken Strömung am Zusammenfluß der drei Flüsse wurden immer wieder Bootsleute schiffbrüchig. Der Mönch wollte mit der monumentalen Figur des Buddha Maitreya diese Unglücke verhindern: Er erreichte sein Ziel, wenn auch weniger durch den ›übersinnlichen‹ Schutz des Maitreya. Vielmehr nivellierte das Gestein, das beim Herausmeißeln der Statue in den Fluß fiel, die gefährlichen Untiefen, das Wasser fließt ruhiger – und es geschehen weniger Unfälle.

Am besten besichtigt man den Großen Buddha mit dem Boot vom Wasser aus. Anlegestellen findet man gegenüber an den Piers der Uferpromenade von Leshan. Vom Lingyun-Tempel, oberhalb des Buddha, führt eine schmale Treppe an den Klippen entlang, vom Kopf – allein dieser mißt 10 × 15 m – hinunter zu den Füßen der Figur. Leider ist sie inzwischen stark von Erosion bedroht. Und da das Gebäude, das sie einst schützte in der Ming-Zeit zerstört wurde, gingen die farbige Fassung und die Vergoldung bereits verloren. Auf dem Areal des Tang-zeitlichen **Lingyun-Tempel,** der von der Bevölkerung auch einfach Großer-Buddha-Tempel (Dafo Si) genannt wird, erhebt sich die 13-stöckige Seelenpagode, ein viereckiger Ziegelbau aus der Song-Zeit (960–1279).

Auch vom – ebenfalls mit dem Boot erreichbaren – **Wuyou-Kloster** kann man zum Großen Buddha wandern. Vom Anleger aus führen steile Stufen hinauf zum Tempel, von dem aus sich ein schöner Blick auf die Stadt Leshan und den in der Ferne liegenden Emei Shan bietet. Das Kloster stammt aus der Tang-Zeit (618–906), wurde in späterer Zeit jedoch mehrfach renoviert. Bemerkenswert sind die 3 m hohen, vergoldeten Holzskulpturen des historischen Buddha Shakyamuni und der Bodhisattvas Manjushri und Samantabhadra sowie die 1000-Luohan-Halle mit Keramikfiguren der berühmten Heiligen.

Am Weg zwischen Wuyou-Tempel und Großem Buddha finden sich einige interessante **Felsengräber** aus der östlichen Han-Zeit (25–220), deren Besichtigung man nicht versäumen sollte. Nicht zuletzt findet sich an der Wand eines Grabvorraums das wohl älteste Buddha-Bildnis Chinas, datiert auf das 1. Jh. Besonders interessant sind des weiteren die mit mythologischen Szenen verzierten Sarkophage und einige Grabbeigaben aus Ton, die in zwei kleinen Museumshallen nahebei ausgestellt sind. Von hier führt ein Pfad entlang den Klippen oberhalb des Flusses zu den Füßen des Großen Buddha.

Huanglong und Jiuzhaigou

Zwei Tage quält sich der Bus von der hektischen Millionenstadt Chengdu über holperige Pisten hinauf bis in die Bergeinsamkeit West-Sichuans. Die einzigartige Landschaft des südlichen Minshan-Massivs mit ihren schneebedeckten Gipfeln, glasklaren Bergseen und unberührten Wäldern ließe eher an Westkanada denken, flatterten da nicht Gebetsfahnen an jeder größeren Wegkreuzung, die das Wort Buddhas in die Welt wehen. Die lange und beschwerliche Anfahrt zu den Naturparks Jiuzhaigou und Huanglong, welche beide unter dem Schutz der UNESCO stehen, wird mit einem unvergleichlichgen Naturerlebnis, wie man es in China kaum schöner haben kann, vergolten.

Allein das Städtchen **Songpan** lohnt schon einen längeren Aufenthalt. Der Ort liegt im autonomen Distrikt Aba, der hauptsächlich von Tibetern und Qiang (Khampa) bewohnt wird. Hier gibt es einen bunten Markt, malerische Gassen mit alten Holzhäusern und die Reste einer Stadtmauer zu sehen. Die reizvolle Bergwelt ringsherum läßt sich hervorragend erwandern oder zu Pferde erkunden, was von mehreren Veranstaltern im Orte angeboten wird.

Majestätische Fünftausender rahmen das 1700 m hoch gelegene **Huanglong-Tal** (56 km von Songpan) ein. Seine undurchdringlichen Wälder sind Heimat vieler seltener Tier- und Pflanzenarten. Sogar einige Exemplare des Großen Pandas leben hier.

Vom Lamatempel im Tal heißt es, das er vor rund 500 Jahren von einem alten Einsiedler namens ›Gelber Drache‹, Huanglong, gegründet wurde. Andere führen den Namen des Tals auf die eigentümliche Form der umliegenden Berge zurück. Diese ähneln angeblich dem Haupt eines mächtigen Drachen. Die Kette von Seen – terrassenartige Pools – im Tal bilden Körper und Schwanz des Fabeltiers. Sie entstanden dadurch, daß das Tal in der Eiszeit Jahrtausende lang unter einem Gletscher begraben lag. Das Schmelzwasser des Gletschers besaß einen außergewöhnlich hohen Mineralgehalt und fraß allmählich Löcher und Höhlen in den Fels, in denen sich heute das Wasser staut. Der spektakulärste dieser eigentümlichen Seen ist der **Fünffarbige Pool,** der sich aus rund 400 einzelnen Bassins zusammensetzt, die durch schmale natürliche Dämme begrenzt werden. Der nahezu weiße Kalksteinuntergrund, der hohe Mineralgehalt des Wassers und die Entwicklung bestimmter Algen und Bakterien darin, lassen den See im Sonnenschein wie einen Opal in allen Farben zwischen Türkis, Azurblau, Smaragdgrün, Goldgelb und Orange schimmern.

Immer wieder trifft man am Wegesrand auf mit Gebetsfahnen bestückte Steinhaufen, sogenannte ›Geisterfallen‹, die böse Geister abwehren und gute Geister anziehen sollen. Unter den Einheimischen ist es üblich, nach einer Tagesreise, die im Hochgebirge stets mit vielerlei Gefahren verbunden ist, den Haufen durch einen weiteren Stein zu ergänzen und damit den Geistern Dank für ihren Schutz zu zollen. In regelmäßiger Form nennt man solche Steinhaufen Lhato, in unregelmäßiger Form Ladse.

Terrassenartige Pools im Huanglong-Tal

Die landschaftlichen Reize des weitere 50 km entfernten **Jiuzhaigou** übertreffen in den Augen vieler Reisender sogar noch die von Huanglong. Auch hier erstreckt sich eine Kette von natürlichen Stauseen terrassenartig durch das gesamte Tal. In malerischeren Fällen ergießt sich das Wasser von einen See in den anderen. Aus den gleichen Gründen wie in Huanglong sind die Seen von fast unwirklich türkisblauer Farbe. Die Einheimischen erklären sich diese Besonderheit mit Hilfe einer Legende: die Berggöttin Wonuosemo ließ einst einen Spiegel fallen, den sie vom Gott Dage geschenkt bekommen hatte. Der Spiegel zersprang im Tal von Jiuzhaigou und seine Scherben wurden zu glasklaren Seen, die heute statt des vollendeten Antlitzes der Göttin die Schönheit der Landschaft reflektieren.

Chongqing

In Chongqing zeigt sich China nicht gerade von seiner besten Seite. Die meisten Touristen besteigen hier deshalb lediglich ihre Flußdampfer, um den Yangzi hinab durch die Drei Schluchten zu fahren und sind meist heilfroh, den Moloch hinter sich zu lassen. Bekannt ist Chongqing, ›Doppeltes Glück‹, als ›Bergstadt‹ – eine der wenigen Großstädte in China, deren Straßen nicht von einem Meer aus Fahrradfahrern bevölkert werden, da die starken Steigungen hier im Yangzi-Tal für Radler fast unüberwindlich sind.

Chongqing, das wegen seiner drückend schwülen Sommer als einer der ›Glutöfen am Yangzi‹ gilt, liegt meist im Dunst. Zu ewig feuchtem Klima gesellen sich schwere Industrieabgase: Hier wird ein Fünftel des

Kreuzfahrtschiff auf dem Yangzi vor Chongqing

gesamten Bruttosozialprodukts der Provinz Sichuan erwirtschaftet. Kürzlich wurden die Stadt und ihr näherer Einzugsbereich aus der Provinz ausgegliedert und zur ›regierungsunmittelbaren Stadt‹ erkoren: vier Millionen Bewohner in der Stadt, 30 Millionen inklusive Umland.

Die schmale Landzunge zwischen dem Jialing-Fluß und dem Yangzi bildet das Zentrum Chongqings. Hier ›kleben‹ noch einige alte Häuser an den Berghängen und sogar einige der schmalen alten Gassen und Treppen, die früher das Stadtbild prägten, sind erhalten. Was Seltenheitswert hat, denn auch Chongqing verwandelt sich zügig in ein Meer aus Hochhäusern.

Wer in Chongqing einige Stunden auf sein Schiff warten muß, der sollte sich im Parkareal des **Pipa Shan,** des Mispelbergs, die Zeit vertreiben. Dort steht auf dem höchsten Punkt der Stadt der Rote-Stern-Pavillon (Hongxing Ting) und bietet einen interessanten Blick über Häusermeer, Fluß und Hafen. Am südlichen Rand des Parks liegt das **Museum der Stadt Chongqing,** dessen Attraktion Dinosaurierskelette sind, die man in den 70er Jahren in der Stadt Zigong ausgrub.

Oberhalb des Chaotianmen-Hafens liegt im Bereich von Minzu, Minquan und Zourong Lu das Einkaufszentrum von Chongqing. Hier lohnt ein Blick auf das **Befreiungsdenkmal** und in den **Luohan-Tempel** aus der Song-Zeit.

Die meisten chinesischen Touristen besichtigen in Chongqing die Stätten der revolutionären Vergangenheit. Von 1937 bis 1945, in den Tagen des chinesisch-japanischen Krieges, war Chongqing vorübergehend Reichshauptstadt. Am nördlichen Ufer des Jialing kann man heute die ehemaligen **Gefängnisse der SACO**, der Sino-American Cooperation Organisation, besichtigen, in denen zur Zeit des 2. Weltkrieges zahlreiche kommunistische Gefangene einsaßen. Ein **Museum** erinnert an die geheimdienstliche Zusammenarbeit der Regierung Chiang Kai-sheks mit den USA gegen die Kommunisten.

Wer einen ganzen Tag zur Verfügung hat, der sollte hinaus fahren und sich die berühmten Steinskulpturen von Dazu ansehen.

Die berühmten Grottentempel von Dazu liegen etwa 80 km nordwestlich von Chongqing und sind über die Autobahn in gut zwei Stunden Fahrtzeit zu erreichen. Wer über mehr Zeit verfügt kann die alte Landstraße nehmen, die durch schöne Reisterrassen und heimelige Dörfchen führt. So kann die Fahrt – je nach Verkehrslage – allerdings bis zu fünf Stunden in Anspruch nehmen.

Ausflug nach Dazu

Dazu, ein lebhaftes Provinzstädtchen mit bunten Märkten und den für Sichuan so typischen Teehäusern, lockt seine Besucher mit einzigartigen buddhistischen Steinskulpturen, die sich über ein weitläufiges Gebiet rund um die Stadt verteilen. Insgesamt sind 50 000 Bildwerke zu bewundern. Zu den beeindruckendsten zählen die Reliefs am Bei Shan, ›Nordberg‹, vor den Toren der Stadt, und am Baoding Shan, ›Schatzkammer-Berg‹, rund 15 km nordwestlich von Dazu. Die äußerst fein ausgearbeiteten, zum Teil farbig gefaßten Steinreliefs wurden vom ausgehenden 9. bis Mitte des 13. Jh. geschaffen. Sie bilden den Endpunkt in der Geschichte buddhistischer Höhlentempel in China, die ja im 4. Jh. auf der Seidenstraße begann. Im Zuge der Buddhisten-Verfolgungen im 9. Jh. flohen viele Gläubige in das halbautonome

Königreich Shu und errichteten dort neue Kultstätten. Am **Bei Shan,** 2 km nördlich des Städtchens und von dort aus über Treppen zu erreichen, begann man 892 mit den ersten Steinmetzarbeiten. Über 250 Jahre hinweg entstanden an einem 500 m langen und 7 m hohen Felsen 264 Skulpturennischen und zahlreiche Kalligraphien. Berühmt ist der Bei Shan für seine überaus fein gearbeiteten Darstellungen des Bodhisattvas des Mit-Leidens, Avalokiteshvara, aus dem 9.–11. Jh.

Die fast 10 000 Steinskulpturen des **Baoding Shan** sind zeitlich etwas später einzuordnen. Sie stammen zum größten Teil aus der Zeit der Südlichen Song-Dynastie (1127–1279) und zeichnen sich durch Monumentalität und farbenfrohe, zum Teil groteske Darstellungen aus. Imposant wirkt die 31 m lange Figur des liegenden Buddha (Höhle 11), Shakyamuni beim Eintritt ins Nirvana, sowie der tausendarmige Bodhisattva Avalokiteshvara (Höhle 8), der allein 88 m^2 Wandfläche einnimmt. Einen Höhepunkt Song-zeitlicher Bildhauerkunst stellt die Höhle der Vollkommenen Erleuchtung (Höhle 29) dar: atemberaubend fein gearbeitete Bodhisattva-Figuren von vollendeter Eleganz. Ein ausgeklügeltes Leitungssystem verhindert das Anstauen von Regenwasser in der Höhle. In der linken Höhlenwand entdeckt man einen Dämon, der eine Schale hält: Eintretendes Regenwasser wird über eine Rinne in diese geleitet und fließt dann unsichtbar nach außen ab. Im Gegensatz zum Bei Shan dominieren am Baoding Shan großflächige Gruppendarstellungen, in denen auf volkstümliche Weise den Gläubigen, die des Lesens nicht mächtig

Darstellung der Höllenqualen in den Grotten am Baoding Shan

waren, die Grundprinzipien der buddhistischen Lehre nähergebracht werden. Zum Teil vermischen sich hier Buddhismus und konfuzianische Anschauungen: Die Künstler versuchten zu zeigen, daß ihr Glaube mit der konfuzianischen Ethik durchaus vereinbar ist. Die Grotten von Dazu dürfen deshalb wohl als die ›chinesischsten‹ aller buddhistischen Höhlentempel Chinas gelten. So erläutern Szenen aus dem Leben des historischen Buddhas in Nische 17 eine der wichtigsten Tugenden des Konfuzianismus, die kindliche Pietät. Höhle 15 gibt Beispiele der elterlichen Liebe. Höhle 20 stellt zuweilen recht drastisch die 18 verschiedenen Höllenqualen dar, die jeder Sünder nach seinem Tod zu erwarten hat. Höhle 30 illustriert mit der Darstellung eines Rinderhirten verschiedene Stufen auf dem Weg zur Überwindung aller weltlichen Begierden. Links daneben hält ein gewaltiger Dämon das Rad des Lebens in seinen Fängen.

Dämon mit Lebensrad am Baoding Shan

Die Kreuzfahrt durch die Drei Schluchten des Yangzi

Die Schiffahrt durch die berühmten Drei Schluchten des Yangzi zählt zu den Höhepunkten einer China-Reise. Auf der 700 km langen Strecke zwischen Chongqing und Yichang bahnt sich der mächtige Strom ein schmales Bett durch die Steilwände des Wu-Gebirges.

Auf dem Ming-Berg von Fengdu sollen dereinst zwei Einsiedler mit Namen Yin und Wang gelebt haben. Setzt man deren Namen zusammen, so ergibt sich daraus der Name des Höllenkönigs – Yinwang.

Die kleine Stadt **Fengdu** am nördlichen Yangzi-Ufer ist der erste Haltepunkt der meisten Yangzi-Dampfer auf dem Weg von Chongqing nach Wuhan. Die lebhafte Provinzstadt mit ihren bunten Märkten wird nach Vollendung des großen Staudamms vollständig unter Wasser gesetzt werden. So entsteht am gegenüberliegenden Flußufer in sicherer Höhe eine neue Stadt vom Reißbrett. Das alte Fengdu gilt vielen Chinesen als Sitz des ›Jüngsten Gerichts‹. Es heißt, im Moment des Todes eines Menschen fliege seine Seele hierher, wo sich entscheide, ob sie in die Hölle oder ins Paradies eingehe. Seit der Tang-Dynastie (618–906) entstanden auf dem Fengdu'er **Ming Shan** (1) zahlreiche Tempel, die dem Höllenkönig und verschiedenen anderen Göttern des daoistischen Pantheons geweiht sind. Heute ist Fengdu jedoch eher ein Jahrmarkt des Aberglaubens. Die meisten der Tempelgebäude und zahlreiche Götter- und Dämonenstatuen stammen aus jüngster Zeit. Die Spitze des Ming Shan krönt der Tempel des Höllenkönigs. Sein Abbild rahmen Stuckfiguren seiner Wächter und Beamten ein, die Buch führen über das Verhalten der Menschen. In der hintersten Halle sieht man die kleine, reich geschmückte Figur einer Frau, ein Mädchen aus Fengdu, die der Höllenkönig angeblich einst ehelichte. In der Halle links vom Tempeleingang führen kleine Stuckfiguren die Höllenqualen, die ein schlechter Mensch zu gewärtigen hat, drastisch vor Augen. Die Tempel des Ming Shan liegen aus-

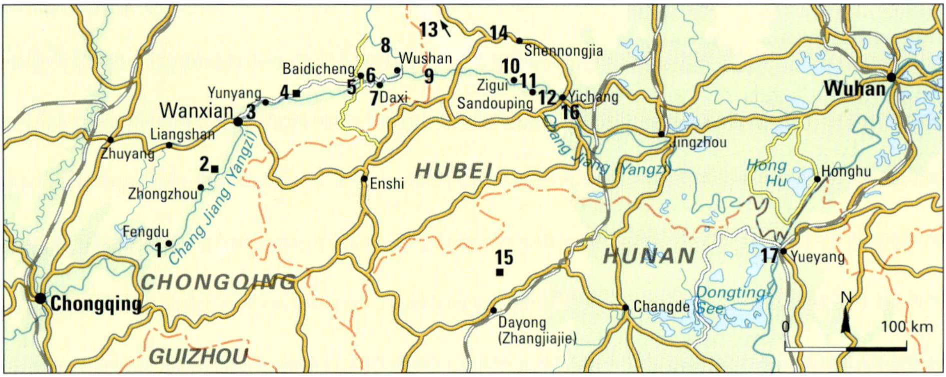

Die Yangzi-Fahrt 1 Der Ming Shan und seine daoistischen Tempel in Fengdu 2 Steinschatzfestung 3 Märkte in Wanxian 4 Tempel des Zhang Fei 5 Tempel-Stadt des Weißen Kaisers 6 Blasebalg-Schlucht 7 Neolithische Ausgrabungen bei Daxi 8 Drei Kleine Schluchten des Daning He 9 Hexenschlucht 10 Ahnentempel des Qu Yuan in Zigui 11 Xiling-Schlucht 12 Baustelle Drei-Schluchten-Staudamm bei Sandouping 13 Wudang Shan 14 Naturschutzpark Shennongjia 15 Nationalpark von Wulingyuan 16 Gezhouba-Staudamm bei Yichang 17 Yueyang-Turm am Dongting-See

nahmslos so hoch über dem Yangzi, daß sie von dem Wasseranstieg nach Fertigstellung des Staudamms nicht beeinträchtigt werden.

Zwischen den Städten Zhongxian und Wanxian schmiegt sich am nördlichen Ufer des Yangzi ein außergewöhnlicher roter Bau an einen Felsen, die **Steinschatzfestung** (2; Shibaozhai). Das elfstökkige, über 30 m hohe Gebäude, ein buddhistischer Tempel, wurde um das Jahr 1800 errichtet. Das Innere des pagodenartigen Bauwerks, in dem man übrigens über schmale Stiegen emporsteigen kann, birgt eine Buddha-Statue. Des weiteren erzählt eine Stele die Entstehungslegende der ›Festung‹. Es heißt, aus einem Spalt des Felsens, an dem der Turm errichtet wurde, strömten einst Reiskörner, von denen sich die dort lebenden Mönche zwar bescheiden doch ausreichend ernähren konnten – ein ›Schatz im Stein‹. Allzu gierige Ordensbrüder verschuldeten, indem sie die Quelle vergrößerten, schließlich ihr Versiegen. Den Ort dieses wundersamen Geschehens ehrte man mit einem Tempelbau.

Die meisten der Passagierdampfer legen am Abend des ersten Tages in **Wanxian** an, einer quirligen Stadt, die mit der Fertigstellung des gewaltigen Drei-Schluchten-Staudamms zu zwei Dritteln in den Fluten versinken wird. Nahezu 800 000 Menschen müssen allein in ihrem Einzugsbereich in höhere Lagen umsiedeln. Heute indes führen noch steile Stufen von den Anlegern hinauf nach Wanxian, das bekannt ist für seine lebhaften **Märkte** (3) mit einer großen Auswahl an Stroh- und Bambusprodukten.

Am frühen Morgen setzen die Schiffe ihre Fahrt fort. An den Ufern des Yangzi wechseln sich graue Industrieanlagen, rabenschwarze Kohlegruben, bunte Städtchen und leuchtend grüne Terrassenfelder ab. Gegenüber der Ortschaft Yunyang liegt der **Tempel des Zhang Fei** (4; Zhang Fei Miao). Dieser wurde in der Song-Dynastie (960–1279) zu Ehren des Generals Zhang Fei errichtet, einer der Hauptpersonen des berühmten Romans von den Drei Reichen. Der Legende nach soll Zhang 220 ermordet und lediglich sein Kopf hier begraben worden sein.

25 km stromabwärts markiert die **Stadt des Weißen Kaisers** (5; Baidicheng) mit dem gleichnamigen Tempel die Einfahrt in den landschaftlich spektakulärsten Abschnitt der Yangzi-Kreuzfahrt, den Eingang zu den Drei Schluchten, die sich von hier aus rund 200 km nach Yichang erstrecken. Der Tempel des Weißen Kaisers erhebt sich nahe dem Städtchen Fengjie am Nordufer 160 m über dem Strom. Er ist den Helden der Drei Reiche, Liu Bei, König von Shu und Nachfolger der einstigen Han-Kaiser (reg. 221–233), und seinen engsten Verbündeten, dem genialen Zhuge Liang, General Zhang Fei und Guan Yu (der spätere daoistische Kriegsgott Guandi), gewidmet. Liu Bei soll an diesem Ort 233 verstorben sein. Der Tempel wurde erstmals unter den Tang errichtet, stammt in seiner heutigen Form jedoch aus der Qing-Zeit. Zahlreiche Steintafeln auf dem Tempelgelände tragen Inschriften mit Gedichten so berühmter Poeten wie Li Bai (701–762) und Du Fu (712–770), die beide im 8. Jh. den Tempel besuchten. Allein Du Fu soll hier 400 Gedichte verfaßt haben.

Der Name ›Stadt des Weißen Kaisers‹ hat nichts mit der Geschichte der Drei Reiche zu tun. Vielmehr geht er auf Gong Sunshu, einen Beamten der Han, zurück, der sich im 1. Jh. zum Lokalfürsten aufschwang. Im Jahr 25 hatte er an diesem Ort die Vision eines weißen Drachens, der aus einem Brunnen in den Himmel aufstieg. Gong deutete dies als Zeichen der Götter, rief sich kurz darauf zum ›Weißen Kaiser‹ aus und gründete an dieser Stelle seine Hauptstadt.

Hat man den Tempel von Baidicheng hinter sich gelassen, beginnt die Einfahrt in die einstmals von den Bootsleuten so gefürchtete und von romantischen Dichtern vielfach besungene **Blasebalg-Schlucht** (6; Qutang Xia). Auf 100 m werden die Wassermassen von den steil aufragenden Felsen zusammengedrückt. Während des normalen Sommerhochwassers steigt der Pegel in der 8 km langen Schlucht um bis zu 50 m an! Die mächtigen Steine, die die Fluten des Yangzi hier

Auf dem Yangzi

ehemals in ein schäumendes Wildwasser verwandelten, wurden 1959 gesprengt, so daß die Durchfahrt dem Navigator des Schiffes zwar noch erhöhte Aufmerksamkeit abverlangt, aber keineswegs mehr wirklich gefährlich ist. In den steil aufragenden Klippen des Nordufers lassen sich hoch oben in den Fels gehauene Pfostenlöcher erkennen, in die früher Holzbalken eingelassen waren. Diese trugen eine Galerie, die entlang der Felswand verlief: Ein Weg, der wahrscheinlich bereits vor 2000 Jahren als Handelsstraße und Treidelpfad angelegt wurde. Aus jüngerer Zeit stammt der direkt in den Fels geschlagene Treidelpfad, auf dem Kulis – bevor es Motorschiffe gab – die Boote an langen Seilen unter großen Anstrengungen gegen die unerbittliche Strömung des Yangzi durch die Schlucht zogen.

Ebenfalls hoch oben in den Klippen des Nordufers der Qutang Xia – mit bloßem Auge indes schwer auszumachen – liegen die 2000 Jahre alten Holzsärge des alten Volksstammes der Ba. Die Ba bestatteten ihre Verstorbenen in ausgehöhlten Baumstämmen, die sie hoch über dem Fluß in Felsnischen plazierten. Archäologen haben bisher insgesamt neun dieser Särge bergen können und dabei Beigaben wie Bronzeschwerter, Waffen und Keramikgefäße gefunden.

Bei **Daxi** (7) verbreitert sich das Flußbett wieder, und die wilden Wasser beruhigen sich etwas. In den 50er Jahren haben Archäologen hier die älteste menschliche Siedlung im Yangzi-Tal entdeckt: ein neolithisches Dorf, dessen Alter auf 5000–7000 Jahre geschätzt wird.

Die meisten der Touristenschiffe gehen sodann bei der Kreisstadt **Wushan** vor Anker.

Von den Reedereien wird in Wushan ein Ausflug zu den **Drei Kleinen Schluchten des Daning-Flusses** (8) angeboten, der hier in den Yangzi mündet. Die Drei Kleinen Schluchten erstrecken sich über etwa 50 km. Die Fahrt bis zum Dorf Shuanglong und zurück dauert je nach Wasserstand und Strömung zwischen vier und sieben Stunden. Sie führt zunächst durch die 12 km lange Drachentorschlucht (Longmen Xia), in deren Steilwänden die Überreste eines alten Handelsweges aus vorchristlicher Zeit zu sehen sind. Die parallel laufenden Reihen von quadratischen Löchern im Fels dienten – wie in der Qutang Xia – der Verankerung hölzerner Galerien, die 80 km entlang dem Daning verliefen: Handels- und Truppentransportwege, die vermutlich im Zuge der großen Straßenbaumaßnahmen unter dem ersten Kaiser Qin Shihuangdi (reg. 221–210 v. Chr.) angelegt wurden. – Ein Ausflug, der sich allein schon wegen der Landschaft zu beiden Seiten des Daning lohnt: schroffe Felsformationen, sagenumwoben und allesamt mit poetischen Namen versehen, wechseln sich ab mit terrassierten Feldern und vereinzelten Gehöften. Die Vegetation ist üppig, und oft zeigen sich die Schluchten in Dunst gehüllt, wie die Namen Nebelschlucht, Smaragdschlucht und Schlucht des Tropfenden Grüns verraten. Zuweilen kann man vom Boot aus auch Affen oder seltene Vögel beobachten. An einigen Stellen ist der Fluß so flach, daß die Passagiere die Boote verlassen und eine kurze Strecke zu Fuß zurücklegen müssen.

In den Schluchten des Daning-Flusses

Zurück auf dem Yangzi beginnt hinter Wushan die Einfahrt in die 40 km lange **Hexenschlucht** (9; Wu Xia), die als die landschaftlich reizvollste gilt. Bizarr geformte Gipfel, die bis zu 900 m aufragen, säumen die Ufer und um einen jeden rankt sich eine Legende. Der bekannteste Gipfel ist der Feengipfel (Shennü Feng) am nördlichen Ufer, der die Gestalt einer schönen Frau zu haben scheint. Dieser gilt als die Stein gewordene Tochter der Königinmutter des Westens, die vor vielen tausend Jahren dem Kulturheros und mythischen Kaiser Yu bei der Regulierung der Fluten zu Hilfe kam. Mit einem Blitz soll sie die Drachen getötet haben, die immer aufs neue Fluten ins Tal sandten und verheerende Überschwemmungen auslösten.

Die Ortschaft **Zigui** (10) am Nordufer des Yangzi markiert die Einfahrt in die 76 km lange Xiling-Schlucht. Berühmtheit erreichte der kleine Ort durch den Dichter und Politiker Qu Yuan, der hier um das Jahr 340 v. Chr. geboren wurde. Als Hofberater des Königs von Chu hatte Qu Yuan seinen Herrn vergeblich vor den Ambitionen des Nachbarstaates Qin gewarnt, die Herrschaft über ganz China an sich reißen zu wollen. Wenige Jahre später wurde das Königreich Chu tatsächlich von Qin vereinnahmt, der König getötet und Qu Yuan in die Verbannung geschickt. Aus Gram ertränkte er sich 278 v. Chr. in den Fluten des Dongting-Sees. In Zigui erinnert ein Ahnentempel hoch über dem Yangzi an Qu Yuan. Die ursprüngliche Tempelanlage wurde Mitte der 80er Jahre, nachdem der Gezhouba-Damm fertiggestellt war, überspült. Der neue Tempel wird nun im Zuge des Drei-Schluchten-Staudammprojekts ebenfalls in den Fluten versinken. Doch Tempel Nr. 3 ist bereits in Planung.

In der **Xiling-Schlucht** (11) tragen ungewöhnlich anmutende Bergformationen wieder phantasievolle Namen: Schlucht des Schwerts und des Buchs der Waffenkunst (Bingshu Baojian Xia) oder Ochsenleber und Pferdelunge (Niugan Mafei Xia).

Bei **Sandouping** (12), etwa 40 km vor Yichang, verbreitert sich plötzlich das Tal und eine weite, graubraune Mondlandschaft löst die grünen Hügel ab. Riesige Schilder künden von den Bergrücken des Ufers in großen roten Schriftzeichen eines der gegenwärtig gewaltigsten Bauprojekte dieses Erdballs an: den Drei-Schluchten-Staudamm. 200 000 Arbeiter, überdimensionierte Lastwagen, Bagger und Bulldozer versetzen hier seit Baubeginn 1994 – im wahrsten Sinne des Wortes – Berge. Bis zum Jahr 2009 soll eine 1970 m breite und 185 m hohe Staumauer die Fluten des Yangzi bändigen, dessen Wassermassen sich hier mit 14 000–19 000 m^3 in der Sekunde durch ein Nadelöhr zwängen. Die Staumauer soll einmal 39,4 Milliarden m^3 Wasser zurückhalten. Es wird ein gewaltiger See entstehen, der sich über 650 km bis vor Chongqing erstrecken und unzählige Gehöfte, Dörfer und Städte unter Wasser setzen wird. Hier in Sandouping wird der Pegel um 175 m ansteigen. Zwei Kraftwerke mit einer Gesamtkapazität von etwa 17 000 Megawatt, das entspricht der Leistung von 13 Atomkraftwerken normaler deutscher Bauart, werden gebaut. Zwei dreistufige Schleusen sollen Schiffe mit bis zu 10 000 BRT Gewicht über die künstliche Barriere hieven. Durch Anhebung des Wasserpegels können dann Hochseeschiffe den Yangzi bis nach Chongqing hinauffahren. Die Weltbank hat nach einigen unabhängig erstellten Gutachten Abstand von einer Förderung dieses Mammutprojekts genommen, und auch in China warnen zahlreiche Wissenschaftler vor den unabsehbaren ökologischen und klimatischen Folgen.

Es heißt, Zhang Sanfeng habe im 13. Jh. auf dem heiligen Berg Wudang den Kampf zwischen einem Drachen und einem Kranich beobachtet. Der Kranich tänzelte hin und her und schlug mit den Flügeln, während die Schlange in aufrechter Stellung verweilte und den Angriffen des Kranichs zunächst geschmeidig auswich, um dann plötzlich gezielt vorzuschnellen. Inspiriert von seiner Beobachtung entwickelte Zhang gymnastische Übungen, die diesen Kampf der Tiere zum Vorbild hatten, nahm ihnen allerdings ihre Dynamik und Kraft. Das Taiji Quan strebt an, die gegensätzlichen Kräfte Yin und Yang im Körper in Einklang zu bringen. Der Sinn der Übungen liegt vornehmlich in der Entspannung und geistigen Versenkung.

Am Ende der Xiling-Schlucht erreicht man schließlich die Stadt **Yichang,** wo viele Kreuzfahrer die Schiffe verlassen.

Von hier aus bietet sich ein Ausflug in die herrliche Landschaft des **Wudang Shan** (13), einem der großen Zentren des Daoismus in China, an. In der malerischen, abgelegenen Gebirgsregion Nordwest-Hubeis entstanden seit dem frühen 15. Jh. an die 160 daoistische Tempel. Die Anlagen aus der Tang-Zeit waren unter den Mongolen zerstört worden. Hier soll übrigens der Mönch Zhang Sanfeng bereits 200 Jahre zuvor das ›Schattenboxen‹ (Taiji Quan) erfunden haben: Ihm zu Ehren errichtete man 1417 den Tempel Yuzhen Gong. Und auch Li Shizhen, der berühmte Arzt und Verfasser des »Bencao Gangmu« ließ sich Ende des 16. Jh. in diesen Bergen nieder.

In der Nähe des Wudang Shan liegt außerdem der artenreiche **Naturschutzpark Shennongjia** (14) mit bis zu 3000 m hohen Gipfeln. Der Name des Gebirges bedeutet übersetzt ›Gerüst des Shennong‹. Shennong zählt zu den mythischen Urkaisern und gilt als Erfinder der traditionellen chinesischen Naturmedizin. Es heißt, er habe vor etwa 4000 Jahren im Wudang Shan nach seltenen Heilkräutern gesucht, und um diese auf den hohen Klippen zu erreichen, sich aus Baumstämmen ein Gerüst gezimmert. Viele seltene Pflanzen- und Tierarten sind hier beheimatet.

Auf Shennong beruft sich das älteste Arzneipflanzenbuch Chinas, das »Shennong Bengao«, aus dem 2. Jh. v. Chr. Es gibt Auskunft über 365 Naturheilmittel und ihre Wirkung.

Südlich von Yichang, im Norden der Provinz Hunan lohnt ferner ein Abstecher in den **Nationalpark von Wulingyuan** (15). Das Gebiet ist Heimat der Miao-, Bai- und Tujia-Minoritäten und weist neben malerischen Dörfern eine spektakuläre, subtropische Bergwelt mit tiefen Schluchten, Höhlen und rauschenden Wildwassern auf. Der Ausgangspunkt für Wanderungen in dem 130 km^2 großen Areal ist der Ort Zhangjiajie, der von Yichang aus mit Bus oder Bahn zu erreichen ist.

Für die, deren Endhafen Wuhan heißt, steht dagegen noch die Fahrt durch eine der großen Schleusen des **Gezhouba-Damms** (16) bevor, bei der ein Höhenunterschied von 25 m zu überwinden ist. Das 2500 m breite und 70 m hohe Wehr wurde 1986 nach 16 Jahren Bauzeit fertiggestellt. Das angeschlossene Elektrizitätswerk mit 21 Generatoren mit einer Leistung von 2715 kw/h ist bislang der wichtigste Stromerzeuger der Region.

Hinter Yichang öffnet sich die weite Ebene des Yangzi, statt steil aufragender Felsen bestimmen nun flache Reis- und Zuckerrohrfelder das Bild. Der Fluß verbreitert sich auf mehrere Kilometer.

Viele Schiffe legen auf halbem Weg nach Wuhan einen Stopp in Yueyang am **Dongting Hu** ein, mit 3700 km^2 Chinas zweitgrößtem Binnengewässer. Der Dongting-See – fast siebenmal so groß wie der Bodensee –, spielt im Sommer als Flutbecken für den Yangzi eine wichtige Rolle. In Yueyang werden Ausflüge zum berühmten **Yueyang-Turm** (17) am Ufer des Sees angeboten. Es heißt, schon vor 1700 Jahren soll eine Plattform errichtet worden sein, von wo aus der Herrscher Flottenübungen auf dem Dongting-See beobachten und anhand von Trommelsignalen dirigieren konnte. Der 20 m hohe Holzbau, den ein dreifach gestaffeltes, kühn ausschwingendes Walmdach krönt, wurde erstmals 716 errichtet. Manch Dichter verfaßte Verse auf den Turm, die teils auf Inschriftentafeln in der Umgebung aufgestellt sind.

»Den Yueyang-Turm besteigend/ Mit einem Blick ist Yueyang hier umfaßt:/ Bis hin zum Dongting-See der Ströme Lauf./ Die Wildgans trug all unseren Gram ins Ferne,/ die Berge führten den Mond, den trauten, herauf./Zwischen die Wolken sind uns die Bänke gestellt;/ Den Himmel droben berühren die kreisenden Becher,/ Bis wir im Rausche sind. Dann wird ein Sturm/ Tanzen lassen die langen Ärmel der Zecher.«
Li Bai (701–762)

Wuhan

Die Vier-Millionen-Stadt Wuhan in der Ebene des Yangzi ist Hauptstadt der Provinz Hubei und eines der größten Industriezentren Mittelchinas. Wuhan besitzt eine bedeutende Eisen- und Stahlindustrie und verfügt über einen Flußhafen, in dem auch Überseeschiffe mit bis zu 10 000 BRT anlegen können. Ferner ist die Stadt ein wichtiger Verkehrsknotenpunkt, da hier zwei Brücken den gut 1 km breiten Yangzi

Blick auf den Bahnhof von Wuhan

überspannen. Auf die ältere, die 1957 fertiggestellt wurde, sind die Chinesen besonders stolz, war sie doch eines der ersten großen Bauprojekte der Volksrepublik, das ohne ausländische Hilfe in nur zwei Jahren Bauzeit fertiggestellt werden konnte. Die zweite Brücke, etwas weiter stromabwärts, wurde 1995 vollendet.

Wuhan, das neben Nanjing und Chongqing wegen seines besonders heißen, drückenden Klimas im Sommer zu den drei ›Glutöfen‹ am Yangzi zählt, ist die einzige Stadt am Strom, die sich gleichermaßen an beiden Flußufern ausdehnt. Eigentlich ist Wuhan aus drei unabhängigen Städten zusammengewachsen und der Name lediglich eine Kombination ihrer Anfangssilben. Am linken Yangzi-Ufer liegen die Viertel Hankou und Hanyang, die durch die Mündung des Han-Flusses in den Yangzi getrennt werden. Am rechten Ufer dehnt sich der Stadtteil Wuchang aus.

Hankou bildet heute das eigentliche Geschäftszentrum Wuhans. Bis Mitte des 19. Jh. war das Viertel noch ein verschlafener Fischerort. Die Wende kam mit der erzwungenen Öffnung für den Außenhandel, die 1861 erfolgte. Ähnlich wie in Shanghai, errichteten die Ausländer am Ufer des Yangzi große Handelshäuser, Banken, Hotels und Privatvillen. Auch eine Pferderennbahn im heutigen Zhongshan-Park durfte nicht fehlen. Noch heute prägen koloniale Bauten der Gründerzeit viele Straßenzüge des Viertels, insbesondere die Uferpromenade Yanjiang Dadao, an der sich die Anleger für die Touristendampfer befinden. Obwohl die Stadt inzwischen durch Abriß und Modernisierung schnell ihr Gesicht verändert, macht es noch immer Spaß, durch die Boulevards und engen Gassen von Hankou zu schlendern.

Südlich des Han-Flusses liegt der im 6. Jh. gegründete Stadtteil **Hanyang.** 1891 nahm hier das erste moderne Eisen- und Stahlwerk Chinas die Produktion auf.

Der Stadtteil **Wuchang,** auf der anderen Seite des Flusses, ist der älteste Wuhans. Bereits in der Han-Zeit (206 v.–220 n. Chr.) gegründet, entwickelte er sich in der Yuan-Zeit (1279–1368) zu einem regionalen Zentrum in Mittelchina.

Durch die Industrialisierung seit der Jahrhundertwende gehörte Wuhan bald gemeinsam mit Shanghai zu den wenigen Städten in China mit einem Industrieproletariat. So sollte Wuhan auch in der chinesischen Revolutionsgeschichte eine gewisse Rolle zufallen. 1911 löste hier ein Aufstand, initiiert von Sun Yat-sen, dem späteren Präsidenten der Republik, den Sturz des Qing-Kaiserhauses aus. In den 30er Jahren war Wuhan kurzzeitig Sitz der Guomindang-Regierung auf der Flucht vor den vordringenden Japanern. Doch aufgrund seiner großen Arbeiterschaft entwickelte sich Wuhan bald zu einem der wichtigsten Aktionszentren der Kommunisten in Mittelchina.

Eine Stadtbesichtigung

Auf dem She Shan, dem Schlangenberg, kurz hinter der alten Yangzi-Brücke, zeichnet sich ein imposantes Gebäude mit wunderbar geschwungenen Dächern gegen den Himmel ab: der **Gelbe-Kranich-**

Gelber-Kranich-Turm – eines der berühmtesten Gedichte über den Turm schuf Li Bai (701–762): »Am Turm zum Gelben Kranich sprach/ der Freund ein letztes Wort,/ Es war ein dunstiger März; das Boot/ trug ihn gen Yangzhou fort./

Ein Segel, einsam und Meilen weit,/ entschwand im blauen Raum./ Ich sah den Strom, sah nur den Strom,/ zerfließen am Himmelssaum.«

Turm (Huanghe Lou). Das Bauwerk ist seit Generationen jedem Kind in China ein Begriff. Man erzählt sich, das hier einst eine kleine Weinschenke gestanden habe, die ein alter Mann, der allerdings kein Geld besaß, die Zeche zu zahlen, regelmäßig besuchte. Da der Wirt ein gutes Herz hatte, spendierte er ihm jedesmal ein Glas Wein. Eines Tages nahm der Alte eine Orangenschale, zeichnete einen gelben Kranich an die Wand und verschwand. Von nun an wurde die Zeichnung des gelben Kranichs jeden Abend lebendig und tanzte vor den Gästen. Das bescherte dem Wirt gute Einkünfte, und bald konnte er ein prächtiges Weinlokal auf dem Schlangenberg errichten, das er Gelber-Kranich-Turm nannte. Viele Jahre später besuchte der besagte Alte wieder das Lokal. Diesmal offenbarte er sich dem Wirt als Unsterblicher, bestieg anschließend den Rücken des Kranichs und flog auf Nimmerwiedersehen von dannen.

Das Gelände des She Shan präsentiert sich heute als ein geschmackvoll gestalteter Park. So erstreckt sich am Fuß des Bergs ein im klassischen Stil angelegter Garten mit einem Teich. In Stein gemeißelte Kalligraphien von Gedichten über den Turm des Gelben Kranich schmücken die Pavillons und Wandelgänge am Teich. Der heutige Turm stammt von 1985. Die elegant gekurvten Dächer aus gelben Dachziegeln erinnern an die Schwingen eines Vogels. Von den oberen Galerien bietet sich – bei guter Sicht – ein prächtiger Blick über den Yangzi und die Parks um den Dong Hu (Ostsee).

Im Westen, in Richtung der Yangzi-Brücke sieht man eine knapp 10 m hohe, weiße, steinerne **Dagoba** (Shengxiang Baota) aufragen.

Angler am Dong Hu

1343 erbaut, versetzte man sie 1957 beim Bau der ersten Yangzi-Brücke an ihren jetzigen Standort. In westlicher Richtung erhebt sich der Hong Shan aus dem Häusermeer. Auf ihm ragt die 43 m hohe, siebenstöckige **Lingji-Pagode** aus der Yuan-Zeit (1279–1368) auf, zu deren Fuß der buddhistische **Baotong-Tempel** liegt.

Östlich des Huanghe Lou erstreckt sich der 33 km^2 große **Dong Hu,** den weitläufige Parkanlagen säumen. Die Grünanlage mit Pavillons, Dämmen, Inseln und Brücken bildet eines der wichtigsten Naherholungsgebiete der ansonsten grauen Industriestadt Wuhan und lädt zu langen Spaziergängen ein.

Keinesfalls versäumen sollten Liebhaber chinesischer Bronzekunst einen Besuch im **Museum der Provinz Hubei** (Hubeisheng Bowuguan), am westlichen Ufer des Sees. Hier sind die Grabbeigaben für den Markgrafen Yi von Zeng ausgestellt, der 433 v. Chr. verstarb. Seine Ruhestätte, die 1978 2,5 km nordwestlich der Kreisstadt Suixian entdeckt wurde, gilt als eines der größten und am reichsten ausgestatteten Gräber der Östlichen Zhou-Dynastie. Die eigentliche Attraktion des Museums aber stellt das größte erhaltene Glockenspiel *(bianzhong),* das jemals in China gefunden wurde, dar. Es besteht aus 65 Bronzeglocken, die auf drei übereinander geordneten L-förmigen Holzbalken der Größe nach nebeneinander aufgehängt wurden. Die größte der mit Klangwarzen ausgestatteten Glocken mißt 1,53 m in der Länge und wiegt 204 kg. Der Fürst scheint ein ausgesprochener Musikliebhaber gewesen zu sein, denn neben dem Glockenspiel fand man zahlreiche weitere Instrumente in seiner Grabstätte – 125 an der Zahl. Berühmt ist auch die großartige Bronzeplastik eines 143 cm hohen Vogels, der ein Hirschgeweih trägt – ein Mischwesen aus Kranich und Hirsch. Beide Tiere gelten in China als Symbole des Glücks und des Langen Lebens und dienen den Unsterblichen als Reittiere. Als Grabbeigabe für den verstorbenen Markgrafen Yi sollte die Plastik diesem wahrscheinlich als Seelenbegleiter ins Reich der Unsterblichkeit dienen.

Im Stadtteil Hanyang lohnt der **Guishan Gongyuan,** der Park des Schildkrötenbergs, einen Besuch. Einige seiner früheren Tempel hat man rekonstruiert. Die **Guqin-Terrasse** erinnert an zwei berühmte Musiker der Han-Zeit (206 v.–220 n. Chr.), Yu Baiya und Zhong Ziqi, die sich regelmäßig zum gemeinsamen Spiel auf der Zither getroffen haben sollen. Als Zhong starb, soll Yu hier eine Abschiedsweise intoniert haben. Anschließend zerstörte er sein Instrument und gelobte, nie wieder zu spielen. Etwas weiter südlich verdient der buddhistische **Tempel der Wiedererlangten Vollkommenheit** (Guiyuan Si) Aufmerksamkeit. In den meist vom Weihrauchdunst durchwobenen Tempelhöfen herrscht eine angenehme Atmosphäre und meist reges Treiben. Der Tempel wurde 1895 auf dem Areal einer ehemaligen Beamtenresidenz errichtet, deren Grünanlagen erhalten blieben. Besonders interessant ist die Halle der 500 vergoldeten Luohan. Aus konservatorischen Gründen mußte man die Figuren mit ihren Charakterköpfen leider vor einigen Jahren hinter Glas setzen.

Das südwestliche Bergland

Guilin

Die atemberaubenden Karstkegel um Guilin gehören mit Sicherheit zu den schönsten Landschaften Chinas. Schon die chinesischen Dichter des Altertums rühmten die grünen, zerklüfteten, wie Säulen in den Himmel ragenden Felsformationen. Unzählige Maler hielten die meist von Nebel umflorten Berge in zarten Tuschmalereien fest, und auch im Westen verkörpert die Landschaft von Guilin wie keine andere das Klischee vom romantischen China. Deswegen sollte man die geschäftige Großstadt, zu der das einst verschlafene Guilin dank des Tourismus avancierte, so bald wie möglich hinter sich lassen. Eine Bootsfahrt auf dem Li-Fluß gehört noch immer zu den schönsten Erlebnissen einer Chinareise, auch wenn man dies mit Hundertschaften von Besuchern aus dem In- und Ausland, die den Fluß in der Saison täglich heimsuchen, teilen muß.

Seine einzigartige Landschaft hat Guilin der erdgeschichtlichen Entwicklung von 280 Millionen Jahren und seinem speziellen Klima zu verdanken. Während der Trias breitete sich hier ein Ozean aus, auf dessen Grund sich dicke Schichten von Muschelkalk ablagerten. Als sich in der Zeit der alpidischen Faltung, vor etwa 55 Millionen Jahren die großen Gebirge wie die Alpen und der Himalaya herausbildeten, hob sich die Gegend Südchinas erheblich an. Das Meer verschwand und legte den porösen Muschelkalk frei. Starke Sonneneinstrahlung, die hohe Spannungen im Fels hervorruft, verbunden mit üppigen Niederschlägen (1900 mm/Jahr), höhlte die Kalkschicht allmählich aus, und es entstanden die charakteristischen Karstkegel Guilins mit ihren unzähligen Grotten und Höhlen.

Guilin blickt auf über 2000 Jahre Geschichte zurück. Schon im 3. Jh. v. Chr. eroberte Qin Shihuangdi das ›Barbarengebiet‹ und ließ einen strategisch wichtigen Kanal bauen. Der Lingqu-Kanal verbindet das Flußsystem des Yangzi mit dem des Zhu Jiang, der bei Guangzhou ins Südchinesische Meer mündet. Bis ins 11. Jh. n. Chr. war der Lingqu-Kanal einer der bedeutendsten Transportwege Chinas in nord-südlicher Richtung.

Nach dem Sturz der Ming-Dynastie durch die Mandschuren im 17. Jh. war Guilin vorübergehend Residenz des Zhu Youlang, eines Neffen des letzten Ming-Kaisers, der sich 1647 in Guilin zum Yongli-Kaiser der Südlichen Ming ausrief.

In der Zeit der chinesischen Republik, 1911–49, war Guilin Hauptstadt der Provinz Guangxi. Nach Gründung der Volksrepublik wurde die Provinz zu einer der fünf Autonomen Regionen auf chinesischem Staatsgebiet ernannt, und Nanning löste Guilin als Regierungssitz ab. In Guangxi lebt mit 15 Millionen Angehörigen (1990) die zahlenmäßig größte ethnische Minorität der Volksrepublik, die Zhuang.

Das heutige Guilin hat etwa 650 000 Einwohner. Zwar gibt es in der Stadt Leichtindustrie, doch ihre Haupteinnahmequelle bildet der

Besonders sehenswert:
Guilin ☆☆
Kunming
Dali ☆
Lijiang ☆

Der Name der Stadt Guilin bedeutet ›Zimtbaumwald‹, denn hier, im milden Klima der Randtropen, gedeiht der Osmanthusbaum, eine Kassienart, deren betörend duftende Blüten in der Gegend zum Aromatisieren von Tee und Wein verwendet werden.

◁ Der Li-Fluß und die Karstberge bei Yangshuo

Tourismus. Er bescherte der Stadt in den letzten Jahren ein kleines Wirtschaftswunder.

Sehenswertes in und um Guilin

Nicht nur in der Umgebung der Stadt, auch innerhalb Guilins erheben sich steil aufragende Karstberge, die schon seit Jahrhunderten die Phantasie der Menschen beflügeln. Als Wahrzeichen der Stadt gilt der **Elefantenrüsselberg** (Xiangbi Shan), südlich des Zentrums. Der Felsen ähnelt einem Elefanten, der mit seinem Rüssel aus dem Fluß trinkt. Der Legende nach erstarrte das Tier zu Stein, nachdem es den Zorn des Himmelskaisers auf sich gezogen hatte. Letzterer hatte ihn ausgeschickt, ihm bei der Eroberung der Welt zu helfen. Als der Elefant erkrankte, pflegten ihn Bauern in Guilin gesund. Aus Dankbarkeit blieb er bei ihnen und half ihnen bei der Arbeit. Das jedoch erzürnte den Himmelskaiser, und so tötete er das Tier mit einem Dolch, als es gerade aus dem Fluß trank. Noch heute steckt der Dolch in Form einer Pagode im Rücken des versteinerten Dickhäuters.

Im Norden der Stadt erhebt sich der **Gipfel der Einzigartigen Schönheit** (Duxiu Feng). Besonders in der Morgendämmerung oder zum Sonnenuntergang, wenn Stadt und Landschaft in goldenes Licht getaucht sind, wird er seinem Namen gerecht. Auf 152 m Höhe befindet sich eine Aussichtsterrasse, das Tor des Südhimmels (Nantian Men). Der Berg liegt auf dem Gelände der Pädagogischen Hochschule, die wiederum auf den Ruinen der ehemaligen Residenz des Kaisers der Südlichen Ming erbaut wurde.

Weiter westlich ragt der **Berg der Besänftigten Wellen** (Fubo Shan) auf. An seiner Ostseite hat man in der Tang- und Song-Zeit (618–1279) einige buddhistische Skulpturen und Inschriften in den Fels geschlagen. Außerdem wird hier ein riesiger Kochtopf aufbewahrt, von dem es heißt, sein Inhalt könne 1000 Menschen sättigen. Dieser sowie eine mächtige, 2,5 t schwere Glocke stammen aus der Qing-Zeit. Die Höhle der Zurückgegebenen Perle im Fubo Shan ist wieder mit einer Legende verknüpft. Einst bewohnte sie ein Drache, der eine Perle hütete. Ein Fischer entdeckte diese eines Tages und nahm sie an sich. Als er jedoch hörte, wem sie gehörte, brachte er die Perle schnell zurück.

Vom **Berg des Gefalteten Brokats** (Diecai Shan), ebenfalls im Norden der Stadt, bietet sich wie vom Duxiu Feng ein großartiges Panorama Guilins. In seinen Höhlen finden sich einige buddhistische Reliefs aus der Tang- und Song-Zeit.

Auf der anderen Seite des Li-Flusses liegt der **Qixing Gongyuan,** der Sieben-Sterne-Park, benannt nach seinen sieben Hügeln, deren Anordnung dem Sternbild des Großen Bären ähnelt. In der gleichnamigen Grotte zieren Gedichte und Inschriften aus 1300 Jahren die Felswände.

Bunt ausgeleuchtet wird die Schilfrohrflöten-Höhle

Etwa 6 km nordwestlich vom Ortsausgang Guilins entfernt lohnt die **Schilfrohrflöten-Höhle** (Ludi Yan) einen Besuch. Sie gilt als eine der interessantesten Tropfsteinhöhlen der Gegend. Ihren Namen verdankt sie dem Riedgras, welches am See, nahe ihrem Eingang wächst. Die Einheimischen fertigen daraus Flöten, die dem Besucher lautstark feilgeboten werden. Die 240 m tiefe Höhle diente der Bevölkerung seit der Tang-Dynastie (618–906) in unruhigen Zeiten wiederholt als Versteck. Einige Kalligraphien in der Höhle aus dem 7./8. Jh. zeugen davon. Die größte Kammer innerhalb dieses Höhlensystems faßt bis zu 1000 Menschen. Heute führt ein 500 m langer Weg durch bunt beleuchtete Tropfsteinformationen – mit denen natürlich Legenden und Geschichten verbunden sind. Die große Grotte, der Kristallpalast, etwa wird mit dem berühmten chinesischen Roman »Die Reise nach dem Westen« in Verbindung gebracht.

15 km westlich von Guilin kann man die **Gräber** der Beamten und Familienmitglieder des Yongli-Kaisers der Südlichen Ming-Dynastie (1647–60) besichtigen. Insgesamt elf Mitglieder der Herrscherfamilie und mehr als 100 Beamte sind in diesem Grabbezirk beigesetzt worden. Wer die Ming-Gräber in Beijing gesehen hat, wird Parallelen im Aufbau der Mausoleen feststellen, allerdings sind die Dimensionen hier um einiges kleiner. Schön ist der mit Steinfiguren flankierte Seelenweg inmitten herrlicher Landschaft.

Die Karstberge von Guilin in der Dämmerung ▷

Die Fahrt auf dem Li-Fluß

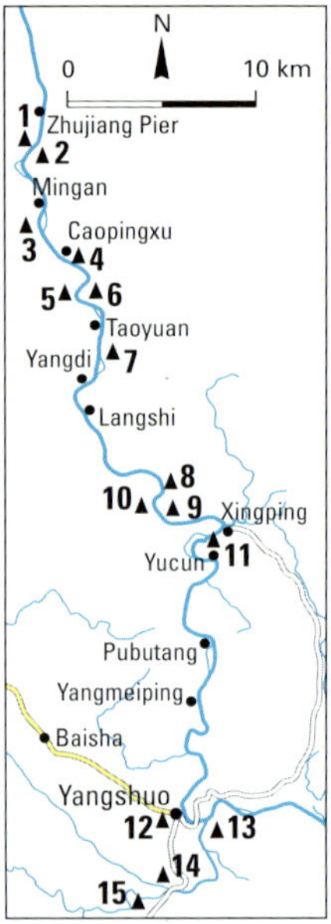

Fahrt auf dem Li-Fluß
1 Neun-Ochsen-Grat und Drei Eilande
2 Glückliche Hochzeit am Biya Shan
3 Fels der Sehnsucht nach dem Gemahl
4 Kronenhöhle
5 Merkwürdige Fähre
6 Berg der Bunten Stickerei
7 Himmlisches Wesen dreht den Mühlstein
8 Gemäldeberg und Neun Pferde
9 Gelbes Tuch im Wasser
10 Schlangenberg
11 Fünf-Finger-Berg
12 Grüner-Lotos-Gipfel
13 Pagenberg
14 Banyan-Baum
15 Mondberg

Höhepunkt eines Aufenthalts in Guilin ist die Bootsfahrt auf dem Li Jiang. Der Dichter Han Yu (768–824) beschrieb in der Tang-Zeit den Li-Fluß einmal als ein blaues Seidenband, das von grünen Haarnadeln gesäumt wird. Die Schiffe starten meist vom Zhujiang Pier, 30 km flußabwärts von Guilin. Die Fahrt vom Zhujiang Pier bis nach Yangshuo ist 54 km lang und dauert je nach Wasserstand des Li 3–4,5 Stunden.

Die Schiffe gleiten vorbei an bizarr aufragenden Bergen, kleinen Dörfern, die sich unter baumhohem Bambus verstecken, leuchtend grünen Reisfeldern, genügsam wiederkäuenden Wasserbüffeln, dressierten Kormoranen, die sich von ihren nächtlichen Jagdzügen erholen, und schmalen Bambusbooten, auf denen die Fischer gelassen dahinstaken.

Am frühen Nachmittag erreichen die Boote die kleine Kreisstadt **Yangshuo,** wo Hunderte von Souvenirbudenbesitzern die Touristen begrüßen. Und dennoch hat Yangshuo sich sein entspanntes Flair bewahren können und eignet sich hervorragend als Ausgangspunkt für individuelle Ausflüge per Fahrrad, Boot oder zu Fuß in die bezaubernde Umgebung. Im Ort selbst, bietet der steil aufragende Grüne Lotos-Gipfel (Bilian Feng), direkt am Pier, einen schönen Blick über Stadt und Fluß, auf den am Abend die Kormoranfischer mit großen Lampen hinausfahren, um die Fische anzulocken. Unvergeßlich ist der Blick in die Umgebung vom Mondberg (Yue Shan) südlich von Yangshuo. Er liegt rechter Hand an der Straße nach Gaotian und ist leicht am markanten Loch in seinem Gipfel zu erkennen.

Land der Miao und Dong

Das Bergland von Nordwest-Guangxi und Südost-Guizhou ist eine der malerischsten Gegenden Südchinas. Man findet hier schroffe Felslandschaften, leuchtend smaragdgrüne Reisterrassen und urige Bauerndörfer. Fast drei Viertel der Bevölkerung in diesem Gebiet gehören ethnischen Minderheiten an, der Großteil von ihnen sind Miao (Hmong) und Dong, die sich im Gegensatz zu den Zhuang bisher wenig assimiliert haben. Touristisch ist dieser Landstrich noch wenig erschlossen, und die Gegend gilt als eine der rückständigsten Regionen Chinas.

Etwa 90 km nordwestlich von Guilin und in etwa sieben Stunden per Bus zu erreichen liegt die Kreisstadt Sanjiang, in deren Umgebung etwa 1,2 Millionen Angehörige der Dong-Minorität leben. Die Architektur der Dong ist aus Holz und unterscheidet sich grundlegend von der traditionellen chinesischen Bauweise. Schon seit Jahrhunderten gelten die Dong als besonders kunstfertige Zimmerleute. Ihre architektonische Spezialität sind die imposanten **Wind- und Regenbrücken** (Fengyu Qiao) – mächtige, überdachte Holzkonstruktionen, die auf massiven, gemauerten Steinpfeilern ruhen. Mehrere

Pavillons erheben sich auf dem Brückengang, die von vielfach gestuften Dächern mit kühn aufschwingenden Traufen gekrönt werden. Die imposanteste dieser Brücken findet man in **Chengyang,** 20 km westlich der Kreisstadt Sanjiang. Sie wurde 1916 erbaut, ist 76 m lang, 8 m breit und besitzt fünf hintereinander gereihte Pavillons. Es heißt, die Männer des Dorfes hätten zwölf Jahre an dem Bauwerk gearbeitet. Am anderen Ortsausgang befindet sich noch eine zweite Brücke dieser Art.

Die Dörfer der Dong bestechen darüber hinaus durch ihre imposanten zwei- und dreistöckigen Holzhäuser, die so eng zusammenstehen, daß nur sehr schmale Gassen sich zwischen ihnen ihren Weg bahnen. Das Zentrum des Dorfes markiert ein pagodenartiger **Trommelturm** mit mehrfach gestuftem, sich nach oben verjüngendem Dach. Früher schlug man hier die Trommel, um vor einem nahenden Feind zu warnen, daneben diente er der Dorfgemeinschaft als Ort der Zusammenkunft. Mit der Existenz eines solchen gemeinschaftlichen Versammlungsplatzes bilden die Dong-Dörfer in China eine Ausnahme. Ein besonders schönes Exemplar eines solchen Trommelturmes befindet sich in der Ortschaft **Mapang,** 25 km nördlich von Sanjiang. Er ist 12 m hoch und besitzt ein neunstöckiges, tief heruntergezogenes Dach. Schön sind auch die **Wasserräder,** die die Flußufer säumen und mit denen die Dong ihre Terrassenfelder bewässern. Weitere malerische Orte der Gegend sind **Linxi,** in dem man ebenfalls eine Wind- und Regenbrücke findet und **Zhaoxing** in der Provinz Guizhou.

Typische Wasserräder der Dong

Der Wasserfall von Huangguoshu

Zu erreichen ist Huangguoshu von Guilin aus am besten mit dem Zug über Guiyang. Von dort fahren Busse nach Huangguoshu.

In den Bergen der Provinz Guizhou, 46 km südwestlich von Anshun, liegt inmitten herrlicher Landschaft Chinas größer Wasserfall. Die Fälle von Huangguoshu sind 74 m hoch und 81 m breit. Im Sommer donnern sie mit großem Getöse in das sogenannte Rhinozerosbekken, im Winter dagegen, wenn der Wasserpegel niedrig ist, tröpfeln sie zuweilen unspektakulär vor sich hin. Die Umgebung der Fälle eignet sich wunderbar zum Wandern. Die Wege führen durch malerische Reisterrassen und die Dörfer der Buyi-Minderheit, die für ihre schönen Batiken in gedeckten Farben berühmt ist.

30 km östlich von Huangguoshu bildet die **Höhle des Drachenpalastes** (Longgong Dong) eine weitere Attraktion der Gegend. Es handelt sich um ein von einem Fluß durchzogenes Höhlenlabyrinth, das man per Boot durchfahren kann.

Kunming

Kunming, die Hauptstadt der Provinz Yunnan, liegt 1890 m hoch über dem Meer im Zentrum einer Hochebene, die im Norden, Osten und Westen hohe Berge säumen. Diese geschützte Lage beschert Kunming ganzjährig ein mildes Klima und trug ihr den Beinamen ›Stadt des ewigen Frühlings‹ ein. Obwohl sie sich auf den ersten Blick als typische chinesische Großstadt wie viele andere präsentiert – mit breiten Boulevards und den ewig tristen Häuserblocks – wird man bald bemerken, daß hier eine andere Atmosphäre herrscht als im restlichen China. So richtig scheint Kunming zum Reich der Mitte immer noch nicht gehören zu wollen, liegt es doch ›südlich der Wolken‹, was der Name der Provinz Yunnan wörtlich übersetzt bedeutet. Die alten Gassen mit ihren zweistöckigen, windschiefen Holzhäusern, die bisher dem Angriff der Bulldozer trotzen konnten, sind noch von einem gewissen exotischen Flair erfüllt. Hier gibt es bunte Märkte, auf denen kunstvolle Stickereien, schwere Indigostoffe und filigraner Silberschmuck der Minoritäten angeboten werden. Das Umland von Kunming ist das Zuhause zahlreicher ethnischer Minderheiten. 25 verschiedene Völker zählt man in der Provinz Yunnan, und 6 % der Kunminger Stadtbevölkerung sind keine Han-Chinesen, sondern Yi, Bai, Zhuang, Miao, Sani, Dai oder Naxi.

Die Gegend um Kunming ist auch das Gebiet des früheren Königreiches Dian. Die Ufer des großen Dian-Sees, der sich südwestlich der Stadt ausdehnt, waren nachweislich bereits vor 3000 Jahren besiedelt. Grabfunde, in den 50er Jahren rund 40 km südlich von Kunming gemacht, förderten künstlerisch hochwertige Bronzen,

Waffen, Jade- und Türkisschmuck zutage. Stilistisch unterscheiden sich diese Artefakte deutlich von denen der Han-Chinesen. Die chinesische Geschichtsschreibung erwähnt das Volk der Dian erstmals im 1. Jh. v. Chr. und weiß zu berichten, daß ihr König mit den in China herrschenden Han eine Allianz gegen die wilden Bergstämme des Umlands schloß. Die Han errichteten in dieser Zeit eine Garnison am Nordufer des Dian-Sees, die allerdings für die kommenden 1000 Jahre ein isolierter Außenposten bleiben sollte.

Im 8. Jh. dehnte der König des Nanzhao-Reiches seinen Machtbereich in Südwestchina aus und machte Kunming neben Dali in West-Yunnan zu seiner zweiten Hauptstadt. 1274 eroberten die Mongolen die Stadt und gliederten sie wieder an das chinesische Großreich an.

Im 14. Jh. errichteten die Ming an der Stelle des heutigen Kunming eine Stadt mit mächtigen Wallanlagen, von denen allerdings nichts mehr zu sehen ist. Mitte des 17. Jh., nach dem Zusammenbruch der Ming-Herrschaft, ließ sich dann der ehemalige Ming-General Wu Sangui (1612–74) in Kunming nieder. Zunächst noch Kollaborateur der immer weiter nach China eindringenden Mandschuren, schwang er sich schließlich selbst zum lokalen Herrscher auf und errichtete sich in Kunming eine Residenz. Erst 1681 gelang es dem Kangxi-Kaiser, den Nachfolger Wus endgültig zu beseitigen und die Vorherrschaft der Qing-Dynastie in dieser Region zu konsolidieren.

Mitte des 19. Jh. suchten wiederholt muslimische Rebellen unter der Führung des Sultans von Dali, Du Wenxiu, die Stadt heim. Um die Jahrhundertwende geriet die Region schließlich in die Interessenssphäre der ausländischen Kolonialmächte. Vor allem die Engländer, die sich im nahen Birma etabliert hatten, und die in Indochina herrschenden Franzosen zeigten Interesse an dem alten Handelsknotenpunkt zwischen China, Tibet, Birma, Laos, Thailand und Vietnam. 1908 wurde die Öffnung Kunmings für den Außenhandel erzwungen, und zwei Jahre später von den Franzosen die Eisenbahnverbindung nach Hanoi fertiggestellt.

In den Jahren des chinesisch-japanischen Krieges ließen sich viele Han-Chinesen aus Zentralchina in Kunming nieder. Nach der Revolution von 1949 begann dann die systematische Industrialisierung der Region. Rund um Kunming haben sich vor allem metallverarbeitende und chemische Industrien angesiedelt. Außerdem wird Tabak und der berühmte Pu'er-Tee angebaut. In der Stadt selbst leben heute etwa 1,5 Millionen Menschen.

Kunming ist berühmt für seine legendäre Nudelsuppe, die ›Über-die-Brücke-Nudeln‹ (Guoqiao Mian): Ein junger Gelehrter hatte sich zwecks Prüfungsvorbereitung auf eine Insel in einem See zurückgezogen. Täglich brachte ihm seine Frau eine Schüssel mit Nudelsuppe. Der Weg war weit und führte über eine Brücke, und jedesmal kam das Mahl kalt bei ihrem Gatten an. Eines Tages vergaß die Frau die Suppe auf dem Herd. Das Feuer war längst ausgegangen, und auf der Brühe hatte sich eine dicke Fettschicht abgesetzt – die Suppe darunter war noch heiß. Von da an schöpfte die Frau stets eine Fettschicht auf die Suppe, bevor sie die Schüssel Nudeln für ihren Mann über die Brücke trug – die Suppe kam nun nie mehr kalt bei ihm an.

Ein Spaziergang durch Kunming

Einen Spaziergang durch die Innenstadt Kunmings startet man am besten vom **Yuantong-Tempel** (Yuantong Si) aus. Der größte buddhistische Tempel der Stadt liegt am Hang des gleichnamigen Hügels, nördlich des Zentrums. Die Anlage wurde bereits in der Tang-Dynastie (618–906) gegründet, aber im 14. Jh. unter den Yuan umgebaut und

Aufwendig gestalteter Mauerdurchgang in den Grünanlagen am Cui Hu, dem Smaragdsee

seitdem mehrmals restauriert. Die Tempelhallen gruppieren sich um einen Teich, in dessen Zentrum sich ein achteckiger Pavillon erhebt. Sein Inneres birgt drei sehenswerte jadene Buddha-Figuren. In der Haupthalle schmücken geschnitzte Drachen die mächtigen Säulen.

Wendet man sich vom Ausgang des Tempels Richtung Westen, so gelangt man zu dem von geschmackvollen Grünanlagen umgebenen **Cui Hu,** dem Smaragdsee. Die Anlage gilt als die grüne Lunge Kunmings. Vor allem an den Wochenenden treffen sich hier Familien und Liebespaare zum Picknick, Karten- oder Majiang-Spiel.

Auf dem südöstlich gelegenen **Fünf-Blumen-Hügel** (Wuhua Shan) errichtete sich im 17. Jh. der abtrünnige General Wu Sangui seine Residenz – von der nichts mehr übrig ist. Heute stehen hier die Gebäude der Provinzregierung. Südlich des Wuhua Shan erstreckt sich das Geschäftszentrum Kunmings.

Wer sich für Kunst und Geschichte der Region und der nationalen Minderheiten interessiert, sollte dem **Provinzmuseum** von Yunnan einen kurzen Besuch abstatten – obwohl die Präsentation etwas zu wünschen übrig läßt. Hier sind die rund 2500 Jahre alten Bronzen des Dian-Volkes zu bewundern, deren ausdrucksstarke, sehr realistisch gearbeiteten Tier- und Menschenskulpturen besonders beeindrucken. Glanzstücke der Sammlung sind die Figur eines freundlich lächelnden, hockenden Mannes und ein bronzener Ritualtisch in Form eines Ochsen, der von einem Tiger angefallen wird.

Südlich des Stadtzentrums ragen die **Pagoden des West- und des Osttempels** (Xisi Ta, Dongsi Ta) in den Himmel. Ursprünglich im 8. und 9. Jh. errichtet, wurden sie während der muslimischen Aufstände im 19. Jh. zerstört und wenige Jahre später wieder aufgebaut. Die Tempel, die den Pagoden ihre Namen gaben, existieren heute beide nicht mehr.

Ausflüge ins Umland

Das interessanteste Ausflugsziel in der näheren Umgebung Kunmings bilden die **Xi Shan,** die Westberge, die sich rund 20 km entfernt von der Stadt am westlichen Ufer des Dian-Sees erheben. Mit dem Bus kann man bis kurz vor den daoistischen Tempel **Pavillon der Drei Reinen** (Sanqing Ge) hinauffahren. Von dort führt eine Seilbahn auf den Gipfel. Legt man den Weg zu Fuß zurück, passiert man mehrere kleine Hallen, die sich eng an die Klippen des Berges schmiegen. Sie sind verschiedenen Gottheiten des daoistischen Pantheons geweiht und wurden zwischen dem frühen 14. und dem 19. Jh. errichtet. Steile, schmale, teilweise direkt in den Fels gehauene Stufen und Tunnel verbinden die einzelnen Pavillons und Aussichtspunkte miteinander.

Am **Drachentor** (Long Men), hoch über dem **Dian-See**, wird meist das Gedränge groß. Von der kleinen, aus dem Fels heraus geschlagenen Terrasse genießt man bereits einen traumhaften Blick. Ebenso wie den schmalen Aufgang und die angeschlossene Grotte mit den Heiligenbildnissen meißelte sie der Mönch Wu Zaiqing 1781 als Zeugnis seines rechten Glaubens mit Hammer und Meißel Stück für Stück in den Fels. Nach seinem Tod vollendeten zwei geschickte Handwerksleute das Werk. Die Kulthöhle am Drachentor ist Kuixing, dem Schutzherrn der Gelehrten, geweiht. Er reitet auf einem gehörnten Fisch und hält das wichtigste Utensil der Literaten, einen Pinsel, in der Hand. Flankiert wird er von Wenchang, dem Gott der Literatur, und Guandi, dem Gott des Krieges. Umringt wird das Trio von Kranichen und Pfirsichen, die das lange Leben symbolisieren, und den berühmten Acht Unsterblichen, die man an ihren charakteristischen Attributen identifizieren kann (s. S. 67f.). Hoch oben über der Terrasse thront in einer kleine Höhle der ›alte Meister‹, Laozi, unter dem Schriftzeichen für Glück.

Schmale Stufen führen von hier durch einen langen Tunnel und vorbei an weiteren Aussichtspunkten hinauf zum Gipfel. Der Blick auf den großen Dian Hu und weit ins Hinterland von Kunming hinein ist bei gutem Wetter atemberaubend. Der See erstreckt sich in 1884 m Höhe von den südöstlichen Ausläufern der Stadt 40 km in nord-südlicher und 8 km in west-östlicher Richtung. Auf dem Weg zurück hinab in die Stadt sollte, wer Zeit hat, bei den beiden größten buddhistischen Tempeln der Westberge haltmachen. Beide Anlagen liegen malerisch am Hang unter schönen alten Magnolienbäumen.

Der **Taihua-Tempel** wurde 1688 errichtet. Ein Wandelgang führt zum Seeblickturm (Wanghai Lou), von dem man – wie der Name schon erkennen läßt – eine schöne Aussicht genießt. Etwa 2 km die Straße hinab liegt der **Tempel des Blumen-Pavillons** (Huating Si), der bereits 1036 von einem Prinzen des Nanzhao-Reiches gegründet und in späteren Jahrhunderten mehrfach vergrößert und umgebaut wurde. Die heutige Anlage stammt von 1920. Hinter den imposanten Wächterfiguren namens Heng und Ha, die den Besucher mit grimmigen Gesichtern um Respekt mahnen, und der Halle der Vier Himmelskönige thront in der Haupthalle das bekannte Dreigestirn der Buddhas der Gegenwart, Vergangenheit und Zukunft. Flankiert werden sie von den 500 Luohan, die durch ihre grotesken Gesichtszüge auffallen.

Auf der Fahrt zurück in die Stadt bietet sich des weiteren ein Stopp beim **Daguan-Park** am Nordufer des Dian-Sees an. Der Garten wurde 1690 angelegt und mit Hallen, Pavillons und Brücken ausgestattet.

Einen ganzen Tag sollte man für den Ausflug zum berühmten **Steinwald** (Shi Lin) rund 90 km südöstlich von Kunming einplanen. Die bizarre Karstlandschaft entstand vor ca. 270 Millionen Jahren,

Die bizarren Felsformationen im Steinwald

etwa zeitgleich mit den berühmten Karstkegeln von Guilin. Funde von Meeresfossilien belegen, daß sich hier einstmals ein Ozean ausdehnte. Auf dem Grund dieses Meeres setzte sich eine dicke Kalkschicht ab, die bedingt durch geotektonische Bewegungen zum Festland wurde. Durch weitere Bodenbewegungen sowie Wind- und Regenerosion bildeten sich mit der Zeit im Kalk tiefe Spalten. Auswaschungen durch den Regen ließen bizarre Felsformationen zurück. Die Bevölkerung bedachte die so entstandenen, bis zu 30 m hoch aufragenden Steinsäulen mit blumigen Namen wie: Pilz des Ewigen Lebens, Elefantenkind, Das den Mond betrachtende Nashorn. Der gesamte Steinwald erstreckt sich über ein Areal von 26 000 ha. Der meistbesuchte Teil mit einer Ausdehnung von rund 80 ha liegt im autonomen Kreis Lunan der Sani-Minorität und weist die beeindruckendste Ansammlung bizarrer Felsen auf. Befestigte Wege und einige Aussichtspavillons erschließen sie. Allerdings drängen sich hier auch die 850 000 Touristen, die den Steinwald jährlich besuchen, weshalb von beschaulicher Bergeinsamkeit keine Rede sein kann. Lokale Führerinnen in der Tracht der Sani leiten die Besucher durch das Wegelabyrinth. Schön und ruhig ist der Steinwald am Abend. Im Sonnenuntergang oder im Mondlicht wirken die Felsen besonders geheimnisvoll.

Dem, der noch mehr Zeit in Kunming zu Verfügung hat, sei noch ein Ausflug zu einem außergewöhnlichen Tempel in der näheren Umgebung der Stadt empfohlen. Auf dem Mingfeng Shan, dem Berg des Singenden Phönix, 11 km nördlich von Kunming, liegt der **Goldene Tempel** (6; Jin Dian), dessen Halle auf einem Marmorfundament ganz aus Bronze errichtet wurde. Zu der daoistischen Anlage führt eine lange Treppenflucht, die von vier Himmelstoren überspannt wird. Der Goldene Tempel soll den Palast des Gottes Zishi, Herrscher über den nördlichen Teil des Universums, darstellen. Der Komplex ist wie eine Miniaturstadt mit Mauer, Glocken- und Trommelturm angelegt. Der zentrale Bronzebau ist 6,5 m hoch und wiegt etwa 300 t. Erstmals wurde er 1604 errichtet. Die heutige Konstruktion stammt jedoch von 1890.

Dali und Lijiang

Wer mehrere Tage zur Verfügung hat, der sollte die Gelegenheit wahrnehmen, die vielfältigen Landschaften Yunnans und ihre Menschen kennenzulernen.

Berühmt für ihr gemütliches Flair ist die Stadt **Dali**, 410 km westlich von Kunming. Ihre pittoreske Altstadt, die bunten Märkte sowie das reizvolle Umland laden zum Verweilen und Entspannen ein. Dali liegt in 1980 m Höhe am Ufer des Er-See (Erhai) vor der imposanten Kulisse des Changshan-Massivs, dessen Gipfel bis zu 4122 m in den

Himmel ragen. An den Ufern des über 40 km langen und 3–9 km breiten Sees fanden chinesische Archäologen Überreste der 3000 Jahre alten, hochentwickelten Erhai-Kultur. Im 8. Jh. avancierte Dali zur Hauptstadt des tibeto-birmanischen Königreiches von Nanzhao (649–903), welches sich über weite Teile Birmas und der heutigen chinesischen Provinzen Yunnan, Guizhou und Sichuan erstreckte. 200 Jahre später gründete ein Stammesoberhaupt des Bai-Volkes das Königreich Dali, welches die Mongolen dann im 13. Jh. dem chinesischen Großreich einverleibten. 1956 wurde das Umland von Dali zu einem autonomen Verwaltungsbezirk der Bai, die 80 % der Bevölkerung stellen. Wahrzeichen Dalis sind die **drei Pagoden** im Nordwesten der Stadt. Die Qianxun-Pagode – mit 69 m die höchste – ist zugleich die älteste. Der sich nach oben konisch verjüngende Ziegelbau wurde im 9. Jh. errichtet. Die beiden ihn flankierenden Pagoden stammen aus dem 10. Jh. Die Pagoden stehen auf dem Gelände des Chongsheng-Tempels.

Zu empfehlen ist eine Bootsfahrt auf dem Er-See, z. B. ein Ausflug nach Wase oder zu dem kleinen der Guanyin geweihten Tempel auf der vorgelagerten Insel Putuo.

Das Städtchen **Lijiang**, ca. 150 km nördlich von Dali, ist ein weiteres Juwel traditioneller chinesischer Kleinstadtarchitektur. Lijiang liegt in 2600 m Höhe inmitten einer spektakulären Berglandschaft mit Gipfeln bis über 5000 m. Ebenso wie Dali hat Lijiang weniger mit spektakulären Monumenten dafür aber mit einer einzigartigen Atmosphäre aufzuwarten. Nachdem ein schweres Erdbeben die Stadt im Jahr 1996 stark in Mitleidenschaft gezogen hatte, wurde im Jahr darauf die Altstadt Lijiangs von der UNESCO in die Liste der schützenswerten Kulturdenkmale der Menschheit aufgenommen. In den mit Kopfsteinpflaster belegten Gassen der Altstadt, wo sich windschiefe Holzhäuser entlang schmaler Kanäle dicht aneinander schmiegen, findet man noch ein wahres Bilderbuch-China. Viele der Bewohner Lijiangs, die überwiegend der Naxi-Minderheit angehören, tragen noch ihre alten Trachten. Zum Volk der Naxi zählen heute etwa 280 000 Menschen. Sie besitzen ihre eigene Sprache, die der tibetobirmesischen Familie zugerechnet wird, und eine eigene Schrift, Dongba. Bemerkenswert ist außerdem die matriachalische Gesellschaftsform der Naxi, die heute allerdings nur noch in abgelegenen Dörfern praktiziert wird.

Neben den malerischen Altstadtgassen bildet der **Park um den Teich des Schwarzen Drachen** (Heilongtan Gongyuan) die Hauptattraktion Lijiangs. Auf einer Insel im See erhebt sich hier der elegante Den Mond Erreichende Turm (Deyue Lou). Von hier aus genießt man das ›Postkartenpanorama‹ des mächtigen bis zu 5596 m hoch aufragenden Massivs des ›Jadedrachen-Schneegebirges‹ (Yulong Xueshan). Sehenswert sind außerdem der buddhistische **Tempel des Drachenkönigs** (Longwang Miao) aus dem Jahr 1737 und der **Fünf-Phönixturm** (Wufeng Lou), dessen kühn aufschwin-

Die drei Pagoden von Dali aus dem 9. bzw. 10. Jh.

gende Dachtraufen man gern mit den Schwingen eines Vogels vergleicht. Das 17 m hohe Gebäude gehörte ursprünglich zum Fuguo-Kloster, 11 km nordwestlich von Lijiang, wurde aber 1979 dort abgetragen und hier originalgetreu wiederaufgebaut.

Wer etwas mehr Zeit mitgebracht hat, dem sei ein Ausflug – am besten mit dem Fahrrad – zu den lamaistischen Klöstern rund um den Ort Baisha, 10 km nördlich von Lijiang empfohlen. Das **Puji-**, **Yufeng-** und **Fuguo-Kloster** gehören dem tibetischen Rotmützen-Orden an. Letzteres sowie der **Dabaoji-Tempel** (Dabaoji Gong) in Baisha weisen einige interessante tantrische Wandmalereien auf.

Eine besondere Attraktion in den Bergen Yunnans stellt die 90 km von Ljiang entfernte **Tigersprung-Schlucht** dar. Der Canyon, der angeblich so schmal ist, daß ihn ein Tiger in einem Satz überspringen kann, ist einer der tiefsten der Welt. Der Goldsandfluß (Jinsha Jiang), der später seinen Namen in Yangzi ändert, hat hier eine 15 km lange, atemberaubend tiefe Schlucht in den Fels gegraben. Zum Teil ragen die Klippen 3900 m hoch empor. Ein befestigter Wanderweg führt von Qiaotou, welches mit dem Bus von Lijiang aus zu erreichen ist, am Nordrand der Schlucht bis Daju. Die Wanderung läßt sich bequem in zwei Tagen bewältigen. Ein Gästehaus bietet auf halber Strecke Unterkunft. Mit der Bergeinsamkeit wird es indes in Kürze vorbei sein: Gegenwärtig baut man eine Autostraße durch die Schlucht.

Guangzhou, Hongkong und die Küsten des Südens

Guangzhou

Guangzhou, im Westen besser bekannt unter dem Namen Kanton – eine Verballhornung des Provinznamens Guangdong –, ist nach Hongkong die größte, vitalste und modernste Stadt in Südchina. Seit 20 Jahren, mit Beginn der wirtschaftlichen Öffnungspolitik unter Deng Xiaoping, orientiert sich diese Stadt weniger an der Politik des mehr als 2300 km entfernten Beijing, sondern viel lieber am Wirtschaftswunder Hongkongs, mit dem man sich – allein schon durch die Sprache – viel enger verbunden fühlt. Nicht nur auf den Straßen, auch aus Radio und Fernsehen klingt es hier überwiegend Kantonesisch, ein äußerst melodischer Dialekt, der dem Beijinger Parteikader ebenso fremd ist wie dem Besucher aus Übersee. Die Kantonesen sind aufgeschlossene und temperamentvolle Menschen und unterscheiden sich in ihrer Mentalität von ihren Landsleuten aus dem Norden wie Neapolitaner von Schweden.

Besonders sehenswert:
Guangzhou
Xiamen
Hongkong ☆☆
Macau

Geschichte der ›Stadt der Ziegen‹

Wann genau die Stadt Guangzhou gegründet wurde, ist in keiner Urkunde verzeichnet. Doch man nimmt an, daß während der Herrschaft des Reichseinigers Qin Shihuangdi (reg. 221–210 v. Chr.) hier eine erste Militärgarnison errichtet wurde, nachdem dieser sich den wilden, bis dahin unerschlossenen Süden untertan gemacht hatte. Man nannte dieses erste Militärlager Panyu, und so mancher chinesische Beamte empfand es als Strafe, an diesem unzivilisierten Ort seinen Dienst tun zu müssen. Im 2. Jh. n. Chr. entglitten im tiefen Süden den Han-Kaisern vorübergehend die Fäden der Macht, und so vermochte sich das autonome Königreich von Nanyue etablieren, das in Guangzhou seine Hauptstadt errichtete. Schon zu dieser Zeit entwickelte sich der Hafen im Perlfluß-Delta zum Ausgangspunkt der ›Seidenstraße der Meere‹. Im Lauf der Jahrhunderte entwickelte sich Guangzhou zur blühenden Metropole. In der Tang-Zeit bestanden rege Handelsverbindungen nach Indonesien, Südostasien, Indien und Arabien. Bereits Anfang des 7. Jh., noch zu Lebzeiten des Propheten Mohammed, kam die Stadt erstmals in Kontakt mit dem muslimischen Glauben. Hier entstand die erste Moschee auf chinesischem Territorium.

Zu Beginn des 16. Jh. fanden als erste Europäer die Portugiesen ihren Weg nach Guangzhou und erhielten vom chinesischen Kaiser die Erlaubnis, auf der Insel Macau, im Delta des Zhu Jiang, eine Niederlassung zu gründen. Bald folgten die Engländer, die hier begeistert Tee einkauften, und das exotische Gebräu zu ihrem Nationalgetränk erhoben. Als sie indes begannen Opium in China zu verkaufen, kam es zum Eklat: Lin Zexu, Gesandter des chinesischen Kaisers, ließ im

◁ *Moderne gläserne Architektur in Hongkong*

Hafen von Guangzhou 20 000 Kisten britischen Opiums in Flammen aufgehen. Der Zwist führte, wie wir wissen, schließlich 1842 zum ersten der ›Ungleichen Verträge‹, dem Vertrag von Nanjing. Die Guangzhouer Insel Shamian wurde Konzessionsgebiet der Briten und Franzosen. Während des zweiten Opiumkrieges wurde die Stadt 1856 weitgehend zerstört.

Die starke Präsenz der Ausländer in Guangzhou seit dem 16. Jh. schürte den Widerstand in der chinesischen Bevölkerung und nationalistische Tendenzen. Guangzhou entwickelte sich zur chinesischen Wiege der Revolution. Sowohl der Anführer der Taiping-Rebellen, Hong Xiuquan (1814–64), als auch Sun Yat-sen, stammen aus der Umgebung Guangzhous. 1911 initiierte Sun Yat-sen in der Stadt einen der bedeutendsten Aufstände gegen die Qing.

Ebenfalls unter der Leitung Suns wurde die Stadt in den 20er Jahren von Grund auf modernisiert. Die alte Ming-zeitliche Stadtmauer wurde abgerissen, Kanäle, auf denen zahlreiche Familien, ähnlich wie heute noch in Hongkong auf Booten hausten, zugeschüttet und breite befestigte Straßen und Parks angelegt. 1924 erfolgte mit Hilfe sowjetischer Berater der Aufbau der Whampoa-Militärakademie, deren militärischer Leiter Chiang Kai-shek und deren politischer Leiter Zhou Enlai hieß.

Ein Jahr später gründeten die Kommunisten in der Stadt das Institut der Bauernbewegung, eine ihrer wichtigsten Kaderschulen, deren Leitung 1926 Mao Zedong übernahm. 1927, als sich die Kommunisten mit der Guomindang überwarfen, kam es in der Stadt zu schweren Straßenkämpfen, die Tausende Todesopfer forderten.

Ende der 70er Jahre gehörte Guangzhou zu den ersten Städten in China, die in den Genuß der liberalisierten Wirtschaftspolitik kamen.

Die Skyline Guangzhous vom Perlfluß aus gesehen

An der Grenze zu den Kolonien Hongkong und Macau wurden die Wirtschaftssonderzonen Shenzhen und Zhuhai gegründet, der Kapitalismus trainiert. Auch Guangzhou profitierte bald von seinem Überseehafen und der Nähe zu Hongkong. Heute ist die Vier-Millionen-Stadt ein pulsierendes Handels- und Industriezentrum.

Ein Stadtbummel

Den Stadtbummel durch das Zentrum Guangzhous sollte man auf der geschichtsträchtigen Perlfluß-Insel **Shamian** (1) beginnen. Heute trennt sie nur noch ein schmaler Kanal vom Festland, so daß sie kaum mehr als Insel auszumachen ist. Ihr Name bedeutet ›Sandstück‹ und tatsächlich war sie bis zum 16. Jh. nicht mehr als eine öde kleine Sandbank. Nach 1842 machten die Kolonialmächte Shamian zu einer kleinen europäischen Enklave. Die Ufer der ehemaligen Sandbank wurden befestigt und Brücken zum Festland errichtet, die Chinesen nur mit Sondergenehmigung passieren durften. Erst 1949 mit Ausrufung der Volksrepublik fiel Shamian an China zurück. Heute strahlt die Insel mit ihren altehrwürdigen Kolonialbauten und den majestätischen Bäumen einen morbiden Charme aus. In den ehemaligen Konsulaten und Handelshäusern sind nun Privatwohnungen und Büros untergebracht, am westlichen Ende thront der Turm des **White-Swan-Hotels** (2), des ersten Fünf-Sterne-Hauses auf dem Boden der Volksrepublik. An der östlichen Brücke hat man zum Gedenken an die Opfer des Massakers von Shaji am 23.6.1925 eine **Stele** (3) errichtet. An diesem Tag töteten britische und französische Soldaten 52 streikende chinesische Arbeiter.

Jenseits der Liu'ersan-Lu (6-2-3-Straße, der Monat steht bei chinesischen Datumsangaben immer vorn) nördlich der Brücke führt ein Fußgängersteg über die belebte Straße fast direkt hinein in eine enge, überdachte Gasse, in der scharfe, ungewohnte Gerüche die Nase reizen. In einem schier endlosen Gedränge werden getrocknete Seepferdchen, Pilze, Eidechsen, Schlangenhäute, Käfer, Tausendfüßler, Genitalien von Hunden und Hirschen, Blüten, Baumrinden und Wurzeln angeboten. Man befindet sich in der medizinische Abteilung des berühmten **Qingping-Markts** (4). Tierfreunde und Zartbesaitete sollten es bei der Besichtigung des Medizinmarktes belassen. Nach etwa 200 m stößt die Gasse auf eine schmale Querstraße, in der sich die Stände für ›Frischfleisch‹ befinden: Da kaum jemand in China einen Kühlschrank besitzt, wird fast alles Getier lebend angeboten.

Lenkt man seine Schritte von diesem Viertel aus in östliche Richtung, so sieht man einige hundert Meter jenseits der Hochstraße Renmin Lu die 58 m hohen Türme der **Shishi-Kathedrale** (5) in der Yide Lu aufragen. Das Gotteshaus wurde zwischen 1863 und 1888 vom französischen Architekten Guillemin im neugotischen Stil aus grauem Granit errichtet. Der Name, den die Einheimischen der Kirche verliehen, bedeutet ›Haus aus Stein‹, offiziell nennt sich das

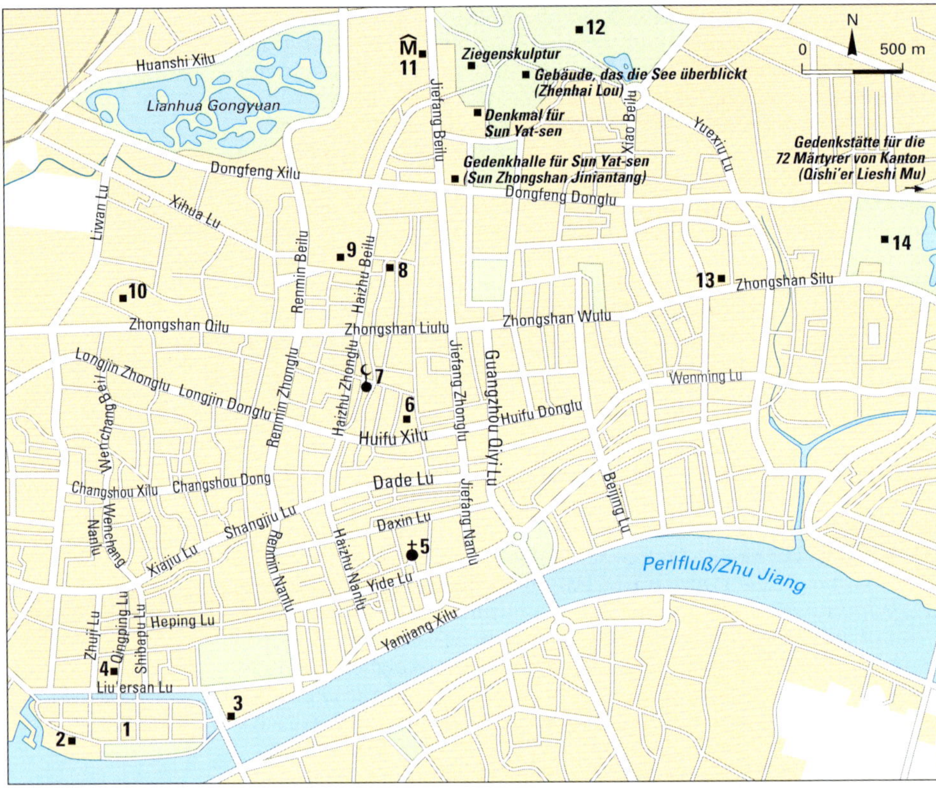

Guangzhou 1 Shamian 2 White-Swan-Hotel 3 Stele zum Gedenken an das Shaji-Massaker 4 Qingping-Markt 5 Shishi-Kathedrale (eigentlich: Kathedrale des Heiligen Herzens) 6 Tempel der Fünf Unsterblichen 7 Moschee zum Andenken an den Weisen 8 Tempel der Sechs Banyan-Bäume 9 Tempel der Glänzenden Kindespietät 10 Ahnentempel der Familie Chen 11 Museum des Mausoleums des Königs von Nanyue 12 Yuexiu-Park 13 Institut der Bauernbewegung 14 Gedenkpark für die Märtyrer des Aufstands von 1927

katholische Gotteshaus Kathedrale des Heiligen Herzens (Shengxin Dajiaotang).

In der Huifu Lu steht der **Tempel der Fünf Unsterblichen** (6; Wuxian Guan), der Haustempel der Guangzhouer. Die Legende weiß zu berichten, daß in grauer Vorzeit die Menschen in Guangdong von einer Hungersnot heimgesucht wurden. Sie flehten die Götter um Beistand an, und plötzlich schwebten fünf Unsterbliche auf Ziegen vom Himmel herab. Jeder von ihnen hielt eine Getreideähre in der Hand, welche sie den Menschen übergaben. Die Menschen säten das Getreide aus und sollten von da ab nie wieder Hunger leiden.

Den Unsterblichen und ihren Tieren hat man im Tempel ein Denkmal gesetzt. Noch heute trägt Guangzhou in China den Beinamen

›Stadt der Ziegen‹. Die Tempelhallen der Anlage wurden nach einem großen Feuer im Jahr 1864 neu errichtet. Aus einer früheren Anlage hat sich lediglich die monumentale, 3 m hohe und 5 t schwere Glocke aus der Ming-Zeit erhalten. Und wer den Fußabdruck eines Unsterblichen sehen möchte, werfe einen Blick auf das Loch im Felsen im Tempelhof.

Etwas weiter nördlich, in der Guangta Lu, ragt ein eigentümlich geformter 36 m hoher Turm in den Himmel. Die sogenannte ›Nackte Pagode‹ dient der **Moschee zum Andenken an den Weisen** (7; Huaisheng Qingzhen Si) als Minarett. Der Überlieferung zufolge soll der Onkel des Propheten Mohammed, Saad bin Waqqas, im Jahr 627 diese älteste Moschee Chinas, die heute noch ihre Funktion innehat, geweiht haben. Die heutigen Gebäude stammen aus der Qing-Zeit.

Geht man von hier aus weiter Richtung Norden, so liegt jenseits der breiten Zhongshan Lu in der Liurong Lu der **Tempel der Sechs Banyan-Bäume** (8; Liurong Si). Seine Gründung geht auf das Jahr 537 zurück. Alte Schriften belegen, daß die Anlage im frühen 10. Jh. niederbrannte, 989 aber von Mönchen der buddhistischen Chan-Schule wieder aufgebaut wurde. Seinen heutigen Namen verdankt der Komplex dem berühmten Song-Dichter Su Dongpo. Dieser besuchte den Tempel 1100 und war fasziniert von den wunderschönen Banyan-Bäumen im Hof. Sie inspirierten ihn zu der Kalligraphie »Liu Rong« (Sechs Banyan-Bäume), deren Kopie heute über dem Tempelportal hängt. Die sechs Bäume stehen leider nicht mehr.

Im 11. Jh. begannen die Mönche des Liurong Si mit dem Bau einer neunstöckigen, 57 m hohen Pagode, die zum Wahrzeichen der Stadt Guangzhou wurde. Ihr offizieller Name lautet zwar Pagode der 1000 Buddhas (Qianfo Ta), der Volksmund nennt sie jedoch aufgrund ihrer

Vor der Pagode des Tempels der Sechs Banyan-Bäume

farbenfrohen Verzierungen Blumenpagode (Hua Ta). Der Aufstieg über die schmalen Stufen ist etwas beschwerlich, aber belohnt mit einem weiten Blick über die Stadt. Die Große Halle des Liurong Si, erst in den 80er Jahren des 20. Jh. nach altem Vorbild rekonstruiert, birgt drei 6 m hohe Buddha-Statuen aus Messing von 1633: Shakyamuni (Mitte), Maitreya (rechts) und Amitabha (links). An den Garten im Schatten der Banyan im Süden, wo einst die berühmten sechs Bäume standen und heutige einige ihrer Nachfolger Schatten spenden, grenzt die Halle des Sechsten Patriarchen. Sie beherbergt die Statue des Mönches Huineng, des 6. Nachfolgers Bodhidharmas. Das 1,8 m hohe Bronzebildnis von 989 zeigt den Mönch in tiefer Meditation. Im südlichen Teil des Tempels, in der Galerie der Steintafeln, ist in Stein gehauen, die Geschichte des Tempels niedergeschrieben. Hier findet sich auch ein Bildnis des Dichters Su Dongpo, dargestellt mit Hut und Bambusstab. – Heute ist der Tempel Sitz der Buddhistischen Vereinigung von Guangzhou und wird täglich von vielen Gläubigen besucht, die vor allem in den Ahnenhallen im hinteren Bereich des Tempels ihren verstorbenen Familienangehörigen Opfergaben darbringen.

Nur einige hundert Meter westlich liegt eine weitere bedeutende buddhistische Sakralanlage, der **Tempel der Glänzenden Kindespietät** (9; Guangxiao Si). Der älteste Tempel der Stadt wurde im 3. Jh. auf dem Gelände der ehemaligen Residenz des Königs von Nanyue errichtet. Schon im 4. und 5. Jh. kamen buddhistische Mönche aus Indien hierher und verkündeten ihre Lehre. Auch von Huineng (638–713; s. o.) sagt man, er sei ein ›Halb-Barbar‹ gewesen. Wie dem auch sei, die Haare, die man ihm hier im Tempel am Tag seiner Mönchsweihe rasierte, begrub man im Tempelhof unter einem Bodhi-Baum – im Buddhismus der Baum der Erleuchtung. Später errichtete man darüber eine 7,8 m hohe, oktogonale Pagode, die man entsprechend Pagode des Begrabenen Haars taufte. Die eleganten Hallen der weitläufigen, grünen Anlagen stammen überwiegend aus dem 17. Jh. Sehenswert ist vor allem die Figur des Schlafenden Buddha, zu der Frauen der Umgebung pilgern und um Kindersegen bitten. Im hinteren Teil des Tempels sind außerdem zwei Eisenpagoden aus dem 10. Jh. zu bewundern. Die östliche ist von quadratischem Grundriß und 7 m hoch. Einst zierten über 900 vergoldete Buddha-Figürchen ihre Nischen. Ihr westliches Pendant wurde während des chinesisch-japanischen Krieges beschädigt und besitzt deshalb nur noch drei Stockwerke.

In westlicher Richtung, etwas abseits des Stadtzentrums und deshalb am besten mit dem Taxi zu erreichen, liegt der äußerst sehenswerte **Ahnentempel der Familie Chen** (10; Chenjia Ci). In der Reihe der vielen Tempelanlagen, die man vermutlich im Laufe der Chinareise besucht, stellte er eine Besonderheit dar. Er ist weder Buddha noch einem Gott des daoistischen Pantheons geweiht, sondern diente dem Chen-Clan zur Verehrung seiner Ahnen, als Versammlungsort und vor allem den talentierten Sprößlinge als Akademie zum Studium der

Keramikarbeiten am Ahnentempel der Familie Chen

Klassiker. Der 13 200 m^2 umfassende Komplex (ummauerter Bezirk 80 × 80 m = 6400 m^2) wurde in sechs Jahren Bauzeit von 1888–94 errichtet. Er umfaßt sechs Höfe und neun Hallen, die axial in Nord-Südrichtung angelegt sind. An den Seiten, im Westen und Osten, finden sich jeweils fünf weitere Räume, die als Studierhallen dienten. Besondere Beachtung verdienen die üppigen Dachverzierungen der Tempelhallen. Die Dachfirste sind mit farbig glasierten Keramiken geschmückt, die aus der Manufaktur von Shiwan stammen. Dabei handelt es sich hauptsächlich um figürliche Darstellungen – berühmte Szenen aus Legenden und Romanen, die den Schülern der Akademie bei ihrem Studium der Klassiker als Anschauungsmaterial dienten. So zeigt der Firstschmuck – 27 m lang, 2,9 m hoch mit 224 Figuren – der zentralen Haupthalle die Acht Unsterblichen des Daoismus, die in verschiedenen Szenen abgebildet werden. Auch die üppigen Holzschnitzereien oder die Reliefs in Stein oder Ziegeln stellen hauptsächlich Szenen aus Geschichte und Literatur dar.

In der hinteren zentralen Halle der Akademie sind einige Ahnentafeln des Chen-Clans zu sehen, vor denen früher den verstorbenen Vorfahren geopfert wurde. Ein Portrait des legendären Kaisers Shennong weist darauf hin, daß der Chen-Clan ihn als Begründer seiner Ahnenreihe betrachtet.

Anfang des 20. Jh. säkularisierte man den Tempel. Seither waren in den Hallen verschiedene Schulen und Behörden untergebracht. 1958 wurde die Anlage von Grund auf renoviert. Heute beherbergt sie ein **Museum für Kunsthandwerk** der Provinz Guangdong.

Vom Chenjia Ci aus sollte man sich mit dem Taxi zum **Museum des Mausoleums des Königs von Nanyue** (11; Xihan Nanyue Wangmu Bowuguan) fahren lassen, welches im Norden der Stadt liegt und an den Yuexiu-Park angrenzt. 1983 entdeckte man bei Bauarbeiten auf einem Hügel an der Jiefang Lu eine etwa 2100 Jahre alte Grabanlage. Man identifizierte sie als das Grab des Zhao Mo, des zweiten Königs des Reichs der Südlichen Yue, der 137–122 v. Chr. über weite Gebiete Südchinas regierte.

Über der Grabanlage, die der Besucher begehen kann, errichtete man ein sehenswertes Museum. In drei Stockwerken sind die Grabbeigaben des Königs ausgestellt und, im Gegensatz zu vielen anderen chinesischen Museen, sowohl geschmackvoll präsentiert als auch in englischer Sprache beschriftet.

Das Königsgrab fand man in 20 m Tiefe: aus sieben Kammern bestehend, in der traditionellen Nord-Südausrichtung angelegt. Durch eine steinerne Tür betritt man einen Vorraum, dessen Wände in Rot und Schwarz mit stilisierten Drachen- und Phönix-Motiven bemalt sind. In der mittleren Kammer dahinter lag der König bekleidet mit einem Jadepanzer in einem inneren und einem äußeren Sarg bestattet. Im östlichen Nebenraum fand man die Leichen von vier Konkubinen, im westlichen Nebenraum hatte man sieben Diener beigesetzt. Mehr als 1000 kostbare Grabbeigaben, darunter wunderbare Jadeschnitzereien, bronzene Ritualgefäße, Musikinstrumente, Waffen und das goldene Siegel des Königs, hat man hier gefunden.

Wer möchte, kann sich nach den langen Besichtigungen im **Yuexiu Gongyuan** (12), der 93 ha großen grünen Lunge Guangzhous, unters Volk mischen. Den legendären Ziegen hat man hier ebenso ein Denkmal gesetzt wie dem Vater der Republik, Sun Yat-sen. Ein 27 m hoher Obelisk aus Granit und Marmor, in den man Suns politisches Testament eingemeißelt hat, ragt im Süden des Parks in den Himmel auf. Im Westen der Anlage lohnt sich ein Besuch des **Gebäudes, das die See überblickt** (Zhenhai Lou): das letzte Relikt der Ming-zeitlichen Stadtmauer. In den 50er Jahren des 20. Jh. brachte man hier das historische Museum der Stadt Guangzhou unter.

Bei dem markanten oktogonalen Bau am südlichen Ende des Yuexiu-Parks mit dem leuchtend blauen Ziegeldach, handelt es sich um die **Gedenkhalle für Sun Yat-sen** (Sun Zhongshan Jiniantang), die 1929 vorwiegend mit Spendengeldern reicher Auslandschinesen erbaut wurde. In der Halle, die heute für kulturelle Veranstaltungen genutzt wird, finden bis zu 5000 Menschen Platz.

Im Ostteil der Stadt stehen ferner drei Gedenkstätten zur Revolutionsgeschichte: das **Institut der Bauernbewegung** (13; Nongmin Yundong Jiangxisuo), seit den 20er Jahren eine der wichtigsten

Kaderschmieden der Kommunisten, deren Leitung 1925 der junge Mao Zedong übernahm; der **Gedenkpark für die Märtyrer des Aufstands von 1927** (14; Guangzhou Qiyi Lieshi Mu) – nach dem Bruch zwischen den Kommunisten und der Guomindang wurden hier über 5000 Kommunisten auf Befehl Chiang Kai-sheks hingerichtet; das **Mausoleum der 72 Märtyrer** (Qishi'er Lieshi Mu) erinnert an den Putschversuch gegen die Qing-Regierung im April 1911, an dessen Planung Sun Yat-sen beteiligt war.

Ein Ausflug nach Foshan

Hat man einen weiteren Tag zur Verfügung, so empfiehlt sich ein Tagesausflug in die Stadt Foshan, 28 km südwestlich von Guangzhou. Der Name der Stadt bedeutet wörtlich übersetzt ›Buddha-Berg‹: 628 fand man hier angeblich drei jahrhundertelang vermißte Buddha-Statuen in der Erde. Der Ort entwickelte sich von da an zu einem wichtigen regionalen Pilgerzentrum. Die heutigen Besucher zieht es indes nicht mehr zu einer buddhistischen, sondern zu einer daoistischen Sakralanlage, dem **Ahnentempel** (Foshan Zumiao). Eine irreführende Bezeichnung, denn es handelt sich keineswegs um einen Ort der Ahnenverehrung. Die Anlage ist vielmehr Beidi, dem Gott des Nordens und Herrscher über die Gewässer, gewidmet, einer Gottheit, der die Bewohner des ständig flutgefährdeten Perlfluß-Deltas stets besondere Aufmerksamkeit schenkten. Allein wegen seines Alters, der Zumiao wurde wahrscheinlich bereits in der Song-Zeit (960–1279) gegründet, trägt er seinen Namen. Heute umfaßt der Tempel ein

Der daoistische ›Ahnentempel‹ von Foshan

Gelände von mehr als 3000 m². Neben einem Trommel- und eine Glockenturm, einem Schmucktor und zwei Hallen besitzt er eine Theaterbühne. Die Haupthalle wird von einer bronzenen Monumentalfigur des Beidi aus dem Jahr 1452 beherrscht. Sie bringt gute 2,5 t auf die Waage. Im Teich vor der Halle hockt eine Schildkröte, auf deren Rücken sich eine Schlange windet: der Schwarze Krieger des Nordens, das Schutztier, das nach der alten chinesischen Lehre von den Fünf Elementen (s. S. 76) mit dem Element Wasser und dem Norden in Verbindung gebracht wird. Bemerkenswert an den Tempelhallen von Foshan sind die kühn geschwungenen Dächer, reich verziert mit Schnitzereien und Firstdekorationen aus farbiger figürlicher Keramik. Diese stammen aus der Porzellanmanufaktur von Shiwan, die nur einen halbstündigen Fußweg vom Ahnentempel entfernt liegt.

Xiamen

Im Zuge der wirtschaftlichen Liberalisierung seit 1979 hat sich das Bild der südchinesischen Küstenstädte stark gewandelt. Die alten Hafenstädte Fuzhou, Quanzhou und Xiamen in der Provinz Fujian erhielten Sonderstatus, und so floß ausländisches Geld, insbesondere das taiwanesischer Investoren. Mit dem Geld kam die Modernisierung – unverkennbar – in Form von scheußlichen Betonblocks, glitzernden Spiegelfassaden und chaotischem Autoverkehr. Einzige

Xiamen
1 Sonnenlicht-Felsen
2 Gedenkhalle für Koxinga
3 Shuzhuang-Park
4 Koxinga-Statue
5 Südlicher Potala-Tempel

Blick auf Gulangyu, Xiamen

Ausnahme unter den drei Häfen bildet Xiamen, so manchem eher geläufig als Amoy, wie der Name im Fujian-Dialekt ausgesprochen wird. Die Stadt liegt auf einer Insel in der Mündung des Jiulong Jiang, des Neun-Drachen-Flusses, der hier in die Taiwan-Straße mündet, und ist mit dem Festland durch einen 5 km langen Damm verbunden.

Chinesische Quellen erwähnen die Stadt erstmals in der Song-Zeit (960–1279). Im 14. Jh., unter der Herrschaft der Ming, erhielt sie eine Stadtbefestigung zum Schutz vor Piraten. 1551 landete das erste portugiesische Schiff in Xiamen. Spanier, Holländer und Briten folgten kurz darauf, und Xiamen entwickelte sich zu einem prosperierenden Umschlagplatz für Tee. Als das Imperium der Ming Mitte des 17. Jh. zusammenbrach, floh der Hofstaat vor den Mandschuren zunächst in den Süden des Reiches. Der Ming-General Zheng Chenggong (1624–62), im Westen besser bekannt unter dem Namen Koxinga, unterhielt in Xiamen einen Flottenstützpunkt, von wo aus er gegen die Eroberer vorzugehen versuchte. 1842, nach dem Ende des ersten Opiumkrieges, ließen sich die Europäer in Xiamen vor allem auf der kleinen Insel Gulangyu nieder.

Xiamen ist heute eine betriebsame Handelsstadt mit etwa 600 000 Einwohnern. Trotz aller Modernisierungen hat sich das Hafenviertel im äußersten Westen sein altes Kolonialflair weitgehend bewahren können. Highlight eines Xiamen-Besuches ist der Bummel durch die autofreien Straßen Gulangyus mit seinen hohen Bäumen, den Stränden und alten Villen.

Gulangyu

Die nur 1,6 km² kleine Insel erreicht man mit der Fähre, die im Minutentakt vom Lujiang-Hotel aus verkehrt. Auf der Insel ist sämtlicher Fahrzeugverkehr untersagt, und so bewegt man sich hier zu Fuß und genießt eine in China selten gewordenen Ruhe.

Seit den 40er Jahren des 19. Jh. ließen sich auf Gulangyu Briten, Franzosen, Deutsche, Amerikaner und Mitglieder anderer westlicher Nationen nieder. Sie sorgten dabei für eine Infrastruktur, die Hospitäler, Kirchen, Postämter und Schulen einschloß. Höchste Erhebung auf der Insel ist der 90 m hohe Longtou Shan, der Drachenkopfberg, dessen Pendant, der Tigerkopfberg (Hutou Shan), sich auf der Hauptinsel befindet. Die Einheimischen sagen deshalb, ihre Fortune hätten sie der Bewachung durch einen Tiger und einen Drachen zu verdanken. An einem kleinen Nonnenkonvent vorbei geht es hinauf zum **Sonnenlicht-Felsen** (1; Riguang Yan) auf dem Longtou Shan, von dessen Aussichtsplattform man einen herrlichen Rundblick über die Dächer der alten Kolonialvillen und den gesamten Hafen Xiamens genießt. Der große Kuppelbau nördlich des Felsens ist die **Gedenkhalle für Koxinga** (2; Zheng Chenggong Jiniantang), in der eine Ausstellung die Geschichte der Besetzung Taiwans durch die Holländer und die Rückeroberung durch den Feldherrn erzählt. Sehenswert außerdem der **Shuzhuang-Park** (3; Shuzhuang Huayuan), den ein reicher taiwanesischer Kaufmann 1913 im südchinesischen Stil anlegte. Von hier aus kann man am südöstlichen Ufer, vorbei an der **Koxinga-Statue** (4), zurück zum Anleger wandern.

Die Hauptinsel

Auch auf der Hauptinsel finden sich im Hafenbereich noch einige reizvolle Straßenzüge. Das kommerzielle Zentrum Xiamens bildet – wie in den meisten chinesischen Städten – die Zhongshan Lu oder Sun-Yat-sen-Straße. Die zweite Hauptsehenswürdigkeit der Stadt liegt allerdings etwas außerhalb, südöstlich des Zentrums. Am Wulao Shan, dem Berg der Fünf Alten, liegt der **Südliche Potala-Tempel** (5; Nanputuo Si). Wie der Name schon andeutet, ist er der Guanyin, der chinesischen Form des Avalokiteshvara geweiht, die der Legende nach auf dem Potala-Berg residiert. Die Anlage wurde in der Tang-Zeit (618–906) gegründet, in der Ming-Zeit (1368–1644) zerstört und in der Kangxi-Ära (1662–1722) wieder aufgebaut. Dank der Renovierung vor einigen Jahren erstrahlen die üppigen Firstverzierungen des Tempels heute – ganz nach chinesischem Geschmack – wieder in allen Farben des Regenbogens. Der Aufbau des Tempels folgt dem klassischen Kanon. Die Schatzhalle des Großen Helden (Daxiong Baodian) birgt die Buddhas der Gegenwart (Shakyamuni), Vergangenheit (Dipamkara) und Zukunft (Maitreya). Vor dem historischen Buddha Shakyamuni in der Mitte steht eine Holzstatue der Tausendarmigen Guanyin. Die Seitenwände flankieren acht Steintafeln mit Inschriften des Qianlong-Kaisers (reg. 1736–96). Die achteckige Halle des Großen Mitleids (Dabei Tang), die sich dahinter anschließt, birgt vier Statuen der Guanyin. Im hinteren Teil der Tempelanlage

Der Südliche-Potala-Tempel

werden im Sutrenpavillon (Zangjing Ge) die Tempelschätze aufbewahrt, darunter wertvolle Schriftstücke, eine Bronzeglocke, eine Bronzepagode sowie Skulpturen aus Holz, Elfenbein und Jade. Dahinter schließt sich ein Garten mit schönen Felsformationen an.

Rundhäuser der Hakka im Süden Fujians

Zu erreichen sind die faszinierenden Hakka-Dörfer von Xiamen aus mit dem Zug bis Longyan, wo man in einen Bus nach Yongding umsteigen muß.

In einem vom Massentourismus bisher weitgehend unberührt gebliebenen Gebiet im Süden Fujians hat sich bis heute eine Architekturform erhalten, die in der Welt einzigartig ist. Der Volksstamm der Hakka, der ursprünglich aus Nordchina, aus der Gegend um den Mittellauf des Gelben Flusses stammt, pflegt hier bis heute die Tradition einer außergewöhnlichen Dorfstruktur. Meist besteht ein Dorf aus mehreren runden Wohnburgen, in denen jeweils ein Familienclan, manchmal bestehend aus einigen hundert Mitgliedern, in einem mehrstöckigen, festungsähnlichen Rundbau *(yuanlou)* zusammen lebt. Die wehrhaften Gebäude sind aus gelblicher, festgestampfter Erde errichtet und besitzen einen einzigen zentralen Eingang, kleine weiß gesäumte Fenster, die ehemals auch als Schießscharten fungierten, ein dunkelgraues Ziegeldach und einen großen Innenhof, der meistens mit niedrigeren Gebäuden bebaut ist. Einige wenige dieser Wohnburgen sind auch auf quadratischem Grundriß angelegt.

Die Hakka flohen vor rund 600 Jahren aus ihrer Heimat vor Kriegen und Hungersnöten in den damals ›barbarischen‹ Süden. Sie haben sich vornehmlich in Guangdong und Fujian angesiedelt, finden sich aber vereinzelt über den gesamten südostasiatischen Raum

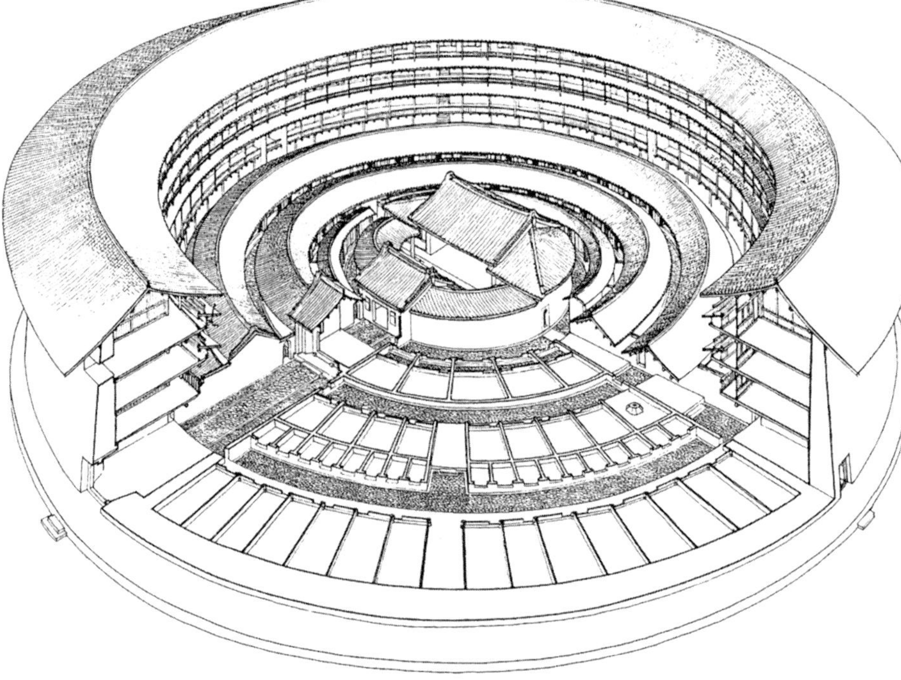

Das Rundhaus Chengqi Lou – Historiker gehen davon aus, daß bereits vor der Ankunft der Hakka in Fujian bzw. Nord-Guangdong ähnliche Wohnformen existierten, die von den Hakka angenommen und weiterentwickelt wurden. Der Burgcharakter der Häuser resultiert vermutlich aus der unsicheren Lage in dem immer wieder von Piraten heimgesuchten Gebiet.

verstreut. Die einzigartige Rundhausarchitektur der Hakka findet sich allerdings nur in Fujian und Nord-Guangdong.

Die imposantesten Exemplare dieser Rundhäuser sind im Kreis Yongding, in den Dörfern Xincun und Gaotou, sowie in Chuci und im Kreis Nanjing, im Südosten von Fujian an der Grenze zu Guangdong zu finden. Diese Bauten stammen überwiegend aus dem 18. und 19. Jh. Das größte Haus dieser Art ist das **Chengqi Lou in Gaotou**, Kreis Yongding. Es besitzt eine Grundfläche von 5276 m^2, einen Durchmesser von 61 m und einen Mauerumfang von 195 m. Es ist 12,4 m hoch und hat vier Etagen. Die Wohnungen der Clanmitglieder gruppieren sich um den Innenhof und sind über ringförmige Balkone zu erreichen. Eine Wohnung entspricht einem Ringsegment und erstreckt sich über vier Stockwerke, verfügt aber über keine privaten Treppen. Die einzelnen Zimmer sind nur über ›öffentliche‹ Treppenhäuser an den Kardinalpunkten des Baus zu erreichen, was gewiß dem Gemeinschaftssinn des Clans förderlich ist. Das Chengqi Lou beherbergt rund 600 Menschen, die sich auf 72 Wohnungen verteilen. Die Zimmer sind jeweils 2,5 m breit und blicken nach innen. Im Erdgeschoß befinden sich ringförmig angeordnet die Küchen der einzelnen Familien, die Stallungen für Kleinvieh und im Zentrum die Ahnenhalle des Clans. Die Brunnen liegen ebenfalls innerhalb des Hofs, wohingegen die Toiletten außerhalb zu finden sind. Die Mauern dieser befestigten Runddörfer bestehen aus einem Gemisch aus Erde, Kieseln und Kalk, dem ein gewisser Anteil von Melasse und Klebreispaste zugesetzt wird, um ihm Festigkeit zu verleihen. Mitunter macht das die Wände so hart, daß man nicht einmal einen Nagel in die Wand schlagen kann.

Wuyi Shan

Zu den landschaftlich reizvollsten Gegenden Südostchinas zählt das Wuyi-Gebirge im nördlichen Fujian, an der Grenze zu Jiangxi. Es umfaßt insgesamt 36 Gipfel, von denen der Huanggang Shan mit 2158 m der höchste Berg in Südostchina ist. Dank seiner Lage im Übergangsgebiet zwischen subtropischer und tropischer Vegetationszone weist das Gebirge eine außerordentliche Artenvielfalt auf und wurde zum Naturschutzgebiet erklärt. So ist das Gebiet Heimat vieler seltener Blumen- und Baumarten, darunter jahrhundertealter Ginkgos und verschiedener Magnoliensorten; auch Schmetterlings- und Vogelliebhaber kommen auf ihre Kosten. Schon seit Jahrhunderten rühmen chinesische Dichter die einsame, üppig grüne Bergwelt des Wuyi Shan, und sogar der Große Vorsitzende Mao Zedong soll bei ihrem Anblick verzückt geäußert haben: »Diese Landschaft ist unvergleichlich …«

Der Wuyi Shan ist mit dem Zug bis Nanping und von dort aus in drei Stunden Busfahrt zu erreichen. In den Orten Jianyang, Chongan und Shaowu gibt es mittlerweile recht komfortable Unterkünfte, die vor allem auf taiwanesische Reisegruppen eingestellt sind.

Für den Reisenden am einfachsten zu erkunden und darüber hinaus einer der schönsten Winkel im Wuyi Shan ist die Umgebung des Jiuqu Xi, des Flusses der Neun Windungen. Auf einer Strecke von 9 km kann man den Strom auf schmalen Bambusflößen befahren. Die Fahrt vorbei an den Gipfeln Dawang, Yunnü, Xiaocang und Tianyou Feng nimmt etwa 1,5 Stunden in Anspruch. Am Xiaocang Feng, in der dritten und vierten Windung des Flusses, sind hoch über dem Wasser in einer Felsspalte ausgehöhlte Holzstämme zu erkennen, in denen der Volksstamm der Guyue vor ca. 2000 Jahren seine Toten bestattete.

Am Fuß des Dawang Feng, der über schmale Stufen zu erklimmen ist, liegt das daoistische Kloster **Chongyou Wannian Gong,** im Volksmund kurz Wuyi-Palast genannt. Er ist dem hiesigen Berggott geweiht und wurde in der Tang-Zeit, um das Jahr 750, gegründet. In der Ming-Dynastie soll das Kloster an die 300 Hallen umfaßt haben. Die heutigen Gebäude stammen aus dem Jahr 1526.

Unterhalb des Yinping-Gipfels, in der fünften Windung des Flusses, befindet sich **Wuyi Jingshe,** die alte Privatschule, in der vor etwa 900 Jahren der berühmte Neokonfuzianer Zhu Xi (1130–1200) lehrte. Das spätere Institut der Purpursonne galt als eine der bedeutendsten Akademien des Landes. Heute erinnert ein Gedenktempel an den großen Philosophen.

Die Lichter der Großstadt: Hongkong – Xianggang

Mit dem Vertrag von Nanjing erhielt England Hongkong: »Da offensichtlich notwendig und wünschenswert, daß britische Staatsangehörige einen Hafen haben sollten, den sie bei Bedarf anlaufen können, um ihre Schiffe auszurüsten, und wo sie zu diesem Zweck ihre Vorräte halten können, übergibt seine Majestät, der Kaiser von China, Ihrer Majestät, der Königin von Großbritannien, die Insel Hongkong in den immerwährenden Besitz Ihrer Britannischen Majestät, Ihrer Erben und Nachfolger, um durch Gesetze und Weisungen regiert zu werden, die ihre Majestät, die Königin von Großbritannien, zu erlassen beliebt.«

Egal auf welche Weise man nach Hongkong kommt, die Stadt taucht auf wie eine Vision. Spiegelglatte Monolithe zeichnen sich glitzernd gegen die grünen Hügel ab, wie überdimensionierte Kristalle streben die modernen Wolkenkratzer Hongkong Islands dem Himmel zu. Nach Sonnenuntergang, wenn die Stadt ihre Lichter entzündet, funkeln sie in allen Farben des Regenbogens, verwandeln sich in ein Kaleidoskop gleißender Neonreklamen, die sich in den Wellen des Hafenbeckens spiegeln. Die Meerenge zwischen Hongkong Island und der Halbinsel Kowloon summt Tag und Nacht wie ein aufgescheuchter Bienenschwarm – ein geschäftiges Gewirr aus Yachten, Dschunken, Tragflügelbooten, Hovercrafts, Kähnen, Frachtern, Schleppern, Personenfähren, Tankern und eleganten Oceanlinern.

Ist man erst einmal in der Stadt, erscheint Hongkong wie der wahr gewordene Traum eines utopistischen Architekten der 20er Jahre. Nester schlanker Wohntürme wachsen in den Außenbezirken zu überdimensionalen Termitenbauten zusammen. Wer will, der braucht sich in Hongkong tagelang nicht auf die Straße zu begeben. Die modernen Schlafstädte oder New Towns in den Vororten sind durch ein äußerst effektives U-Bahnnetz mit den voll klimatisierten Büros und Einkaufszentren im Stadtinneren verbunden. Hier wiederum sorgt ein ausgeklügeltes System von Flyovers, verglasten Fußgängerbrücken, und Tunneln, die die einzelnen Gebäudekomplexe miteinander verbinden, dafür, daß sich niemand an die frische Luft begeben muß.

Man kann zu dieser Stadt stehen wie man will, doch unbenommen ist sie wohl einer der faszinierendsten Standorte der Welt. Hongkong liegt in einer zerklüfteten, subtropischen Schärenlandschaft an den Ufern des Südchinesischen Meers und zählt 256 Inseln zu seinem Stadtgebiet. Mit 1074 km^2 ist es flächenmäßig etwas größer als Berlin (882 km^2) und ein Zuhause für 6,1 Millionen Menschen. Den größten Teil des Terrains bedecken Berge und Felsen. Nur 8 % der Landfläche sind wirtschaftlich nutzbar, so daß die Stadt, was die Versorgung mit Lebensmitteln, Wasser und Energie angeht, schon seit Jahrzehnten von der Nachbarprovinz Guangdong abhängig ist. Die meisten Menschen in der ehemaligen britischen Kronkolonie, die in der Nacht zum 1. Juli 1997 ›Sonderverwaltungszone der Volksrepublik China‹ wurde, drängen sich auf dem Gebiet der Zwillingsstädte Kowloon und Victoria auf Hongkong Island, die schon längst zu einem einzigen großen Moloch zusammengewachsen sind. Im Stadtteil Mongkok findet man mit 200 000 Einwohnern pro Quadratkilometer die größte Bevölkerungsdichte der Welt vor: in Paris-Zentrum sind es etwa 20 000, in Berlin 10 000 …

Jeden Besucher, der heute nach Hongkong kommt, interessiert natürlich, was sich wohl verändert hat, nachdem die Briten nach 156 Jahren Herrschaft abzogen. Dem Durchreisenden auf kurzer Stippvisite, der die Stadt von früher kennt, wird auf den ersten Blick nichts auffallen. Die Autos fahren immer noch links, Amtssprache ist neben Kantonesisch und Mandarin noch immer Englisch, und man bezahlt wie eh und je mit dem Hongkong-Dollar. Auf diesem prangt allerdings statt dem Konterfei der Queen Hongkongs neues Wahrzeichen: die Bauhinia-Blüte, in der sich dezent die fünf roten Sterne des volksrepublikanischen Wappens wiederfinden, die für die Kommunistische Partei und die vier sozialen Klassen stehen.

Alteingesessene Hongkonger, gleich welcher Abstammung sie sein mögen, bemerken jedoch sehr wohl einen Wandel im Leben der Stadt. Mit den demokratischen Errungenschaften, die unter dem letzten britischen Gouverneur Chris Patten 1992 in letzter Minute eingeführt wurden und den Hongkonger Bürgern mehr Mitbestimmungsrecht einräumten, ist es erst einmal wieder vorbei. Die anfängliche

Nächtliche Leuchtreklame in Hongkong

Aufregung und Panik, die sich in der Bevölkerung nach dem Massaker auf dem Tian'anmen-Platz in Beijing 1989 breitmachte und einen Ansturm auf die ausländischen Botschaften nach sich zog, legte sich indes auch bald wieder; denn darin waren sich die Hongkonger sicher: Beijing würde nicht so dumm sein, die goldene Gans zu schlachten, die ihm schon seit einigen Jahren einen warmen Devisenregen bescherte.

Am 4. April 1990 verabschiedete der Beijinger Volkskongreß das »Grundgesetz für die Hongkonger Sonderverwaltungsregion der VR China«, in dem es in Artikel 5 heißt: »Das sozialistische System und dessen Politik sollen in der Sonderverwaltungsregion Hongkong nicht angewendet werden, und das bisherige kapitalistische System und seine Lebensweise sollen auf 50 Jahre hinaus unverändert bleiben.«

Als Deng Xiaoping im Dezember 1984 mit Margaret Thatcher zusammentraf, um die Konditionen der Übergabe zu vereinbaren, sicherte er zu, den Stadtstaat nach dem Prinzip »Ein Land – zwei Systeme« zu regieren. Das bedeutete, Hongkong sollte eine gewisse Autonomie behalten.

Hongkong ist eine moderne Stadt, ihre Menschen blicken nach vorn, und für alte Kolonialherrlichkeit scheinen die Chinesen verständlicherweise nicht viel übrig zu haben, erinnert diese sie doch nur an 156 Jahre der Demütigung durch die Briten. Von den alten Kolonialbauten aus Hongkongs frühen Tagen ist deshalb kaum etwas übrig geblieben. Stöbert man in Reiseberichten des ausgehenden 19. Jh., so liest man dort von mediterranem Flair und Vergleichen mit der Hafenstadt Genua, doch von den strahlend weißen und pastellfarbenen Arkadenbauten rund um den Statue Square in Victoria ist heute mit Ausnahme des Parlamentsgebäudes nichts mehr zu sehen. Dennoch: In all ihrer Modernität hat sich die Stadt ihren Sinn für Tradition – chinesische Tradition – bewahrt. Zwar wird man in Hongkong jahrhundertealte Tempel vergeblich suchen, doch stärker noch als in der von der Kulturrevolution heimgesuchten Volksrepublik sind volkstümlicher Geister- und Aberglaube lebendig geblieben. Fast jedes Geschäft besitzt irgendwo in einer Ecke einen Hausaltar, an dem regelmäßig den Hausgeistern geopfert wird. Man feiert laute Feste zu Ehren der Götter, und in den Tempeln herrscht immer ein reges Kommen und Gehen. Hongkong ist eine Stadt der Widersprüche, ein Ort des Zusammentreffens alter Tradition und modernen Geistes, chinesischer und westlicher Ästhetik und Lebensart, die einen mit Eindrücken überhäuft und benommen zurückläßt.

Besichtigung des Stadtzentrums

Viele Reisende haben nur wenig Zeit in Hongkong. Um einen gebührenden Eindruck von dieser faszinierenden Metropole zu gewinnen, sollte man drei bzw. vier Dinge auf jeden Fall unternehmen: an der Uferpromenade an der Südspitze der Halbinsel Kowloon flanieren, um die spektakuläre Aussicht auf die Skyline von Hongkong Island zu genießen; mit der Fähre zur Insel übersetzen, um dort das moderne Banken- und Geschäftsviertel von Central zu erkunden, und mit der Peak Tram zum Aussichtspunkt auf Hongkong Islands höchster Erhebung, dem Victoria Peak, hinauffahren. Abschließend sollte man sich den kulinarischen Verlockungen dieser Stadt hinge-

Das Hongkonger Kulturzentrum

ben. Wer mehr Zeit mitgebracht hat, der sollte einmal die mediterran anmutenden Buchten im Süden von Hongkong Island besuchen, auf die grüne, ruhige Insel Lantau hinausfahren oder die bunten Tempel und alten Hakka-Dörfer in den New Territories erkunden.

Ausgangspunkt für den Spaziergang durch Hongkongs Zentrum bildet die Südspitze der Halbinsel Kowloon. Die zugehörige U-Bahn-Station heißt Tsim Sha Tsui und liegt am südlichen Ende der Nathan Road, einer quirligen Geschäftsstraße und Hauptschlagader Kowloons. An ihrem südlichen Ende führt die Nathan Road direkt auf den Hafen zu. Hinter dem weiß gekachelten, etwas antiseptisch wirkenden **Kulturzentrum** (1; Hongkong Cultural Centre), zu dem Theater, Konzerthallen, das sehenswerte **Kunstmuseum** (3; Hongkong Museum of Art) und das **Weltraummuseum** (2; Space Museum) gehören, liegt Hongkongs **Uferpromenade** (4), von der man einen unvergleichlichen Blick auf die imposanten **Hochhäuser Hongkong Islands** genießt. Läßt man den Blick von links nach rechts wandern, so sieht man ganz im Osten die mehrspurige Hochstraße das Hafenbecken säumen. Davor liegt der Taifun-Schutzhafen von Causeway Bay, einem geschäftigen Einkaufsviertel. Dahinter versteckt sich außerdem des Hongkongers liebstes Kind – die Pferderennbahn von Happy Valley. Weiter nach rechts markiert der protzige, gold- und silbergestreifte Turm des Central Plaza, der ein wenig wie das New Yorker Empire State Building anmutet, den Stadtteil Wanchai. Er ist mit 374 m das höchste Gebäude Hongkongs und gegenwärtig das viert-

Hongkong

1 *Kulturzentrum*
2 *Weltraummuseum*
3 *Kunstmuseum*
4 *Uferpromenade*
5 *Peninsula Hotel*
6 *Uhrturm*
7 *Statue Square*
8 *Parlamentsgebäude (LegCo)*
9 *Hongkong & Shanghai Bank*
10 *Bank of China, alter Bau*
11 *Bank of China, neuer Bau*
12 *Citi Bank*
13 *St. John's*
14 *Talstation der Peak Tram*
15 *Tee-Museum im Flagstaff House*
16 *ehemalige französische Mission*
17 *Landmark Centre*
18 *Beginn der Rolltreppe*
19 *Man-Mo-Tempel*
20 *Flohmarkt Cat Street*
21 *Sheung-Wan-Komplex*
22 *Western Market*

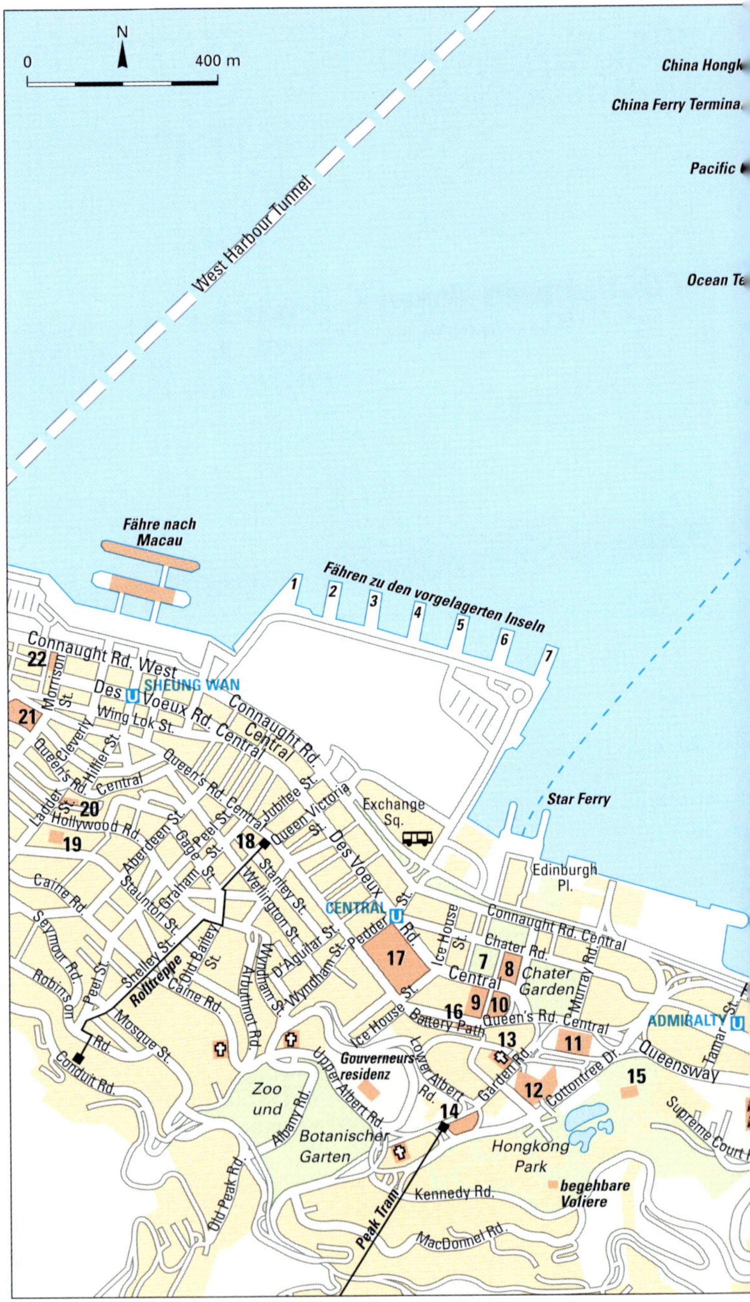

Temple St., Jordan St.
Kowloon Park
Geschichts-museum
Kimberley Rd.
Nathan Rd.
Carnarvon Rd.
Granville Rd.
Cameron Rd.
Chatham Rd.
Science Museum Rd.
Chong Rd.
Haiphong Rd.
Humphrey's Ave
Prat Ave.
Hart Ave.
Hanoi Rd.
Mody Rd.
Salisbury Rd.
Canton Rd.
Kowloon Park Dr.
Ashley Rd.
Hankow Rd.
Lock Rd.
TSIM SHA TSUI
Peking Rd.
Middle Rd.
Promenade
Star Ferry
Cross Harbour Tunnel
Victoria Harbour
Expo Dr.
Expo Dr. East
Expo Dr. Central
Fähranleger Wanchai
Hung Hing Rd.
Marsh Rd.
Tonnochy Rd.
Gloucester Rd.
Canon St.
Seafront Rd.
Fleming Rd.
Harbour Rd.
Harbour Dr.
Jaffe Rd.
CAUSEWAY BAY
Lockhart Rd.
Hennessy Rd.
Arsenal St.
Fenwick St.
Luard Rd.
O'Brien Rd.
Steward Rd.
Tanlung St.
Percival St.
Lee Garden Rd.
Queen's Rd. East
Johnston Rd.
WAN CHAI
Thomson Rd.
Wanchai Rd.
Tin Lok Ln.
Canal Rd. West
Canal Rd. East
Matheson St.
Leighton Rd.
Wong Nai Chung Rd.
Ship St.
Amoy St.
Spring Garden Ln.
Tai Yuen St.
Burrow St.
Wood Rd.
Oi Kwan Rd.
Morrison Hill Rd.
Sport Rd.
Happy Valley, Aberdeen Tunnel
Kennedy Rd.

Skyline von Hongkong Island

höchste der Welt. Zu seinem Fuß liegt die ›Welt der Suzie Wong‹, das berühmt-berüchtigte Rotlichtviertel, das seine besten Zeiten während des Vietnam-Krieges hatte, als die amerikanischen GIs sich hier während ihres Fronturlaubs vergnügten. Am Wasser erhebt sich seit kurzem das gigantische Convention Centre mit markant geflügeltem Dach, bei dem sich der Architekt von einer Porzellanscherbe, die er bei einem Strandspaziergang auf Lantau fand, hat inspirieren lassen. Rechts schließen sich die weiß-silbernen, ellipsenförmigen Türme des Pacific Place, Hongkongs größtem und nobelstem überdachten Einkaufszentrum an. Davor fallen die Zwillingstürme des Lippocentre mit ihren vorkragenden, ineinandergreifenden Bausegmenten ins Auge, die von den Hongkongern gern mit Koalabären verglichen werden, die sich an einen Baumstamm klammern. Rechts davon folgen die Türme der großen Banken und Konzerne im noblen Geschäftszentrum Central, darunter der wie ein Glasprisma strahlende Turm der Bank of China und der wie eine überdimensionierte Maschine anmutende Bau der Hongkong & Shanghai Banking Corporation. Über den Türmen, auf den grünen Hügeln des Victoria Peak, dem höchsten Berg Hongkong Islands, thront wie eine überdimensionierte Teeschale die obere Bahnstation der Peak Tram. Unten am Wasser, hinter den Piers, an denen die Fähren zu den vorgelagerten Inseln abfahren, erhebt sich der Turm des Exchange Square aus rotem, glattpoliertem Granit und Silberglas, ein Entwurf des Architekten Remo Riva, in dem das Herz Hongkongs schlägt: hier, in der

Hongkonger Börse, wird fieberhaft das Auf und Ab des Hang-Seng-Index verfolgt. In Richtung Sonnenuntergang erheben sich in bester 70er-Jahre-Ästhetik schließlich die leuchtend Rot abgesetzten Türme des Shun Tak Centres mit dem modernen Macau-Fährterminal.

Spaziert man nun auf der Uferpromenade Richtung Westen, so fällt am Ende der Nathan Road ein altehrwürdiges Hotel ins Auge. Das **Peninsula Hotel** (5) ist seit Generationen das erste Haus am Platze. Dem schmucken gründerzeitlichen Komplex setzte man kürzlich einen modernen ›Überbau‹ aufs Dach.

Am westlichen Ende der Promenade hebt sich gegen den fensterlosen, geschwungenen Bau der Konzerthalle ein einsames Relikt kolonialzeitlicher Architektur ab. Es handelt sich um den 1916 erbauten **Uhrturm** (6) des ehemaligen Kowloon-Bahnhofs, wo man früher, wenn man den Seeweg verabscheute, den Zug Richtung Beijing bestieg. Gleich daneben liegt der Fähranleger der traditionsreichen **Star Ferry**, mit der man für einen Pfennigbetrag wohl eine der spektakulärsten Hafenrundfahrten dieser Erde machen kann. Seit 1898 bugsieren die bulligen, weiß-grünen Schiffe im Minutentakt Tausende von Passagieren zwischen den Anlegern Tsim Sha Tsui und Central hin und her.

In nur sieben Minuten ist man drüben im mondänen Bankenviertel und sollte nach dem Verlassen der Fähre einfach nur dem Menschenstrom gen Süden folgen. Nach einer Unterführung taucht man dann plötzlich auf einem charmanten Platz wieder auf. Der **Statue Square** (7) war einmal das Herz der Stadt Victoria, der ehemaligen ›Hauptstadt‹ Hongkongs. Heute nennt man das ehemalige Victoria einfach nur Central. Um die Piazza mit dem Brunnen konzentrieren sich die eleganten Bürotürme der Banken und Großkonzerne. Wie ein Fremdkörper inmitten dieser titanischen Wolkenkratzer mutet der von Arkadengängen gesäumte, neoklassizistische Kuppelbau an, der 70 Jahre lang Sitz des Obersten Gerichtshofs von Hongkong war und in dem seit 1985 der **Gesetzgebende Rat**, Hongkongs Parlament (8; LegCo=Legislative Council), tagt.

Die Statue, die dem Platz ihren Namen gab, ist – wie kann es anders sein – einem Mann des Geldes gewidmet: Sir Thomas Jackson, Ende des 19. Jh. Geschäftsführer der **Hongkong & Shanghai Banking Corporation** (9). Die Bank dominiert seit Fertigstellung ihres Neubaus im Jahr 1986 mit ihrem futuristisch anmutenden Turm das Südende des Platzes. Für den Bau zeichnete der britische Stararchitekt Sir Norman Foster verantwortlich, der in Deutschland durch Projekte wie die Zentrale der Commerzbank in Frankfurt und die Reichstagskuppel in Berlin Furore machte. Foster erhielt 1979 den schlichten Auftrag, die beste Bank der Welt zu bauen, und ließ es sich nicht nehmen, von den Abluftschächten der Klimaanlage bis hin zu den Wasserhähnen in den Toiletten, alles bis ins kleinste Detail höchstpersönlich zu entwerfen. Bemerkenswert ist die technische Konzeption des Gebäudes. Zwei Rolltreppen befördern die Kunden von unten durch ein hängendes Glasdach in die Schalterhalle und wieder hinaus. Computergesteuerte Spiegel und Reflektoren versorgen das zehn Stockwerke umfassende Atrium im Inneren mit Tageslicht, so daß auf künstliche Beleuchtung weitgehend verzichtet werden kann. Das gesamte Gebäude ist an acht, aus jeweils vier Röhren bestehenden Stahlmasten mit schrägen Querstreben aufgehängt, die ein wenig wie Kleiderbügel anmuten. Konstruktionselemente des Hauses legte Foster bewußt offen und betonte damit die Ästhetik der Technik. So manchen Kritiker veranlaßte das zu spöttischen Vergleichen mit ›Fischertechnik-Architektur‹, Raumstationen oder Kriegsschiffen. Kaum zu glauben, daß bei der Realisierung dieses modernen High-Tech-Baus auch ein chinesischer Fengshui-Meister ein Wort mitzureden hatte. Die Bank legte im abergläubischen Hongkong großen Wert auf ideale geomantische Voraussetzungen für ihr Mutterhaus. Der von ihr engagierte Fengshui-Meister fand heraus, daß direkt unter dem Bankgebäude glückbringende ›Drachenadern‹ zusammenlaufen, die ihren Ursprung in den Bergen der Halbinsel Kowloon haben, deren Name übrigens ›Neun Drachen‹ bedeutet. Er berechnete für Foster den idealen Winkel für das Arrangement der Rolltreppen, die neben den Kunden auch positive Energien ohne Unterlaß in die Bank transportieren sollen.

Links nebenan steht noch das charmante Art-deco-Hochhaus der ehemaligen **Bank of China** (10), die sich allerdings angesichts des modernen Baus ihres mächtigen Nachbarn vor einigen Jahren bemüßigt fühlte, ebenfalls durch architektonischen Einfallsreichtum zu glänzen. 1990 war es soweit: Nach fünf Jahren Bauzeit konnte man den neuen mächtigen **Turm** (11) des amerikanischen Architekten Ieoh Ming Pei, der in Europa mit seiner gläsernen Louvre-Pyramide für Aufsehen sorgte, einweihen. Auch in Hongkong spielte der Amerikaner chinesischer Abstammung mit seinem liebsten Stilelement, dem Dreieck. Ein Netz von Dreiecken aus oxidiertem Aluminium überzieht den 370 m hohen Turm aus Spiegelglas, der sich wie ein gigantischer Bambussproß – so der Architekt – teleskopartig in den Himmel zu schieben scheint. Im Gegensatz zu ihren Hongkonger Kollegen distanzierten sich die volksrepublikanischen Auftraggeber bewußt von geomantischen Vermessungen und Berechnungen.

Lenkt man seine Schritte nun in die Garden Road, den Berg hinauf, so gelangt man vorbei am schwarzen Turm der **Citi-Bank** (12; links) und der neugotischen **St. John's-Kathedrale** (13; rechts) aus dem Jahr 1872 zur Station der **Peak Tram** (14). Diese stilvolle Zahnradbahn ist wohl das sicherste Verkehrsmittel in Hongkong, denn seit ihrer Inbetriebnahme 1888 riß das Stahlseil, an dem sie die atemberaubende Steigung bewältigt, kein einziges Mal. Früher wurde sie mit Dampf, heute elektrisch betrieben. Von der Talstation bis zum Aussichtspunkt in 395 m Höhe benötigt sie acht Minuten. Oben angekommen, liegt einem ein spektakuläres Panorama zu Füßen. Man blickt in die Straßenschluchten Centrals, über den größten Containerhafen der Welt, über die Landzunge Kowloons mit Hongkongs höchstem Berg, dem 956 m hohen Tai Mo Shan. Gen Westen fällt der

Die Peak Tram

Blick auf die unzähligen New Towns, Hongkongs Schlafstädte, die große Hängebrücke, die den neuen Flughafen Chep Lap Kok auf der Insel Lantau – übrigens ebenfalls ein Entwurf Norman Fosters – mit dem Festland verbindet. In südwestlicher Richtung sieht man die kleineren Inseln Lamma, Peng Chau und Cheung Chau.

Wer Zeit und Lust hat, der sollte im Hongkong Park, dessen Eingang gleich rechts neben der Peak-Tram-Talstation liegt, dem sehenswerten **Tee-Museum** (15) im Flagstaff House einen Besuch abstatten. Die weiße säulenbestandene Villa wurde 1846 als Sitz des kommandierenden Offiziers, Generalmajor D'Aguilar, erbaut und ist das älteste erhaltene Kolonialgebäude in Hongkong.

Zurück auf der Garden Road, sollte man sodann nach links in den Hof der St. John's-Kathedrale in den Battery Path abbiegen. Über diesen gelangt man, vorbei am alten **französischen Missionsgebäude** (16), hinunter zur Queens Road, einer lebhaften Geschäftsstraße. In westlicher Richtung taucht nach wenigen Schritten rechter Hand das noble Einkaufszentrum **Landmark Centre** (17) auf, in dem man sich von der neuesten Mode aus Paris, Mailand und Tokyo verlocken lassen kann.

Am westlichen Ende der Queens Road stößt man schließlich auf eine Hongkonger Kuriosität: die längste **Rolltreppe** (18) der Welt. Seit 1993 befördert dieses 800 m lange Rolltreppensystem täglich 30 000 Pendler aus den sogenannten Mid-Levels, von der halben Höhe des Peak, hinunter in ihre Büros im Zentrum. Von 10 Uhr vormittags bis 23 Uhr schaltet der Betrieb auf aufwärts. Man sollte die »elektrische Rikscha« bis zur Lyndhurst Terrace in Anspruch nehmen und sich dann nach rechts wenden. Automatisch gelangt man so auf Hongkongs berühmteste **Antiquitätenmeile,** die Hollywood Road. An der Ecke zur Ladder Street verdient der kleine **Man-Mo-**

Tempel (19) einen Blick, der durch seine mystische Atmosphäre besticht. Von den Decken hängen riesige Räucherspiralen und hüllen ihn in magischen Dunst. Er ist den Gottheiten der Literatur, Wenchang, und des Krieges, Guandi, gewidmet, die im Kantonesischen Man und Mo heißen. Lenkt man von hier aus seine Schritte den Berg hinab, so kreuzt man die Cat Street, auf deren **Flohmarkt** (20) man allerlei charmanten Trödel aufstöbern kann. Der Name der Gasse rührt übrigens von den Bordellen, die hier ehemals Tür an Tür lagen und von den britischen Seeleuten ›cathouses‹ genannt wurden. In der Cleverly und der Morrison Street, den Berg hinab, passiert man zahlreiche Geschäfte für traditionelle chinesische Medizin, die vielerlei exotische Kräuter, Wurzeln, getrocknete Insekten, Pilze und Meeresgetier im Angebot haben. Vorbei an der großen Markthalle des **Sheung-Wan-Komplexes** (21) geht es hinunter zum **Western Market** (22). Den kolonialen Backsteinbau, der 1906 als Geflügel- und Fischmarkthalle eingeweiht worden war, hat man Anfang der 90er Jahre restauriert und zu einem Einkaufszentrum mit Souvenir- und Kunsthandwerksgeschäften umgebaut. Hier sollte man in Hongkongs traditionsreichstes Verkehrsmittel, die ewig quietschende und ächzende Tram, umsteigen. Die doppelstöckige Straßenbahn stammt aus dem Jahr 1904 und fährt lediglich an Hongkong Islands Nordufer, zwischen Kennedy Town im Westen und Shau Kei Wan im Osten. Hat man einen Sitzplatz ergattert, so läßt sich für umgerechnet etwa 0,20 DM eine angenehme Stadtrundfahrt unternehmen. 10 Minuten benötigt die Bahn, die etwa alle 200 m hält, bis zur Statue Square.

Auf dem Fischmarkt

Wer will, kann binnen einer halben Stunde via Central und Wanchai **Causeway Bay** erreichen. Im Gegensatz zu den edlen Geschäften in Central, die schon um 18 Uhr schließen, kann man sich hier bis spät abends dem Konsumrausch hingeben.

Und nach 22 Uhr bietet der berühmte **Nachtmarkt** im westlichen Abschnitt der Jordan Road und in der Temple Road (Kowloon) noch manch Kurzweil: Essensstände, Stände mit Billiguhren und Textilien, aber auch Stegreifaufführungen chinesischer Opern gehören dazu.

Der Süden von Hongkong Island: Stanley, Repulse Bay und Aberdeen

Vom zentralen Busbahnhof in Central, der unter dem Exchange Square nur einige Schritte westlich des Star-Ferry-Anlegers liegt, fährt man mit dem Bus Nr. 6 oder 260 (Fahrtzeit ca. 40 Minuten, das Ziel ist vorn auf Englisch angegeben) nach Stanley, ganz im Süden von Hongkong Island.

Die Straße nach Stanley windet sich an einer malerischen Steilküste entlang, vorbei an weißen Sandbuchten, Golfplätzen und den weißen Villen der Superreichen, so daß man sich an die Riviera versetzt fühlt. **Stanley** ist ein kleiner Ort von noch fast dörflichem Charakter, der vor allem wegen seines Markts bekannt ist, auf dem man nach kräftigem Feilschen das eine oder andere Schnäppchen erstehen kann. Ehemals ein chinesisches Piratennest wurde der Ort von den Briten nach Königin Victorias Kolonialminister, Lord Stanley, benannt. Der Ort darf sich rühmen, den ältesten Tempel Hongkongs zu besitzen. Dieser stammt aus dem Jahr 1767 und ist der Schutzgöttin der Seefahrer, Tin Hau (Tian Hou), gewidmet. Man findet ihn am Ende der Stanley Main Street, westlich des Marktes. Die Glocke und die Trommel im hinteren Teil der Halle nutzte der Piratenhauptmann Cheung Po-tsai angeblich zur Warnung seiner Mannen. Links des Altars hängt an der Wand das Fell eines Tigers, des letzten seiner Art in Hongkong, der in den 40er Jahren hier geschossen wurde.

In **Repulse Bay** findet man am südlichen Ende des Strandes eine Kuriosität, wie sie nur allzu gut nach Hongkong paßt. In einer Mischung aus Tempel und Disneyland hat man hier die bunten Abbilder vielerlei glücksbringender Gottheiten des daoistischen und buddhistischen Pantheons direkt am Wasser postiert. Neben Monumentalstatuen der daoistischen Himmelsgöttin Tin Hau und der buddhistischen Guanyin, die beide gleichermaßen als Schutzgöttinnen der Seefahrer verehrt werden, findet man unter anderem Darstellungen des lachenden ›Dickbauch-Buddha‹ Mile Fo, der auf einem Kranich reitenden Königinmutter des Westens (Xiwangmu) und des großköpfigen Gottes des Langen Lebens (Shoulao). Von der bunten Bogenbrücke heißt es, wer sie überschreite, der könne sein Leben um drei Tage verlängern. Über der Bucht thront der wellenförmige, pastellfarben gestrichene Bau der Repulse Bay Appartments, von dem es heißt, er besitze das ›teuerste Loch der Welt‹. Die Aussparung in der Fassade, in der wohl noch einige Luxuswohnungen Platz gefunden hätten, wurde keineswegs zur Auflockerung der Fassade angebracht, sondern aus Gründen des Fengshui. Ein Geomantiker hatte nämlich vor der Errichtung des Gebäudes festgestellt, daß es die ›Flugbahn‹

Sampans und Hochhäuser in Aberdeen

eines Drachen versperren würde, der auf den grünen Hügeln im Hinterland hause.

Mit Bus Nr. 73 Richtung Aberdeen

Häßliche Betonklötze des sozialen Wohnungsbaus überragen das Hafenbecken von **Aberdeen.** Interessant ist dennoch eine Sampan-Rundfahrt durch den Taifun-Schutzhafen. Sampan bedeutet ›Waschbrett‹ und spielt auf die eigentümliche Form dieser bulligen, aber äußerst wendigen Boote an. Im Hafen leben noch einige ›boatpeople‹, meist gehören sie dem Volk der Tanka an, die früher die gesamten Gewässer Hongkongs bevölkerten. Eine weitere Attraktion in Aberdeen stellen die riesigen schwimmenden Restaurants im chinesischen Palaststil dar, die zwar äußerst fotogen, allerdings als Touristenfallen zu zweifelhaftem Ruhm gelangt sind. Wer Lust hat, kann in Aberdeen auch den größten Freizeitpark des Archipels besuchen, den Ocean Park. Bus Nr. 70 fährt von hier zurück zum Ausgangspunkt, dem Exchange-Square-Busbahnhof in Central.

Die Inseln

Die grüne Insel **Lantau** mit ihren hohen Bergen, langen Stränden, Tempeln und kleinen Fischerorten ist ein herrlich entspannter Ort, nur eine knappe Stunde mit dem Schiff von der City entfernt. Die Insel ist etwa doppelt so groß wie Hongkong Island, hat aber nur 25 000 Bewohner und kaum Autoverkehr. Der Bau des neuen Flughafens Chep Lap Kok auf der Nordwestseite von Lantau hat bisher auf den Rest der Insel kaum Auswirkungen gezeigt, da von dort wegen der Berge keine Straßenverbindungen zum Süden bestehen. Lantaus höchster Berg ragt 934 m hoch und bietet mit dem unter Naturschutz stehenden Lantau Country Park ein herrliches Wandereareal.

Erreichbar ist Lantau mit der Fähre, die stündlich zwischen Pier Nr. 7 in Central, nur einige Schritte westlich des Star-Ferry-Anlegers, und Mui Wo (Silvermine Bay), dem Hauptort der Insel, verkehrt.

Von Mui Wo aus sollte man mit Bus Nr. 2 durch die üppig grüne Landschaft zum Po-Lin-Kloster fahren. Man beachte die Straßenschilder, die vor freilaufenden Kühen warnen. Diese gehören zu einem Trappistenkloster, nordöstlich von Mui Wo, das seit den 50er Jahren eine bescheidene Milchwirtschaft betreibt. Vorbei am herrlichen Strand von Cheung Sha und dem Shek-Pik-Süßwasserreservoir, das durch eine Pipeline mit Hongkong Island verbunden ist, geht es in Serpentinen zu dem mehr als 500 m über dem Meer liegenden Ngong-Ping-Plateau hinauf. Dort thront seit Dezember 1993 majestätisch eine gigantische **Buddha-Figur** und erhebt ihre Hand in der Geste der Wunschgewährung in Richtung Hongkong. Der 34 m hohe und 259 t schwere Bronzekoloß gilt als die größte Figur eines sitzenden Buddha in Asien. Unter ihm liegt eingebettet in die grünen Hügel des Lantau Peak die großzügige Anlage des **Po-Lin-Klosters.** Seine Hallen stammen allesamt aus den 70er Jahren. Wer Zeit hat, der kann

Das Po-Lin-Kloster

von hier aus über den Lantau Peak bis zum alten **Tung Chung Fort** wandern, einer Qing-Festung aus dem frühen 19. Jh.

Eine weitere Möglichkeit bildet der Besuch des Fischerdorfs **Tai-O** (Endstation Bus Nr. 1). Seine Bewohner, überwiegend Tanka, leben zum großen Teil noch in traditionellen Pfahlbauten.

Die Fähren nach Lamma, Cheung Chau und Peng Chau starten vom ›Fähranleger zu den vorgelagerten Inseln‹ in Central. Nach Sok Kwu Wan fährt das Boot von Pier 6 ab und benötigt etwa eine Stunde nach Lamma. Beachten sollte man, daß die letzte Fähre von Sok Kwu Wan zurück nach Central um 22 Uhr ablegt. Aktuelle Fahrpläne gibt es bei allen Touristeninformationen.

Auch Ausflüge zu den kleineren Inseln, wie Lamma, Cheung Chau und Peng Chau, lohnen. Auf **Lamma** verbindet ein Wanderweg die Orte Yung Shue Wan und Sok Kwu Wan. Ein Ausflug nach Sok Kwu Wan sei vor allem am Abend empfohlen, denn hier gibt es eine ganze Reihe hervorragender Fischrestaurants: Große Terrassen und eher schlichtes Ambiente, doch eine wahrhaft königliche Auswahl an Fisch und Meerestieren.

Fischzucht auf Lamma

Die New Territories

Und noch einmal Abstand von der Hektik der Großstadt. In den Neuen Territorien führen schöne Wanderwege durch grüne Hügellandschaften, vorbei an blauen Meeresbuchten, die immer wieder einen Blick auf die Stadt in der Ferne freigeben. Besonders schön ist der Wanderweg über die Halbinsel **Sai Kung,** im Osten der New Territories. Auch einige Tempel finden sich hier, die indes dem Vergleich mit den jahrhundertealten Heiligtümern in der Volksrepublik kaum standhalten können.

Mit der U-Bahn (grüne Linie) fährt man bis zur Station Wong Tai Sin. Von dort ist der Tempel Wong Tai Sin ausgeschildert und einfach zu finden.

Lohnend ist allerdings durchaus ein Besuch im daoistischen **Tempel Wong Tai Sin.** Vor allem Kranke und Gebrechliche kommen hierher, um vom heiligen Wong Tai Sin Hilfe zu erflehen. Der Legende nach war dieser ein Hirtenjunge aus der Provinz Zhejiang, den ein

Unsterblicher in das Geheimnis einweihte, aus Zinnober ein Allheilmittel herzustellen. Unzählige Wahrsagerbuden flankieren den Eingang zum Tempel, dessen bunt verzierte Hallen 1973 an der Stelle eines älteren Tempels errichtet wurden.

In **Sha Tin,** übrigens Heimat von Hongkongs zweiter großer Pferderennstrecke, ist der **10 000-Buddha-Tempel** von Interesse. Einige hundert Stufen führen nordwestlich des Bahnhofs Sha Tin zu der Anlage hinauf, die von einer hübschen roten Pagode überragt wird. Gegründet wurde der Tempel 1950 von einem Mönch namens Yuet Kai. Die unzähligen bunt bemalten Gipsfiguren stellen berühmte buddhistische Heilige dar. Seinen Namen verdankt der Tempel den über 12 000 Buddha-Figuren, die an den Wänden der Haupthalle aufgestellt sind. In der äußeren rechten Halle ist darüber hinaus eine besondere Kuriosität zu bewundern. Als man acht Monate nach seinem Tod im Jahr 1965 das Grab des Tempelgründers öffnete, wies der Leichnam des 87jährigen keinerlei Spuren von Verwesung auf. Man balsamierte ihn daraufhin ein und belegte seinen Körper mit Blattgold: So kann man ihn heute in einer Glasvitrine bewundern. Lohnend ist außerdem der spektakuläre Blick von der neunstöckigen Pagode. Von derselben Station aus ist das **Hakka-Dorf Tsang Tai Uk** zu erreichen. Das Dorf gehört zu den besterhaltenen Beispielen der Hakka-Architektur in Hongkong.

Mit der Kowloon-Canton-Railway ab Bahnhof Kowloon Tong. Von der KCR-Station Sha Tin ist der Weg zum 10 000-Buddha-Tempel ausgeschildert.

Weitere Dörfer dieser Art bestehen im Westen der New Territories: **Sam Tung Uk** aus dem Jahr 1786, das heute ein Freilichtmuseum ist, und die noch bewohnte Hakka-Festung **Kat Hing Wai** aus dem 17. Jh. in der Ortschaft Kam Tin (sehr auf Tourismus eingestellt, Eintritt).

Ebenfalls im westlichen Bereich liegt Hongkongs bedeutendster daoistischer Tempel, **Ching Chung Koon** (Tempel der Grünen Kiefer), der Lu Sun Young (Lü Dongbin) – einem der Acht Unsterblichen – gewidmet ist. Die 1949 errichtete Anlage ist bekannt für ihren schönen Bonsai-Garten.

Endstation Tsuen Wan der roten U-Bahnlinie, dann der Beschilderung nach Sam Tung Uk folgen.
Ab Tsuen Wan mit Bus Nr. 51 nach Kam Tin.
Von Kam Tin mit Bus Nr. 54, 64K oder 74K nach Yuen Long. Von dort mit der Schnellbahn LRT nach Ching Chung.
Zurück nach Hongkong mit der LRT bis zur Endstation Tuen Mun.
Von dort mit der Hoverferry nach Central.

Macau

Eine völlig andere Atmosphäre als im pulsierenden, weltstädtischen Hongkong herrscht in der kleinen portugiesischen Kolonie Macau im westlichen Perlfluß-Delta. Nur rund eine Stunde brauchen die Tragflügel- oder Luftkissenboote für die 65 km lange Passage von Hongkong, und so eignet sich ein Besuch Macaus gut als Tagesausflug.

Seit 450 Jahren herrschen die Portugiesen in Macau, welches damit die älteste – und auch die letzte – europäische Kolonie in China ist. Am 20.12.1999 wird der Stadtstaat in einer feierlichen Zeremonie an China zurückgegeben und wie Hongkong für 50 Jahre ›Sonderverwaltungszone‹.

Erstmals legten portugiesische Handelsschiffe im Jahre 1513 an chinesischen Gestaden an. Da die Portugiesen der chinesischen Flotte beim Kampf gegen Piraten im Südchinesischen Meer zu Hilfe kamen, erhielten sie 1557 das Recht, gegen einen jährlichen Tribut eine Handelsniederlassung in Macau einzurichten. 1848, sechs Jahre nachdem die Briten die Insel Hongkong ›gewonnen‹ hatten, stellte auch Portugal die Tributzahlungen an China ein.

Heute leben in der nur 20 km^2 Landfläche umfassenden Kolonie rund 400 000 Menschen. Zum Territorium gehören die Halbinsel Macau sowie die vorgelagerten Inseln Taipa und Coloane, die durch Brücken bzw. einen Damm mit dem Festland verbunden sind. 95 % der Bevölkerung Macaus sind Chinesen und nur 2 % Portugiesen, dennoch ist Portugiesisch (bis Dezember 1999) offizielle Amtssprache. Englisch wird allerdings weithin verstanden, auch der HK-Dollar wird neben dem macanesischen Pataca überall akzeptiert.

Macau zeichnet sich durch eine ureigene Atmosphäre aus chinesischen und südeuropäischen Kultureinflüssen aus. Anders als in Hongkong haben sich hier noch altehrwürdige Bauten aus der Kolonialzeit erhalten. Hier findet man weihrauchgeschwängerte chinesische Tempel neben barocken Kathedralen und säulenbestandenen Patrizierhäusern. Auch die macanesische Küche hat ihre besonderen Nuancen. Neben typisch portugiesischen Spezialitäten sind kulinarische Einflüsse aus den ehemaligen portugiesischen Kolonien in Afrika, Indien und Malaysia zu spüren.

Spaziergang über die Halbinsel Macau

Das Herz von Macau schlägt am **Largo do Senado,** einer mediterran anmutenden Piazza mit zentralem Brunnen, welche von schönen, pastellfarbenen Arkadenbauten umstanden ist. Die Südseite des Platzes beherrscht die Fassade des **Leal Senado,** des Senats von Macau. Das Attribut *leal* (loyal) erhielt der Senat aufgrund seiner besonderen Treue zur portugiesischen Krone während der Zeit von 1580 bis 1640, als Portugal vorübergehend mit Spanien vereinigt war. Die Kolonie erhielt daraufhin den vollen Namen: »Cidado do Nome de Deus de Macau, nao ha outra mis leal« (= Stadt des Namens des Gottes Macau – es gibt keine treuere). Der repräsentative Bau stammt aus dem Jahr 1784. Im Inneren sind die Eingangshalle, der Innenhof mit seinen typisch portugiesischen blau-weißen Kachelverzierungen (Azulejos) und Reliefs sowie der Tagungssaal im ersten Stock sehenswert. Im Erdgeschoß befindet sich die ehrwürdige Nationalbibliothek.

Das nördliche Ende des dreieckigen Platzes dominiert die schöne Barockfassade der **Kirche São Domingos** aus dem 17. Jh. Angeschlossen an den Sakralbau ist ein kleines Museum mit Kirchenschätzen und Malereien.

Die Kathedrale São Paolo

Folgt man rechter Hand der geschäftigen Gasse und lenkt seine Schritte dann links den Hügel hinauf, gelangt man zu den Ruinen der **São-Paolo-Kathedrale,** dem Wahrzeichen von Macau. Die Jesuiten errichteten das Gotteshaus 1602. Die mit Skulpturenschmuck reich verzierte Fassade wurde in den Jahren von 1620–27 unter Anleitung des Italieners Carlo Spinola von japanischen Exilanten und lokalen Handwerkern ergänzt. Im angeschlossenen Priesterseminar lernten u. a. so berühmte Missionare wie Matteo Ricci (1552–1610) und Adam Schall von Bell (1592–1666) die chinesische Sprache, bevor sie am Hof in Beijing zu kaiserlichen Beratern avancierten.

Westlich der Ruine führt ein Weg durch gepflegte Grünanlagen hinauf zum **Forte do Monte.** Im Jahr 1622, als die Holländer Macau belagerten, schossen die jesuitischen Padres von hier aus eine Kanonenkugel direkt in das mit Munition beladene Schiff der Holländer, welches explodierte und nahezu die gesamte holländische Flotte zerstörte. Von hier bietet sich ein schöner Panoramablick über Macau. Im April 1998 hat ein Museum eröffnet, welches der Geschichte der Kolonie gewidmet ist.

Vom Geschäftszentrum Macaus gelangt man über die Avenida da Praia Grande, der ehemals prächtigen Uferstraße von Macau, die heute durch die Landgewinnungsmaßnahmen leider viel von ihrer Grandezza verloren hat, vorbei am rosafarbenen **Palacio do Governo** und dem Hotel **Bela Vista** in den Süden der Halbinsel. Das Bela Vista, eine mondäne Villa am Ostufer, ist ein Haus mit bewegter Vergangenheit. Errichtet 1870, diente es zunächst einer reichen Kaufmannsfamilie als Wohnhaus und wurde später Hotel, Sanatorium, Schule, illegale Spielhölle und während des chinesisch-japanischen Krieges Flüchtlingslager. 1992 baute man es in ein exklusives Hotel um. Noch gilt das Bela Vista als erste Adresse in Macau – allerdings nicht mehr lange, denn nach der Rückgabe der Kolonie an China soll hier das portugiesische Konsulat einziehen.

Vorbei an der pinkfarbenen **Gouverneursvilla** gelangt man zum **Penha-Hügel,** der von der Kapelle Unserer Jungfrau von Penha und der Bischofsresidenz von 1837 gekrönt wird. Auch hier hat man einen schönen Ausblick über die gesamte Kolonie und den Hafen mit der kühn geschwungenen Brücke nach Taipa.

An der Südspitze Macaus sollte man dem bunten **A-ma-Tempel** einen Besuch abstatten. Er ist der Schutzgöttin der Seefahrer, A-ma, geweiht, die in Hongkong und an den Küsten Fujians auch Mazu oder Tin Hau (Tianhou) genannt wird. Der Tempel soll schon bestanden haben, als im 16. Jh. die Portugiesen erstmals in Macau landeten. Die Einheimischen nannten damals die Landzunge A-ma-Gao (Bucht der A-ma), wovon sich der Name Macau ableitet.

Das **Schiffahrtsmuseum,** ein futuristischer Bau gegenüber dem A-Ma-Tempel, widmet sich der maritimen Tradition der Kolonie. Angeschlossen ist ein kleiner Museumshafen mit historischen Schiffen.

Im Norden Macaus lohnt der **Kun-Iam-Tempel** in der Avenida do Coronel Mesquita die Besichtigung. Er ist der Guanyin (kantonesisch: Kun Iam) geweiht und der größte und älteste buddhistische Tempel Macaus. Die Anlage soll bereits im 13. Jh. bestanden haben, die heutigen Hallen stammen aber aus dem 17. Jh. Ihre Dächer sind reich mit farbigen Porzellanfiguren verziert. Der Tempel zeichnet sich durch seine schöne, lebendige Atmosphäre aus. Eine Kuriosität bildet die rundäugige, bärtige Figur des Marco Polo in der Haupthalle. Übrigens wurde im Garten hinter dem Tempel 1844 das erste Handelsabkommen zwischen Amerikanern und Chinesen unterzeichnet.

Der **Jardim de Lou Lim Ieoc** in der Estrada de Adolfo Loureiro ist ein reizvoller chinesischer Literatengarten im Suzhou-Stil, den sich ein wohlhabender Chinese im 19. Jh. um seine säulenbestandene, stuckverzierte Villa anlegen ließ.

Weiter östlich steht auf dem höchsten Punkt von Macau auf den Fundamenten eines alten Forts der **Farol da Guia** aus dem Jahr 1865, der älteste Leuchtturm an der chinesischen Küste. Zu ihm gesellt sich eine kleine Kapelle aus dem 17. Jh.

Die weitaus meisten Besucher von Macau zieht es indes in die Spielhöllen, die den wichtigsten Wirtschaftszweig der Kolonie bilden. Die Casinos von Macau sind allerdings laut und hektisch, und es geht alles andere als stilvoll zu. Wer dem Spieltrieb dennoch nicht widerstehen kann, dem sei ein Besuch des **Casinos im Lisboa-Hotel** empfohlen, einem ›blumigen‹ Bau im Las Vegas-Stil der 60er Jahre.

Praktische Reise Informationen

Hinweise für die Reiseplanung

Informationen für unterwegs

Reiseinformationen von A bis Z

Bitte schreiben Sie uns, wenn sich etwas geändert hat!
Alle in diesem Buch enthaltenen Angaben wurden vom Autor nach bestem Wissen erstellt und von ihm und dem Verlag mit größtmöglicher Sorgfalt überprüft. Gleichwohl sind – wie wir im Sinne des Produkthaftungsrechts betonen müssen – inhaltliche Fehler nicht vollständig auszuschließen. Daher erfolgen die Angaben ohne jegliche Verpflichtung oder Garantie des Verlages oder des Autors. Beide übernehmen keinerlei Verantwortung und Haftung für etwaige inhaltliche Unstimmigkeiten. Wir bitten dafür um Verständnis und werden Korrekturhinweise gerne aufgreifen:

DuMont Buchverlag, Postfach 10 10 45, 50450 Köln
E-Mail: reise@dumontverlag.de

Hinweise für die Reiseplanung

Auskunft

Chinesisches Fremdenverkehrsamt in Deutschland CITS
Ilkenhanstr. 6
60433 Frankfurt a. M.
✆ 069/52 01 35–36, Fax 52 84 90
www.fac.de
Mo–Do 9–12, 14–17, Fr 9–12 Uhr

CTS China Travel & Trading
Düsseldorfer Str. 14
60329 Frankfurt a. M.
✆ 069/238 52 20, Fax 23 23 24
Beusselstr. 5, 10553 Berlin
✆ 030/393 40 68, Fax 391 80 85
www.chinatravel1.de

Gesellschaft für Deutsch-Chinesische Freundschaft e.V.
Schenkendorfstr. 9
60431 Frankfurt a. M.
✆ 06007/91 87 60
Fax 06007/91 87 66
www.china-club.de/vereine/gdcf.htm

Anreise

Mit dem Flugzeug: Alle großen europäischen Fluggesellschaften fliegen von Europa nach Beijing oder Hongkong. Die Flugzeit beträgt etwa neun Stunden. Lufthansa, Air China und Swiss Air bieten auch Direktflüge von Frankfurt nach Shanghai an.

Mit der Bahn: Die Reise mit der transsibirischen Eisenbahn hat leider viel von ihrem Reiz verloren, zum einen wegen der wachsenden Kriminalität in Rußland, zum anderen da sie immer mehr von Händlern besetzt wird, die in den Abteilen ihre Waren transportieren. Drei mögliche Strecken: 1. Berlin–Moskau–Ulan Bator (Mongolei)–Beijing (mit dem chinesischen Zug); 2. Berlin–Moskau–Beijing durch die Mandschurei (mit dem russischen Zug), 3. Berlin–Moskau–Almaty (Kasachstan)–Urumqi. Die Fahrt Berlin-Beijing dauert sechs bis acht Tage und kostet etwa 1500 DM. Die Fahrkarte Beijing–Berlin, in China gekauft, ist billiger, allerdings sind die Züge meist lange im voraus ausgebucht.

Reisepapiere

Für die Einreise in die VR China benötigt man ein Visum und einen Reisepaß, der mindestens ein halbes Jahr über die Aufenthaltsdauer hinaus gültig ist. Touristenvisa stellen die chinesischen Botschaften und Konsulate aus. Ein Standard-Touristenvisum gilt 30 Tage und für eine einmalige Einreise. Sie brauchen ein Antragsformular, ein Paßbild und Ihren Reisepaß. Die Bearbeitung dauert in der Regel drei bis fünf Tage.

Für Hongkong und Macau benötigen Sie nur Ihren Paß.

Visa für China sind in Hongkong innerhalb eines Tages in jedem größeren Reisebüro zu bekommen oder im Visa Office des Außenministeriums der VR China, China Resources Building, Low Block, 5. Stock, 26 Harbour

Road, Wanchai, Hongkong, ✆ 25 85-17 94/17 00 (Mo–Fr 9–12.30, 14–17, Sa 9–12.30 Uhr).

Diplomatische Vertretungen

... in Deutschland

Botschaft der VR China
Märkisches Ufer 54, 10179 Berlin
✆ 030/27 58 80, Fax 27 58 82 21
Konsularabteilung
Heinrich-Mann-Str. 9
13156 Berlin
✆ 030/48 83 97 22/15, Fax 48 83 97 31, Mo–Fr 9–12 Uhr

Botschaftsaußenstelle der VR China
Kurfürstenallee 12, 53177 Bonn
✆ 0228/955 97 16, Fax 36 16 35
Konsularabteilung: ✆ 955 98 13

Generalkonsulat der VR China
Elbchaussee 268
22605 Hamburg
✆ 040/822 76 00
Fax 822 62 31
Visa-Abteilung: ✆ 82 27 60 18
Mo-Fr 9–12 Uhr

Generalkonsulat der VR China
Romanstr. 107
80639 München
✆ 089/17 30 16 11
Visa-Abteilung: ✆ 17 30 16 12
Fax 17 30 16 19/23
Mo–Fr 9–12 Uhr

www.china-botschaft.de

... in Österreich

Botschaft der VR China
Metternichgasse 4
1030 Wien
✆ 01/714 31 49 48
Fax 713 68 16
Mo–Fr 9–11, Mo–Mi 14–16 Uhr

... in der Schweiz

Botschaft der VR China
Kalcheggweg 10
3006 Bern
✆ 031/352 73 33
Visa-Abteilung: ✆ 351 45 93
Mo–Fr 9–12, 15–17.30 Uhr

Generalkonsulat der VR China
Bellariastr. 20
8002 Zürich
✆ 01/201 10 05
Visa-Abteilung: ✆ 201 10 73

Devisen- und Zollvorschriften

Die Ein- oder Ausfuhr der chinesischen Landeswährung Renminbi ist verboten, die Einfuhr von Fremdwährungen in die VR China dagegen in beliebiger Höhe erlaubt.

Untersagt ist die Einfuhr (nach China) von Waffen, Munition, Sendeanlagen, Rauschmitteln, verseuchten Lebensmitteln, Tieren sowie pornographischer und konterrevolutionärer Literatur. Zollfrei einführen darf man 400 Zigaretten und zwei Flaschen Wein.

Antiquitäten dürfen nur mit dem roten Siegel eines staatlichen Antiquitätengeschäfts und Zertifikat ausgeführt werden.

Bedenken Sie, daß die Einfuhr (nach Europa und Hongkong) von Elfenbein, Schildpatt, Korallen und anderen Produkten geschützter Tiere verboten ist, diese in China allerdings immer noch angeboten werden.

Gesundheitsvorsorge

Besondere Schutzimpfungen sind nicht vorgeschrieben. Empfehlenswert sind Impfungen gegen Tetanus, Polio, Diphterie, Typhus und Hepatitis A und B sowie Gammaglobulin zur Stärkung des Immunsystems. Die Tropeninstitute raten für Südchina zudem zu einer Malaria-Prophylaxe. Gegen eine Gebühr von 30 DM erhalten Sie beim Hamburger Tropeninstitut nähere Informationen über die Gesundheitslage im betreffenden Reisegebiet (✆ 040/319 20 77).

Ihre Reiseapotheke sollte in jedem Falle ein leichtes Schmerzmittel, Medikamente zur Wundbehandlung, gegen Erkältung sowie gegen Magen- und Darmbeschwerden enthalten.

In China sollte Leitungswasser nur abgekocht getrunken werden, rohes Gemüse und Obst vor dem Verzehr stets schälen!

Eine Auslandskrankenversicherung ist zu empfehlen.

S. auch **Apotheken/Ärztliche Versorgung.**

Klima und Reisezeit

Als die besten Reisezeiten für China gelten Frühling und Herbst, mit Tagestemperaturen von 20–25 °C und weniger Regen als im Sommer. Generell ist das chinesische Wetter ähnlich wechselhaft wie das mitteleuropäische. Man sollte in dieser Zeit also auch im Süden auf gelegentliche Kühle und Sprühregen vorbereitet sein.

Im Sommer ist es in ganz China heiß. Vor allem im Süden ist es schwül und die Luftfeuchtigkeit sehr hoch. In dieser Zeit empfiehlt es sich, leichte Sommerkleidung und einen Regenschutz mitzunehmen. Wegen der Klimaanlagen in Hotels und Restaurants sollte man auch eine Strickjacke dabei haben.

Die Winter sind in Nordchina kalt und trocken, südlich des Yangzi friert es zwar nur selten, es ist aber dennoch unangenehm kalt, denn geheizt wird hier nur in den großen Hotels. Im Süden Yunnans und auf der Insel Hainan ist es in dieser Zeit frühlingshaft bis sommerlich warm.

Tips für die Reisegestaltung

Mit Englisch kommt man inzwischen in den großen Städten zwar recht gut weiter, doch wer über Land reisen will, sollte einen Sprachführer dabei haben oder sich rudimentäre Chinesisch-Kenntnisse aneignen.

Flug- und Bahntickets sind häufig lange im voraus ausgebucht. Leider werden Einzelreisende bei der Ticketbuchung von den örtlichen Reisebüros oft stiefmütterlich behandelt.

Bei den Hotels lohnt es sich häufig vorab über ein Reisebüro zu buchen – Preisvorteil.

Ausflüge von den großen Städten ins Umland lassen sich über Hotels oder örtliche Reisebüros buchen. Die meisten Hotels vermitteln auch ein Taxi oder ein Fahrrad. Persönliche Führer (englischsprachig, seltener deutschsprachig) lassen sich über das örtliche CITS-Büro oder private Reisebüros arrangieren.

Viele Sehenswürdigkeiten verlangen von Ausländern – obwohl inzwischen verboten – erhöhte Eintrittspreise, das gilt auch für Hotels, Bahn-, Flug- und Schiffstickets.

Informationen für unterwegs

Auskunft

Tourismus-Hotline: Dieser 24-Stunden-Service ist in Beijing telefonisch unter ✆ 010/65 13 08 28 zu erreichen. Englischsprachig.

Im folgenden listen wir Adressen und Rufnummern von Informationsstellen in den Touristenzentren, wenn nicht anders angegeben, **CITS-Büros.**

Beijing: Beijing Tourismusgebäude, 28 Jianguomenwai Dajie, ✆ 010/65 15 88 44, 65 15 85 62, Fax 65 15 02 14, Mo–Fr 8.30–11.30, 13.30–17.30 Uhr;

CITS-Gebäude, 4. Stock, Raum 417, 103 Fuxingmennei Dajie, ✆ 010/66 01 11 22 -417.
Chengdu: Renmin Nanlu (gegenüber dem Jinjiang Hotel), ✆ 028/667 55 78.
Chongqing: Overseas Tourist Corporation, 175 Renmin Lu, ✆ 0811/385 08 06.
Guangzhou: Guangdong Star International Travel Co., Dongfang Hotel, Raum 2444, 120 Liuhua Lu, ✆ 020/86 66 24 27.
Hangzhou: 1 Shihan Lu, ✆ 0571/51 52 888–256.
Kunming: 220 Huancheng Nanlu, ✆ 0871/314 83 08.
Qingdao: Huiquan Dynasty, 9 Nanhai Lu, ✆ 0532/287 92 15.
Shanghai: Guangming Gebäude, 2 Jingling Donglu, ✆ 021/ 63 23 87 50.
Tianjin: 22 Youyi Lu, Hexi-Distrikt, ✆ 022/28 35 53 09.
Wuhan: 26 Taibei Yilu, ✆ 027/578 41 25;

Changjiang Overseas Travel Co. (Ticketbüro für Yangzi-Kreuzfahrten), 80 Yanjiang Dadao, Hankou (gegenüber von Pier 18).
Xiamen: 2 Zhongshan Lu, 2. Stock, ✆ 0592/202 06 58.
Xi'an: Sheraton Hotel, 12 Fenghao Lu, ✆ 029/42 61 888–10 00.

Ferner gibt es in China die staatlichen Reisebüros **CTS und CYTS,** daneben bieten heute zahlreiche **Privatveranstalter** ihre Dienste an.

Unterkunft und Restaurants

Die Hotels ordnen wir in vier Kategorien ein:
(L) = Luxushotel
(G)= gehobener Standard
(S) = Standard
(P) = preiswerte Unterkunft

Staatlich geführte Restaurants schließen um 20 Uhr, private und Hotelrestaurants haben i.a. bis 22 Uhr geöffnet. Wir listen einige Restaurant-›Klassiker‹ mit ortstypischer Küche.

Beidaihe

s. Shanhaiguan

Beijing

Vorwahl: 010

Hotels

Palace Hotel (L), 8 Jinyu Hutong, Wangfujing, ✆ 65 12 88 99, Fax 65 12 90 50. Luxushotel im Geschäftszentrum.

Grand Hotel (L), 35 Dong Chang'an Jie, ✆ 65 13 77 88, Fax 653 00 48–49. Nur Schritte vom Tian'anmen-Platz entfernt.

Beijing Hotel (G), 33 Dong Chang'an Jie, ✆ 65 13 77 66, Fax 65 13 73 07. Traditionshaus in idealer Lage, Service aber nicht immer zufriedenstellend.

Holiday Inn Crowne Plaza (G), 48 Wangfujing Dajie, ✆ 65 13 33 88, Fax 65 13 25 13. Solider Komfort, direkt an Beijings Flaniermeile.

Prime Hotel/Huaqiao Dasha (G), 2 Wangfujing Dajie, ✆ 65 13 66 66, Fax 65 13 42 48. In wenigen Minuten erreicht man von hier aus die Kunsthalle, und auch der Kohlehügel-Park ist nicht weit.

Xiangshan Hotel/Fragrant Hill Hotel (G), Xiangshan Park, ✆ 62 59 11 55, 62 59 11 66. Vier-Sterne-Hotel in den Westbergen, der Bau stammt vom Star-Architekten Ieoh Ming Pei.

Minzu Hotel (S), 51 Fuxingmennei Dajie, ✆ 66 01 44 66, Fax 66 01 48 49.

Lüsongyuan Hotel (P), 22 Banchang Hutong, ✆ 64 04 04 36, 64 60 11 16, Fax 64 03 04 18. Einfaches, aber sauberes Hotel im Hutong-Stil, nördlich der Nationalgalerie; nicht leicht zu finden.

Restaurants

Fangshan, auf der Jadeinsel im Beihai-Park, ✆ 64 01 11 84. Kaiserliche Hofküche.

Tingliguan Fanzhuang, im Sommerpalast, Reservierung erforderlich, ✆ 62 58 25 04. Kaiserliche Hofküche.

Donglaishun, 198 Wangfujing, ✆ 65 25 35 62. Spezialität: mongolischer Feuertopf.

Quanjude Kaoya Dian, 32 Qianmen Dajie, ✆ 65 11 24 18. Das älteste Pekingenten-Restaurant der Stadt (von 1864).

Bianyifang Kaoya Dian, 2 Chongwenmenwai Dajie, ✆ 67 12 05 05. Berühmtes Pekingenten-Restaurant.

Xihe Yaju Restaurant, in der Nordostecke des Ritan-Parks, ✆ 65 06 76 43. Sichuan- und Kanton-Küche, im Sommer kann man draußen speisen.

Sichuan Fandian, 51 Xi Rongxian Hutong, ✆ 66 03 32 91. In einem stilvollen alten Wohnhof speist man Gerichte aus Sichuan.

Gongdelin, 158 Qianmen Nandajie, ✆ 65 11 25 42. Vegetarisch.

Chengde

Vorwahl: 0314

Hotels

Qiwanglou Hotel/Qiwanglou Binguan (S), 1 Difangmeng Donglu, ✆ 202 21 92, Fax 202 19 04. Innerhalb der Palastgärten.

Mountain Villa Hotel/Shanzhuang Binguan (S), 127 Xiaonenmen Lu, ✆ 202 35 01, Fax

202 24 57. Stalinistische Ästhetik, schöner Innenhof.

Chengdu

Vorwahl: 028
Hotels
Jinjiang Hotel/Jinjiang Binguan (G), 180 Renmin Nanlu, ✆ 558 22 22, Fax 558 18 49. Großes Vier-Sterne-Hotel in zentraler Lage am Fluß.
Minshan Hotel/Minshan Fandian (G/S), Renmin Nanlu, ✆ 558 33 33, Fax 558 21 54. Gehobener Standard, gegenüber dem Jinjiang.

Restaurants
Chen Mapo Doufu, 113 Xiyihuan Lu. Berühmtes Tofu-Restaurant, klein und schlicht, doch mit exzellenter Hausmannskost.
Shufeng Yuan, 153 Dong Dajie, ✆ 665 76 29. Elegantes Restaurant, berühmt für seine exquisite Sichuan-Küche, empfehlenswert der Feuertopf *(huoguo).*
Longchaoshou Special Restaurant/Longchaoshou Canting, Ecke Chunxi Lu/Dong Dajie. Einfaches, stets gefülltes Restaurant, berühmt für seine reiche Auswahl an kleinen Snacks *(xiao chi).*

Chongqing

Vorwahl: 0811
Hotels
Yangzi Chongqing Holiday Inn/Yangzijiang Jiari Jiudian (L/G), 15 Nanping Beilu, ✆ 280 33 80, Fax 20 08 84. Bestes Hotel am Platz, internationaler Standard.
Chongqing Shipin Mansion/Chongqing Shipin Dasha (P), 72 Shaanxi Lu, ✆ 384 73 00. Einfach und sauber, nicht weit vom Chaotianmen-Schiffsanleger.

Dali

Vorwahl: 0872
Hotels
Jinhua Hotel/Jinhua Dajiudian (S), Ecke Fuxing Lu/Huguo Lu, ✆ 267 33 43, Fax 267 38 46.
No. 5 Guesthouse/Siji Kezhan (P), 51 Bo'ai Lu, ✆ 267 03 82. Altes Holzgebäude mit begrüntem Hof.

Datong

Vorwahl: 0352
Hotels
Yungang Hotel/Yungang Binguan (S), 21 Yingbingdong Lu, ✆ 502 16 01, Fax 502 49 27.
Datong Hotel/Datong Binguan (S), Yingbin Xilu, ✆ 23 24 76.

Emei Shan

Vorwahl: 08426
Hotels
Hongzhushan Binguan (S), ✆ 52 58 88, Fax 52 56 66. Am Fuß des Emei Shan nahe dem Baoguo Si. S. auch Marginalspalte

Emei Shan
Rund um den Pavillon des Klaren Klangs (Qingyin Ge) gibt es zahlreiche einfache Privatunterkünfte; auf dem Weg zum Gipfel bieten folgende Klöster schlichte Übernachtungsmöglichkeiten: Baoguo Si, Wannian Si, Xixiang Chi, Xianfeng Si, Hongchunping, Fuhu Si und Leiyin Si.

Guangzhou (Kanton)

Vorwahl: 020
Hotels
White Swan/Bai Tian'e Binguan (L), 1 Shamian Nanjie, ✆ 81 88 69 68, Fax 81 86 11 88. Modernes Luxushotel auf Shamian.

Aiqun Hotel/Aiqun Dajiudian (S), 113 Yanjiang Xilu, ✆ 81 86 66 68, Fax 81 92 01 19. 30er-Jahre Flair mit Blick über den Perlfluß.
Shamian Hotel/Shamian Binguan (S), 50 Shamian Nanjie, ✆ 891 22 88, Fax 81 91 16 28. Nettes Hotel nahe dem Shamian-Park.
Guangzhou Youth Hostel/ Shengwaiban Zhaodaisuo (P), 2 Shamian Sijie, ✆ 81 88 42 98. Einfach, günstig, zentral gelegen.

Restaurants
Panxi Jiujia, 151 Longjin Xilu, ✆ 81 81 59 55. Schönes Gartenrestaurant, herrliche Dim Sum.
Beiyuan Jiujia, 202 Xiaobei Lu, ✆ 83 33 00 87. Eines der ältesten Gartenrestaurants der Stadt.
Caigenxiang Sucaiguan, 167 Zhongshan Liulu. Vegetarisch.
Guangzhou Jiujia, 2 Wenchang Lu, ✆ 81 88 83 88. Großes Traditionshaus.
She Canguan, 43 Jianglan Lu. Hier serviert man Schlangenfleisch (*she*=Schlange).

Guilin

Vorwahl: 0773
Hotels
Holiday Inn/Jiari Binguan (G), 14 Ronghu Nanlu, ✆ 282 39 50, Fax 282 21 01. Am südwestlichen Ufer des Banyan-Sees.
Sheraton/Wenhua Fandian (G), 9 Binjiang Nanlu, ✆ 282 55 88, Fax 282 55 98. Direkt am Fluß.
Yu Gui Hotel/Yu Gui Binguan (P), Binjiang Lu, ✆ 282 54 99. Am Li-Fluß am Elefantenrüsselberg.

Hangzhou

Vorwahl: 0571
Hotels
Shangri-La/Xianggelila Fandian (L), 78 Beishan Lu, ✆ 707 79 51, Fax 799 66 37. Wunderschön am Westsee gelegen.
Hangzhou Hai Hua Novotel/ Haihua Dajiudian (G), 298 Qingchun Lu, ✆ 721 58 88, Fax 721 51 08. Zentral gelegenes, modernes Hotel mit gutem Service.
Xinxin Hotel/Xinxin Fandian (S), 58 Beishan Lu, ✆ 798 71 01, Fax 70 53 26. Östlich des Shangri-La Hotels am See.

Restaurants
Louwailou, 30 Waixihu, ✆ 796 90 23. Auf Gushan im Westsee. Berühmt für Fischgerichte und ›Bettlerhuhn‹. Im Sommer Bootsfahrten mit Dinner.
Tianxianglou, 676 Jiefang Lu. Spezialitäten des Hauses: Krabben mit Longjing-Teeblättern oder Schweinefleisch in Shaoxing-Wein.
Shang Palace im Shangri-La Hotel, ✆ 797 79 51. Exquisite Hangzhouer Spezialitäten in elegantem Ambiente.

Hongkong

Vorwahl: 0852
Hotels auf Hongkong Island
Mandarin Oriental (L), 5 Connaught Road, Central, ✆ 25 22 01 11, Fax 28 10 61 90. Dezenter Luxus im Herzen des Bankenviertels.
Grand Hyatt (L), 1 Harbour Road, Wanchai, ✆ 25 88 12 34, Fax 28 02 06 77. Moderner Palast direkt am Hafen.

The Excelsior (G), 281 Gloucester Road, Causeway Bay, ✆ 28 94 88 88, Fax 28 95 64 59. Ein Ableger des Mandarin Oriental mit gutem Preis-Leistungsverhältnis, Hafenblick und zentraler Lage in Causeway Bay.
Garden View International House (S), 1 MacDonell Road, Central, ✆ 877 37 37, Fax 845 62 63. Unter Leitung des YWCA, günstig und zentral gelegen.

Hotels in Kowloon
The Peninsula (L), Salisbury Road, Tsim Sha Tsui, ✆ 23 66 62 51, Fax 27 22 41 70. Das erste Haus am Platz: legendäres Luxushotel im Kolonialstil.
The Regent (L), 18 Salisbury Road, Tsim Sha Tsui, ✆ 27 21 12 11, Fax 27 39 45 46. Moderne Nobelherberge mit atemberaubendem Hafenblick.
The Salisbury YMCA (M/S), 41 Salisbury Road, Tsim Sha Tsui, ✆ 23 69 22 11, Fax 27 39 93 15. Beste Lage, hoher Standard und gutes Preis-Leistungsverhältnis.
International Hotel (S), 33 Cameron Road, Tsim Sha Tsui, ✆ 236 62 61, Fax 23 69 53 81. Schlicht, aber zentral gelegen.

Restaurants
Lai Ching Heen, im Regent Hotel, 18 Salisbury Road, App. 2243, Tsim Shat Tsui, '✆ 27 21 12 11. Gilt als eines der besten Kanton-Restaurants der Welt, schönes Ambiente und Hafenblick, all das hat seinen Preis.
Yü, im Regent Hotel, App. 2340, ✆ 27 21 12 11. Fisch und Meeresfrüchte, asiatisch oder westlich, spektakuläres Ambiente.
Felix, im Peninsula Hotel, App. 3188, ✆ 23 66 62 51. Euro-asiatische Küche oder nur Bar. Designed von Philippe Starck, sehr exklusiv, atemberaubender Hafenblick.
Zen, LG 1, Pacific Place Mall, Queensway Central, ✆ 28 45 45 55. Chinesische Nouvelle Cuisine.
Tin Tin Seafood Harbour, 250 Gloucester Road, Causeway Bay, ✆ 28 33 66 83. Meeresfrüchte und Kanton-Küche, riesiges Lokal.
Yung Kee, 32–40 Wellington Street, Central, ✆ 522 16 24. Reservierung empfohlen, gute, preiswerte Kanton-Küche.
Kung Tak Lam, 15 Hanoi Road, Kowloon, ✆ 367 78 81. Vegetarische Küche.

Dim Sum-Restaurants
Luk Yu-Teehaus, 24–26 Stanley Street, Central. Traditionshaus, urige Atmosphäre, 7–18 Uhr Dim Sum.
City Hall Chinese Restaurant, Low Block 2/F, Central. Riesig, einfach, gut, 11.30–15.00 Uhr Dim Sum.

Hua Shan

Vorwahl: 0913
Hotels
Huashan Hotel/Huashan Binguan (S), Jianshe Lu, ✆ 66 18 36.
Hier kann man auf dem Berg nächtigen: *Beifeng Hotel/ Beifeng Fandian* (P), auf dem Nordgipfel, ✆ 436 32 03.
Auf dem Westgipfel bieten das *Kloster,* eine einfache *Herberge (Xifeng Lüshe)* oder das *Dianli-Hotel* (S), ✆ 436 29 61, Betten.

Chungking Mansions (P), 30 Nathan Road, und Mirador Arcade (P), 58 Nathan Road, sind Häuserblöcke mit zahlreichen billigen Pensionen, Dorado der Rucksacktouristen.

Teatime in Hongkong – Tee mit Muffins und Gurkensandwichs, stilvoll mit Kammermusik im Peninsula Hotel, Tsim Sha Tsui (Kowloon) oder mit großartiger Aussicht auf Hongkong Island im Regent Hotel, Tsim Sha Tsui (Kowloon).

Das *Dongfeng Fandian* (S) auf dem Ostgipfel ist modern, aber überteuert.

Huang Shan

Vorwahl: 0559 (Anshun)
Hotels
Free and Unfettered Hotel/Xiaoyao Binguan (S), in Tangkou, ✆ 556 25 71, Fax 556 16 79.
In der Nähe der heißen Quellen liegen das *Huangshan Hotel* (S), ✆ 556 23 57, und das *Wenquan Hotel* (S), ✆ 556 21 96.
Auch hier kann man auf dem Gipfel nächtigen, wobei die Hotels dort oben als relativ teuer zu bezeichnen sind: *Beihai Binguan* (S), ✆ 556 25 55, Fax 556 27 08, und das *Xihai Fandian* (S), ✆ 556 27 12, Fax 556 29 88, ein stilvolles ›Berghotel‹.

Huangguoshu

Vorwahl: 0853 (Anshun)
Hotels
Huangguoshu Hotel/Huangguoshu Binguan (S), Huangguoshu Fengjinqu, Zhenmingxian, Anshun, ✆ 359 21 10, Fax 359 21 11. Bungalowanlage am Eingang des Parks mit den berühmten Wasserfällen gelegen.

Jiuhua Shan

Vorwahl: 0566
Hotels
Buddhism Hotel/Fojiao Binguan (P), auf dem Gelände des Qiyuan Klosters, ✆ 501 16 08.
Bell Tower Hotel/Jiuhuashan Zhonglou Fandian (P), ✆ 501 12 51.

Jiuzhaigou

Hotels
Yangdong Hotel/Yangdong Binguan (P). Einfaches Hotel am Parkeingang.
Innerhalb des Parks findet man einfache *Privatunterkünfte* in den Dörfern Heye, Shuzheng und Zehwacha, teilweise im tibetischen Stil. Das triste *Nourilang Hotel* ist nicht empfehlenswert.

Kunming

Vorwahl: 0871
Hotels
King World Hotel/Jinhua Fandian (G), ✆ 313 88 88, Fax 313 19 10. Vier-Sterne Hotel mit Drehrestaurant auf dem Dach.
Holiday Inn/Yinghua Jiari Jiudian (G), 25 Dongfeng Donglu, ✆ 316 58 88, Fax 313 51 89. Internationaler Standard, guter Service.
Chun Cheng Hotel/Chuncheng Fandian (S), Dongfeng Xilu, ✆ 316 32 71. Einfaches, aber freundliches Hotel.

Lijiang

Vorwahl: 08891
Hotels
Lijiang Grand Hotel/Gelan Dajiudian (G), ✆ 512 88 88, Fax 512 78 78. Chinesisch-thailändisches Joint-Venture Hotel, nördlich der Altstadt.
Lijiang Hotel/Lijiang Binguan (P), ✆ 512 1911.

Luoyang

Vorwahl: 0379

Hotels
Peony Hotel/Mudan Dajiudian (G), 15 Zhongzhou Xilu, ✆ 485 66 99, Fax 48 56 99. Bisher das beste Haus am Platz.
Luoyang Friendship Guesthouse (S), 6 Xiyuan Lu, ✆ 491 27 80, Fax 491 38 08. Stalinistischer Charme im Zentrum.
Huacheng Hotel/Huacheng Fandian (P), 49 Zhongzhou Xilu, ✆ 491 34 00.

Macau

Vorwahl: 0853
Hotels
Bela Vista (L), 8 Rua da Comendador Kou Ho Neng, ✆ 96 53 33, Fax 96 55 88. Diese exklusive Herberge mit nur acht Suiten in einer Kolonialvilla mit Hafenblick wird im Lauf des Jahres leider ihre Pforten schließen. Ab dem 20.12.1999, wenn Macau an die Volksrepublik China zurückfällt, wird sich hier das portugiesische Konsulat befnden.
Pousada de São Tiago (L), Avenida Republica, ✆ 37 81 11. Zu einem kleinen, exquisiten Hotel umgebautes Fort an der Südspitze Macaus. Auch jetzt schon eine wunderbare Alternative zum Bela Vista.
Hotel Lisboa (L), Avenida da Amizade, ✆ 57 76 66, Fax 56 71 93. Wahrzeichen Macaus mit Kitsch-Fassade und großem Casino.
Mandarin Oriental (L), Avenida da Amizade, ✆ 56 78 88, Fax 59 45 89. Elegant und modern.
Guia (G), 1–5 Estrada do Engenheiro Trigo, ✆ 051 38 88, Fax 55 98 22. Ruhiges Mittelklassehotel.

Restaurants
Folgende Restaurants servieren portugiesische und macanesische Küche. Lokale Spezialitäten sind ›afrikanisches Huhn‹, Bacalau, Kaninchen, Meeresfrüchte und portugiesischer Wein.
A Lorcha, 289 A Rua Almirante Sergio, ✆ 31 31 93.
Henri's Galley, 4 Avenida da Republica, ✆ 56 22 31.
Solmar, 11 Rua da Praia Grande, ✆ 57 43 91.
Estrela do Mar, 11 Travesso do Paiva, ✆ 32 20 74.

Nanjing

Vorwahl: 025
Hotels
Jinling Hotel (G), 2 Hangzhong Lu, ✆ 445 58 88, Fax 470 33 96. Zentral gelegen.
Jiangsu Hotel/Jiangsu Dajiudian (S), 28 Zhongshan Beilu, ✆ 332 9888, Fax 330 33 08. Ordentliches Hotel, nördlich des Trommelturms.

Restaurants
Jiangsu Restaurant, 26 Jiankang Lu, ✆ 662 36 98. Lokale Spezialitäten wie ›Flachente‹ in Salzlake (Yanshui Ya).
Lao Zhengxing Caiguan, 119 Gongyuan Jie (beim Konfuzius-Tempel). Jiangsu-Küche.

Putuo Shan

Vorwahl: 0580
Hotels
Putuo Hotel/Putuo Shanzhuang (S), ✆ 609 16 66, Fax 609 16 67.
Sanshengtang Hotel/Sanshengtang Fandian (P). War früher ein Nonnenkloster.

Shanghai ist berühmt für seine Xiaolongbao, gedämpfte Maultaschen mit Fleischfüllung, besonders gut im Altstadtbasar, gegenüber dem alten Teehaus.
Ein Lokal neben dem anderen lockt in der Huanghe Lu mit bunter Neonreklame. Die ›Essensgasse‹ Shanghais zweigt beim Park Hotel von der Nanjing Lu ab.
Ein Nachtmarkt mit unzähligen Essensständen findet jeden Abend in der Yunnan Lu statt.

Qingdao

Vorwahl: 0532
Hotels
Shangri-La/Xianggelila Jiudian (G), 9 Zhanliugan Lu, ✆ 388 38 38, Fax 388 68 68. Modernstes und bestes Hotel am Platz.
Xinhao Hill Hotel/Xinhaoshan Ying Binguan (G), 26 Longshan Lu, ✆ 286 62 09, Fax 286 19 85, Kolonialflair in der alten deutschen Gouverneursresidenz.
Friendship Hotel/Youyi Binguan (P), Xinjiang Lu, ✆ 282 81 65. Direkt am Fähranleger.

Restaurants
Chunhelou, 146 Zhongshan Lu, ✆ 282 73 71. Traditionshaus, Spezialitäten: Fisch und Meeresfrüchte.
Am Meer, besonders am Strand Nr. 1, gibt es gute *Fischrestaurants.* Auch der *Essensmarkt* in der Haixianyitiao Jie mit zahlreichen günstigen und guten Lokalen ist zu empfehlen.

Qufu

Vorwahl: 0537
Hotels
Luyou Hotel/Luyou Binguan (S), ✆ 441 16 25, Fax 441 62 07. Ordentliches Hotel, gegenüber dem Busbahnhof.
Queli Hotel/Queli Binshe (S), 1 Queli Jie, ✆ 441 19 56, Fax 441 20 22. Stilvolle Anlage, neben dem Konfuzius-Tempel.

Shanghai

Vorwahl: 021

Hotels mit Kolonialflair
Garden Hotel/Huayuan Fandian (L), 58 Maoming Nanlu, ✆ 64 15 11 11, Fax 64 15 88 66. Eine der feinsten Adressen in Shanghai im ehemaligen Cercle Sportif Français.
Jinjiang Hotel (G), 59 Maoming Nanlu, ✆ 64 33 44 88, Fax 64 15 00 15. Art-Deco-Komplex in der ehemaligen französischen Konzession.
Peace Hotel/Heping Fandian (G), 20 Nanjing Donglu, ✆ 63 21 68 88, Fax 63 29 03 00. Beste Lage am Bund, authentisches Interieur und legendäre Jazzband in der Bar.
Park Hotel/Guoji Fandian (S), 170 Nanjing Xilu, ✆ 63 27 52 25, Fax 63 27 69 98. Modernistischer Ziegelturm mit Blick auf den Volkspark, moderne Innenausstattung.
Shanghai Mansions/Shanghai Dasha (S), 20 Suzhou Beilu, ✆ 63 24 62 60. Modernistischer Bau am Suzhou-Creek mit Blick auf den Hafen.
Pujiang Hotel/Pujiang Fandian (P), 15 Huangpu Lu, ✆ 63 24 63 88, Fax 63 24 31 79. Altehrwürdiges, aber heruntergekommenes Haus hinter der russischen Botschaft, eines der wenigen billigen Hotels der Stadt.

Hotels mit modernem Luxus
The Portman-Ritz-Carlton (L), Shanghai Centre, 1376 Nanjing Xilu, ✆ 62 79 86 00, Fax 62 79 86 10. Luxuriöses Business-Hotel im monumentalen Shanghai Centre.

Restaurants
Gongdelin, 445 Nanjing Xilu, ✆ 63 27 02 18. Vegetarisches

Restaurant, alle ›Fleischgerichte‹ sind aus Wurzeln und geschabten Rüben.
Meilongzhen Jiujia, 1081 Nanjing Xilu, 22 Nong. Exquisite Küche in einem alten Kaufmannshaus.
Wangbaohe Caiguan, 603 Fuzhou Lu. Spezialität: Shrimps und andere Meerestiere.
Laofandian, 242 Fuyou Lu, ✆ 328 27 82. Shanghaier Spezialitäten im Altstadtbasar.

Shanhaiguan/Beidaihe

Vorwahl: 0335 (Qinhuangdao)
Hotels
Jingshan Hotel/Jingshan Binguan (S), Dong Dajie, Shanhaiguan, ✆ 55 11 30.
Jinshan Guesthouse/Jinshan Binguan (M), Zhonghaitan Lu, Beidaihe, ✆ 404 13 38, Fax 404 24 78. Direkt am Strand.

Shaoxing

Vorwahl: 0575
Hotels
Xianheng Hotel/Xianheng Dajiudian (G), 680 Jiefang Nanjie, ✆ 806 86 88, Fax 805 10 28. Bestes Hotel am Ort.
Shaoxing Hotel/Shaoxing Fandian (S), 9 Huanshan Lu, ✆ 515 58 88, Fax 515 55 65. Ordentliches Hotel im traditionellen Stil.

Suzhou

Vorwahl: 0512
Hotels
Bamboo Grove/Zhuhui Fandian (G), Zhuhui Lu, ✆ 520 56 01, Fax 520 51 91. Schöne Anlage mit viel Grün.
Gloria Plaza/Kailai Dajiudian (G), 535 Ganjiang Donglu, ✆ 521 85 08, 521 88 55, Fax 521 85 33. Modernes Hotel in zentraler Lage.
Canglang Hotel/Canglang Binguan (S), 53 Wuqueqiao, ✆ 520 15 57, Fax 510 32 85. Modernes Mittelklassehotel.
Friendship Hotel/Youyi Binguan (S), 238 Zhuhui Lu, ✆ 529 16 01, Fax 520 62 21.

Restaurants
Songhelou, 141 Guanqian Jie. Altes Traditionshaus für Suzhouer Spezialitäten.
Zahlreiche *private Restaurants* finden sich in der Shiquan Jie, ein *Nachtmarkt* mit vielen Garküchen in der Guanqian Jie.

Tai Shan

Vorwahl: 0538
Hotels
Shenqi Guesthouse/Shenqi Binguan (S), 10 Tian Lu, ✆ 822 38 66, Fax 833 31 50. Auf dem Gipfel des Tai Shan.
Taishan Guesthouse/Taishan Binguan (S), 46 Hongmen Lu, ✆ 822 46 78. In Tai'an, am Fuß des Tai Shan.
Zhongtianmen Guesthouse/Zhongtianmen Binguan (P), ✆ 822 67 40. Einfaches Hotel auf halber Strecke zum Gipfel, am unteren Ende der Seilbahn.

Taiyuan

Vorwahl: 0351
Hotels
Yingze Hotel/Yingze Binguan (G), Yingze Dajie, ✆ 404 32 11. Bestes Hotel am Platz, zentral gelegen.

Tianjin
In der Essensstraße, Shipin Jie, bieten über 100 Restaurants und Garküchen auf mehreren Ebenen alles an, was das Herz begehrt, besonders gut sind Jiaozi und Baozi (gefüllte Maultaschen und Hefeknödel).

Bingzhou Hotel/Bingzhou Fandian (S), ✆ 404 21 11. Direkt am Platz des 1. Mai (Wuyi Guangchang).

Tianjin

Vorwahl: 022
Hotels
Hyatt Hotel/Kaiyue Fandian (L), 219 Jiefang Beilu, ✆ 23 31 88 88, Fax 23 31 12 34. Luxusherberge in zentraler Lage.
New World Astor Hotel (G), 33 Taierzhuang Lu, ✆ 23 31 16 88, Fax 23 31 62 82. Geschichtsträchtiges, renoviertes Kolonialhotel mit gutem Service.
Imperial Palace Hotel/Tianjin Huanggong Fandian (G), 177 Jiefang Beilu, ✆ 22 30 08 88, Fax 22 30 02 22. Ein renovierter Kolonialbau in zentraler Lage.

Restaurants
Goubuli, 77 Shandong Lu, ✆ 27 30 08 10. In ganz China berühmtes Lokal für Baozi (gedämpfte Hefeknödel mit Füllung).

Wuhan

Vorwahl: 027
Hotels
Holiday Inn/Wuhan Tian'an Jiari Jiudian (G), 868 Jiefang Daodao, ✆ 586 78 88, Fax 584 53 53. Modern und gut geführt.
Jianghan Hotel/Jianghan Fandian (G), 245 Shengli Jie, ✆ 281 16 00, Fax 281 43 42. Kolonialhotel aus dem Jahr 1914 mit empfehlenswertem Restaurant.

Wutai Shan

Vorwahl: 03633
Hotels
Qixiang Ge Hotel/Qixiang Ge Binguan (S), ✆ 654 24 00. Ruhiges Hotel nahe dem Nanshan-Kloster.

Wuxi

Vorwahl: 0510
Hotels
Hubin Hotel (G), Liquan Hubin Lu, ✆ 60 18 88, Fax 60 26 37. Südwestlich der Stadt am See, mit gutem Restaurant.

Xiamen

Vorwahl: 0592
Hotels
Holiday Inn/Jiari Huangguan Haijing Dajiudian (G), Siming Lu, ✆ 202 33 33, Fax 203 66 66. Bestes Haus am Platz, zentral gelegen.
Xinqiao Hotel/Xinqiao Jiudian (S), 444 Zhongshan Lu, ✆ 203 66 68. Kolonialbau, zentral gelegen.
Gulangyu Guesthouse/Gulangyu Binguan (P). Kolonialbau mit einfachen Fremdenzimmern auf Gulangyu.

Xi'an

Vorwahl: 029
Hotels
Hyatt Regency/Afanggong Kaiyue Fandian (L), 158 Dong Dajie, ✆ 723 12 34, Fax 721 67 99. Zentral gelegenes 5-Sterne-Hotel.
ANA Grand Castle (G), ✆ 723 18 00, Fax 723 15 00. Direkt am südlichen Stadttor gelegen.

Belltower Hotel/Zhonglou Fandian (G), ✆ 727 9200, Fax 721 87 67. Ideale Lage, direkt am Glockenturm.

Restaurants
Baiyunzhang Jiaoziguan, Dong Dajie, schräg gegenüber vom Hotel Royal Xi'an. Große Auswahl an gefüllten Maultaschen (*jiaozi*), für die Xi'an ja berühmt ist.
Tongshengxian Paomo Guan, 33 Xi Dajie. Mongolischer Feuertopf und Lammsuppe (*yangrou paomo*).
Laosunjia Fanzhuang, Ecke Dong Dajie/Duanlumen. Muslimische Spezialitäten, z. B. Lamm-Fondue (*shuangguozi*).

Berühmt ist Xi'an für seine vielen **Nachtmärkte** mit unzähligen Garküchen (gekennzeichnet durch rote Lampen). In der *Qingzhen Shipin Jie* und der *Dami Shijie* findet täglich ein **Essensmarkt** statt.

Urlaubsaktivitäten

Baden

Die chinesischen Küstengewässer sind stark verschmutzt und deshalb zum Baden nicht gerade einladend. Die besten Bademöglichkeiten findet man in Beidaihe, Qingdao, auf der Insel Putuo Shan, in Xiamen, auf den Inseln von Hongkong und im Süden der Insel Hainan.

Golf

Golfplätze gibt es mittlerweile in vielen großen chinesischen Städten. Eine Adressenliste finden Sie im Internet unter: http://worldgolf.com/courses/chinagcs.html
Hier eine Auswahl:
Beijing Golf Club, Pan Asia Co., Room 7031, Beijing Hotel, 33 Dong Chang'an Jie, ✆ 010/500 77 66. In der Nähe des Flughafens, 18 Löcher.
Beijing International Golf Club, ✆ 010/33 13 46. Bei den Ming-Gräbern, 18 Löcher.
Guangzhou International Golf Club, telefonische Auskünfte unter 0852/804 22 28, Fax 529 90 52. 18 Löcher.
Shanghai International Golf & Country Club, Zhu Jia Jiao, Kreis Qingpu, Shanghai, ✆ 021/972 81 11, Fax 972 85 20. 18 Löcher.
Tianjin International Golf Club, ✆ 022/30 03 00, Fax 49 03 91. 18 Löcher.
In *Guilin* legt man zur Zeit einen neuen 18-Loch-Platz an, der durch seine Lage in der traumhaften Karstlandschaft des Li-Flusses sicherlich zu einem der schönsten des Landes zählen wird.

Wandern und Bergsteigen

Die Besteigung heiliger Berge hat in China eine lange Tradition. Jahrhundertealte Pilgerwege führen auf die heiligen Berge der Daoisten und Buddhisten. Der Aufstieg ist zwar teilweise anstrengend, aber auch ohne Profiausrüstung zu schaffen, denn meist bewegt man sich auf befestigten Wegen und über Treppen.
Die folgenden Bergregionen sind beliebte, traditionsreiche Wandergebiete.

1. Die vier Heiligen Berge des Buddhismus: Emei Shan (Sichuan), Wutai Shan (Shanxi), Putuo Shan (Zhejiang), Jiuhua Shan (Anhui).
2. Die fünf Mythischen Berge der Daoisten: Tai Shan (Shandong), Heng Shan (Shanxi), Heng Shan (Hunan), Hua Shan (Shaanxi) und Song Shan (Henan).
3. Ferner: Huang Shan (Anhui), Wudang Shan (Hubei), Qingcheng Shan (Sichuan), Wuyi Shan (Fujian), die Nationalparks Wulingyuan (Hunan), Shennongjia (Hubei), Jiuzhaigou (Sichuan) und Huanglong (Sichuan) sowie die Gebirgsregionen um Dali und Lijiang (Yunnan).

Reiseinformationen von A-Z

Apotheken/Ärztliche Versorgung

Die chinesischen Apotheken sind gut sortiert und führen neben den gängigen westlichen Medikamenten meist Naturheilmittel der chinesischen Medizin. Lassen sie sich vor dem Gang in eine Apotheke ihre Beschwerden auf Chinesisch aufschreiben!

Die meisten großen Hotels besitzen einen Vertragsarzt oder eine Erste-Hilfe-Station, die Sie bei schwereren Fällen an ein Krankenhaus weiterleitet. In den großen Städten findet man heute auch Krankenhäuser internationalen Standards. Behandlungen müssen vor Ort bar bezahlt werden.

Bei **Notfällen** können Sie sich auch an folgende Stellen wenden:
Asia Emergency Assistance, Beijing, ✆ 01/64 62 91 12 (24-Stunden-Hotline).
International Medical Center, Beijing, ✆ 01/64 65 15 61 (24-Stunden-Hotline).
Chinesisch-Japanisches Freundschaftshospital, Hepingli Dongjie/Yinghuayuan Dongjie, Beijing, ✆ 01/64 22 11 22.
Shanghai Emergency Center, 68 Haining Lu, Shanghai, ✆ 021/63 24 40 10.
Diyi Renmin Yiyuan (Volkskrankenhaus Nr. 1), 602 Renmin Beilu, Guangzhou, ✆ 020/63 33 30 90. Das Krankenhaus verfügt über eine spezielle Ausländerabteilung.

Behinderte

Behindertenfreundliche Einrichtungen sind in China selten. Fast alle größeren Hotels besitzen allerdings Aufzüge, so daß Rollstuhlfahrer und Gehbehinderte nicht unbedingt auf Zimmer im Erdgeschoß angewiesen sind.

Betteln

Das mangelnde soziale Netz hat in China so manchen in Not gebracht. Vor allem alte Leute und Körperbehinderte sind gezwungen zu betteln. Nichts spricht dagegen, ihnen etwas zu geben. Bettelnde Kinder sollte man indes auf keinen Fall unterstützen, da diese häufig von ihren Eltern in die Touristenzentren zum Betteln statt in die Schule geschickt werden.

Diplomatische Vertretungen in China

Deutsche Botschaft
5 Dongzhimenwai Dajie
Sanlitun
100600 Beijing
✆ 010/65 32 21 61–65
Fax 65 32 53 36

Deutsches Generalkonsulat
181 Yongfu Lu
200031 Shanghai
✆ 021/64 33 69 51–53
Fax 64 71 44 48
Mo-Fr 9–17 Uhr

Deutsches Generalkonsulat
339 Huanshi Road
510098 Guangzhou
✆ 020/83 30 65 33
Fax 83 31 70 33

Österreichische Botschaft
5 Xiushi Nanjie, Jianguomenwai
100600 Beijing
✆ 010/65 32 20 61–63
Fax 65 32 15 05
Mo–Fr 9–17 Uhr

Schweizerische Botschaft
13 Dongwu Jie, Sanlitun
100600 Beijing
✆ 010/65 32 27 36
Fax 65 32 43 53
Mo–Fr 9–17 Uhr

Einkaufen

Generell gilt: beim Einkauf stets handeln! Lediglich staatliche Läden und Kaufhäuser haben festgelegte Preise. Doch auch im staatlichen Antiquitätenladen ist meist am Preis noch etwas zu machen.

Beim Kauf von Antiquitäten sollte man stets eine Quittung für den Zoll verlangen. Diese ist allerdings nicht immer – ebenso wenig wie das Siegel der staatlichen Antiquitätenläden – eine Garantie für die Echtheit.

Achtung kaufen Sie keine Objekte, deren Einfuhr nach Hongkong und Europa verboten ist! s. S. 404f.

Einkaufen in Beijing

Die **Haupteinkaufsstraßen** sind Wangfujing, Qianmen Dajie, Dazhalan, Xidan, Dongdan, Dongsi.

Kunsthandwerk & Antiquitäten findet man in der ›Antiquitätenstraße‹ Liulichang, im Freundschaftsladen/Youyi Shangdian (21 Jianguomenwai Dajie), bei der China Arts & Crafts Trading Co. (1012 Fuxingmennei Dajie), bei Huaxia (293 Wangfujing und 12 Chongwenmennei Dajie) sowie auf dem Shichahai-Antiquitätenmarkt im Houhai-Park, am Nordufer des Hinteren Sees (Hou Hai) oder dem Hongqiao-Markt beim Nordeingang des Himmelstempels. Der Chaowai-Markt, in zwei großen Hallen nördlich des Ritan-Parks, ist spezialisiert auf alte Möbel.

Moderne chinesische Kunst gibt es in der Courtyard Gallery

(95 Donghuamen Dajie, ✆ 010/65 26 88 82) und der Red Gate Gallery im China World Hotel (1 Jianguomenwai, ✆ 010/65 05 22 66).

Einkaufen in Hongkong

Die größten und schönsten **Shopping-Malls** sind Pacific Place (8 Queensway, Central, U-Bahn: Admiralty), Landmark Centre (Pedder Street, Ecke Des Voeux Road, Central), Harbour City/Ocean Terminal (2 Canton Road, Tsim Sha Tsui) sowie Times Square (Causeway Bay).

Unzählige **Antiquitätengeschäfte** findet man in der Hollywood Road (Central/Sheung Wan), charmanten **Trödel** in der Cat Street, gleich um die Ecke.

Die Hanart TZ Galerie (im alten Bank-of-China-Gebäude, 5. Stock, Central, ✆ 0852/25 26 90 19, Fax 25 21 20 01) verkauft **zeitgenössische Kunst** aus China, Hongkong und Taiwan.

Interessante **Märkte** sind der Jademarkt (Kansu Street, U-Bahn Yau Ma Tei, 10–15 Uhr), der Vogelmarkt (Hong Lok Street, U-Bahn Mong Kok, bis 18 Uhr) und der Stanley Market (Stanley, Hongkong Island, tagsüber). Auf dem Nachtmarkt (Temple Street, U-Bahn Jordan) kauft man Billigtextilien und -uhren, ißt in Garküchen und hört Stegreif-Opern zu; ab 21 Uhr wird es interessant.

Einkaufen in Shanghai

Die **Haupteinkaufsstraßen** sind Nanjing Lu, Huaihai Lu sowie der Altstadtbasar um den Yu-Garten. Auch der Stadtteil Pudong ist im Kommen, Nextage (Pudong Lu/Ecke Zhangyang Lu) ist derweil Asiens größtes Kaufhaus.

Kunst & Antiquitäten findet man im Shanghai Antique & Curio Store (218–226 Guangdong Lu) und im Freundschaftsladen (Beijing Donglu/Ecke Zhongshan Lu).

ShanghART (im Park 97, 2A Gaolan Lu, ✆ 021/63 59 39 23, Fax 63 59 45 70) verkauft **zeitgenössische chinesische Kunst.**

Ein **Antikmarkt** findet sonntags auf der Fuyou Lu statt.

Diverse **Buchläden** (auch Antiquariat) findet man in der Fuzhou Lu.

Nette **Märkte** sind der Blumen- und Vogelmarkt in der Jiangyin Lu (geht von der Nanjing Xilu ab) und der Huating-Markt, ein bunter Markt für Textilien u. v. m. (in der Nähe der Ecke Huaihai Lu/Changshu Lu).

Einkaufen in Tianjin

Chinas größter **Antiquitäten- und Trödelmarkt** findet täglich im Bereich der Shenyang Dao statt, am Wochenende reisen viele Händler von auswärts an.

Feste und Feiertage

Staatliche Feiertage:

1. Januar: Neujahr
8. März: Internationaler Frauentag
1. Mai: Tag der Arbeit
4. Mai: Jugendtag zum Gedenken an die Vierte-Mai-Bewegung von 1919

1. Juni: Kindertag
1. Juli: Gründungstag der KPCh
1. August: Gründungstag der Volksbefreiungsarmee
1./2. Oktober: Nationalfeiertag zur Gründung der VR China 1949

Oft ist es an diesen Tagen bei Sehenswürdigkeiten voll, da viele frei haben. Geschäfte und Restaurants sind aber geöffnet.

Traditionelle Feiertage

Traditionelle Feiertage berechnen sich nach dem alten chinesischen Mondkalender, der nur 354 Tage hat und sich in zwölf Monate à 29–30 Tage unterteilt. Hier eine kleine Auswahl der beliebtesten Feste.

Frühlingsfest (Chun Jie), 1. Tag des 1. Monats (3 Tage): Das Frühlingsfest ist das wichtigste aller chinesischen Feste. Begangen wird es am 1. Tag des chinesischen Mondkalenders, der zwischen den 21. Januar und den 19. Februar fällt. Am Vorabend des Feiertags kommt die Familie zu einem Festessen zusammen. Anschließend vertreibt man mit Feuerwerk und Chinakrachern die bösen Geister des alten Jahres. Am nächsten Tag besucht man Verwandte und Freunde und macht sich kleine Geschenke. In einigen Städten werden Löwen- oder Drachentänze aufgeführt. Zum Neujahrsfest bringt man an der Haustür Bilder und Sprüche mit glückbringender Symbolik an.

Über das Chinesische Neujahrsfest sind die Geschäfte und Restaurants geschlossen und fast alle Bahn- Bus- und Flugverbindungen ausgebucht, weil alle unterwegs sind, ihre Familien zu besuchen.

Laternenfest (Yuanxiao Jie), 15. Tag des 1. Monats: Das Laternenfest beschließt den ersten Mondmonat des Jahres. Überall werden bunte Papierlaternen aufgehängt und Kerzen angezündet. Traditionell ißt man an diesem Tag süße Klebreisbällchen (Yuanxiao).

Totenfest (Qingming Jie), 12. Tag des 3. Monats: Fast alle Familien ziehen an diesem Tag zu den Gräbern ihrer Ahnen. Die Gräber werden gepflegt, den Ahnen Opfer dargebracht und mit Knallern die bösen Geister vertrieben.

Drachenbootfest (Duanwu Jie), 5. Tag des 5. Monats: Das Drachenbootfest wird zum Gedenken an den berühmten chinesischen Dichter Qu Yuan (ca. 340–278 v. Chr.) veranstaltet, der sich im Yangzi ertränkte. Als Hofberater des Königs von Chu hatte er seinen Herrn vor dem gefährlichen Nachbarstaat Qin gewarnt, stieß jedoch auf taube Ohren. Wenige Jahre später wurde das Königreich Chu von Qin vereinnahmt, der König von Chu getötet und Qu Yuan in die Verbannung geschickt. Aus Gram ertränkte er sich im Yangzi. Es heißt, Fischer hätten in ihren Langbooten versucht, Qu Yuan zu retten. Da sie ihn nicht fanden, warfen sie Klebreisbällchen für die Fische ins Wasser, so daß diese Qu Yuans Leiche nicht anrührten. Heute veranstaltet man in vielen chinesischen Städten auf Flüssen oder Seen Rennen mit langen, flachen Ruderbooten, um an die – leider mißlungene – Rettung des patriotischen Qu Yuan zu erinnern. Als Festtagsmahl verzehrt man gedämpfte, in Bambusblättern gewickelte Klebreisbällchen mit pikanter Fleisch- oder einer süßen Nußfüllung.

Mondfest/Mittelherbstfest (Zhongqiu Jie), 15. Tag des 8. Monats: An diesem Abend steht der Mond am weitesten von der Erde entfernt und leuchtet besonders hell. Familien kommen zusammen, betrachten den Vollmond und essen süße oder salzige, mit Glückssymbolen verzierte Mondkuchen (*yuebing*).

Doppelneunter (Chongyang Jie), 9. Tag des 9. Monats: Die Zahl Neun ist in China eine besondere Glückszahl. Sie steht für die Ewigkeit und die männliche Kraft Yang. Man trinkt an diesemTag gern Tee oder Wein von Chrysanthemen, die ebenfalls das lange Leben symbolisieren. In vielen Parks finden Chrysanthemen-Schauen statt. Gern pilgern Chinesen an diesem Tag zu einem heiligen Berg.

Herdgott-Fest (Jizao Jie), 23. Tag des 12. Monats: Der Herdgott erstattet an diesem Tag dem Jadekaiser Bericht über das Verhalten einer jeden chinesischen Familie. Damit der Jadekaiser nur Gutes zu Ohren kommt, wird die Küche geputzt und dem Bildnis des Herdgottes Honig um den Mund gestrichen.

Fremdenführer

Fremdenführer lassen sich über die staatlichen chinesischen Reisebüros buchen (CITS, CTS, CYTS). Meist sprechen sie Englisch, seltener Deutsch.

Fotografieren

Papierfilme sind in China überall zu haben, man sollte beim Kauf aber auf das Verfallsdatum schauen und Filme meiden, die lange in der Sonne gelegen haben. Lithium 6V-Fotobatterien sind in China fast überall erhältlich und billiger als in Europa. Alles andere sollte man von zu Hause mitbringen, Diafilme gibt es auch in Hongkong.

Das Fotografieren von militärischen Anlagen (auch Flugplätzen) ist verboten; in den Innenräumen von Tempeln und Museen ist es meist nicht gestattet. Manchmal werden gegen ein (hohes!) Entgelt Ausnahmen gemacht. Beim Fotografieren von Menschen sollte man Zurückhaltung wahren, sie vorher auf jeden Fall um Erlaubnis bitten.

Geld und Geldwechsel

Die chinesische Volkswährung (Renminbi, abgekürzt RMB) unterteilt sich in Yuan, Jiao und Fen. 1 Yuan (umgangsprachlich: Kuai) = 10 Jiao (umgangssprachlich: Mao) = 100 Fen.

Es gibt 1-, 2-, 5-, 10-, 50-, 100-Yuan-Scheine, 1-, 2-, 5-Jiao-Scheine, 1-, 2-, 5-Fen-Münzen sowie 1- und 2-Fen-Scheine.

Die Wechselkurse werden von der Bank of China festgelegt und sind überall gleich. Deshalb ist der Umtausch im eigenen Hotel (manchmal gegen eine geringe Gebühr) am bequemsten. Gängige Kreditkarten und Reiseschecks werden von fast allen Hotels der mittleren und gehobenen Klasse akzeptiert.

Karten bzw. Stadtpläne

Stadtpläne liegen in den größeren Hotels meist gratis auf den Zimmern aus. Ansonsten sind Sie an der Hotelrezeption, in Buchläden und an Straßenständen erhältlich. Ein zweisprachiger Plan ist hilfreich!

Kleidung

s. Klima und Reisezeit

Kunsthandwerk

Beliebte Souvenirs aus China sind Jadeschmuck und Jadeschnitzereien, Tuschmalereien, Kalligraphien, Steinabreibungen, Porzellan, Yixing-Teekeramik, Cloisonnéwaren (farbige, in ›Zellenschmelz‹-Technik emaillierte Vasen, Dosen, Figuren etc.), Lackwaren, Zuchtperlen, Snuffbottles (kleine, oft von innen bemalte Medizin- und Riechsalzfläschchen), bemalte Fächer, chinesische Musikinstrumente, Neujahrsbilder, Seidenwaren, Stickereien sowie Silberschmuck, Indigo- und Batikstoffe der ethnischen Minderheiten.

Nachtleben

Noch vor einigen Jahren wirkten chinesische Städte nach Einbruch der Dunkelheit wie ausgestorben. Das ist heute anders. Chinesen gehen meist relativ früh Essen, danach gern zum Karaoke, ins Kino oder auf den Nachtmarkt. Bars und Discotheken westlichen Zuschnitts findet man in fast allen großen Hotels. In den großen Metropolen gibt es mittlerweile auch viele privat geführte Etablissements. Aktuelle Veranstaltungstips und Adressen von Restaurants, Bars und Diskotheken findet man dort in den Informationsblättern für Touristen, die in den Hotels ausliegen, und in der »China Daily«.

Nachtleben in Beijing

Zu Beijing gehört natürlich die **Pekingoper**. Aufführungen finden an verschiedenen Orten statt. Hier eine Auswahl:
Zhengyi Ci Pekingopern-Theater, 220 Xiheyan Dajie, Xuanwu, ✆ 63 18 94 54, 63 03 62 33, Fax 63 15 91 05, tgl. 19.15 Uhr. Ein Beijinger Jungunternehmer rettete das älteste Opernhaus der Stadt in Eigeninitiative vor dem Abbruch. Heute präsentiert sich der Bau aus dem 17. Jh. liebevoll restauriert. Man kann während der Aufführung speisen.
Residenz des Prinzen Gong, Liuyin Jie (westlich des Hou Hai). Hier werden ab und zu Pekingopern aufgeführt. Termine entnehmen Sie bitte den Veranstaltungskalendern oder erfragen sie in Ihrem Hotel.
Liyuan-Theater, Qianmen Hotel, 175 Yong'an Lu, ✆ 630 11 66 88, tgl. 19.30 Uhr. Theaterbestuhlung, man kann aber auch an Tischen sitzen und während der Aufführung Snacks und Tee zu sich nehmen.

Wer lieber eine **Akrobatikvorführung** besucht, kann ins *Chaoyang Theater*, 36 Dongsanhuan Beilu, ✆ 65 07 24 21, fahren. Shows beginnen um 19.15 Uhr.

Teehäuser finden sich inzwischen wieder einer ganze Reihe in Beijing, hier eine Auswahl: *Laoshe-Teehaus*, 3. Stock, 3 Qianmen Xidajie, ✆ 63 03 68 30. Tgl. zwischen 19.30 und 21 Uhr gibt es hier Akrobatik- und Opernaufführungen.
Sanwei-Buchladen, 60 Fuxingmennei Dajie, ✆ 660 12 04. Dieser Buchladen hat im 2. Stock ein Teehaus eröffnet. Tgl. 9.30–22.30 Uhr, ab 20 Uhr Konzerte (Klassik/Jazz).
Wufu-Teehaus, Dianmenwai Dajie 104, ✆ 64 05 96 48, tgl. 10.30–22.30 Uhr.

Zahlreiche nette **Bars** mit relativ viel internationalem Publikum findet man in der Sanlitun Lu in Beijings Diplomatenviertel.

Nachtleben in Shanghai

Chinas beste **Akrobatik**-Truppe tritt jeden Abend um 19.30 Uhr im *Shanghai Centre* auf. ✆ 62 79 86 00, Fax 62 79 86 10.

Shanghai ist stolz auf das im Frühjahr 1999 eröffnete neue *Theater- und Opernhaus* auf dem Volksplatz (Renmin Guangchang), nördlich des Shanghai Museums. Von einem französischen Architekten entworfen besticht das Gebäude bereits durch seine Gestaltung. Hier finden auch Aufführungen **westlicher Opern und Gastspiele** ausländischer Opernensembles statt. Abendgarderobe wird erwartet!

Wer sich mehr für **Peking- und Kantonoper** interessiert, der möge sich das *Lanxin-Theater* (das alte Lyceum-Theater), 57 Maoming Nanlu, ✆ 62 17 85 30, vormerken. Darüber hinaus wird hier modernes chinesisches Sprechtheater gespielt, und es finden Akrobatikvorführungen statt.

Das wohl schönste Shanghaier **Kino** ist das alte *Cathay Theatre* (Guotai Dianyingyuan), 870 Huaihai Lu, im Art-Deco-Stil erbaut. Viele internationale Filme werden hier mit chinesischen Untertiteln gezeigt – also hat auch der nicht des Chinesischen Mächtige die Chance eines Kinobesuchs, bei dem er etwas versteht.

Shanghai bietet das lebhafteste **Nachtleben** in der ganzen Volksrepublik. Laufend werden neue Kneipen, Bars und Discotheken eröffnet. Eine Fülle von Adressen finden Sie in den Veranstaltungsblättern, die in den Hotellobbies ausliegen.

Nachtleben in Hongkong

In **Hongkong** erhalten Sie Auskünfte zu aktuellen Veranstaltungen bei der Hongkong Tourist Association (HKTA). Ein Büro findet sich direkt am Anleger der Star-Ferry auf der Kowloon-Seite. Informationsblätter und Veranstaltungskalender der HKTA liegen in fast allen Hotellobbies aus. Aktuelle Veranstaltungstips finden sich außerdem in allen Tageszeitungen. Telefonische Auskünfte erhält man unter 28 07 65 43 oder 28 07 61 77 (mehrsprachig). Eintrittskarten lassen sich bei Urbtix, ✆ 27 34 90 09, vorbestellen.

Theater und Konzerte finden in Hongkong oft im *Hong Kong Cultural Centre*, Salisbury Road, Tsim Sha Tsui, ✆ 27 34 20 09. Konzerte der Hongkonger Philharmoniker und des Hongkong Chinese Orchestra. Weitere Spielorte sind die *City Hall*, Edinburgh Place, Central, ✆ 29 21 28 40, und die *Academy for Performing Arts*, 1 Gloucester Road, Wanchai, ✆ 25 84 15 14.

Popkonzerten und Großveranstaltungen steht das *Hongkong Coliseum*, 9 Cheung Wan Road, Hunghom, ✆ 27 65 92 33, zur Verfügung.

Konzerte, Off-Theater und Performances besucht man in *The Fringe Club* (Kulturverein), 2 Lower Albert Road, Central, ✆ 25 21 72 51.

Hongkongs **Ausgehmeile** Nr. 1 mit unzähligen Restaurants, Bars, Pubs, und Diskotheken ist das *Viertel Lan Kwai Fong* auf Hongkong Island im Bereich zwischen D'Aguilar Street und Wyndham Street.

Notfälle

Die Notrufnummer der **Polizei** ist auch in China 110, die der **Feuerwehr** 119.

Ausländerabteilung der Polizei in Beijing: 85 Bei Chizi Dajie, ✆ 01/65 12 54 86

Bürozeiten: Mo–Fr 8–11.30 , 13.30 –17, Sa 8–11.30, Notdienst 13.30–17 Uhr.

Bei Krankheit/Unfall: s. S. 417: Apotheken/Ärztliche Versorgung

Öffnungszeiten

Sehenswürdigkeiten sind zwischen 9 und 17 Uhr zugänglich, letzter Einlaß ist meist um 16 Uhr. Parkanlagen öffnen in der Regel schon gegen 7 Uhr und schließen ihre Tore um 20 Uhr. Museen sind in der Regel montags geschlossen.

Geschäfte öffnen zwischen 9 und 10 Uhr und schließen zwischen 20 und 21 Uhr.

Fast alle **Ämter** in China (auch Post, Banken und Polizei) machen eine Mittagspause. Die Öffnungszeiten liegen hier in der Regel zwischen 8–12 und 13–17 Uhr.

Staatliche **Restaurants** öffnen mittags zwischen 10.30 und 14 Uhr und abends zwischen 17 und 20 Uhr. Private Restaurants dagegen sind tagsüber meist durchgehend geöffnet und schließen oft erst gegen Mitternacht.

Post

Briefe und Postkarten nach Europa brauchen zwischen vier und acht Tagen. Internationale Briefsendungen (bis 20g) kosten 5,40 Yuan, Postkarten 4,20 Yuan. Briefmarken sind bei der Post, aber auch an den Hotelrezeptionen erhältlich – oder man kann seine Post dort einfach abgeben.

Sprache

In den großen Metropolen kommt man heute mit Englisch recht gut zurecht. Da Taxifahrer in der Regel jedoch kein Englisch sprechen, sollte man sich seine Destination sowie Name und Adresse des Hotels stets auf Chinesisch aufschreiben lassen. Die englischen Namen der Hotels kennen die Fahrer nicht.

Auf dem Land und jenseits der ausgetretenen Touristenpfade wird man ohne Sprachführer und rudimentäre Chinesischkenntnisse schwer auskommen. Da in abgelegenen Gegenden außerdem meist Dialekte gesprochen werden, hilft dort auch ein Sprachführer manchmal nicht weiter. S. auch Kleiner Sprachführer, S. 427ff.

Strom

Die Netzspannung beträgt 220 V. Da in China verschiedene Steckernormen üblich sind, ist es zu empfehlen, einen Weltreise-Adapter mit sich zu führen.

Telefonieren/Faxen

In fast allen Hotels kann man direkt vom Zimmertelefon internationale Gespräche führen. Die Vorwahl für Deutschland ist 0049, für die Schweiz 0041 und für Österreich 0043. Die Hotels berechnen erhöhte Gebühren. Manchmal wird für die Freischaltung die Hinterlegung der Kreditkarte oder ein Betrag von ca. 200 Yuan verlangt.

Auch Faxen ist teuer, und manche Hotels lassen sich sogar den Empfang eines Faxes bezahlen. Von den Telefonämtern ist telefonieren und faxen zwar billiger, doch zeitaufwendiger.

Trinkgelder

Trinkgelder sind in Restaurants nicht üblich. In den internationalen Hotels werden sie allerdings erwartet. Für die Kofferträger sind 5–10 Yuan angemessen. Auch Führer und Fahrer erwarten Trinkgeld. Je nach Leistung sollte man 50–100 Yuan am Tag kalkulieren. Bei Taxifahrern rundet man den verlangten Betrag normalerweise auf.

Verhalten im Alltag

Reisen in China ist nicht immer einfach. Auch wenn sie guten Grund haben, sich zu ärgern, zeigen Sie es nicht! Mit erhobener Stimme kommt man in China nicht weiter. Wichtig ist, das ›Gesicht‹ des Gegenübers zu wahren, ihn oder sie nicht bloßstellen. Beharren Sie freundlich, aber bestimmt auf dem, was Sie erreichen wollen, und versuchen Sie, einen Kompromiß zu finden. Rechnen Sie damit, daß man Ihnen aus Höflichkeit nie ein klares »Nein« ins Gesicht sagt. Auch ein Lächeln signalisiert in China nicht immer Freude, sondern kann auch Verlegenheit oder Scham bedeuten.

Wird man in ein Haus eingeladen, so ist es angebracht, ein kleines Geschenk zu machen. Chinesen bringen meist Obst oder Süßigkeiten, seltener Blumen mit. Von hohem Prestige sind ausländische Alkoholika. Eingepackte Geschenke werden in China niemals vor den Augen des Schenkenden geöffnet. Man packt sie später aus und bedankt sich am nächsten Tag.

Verkehrsmittel

Flüge sind die bequemste, aber auch die teuerste Art, sich in China fortzubewegen. Das Flugnetz ist mittlerweile gut ausgebaut, und das Fliegen sicherer geworden. Tickets erhält man über die Reisebüros. Bei Inlandsflügen wird eine Flughafengebühr von 50 Yuan, bei Auslandsflügen (auch nach Hongkong oder Macau) von 90 Yuan erhoben.

Die **Bahn** bietet verschiedene Klassen: Softsleeper (Vierbett-Schlafabteile, chin.: *ruanwo),* Softseater (›weiche Sitze‹, chin.: *ruanzuo),* Hardsleeper (Sechser-Liegeabteile, chin.: *yingwo)* und Hardseater (›harte Sitze‹, chin.: *yingzuo).* Tickets kauft man über örtliche Reisebüros oder am Bahnhof. Einige Bahnhöfe haben eigens eingerichtete Touristenschalter. Da Züge meist lange im voraus ausgebucht sind, sollte man sich frühzeitig um einen Fahrschein bemühen. Das Arrangement von Umsteige- und Rückfahrscheinen ist in China bisher nicht möglich.

Auch bei den **Überlandbussen** gibt es verschiedene Komfortklassen. So verkehren auf den meisten Strecken neben normalen auch klimatisierte Busse und auf langen Strecken Schlafbusse (Sleeper) mit Liegesitzen. In den entlegenen Gebieten sind die Fahrzeuge zuweilen in haarsträubendem Zustand, überfüllt und die Fahrer übermüdet. Tickets bekommt man vor Ort oder über örtliche Reisebüros.

Eine angenehme Variante zum Schienenverkehr oder dem Flugzeug bieten **Küsten- oder Flußschiffe.** Regelmäßige Fähren verkehren beispielsweise zwischen Hongkong und Xiamen, Xiamen und Shanghai, Shanghai und Qingdao, Hongkong und Shanghai sowie auf dem Yangzi zwischen Chongqing und Shanghai. Plätze sind über CITS oder örtliche Reisebüros zu buchen.

Zeit

Die VR China ist Mitteleuropa im Winter sieben und im Sommer sechs Stunden voraus.

Zeitungen

Die »China Daily«, eine chinesische Tageszeitung die auf Englisch erscheint, liegt in fast allen größeren Hotels gratis aus, in abgelegeneren Gegenden sind die Ausgaben allerdings oft nicht aktuell. Neben viel Parteipropaganda findet man in dem Blatt auch einen internationalen Teil, der über das wichtigste Weltgeschehen informiert. Außerdem gibt's hier täglich den aktuellen Wetterbericht. Ebenfalls in fast jedem größeren Hotel zu bekommen ist die englischsprachige »South China Morning Post« aus Hongkong.

In den Zeitungs- und Buchläden der großen Hotels werden gemeinhin die großen internationale Zeitungen und Magazine (»Times«, »Newsweek«, »International Herald Tribune«, »Wall Street Journal«) angeboten. An deutscher Lektüre findet man meist »Spiegel« und »Frankfurter Allgemeine Zeitung«.

Kleiner Sprachführer

Zur Umschrift
In diesem Buch wird die Pinyin-Umschrift verwendet.

Zur Aussprache

c	ts Zischlaut wie in zaubern
e	kurzes, fast stummes e wie am Wortende in Leute
h	ch wie in ach
j	dsch wie in Dschungel
q	tsch wie in deutsch
r	r wie ein englisches R
s	stimmloses s wie in Nuß
u	nach j, q, x, y wie ü
x	ch, ähnlich wie in ich
y	j wie in ja
z	ds wie in Landsmann
ch	tsch wie in deutsch
sh	sch wie in schön
zh	dsch wie in Dschungel
ian	zwischen iän und ien
ong	wie ung
eng	wie e/ö mit ng, nasal

Tonhöhen
Im Hochchinesischen gibt es viele gleichlautende Silben. Die Aussprachevariationen erhöhen sich durch vier bzw. fünf verschiedene Tonhöhen.

ˉ	hoher Ton auf einer Tonhöhe (1. Ton)
´	ansteigender Ton (2. Ton)
ˇ	erst fallender, dann steigender Ton (3. Ton)
`	fallender Ton (4. Ton)

Die wichtigsten Phrasen

Guten Tag!	Nǐ hǎo!
Auf Wiedersehen	zài jiàn
Danke	xiè xie
Entschuldigung	duìbùqǐ
Wie heißen Sie ?	Nǐ guì xìng?
Ich heiße...	Wǒ xìng...
Ich bin ...	Wǒ shì...
Deutsche/r	Dèguórén
Schweizer/in	Ruìshìrén
Österreicher/in	Àodìlìrén
Sprechen Sie Englisch/ Deutsch?	Nǐ shūoYīngwén/ Déwén ma?
Ich verstehe Sie nicht.	Wǒ tīng bù dǒng.
Wieviel kostet das?	Dūoshǎo qián?
Ich möchte nach...	Wǒ xiáng qù...
Wo ist...?	...zài nǎlǐ?
Bitte geben sie mir ...	Qǐng gěi wǒ...
Das haben wir nicht	Méi yǒu.
gut/in Ordnung	hǎo/kèyǐ

Zeit

heute	jīntiān
morgen	míngtiān

übermorgen	hòutiān
gestern	zuótiān
jetzt	xiànzài
Um wieviel Uhr?/ Wieviel Uhr ist es?	Jǐ diǎn?
morgens	zǎoshàng
vormittags	shàngwǔ
nachmittags	xiàwǔ
abends	wǎnshàng
Montag	xīngqīyī
Dienstag	xīngqīèr
Mittwoch	xīngqīsān
Donnerstag	xīngqīsì
Freitag	xīngqīwǔ
Samstag	xīngqīliù
Sonntag	xīngqītiān/xīngqīrì

Zahlen

1	yī
2	èr
3	sān
4	sì
5	wǔ
6	liù
7	qī
8	bā
9	jiǔ
10	shí
11	shí yī
12	shí èr
20	èr shí
21	èr shí yī
30	sān shí
100	yī bǎi
200	liǎng bǎi
300	sān bǎi
1000	yī qiān
10000	yī wàn

Essen und Trinken

Speisekarte	caìdān
Eßstäbchen	kuàizi
Gabel	chāzi
Messer	dàozi
Löffel	tiáogēng
Wasser	shǔi
Mineralwasser	kuàngqúanshǔi
abgekochtes Wasser	kāishǔi

Limonade	qìshŭi
Tee	chá
Bier	píjiŭ
Wein	pútáojiŭ
Schnaps	báijiŭ
Kaffee	kāfēi
Zucker	bái táng
Milch	niúnăi
Suppe	tāng
Nudeln	miàn tiăo
Reis	mĭfàn
Ei	jīdàn
Schweinefleisch	zhūròu
Rindfleisch	niúròu
Lammfleisch	yángròu
Hühnerfleisch	jīròu
Ente	yāzi
Fisch	yú
Garnelen	xiārén
Obst	shŭiguŏ
Gemüse	shúcài
Ich bin Vegetarier.	Wŏ chī sù.
Die Rechnung bitte!	Qĭng jiézhàng!

Im Hotel

Einzelzimmer	dānrén fángjiān
Doppelzimmer	shuāngrén fángjiān
Dusche	línyù
Toilette	cèsuŏ
Toilettenpapier	wèishēngzhĭ

Medizinisches

Fieber	fāshāo
Schmerzen	tòng
Erkältung	gănmào
Husten	késou
Erbrechen	ŏutù
Durchfall	xièdù
Verstopfung	biànbì
Entzündung	fāyàn

Orientierung auf der Reise

Hotel	bīnguăn/fàndiàn
Restaurant	cāntīng/fàndiàn
Bahnhof	huŏchēzhàn
Flugplatz	fēijīchăng
Bank	yínháng
Straße	lù, jiē

Museum	bówùguǎn
Tempel	sìmiào
Pagode	tǎ
Park	gōngyuán
Brücke	qiáo
See	hú
Fluß	hé, jiāng
Meer	hǎi
Berg	shān
rechts	yòu biàn/yòu zhuǎn
links	zuǒ biàn/zuǒ zhuǎn
geradeaus	yìzhǐ zǒu
Geld wechseln	huàn qián
Telefon	diàn huà
Fax	chuánzhēn
Fahrkarte	chēpiào
Gepäck	xíngli
Stadtplan	dìtú
Briefmarken	yóupiào
Paß	hùzhào
Polizei	jǐngchá
Taxi	chūzūchē
Fahrrad	zìxíngchē
Bus	gōnggòng qìchē
Zug	huǒchē

Ausgewählte Literatur

Geschichte und Landeskunde

BARTKE, W.: Die großen Chinesen der Gegenwart. Frankfurt a. M. 1985

GERNET, JACQUES: Die chinesische Welt. Frankfurt a. M. 1979

GROBE-HAGEL, KARL: Hinter der Großen Mauer, Religionen und Nationalitäten in China. Frankfurt a. M. 1991

MORRIS, JAN: Hongkong. Bergisch Gladbach 1991

MÜLLER, JOHANNES: Kulturlandschaft China. Gotha 1997

PU YI: Der letzte Kaiser von China. Autobiographie, 2 Bde, Beijing 1965, 1981

SNOW, EDGAR: Roter Stern über China. Frankfurt 1971

WEGGEL, OSKAR: China. Beck'sche Länderreihe. München 1994

WOOD, FRANCES: Marco Polo kam nicht bis China. München 1996

Architektur, Archäologie und Kunst

EBERHARD, WOLFRAM: Lexikon chinesischer Symbole. München 1987

GOEPPER, ROGER: Kunst und Kunsthandwerk Ostasiens. München 1968

KESWICK, MAGGIE: Chinesische Gärten. Stuttgart 1989

LAMPUGNANI, V. M. (Hrsg.): Hongkong-Architektur. Die Ästhetik der Dichte. Mün-chen 1993

LI ZEHOU: Der Weg des Schönen, Wesen und Geschichte der chinesischen Kultur und Ästhetik. Freiburg 1992

ROLF, ANITA: Kleine Geschichte der chinesischen Kunst. Köln 1985

RONTE, D., W. SMERLING und E. WEISS (Hrsg.): China. Zeitgenössische Malerei. Ausstellungskatalog, Köln 1996

THILO, THOMAS: Klassische chinesische Baukunst. Leipzig 1977

Religion/Philosophie

BAUER, WOLFGANG: China und die Hoffnung auf Glück. München 1971

BECHERT, H., R. GOMBRICH: Der Buddhismus, Geschichte und Gegenwart. München 1989

GRANET, MARCEL: Das chinesische Denken. München 1985

I GING: Das Buch der Wandlungen (übersetzt von Richard Wilhelm). München 1990

LAO TSE: Tao-te-King, das Heilige Buch vom Weg und von der Tugend. Stuttgart 1972

MÜNKE, W.: Die klassische chinesische Mythologie. Stuttgart 1976

SCHLEICHERT, HUBERT: Klassische chinesische Philosophie. Frankfurt a. M. 1980

Belletristik

Klassische chinesische Romane (alle Insel Verlag):

Der Traum der roten Kammer

Die Räuber vom Liang Schan Moor

Die Drei Reiche

Die Reise nach dem Westen

Kin Ping Meh

BA JIN: Die Familie. München 1980

LAO SHE: Rikschakuli. Frankfurt 1987

Lu Wentu: Der Gourmet. Zürich 1993

Li Tai-bo (Li Bai): Gedichte. Stuttgart 1992

LU XUN: Die Wahre Geschichte des AH Q. Frankfurt a. M. 1982

MAO DUN: Shanghai im Zwielicht. Frankfurt a. M. 1983

MARTIN, HELMUT und CHRISTIANE HAMMER (Hrsg.): Die Auflösung der Abteilung für Haarspalterei.Verschiedene moderne chinesische Autoren. Hamburg 1991

WANG SHUO: Oberchaoten. München 1997

ZHANG JIE: Schwere Flügel, Wien 1985

Zitatnachweis

S. 18 aus: Edmonds, Richard Louis, Pattern's auf China's Lost Harmony, A survey of the environmental degradation and protection, Routledge, London/New York S. 94, S. 24

S. 80 aus: Kaogongji, zitiert nach Thomas Thilo, Klassische chinesische Baukunst, Koehler und Amelang, Leipzig, S. 171

S. 29, 66 aus Lao Tse, Tao-Te-King, neu ins Deutsche übertragen von Hans Knospe und Odette Brändli, Copyright © der deutschen Übersetzung 1985 by Diogenes Verlag AG Zürich 1985, Kap. 48, Kap. 1

S. 29, 85, 112, 210, 211 aus Kungfutse, Gespräche – Lun Yü, übersetzt und hrsg. von Richard Wilhelm, Eugen Diederichs Verlag, München, S. 159 (15,23), S. 78 (6,21), S. 86 (7,19), S. 42 (2,3), S. 114 (11,9)

S. 88 aus: Kuo Jo-Hsü (um 1070) im T'u-hua chien-wen-chih, zitiert nach Roger Goepper, Vom Wesen der chinesischen Malerei, Prestel Verlag, München 1962, S. 14

S. 90 aus: Bush, Susan und Shih Hsio-yen, Early Chinese Texts on Painting, Cambridge Univ. Press, Cambridge/Mass. 1985

S. 87, 90 aus: Su Dongpo, Über Malerei, in Chinesische Geisteswelt, Zeugnisse aus drei Jahrtausenden, hrsg. von Günther Debon und Werner Speiser, Hanau 1987, S. 198/199, S. 199

S. 100 aus: Shuowen Jiezi, zitiert nach Yang Yang, Die Entstehung der chinesischen Jadekultur, in Das Alte China, hrsg. von Roger Goepper, Ausstellungskatalog Essen 1995, deutscher Text des Artikels Peter Wiedehage, S. 95

S. 132 aus: Puyi, der letzte Kaiser von China – eine Autobiographie, Deutsch von P. Huengsberg, Verlag für fremdsprachige Literatur, Beijing 1987, Bd. 1, S. 48–50

S. 156 aus: L. C. Carlington und W. Lewisohn, In Search of Old Peking, Peking 1937, Oxford 1987, S. 110f.

S. 173, 245 aus: Yang Hsienyi und Gladys Yang, Records of an Historian, written by Szuma Chien, Hongkong 1974, S. 176, S. 186

S. 184 aus: Marco Polo, Il Milione, Die Wunder der Welt, © Manesse Verlag, Zürich 1983, S. 169

S. 189 aus: Gascoigne, Bamber, Das kaiserliche China und seine Kunstschätze, Wien–München–Zürich 1974, S. 220

S. 201, 323 aus E. v. Zach, Tu Fu's Gedichte, in J. R. Hightower (hrsg.), Cambridge/Mass., 1952, 1. Bd., Nr. 3, 11. Buch, Nr. 1

S. 213 Jefferson Jones, zitiert nach H. Reichenbach, Kaiser Wilhelm grüßt am Gelben Meer

S. 247, S. 314 aus: Qiao Yun, Alte chinesische Gartenkunst, übersetzt von E. Schwarz, Leipzig 1988, S. 60, S. 212

S. 272 aus: Mao Dun, Schanghai im Zwielicht, übersetzt aus dem Chinesischen von F. Kuhn, Dresden 1938

S. 276 aus Ich, Josef von Sternberg, Velber 1967, zitiert nach Folker Reichert und Siegfried Englert, Shanghai, Stadt über dem Meer, Heidelberg 1996, S. 227

S. 279 aus Ayscough, Florence, The Chinese Idea of a Garden, in A Chinese Mirror, London 1926, zitiert nach Maggie Keswick, Chinesische Gärten, Deutsche Verlags-Anstalt 1989, S.125

S. 298 aus Zhuangzi, zitiert nach Hubert Schleichert, Klassische chinesische Philosphie, Verlag Vittorio Klostermann, Frankfurt/M. 1980, S. 121f.

S. 305 aus: E. Schwarz, Chrysanthemen im Spiegel, Klassische chinesische Dichtungen, Berlin 1969, S. 316

S. 307 aus: The Travels aof Marco Polo, The complete Yule-Cordier Edition, 2 Vols., unabridged third edition (1903) of Henry Yule's annotated translation, New York 1992, Vol. 1, S. 205

S. 345, 347 aus Li Tai-bo, Gedichte, Eine Auswahl, übersetzt und hrsg. von Günther Debon, Reclam Verlag, München 1962, 1992, S. 123, S. 71

Abbildungsnachweis

Archiv für Kunst und Geschichte, Berlin 28, 35 unten, 38 links (Foto: Werner Forman), 38 Mitte, rechts, 43 (Umschlagrückseite unten), 44 (Foto: Werner Forman), 48, 51, 53, 54, 64, 98 (AKG/Erich Lessing), 101 (Erich Lessing), 102 (AKG/Werner Forman), 117

Bibliothèque Nationale, Paris 240

Hans-Peter Braunger, Baotou Umschlagklappe vorn, hinten, 19, 21, 73, 79, 106, 108, 120, 123, 127, 129, 133, 136, 137, 145, 146, 159, 160, 163, 164, 165, 171, 174/175, 184, 213, 215, 217, 216, 218, 220, 222, 223, 224, 226, 229, 232 oben, unten, 236, 243, 246 (2x), 259, 260, 263, 265, 266, 269, 270, 275, 336, 339, 350, 353, 366, 383, 385, 391, 392, 396

Johannes Frangenberg, Solingen 388

Günter Heil, Berlin 179, 182, 191, 194, 262, 311, 320, 327, 343, 347, 348, 373, 375

Volkmar E. Janicke, München 130, 239, 324, 325, 371

LOOK, München 313, (Helmut Rüffler), 330 (Karl Johaentges)

Kai Ulrich Müller, Berlin Umschlag vorn, 1, 11, 13, 22, 65, 70 (2x), 72, 84, 86, 105, 125, 138, 141, 149, 151, 156, 157, 166, 177, 197, 198, 200, 202, 204, 208, 211, 252, 255, 264, 277, 281, 283, 288, 292, 294, 297, 302, 303, 305, 307, 308, 310, 316, 318, 333, 335, 354/355, 357, 365, 368, 377, 379, 395, 399

Museum für Kunst und Gewerbe, Hamburg 99

Museum der Provinz Liaoning, Shenyang 118/119

Museum der Provinz Shaanxi, Xi'an 248

Nationales Palastmuseum, Taibei 37

Palastmuseum Beijing 47, 89, 132

Erhard Pansegrau, Berlin 14, 16/17, 36, 78 (Umschlagrückseite oben), 338, 341, 346, 360, 362

Britta Rath, Wilstedt 68, 92

aus: Buddhistische Götterwelt. Ein ikonographisches Handbuch, H. W. Schumann, Diederichs Verlag, München 1986, 74

aus: Roger Goepper, Helmut Brinker. Kunstschätze aus China 96/97

aus: Anita Rolf. Kleine Geschichte der chinesischen Kunst. Köln 1985 83, 95

aus: Path of Beauty, Beijing 23, 25, 27

aus: Rare Books, Columbia Uni. 41

aus: Zhongguo Gudai Jianzhu Shi 77 (Umschlagrückseite Mitte) , 380

Die übrigen Abbildungen stammen aus den Archiven der Autorin und des Verlages.

Karten und Pläne

Berndtson & Berndtson Production GmbH, Fürstenfeldbruck

Register

Personen- und ausgewähltes Sachregister

In das Sachregister haben – neben Titeln klassischer chinesischer Bücher – nur Fachbegriffe Aufnahme gefunden, die an einzelnen Stellen im Kunst-Reiseführer (statt eines Glossars) näher erläutert werden und für das Verständnis der chinesischen Kultur von besonderer Bedeutung sind. Verwiesen wird in diesen Fällen lediglich auf Haupteinträge.

Ortsregister

Umschlagvorderseite: Beijing, Himmelstempel
Umschlagklappe vorn: Blick auf die Skyline von Hongkong Island
Umschlagklappe hinten: Buddha Shakyamuni am Heng Shan bei Datong
Umschlagrückseite: Typisches Konsolgebälk (oben), Holzskelett der Großen Halle des Tempels des Buddha-Glanzes (Mitte), Kubilai Khan überreicht Maffeo und Niccolo Polo eine goldene Tafel, welche sicheres Geleit gewährt
Abb. S. 1: Bizarr geschminktes Gesicht bei einer Pekingoper

Anke Kausch betreute nach ihrem sinologischen Studium u. a. die Ausstellung »Krieger des Jenseits« am Museum für Kunst und Gewerbe, Hamburg. Heute ist sie als Reiseleiterin häufig in China unterwegs.

2., aktualisierte Auflage 2000

Redaktion: Britta Rath, Wilstedt
Satz und Druck: Rasch, Bramsche
Buchbinderische Verarbeitung: Bramscher Buchbinder Betriebe

Printed in Germany ISBN 3-7701-4313-2